KERNENERGIE
UND
INTERNATIONALE POLITIK

SCHRIFTEN DES FORSCHUNGSINSTITUTS
DER DEUTSCHEN GESELLSCHAFT
FÜR AUSWÄRTIGE POLITIK E. V., BONN

Reihe: Internationale Politik und Wirtschaft
Band 37

Diese Studie wurde gefördert durch die großzügige Unterstützung
der
Deutschen Gesellschaft für Friedens- und Konfliktforschung
Alfried Krupp von Bohlen und Halbach-Stiftung
und der
Fritz Thyssen Stiftung

Kernenergie und internationale Politik

Zur friedlichen Nutzung der Kernenergie

Herausgegeben von
KARL KAISER UND BEATE LINDEMANN

R. OLDENBOURG VERLAG MÜNCHEN WIEN 1975

DEUTSCHE GESELLSCHAFT FÜR AUSWÄRTIGE POLITIK E. V., BONN
Adenauerallee 133, Telefon 22 00 91

GESCHÄFTSFÜHRENDES PRÄSIDIUM

Dr. Dr. h. c. Günter Henle
Ehrenpräsident

Dr. Dr. h. c. Kurt Birrenbach
Präsident

Helmut Schmidt   Dr. Marion Gräfin Dönhoff
Stellvertretende Präsidenten

Dr. Gebhardt von Walther   Dr. Gotthardt Frhr. von Falkenhausen
Geschäftsführender stellvertr. Präsident   Schatzmeister

Prof. Dr. Ulrich Scheuner   Dr. Wolfgang Wagner
Vorsitzer des   Herausgeber
Wissenschaftlichen Direktoriums   des »Europa-Archiv«

Prof. Dr. Karl Kaiser (Direktor des Forschungsinstituts) – Dr. h. c. Hans L. Merkle
Prof. Dr. Carlo Schmid – Dr. Gerhard Schröder – Dr. Hans Speidel

DEM GESAMTPRÄSIDIUM GEHÖREN FERNER AN:

Dr. h. c. Hermann J. Abs – Dr. Ernst Achenbach – Dr. Rainer Barzel
Berthold Beitz – Prof. Dr. Karl Carstens – Dr. Herbert Ehrenberg
Dr. Katharina Focke – Prof. Dr. Dr. h. c. Walter Hallstein – Dr. Franz Heubl
Dr. h. c. Kurt Georg Kiesinger – Prof. Dr. Richard Löwenthal
Dr. Dietrich Wilhelm von Menges – Wolfgang Mischnick – Dr. Karl Mommer
Gerd Muhr – Philip Rosenthal – Dr.-Ing. E. h. Hans-Günther Sohl
Prof. Dr. Rolf Stödter – Heinz Oskar Vetter – Otto Wolff von Amerongen

WISSENSCHAFTLICHES DIREKTORIUM DES FORSCHUNGSINSTITUTS

Prof. Dr. Ulrich Scheuner (Vors.) – Prof. Dr. Jochen Abr. Frowein
Prof. Dr. Hans-Adolf Jacobsen – Prof. Dr. Karl Kaiser
Prof. Dr. Norbert Kloten – Prof. Dr. Richard Löwenthal
Prof. Dr. Karl Josef Partsch – Prof. Dr. Hans-Peter Schwarz

Die Deutsche Gesellschaft für Auswärtige Politik hat nach ihrer Satzung die Aufgabe, die Probleme der internationalen, besonders der europäischen Politik und Wirtschaft zu erörtern, ihre wissenschaftliche Untersuchung zu fördern, die Dokumentation zu diesen Forschungsfragen zu sammeln und das Verständnis für internationale Probleme durch Vorträge, Studiengruppen und Veröffentlichungen anzuregen und zu vertiefen. Sie unterhält zu diesem Zweck ein Forschungsinstitut und als Publikationsorgan die Zeitschrift »Europa-Archiv«. Die Deutsche Gesellschaft für Auswärtige Politik bezieht als solche auf Grund ihrer Satzung keine eigene Stellung zu internationalen Problemen. Die in den Veröffentlichungen der Gesellschaft geäußerten Meinungen sind die der Autoren.

© 1975 R. OLDENBOURG VERLAG GMBH, MÜNCHEN

Das Werk ist urheberrechtlich geschützt. Die dadurch begründeten Rechte, insbesondere die der Übersetzung, des Nachdrucks, der Funksendung, der Wiedergabe auf photomechanischem oder ähnlichem Wege sowie der Speicherung und Auswertung in Datenverarbeitungsanlagen, bleiben, auch bei nur auszugsweiser Verwertung, vorbehalten. Werden mit schriftlicher Einwilligung des Verlages einzelne Vervielfältigungsstücke für gewerbliche Zwecke hergestellt, ist an den Verlag die nach § 54 Abs. 2 UG zu zahlende Vergütung zu entrichten, über deren Höhe der Verlag Auskunft gibt.

Gesamtherstellung: R. Oldenbourg, Graphische Betriebe GmbH, München / Umschlagentwurf: G. M. Hotop, München
ISBN 3-486-44251-1

CIP-Kurztitelaufnahme der Deutschen Bibliothek

Kernenergie und internationale Politik:
zur friedl. Nutzung d. Kernenergie.
(Schriften des Forschungsinstituts der
Deutschen Gesellschaft für Auswärtige
Politik e. V.; Bd. 37)
ISBN 3-486-44251-1

NE: Kaiser, Karl [Hrsg.]

INHALT

ABKÜRZUNGSVERZEICHNIS 15
VORWORT 19

Kernenergie als Konfliktquelle in der internationalen Politik

DIE ENERGIESITUATION ALS RAHMENBEDINGUNG FÜR KONFLIKTE /
Ulf Lantzke 23
   I. Der wachsende Energieverbrauch als energiepolitische Grundtatsache 23
  II. Der wachsende Energieverbrauch als internationales Problem . 25
 III. Der wachsende Energieverbrauch als Rahmenbedingung internationaler Konflikte 27
 IV. Die Reichweite der Folgen internationaler Konflikte im Energiebereich am Beispiel der Mineralölkrise 27
    1. Veränderungen in der Energiewirtschaft 28
    2. Wirtschaftswachstum und Preisstabilität 29
    3. Zahlungsbilanzen und monetäre Probleme 30
    4. Anpassung der Industriestruktur 31
    5. Auswirkungen auf die Entwicklungsländer 32
  V. Der Charakter der Mineralölkrise 32
 VI. Die Folgen der Mineralölkrise für die weitere Entwicklung des Energiemarktes 33
    1. Die zukünftigen Entwicklungstendenzen der Energiemärkte . . 35
    2. Die Rolle der Kernenergie 36
    3. Konfliktpotential bei der Entwicklung der Kernenergie . . . 39
ANHANG 41
LITERATUR 42

DIE HISTORISCHE ENTWICKLUNG DER FRIEDLICHEN NUTZUNG DER
KERNENERGIE / Wolf Häfele 43
   I. Die Suche nach der Internationalisierung der Kernenergie . . 43
  II. Die friedliche Nutzung der Kernenergie als Mittel der »Arms Control« 45
 III. Die Entwicklung von Kernreaktoren 47
 IV. Die friedliche Nutzung der Kernenergie als Element der europäischen Einigung 49

V. Die Zusammenarbeit zwischen Europa und den Vereinigten Staaten von Amerika 52
VI. Die Probleme der Kontrolle nuklearen Materials und der NV-Vertrag 55
VII. Die breitere Nonproliferationsproblematik 59
Literatur 62

MISSBRÄUCHLICHE VERWENDUNG DER KERNENERGIE – EINE BEGRIFFSBESTIMMUNG / Werner Ungerer 65

I. Verwendungsarten der Kernenergie 65
II. Variationen des Missbrauchsbegriffs 66
III. Der Bau von Atombomben 72
IV. Friedliche Kernsprengungen 78
V. Subnationale Diversion 79
VI. Zusammenfassung 84
Literatur 84

HAUPTENTWICKLUNGEN AUF DEM GEBIET DER INDUSTRIELLEN NUTZUNG DER KERNENERGIE / Hans-Peter Lorenzen 85

I. Einleitung 85
II. Reaktoren 86
   1. Bestandsaufnahme 86
   2. Deutung der jetzigen Situation 87
   3. Probleme des Kostenvergleichs und der atomrechtlichen Genehmigungsverfahren 89
   4. Konsequenzen für die Kernkraftwerkstypen 91
III. Urananreicherungsanlagen 98
   1. Bestandsaufnahme 98
   2. Deutung der jetzigen Situation 99
   3. Auswahlkriterien 99
   4. Konsequenzen für die Anreicherungsverfahren 100
IV. Grenzen der Kernenergie 101
Anhang 103
Literatur 104

DIE KONVENTIONALISIERUNG DER KERNENERGIE UND DER WANDEL DER NONPROLIFERATIONSPOLITIK – VERTEILUNG UND KONTROLLE ALS POLITISCHES KONFLIKTPOTENTIAL / Uwe Nerlich . . . 107

I. Krise der Nonproliferationspolitik? 107
II. Die Konfiguration der Nuklearpolitik bis Ende der sechziger Jahre 108

III. Die Übergangsphase: Vom NV-Vertrag zur Ölkrise 111
IV. Die neue Konfiguration nuklearer Politik 116
   1. Die veränderte Rolle der Kernenergie in den westlichen Industriestaaten 117
   2. Die Politik des Reaktorexports 122
      a) Der Fall Ägypten 122
      b) Der Fall Iran 135
   3. Vier Proliferationsmodelle 140
V. Einige Konsequenzen für die Politik westlicher Industrieländer 145
Literatur 149

Probleme der friedlichen Nutzung der Kernenergie und die Rolle internationaler Organisationen

DIE ROLLE INTERNATIONALER ORGANISATIONEN BEI DER VERHINDERUNG MISSBRÄUCHLICHER VERWENDUNG DER KERNENERGIE /
Werner Ungerer 153

  I. Vereinte Nationen 153
    1. Die Atomenergie-Kommission der Vereinten Nationen und der Baruch-Plan 153
    2. Das »Atoms-for-Peace«-Programm 155
    3. Bemühungen um nukleare Abrüstung 156
    4. Der Vertrag zur Nichtverbreitung von Kernwaffen 158
    5. Der Vertrag von Tlatelolco 159
    6. Erfolglosigkeit der nuklearen Abrüstungsgespräche 160
  II. Internationale Atomenergie-Organisation (IAEA) 161
    1. Aufgabenstellung auf dem Gebiet der Sicherungsmaßnahmen . . . 161
    2. Langsames Anlaufen der Anwendung von Sicherungsmaßnahmen 162
    3. Das Kontrollsystem gemäß INFCIRC/66 164
    4. Begrenzte Anwendung des Kontrollsystems 165
    5. Kritik an den IAEA-Kontrollen 169
    6. Zwischenbilanz 171
    7. Artikel III des NV-Vertrags 171
    8. Der Ausschuß für Sicherungsmaßnahmen 173
    9. Das Modellabkommen 177
   10. Abschluß von Kontrollabkommen gemäß NV-Vertrag 180
   11. Das Verifikationsabkommen mit Euratom 181
   12. Die Chancen eines weltweiten Kontrollsystems 184
   13. Sicherungsmaßnahmen beim Export von Kernerzeugnissen . . . 186
   14. Die Beobachtung friedlicher Kernsprengungen 188
   15. Empfehlungen zur Sicherheit von Kernmaterial 190
 III. Europäische Atomgemeinschaft (Euratom) 192
    1. Das Kontrollsystem des Euratom-Vertrags 192
    2. Vorteile des Euratom-Kontrollsystems 194

  3. Schwierigkeiten und Konflikte 197
  4. Bekräftigung Euratoms durch das Verifikationsabkommen 200
IV. Kernenergie-Agentur (NEA) der OECD 200
  1. Aufgabenstellung 200
  2. Das NEA-Kontrollsystem 201
  3. Praktische Bedeutung 203
V. Organisation für das Verbot nuklearer Waffen in Lateinamerika
  (OPANAL) 204
  1. Die Vertragsbestimmungen 204
  2. Inkrafttreten und Tätigwerden 206
VI. Schlussfolgerungen 208
  1. Die Rolle der verschiedenen internationalen Organisationen 208
  2. Sinn und Zweck internationaler Kontrollen 209
  3. Schwächen des internationalen Kontrollsystems 212
  4. Erstrebenswerte Verbesserungen 214
    a) Vermeidung von Kontrollkumulierungen 214
    b) Die Ausdehnung internationaler Sicherungsmaßnahmen 215
    c) Kontrollauflagen beim Export von Kernerzeugnissen 217
    d) Beschränkungen der Vermittlung von Know-how 218
    e) Weiterentwicklung des Teststop- und des NV-Vertrags 218
    f) Sicherheit von Kernmaterial 221
    g) Forschung und Entwicklung 222
  5. Empfehlungen für die Nuklearpolitik der Bundesrepublik Deutschland 222
Literatur 224

DIE SICHERHEIT KERNTECHNISCHER EINRICHTUNGEN ALS KONFLIKTQUELLE IM INTERNATIONALEN BEREICH / Helmut Schnurer / Hans-Christoph Breest 227
 I. Einleitung 227
 II. Sicherheitsprobleme bei kerntechnischen Einrichtungen 228
  1. Sicherheitsprobleme bei Kernreaktoren und Kernkraftwerken . . . 229
    a) Das Gefahrenpotential bei der Kernspaltung 229
    b) Sicherheitsmaßnahmen 233
    c) Standortprobleme 237
    d) Ergebnis der Sicherheitsbemühungen 238
  2. Sicherheitsprobleme im Kernbrennstoffkreislauf 239
  3. Sicherheitsprobleme beim Wastemanagement 241
    a) Radioaktive Abfälle aus der Kerntechnik 241
    b) Gefährdungspotential radioaktiver Abfälle 242
    c) Endlagerung radioaktiver Abfälle 245
    d) Gesamtsystem Entsorgung der Kerntechnik 246
  4. Sicherheitsprobleme beim Transport 248
 III. Aufsicht über die friedliche Kernenergienutzung 249

    1. Aufsicht im nationalen Bereich 249
        a) Gesetzliche Grundlagen für die friedliche Kernenergienutzung 249
        b) Zuständigkeiten im atomrechtlichen Genehmigungsverfahren 252
    2. Internationale Bindungen 252
IV. KONFLIKTSITUATION IM INTERNATIONALEN BEREICH 253
    1. Allgemeine Ursachen für mögliche Konflikte 253
    2. Nachbarstaaten 256
    3. Industriestaaten 257
    4. Kerntechnische Entwicklungsländer 258
    5. Internationale Organisationen 258
V. DIE BESONDERE PROBLEMATIK BEI DER BRENNELEMENTAUFARBEITUNG, BEIM WASTEMANAGEMENT UND BEIM TRANSPORT HOCHRADIOAKTIVER STOFFE 258
    1. Brennelementaufarbeitung 259
    2. Wastemanagement 260
    3. Transport hochradioaktiver Stoffe 261
VI. AUSBLICK AUF KONFLIKTLÖSENDE MASSNAHMEN IM INTERNATIONALEN BEREICH 261
ANHANG 265
LITERATUR 268

HAFTUNG FÜR NUKLEARE SCHÄDEN / Werner Boulanger 269

  I. EINIGE GRUNDPROBLEME 269
 II. INTERNATIONALE HAFTUNGSÜBEREINKOMMEN 270
    1. Das »Pariser Übereinkommen« über die Haftung gegenüber Dritten auf dem Gebiet der Kernenergie vom 29. Juli 1960 in der Fassung des Zusatzprotokolls vom 28. Januar 1964 270
    2. Das »Brüsseler Zusatzübereinkommen« vom 31. Januar 1963 (in der Fassung vom 28. Januar 1964) zum Pariser Übereinkommen 271
    3. Das (Brüsseler) Übereinkommen über die Haftung auf dem Gebiet des Seetransports von Kernmaterial vom 17. Dezember 1971 273
    4. Das »Wiener Übereinkommen« über die Haftung für nukleare Schäden vom 21. Mai 1963 273
    5. Das »Brüsseler Übereinkommen« über die Haftung der Inhaber von Reaktorschiffen vom 25. Mai 1962 274
III. DIE BISHERIGE ENTWICKLUNG DER INTERNATIONALEN HAFTUNGSÜBEREINKOMMEN 275
    1. Harmonisierung des Atomhaftungsrechts – Lösung von Problemen 275
    2. Stand der Ratifikationen; Vorschläge zur Revision der Haftungsübereinkommen 277
IV. RÜCKBLICK UND AUSBLICK 280
LITERATUR 281

STRAHLENSCHUTZ ALS AUFGABE DES UMWELTSCHUTZES BEI DER
ZIVILEN NUTZUNG DER KERNENERGIE / Karl Aurand 283

   I. Entwicklung des Strahlenschutzes 283
  II. Internationale Zusammenarbeit auf dem Gebiet des Strahlenschutzes 285
      1. Nichtstaatliche internationale Organisationen 285
         a) Internationale Strahlenschutz-Kommission (ICRP) 285
         b) Internationale Kommission für Radiologische Einheiten und Strahlenmessung (IRCU) 286
         c) Internationale Strahlenschutz-Vereinigung (IRPA) 286
         d) Internationale Organisation für Normung (ISO) 287
      2. Vereinte Nationen und ihre Sonderorganisationen 287
         a) Vereinte Nationen 287
         b) Internationale Atomenergie-Organisation (IAEA) 287
         c) Die Internationale Arbeitsorganisation (ILO) 288
         d) Weltgesundheitsorganisation (WHO) 288
         e) Organisation für Ernährung und Landwirtschaft (FAO) 289
      3. Organisationen für die Europäische Zusammenarbeit 289
         a) Die Kernenergie-Agentur (NEA) der OECD und andere Organisationen 289
         b) Die Europäische Atomgemeinschaft (Euratom) 290
 III. Internationale Aufgaben des Strahlenschutzes 290
   Literatur 296

ATOMENERGIE, UMWELTSCHUTZ UND INTERNATIONALE KONFLIKTE
– EIN AUSBLICK / Peter Menke-Glückert 297

     I. Kerntechnik als Leitbild der Politik 297
    II. Atomenergie als Modell für Forschungsplanung 299
   III. Kritiker der Atomenergie 300
   IV. Vorsorgeprinzip des Atom- und Strahlenschutzrechts 303
    V. Bewährungsproben für Reaktorsicherheit 304
   VI. Nutzen und Wirtschaftlichkeit der Atomenergie 305
  VII. Kommunikationsschwierigkeiten 308
 VIII. Sonderrolle der Kernenergie 310
   IX. Notwendige europäische Standortplanung 311
    X. Überwachung des spaltbaren Materials 315
   XI. Gefährdeter Energiehaushalt der Erde 316
  XII. Globale Strukturpolitik und Kernenergie 317
 XIII. Kernenergie als Kapazität für soziale Innovationen 321
   Literatur 322

DIE VERTEILUNG VON KERNBRENNSTOFFEN: DAS PROBLEM DER
ROHSTOFFE UND DER ANREICHERUNG / Felix Oboussier 325

I. Die internationale Zusammenarbeit bei der Verteilung von
   Spaltstoffen 325
   1. Internationale Atomenergie-Organisation (IAEA) 326
   2. Kernenergie-Agentur (NEA) der OECD 329
   3. Europäische Atomgemeinschaft (Euratom) 330
II. Die Stellung der Versorgungsagentur bei der Verteilung von
   Kernbrennstoffen 332
   1. Erze 332
   2. Natururan 332
   3. Angereichertes Uran 339
   4. Plutonium 352
III. Schlussfolgerung 354
Literatur 355

MULTILATERALE TECHNISCHE HILFE IM NUKLEARBEREICH / Peter
Schultze-Kraft 357

I. Die nukleare Technologie-Lücke als Konfliktpotential zwischen
   Industriestaaten und Entwicklungsländern 357
   1. Entwicklungsländer und Kernenergie 357
   2. Formen der Abhängigkeit 359
II. Allgemeines über multilaterale technische Hilfe im Nuklearbereich 361
   1. Formen 361
   2. Prinzipien 362
   3. Gebiete 363
   4. Das Technische-Hilfe-Programm der IAEA 364
   5. Die Technische-Hilfe-Leistungen der UN-Organisationen 365
   6. Die Technische-Hilfe-Leistungen regionaler Organisationen 365
III. Vergleich zwischen multilateraler und bilateraler technischer
   Hilfe 366
   1. Vorzüge der multilateralen technischen Hilfe 366
      a) Weltweiter Apparat 366
      b) Vielfältigere Hilfsmöglichkeiten 367
      c) Unabhängigkeit von politischen Maximen 367
      d) Fehlen kommerzieller Interessen 368
      e) Psychologische Momente 368
      f) Begegnung der Experten aus Entwicklungsländern 369
   2. Nachteile der multilateralen technischen Hilfe 369
      a) Abhängigkeit von der Kooperationsbereitschaft der Mitgliedstaaten . . 369
      b) Geringe Flexibilität 369
      c) Hoher Verwaltungsaufwand 370
      d) Beschränktheit der Mittel im Einzelfall 371
      e) Gebundenheit an freiwillige Beiträge 371
      f) Sachfremde Einflüsse auf die Prioritätenwahl 371

IV. Schlussfolgerungen 372
    1. Beurteilung der multilateralen technischen Hilfe im Nuklearbereich   372
    2. Verbesserungsmöglichkeiten 373
Literatur 375

BEDEUTUNG UND EINFLUSS DER INFORMATION IM KERNTECHNISCHEN BEREICH / Rudolf Brée 377
    I. Allgemeine Grundlagen kerntechnischer Information 377
    II. Bereitstellung von kerntechnischer Information 378
    III. Entwicklung der internationalen Zusammenarbeit 379
    IV. Einschränkung des Informationsflusses 382
    V. Der positive Einfluss der internationalen Zusammenarbeit . . . 384
    VI. Vorschläge zur Verbesserung der Informationsversorgung . . 385
    VII. Die Informationsversorgung der Bundesrepublik Deutschland . 386
Literatur 387

FRIEDLICHE KERNSPRENGUNGEN ALS HERAUSFORDERUNG UND AUFGABE INTERNATIONALER ORGANISATIONEN / Stephan Freiherr von Welck 389
    I. Vorbemerkung 389
    II. Der Einsatz friedlicher Kernsprengungen 389
        1. Anwendungsmöglichkeiten 390
        2. Derzeitiger technologischer Entwicklungsstand 391
    III. Die Tätigkeit internationaler Organisationen 393
        1. Technologische Probleme 393
        2. Politische Probleme 394
           a) Internationale Vereinbarungen über die Begrenzung atomarer Rüstung   396
           b) Mitwirkung bei Sicherungsmaßnahmen 402
           c) Vorbereitung und Durchführung friedlicher Kernsprengungen 402
    IV. Ökologische Probleme 408
    V. Juristische Probleme 410
    VI. Schlussbemerkung 413
Literatur 414

Die Politik der Hauptakteure

KERNENERGIE UND INTERNATIONALE ORGANISATIONEN / Beate Lindemann 419
    I. Die Rolle der internationalen Organisationen 419

1. Historische Perspektive 419
　　2. Künftige Aufgaben 422
　II. Nationale Interessenlagen 424
　　1. Kernwaffenstaaten 424
　　　a) Die Supermächte 425
　　　b) Frankreich und Großbritannien 430
　　　c) Die Volksrepublik China 432
　　　d) Die Zusammenarbeit der Kernwaffenstaaten 433
　　　e) Die Stellung der Kernwaffenstaaten im Sekretariat der IAEA 434
　　2. Industrielle Nichtkernwaffenstaaten 435
　　3. Entwicklungsländer 438
　III. Die Zusammenarbeit der internationalen Organisationen 441
　　1. Zusammenarbeit internationaler Bürokratien 441
　　2. Zusammenarbeit von Staatengruppen 445
　IV. Einige Schlussfolgerungen 446
Literatur 449

DIE POLITIK DER BUNDESREPUBLIK DEUTSCHLAND ZUR FRIEDLICHEN NUTZUNG DER KERNENERGIE / Karl Kaiser 451
　I. Die Bundesrepublik und die nukleare Frage 451
　II. Faktoren der Veränderung 455
　III. Das Problem der Nichtverbreitung von Kernwaffen 458
　　1. Die Fortsetzung der klassischen Nichtverbreitungspolitik 459
　　2. Nichtverbreitungspolitik und kerntechnische Exporte 462
　　3. Die nichtstaatliche Ebene 463
　　4. Das Instrumentarium der Nichtverbreitungspolitik 465
　IV. Subnationale Diversion und Unfallschutz 467
　V. Schluss 469
Literatur 470

PERSONENREGISTER 471

SACHREGISTER 472

DIE AUTOREN 477

ABKÜRZUNGSVERZEICHNIS

ABC-Waffen	atomare, bakteriologische, chemische Waffen
ACC	Administrativ Committee on Co-ordination (Verwaltungsausschuß für Koordination)
ACDA	Arms Control and Disarmament Agency (Agentur für Rüstungskontrolle und Abrüstung)
BASF	Badische Anilin- und Sodafabrik
BE	Brennelemente
CCD	Conference of the Committee on Disarmament (Konferenz des Abrüstungsausschusses)
CEA	Commissariat à l'Energie Atomique (Atomenergie-Kommission Frankreichs)
Ci	Curie (Maßeinheit der radioaktiven Strahlung)
CNEN	Comitato Nazionale per l'Energia Nucleare (Nationaler Ausschuß für Kernenergie Italiens)
DWR	Druckwasserreaktor
ECOSOC	Economic and Social Council (Wirtschafts- und Sozialrat der Vereinten Nationen)
EdF	Electricité de France (französische Elektrizitätsgesellschaft)
EDV	Elektronische Datenverarbeitung
ENDC	Eighteen Nation Disarmament Committee (Achtzehn-Mächte-Abrüstungsausschuß)
ENDS	European Nuclear Documentation System (Europäisches Nukleardokumentationssystem)
ENEA	European Nuclear Energy Agency (Europäische Kernenergie-Agentur)
ENUSA	Empresa Nacional del Uranio (Nationales Unternehmen für Uran, Spanien)
ERDA	Energy Research and Development Agency (Agentur für Energieforschung und Entwicklung)
Euratom	Europäische Atomgemeinschaft
EVU	Elektrizitätsversorgungsunternehmen
EWG	Europäische Wirtschaftsgemeinschaft
EPA	Environmental Program Agency (Umweltschutzamt, Vereinigte Staaten)
FAO	Food and Agriculture Organization (Organisation für Ernährung und Landwirtschaft)
GATT	General Agreement on Tariffs and Trade (Allgemeines Abkommen über Steuern und Handel)
GAU	Größter-Anzunehmender-Unfall
GGR	Gas-Graphit-Reaktor
GW	Gigawatt (= 10^6 Kilowatt)
HTR	Hochtemperaturreaktor
HLW	High-Level-Waste
IAEA	International Atomic Energy Agency (Internationale Atomenergie-Organisation)
ICBM	Intercontinental Ballistic Missile (Interkontinentalrakete)
ICRP	International Commission on Radiological Protection (Internationale Strahlenschutzkommission)

ICRU	International Commission on Radiological Units (Internationale Kommission für Radiologische Einheiten und Strahlenmessung)
IDA	International Development Association (Internationale Entwicklungsgesellschaft)
ILO	International Labour Organisation (Internationale Arbeitsorganisation)
IMCO	Inter-Gouvernmental Maritime and Consultative Organization (Zwischenstaatliche Beratende Seeschiffahrtsorganisation)
INIS	International Nuclear Information System (Internationales Nuklearinformationssystem)
ISO	International Organization for Standardization (Internationale Organisation für Normung)
JAEC	Joint Atomic Energy Commission (Gemeinsame Atomenergie-Kommission – Senat/Repräsentantenhaus, Vereinigte Staaten)
JANEC	Inter-American Nuclear Energy Commission (Interamerikanische Kernenergie-Kommission)
KBSt	Kernbrennstoff
KKW	Kernkraftwerk
Kr	Krypton
Kt	Kilotonne
KW	Kilowatt
LTB	Limited Test Ban Treaty (begrenzter Teststop-Vertrag)
LWGR	mit leichtem Wasser gekühlter und graphit-moderierter Reaktor
MCi	Megacurie
MLF	Multilateral Force (multilaterale Streitkraft)
MW	Megawatt*
MWd/t	Megawattage pro Tonne
Na	Natrium
NEA	Nuclear Energy Agency (Kernenergie-Agentur)
NGO	non-gouvernmental organization (nichtgouvernementale Organisation)
NV-Vertrag	Vertrag über die Nichtverbreitung von Kernwaffen
OAPEC	Organization of the Arab Petroleum Exporting Countries (Organisation der Arabischen Erdölexportierenden Länder)
OAS	Organization of American States (Organisation amerikanischer Staaten)
OAU	Organization of African Unity (Organisation für Afrikanische Einheit)
OECD	Organization for Economic Cooperation and Development (Organisation für Wirtschaftliche Zusammenarbeit und Entwicklung)
OEEC	Organization for European Economic Cooperation (Organisation für Europäische Wirtschaftliche Zusammenarbeit)
OPANAL	Organismo para la Prohibición de las Armas Nucleares en la America Latina (Organisation für das Verbot von Kernwaffen in Lateinamerika)
OPEC	Organization of the Petroleum Exporting Countries (Organisation der Erdölexportierenden Länder)
PNE	Peaceful Nuclear Explosion (friedliche Kernsprengung)
Pu	Plutonium
ra	radioaktiv
RE	Rechnungseinheit
RGW	Rat für Gegenseitige Wirtschaftshilfe
RWE	Rheinisch-Westfälische Elektrizitätswerke
SAC	Scientific Advisory Committee (Wirtschaftlicher Beratungsausschuß)
SALT	Strategic Arms Limitation Talks (Gespräche über die Begrenzung strategischer Waffen)
SBR	schneller Brutreaktor

SNR	schneller natriumgekühlter Reaktor
SpP	Spaltprodukt
SST	Supersonic Transport (Überschallverkehrsflugzeug)
SWR	Siedewasserreaktor
TEA	Trennarbeit
TNT	Trinitrotoluol
U	Uranium
UF_6	Uranhexafluorid
UN	United Nations (Vereinte Nationen)
UNCTAD	United Nations Conference on Trade and Development (Welthandelskonferenz)
UNDP	United Nations Development Program (Entwicklungsprogramm der Vereinten Nationen)
UNEP	United Nations Environmental Program (Umweltprogramm der Vereinten Nationen)
UNESCO	United Nations Educational, Scientific, and Cultural Organization (Organisation der Vereinten Nationen für Erziehung, Wissenschaft und Kultur)
UNHCR	United Nations High Commissioner for Refugees (Flüchtlingsfonds der Vereinten Nationen)
UNICEF	United Nations Children's Fund (Weltkinderhilfswerk)
UNIDO	United Nations Industrial Development Organization (Organisation der Vereinten Nationen für Industrielle Entwicklung)
UNSCEAR	United Nations Scientific Committee on the Effects of Atomic Radiation (Wissenschaftlicher Ausschuß der Vereinten Nationen zur Untersuchung der Wirkung ionisierender Strahlung)
UNITAR	United Nations Institute for Training and Research (Ausbildungs- und Forschungsinstitut der Vereinten Nationen)
UNRWA	United Nations Relief and Works Agency for Palestine Refugees in the Near East (Hilfswerk der Vereinten Nationen für arabische Flüchtlinge aus Palästina)
URG	United Reprocessors GmbH
USAEC	United States Atomic Energy Commission (Atomenergie-Kommission der Vereinigten Staaten)
W	Watt
WA	Wiederaufarbeitung
WEU	Westeuropäische Union
WHO	World Health Organization (Weltgesundheitsorganisation)
ZAED	Zentralstelle für Atomenergiedokumentation

* Bei Angaben über installierte Kernkraftwerksleistung handelt es sich um elektrische Megawatt, bei Nachwärme und Abbrand um thermische Megawatt (MW_{th}) – 1 thermisches Megawatt entspricht $1/3$ elektrischen Megawatt.

VORWORT

Im Laufe des Jahres 1971 setzte sich innerhalb des Forschungsinstituts der Deutschen Gesellschaft für Auswärtige Politik zunehmend die Überzeugung durch, daß die friedliche Nutzung der Kernenergie für die Innen- und Außenpolitik der Bundesrepublik Deutschland an Bedeutung ständig zunehmen würde. Diese Überlegungen waren in starkem Maße auch von Diskussionen beeinflußt, die innerhalb der Studiengruppe Sicherheit der Gesellschaft angestellt wurden, in der seit mehreren Jahren in einem Kreis von Wissenschaftlern, hohen Beamten, Bundestagsabgeordneten, Journalisten und anderen Persönlichkeiten des öffentlichen Lebens Probleme der Sicherheit in Europa und der Welt erörtert werden.

Am 26. Februar 1973 konstituierte sich eine Projektgruppe, die in wechselnder Zusammensetzung bis zum Juli 1974 tagte und in der die im Zusammenhang mit dem Forschungsprojekt aufkommenden Probleme sowie Kapitelentwürfe diskutiert wurden. Ihr gehörten an: Prof. Dr. Karl Aurand, Bundesgesundheitsamt, Berlin; Prof. Dr. Alfred Böttcher, Kernforschungsanlage Jülich GmbH; Dr. Rudolf Botzian, Stiftung Wissenschaft und Politik, Ebenhausen bei München; Dr. Werner Boulanger, Bundesministerium für Forschung und Technologie, Bonn; Dr. Rudolf Brée, Königswinter; Hans-Christoph Breest, Bundesministerium des Innern, Bonn; Prof. Dr. Karl Carstens, Direktor des Forschungsinstituts der Deutschen Gesellschaft für Auswärtige Politik e. V., Bonn (bis 31. 1. 1973), seit Herbst 1972 Mitglied des Deutschen Bundestags; Prof. Dr. Gottfried Erb, Universität Gießen; Prof. Dr. Jochen Abr. Frowein, Universität Bielefeld; Prof. Dr. Wolf Häfele, Institut für Angewandte Systemtechnik und Reaktorphysik, Karlsruhe, International Institute for Applied Systems Analysis, Laxenburg (Österreich); Prof. Dr. Karl Kaiser, Direktor des Forschungsinstituts der Deutschen Gesellschaft für Auswärtige Politik e. V., Bonn (seit 1. 6. 1973), Universität Köln; Prof. Dr. Wilhelm Kewenig, Universität Kiel; Dr. Ulf Lantzke, Besonderer Berater des Generalsekretärs der OECD für Energiefragen, Paris, Exekutiv-Direktor der Internationalen Energie-Agentur, Paris; Beate Lindemann, Forschungsinstitut der Deutschen Gesellschaft für Auswärtige Politik e. V., Bonn; Reinhard Loosch, Bundesministerium für Forschung und Technologie, Bonn, Mitglied des Gouverneursrats der IAEA, Wien; Dr. Hans-Peter Lorenzen, Bundesministerium für Forschung und Technologie, Bonn, seit September 1973 Botschaft der Bundesrepublik Deutschland, London; Peter Menke-Glückert, Bundesministerium des Innern, Bonn; Dr. Jan-Beldem Mennicken, EG-Vertretung der Bundesrepublik Deutschland, Brüssel; Uwe Nerlich, Stiftung Wissenschaft und Politik, Ebenhausen bei München, 1974/75 Stanford Center for Advanced Study in the Behavioral Sciences, Palo Alto (Kalifornien); Dr. Felix Oboussier, Generaldirektor der Versorgungsagentur der Europäischen Atomgemeinschaft, Brüssel; Dr. Phil-Heiner Randermann, Auswärtiges Amt, Bonn, seit Sommer 1975 Vertretung der Bundesrepublik Deutschland bei den Vereinten Nationen, New York; Dr. Hans-Alard von Rohr, Vertretung der Bundesrepublik Deutschland bei den internationalen Organisationen, Wien, seit Oktober 1973 Generalkonsulat der Bundesrepublik Deutschland, Kalkutta; Prof. Dr. Ulrich Scheuner, Universität Bonn; Dr. Helmut Schnurer, Bundesministerium des Innern, Bonn; Peter Schultze-Kraft, Internationale Atomenergie-Organisation, Wien; Dr. Helmut Sigrist, Generaldirektor bei der Europäischen Gemeinschaft, Brüssel, seit August 1973 Auswärtiges Amt, Bonn; Dr. Werner Ungerer, Ständiger Vertreter der Bundesrepublik Deutschland bei den internationalen Organisationen, Wien; Dr. Gebhardt von Walther, Geschäftsführender stellvertretender Präsident der Deutschen Gesellschaft für Auswärtige Politik e. V., Bonn; Dr. Stephan Freiherr von Welck, Bundesministerium für Forschung und Technologie, Bonn.

Die Projektgruppe nahm ihre Arbeit unter dem damaligen Direktor des Forschungsinstituts, Prof. Dr. Karl Carstens, auf, dem an dieser Stelle für seinen Beitrag zu dieser Arbeit herzlich gedankt sei. Die Deutsche Gesellschaft für Friedens- und Konfliktforschung, die Alfried Krupp von Bohlen und Halbach-Stiftung und die Fritz Thyssen Stiftung haben die erforderlichen Mittel für die Durchführung des Projekts zur Verfügung gestellt. Ihnen gilt hierfür unser aufrichtiger Dank.

Redaktionsschluß für die Beiträge zu diesem Band war Sommer/Herbst 1974. Nur in einigen Fällen konnten noch Hinweise auf neuere Entwicklungen eingebracht werden.

Unser besonderer Dank gilt den Autoren und Mitgliedern der Projektgruppe für ihre Mitarbeit. Die Herausgeber sind sicherlich nicht die einzigen Mitglieder dieser Gruppe, die die Diskussionen in Bonn unter Experten sehr verschiedener Disziplinen und Herkunft als ungewöhnlich anregend und fruchtbar empfanden. Die Projektgruppe war davon überzeugt, daß in der Bundesrepublik Deutschland ein erheblicher Nachholbedarf hinsichtlich der systematischen Beschäftigung mit den politischen, sozialen und ökonomischen Konsequenzen der friedlichen Nutzung der Kernenergie besteht. Die für Mai dieses Jahres geplante Überprüfungskonferenz des Nichtverbreitungsvertrags wird einige der hierbei auftauchenden Fragen erneut in den Mittelpunkt der öffentlichen Diskussion rücken.

Wir hoffen, daß der vorliegende Band einen Beitrag zur Versachlichung dieser Diskussion leistet und darauf aufmerksam macht, daß der Bundesrepublik Deutschland auf diesem Gebiet im internationalen Geschehen besondere Verantwortung zukommt.

Bonn, im Februar 1975   Karl Kaiser   Beate Lindemann

Kernenergie als Konfliktquelle in der internationalen Politik

DIE ENERGIESITUATION ALS RAHMENBEDINGUNG FÜR KONFLIKTE

Ulf Lantzke

I. Der wachsende Energieverbrauch als energiepolitische Grundtatsache

Bei aller Unsicherheit, die für die Aussagen über die Welt von morgen kennzeichnend sind, steht folgendes fest: Daß der Bedarf an Energie weltweit weiterhin wachsen wird, ist eine der Grundtatsachen, mit der wir rechnen müssen und auf die sich die vorausschauende Politik auf absehbare Zeit einzurichten hat. Einer der Gründe dafür leuchtet unmittelbar ein: Die Zeit, in der sich die Weltbevölkerung verdoppelt, liegt gegenwärtig bei ungefähr 30 Jahren. Bis zum Jahre 2000 haben wir mit fast doppelt so vielen Menschen zu rechnen wie heute. Der Mehrbedarf an Energie, der sich allein hieraus ergibt, liegt weit höher, als sich durch Einsparungen und rationellere Nutzung an anderer Stelle wettmachen ließe.

Das Bevölkerungswachstum ist aber nicht die einzige Ursache, die zu einem Anstieg der Energienachfrage führt. Es gibt weitere Faktoren, die das Wachstum beeinflussen und die untereinander eng zusammenhängen. Zu denken ist hier an die nach den strukturellen Veränderungen des Winters 1973/74 zu erwartende Zunahme wirtschaftlicher Aktivität sowie an die weltweit erstrebte Anhebung des Lebensstandards. Beide Faktoren haben Auswirkungen auf den Energieverbrauch. Jede wirtschaftliche Betätigung, jeder Produktionsakt und jede Dienstleistung sind an den Einsatz von Energie gebunden. Doch nicht nur im Produktionsbereich erfordert jede Ausweitung mehr Energie. Auch im Konsumbereich lassen fast alle Verbesserungen der Lebensbedingungen den Energieverbrauch steigen. Lebensstandard läßt sich darin ausdrücken, wieviel Energie in Form von Licht, Wärme, Kraft jeder einzelne im privaten Bereich verwendet. Der Pro-Kopf-Verbrauch an Energie ist daher für den Lebensstandard eine der wichtigsten Kennzahlen.

In den einzelnen Volkswirtschaften wirken sich die verschiedenen Komponenten, die zu einer Erhöhung des Energieverbrauchs führen, sehr unterschiedlich aus. Das gilt insbesondere bei einem Vergleich zwischen Industrie- und Entwicklungsländern, obwohl es auch hier trotz aller Unterschiede im Ergebnis eine überraschende Parallelität gibt. Die Entwicklungsländer haben stärkere Grundbedürfnisse, die steigenden Energieeinsatz erforderlich machen. Die Industrieländer verfügen über eine komplizierte Wirtschaftsstruktur, die immer höher

Anforderungen an den Energieeinsatz stellt. Es kann daher davon ausgegangen werden, daß der Energiebedarf in beiden Fällen zunimmt.

Vor der Mineralölkrise galt es als sinnvolle Arbeitshypothese, von einer Verdoppelung des Weltenergiebedarfs in der Zeit von 1970 bis 1985 und von 1985 bis 2000 auszugehen. Dieser Prognose lag eine gewisse wirtschaftliche Normalentwicklung zugrunde, die weder durch eine grundsätzliche Änderung im Verbraucherverhalten noch durch eine tiefgreifende Störung der Marktentwicklung beeinflußt und beeinträchtigt worden ist. Inzwischen besteht Anlaß, einige ihrer Grundannahmen zu modifizieren. Die Notwendigkeit dazu ergibt sich aus den Veränderungen auf dem Weltmineralölmarkt.

Seit die internationalen Gesellschaften um 1950 begannen, die Ölfelder am Persischen Golf zu erschließen, entwickelte sich der Mineralölmarkt zu einem ausgesprochenen Käufermarkt. Mineralöl wurde in scheinbar unbegrenzten Mengen zu außerordentlich günstigen Preisen angeboten. Die Folge war, daß der sehr komfortable Energieträger Mineralöl in den Industrieregionen die weit weniger komfortable Kohle weitgehend verdrängte – ein Prozeß, der in kurzfristiger Betrachtung vorteilhaft erscheinen mußte, in seinem langfristigen Trend aber zu neuen Konfliktsituationen geführt hat. Im Jahre 1970 wurde der Primärenergieverbrauch der Welt zu 45 vH durch Mineralöl gedeckt. Ein weiteres Ansteigen des Mineralölanteils bis etwa 1985 auf fast 50 vH des Gesamtbedarfs schien unter rein ökonomischen Aspekten nicht unwahrscheinlich. In absoluten Zahlen hätte das – bei einem sich insgesamt etwa verdoppelnden Weltenergieverbrauch – eine Ausweitung von 2270 Mio. t im Jahr 1970 auf 5120 Mio. t im Jahre 1985 bedeuten können. Diese Vorausrechnung stimmt heute nicht mehr. Wenn die weitere Politik der erdölexportierenden Länder auch nur schwer abzuschätzen ist, so steht doch fest, daß die Zeiten der niedrigen Erdölpreise endgültig vorbei sind. Den großzügigen Umgang mit Energie, der eine Folge des billigen Angebots war, wird man sich in Zukunft nicht mehr leisten können. Das wird sicher zu einer Dämpfung der Nachfrage führen, allerdings darf die Nachfrageelastizität, d. h. die Wirksamkeit des Marktes für sich allein, auch nicht überschätzt werden. Energie ist – und das unterscheidet sie beispielsweise von den meisten Rohstoffen, die ebenfalls knapp oder verknappt werden können – nicht substituierbar. Der Bedarf hat, je nach Bevölkerungszahl und Stand der industriellen Entwicklung, eine gewisse Zwangsläufigkeit. Unter Berücksichtigung der politischen Zielsetzungen in den einzelnen Staaten, die trotz eines geschärften Bewußtseins für die »Grenzen des Wachstums« auf absehbare Zeit noch immer auf Wirtschaftswachstum ausgerichtet sein werden und wohl auch sein müssen, erscheint es realistisch, weiterhin von einem weltweit steigenden Energiebedarf auszugehen. Jedenfalls gilt das für die heute überschaubare Zukunft.

Die Aufgabe, den wachsenden Energiebedarf in den einzelnen Volkswirtschaften zu decken, gewinnt zunehmende Bedeutung für die internationale Politik. Die Mineralölkrise hat das eindrucksvoll illustriert. Sie hat außerdem gezeigt, daß Störungen in der Energieversorgung von einer bestimmten Größenordnung an weltweite Auswirkungen haben und daß im Grunde alle Staaten auf diese Störungen äußerst empfindlich reagieren. Es ist nicht zu hoch gegriffen, wenn man das Problem der Energieversorgung in globaler Sicht mit dem der Nahrungsmittelversorgung oder mit dem der Erhaltung lebensnotwendiger Gleichgewichtslagen in der uns umgebenden natürlichen Umwelt vergleicht. Bei allen Problemen handelt es sich um Teilaspekte der einen Aufgabe: die existentiellen Grundlagen der Menschheit zu sichern. Diese Aufgabe aber läßt sich auf die Dauer mit den isolierten nationalen Mitteln nicht lösen.

II. Der wachsende Energieverbrauch als internationales Problem

Mit dem wachsenden Energieverbrauch ist ein neues Element in die internationale Politik gekommen. Die vielfachen Aktivitäten und internationalen Initiativen aller Beteiligten seit Oktober 1973, die nicht in allen Fällen ein nüchternes, vorausschauendes Kalkül der grundlegenden Problematik erkennen ließen, haben das deutlich gemacht. Einmal ergibt sich die Notwendigkeit zu neuen, gleichsam von der Sache her erzwungenen, internationalen Verflechtungen. Zum anderen bleibt das Auftauchen einer neuen Komponente im internationalen Bereich nicht ohne Auswirkungen auf die bereits bestehenden zwischenstaatlichen Beziehungen und Verflechtungen. Neue Interessengegensätze können sich entwickeln, die auf bisherige Vereinbarungen, Kompromisse, Partnerschaften und Spielregeln ausstrahlen. Bei der wichtigen Rolle, die die Energieversorgung für jede Volkswirtschaft spielt, und bei der großen Bedeutung, die ihr demzufolge jeder Staat beimessen muß, gibt es kaum einen Bereich in der internationalen Politik, der von den Auswirkungen energiepolitisch bedingter Spannungen nicht erfaßt werden könnte.

Aus der Sicht der einzelnen Staaten sind es vor allem sechs Sachverhalte, durch die das Problem der Energieversorgung in den internationalen Bereich hineinwächst.

– Die Verteilung der konventionellen Primärenergieträger – Kohle, Mineralöl, Naturgas, Natururan – richtet sich nicht nach der politischen Landkarte, sondern nach der Geologie. Einige Länder verfügen über weit mehr Energiereserven als sie benötigen, andere sind auf Importe angewiesen. Als Beispiel sei hier auf die weltweite Verteilung der Mineralölreserven hingewiesen. Die Länder des Nahen Ostens, auf die im Jahre 1972 nur etwa 2,5 vH des Welterdölverbrauchs entfielen, vereinigten im selben Jahr über 34 vH der Welterdölförderung auf sich und verfügen über 53,8 vH der bis Ende 1972 nachgewiesenen Reserven. Westeuropa dagegen, dessen Erdölverbrauch im Jahre 1972 etwa 27 vH des Weltverbrauchs ausmachte, war an der Förderung lediglich mit 0,6 vH beteiligt. Sein Anteil an den bis zum Jahresende 1972 nachgewiesenen Reserven betrug etwa 1,3 vH. In Japan ist das Mißverhältnis von Bedarf und eigenen Vorräten ähnlich groß wie in Westeuropa.

— Das Vorhandensein von Primärenergieträgern allein reicht für die Versorgung einer Volkswirtschaft mit Energie noch nicht aus. Vielmehr sind erhebliche Investitionen erforderlich, um die technischen Anlagen für die Gewinnung, Umwandlung, den Transport und die Verteilung von Energie zu bauen. Nicht jede Volkswirtschaft verfügt über die hierzu notwendigen finanziellen Mittel.

— Nicht alle konventionellen Energieträger sind regenerierbar. Sowohl die fossilen Brennstoffe, wie Kohle, Erdöl, Erdgas, als auch das bisher in der Reaktortechnik eingesetzte spaltbare Material sind auf der Welt nur begrenzt vorhanden. Einige dieser Energieträger werden schon in verhältnismäßig kurzer Zeit, alle jedoch auf lange Sicht knapp werden. Um den Energiebedarf auch in der späteren Zukunft decken zu können, ist es erforderlich, neue Technologien zu entwickeln. Das aber setzt erhebliche Forschungs- und Entwicklungskapazitäten voraus, die in der Zeit der scheinbaren temporären Überflußsituation der sechziger Jahre zwangläufig vernachlässigt wurden.

— Die Gewinnung von Nutzenergie durch Freisetzung aus Primärenergieträgern (etwa in Kraftwerken) sowie die Umwandlung von Primär- in Sekundärenergieträger (vor allem in Raffinerien) ist nur in großtechnischen Prozessen möglich. Diese Prozesse sind potentiell für die Umwelt gefährlich, sei es durch die Abgabe von Schadstoffen an die Atmosphäre, sei es durch Abwärme, die das ökologische Gleichgewicht stören könnte. Störungen dieser Art reichen über die Landesgrenzen hinaus.

— Die Sicherheit der Versorgung mit Nutzenergie wird um so größer, je mehr Anbieter sich in einem Verbund zusammenschließen. Derartige Verbundsysteme sind vor allen Dingen in der Elektrizitätswirtschaft üblich. Es liegt nahe, sie auch über Staatsgrenzen hinausgreifen zu lassen.

— Staaten, die einen freien Kapitalverkehr und Auslandsinvestitionen im eigenen Land zulassen, haben sich mit dem Phänomen der multinationalen Unternehmen auseinanderzusetzen. Wenn diese Unternehmen auch nur in dem von den beteiligten Staaten selbst geschaffenen weltwirtschaftlichen Klima gedeihen können und eine mögliche gezielte Klimaverschlechterung nicht überstehen würden, so gehören sie doch in gewisser Weise zu den Vorgegebenheiten, denen staatliche Politik Rechnung tragen muß. Da derartige Unternehmen sich insbesondere auf dem Mineralölmarkt, zunehmend aber auch auf dem zukunftsträchtigen Nuklearmarkt betätigen, gehören sie zu den Faktoren, durch die das Problem der Energieversorgung in den internationalen Bereich hineinwächst.

III. Der wachsende Energieverbrauch als Rahmenbedingung internationaler Konflikte

Innerhalb des engeren Bereichs der Energiepolitik bieten die sechs aufgeführten Sachverhalte nicht nur den Hintergrund für internationale Kontakte und mögliche Kooperation, sondern sie bilden auch den Rahmen für potentielle Konflikte und Konfrontationen. Konfliktsituationen können sich – soweit sie im letzten ökonomisch motiviert sind – entweder daraus ergeben, daß zwischen den Beteiligten ein Abhängigkeitsverhältnis besteht oder daß ein von mehreren benötigtes Gut knapp ist. Beide Konstellationen sind im Energiebereich potentiell angelegt: Konfliktträchtig sind hier zumindest die regionale Knappheit von Primärenergieträgern, finanziellen Mitteln und technischem Wissen sowie die sich hieraus ergebenden vielfältigen Abhängigkeitsverhältnisse. Aber auch aus der Errichtung von Verbundanlagen oder multinationalen Unternehmen können sich Konflikte unterschiedlichen Gewichts ergeben. In den nächsten Jahren wird besonders das Problem der regional unterschiedlichen Verteilung der Primärenergieträger zu weiteren Auseinandersetzungen führen. Außerdem werden wahrscheinlich neue Konflikte auftreten, die sich durch die Umweltbelastung oder durch die Abhängigkeit von technischem Wissen ergeben und die vor allem durch die stärkere Betonung der Kernenergie eine zunehmende Bedeutung erlangen werden.

IV. Die Reichweite der Folgen internationaler Konflikte im Energiebereich am Beispiel der Mineralölkrise

Bis September 1973 konnte sich die Weltwirtschaft – von regionalen und sektoralen Friktionen abgesehen – auf eine im ganzen krisenfreie, wenn auch in ständiger Bewegung befindliche Weltenergiewirtschaft stützen. Die dann beginnende Ölkrise hat gezeigt, wie umfassend die Auswirkungen sind, wenn aus einer stets vorhandenen Risikosituation eine offene Krise entsteht. Ihre Dimensionen werden besonders an den ökonomischen Folgen deutlich, aber auch ihre außen- und sicherheitspolitischen Folgen gewinnen an Bedeutung. Gerade das Ergebnis der Energiekonferenz in Washington vom Februar 1974 zeigt die tiefgreifende Verflechtung von ökonomischen, außenpolitischen und sicherheitspolitischen Tatbeständen im Energiebereich.

Die wirtschaftlichen Implikationen der Ölkrise lassen sich im wesentlichen in sechs Kategorien zusammenfassen:

– Veränderungen in der Energiewirtschaft;
– Veränderungen im Wirtschaftswachstum und in der Preisstabilität;
– Veränderungen in den Zahlungsbilanzen und den monetären Problemen;

- Veränderungen in der Industriestruktur;
- Veränderungen in den Wirtschaftsbeziehungen zwischen Industriestaaten und Rohölförderländern;
- Veränderungen in den Entwicklungsländern.

1. Veränderungen in der Energiewirtschaft

Als unmittelbare Folge der Ölkrise des Winters 1973/74 ist mit einer tendenziellen Verknappung des Gesamtenergieangebots bis Mitte der achtziger Jahre zu rechnen, die trotz einer forcierten Entwicklung neuer Energiequellen nicht voll aufgefangen werden kann. Deshalb muß zunächst durch gezielte Einsparung von Energie und durch Programme für ihre rationellere Verwendung der Grad der Abhängigkeit der Gesamtvolkswirtschaft vom Rohöl verringert werden. Die Krise hat aber auch gezeigt, daß die Elastizitäten in den Volkswirtschaften größer waren, als ursprünglich vermutet wurde. Mit gezielten Programmen für die Industrie, aber auch im privaten Verbrauch müßte es möglich sein, relativ kurzfristig zu konkreten Ergebnissen zu kommen.

Gleichzeitig müssen Investitionen erfolgen zur Erschließung von Energieressourcen, die einen höheren Grad an Lieferstabilität haben, als dies für Rohöl derzeitig der Fall ist. Zu nennen sind vor allem Steinkohle, Erdgas und ein – gegenüber den ursprünglichen Plänen – verstärkter Ausbau der Kernenergie. Aber auch die Erschließung von Ölvorräten in Regionen, die bisher aus Kostengründen nicht in Betracht gekommen sind, muß erfolgen. Schließlich ist die Verstärkung der Forschung im Energiebereich notwendig, um vor allem die langfristigen Probleme eines tendenziell weiter wachsenden Weltenergieverbrauchs für die nächste Generation zu lösen.

Umfassende Planung und vielseitige Reformen sind erforderlich, um die Energieversorgung der westlichen Welt auf eine solidere wirtschaftliche Basis zu stellen. Eine Entlastung auf der Nachfrageseite ist durch Sparmaßnahmen relativ kurzfristig zu erreichen, so daß die von den Rohölförderländern betriebene Politik einer Angebotsverknappung aufgefangen werden könnte. Die Investitionen für die Erschließung neuer Energiequellen würen dagegen mittelfristig, etwa für die Zeit von 1978 bis 1985, einen Beitrag zur Entspannung der Lage leisten. Die Maßnahmen im Bereich von Forschung und Entwicklung – und hier ist insbesondere an die Fortentwicklung der Nuklearenergie, aber sehr langfristig auch an geothermische und Solarenergie zu denken – würden sich dagegen erst auf die Sicherung der Energieversorgung für die nächste Generation auswirken.

Insgesamt wird es darauf ankommen, Aktionsprogramme zu entwickeln und zu verwirklichen, die den unmittelbaren Auswirkungen auf unsere Gesamtwirtschaft in Form von Energieverknappung und Verteuerung entgegenwirken. Zugleich aber sollen durch die Entwicklung neuer Technologien, durch verstärkte Investitionen und durch Rationalisierung positive, bisher nicht vorhandene Anstöße aus dem Energiebereich auf die Gesamtvolkswirtschaft gegeben werden, um auf diese Weise der Herausforderung durch die Energiekrise zu begegnen.

2. Wirtschaftswachstum und Preisstabilität

Die Frage nach den Auswirkungen der Ölkrise auf Wirtschaftswachstum und Preisstabilität ist für die Industrieländer von größter Wichtigkeit. In der Weltwirtschaft war bereits im Winterhalbjahr 1973/74 eine spürbare Verlangsamung des konjunkturellen Wachstums festzustellen, die durch die Energiekrise deutlich verstärkt wurde. Die höheren Zahlungsverpflichtungen für importiertes Öl verringerten zunächst einmal die im Inland umlaufende nachfragewirksame Geldmenge. Die Investitionsneigung der Unternehmen ließ angesichts der vorhandenen Unsicherheitsfaktoren nach. Die Nachfrage der privaten Haushalte wurde beeinträchtigt. Als Folge ist eine deutliche Verlangsamung des realen Wirtschaftswachstums zu erwarten. Für Westeuropa wird im Jahre 1974 kaum mit einer stärkeren Zunahme des Bruttosozialprodukts als etwa 2 vH gerechnet. Selbst im wachstumsorientierten Japan rechnet man zum ersten Mal mit einer Expansion um kaum mehr als 3,5 vH.

Als Folge einer solchen Entwicklung müssen die Erwartungen an einen ständig steigenden Lebensstandard, an immer weiter wachsenden Wohlstand und an eine dynamische Weiterentwicklung der Wirtschaft eingeschränkt werden. Gesamtwirtschaftlich entscheidend ist jedoch, daß dieser Trend zu geringerem Wachstum nicht zu einer weltweiten Rezession führen darf, deren wirtschaftliche und politische Folgen kaum abzuschätzen wären. Zur gleichen Zeit müssen die inflationsfördernden Elemente der Ölpreiserhöhungen begrenzt werden. Im Winter 1973/74 haben sich die Ölpreissteigerungen für Europa mit etwa 2,5 vH auf die Steigerung des Lebenshaltungskostenindexes ausgewirkt und den weltweit vorhandenen Inflationstrend zusätzlich verstärkt. In den meisten Verbraucherländern ergaben sich Inflationsraten von über 10 vH im Vergleich zum Vorjahr; in Einzelfällen wurde die 20-vH-Grenze überschritten. Die Verstärkung der Inflationsmentalität ist mit hohen Gefahren für das Funktionieren der Weltwirtschaft verbunden.

Durch die Auswirkungen der Energiekrise in den Bereichen Wirtschaftswachstum und Preisstabilität sind zusätzliche Gefahrenmomente in die Weltwirtschaft gekommen, die in sich gegensätzlich sind: Einmal machten die Beschränkungen des Wirtschaftswachstums durch das verminderte Energieangebot eine Lockerung der Stabilitätspolitik erforderlich, und zum anderen wurde der Preisauftrieb durch die Energiepreiserhöhung sowohl direkt wie indirekt angeheizt.

3. Zahlungsbilanzen und monetäre Probleme

Ein dritter schwieriger Fragekreis ergibt sich aus der zusätzlichen Belastung der Zahlungsbilanzen der erdölverbrauchenden Länder und aus den monetären Problemen, die durch die veränderten Ölpreise verursacht worden sind. Die Auswirkungen auf die Zahlungsbilanzen der einzelnen Industrieländer werden unterschiedlich sein: Länder mit einer ohnehin schwachen Leistungsbilanz werden härter getroffen als Länder mit einer starken Exportwirtschaft. Länder mit einem hohen Eigenanteil an der Energieversorgung werden günstiger dastehen als Länder mit sehr hohen Importanteilen. Als Beispiel für die Verschiedenartigkeit der Situation dienen folgende Staaten: Die Bundesrepublik mit ihrer hoch entwickelten Exportwirtschaft kann mit Zahlungsbilanzproblemen relativ gut fertig werden; die Niederlande können ihre zusätzlichen Ölausgaben weitgehend mit zusätzlichen Einnahmen aus ihren Erdgasausfuhren kompensieren. Italien dagegen hat strukturelle Schwierigkeiten und sah sich bereits zu einschneidenden Importmaßnahmen gezwungen. Trotz aller Verschiedenartigkeit der Situation kann sich bei dem hohen Grad der Verflechtung der Volkswirtschaften sowohl innerhalb der EWG wie weltweit kein Land in einer relativ guten Position fühlen. Nachhaltige wirtschaftliche Schwierigkeiten in einem Land haben negative Rückwirkungen in den anderen Ländern zur Folge.

Erschwert werden die Zahlungsbilanzprobleme einzelner Länder durch die Auswirkungen der Rohölpreiserhöhungen auf das Weltwährungssystem. Vergegenwärtigen wir uns kurz die Größenordnungen: Von 1970 bis 1973 sind die Einkünfte der Ölförderländer verhältnismäßig stark, aber doch gleichmäßig gestiegen – 1970: $ 7,6 Mrd., 1971: $ 11,8 Mrd., 1972: $ 15,0 Mrd., 1973: $ 20 bis 35 Mrd. Für 1974 wird ein Sprung auf $ 80 bis 130 Mrd. je nach Entwicklung der Eigentumsverhältnisse erwartet, und für 1980 gehen heutige Schätzungen von einer Größenordnung von $ 170 bis 180 Mrd. aus. Diese Zahlen machen deutlich, welchen großen Unsicherheiten die Entwicklung des Währungssystems ausgesetzt sein wird, denn die Absorptionsfähigkeit der Ölförderländer für diese riesigen Einnahmen ist begrenzt. Ein hoher Anteil des Geldes wird Anlagemöglichkeiten auf den Finanzmärkten der Welt finden. Erste Schätzungen gehen dahin, daß selbst bei einem hoch veranschlagten Importbedarf die fünf wichtigsten Förderländer im Golf im Jahre 1980 über Währungsreserven von $ 280 Mrd. verfügen werden. Die Weltwährungsreserven insgesamt beliefen sich Ende 1973 auf $ 185 Mrd.

Nach Schätzungen der OECD werden sich die Leistungsbilanzen von den Ländern, die der Organisation angeschlossen sind, 1974 um mehr als $ 40 Mrd. verschlechtern. Die Defizite der Entwicklungsländer aus der Ölpreiserhöhung werden sich allein auf fast $ 10 Mrd. belaufen. Dem werden auf seiten der Rohölförderländer Leistungsbilanzüberschüsse von voraussichtlich $ 50 Mrd. gegenüberstehen.

Die Größenordnungen zeigen, daß eine kurzfristige Anpassung der Verhältnisse allein über den Markt kaum zu erwarten ist: Denn werden die überschüssigen Ölgelder dort ihre Anlage suchen, wo sie zur Finanzierung von Zahlungsbilanzdefiziten dringend benötigt werden? Es muß schnell zu internationalen Lösungen kommen, wenn gravierende Ungleichgewichte in der Wirtschaftsentwicklung der Industriestaaten vermieden werden sollen. Ungleichgewichte könnten zwangsläufig zu politischen Konsequenzen führen, die Rückwirkungen auf das ganze Gefüge der Weltwirtschaft haben.

4. Anpassung der Industriestruktur

Neben den globalen Auswirkungen, die die Veränderungen auf dem Energiemarkt haben, werden auch sektorale Probleme entstehen. Am härtesten von der Energieverteuerung werden naturgemäß diejenigen Wirtschaftszweige betroffen, deren Energiekostenanteil an den Gesamtkosten besonders hoch ist. Die Schwankungsbreite, die hier besteht, ist ungewöhnlich groß und reicht von Bruchteilen von Prozenten bis über 50 vH in bestimmten metallurgischen Prozessen. Auch wenn heute noch nicht im einzelnen vorherzusehen ist, welche strukturellen Veränderungen im Wirtschaftsgefüge sich aus der Vervierfachung der Rohölpreise in wenigen Monaten ergeben werden, so erscheint doch eines als sicher: Der Trend, industrielle Fertigungen mit hohen Energiekostenanteilen in Regionen zu verlegen, in denen Energie und Rohstoffe zu niedrigeren Kosten zur Verfügung stehen, wird sich verstärken. Die Verarbeitung zu Halbfertigprodukten könnte bereits dort erfolgen, wo Energiemengen und Rohstoffe zur Verfügung stehen. Mit sehr viel geringerem Transportaufwand würden die Produkte dann zur Weiterverarbeitung in technologisch weiterentwickelte Volkswirtschaften transportiert. Ein solcher Trend wird sich nur dann positiv auf die Weltwirtschaft auswirken, wenn er sich organisch vollzieht und wenn sowohl bei den Industrieländern als bei den Rohstoffländern der Wille zu einer ungestörten wirtschaftlichen Arbeitsteilung in dieser Richtung vorhanden ist.

Eine derartige, sich organisch vollziehende Entwicklung würde zugleich zur Lösung eines anderen Problems beitragen, das in den letzten Jahren immer deutlicher hervorgetreten ist: Nahezu alle Ölförderländer streben für ihre Volkswirtschaft eine breitere Grundlage an. In einigen dieser Länder ist heute schon das Ende des Ölreichtums abzusehen, denn ihre Rohölreserven sind nicht unbegrenzt. Das bedeutet, daß sie bereits jetzt mit dem Aufbau neuer Industriezweige beginnen müssen, um nicht nach einer Periode des Überflusses wieder in Armut zurückzufallen. Das notwendige Kapital dafür ist in den Ölförderländern vorhanden. Es fehlt ihnen aber die Infrastruktur einer modernen Volkswirtschaft, es fehlt ihnen technisches Know-how, und es fehlt ihnen schließlich weitgehend an Arbeitskräften, die den Anforderungen einer auf breiterer Basis aufgebauten industriellen Volkswirtschaftsstruktur gewachsen sind. Hier bietet sich eine konstruktive Zusammenarbeit zwischen ölverbrauchenden und ölproduzierenden Ländern an, die zu einer Verstärkung der wirtschaftlichen Verflechtung und zu einer Verbesserung der wirtschaftlichen Beziehungen insgesamt beitragen könnte. Wie die Beispiele Iran und Algerien gezeigt haben, ist eine solche Entwicklung bei entsprechendem politischem Willen auch in relativ kurzen Zeiträumen möglich. Zugleich würde durch einen solchen Prozeß die Absorptionsfähigkeit der rohölfördernden Länder für die großen Kapitalmengen aus den Verbraucherländern zunehmen, so daß die Währungsproblematik durch Verringerung der Zahlungsbilanzüberschüsse entlastet würde.

5. Auswirkungen auf die Entwicklungsländer

Am härtesten werden die ökonomischen Konsequenzen aus der Ölkrise die nichtölproduzierenden Entwicklungsländer der Dritten Welt treffen. Diese Länder, die keine Rohstoffe für den Export, keine eigenen Energiequellen und keine ausreichenden Nahrungsmittel haben, werden heute als die »Vierte Welt« bezeichnet[1]. Die Mehrkosten aus den Ölpreiserhöhungen belaufen sich für sie auf rund $ 10 Mrd. jährlich. Die Entwicklungshilfe der Industrieländer lag im Jahre 1973 vergleichsweise bei etwa $ 8,5 Mrd. Sie wird infolge der Mehrbelastung, die den Industriestaaten aus der Ölpreiserhöhung entstanden ist, kurzfristig auch nicht wesentlich verstärkt werden können.

Schon bisher war es außerordentlich schwierig, die Volkswirtschaft in den Entwicklungsländern auf eine breitere industrielle Basis zu stellen, da die Staaten kaum die erforderlichen Voraussetzungen für die Entwicklung einer modernen Industriestruktur haben. Diese Schwierigkeiten sind durch die Ölpreisentwicklung noch entscheidend verschärft worden, und es besteht die Gefahr, daß es für die »Ärmsten der Armen« zu einer Katastrophe kommt, wenn es Industrieländern und Erdölländern nicht sehr schnell gelingt, die Folgen des Ölpreisproblems für die Entwicklungsländer (der Vierten Welt) zu entschärfen.

V. Der Charakter der Mineralölkrise

Die Darstellung der sechs ökonomischen Problemkreise, die in der Erdölkrise des Winters 1973/74 ihre Ursache haben, hat deutlich gemacht, wie weit die Folgen einer plötzlich auftretenden Energiekrise reichen können. Daß eine derartige Entwicklung mit den ernsten Gefahren für die Weltwirtschaft relativ plötzlich und überraschend auftreten konnte, bleibt unverständlich. Spätestens seit Ende der sechziger Jahre war vielen Fachleuten klar, daß die Zeit des Energieüberflusses sich ihrem Ende näherte und daß es eine Illusion war zu

[1] Siehe William E. *Griffith,* Die Energiekrise und die Entwicklungsländer, in: *Europa-Archiv,* Folge 12/1974, S. 405–411.

glauben, Energie würde immer, zu allen Zeiten, an allen Plätzen der Welt zu billigsten Preisen zur Verfügung stehen. Es war vorauszusehen, daß die siebziger und achtziger Jahre von einem latenten Energiemangel gekennzeichnet sein würden und daß der bisherige Käufermarkt in einen Verkäufermarkt umschlagen würde. Die Gefahren politischer Störungen des Marktes, aber auch die erheblicher Preissteigerungen nahmen zu.

Obwohl etwa seit 1970 über diese Generaltendenz weitgehendes Einvernehmen unter den Fachleuten bestand, konnte der Sachverhalt einer breiteren Öffentlichkeit, aber auch den politischen Entscheidungsträgern, nicht verständlich gemacht werden. Die mengenmäßigen Restriktionsmaßnahmen der arabischen Ölförderländer im Oktober 1973 trafen die ölverbrauchenden Länder also nicht völlig unvorbereitet, aber sie kamen in ihrer Breitenwirkung doch verhältnismäßig überraschend. Es erwies sich dann in den folgenden Monaten, daß die Elastizität sowohl in der Energienachfrage als auch in der administrativen Handhabung der Krise größer war als vielfach vermutet. Die Herausforderung, die in der mengenmäßigen Verknappung des Öls lag, wurde von der Öffentlichkeit und von der verbrauchenden Wirtschaft als Tatsache hingenommen, und die Krise wurde ohne übergroße Auswirkungen auf die allgemeinen ökonomischen Bedingungen und auf den allgemeinen Lebensstandard überwunden. Das ist insgesamt eine positive Erfahrung aus der Ölkrise des Winters 1973/74.

Die negative Erfahrung allerdings, die für die Zukunft erhebliche Bedeutung haben kann, ist folgende: Schon heute ist festzustellen, daß die Folgen des energiewirtschaftlichen Umbruchs von der öffentlichen Meinung nicht mehr ernst genug genommen werden. Das allgemeine Bewußtsein, daß die Energiekrise in ihrer gegenwärtigen Erscheinungsform einer Preiskrise erhebliche Veränderungen für unsere gesamte Wirtschaftsstruktur und damit für das Leben eines jeden einzelnen mit sich bringen wird, ist nicht sehr ausgeprägt. Das bringt die Gefahr mit sich, daß Entscheidungen und Maßnahmen unterbleiben, die notwendig wären, um bestimmten gefährlichen Entwicklungstendenzen vorzubeugen. Es gibt zwar zur Zeit keine gravierenden mengenmäßigen Engpässe mehr. Es bleibt aber Tatsache, daß die Rohölpreise – und importiertes Mineralöl ist zumindest für die europäische und japanische Wirtschaft die Basis der gesamten Energieversorgung – sich innerhalb weniger Monate mehr als vervierfacht haben. Die Verbraucher von Energie werden 1974, als Folge dieser Entwicklung, zwischen $ 60 und 80 Mrd. mehr aufbringen müssen als 1973.

VI. Die Folgen der Mineralölkrise für die weitere Entwicklung des Energiemarktes

Am Beispiel der Mineralölkrise haben sich die wichtigsten Konfliktsituationen gezeigt, die sich heute aus der Verflechtung der Energieversorgung im internationalen Bereich ergeben. Ähnliche Krisensituationen, wenn auch im Einzeltatbestand sehr viel differenzierter, sind in Zukunft im Kernenergiebereich denkbar, z. B. für die Versorgung mit spaltbarem Material, für die Weitergabe von technischem Wissen oder für die Sauberhaltung der Umwelt. Sie können sich zu politischen Konflikten ausweiten und damit zu Hemmnissen für die Entwicklung der Kernenergie werden. Wie die Ölkrise zeigt, lassen sich derartige Konfliktsituationen nur sehr begrenzt bilateral behandeln, denn durch die Verflechtung der Weltwirtschaft werden sie immer unmittelbare Auswirkungen auf das gesamte internationale Wirtschafts- und Währungssystem haben. Weltweite Vorkehrungen zur Konfliktentschärfung und Konfliktbewältigung sind also notwendig.

Die Situation des Weltenergiemarktes, wie sie sich als Hintergrund der aktuellen Ölkrise dargestellt hat, ist durch folgende Faktoren gekennzeichnet:

– Die Vorräte der bisher bevorzugten Energieträger Mineralöl und Erdgas sind nicht unendlich; die Grenzen ihrer Nutzung und Expansion sind deutlich abzusehen. Außerdem sind die beiden Energieträger auch in Zukunft mit erheblichen politischen und ökonomischen Risiken belastet.
– Steinkohle steht in weit größerem Umfang zur Verfügung als Mineralöl und Erdgas. Die Steinkohlenförderung ist jedoch äußerst arbeitsintensiv und deshalb mit hohen Kosten belastet. Keine Volkswirtschaft, die wettbewerbsfähig bleiben will, könnte isoliert eine erhebliche zusätzliche Belastung tragen, ohne daß es zu wirtschaftlichem Rückschritt käme.
– Kernenergie dagegen ist bereits heute bei den gegebenen Energiepreisen wettbewerbsfähig. Die Vorräte an spaltbarem Material sind erheblich, und obwohl die Exploration von Kernbrennstoff erst am Anfang steht, ist anzunehmen, daß die Reserven mit hoher Wahrscheinlichkeit größer als bei anderen Energieträgern sind. Der gegenwärtige Anteil der Kernenergie an der Energieversorgung ist noch sehr gering. Sie stellt aber für die absehbare Zukunft, angesichts des Forschungs- und Entwicklungsstandes bei anderen neuen Energiearten, die einzige Alternative zum Mineralöl dar.

Schon vor der Erdölkrise zeichnete sich in den Industrieländern sowohl für die Energiepolitik der Regierungen als auch für die Investitionspolitik der Energieunternehmen der deutliche Trend ab, stärker als in der Vergangenheit die Sicherheit der Energieversorgung zu betonen. Die Entwicklung dahin, die importierten Energien Erdöl und Erdgas für die Marktversorgung im Rahmen des Möglichen einzugrenzen und statt dessen die Entwicklung heimischer oder quasi heimischer Energiearten zu forcieren. Dieser Trend ist durch die Erdölkrise zwangsläufig verstärkt und beschleunigt worden. Alle bisher bekanntgewordenen energiepolitischen Neuorientierungen geben deutliche Hinweise in dieser Richtung. Das gilt in gleichem Maße für das amerikanische »Project Independence«, für das japanische »Project Sunshine« sowie für die Strategievorstellungen der Europäischen Kommission. Alle nach der Krise vorgenommenen Schätzungen von der zukünftigen Entwicklung der Energieträger enthalten gegenüber den Schätzungen vor Oktober 1973 eine deutliche Zurücknahme der Erwartungen beim Erdöl und eine ebenso deutliche Zunahme der Erwartungen für das Wachstum der anderen Energiearten, insbesondere der Kernenergie.

1. Die zukünftigen Entwicklungstendenzen der Energiemärkte

Die Ölkrise des Winters 1973/74 hat die bisherigen Prognosen über die mögliche weitere Entwicklung des Energieverbrauchs insgesamt, insbesondere aber auch die Schätzungen über die Anteile der verschiedenen Primärenergieträger am Gesamtenergieverbrauch, gründlich verändert. Eine Vielfalt neuer ökonomischer Berechnungen, die von der Vervierfachung des Rohölpreises innerhalb weniger Monate ausgehen, werden von den verschiedensten internationalen und nationalen Stellen durchgeführt. Es wird der Versuch unternommen, die Auswirkungen bestimmter Faktoren zu kalkulieren, für die es bisher keine vergleichbaren Erfahrungswerte gibt: Das gilt sowohl im Hinblick auf die Auswirkungen, die die Vervierfachung der Erdölpreise auf das Verbraucherverhalten und auf die gesamtwirtschaftliche Entwicklung hat, als auch im Hinblick auf die konkreten Auswirkungen auf die energiepolitischen Entscheidungen der Regierungen. Diese drei Faktoren sind von entscheidender Bedeutung für das Gesamtwachstum und die Höhe des Energiebedarfs. Das Problem wird weiter dadurch kompliziert, daß die Auswirkungen in den verschiedenen Verbrauchs- und Produktionsbereichen und in den andersartigen regionalen Verbrauchsstrukturen wahrscheinlich erhebliche Unterschiede aufweisen werden.

Die OECD hat eine Untersuchung durchgeführt, die keine Vorhersage der zukünftigen Entwicklung sein soll, sondern die vielmehr unter Zugrundelegung bestimmter Prämissen den Versuch unternimmt, die Folgen von Preisveränderungen auf dem Energiemarkt für die mögliche zukünftige Entwicklung zu erfassen. Die wesentlichsten Ergebnisse dieser Untersuchung sind in der Tabelle im Anhang[2] wiedergegeben. Die Untersuchungen weisen auf den Trend für die zukünftige Entwicklung hin, für die Begründung energiepolitischer Maßnahmen, für unternehmenspolitische Entscheidungen und schließlich für die Einschätzung künftiger Konfliktsituationen:

– Der gesamte Primärenergieverbrauch wird bei allgemeinem Wirtschaftswachstum wesentlich niedriger sein, als früher erwartet worden ist, absolut wird er aber noch erheblich steigen.
– Das Mineralöl wird bis 1985 seine dominierende Stellung behalten. Sein Rückgang gegenüber den Schätzungen vor Oktober 1973 ist mit über 1 Mrd. t

---
[2] Siehe Anhang S. 41.

allerdings von erheblichem Gewicht. Hinzu kommt eine bedeutende Verschiebung der Versorgungsstruktur, denn durch die Erhöhung der Rentabilität heimischer Lagerstätten ist mit einer wesentlich stärkeren Zunahme der Ölförderung in den OECD-Ländern, einschließlich der zu diesen Ländern gehörenden Offshore-Förderung, zu rechnen. Die Importe aus Nicht-OECD-Ländern würden nach diesen Berechnungen stagnieren, wenn nicht sogar leicht zurückgehen.
- Für die Steinkohle werden die zusätzlichen Folgen der Ölpreisveränderung verhältnismäßig begrenzt bleiben. Es ist zu vermuten, daß die absoluten Wachstumszahlen sich zwar in bedeutenden Größenordnungen bewegen, aber daß sie hinter übersteigerten Erwartungen deutlich zurückbleiben.
- Das Erdgas wird den schon vor der Ölkrise vorhandenen Trend zu hohen Zuwachsraten fortsetzen und noch verstärken. Auch hier ist mit einer strukturellen Verschiebung zur größeren Gewinnung aus heimischen Quellen zu rechnen.
- Am interessantesten ist im Rahmen dieser Untersuchung die Kernenergie:

   a) Schon die Schätzungen vor der Ölkrise ließen ein rasches Anwachsen des Anteils der Kernenergie an der Gesamtprimärenergieversorgung erwarten (1972: ca. 1 vH, 1985: ca. 10 vH).

   b) Die Beschleunigung dieses Prozesses hält sich mit 6 vH im Jahre 1980 noch in verhältnismäßig geringen Grenzen. Die Annahme erscheint angesichts der langen Vorlaufzeiten für Kernenergieanlagen von sechs bis acht Jahren durchaus plausibel.
Bis 1985 beschleunigt sich die Entwicklung dann stärker und wird bei 15 vH gegenüber den Vor-Oktober-Schätzungen liegen.

   c) Diese überproportionale Beschleunigung tritt trotz zurückgenommener Erwartungen im Zuwachs des Gesamtenergieverbrauchs ein, die sich etwa in gleicher Größenordnung halten wie das angenommene Wachstum der Kernenergie.

   d) Die Kernenergie übernimmt vom Mineralöl die Rolle desjenigen Energieträgers, der auch in absoluten Zahlen das höchste Wachstum ausweist.

   e) Eine Entlastung durch die unkonventionellen Energieträger, wie Solarenergie oder geothermische Energie, ist bis 1985 nicht zu erwarten. Auch für die Jahre darüber hinaus ist nach dem gegenwärtigen Stand der technischen Entwicklung eine grundlegende Veränderung der Situation durch das Hinzutreten neuer unkonventioneller Energieträger nicht absehbar.

2. *Die Rolle der Kernenergie*

Für die überschaubare Zukunft bleibt eine beschleunigte Entwicklung der Kernenergie die einzige Alternative zu einer sich verstärkenden Abhängigkeit vom Energieträger Erdöl und der damit verbundenen nachhaltigen Verschiebung der politischen und ökonomischen Gewichte in der Welt. Offen bleibt bei dieser Betrachtung, ob die Kernenergie auch in der Lage sein wird, die ihr unter wirtschaftlichen Gesichtspunkten zufallende Rolle zu übernehmen. Zweifel gibt es in dreierlei Richtung: Werden die Ressourcen ausreichen, um eine Energieversorgung in dem quantitativ vorausgeschätzten Rahmen zu gewährleisten? Bestehen ökologische Bedenken gegen ein Wachstum der Kernenergie in diesem Umfang? Und schließlich: Gibt es allgemeinpolitische Bedenken gegen einen beschleunigten Ausbau der Kernenergie?

Ohne im Rahmen dieses Beitrags auf Details einzugehen, muß festgestellt werden, daß alle drei Fragen positiv beantwortet werden können. Diese Aussage stützt sich auf Untersuchungen der OECD, und sie ist in der im Januar 1975 veröffentlichten Studie über die langfristigen Aussichten des Energiemarktes im einzelnen belegt worden. Allerdings setzt die energiepolitisch erfolgreiche Nutzung der Kernenergie eine aktive, auf die Bewältigung von Engpässen ausgerichtete Politik der beteiligten Regierungen und Unternehmen voraus.

Im Ressourcenbereich müssen folgende Engpässe überwunden werden:

- Natururan: Es sind heute insgesamt 866 000 t Uranvorkommen (U_3O_8)[3] bekannt, deren Gewinnungskosten unter $ 10/lb liegen. Die gegenwärtige jährliche Zuwachsrate für neu entdeckte Reserven beläuft sich auf etwa 65 000 t U/Jahr. Sie müßte bis Ende der siebziger bzw. Anfang der achtziger Jahre auf 150 000 bis 220 000 t ausgeweitet werden. Eine derartige Beschleunigung erscheint möglich, da die Explorationsentwicklung in diesem Bereich erst am Anfang steht. Außerdem ist ein Ausweichen in Uranvorräte, die nur zu höheren Gewinnungskosten gefördert werden können, angesichts des geringen Anteils der reinen Brennstoffkosten an den Gesamtkosten möglich.
- Urananreicherung: Der zweite Engpaß könnte in der Bereitstellung von Anreicherungskapazität liegen, da zumindest die erste Generation von Kernkraftwerken auf den Einsatz von angereichertem Uran angewiesen sein wird. Die gegenwärtige Trennkapazität liegt bei 18 Mio. kg. Sie müßte bis 1985 auf etwa 67 Mio. kg ausgeweitet werden, um den Anforderungen forcierter Kernkraftwerksprogramme gewachsen zu sein. Auch diese Aufgabe müßte lösbar sein, zumal erhebliche neue Kapazitäten im Bau, in der Planung oder angekündigt sind.
- Industrielle Fertigungskapazitäten: In der Vergangenheit haben sich gelegentlich Verzögerungen bei der Fertigstellung von Kernkraftwerken ergeben, die auf Engpässe in der Fertigung der Reaktoranlagen zurückzuführen waren. Dies gilt vor allem für die großen Teileinheiten, wie Reaktordruckgefäße u. ä. Bei der Beurteilung derartiger Engpässe muß berücksichtigt werden, daß die Reaktorbauindustrie am Anfang ihrer Entwicklung steht und daß dementsprechend die Anpassung der Fertigungskapazitäten nur zögernd erfolgt,

---

[3] Chemische Formel für Natururan.

solange nicht die dauerhafte Nachfrage gesichert ist. Es kann erwartet werden, daß mit dem Umschlagen der Preise für klassische Wärme-Primärenergiequellen im Winter 1973/74 und angesichts der langfristigen Planungshorizonte in der Elektrizitätswirtschaft bisher bestehende Unsicherheiten ausgeräumt werden können und die Reaktorbau- und Zulieferindustrie sich auf die veränderte Situation einstellen kann.
- Weiterentwicklung des technischen Entwicklungsstandes: Die gegenwärtig wettbewerbsfähigen Reaktortypen haben noch einen verhältnismäßig geringen Wirkungsgrad. Eine kontinuierliche Fortentwicklung der Reaktortechnik erscheint notwendig, um einem stark zunehmenden Bedarfszuwachs gerecht zu werden. Die in allen wesentlichen Industrieländern der Welt forciert betriebene Kernenergieforschung läßt erwarten, daß in absehbarer Zeit hochentwickelte Reaktortypen wie der Hochtemperaturreaktor und der schnelle Brutreaktor in der Industrie Anwendung finden können.

Im ökologischen Bereich stellen sich für eine beschleunigte Kernenergieentwicklung sowohl objektive wie subjektiv-psychologische Probleme. Keine andere industrielle Entwicklung des technischen Zeitalters ist von Anfang an von so kritischen, zielgerichteten Überlegungen zur Eindämmung etwaiger Sicherheitsrisiken begleitet gewesen wie gerade die Kernenergie. Das Interesse an Forschung und industrieller Nutzbarkeit ist seit Beginn ebenso groß gewesen wie das Interesse am Schutz der Umwelt gegenüber Risiken aus der neuen Technologie. Diese Entwicklung allein ist bereits ein Indiz für die objektive Realisierbarkeit der Fortentwicklung der Kernenergie. Sachprobleme bestehen weiter, und sie müssen gelöst werden, um einen Bruch in der Entwicklung und damit Rückschläge für die Rolle der Kernenergie in der Energiewirtschaft insgesamt zu verhindern:

- Notwendig ist eine sorgfältige Standortauswahl. Sie muß sowohl die zur Verfügung stehenden Kapazitäten an Kühlwasser als auch die Gefahr einer Konzentration von Anlagen in dicht besiedelten Regionen berücksichtigen. Eine detaillierte Planung ist erforderlich, die im Einzelfall weit über den Entscheidungsspielraum von Elektrizitätsunternehmen hinausreicht und eine überregionale Koordinierung erfordert.
- Die Weiterentwicklung der Kernenergie als wirtschaftliche Energiequelle macht die Verbesserung der heutigen Methoden zur Beseitigung radioaktiven Abfalls notwendig. Das gegenwärtige System ist für die derzeit vorhandenen und geplanten Kapazitäten sicherheitsmäßig zwar befriedigend, es muß jedoch weiterentwickelt werden, damit es den Anforderungen einer stark ausgeweiteten Kernenergieerzeugung gegen Ende des Jahrhunderts gerecht wird. Umfangreiche Forschungs- und Entwicklungsprogramme, die bereits eingeleitet sind, lassen erwarten, daß aus den Abfallproblemen keine definitiven Hemmnisse für eine positive Fortentwicklung entstehen.

— Schließlich ist in diesem Zusammenhang auf das Vorhandensein subjektiv-psychologischer Hemmnisse hinzuweisen, die in unterschiedlich ausgeprägtem Ausmaß in den meisten Industrieländern vorhanden sind. Es existieren in weiten Kreisen der Bevölkerung Besorgnisse gegenüber der Entwicklung der Kernenergie, die anerkannt und widerlegt werden müssen. Nur eine sorgfältige objektive Aufklärungsarbeit der verantwortlichen Regierungs- und Unternehmensstellen ist geeignet, die hier bestehende Skepsis auszuräumen und damit ein ernst zu nehmendes Hemmnis bei der Realisierung der Kernenergienutzung abzubauen.

Neben den drei erläuterten Sachverhalten gibt es eine Fülle von Einzelproblemen, die im Bereich Kernenergie und Umwelt gelöst werden müssen, um eine wesentliche Verzögerung in der Entwicklung zu verhindern.

Mit zunehmender Nutzung der Kernenergie gewinnt schließlich die politische Frage des Mißbrauchs von spaltbarem Material große Bedeutung. Sie kann nur durch eine sorgfältige, international abgesicherte Kontrolle sowohl im Detail wie global gelöst werden. Wichtig für eine erfolgreiche Lösung ist, daß die Notwendigkeit derartiger Kontrollsysteme von allen Beteiligten anerkannt und unter Zurückstellung von Kostenerwägungen praktiziert wird.

3. Konfliktpotential bei der Entwicklung der Kernenergie

Die Darstellung der Probleme, die sich im Zusammenhang mit der Entwicklung des neuen Energieträgers Kernkraft ergeben, macht deutlich, daß hier ein erhebliches Konfliktpotential entstehen kann, das zwar mit dem der Ölkrise nicht identisch ist, aber vergleichbare Ausmaße annehmen kann. Die Gesamtuntersuchung macht den Versuch, dieses Konfliktpotential zu definieren und den möglichen Beitrag internationaler Organisationen aufzuzeigen, der die Ausweitung der latenten Krisensituationen in aktuelle Konflikte verhindern soll. Global lassen sich vier Konfliktbereiche identifizieren:

— Die für die Erzeugung von Kernenergie notwendigen Ressourcen sind nicht unbegrenzt; das trifft sowohl für das spaltbare Material als auch für das technische Know-how zu. Temporäre Spannungen mit entsprechendem Wettbewerb um knappe Ressourcen sind denkbar. Uranförderländer haben die Möglichkeit, aus ihrer Begünstigung durch die Natur politischen Vorteil zu schlagen. Länder mit hohem technischem Know-how können die Entwicklung eines Angebotsmonopols anstreben. Insoweit bestehen von der Anlage her Parallelen zur Erdölsituation, die zwar im Anfangsstadium der Entwicklung noch nicht so deutlich hervortreten, die aber mit zunehmender Bedeutung der Kernenergie an Gewicht gewinnen können.
— Die sicherheitstechnischen Risiken der Kernenergie sind nach dem gegenwärtigen Erkenntnisstand beherrschbar. Die Qualität der Risiken ist jedoch von

einer Art, die eine internationale Lösung notwendig macht. Die theoretisch denkbaren Folgen unzureichender Sicherheitsbestimmungen in einem Land können erhebliche Auswirkungen auf andere Länder haben. Die Sicherheitsanforderungen können daher nicht allein Gegenstand nationaler Souveränität sein, wenn Konfliktsituationen im internationalen Bereich vermieden werden sollen.

– Die Energieversorgung auf der Basis der Kernenergie setzt eine hochindustrialisierte, auf größte technologische Leistungsfähigkeit ausgerichtete Volkswirtschaft voraus. Ihre beschleunigte Anwendung begünstigt daher die fortgeschrittenen Industrieländer und vergrößert damit potentiell den Entwicklungsabstand zwischen diesen Ländern und solchen, deren Volkswirtschaft sich noch im Entwicklungsstadium befindet. Das Problem des Entwicklungsvorsprungs der Industrieländer kann sich zu einem Konflikt ausweiten, insbesondere dann, wenn andere Energievorräte sich weiter verknappen und kostspieliger werden.

– Das technische Nebeneinander von friedlicher und nichtfriedlicher Nutzung der Kernenergie erhöht die Gefahr des Mißbrauchs. Energiepolitische Entwicklungen rücken damit noch näher als bisher in die unmittelbare Nähe allgemeinen politischen Konfliktpotentials.

LITERATUR

Adelman, Maurice A.: The World Petroleum Market. Baltimore 1974.
Chenery, Hollis B.: Restructuring the World Economy. In: *Foreign Affairs*, Vol. 53, 1975, No. 2, S. 242–263.
Farmanfarmaian, Khodadad, Armin *Gutowski*, Saburo *Okita*, Robert V. *Roosa* und Carroll C. *Wilson:* How can the world afford OPEC Oil? In: *Foreign Affairs*, Vol. 53, 1975, No. 2, S. 201–222.
Frankel, P. H.: Essentials of Petroleum. London 1963.
Houthakker, Hendrik und *Kennedy:* The World Petroleum Model. Cambridge, Mass., 1974.
Mesarovic, Mihailo und Eduard *Pestel:* Mankind at the turning point. Second report of the Club of Rome. Washington 1974.
Lantzke, Ulf: Wirtschaftspolitische Voraussetzungen einer bedarfsgerechten Energieversorgung in der Bundesrepublik Deutschland. Vortrag vor dem Energiewirtschaftlichen Institut, Köln, April 1973.
Odell, Peter R.: Oil and World Power. London 1974.
Sinha, R. P.: Japan and the Oil Crisis. In: *The World Today*, Vol. 30, 1974, No. 8, S. 335–344.
Tugendhat, C.: The Multinationals. London 1971.
Yager, Joseph A. und Eleanor B. *Steinberg:* Energy and U.S. Foreign Policy. Cambridge, Mass., 1974.
A Time to choose: America's Energy Future. Energy Policy Project of the Ford Foundation. Cambridge, Mass., 1974.
Die Energiewirtschaft in ihrer ökonomischen und sozialen Umwelt 1975–1985. Tagungsbericht des Energiewirtschaftlichen Instituts, Köln 1974.
Energy prospects to 1985. 2 Bände. OECD, Paris, Januar 1975.
Hearings on U.S. Participation in International Energy Agency. Washington 1974.
Project Independence. Federal Energy Administration, Washington, November 1974.

Anhang
Primärenergieverbrauch der OECD-Länder
(86 vH des Gesamtenergieverbrauchs der westlichen Welt)
– in Mio. Öl-Tonnen –

	Kohle	Öl	davon Import	Erdgas	Kernenergie	Wasserkraft u. a.	Gesamtprimärenergieverbrauch
1. 1972 effektiv	668,5	1918,2	1234,9	749,6	34,8	95,3	3466,4
2. 1980 Schätzung vor Okt. 1973	780,8	2895,7	1999,7	940,7	330,5	125,0	5072,7
3. gegenwärtige* Schätzung 9-$-Basis	841,8	2117,7	1028,3	1087,2	350,2	127,7	4524,6
4. Veränderung 3. ./. 2. in %	+7,8	—26,9	—48,6	+15,6	+6,0	+2,2	—10,8
5. 1985 Schätzung vor Okt. 1973	951,0	3575,0	2637,9	1125,2	657,2	138,5	6446,9
6. gegenwärtige* Schätzung 9-$-Basis	989,6	2470,4	1090,4	1263,2	756,1	159,7	5639,0
7. Veränderung 6. ./. 5. in %	+4,0	—30,9	—58,7	+12,3	+15,0	+15,3	—12,5
8. Veränderung 5. ./. 1. absolut	+282,5	+1656,8	+1403,0	+375,6	+622,4	+43,2	+2980,5
9. Veränderung 6. ./. 1. absolut	+321,1	+552,2	—144,5	+513,6	+721,3	+64,4	+2172,6

* bei konstanten gegenwärtigen Ölpreisen

Zeile 1 zeigt den effektiven Energieverbrauch der OECD-Länder im Jahre 1972.

Die Zeilen 2, 3 und 4 zeigen die von der OECD vor der Oktober-Krise des Jahres 1973 angestellten Schätzungen für 1980, die gegenwärtigen Schätzungen auf der Grundlage der heutigen, real in etwa stabilen Rohölpreise für das gleiche Jahr sowie die sich auf Grund der Preiserhöhungen des Winters 1973/74 ergebenden prozentualen Veränderungen.

Die Zeilen 5, 6 und 7 zeigen die gleichen Angaben für das Jahr 1985.

In den Zeilen 8 und 9 sind für die einzelnen Energieträger und den Gesamtenergieverbrauch die Veränderungen – gegenüber dem Verbrauch 1972 – für das Jahr 1985 in absoluten Zahlen angegeben.

DIE HISTORISCHE ENTWICKLUNG DER FRIEDLICHEN NUTZUNG DER KERNENERGIE

Wolf Häfele

I. Die Suche nach der Internationalisierung der Kernenergie

Eine umfassende Studie über die Rolle internationaler Organisationen im Bereich der friedlichen Nutzung der Kernenergie muß sich an der kurzen Geschichte der Kernenergie orientieren. Das ist besonders angemessen, weil die Entwicklung der Kernenergie stärker als andere technische Entwicklungen mit großen geschichtlichen Ereignissen verknüpft war und selbst ein solches geschichtliches Ereignis darstellt.

Die Bemerkungen gelten zunächst für die nichtfriedliche Entwicklung der Kernenergie. Es ist oft und auch ausführlich geschildert worden, wie es zur Entwicklung der Atombombe vor allem in den Vereinigten Staaten von Amerika[1], aber auch in anderen Ländern kam[2]. 1945 war eine Situation entstanden, bei der durch die Explosionen von Hiroshima und Nagasaki neue Orientierungen drastisch erzwungen wurden. Die Gründung der Vereinten Nationen und die in sie gesetzten Hoffnungen, aber auch die Unklarheiten über den Grad an möglichem Realismus kennzeichneten die damalige allgemeine Lage. Obwohl dies alles auf die militärische Nutzung der Kernenergie zurückging, muß doch die Entwicklung der friedlichen Nutzung bereits in diesem Zusammenhang erwähnt werden. Enrico Fermi selbst hatte von Anfang an diese Seite der Entwicklung der Kernenergie klar gesehen. Insbesondere müssen das Chicago Metallurgical Laboratory und Namen wie Eugen Wigner, Walter Zinn und Alvin Weinberg genannt werden, wenn von der Entwicklung der friedlichen Kernenergie in den Vereinigten Staaten von Amerika gesprochen wird.

Das Kapitel wurde im Oktober 1973 geschrieben. Bis zum Erscheinen des Bandes im Frühjahr 1975 ist es zu einer Reihe von Ereignissen gekommen, die neue Elemente in das hier erläuterte Konzept bringen: Die indische Atombombexplosion stellt die bisherige Nonproliferationspolitik unmittelbar in Frage. Ebenso aber haben der Fortgang der SALT-Verhandlungen und die Erörterung der qualitativen »arms control« das Bild verändert. Das gilt vor allem deswegen, weil »Arms-Control«-Abkommen nun wohl sehr viel kurzfristiger angelegt werden müssen, als das im Sinne der Überlegungen in diesem Kapitel wünschens-

---

[1] Leslie R. *Groves*, Now it can be told. Story of the Manhattan Project, New York 1962.
[2] Robert *Jungk*, Heller als tausend Sonnen, Stuttgart 1963.

wert wäre. Die Energiekrise hat ihrerseits dazu beigetragen, neue politische Konfigurationen entstehen zu lassen. Bisher stellte sich das Nonproliferationsproblem immer so, daß die Kernwaffenstaaten vollentwickelte Länder waren. Die Volksrepublik China bildete einen besonderen Fall, der immer eine eigene Beurteilung erforderte. Nun aber kreuzen sich das Problem des Hungers und das Problem der Nonproliferation. Ein Element der Ost-West-Problematik, die Nonproliferation, dreht sich in die Nord-Süd-Richtung. Es wird intensiver Arbeit bedürfen, die sich so neu darstellenden Konfigurationen in allen ihren Konsequenzen aufzuarbeiten.

Im Jahre 1945 waren die Vereinigten Staaten die einzige Kernwaffenmacht. Von daher entstand der amerikanische Versuch, mit Hilfe und auf der Basis der Vereinten Nationen zu einer internationalen Behörde zu kommen, die den Besitz und die Handhabung allen spaltbaren Materials wahrnehmen würde. Die Etablierung von weiteren Atomwaffenmächten sollte so unmöglich gemacht werden. Hand in Hand damit ging die weitverbreitete Meinung in den Vereinigten Staaten, ein lange anhaltendes Monopol in der Nukleartechnik zu haben. Bei dem als Baruch-Plan[3] bekannten Vorschlag, den die Vereinigten Staaten im Jahre 1946 in den Vereinten Nationen vorlegten, sollten alle vorhandenen Vorräte an nuklearem Material dieser internationalen Atombehörde übergeben werden, sobald Einzelheiten eines geeigneten globalen Kontrollverfahrens festgelegt sein würden[4]. Die Vereinigten Staaten beabsichtigten, nach dem Wirksamwerden des Kontrollsystems sich ihrer Waffenvorräte zu entledigen. Außerdem sollten alle zu erstellenden Anlagen für die friedliche Nutzung der Kernenergie dieser internationalen Behörde gehören und von ihr betrieben werden. Die Behörde sollte ganz generell in die Lage versetzt werden, Sanktionen für kleinere Verstöße gegen die noch auszuarbeitenden Regeln zu verhängen. Bei größeren Verstößen sollte ein Sicherheitsausschuß, in dem es kein Vetorecht geben würde, die entsprechenden Sanktionen beschließen.

Die Sowjetunion stimmte dem Baruch-Plan nicht zu. Sie schlug statt dessen Verfahren vor, die die nationale Souveränität der betroffenen Staaten unberührt ließen und lediglich gewisse periodische Kontrollen durch bestimmte Gremien ins Auge faßten. Über der amerikanisch-sowjetischen Kontroverse, die sich am Kontrollproblem artikulierte, aber tiefergehende Wurzeln hatte, vergingen Jahre. In dieser Zeit wuchsen die Mengen an nuklearem Material für militärische Zwecke, und sowohl Großbritannien als auch die Sowjetunion wurden zu Nuklearmächten.

Der Baruch-Plan hatte das Ziel, die Verbreitung der Kerntechnik zu verhindern, um so der Bedrohung durch Atomwaffen zu entgehen. Lediglich dann, wenn eine wirksame internationale Behörde mit echten Kontrollfunktionen zustande kommen würde, sollte es bei der friedlichen Nutzung der Kernenergie zu

---

[3] John A. *Hall*, Atoms for Peace or War, in: *Foreign Affairs,* Vol. 43, 1965, No. 4, S. 602 bis 615.

[4] Siehe zum Baruch-Plan auch in diesem Band Werner *Ungerer*, Die Rolle internationaler Organisationen bei der Verhinderung mißbräuchlicher Verwendung der Kernenergie, S. 143 f., und Beate *Lindemann*, Kernenergie und internationale Organisationen, S. 419 f.

einer allgemeinen Entwicklung kommen. In innerem Zusammenhang damit stand die Haltung der Vereinigten Staaten, die die Verbreitung von Kenntnissen auf dem Gebiet der Kerntechnik eher verhindern als fördern wollten. Der 1946 etablierte »Atomic Energy Act« bringt gerade das zum Ausdruck. Als es sich immer deutlicher zeigte, daß der Baruch-Plan nicht zustande kommen würde – er wurde erst 1955 offiziell zurückgezogen –, förderten die Vereinigten Staaten ein »graues Kontrollsystem«. Das heißt, wenn keine klare und ausdrückliche Lösung des Kontrollproblems möglich bzw. akzeptabel erschien, sollten eine Reihe von Einzelmaßnahmen durchgeführt werden. Bis in unsere Tage setzen sich die grauen Kontrollen fort, die ihren Ausdruck z. B. in bestimmten Exportbeschränkungen finden.

Die Entwicklung der Kernenergie war von Anfang an keine »genuine« amerikanische Entwicklung: Die Kernspaltung als solche war in Deutschland entdeckt worden; ein Patent für die friedliche Nutzung der Kernenergie in Reaktoren wurde in Frankreich angemeldet; in England und Kanada gab es ebenfalls eine beachtliche kerntechnische Tätigkeit; schließlich hatten zahlreiche europäische Wissenschaftler zum Teil hervorragende Beiträge für die amerikanische Forschung geleistet. Stellvertretend für viele sei der Name von Niels Bohr genannt. Eine andere Art von Internationalität als die eben erwähnte internationale Behörde war deshalb von Anfang an ein wichtiger Zug für die Entwicklung der Kernenergie.

II. Die friedliche Nutzung der Kernenergie als Mittel der »arms control«

Das wirklich große Problem war die Handhabung des Atomwaffenpotentials. Im Laufe des Jahres 1953 war es klar, daß die Sowjetunion nicht nur im Besitz von Atomwaffen, sondern auch von Wasserstoffbomben war. Die Folge davon war ein grundsätzlich neuer amerikanischer Ansatz in der Frage der »nuclear arms control«. Wenn hier der englische Begriff »control« anstelle des deutschen Begriffes »Kontrolle« gebraucht wird, so soll damit der geringe, aber in diesem Zusammenhang doch entscheidende Unterschied zum Ausdruck gebracht werden: »Control« bedeutet hier das sichere In-der-Hand-Haben bis hin zum sicheren Handhaben. Das Neue in der Politik der Vereinigten Staaten bestand darin, daß die friedliche Nutzung der Kernenergie als Mittel zum Zweck der »arms control« eingesetzt werden sollte. Wenn ein weltweites Interesse an der friedlichen Nutzung der Kernenergie geweckt werden könnte, würde es zu einem starken Bedarf an nuklearem Material kommen. Es würde dann ein umfassender Anreiz entstehen, nukleares Material aus dem militärischen Bereich in den friedlichen Bereich abfließen zu lassen, was »arms control« erleichtern könnte. Die friedliche Nutzung der Kernenergie stand in diesem Konzept nicht für sich selbst, sie war vielmehr Glied einer beabsichtigten Kausalkette.

Unabhängig davon war an vielen Stellen in der Welt die friedliche Kernenergienutzung konsequent weiterentwickelt worden. So hatte Kanada frühzeitig entschieden, ausschließlich die nichtmilitärische Nutzung zu verfolgen. Zwischen Norwegen und Holland war es zu einer Vereinbarung über die gemeinsame Entwicklung der friedlichen Kernenergie gekommen. In Indien, in der Schweiz, in Schweden und in weiteren Ländern gab es ähnliche Ansätze. Sie bildeten dann die Grundlage für die Stimulierung der friedlichen Nutzung der Kernenergie, als diese 1953 von den Vereinigten Staaten zur Politik erklärt worden war. Beide Züge, die bis 1953 in den Vereinigten Staaten eher als Gegensatz empfunden worden waren, wurden ab 1953 als glückliche Ergänzung gewertet.

Es waren erneut die Vereinten Nationen, die das Forum und den Rahmen für die Neuorientierung in der Entwicklung abgaben. Im Dezember 1953 verkündete Präsident Eisenhower in einer berühmt gewordenen Rede vor der UN-Generalversammlung das »Atoms-for-Peace«-Programm[5]: Internationale Kontrollmaßnahmen und Atomwaffenbegrenzung sollten gefördert werden. Im einzelnen sollte auf dem Gebiet der friedlichen Nutzung der Kernenergie

– ein breit angelegtes, international weites Forschungs- und Ausbildungsprogramm zum Tragen kommen;
– so viele Länder wie möglich sollten aktiv werden;
– internationale Kontrollen sollten von vornherein akzeptiert und angewendet werden;
– schließlich wurde die Gründung einer Atomenergie-Behörde vorgeschlagen, die im Sinne der ersten drei Programmpunkte Instrument einer solchen Politik im Rahmen der Vereinten Nationen sein sollte.

Um das »Atoms-for-Peace«-Programm durchführen und eine atlantische Politik konzipieren zu können, war die Änderung des amerikanischen »Atomic Energy Act« notwendig. Das Gesetz von 1946 wurde durch das von 1954 ersetzt. Dabei ist es interessant, in dieser Angelegenheit auf den Senatsbericht zurückzugreifen. Dort heißt es:

»Wir stehen in der heutigen Zeit nicht allein mit unserem Bestreben, Atomenergie für friedliche Zwecke zu nutzen. Vor acht Jahren existierten außer in den Vereinigten Staaten nur in Großbritannien, Kanada und – wie wir erst kürzlich erfahren haben – in der Sowjetunion größere Atomenergieprojekte. Die Möglichkeit einer Zusammenarbeit mit anderen Nationen auf dem Gebiet der friedlichen Nutzung der Kernenergie zum gegenseitigen Vorteil schien eine Zukunftsvision zu sein. Im Gegensatz dazu gibt es heute in über 20 Ländern aktiv betriebene Atomenergieprogramme; mehrere dieser Länder fordern überdies den Bau von Kernkraftwerken, die rentable Strommengen erzeugen.«[6]

Es bestand die Absicht, so weit wie möglich die in Aussicht genommene internationale Atomenergiebehörde mit der Förderung der friedlichen Nutzung der Kernenergie zu betrauen. Vor allem sollten die geplanten Transaktionen nu-

---

[5] Siehe dazu in diesem Band *Ungerer* (Anm. 4), S. 155 f., und *Lindemann* (Anm. 4), S. 420.
[6] Vgl. *Hall* (Anm. 3).

klearen Materials aus dem militärischen Bereich in den zivilen Bereich von dieser Behörde wahrgenommen werden. Als sich ihre Gründung verzögerte, erklärten die Vereinigten Staaten vor der Generalversammlung der Vereinten Nationen im November 1954, daß der Abschluß bilateraler Verträge zwischen Staaten, die in ihrem Lande die friedliche Nutzung der Kernenergie fördern wollten, auf der einen Seite und den Vereinigten Staaten auf der anderen Seite jetzt möglich sein sollte. Im »Atomic Energy Act« von 1954 war ein entsprechender Abschnitt aufgenommen worden. Von dieser Möglichkeit bilateraler Verträge mit den Vereinigten Staaten ist ausgiebig Gebrauch gemacht worden: Bis 1960 wurden über 40 solcher Verträge abgeschlossen.

Das sichtbarste Signal für das »Atoms-for-Peace«-Programm war die von den Vereinten Nationen abgehaltene erste Genfer Konferenz für die friedliche Nutzung der Kernenergie im Sommer 1955. Nicht nur auf seiten der Vereinigten Staaten, sondern ebenso auf seiten der Sowjetunion, Großbritanniens, Kanadas, Frankreichs und vieler anderer Staaten wurden Vorträge gehalten und später mehr als 2000 wissenschaftliche Arbeiten veröffentlicht. Die Wirkung dieser Konferenz im wissenschaftlich-technischen sowie im politischen und industriellen Bereich kann kaum überschätzt werden. Die erste Genfer Konferenz machte auch deutlich, daß die technische Entwicklung der friedlichen Nutzung der Kernenergie in den Vereinigten Staaten, Kanada, Großbritannien, Frankreich und der Sowjetunion bisher nicht gleichartig verlaufen war und daß auch für die Zukunft weitere Unterschiede zu erwarten waren.

III. Die Entwicklung von Kernreaktoren

In den Vereinigten Staaten kam es vor dem Hintergrund eines sehr großen militärischen Programms, das zu umfangreichem Know-how führte, vor allem zu der Installation außerordentlich hoher Kapazitäten an Trennarbeit für die Erzeugung angereicherten Urans in großen Gasdiffusions-Trennanlagen. Daneben gab es eine außerordentlich intensive und – hinsichtlich der technologischen Qualitätsarbeit – eine neuartige Normen setzende Entwicklung von Reaktoren, die dem Antrieb von Atom-U-Booten dienen sollten. Der Name von Admiral Rickover steht für diese Entwicklung. Diese U-Boot-Reaktoren arbeiten mit schwach angereichertem Uran und leichtem (das heißt natürlichem) Wasser als Moderator und Kühlmittel. Im Hinblick auf die erforderliche Zuverlässigkeit solcher Anlagen hatte Admiral Rickover in der amerikanischen Industrie neuartige Entwicklungs-, Fertigungs- und wohl auch Managementmethoden durchgesetzt. Mit dem Verfügbarmachen großer Mengen an angereichertem Uran und der Entscheidung, die amerikanischen Atom-Unterseeboote durch Leichtwasserreaktoren antreiben zu lassen, waren die beiden hauptsächlichen Vorentscheidungen, die zu der so erfolgreichen späteren Entwicklungslinie der Leichtwasserkernkraftwerke führten, gefallen. Mit dem »Atomic Energy Act«

von 1954 hatte auch die amerikanische Industrie die Möglichkeit bekommen, in eigener Initiative und zum Teil mit eigenen Mitteln Kernkraftwerke gemäß den Verordnungen der Atomenergiekommission der Vereinigten Staaten (USAEC) zu entwickeln.

Daneben muß freilich darauf hingewiesen werden, daß gerade in den Vereinigten Staaten in den Jahren von 1954 bis in die frühen sechziger Jahre auch an einer Fülle von anderen Reaktortypen gearbeitet wurde. Bis auf den natriumgekühlten Brutreaktor und den heliumgekühlten Hochtemperaturreaktor haben sich diese zahlreichen Reaktorlinien jedoch nicht halten können. Heute erscheint als der Hauptgrund dafür, daß die Rolle wissenschaftlich interessanter Forschungs- und Entwicklungsarbeit überschätzt und die Länge und Mühseligkeit technischer Entwicklungsarbeit, die zur kommerziellen Reife führt, in den meisten Fällen weit unterschätzt worden ist.

In Kanada war es während des Krieges zur Entwicklung des Reaktortyps gekommen, der mit natürlichem Uran und schwerem Wasser arbeitet. Ähnlich wie angereichertes Uran aus natürlichem Uran in besonderen Trennanlagen hergestellt wird, muß schweres Wasser aus natürlichem Wasser in speziellen Anlagen gewonnen werden. Ein entscheidender Unterschied ist freilich der, daß die Herstellung schweren Wassers wesentlich einfacher und billiger ist als die Herstellung angereicherten Urans. Darüber hinaus verfügt Kanada über sehr große Uranvorräte. Ohne den Hintergrund eines großen Waffenprogramms (Kanada hatte auf den Bau von Atomwaffen verzichtet) und ohne den Hintergrund eines sehr umfangreichen Industriepotentials mußte sich Kanada bei seiner Entwicklung der friedlichen Nutzung der Kernenergie beschränken. Bis heute ist es bei der Entwicklung des einen Typs von Kernreaktor geblieben.

In Großbritannien gibt es seit der Zeit der ersten Kernspaltung eine nukleare Entwicklung. In der ersten Phase des Zweiten Weltkriegs hatte es sogar den Anschein, als würde die englische Seite deutlicher und entschlossener die nukleare Entwicklung vorantreiben. Die zeitweilig bedrohliche Kriegsnähe hatte freilich zu weitgehenden Verlagerungen der englischen Arbeiten nach Kanada geführt. Aber noch wichtiger war für Großbritannien die Erkenntnis, daß nur mit einem großen, vom Kriege unzerstörten Industriepotential die kurzfristige Entwicklung der Atombombe noch während des Zweiten Weltkriegs durchzuführen war. So waren es vor allem englische Beiträge, die das nukleare Programm in den Vereinigten Staaten während des Krieges gefördert hatten. Seit dieser Zeit hat Großbritannien in bezug auf Atomwaffen das besondere Verhältnis zu den Vereinigten Staaten, das nur einmal für wenige Jahre weitgehend unterbrochen war (1946–1954).

Auf dem Gebiet der Reaktorentwicklung hat Großbritannien von Anfang an die Linie des graphitmoderierten, gasgekühlten Natururanreaktors verfolgt. Dieser Reaktor kommt mit den in der Natur vorhandenen Stoffen aus. Darüber hinaus kann er bei seinem Betrieb besonders viel Plutonium erzeugen, das militärisch nutzbar ist. Während es heute erwiesen ist, daß der Reaktortyp wirtschaftlich nicht interessant ist, war das in der Mitte der fünfziger Jahre keineswegs so deutlich. Die Entwicklungslinie des gasgekühlten Natururan-Graphit-Reaktors erschien damals weithin als die europäische Option bei der Nutzbarmachung der Kernenergie für friedliche Zwecke.

Mit einiger Verzögerung ging auch Frankreich diesen Weg, freilich ohne das besondere Verhältnis zu den Vereinigten Staaten zu haben. Bis etwa 1957 war die französische Entwicklung allein auf die friedliche Nutzung der Kernenergie ausgerichtet. Unter dem Gesichtspunkt technologischer Autarkie bei der Entwicklung und der Versorgung französischer Reaktoren kam es zu einer vielleicht noch stärkeren Betonung der Entwicklungsrichtung des gasgekühlten Natururan-Graphit-Reaktors, als das schon in Großbritannien der Fall war. Nachdem sich Frankreich 1957/58 entschlossen hatte, aus eigener Kraft Atomwaffenmacht zu werden, war dieser Reaktortyp, der bei seinem Betrieb sehr viel Plutonium erzeugt, besonders geeignet für die nukleare französische Entwicklung.

In der Sowjetunion war die Entwicklung nicht so deutlich wie in den anderen Ländern. Technisch gesehen wurden die Richtungen des angereicherten Urans und die des Leichtwasserreaktors mit Graphit oder leichtem Wasser als Moderator verfolgt. Es ist anzunehmen, daß wegen der nach wie vor großen fossilen Reserven die Entwicklung der friedlichen Nutzung der Kernenergie nur begrenzt betrieben worden ist. Es hat heute den Anschein, als verfolge die Sowjetunion vor allem die längerfristige Entwicklungslinie des natriumgekühlten schnellen Brutreaktors.

IV. Die friedliche Nutzung der Kernenergie als Element der europäischen Einigung

Im März 1957 kam es zur Unterzeichnung der Verträge von Rom, mit denen die Europäischen Gemeinschaften gegründet wurden. Als ihr Vorläufer müssen die erfolgreiche Montanunion gesehen werden, die 1951 zustande kam, und der Versuch, 1954 zu einer europäischen Verteidigungsgemeinschaft zu gelangen. Nachdem die Verwirklichung der politisch und militärisch so weitreichenden Konzeption der europäischen Verteidigungsgemeinschaft gescheitert war, lag es bei der damaligen internationalen Bewußtseinslage nahe, die friedliche Nutzung der Kernenergie als Motor und Element der europäischen Einigung zu benutzen. Die Europäische Atomgemeinschaft (Euratom) wurde in den Verträgen von Paris und Rom Teil der geschaffenen Europäischen Gemeinschaften. Es ging in erster Linie um die politische Einigung Europas und nicht um die Bereitstellung von Energie. Der Vertrag von Rom sah eine umfassende Funktion von Euratom vor. Am deutlichsten wird das wohl in dem Bericht der »Drei Weisen«[7],

---

[7] Ziele und Aufgaben für Euratom. Bericht von Louis Armand, Franz Etzel, Francesco Giordani im Auftrag der Regierungen Belgiens, der Bundesrepublik Deutschland, Frankreichs, Italiens, Luxemburgs und der Niederlande, Brüssel 1957.

der Herren Armand, Etzel und Giordani, der im Mai 1957 vorgelegt wurde. Es beeindruckt, diesen Bericht heute im Jahre 1974 im Zeichen der Energiekrise zu lesen. Über viele Strecken hinweg wurde die langfristige Entwicklung mit ihren Problemstellungen richtig gesehen. Kurzfristig jedoch kam es zu heftiger Kritik. Einmal entwickelte sich die friedliche Nutzung der Kernenergie weit langsamer, als das nach 1955 angenommen wurde. Der allgemeine Tenor der Stimmen, die auf der zweiten Genfer Konferenz 1958 zu vernehmen waren, ist ein beredtes Zeugnis dafür. Zum anderen ergaben sich auch strukturelle Probleme in der Europäischen Atomgemeinschaft. In Frankreich lag die Förderung der Kernenergie fast ausschließlich bei dem »Commissariat à l'Energie Atomique« (CEA), und naturgemäß kam dabei das Element der industriell-wirtschaftlichen Initiative und Eigenverantwortung, d. h. das marktwirtschaftliche Element, nur schwach zum Tragen. In der Bundesrepublik Deutschland, aber auch in Holland und Belgien war das eher umgekehrt.

Die Bundesrepublik war im Mai 1955 mit dem Abschluß der Deutschlandverträge souverän geworden, und damit war ihr die Möglichkeit auch zur Entwicklung der friedlichen Nutzung der Kernenergie gegeben. Die erste Genfer Konferenz im Sommer 1955 hatte deutlich gemacht, wie groß der Vorsprung der meisten anderen industrialisierten Nationen auf diesem Gebiet war. Für die Bundesrepublik war das Aufholen solchen Vorsprungs ein wesentliches Element der Überwindung der Folgen des verlorenen Krieges. Man hat sich vor Augen zu halten, daß im Jahre 1955 die Kerntechnik die modernste Technologie war, die für eine moderne leistungsfähige Industrie stand. Das Sputnik-Ereignis war erst 1957, und die elektronische Datenverarbeitung trat noch später in den Vordergrund. Technologische Innovation als nationale und europäische Aufgabenstellung war ursprünglich fast ganz mit der friedlichen Nutzung der Kernenergie verbunden. Dieser Gesichtspunkt zusammen mit dem Verständnis der Marktwirtschaft läßt es natürlich erscheinen, daß sich 1955 in der Bundesrepublik Politik, Wissenschaft und Industrie zusammenfanden, um neuartige Wege der naturwissenschaftlich-technischen Entwicklung der friedlichen Nutzung der Kernenergie zu beschreiten[8]. Als Beispiel dafür muß die Gründung des Kernforschungszentrums Karlsruhe genannt werden, an dem ursprünglich eine Gruppe deutscher Industriefirmen mit 50 vH, das Land Baden-Württemberg mit 20 vH und der Bund mit 30 vH beteiligt waren.

Die Entwicklung neuartiger Zusammenarbeit zwischen Staat, Wissenschaft und Wirtschaft, die wissenschaftspolitisch einen neuen Stil bedeutete, fand ihren Ausdruck besonders deutlich in dem Entschluß der damaligen Bundesregierung, nicht dem englisch-französischen Vorbild zu folgen und eine Atomenergie-Kom-

---

[8] Wolf *Häfele*, Neuartige Wege naturwissenschaftlich-technischer Entwicklung, in: *Forschung und Bildung,* Heft 4/1963 (Die Projektwissenschaften), erschienen in der »Schriftenreihe des Bundesministers für wissenschaftliche Forschung«; ders. Die Projektwissenschaften, in: *Radius* (eine Vierteljahreszeitschrift, hrsg. Evangelische Akademikerschaft in Deutschland), Heft 3/1965.

mission mit weitreichenden exekutiven Vollmachten zu gründen. Vielmehr kam es zur Errichtung des damaligen Atomministeriums, das sich als Kardangelenk für diese neue Form der Kooperation zwischen letztlich gleichwertigen Partnern verstand. Von daher war das Element industriell-wirtschaftlicher Initiative und Eigenverantwortung von Anfang an ein integraler Bestandteil der deutschen kerntechnischen Entwicklung. Das war möglich, weil die Bundesrepublik von vornherein darauf verzichtet hatte, Kernwaffenmacht zu werden. Im Zusammenhang mit dem Vertrag über die Westeuropäische Union hatte die Bundesrepublik 1954 explizit auf die Entwicklung von ABC-Waffen verzichtet. Die staatliche Förderung der Entwicklung von friedlicher Nutzung der Kernenergie konnte also nur darauf gerichtet sein, die Industrie in die Lage zu versetzen, im Rahmen wirtschaftlicher Tätigkeiten und Regeln Kernkraftwerke zu entwickeln, anzubieten und zu bauen. Sache der Elektrizitätsgesellschaften war es dann, solche Kernkraftwerke zu kaufen und erfolgreich zu betreiben.

Greifen wir den Faden der Entwicklung Euratoms wieder auf. Die Rolle, die Euratom von den »Drei Weisen« zugewiesen war, kam also auch deswegen nicht zum Tragen, weil die strukturellen Unterschiede zwischen Frankreich und wohl auch Italien auf der einen Seite und der Bundesrepublik Deutschland, Holland und Belgien auf der anderen Seite erheblich waren. Diese Unterschiede wurden wenig thematisiert. Vielmehr war das Kräftefeld der jungen Europäischen Gemeinschaft vor allem an der Harmonisierung des Agrarmarktes orientiert. Darüber hinaus war bei der Gründung Euratoms außer Frankreich kaum ein Land der Gemeinschaft in der Lage, in größerem Maßstab qualifiziertes Personal nach Brüssel zu entsenden. Vor allem aber muß hervorgehoben werden, daß Frankreich seine eigene national verfolgte Entwicklung des gasgekühlten Natururan-Graphit-Reaktors auf die anderen europäischen Staaten zu übertragen wünschte. Die politischen Betrachtungen gingen sogar so weit, diese Entwicklungslinie als europäische Option herauszustellen im Gegensatz zur Entwicklungslinie des mit angereichertem Uran arbeitenden Leichtwasserreaktors, die als amerikanische Option gesehen werden konnte. Außerhalb Frankreichs, d. h. vor allem im Bereich der marktwirtschaftlich orientierten Länder wie die Bundesrepublik, Holland und Belgien, fand sich aber kein Unternehmen der Elektrizitätswirtschaft, das im Rahmen wirtschaftlicher Tätigkeiten und Regeln solche französischen gasgekühlten Natururanreaktoren bestellen wollte. In den Zusammenhang gehört auch die Frage nach der eigenständigen Entwicklungsrolle Euratoms. Euratom hat eine eigene Forschungsstelle gegründet, die ihren Schwerpunkt in Ispra/Italien hat. Kleinere Euratom-Laboratorien kamen in Karlsruhe, Petten/Holland und Mol/Belgien zustande. Vor dem Hintergrund der geschilderten strukturellen Schwierigkeiten und der industriellen Zielsetzung in den marktwirtschaftlich orientierten Ländern der Gemeinschaft gelang es auf jeden Fall nicht, für Euratom eine natürliche Rolle zu finden, zumal Euratom selbst nach einer zentralisierenden Funktion strebte. So geriet die Agentur immer stärker in die Rolle des siebenten Landes. In Ispra kam es zur

Entwicklung des ORGEL-Reaktortyps, der ebenfalls mit Natururan betrieben, mit schwerem Wasser moderiert und mit einem organischen Mittel gekühlt werden sollte.

In den Römischen Verträgen ist Euratom auch noch eine regulative Funktion zuerkannt worden. Kapitel VI des Euratom-Vertrags sieht die Belieferung von nuklearem Material für Betreiber kerntechnischer Anlagen in der Europäischen Gemeinschaft vor, die im Rahmen Euratoms von einer weitgehend selbständigen Versorgungsagentur durchgeführt wird[9]. Im Zusammenhang damit, so heißt es im Euratom-Vertrag, bleibt die Europäische Gemeinschaft Eigentümerin dieses nuklearen Materials, d. h., sie ist auch verantwortlich für dessen Verwendung. Dieser Regelung entspricht das Kapitel VII, das Bestimmungen hinsichtlich der Kontrollmaßnahmen für das nukleare Material enthält. Hier haben die Signatarstaaten des Vertrages von Rom einen wirklichen Souveränitätsverzicht geleistet: Euratom steht in direkter Verbindung mit den Betreibern kerntechnischer Anlagen; die Mitgliedsstaaten treten bei den Kontrollmaßnahmen grundsätzlich nicht in Erscheinung; es gibt keine dazwischengeschaltete nationale Kontrollbehörde. Mit dieser Bestimmung ist die Europäische Gemeinschaft im nuklearen Bereich so weit gegangen, wie die Vereinigten Staaten von Amerika es bei den Kontrollmaßnahmen für den gesamten internationalen Bereich ursprünglich erhofft hatten.

V. Die Zusammenarbeit zwischen Europa und den Vereinigten Staaten von Amerika

Den Einigungsbestrebungen Westeuropas hatten die Vereinigten Staaten nicht nur freundlich, sondern auch immer aktiv fördernd gegenübergestanden. Die Unterzeichnung der Römischen Verträge wurde als wesentlicher Schritt auf dem Wege zur europäischen Einigung gesehen. Vor diesem Hintergrund ist es zu verstehen, daß das zweite Element der amerikanischen Politik auf dem Gebiet der friedlichen Nutzung der Kernenergie, nämlich die breite internationale Zusammenarbeit, nun gegenüber Euratom seine besondere Ausprägung fand. Die USAEC hoffte, auf lange Sicht in Euratom einen starken und bedeutenden Partner zu haben. Es kam zur Verhandlung und zum Abschluß eines umfassenden Zusammenarbeitsvertrages, der im November 1958 unterzeichnet wurde. Euratom arbeitete auf die Zielvorstellung hin, die im Plan der »Drei Weisen« ausgewiesen ist: Bis 1967 sollten 15 GW (1 Gigawatt = 1 Million Kilowatt) an Kernkraftwerk-Kapazität in der Gemeinschaft installiert sein. In den Vereinigten Staaten bestand große Bereitschaft, sich an dem Kernkraftwerkprogramm zu beteiligen, denn das hätte den frühen Durchbruch zur kommerziellen Wett-

---

[9] Siehe dazu in diesem Band ausführlich Felix *Oboussier*, Die Verteilung von Kernbrennstoffen: Das Problem der Rohstoffe und der Anreicherung, S. 330 f.

bewerbsfähigkeit bedeutet. Aber wie oben (S. 48) schon erwähnt worden ist, überschätzte man die Rolle wissenschaftlich faszinierender Forschungsarbeit und unterschätzte die Länge und Mühseligkeit technischer Entwicklungsarbeit, die schließlich zur kommerziellen Reife führt. Außerdem waren es in den Vereinigten Staaten die außerordentlich niedrigen Kosten für fossile Brennstoffe, wie Erdgas, Erdöl und innerhalb gewisser Grenzen auch Kohle, die den Durchbruch der Kernkraftwerke zur Wirtschaftlichkeit so schwierig machten. Heute, 1974, ist festzustellen, daß die Kosten für fossile Brennstoffe unangemessen niedrig waren. Ab Ende der fünfziger Jahre war die Situation jedoch so, daß die Vereinigten Staaten Interesse entwickelten am Kernkraftwerkprogramm von Euratom. Weil in der Europäischen Gemeinschaft die Kosten für fossile Brennstoffe höher lagen als in den Vereinigten Staaten, wurde vermutet, daß es durchaus Chancen für die wirtschaftliche Wettbewerbsfähigkeit der Kernkraftwerke gäbe.

Es charakterisiert die damalige komplexe Situation der Entwicklung wirtschaftlicher Kernkraftwerke in den Vereinigten Staaten wie in Europa, daß im ersten Abschnitt dieses Programms (Inbetriebnahme des Kernkraftwerkes bis zum 31. Dezember 1963) von ursprünglich vier verfolgten Projekten der Gemeinschaft lediglich das Projekt der SENN mit dem Standort Carigliano (Italien) zum Tragen kam. Dabei handelte es sich aber mehr um die Übernahme eines schon anderwärtig beschlossenen und laufenden Projekts als um ein wirklich neues Projekt. Erst im zweiten Abschnitt des USAEC-Euratom-Programms, der die Inbetriebnahme bis zum 31. 12. 1965 vorsah, fanden sich zwei weitere Projekte, die ausgeführt werden konnten, nämlich das Kernkraftwerk RWE/Bayernwerk mit dem Standort Gundremmingen und das französisch-belgische Kernkraftwerk der SENA in Chooz an der Maas. Es waren die doch schwierige Gegenüberstellung von industrieller Initiative und Eigenverantwortung auf der einen Seite und der administrativ zentralistischen und dabei unklaren Rolle Euratoms auf der anderen Seite, die zusammen mit dem Widerstand Frankreichs gegen dieses Programm schließlich zum Mißerfolg führten. Zuvor kam es jedoch noch zu einem zweiten konkreten Schritt im Rahmen des Abkommens über die Zusammenarbeit zwischen Euratom und der USAEC am 8. November 1958. Die USAEC erklärte sich bereit, erhebliche Mengen an nuklearem Material, einschließlich für damalige Verhältnisse großer Mengen an Plutonium, über die Euratom-Agentur an identifizierbare Projekte in der Gemeinschaft zu liefern. Vor allem aber waren die Vereinigten Staaten bereit, die nach dem »Atomic Energy Act« von 1954 erforderlichen Kontrollen durch die Euratom-Kontrollbehörden ausführen zu lassen. Im August 1958 war eine entsprechende gesetzliche Zusatzregelung in den Vereinigten Staaten zustande gekommen. Eine Kommission, die von Euratom und der USAEC gemeinsam beschickt wurde, hatte dafür zu sorgen, daß bei den Euratom-Kontrollen bestimmte Grundsätze und technische Regeln beachtet wurden. Es handelte sich um die frühe Version einer Verifikation der Euratom-Kontrollen durch die

USAEC, sofern das Material aus amerikanischen Quellen kam. Das Ziel des Zusatzabkommens von 1960, das die Lieferung größerer Mengen spaltbaren Materials vorsah, war das ursprünglich in Aussicht genommene gemeinsame Kernkraftwerkprogramm. Nachdem sein Mißerfolg deutlich wurde, kam es zum Abschluß eines weiteren Zusatzabkommens über Lieferungen größerer Mengen spaltbaren Materials auch für Vorhaben außerhalb des ursprünglich gemeinsamen Kernkraftwerkprogramms. Es ist bis heute die Basis für die Versorgung der zahlreichen europäischen Kernkraftwerke mit angereichertem Material geblieben, soweit sie mit diesem Brennstoff arbeiten.

In den späten fünfziger und frühen sechziger Jahren war also die Situation der Entwicklung industriell kommerzieller Kernkraftwerke sehr undeutlich. Es wurde an einer Vielzahl von Reaktortypen gearbeitet, und es bestand keine Einmütigkeit über die Rollenverteilung bei diesen Reaktortypen. Würden schnelle Brutreaktoren direkt auf Leichtwasserreaktoren folgen können, oder müßte eine Zwischengeneration von Kernkraftwerken vorgesehen werden? Solche und andere Fragen der Reaktorstrategien beherrschten die Szene. In diese unklare und komplexe Situation hinein kam die Nachricht von der ersten rein kommerziellen Bestellung eines Leichtwasserkernkraftwerks vom Typ des Siedewasserreaktors durch die Jersey Central Power and Light Company im Dezember 1963. Der Durchbruch zur kommerziellen Wettbewerbsfähigkeit der Kernenergie war getan. Nun erfolgte in den Vereinigten Staaten eine Bestellung nach der anderen, und vor allem waren es General Electric und Westinghouse, die in den Vordergrund traten. Es wurde dabei deutlich, daß ein umfangreiches industrielles Engagement erforderlich war, um eine neue Technologie wie die Kerntechnik nicht nur in den einzelnen Anlagen, sondern als Industriezweig zu etablieren. Neben den ganz erheblichen staatlichen Förderungsmitteln wurde auch ein beträchtlicher finanzieller Einsatz der beteiligten Industriefirmen notwendig. Der seit 1963 in den Vereinigten Staaten zu beobachtende Kernkraftwerkboom hat oft die Tatsache verdunkelt, daß die großen amerikanischen Industriefirmen etwa bis 1970 noch in den roten Zahlen waren. Die dritte Genfer Konferenz, die 1964 abgehalten wurde, machte die Konsolidierung und den neuen realistischen Optimismus deutlich. Die Konferenz stand damit in deutlichem Gegensatz zur zweiten Genfer Konferenz von 1958, bei der eher eine zurückhaltende, manchmal sogar pessimistische Stimmung vorherrschte, da die allzu unbefangenen optimistischen Erwartungen der ersten Genfer Konferenz bis 1958 nicht in Erfüllung gegangen waren.

1966 kam in der Bundesrepublik der Durchbruch der Kernenergie zur wirtschaftlichen Wettbewerbsfähigkeit. Die Kernkraftwerke Stade und Würrgassen wurden nach rein wirtschaftlichen Gesichtspunkten bestellt. Wenn auch weniger stürmisch als in den Vereinigten Staaten, so erfolgte doch auch in der Bundesrepublik ein starker Ausbau der industriellen Kerntechnik. Allerdings hatte die friedliche Nutzung der Kernenergie hier nicht den breiten Hintergrund des militärischen Programms wie in den Vereinigten Staaten. Weiter oben zum Beispiel (S. 47) ist auf die Funktion, die Admiral Rickover der amerikanischen Industrie gegenüber ausgeübt hatte, hingewiesen worden. In der Bundesrepublik Deutschland war, wie ebenfalls weiter oben erläutert worden ist (S. 50 f.), die friedliche Nutzung der Kernenergie nach ihrer eigenen inneren Logik entwickelt worden. Das klare Ziel war, die deutsche Industrie in die Lage zu versetzen, nach wirtschaftlichen Regeln und Gesichtspunkten Kernkraftwerke für die Erzeugung elektrischer Energie zu bestellen, zu liefern und zu betreiben. Dabei gab es aber den Gesichtspunkt der technologischen Innovation. Man hat sich daran zu erinnern, daß in der zweiten Hälfte der sechziger Jahre das Thema der »technologischen Lücke« zwischen Europa und den Vereinigten Staaten große Aufmerksamkeit erregte. Wenn diese »technische Lücke« auch mehr als nur die kerntechnische Entwicklung umfaßte, so war doch von erheblicher Bedeutung, daß es der Bundesrepublik als Nichtkernwaffenstaat gelungen war, auf dem Gebiet der friedlichen Nutzung der Kernenergie mit dem Kernwaffenstaat Vereinigte Staaten von Amerika innerhalb bestimmter Grenzen und mit einer gewissen zeitlichen Verzögerung gleichzuziehen. Die friedliche Nutzung der Kerntechnik wurde hier als zivil-technologisches Großprojekt verstanden[10]. »Big Science«[11] war auch in der Bundesrepublik Deutschland möglich. In diese Entwicklung hinein kam der Vertrag über die Nichtverbreitung von Kernwaffen (NV-Vertrag).

VI. Die Probleme der Kontrolle nuklearen Materials und der NV-Vertrag

Der NV-Vertrag ist unter den drei Gesichtspunkten

– Sicherheit und »arms control«,
– Struktur der Allianzen und
– friedliche Nutzung der Kernenergie

zu sehen. Konstitutiv für den NV-Vertrag ist die explizite völkerrechtliche Unterscheidung zwischen Kernwaffenstaaten und Nichtkernwaffenstaaten. Um der wirtschaftlichen Wettbewerbsfähigkeit und der Innovation willen hatte die friedliche Nutzung der Kernenergie gerade für Nichtkernwaffenstaaten unbehindert zu bleiben. Mehr als das: Die Sicherheit auf dem kleiner werdenden Globus erforderte die grundsätzliche und nun auch völkerrechtliche Etablierung von Ungleichheit auf dem militärischen Gebiet.

---

[10] Wolf *Häfele* und Jürgen *Seetzen*, Prioritäten in der Großforschung, in: Das 198. Jahrzehnt. Eine Team-Prognose für 1970–1980, hrsg. Claus Grossner, Arend Oettker, Hans-Hermann Münchmeyer, Carl-Christian v. Weizsäcker, Hamburg 1969.
[11] Alvin M. *Weinberg*, Impact of Large Scale Science on the United States, in: *Science*, Vol. 134, No. 3473, S. 161–164.

Die Diskussion um den »spin-off« bzw. »fall-out«, der von der militärischen Seite der Kernenergie her in den Kernwaffenstaaten die friedliche Entwicklung der Kernenergie mehr oder weniger beschleunigte, war ein weiterer Punkt in den Auseinandersetzungen um den NV-Vertrag. Es zeigte sich aber, daß es nicht einfach war, solchen möglicherweise existierenden »spin-off« bzw. »fallout« im einzelnen zu bezeichnen. Am ehesten war es möglich, auf den »fall-out« als »capacitive fall-out« hinzuweisen, wie er durch die Größe der amerikanischen Trennanlagen zur Herstellung angereicherten Urans gegeben war, denn mit der Größe der Anlage wird es möglich, das angereicherte Uran billig anzubieten. Es soll hier die Vermutung ausgesprochen werden, daß der Durchbruch des Leichtwasserreaktors zur Wirtschaftlichkeit ohne dieses billige angereicherte Uran nicht möglich gewesen wäre. Wie wichtig auch immer die Sache des »fallout« ist, sein Fehlen in den Nichtkernwaffenstaaten und der dauernde völkerrechtlich fundierte Verzicht auf die Verursachung solchen »fall-out« mußte in die Forderung der Nichtkernwaffenstaaten münden, die friedliche Nutzung der Kernenergie durch den NV-Vertrag zu fördern. Nachdem in der Bundesrepublik als erstem Nichtkernwaffenstaat der Durchbruch zur wirtschaftlichen Nutzung der Kernenergie gelungen war, mußte sie es sein, die diese Aspekte in die internationale Diskussion um den NV-Vertrag einbringt. Andere industriell entwickelte Nichtkernwaffenstaaten vertraten später aufgrund der inneren Logik dieser Argumentation den gleichen Standpunkt. Es gelang, von daher den NV-Vertrag insgesamt etwas ausgeglichener zu machen: Das Hinzufügen der jetzigen Artikel IV und V ist neben anderen Ergänzungen und Erweiterungen ein Hinweis darauf.

Bei der Diskussion um die Rolle der friedlichen Nutzung der Kernenergie stand das Problem der Kontrollmaßnahmen im Kontext des NV-Vertrags im Vordergrund. Die IAEA hatte in den sechziger Jahren ein Kontrollsystem entwickelt, das ganz auf die Kontrolle einzelner Anlagen abgestellt war[12]. Der Leitgedanke war, kerntechnische Anlagen über die IAEA mit Kernbrennstoff zu beliefern. Einschließlich allen bei der Verwendung solchen Materials konvertierten oder erbrüteten Materials, d. h. aller Tochtergenerationen, sollte er den IAEA-Kontrollen unterliegen. Da aber in den sechziger Jahren bereits offenkundig war, daß nur ein Bruchteil des Kernbrennstoffes von der IAEA geliefert werden würde, also zu unterscheiden war zwischen kontrolliertem IAEA-Material und anderem, unkontrolliertem Material, war es notwendig, das IAEA-Kontrollsystem (nach INFCIRC/66) den Erfordernissen des NV-Vertrags anzupassen. Nach den Bestimmungen des Vertrages sollten alle Anlagen und der gesamte Brennstoffzyklus eines Nichtkernwaffenstaates Kontrollen unterworfen

---

[12] The Agency Safeguards System (1965). IAEA-Dokument INFCIRC/66. Siehe auch Wolf *Häfele*, Non-proliferation Safeguards. The Stockholm International Peace Research Institute Symposium on »Review of Nuclear Proliferation Problems«, Tällberg/Schweden, 15.–18. Juni 1973.

werden. Die Probleme eines NV-vertragsgerechten Sicherungssystems reichen aber weiter. Ein globales Kontrollsystem, das alle Staaten – mit teilweise sehr unterschiedlicher Struktur und Interessenlage – umfassen soll, muß nach objektiven, im voraus festgelegten und weitgehend quantitativen Kriterien und Zielvorstellungen arbeiten. Inspektionsmethoden und Verfahren müssen also weitgehend formalisiert sein. Durch den Zwang zur genauen Angabe des Ziels der Kontrollen werden auch nur wirklich erforderliche Maßnahmen ergriffen. So läßt sich etwa die Gefahr unerlaubter Industriespionage erheblich reduzieren. Freilich braucht man für die Erarbeitung eines solchen modernen und NV-vertragskonformen Kontrollsystems ein leitendes Prinzip: Auf deutscher Seite ist es zur Formulierung der instrumentierten Spaltstoffflußkontrolle gekommen[13].

Bei dem Begriff Spaltstofffluß wird auf den Brennstoffzyklus nuklearen Materials, wie er durch die Kette Kernkraftwerk–chemische Wiederaufbereitung–Refabrikation–Kernkraftwerk grob angedeutet ist, verwiesen. Allerdings kommt es im technischen Sinn des Wortes erst dann zu einem Spaltstofffluß, wenn größere Kraftwerkleistungen installiert sind und entsprechende Kernkraftwerke betrieben werden. Mit 1 GW ist ein Fluß von etwa 25 t/Jahr an nuklearem Material verbunden. Das war die technische Situation, auf die man sich nach dem Durchbruch der Kernenergie zur Wirtschaftlichkeit einzurichten hatte. Ist ein solcher Fluß des nuklearen Materials durch den Zyklus gegeben, und ist der gesamte Zyklus Gegenstand der Kontrollmaßnahmen, dann ergeben sich eine ganze Reihe von Vereinfachungen. So sind bestimmte Messungen des Flusses an einem Punkt des Zyklus, etwa am Eingang eines Kernkraftwerkes, eng mit anderen Messungen, etwa am Eingang der Anlage zur chemischen Wiederaufbereitung, korreliert. Es reicht aus, den Fluß des spaltbaren Materials an bestimmten Punkten im Brennstoffzyklus, den sogenannten strategischen Punkten, zu messen. Durch die geeignete Entwicklung von Instrumenten, die ganz oder teilweise automatisch arbeiten, wird das Kontrollverfahren weiter objektiviert. Das Prinzip der instrumentierten Spaltstoffflußkontrolle figuriert gelegentlich auch unter dem Namen »strategic point principle«, denn der Begriff der strategischen Punkte wird im Text des NV-Vertrags ausdrücklich erwähnt.

Nun sind aber der Text des NV-Vertrags und die saubere Fixierung der Durchführungsbestimmungen zwei verschiedene Sachen. Im politischen Bereich war dabei die Genfer Konferenz der Nichtnuklearen, die 1968 stattfand, eine wesentliche Station. Sie trug dazu bei, daß die Nichtkernwaffenstaaten deutlicher ihre legitimen Interessen und Positionen bei der friedlichen Nutzung der Kernenergie und bei den Kontrollfragen bezeichneten. Im wissenschaftlichen Bereich wurde im Rahmen der IAEA eine ganze Serie von Arbeitsgruppen und Expertentreffen abgehalten, die der Analyse und Erarbeitung eines modernen

---

[13] Wilhelm *Gmelin,* Dipak *Gupta,* Wolf *Häfele,* On Modern Safeguard in the Field of Peaceful Application of Nuclear Energy. Bericht des Kernforschungszentrums Karlsruhe, KFK 800 (Mai 1968).

Kontrollverfahrens nach dem Prinzip der instrumentierten Spaltstoffflußkontrolle dienten. Einige wenige wissenschaftliche Gruppen vor allem in England, der Bundesrepublik Deutschland und den Vereinigten Staaten leisteten erhebliche sachliche Zuarbeit. Das führte dazu, daß im Sommer 1970 eine erste große internationale Konferenz der IAEA zum Thema der Kontrolltechniken[14] abgehalten werden konnte. Auf der vierten Genfer Konferenz von 1971 wurde zusammenfassend über die Analyse und Erarbeitung eines modernen Kontrollverfahrens berichtet[15]. Diese breit angelegten Bemühungen führten dazu, daß von Mitte 1970 bis Mitte 1971 der Gouverneursrat der IAEA einen Kontrollausschuß berief, in dem mehr als 50 Nationen vertreten waren. Dieser Ausschuß arbeitete ein detailliertes Dokument aus, in dem die NV-vertragskonformen Kontrollmaßnahmen im einzelnen beschrieben werden[16]. Es wurde überschaubar, auf welche Kontrollmaßnahmen Nichtkernwaffenstaaten sich einlassen, wenn sie den NV-Vertrag unterschreiben und ratifizieren. Die Bundesrepublik hatte den Vertrag bereits Ende 1969 unterschrieben und dabei eine Reihe von Punkten genannt, die vor der Ratifikation zu klären wären. Ein solcher Punkt war der erfolgreiche Abschluß der Verhandlungen über ein Verifikationsabkommen zwischen Euratom und der IAEA. Bei diesem Problem laufen noch einmal viele Linien der Entwicklung der friedlichen Nutzung der Kernenergie zusammen.

In dem ursprünglichen amerikanischen Entwurf des NV-Vertrages waren internationale Kontrollmaßnahmen gefordert. Eine solche Formel hätte es Euratom erlaubt, mit seinem Sicherungssystem gleichberechtigt neben die IAEA zu treten. Obwohl die Sowjetunion ursprünglich nicht zentral an Kontrollfragen interessiert war, wurden sie doch sehr bald von ihr aufgegriffen. Sie lehnte eine gleichberechtigte Stellung Euratoms neben der IAEA ab. So entstanden auch im Bereich der friedlichen Nutzung der Kernenergie Strukturprobleme der Allianzen, von denen hier am Anfang der Überlegungen zum NV-Vertrag die Rede war. Man hat sich vor Augen zu halten, daß die im internationalen Bereich bisher einzigartige Aufgabe von Souveränitätsrechten bei der Frage der Kontrolle und des Besitzes nuklearen Materials im Bereich der Europäischen Gemeinschaft nicht allein aus Gründen der technischen Effizienz geschehen war, sondern daß ein solcher Schritt ganz ausdrücklich als Mittel zu einem allgemeineren politischen Zweck verstanden worden war. Andererseits wurden – bezüglich der erdrückenden Mengen des in der Europäischen Gemeinschaft befind-

---

[14] Safeguard Techniques. Proceedings of a symposium on progress in safeguard techniques, organized by the IAEA and held in Karlsruhe, Germany, 6.–10. 7. 1970, IAEA–SM–133.
[15] Wolf *Häfele,* Systems Analysis in Safeguards of Nuclear Material. Fourth Geneva Conference, 1971. P/771; Proceedings of the Fourth International Conference in Geneva, 6.–16. 9. 1971. United Nations and the International Atomic Energy Agency (1972).
[16] The structure and content of agreements between the Agency and states required in connection with the treaty on the non-proliferation of nuclear weapons. IAEA-Dokument INFCIRC/153. Siehe auch *Ungerer* (Anm. 4), S. 173 ff.

lichen nuklearen Materials – die Euratom-Kontrollen durch die USAEC verifiziert. Diese Situation kann als eine Kreuzung des Vertrages von Rom mit dem »Atomic Energy Act« von 1954 bezeichnet werden. Es ging also bei der Frage des Verhältnisses von Euratom und IAEA pragmatisch und nicht formal juristisch darum, ob die Verifikation durch die USAEC von der Verifikation durch die IAEA abzulösen sei. Aus der Kreuzung des Vertrages von Rom mit dem »Atomic Energy Act« würde dann eine Kreuzung des Vertrages von Rom mit dem NV-Vertrag werden. Die Frage des Verhältnisses von Euratom zur IAEA war also sehr wohl von großem Gewicht und nicht einfach eine Frage von technischen Details[17]. Ein Stück weit konnte die Objektivierung und Formalisierung des IAEA-Kontrollverfahrens nach INFCIRC/153[18] die Regelung dieser Fragen vorbereiten und erleichtern. Dieses IAEA-Verfahren sieht nämlich die generelle Errichtung nationaler bzw. regionaler Kontrollbehörden vor. Die detaillierten Analysen und Entwürfe für das IAEA-Kontrollsystem, die in den Jahren 1967 bis 1971 zustande gekommen waren, hatten ausgewiesen, daß eine direkte IAEA-Kontrolle ohne Zuhilfenahme nationaler bzw. regionaler Sicherungsmaßnahmen ohnehin nicht durchführbar sei. In Verhandlungen innerhalb der Gemeinschaft und später zwischen Euratom und der IAEA konnte schließlich eine weitgehend befriedigende Regelung dieser Frage zustande kommen. Ein entsprechendes Abkommen[19] zwischen Euratom und der IAEA ist am 5. April 1973 abgeschlossen worden. Es bedeutet ein vorläufiges Ende der Verifikationsproblematik für die Bundesrepublik Deutschland.

VII. Die breitere Nonproliferationsproblematik

Es sind insgesamt acht internationale Verträge[20] in Kraft, die in einem umfassenderen Sinne des Wortes als Nonproliferationsverträge angesehen werden können:

– Der Antarktis-Vertrag (1959).

Dieser Vertrag zielt auf die Freihaltung der Antarktis von militärischen Maßnahmen ab und sieht entsprechende Kontrollmaßnahmen vor. Es gibt in diesem Vertrag bereits Vorkehrungen, die heute als Maßnahmen zum Schutze der Umwelt bezeichnet würden.

---

[17] Siehe auch *Lindemann* (Anm. 4), S. 445 f.
[18] Siehe Anm. 16.
[19] The text of the agreement between Belgium, Denmark, the Federal Republic of Germany, Ireland, Italy, Luxembourg, the Netherlands, the European Atomic Energy Community and the Agency in connection with the Treaty on the Non-Proliferation of Nuclear Weapons. IAEA-Dokument INFCIRC/193.
[20] Treaties in force. A List of Treaties and other International Agreements of the United States in force on January 1, 1973. Department of State, Publ. 8697, Washington 1973.

- Der Vertrag über das Verbot von Kernwaffenversuchen in der Atmosphäre, im Weltraum und unter Wasser (1963). Hier stehen Vorkehrungen zur Reinhaltung der Umwelt im Vordergrund. Es treffen sich hier zum ersten Mal ganz deutlich die Problembereiche der Rüstungskontrolle und des Umweltschutzes.
- Der Vertrag über die Grundsätze zur Regelung der Tätigkeiten von Staaten bei der Erforschung und Nutzung des Weltraums einschließlich des Mondes und anderer Himmelskörper (1967).

  Dies ist ein ausgesprochener Sperrvertrag zur Freihaltung des Weltraumes und seiner Himmelskörper. Aber ebenfalls sind Bestimmungen vorgesehen, die der Verhinderung einer Weltraumverschmutzung dienen. Wird eines Tages der Transport radioaktiven Abfalls in den Weltraum akut, dann müßte man sich mit den Bestimmungen dieses Sperrvertrags auseinandersetzen.
- Der Lateinamerikanische Atom-Sperrvertrag von Tlatelolco (1967).

  Dieser Vertrag hat regionalen Charakter, und seine Zielsetzung entspricht weitgehend dem NV-Vertrag. Durch diesen Vertrag soll Südamerika von Kernwaffen freigehalten werden.
- Der Vertrag über die Nichtverbreitung von Kernwaffen (1968).
- Der Vertrag über das Verbot der Anbringung von Kernwaffen und anderer Massenvernichtungswaffen auf dem Meeresboden und dem Meeresuntergrund (1971).

  Auch hier handelt es sich um einen Sperrvertrag. Kontroll- und Verifikationsmaßnahmen sind integrale Bestandteile dieses Vertrags.
- Übereinkommen über das Verbot der Entwicklung, Herstellung und Lagerung bakteriologischer (biologischer) Waffen und von Toxinwaffen sowie über die Vernichtung dieser Waffen (1972).

  Dieser Vertrag verlängert den NV-Vertrag in dem Bereich der bakteriologischen Waffen. Die Anlehnung an den Aufbau des NV-Vertrags ist unverkennbar.
- Der Vertrag zwischen den Vereinigten Staaten von Amerika und der Union der Sozialistischen Sowjetrepubliken über die Begrenzung der antiballistischen Raketensysteme (1972) – SALT I.

  Dieser Vertrag hat weite Beachtung und Wirkung gefunden. Auf einen Sachverhalt muß explizit hingewiesen werden: Kontroll- bzw. Verifikationsmaßnahmen sind integraler Bestandteil der vertraglichen Maßnahmen. Mittel der Kontrollen sind die jeweiligen nationalen Satellitensysteme. Das mag in diesem Zusammenhang als kein großer Schritt erscheinen. Bedenkt man aber, daß sich in dem Vertrag beide Seiten verpflichten, keine Maßnahmen zu ergreifen, die solche Satellitenbeobachtungen unmöglich machen würden, wie z. B. Tarnungen, und bedenkt man weiter, daß nach 1960 der Abschuß eines amerikanischen U-2-Beobachtungsflugzeugs als großer Spionagefall sogar die Abhaltung einer internationalen Konferenz verhinderte, so erscheinen die Inspektionsregelungen des Vertrags über SALT I doch als großer Schritt.

Die Reihe der hier vorgestellten Nonproliferationsverträge macht deutlich, daß der Vertrag über die Nichtverbreitung von Kernwaffen in einem größeren Zusammenhang zu sehen ist. Die Nutzbarmachung der im Atomkern vorhandenen Energien führt auf grundsätzlich neue Begriffe – nicht nur bei der Physik der Atomkerne, sondern auch beim Umgang mit diesen Energien, die sich um den Faktor Drei-Millionen von den bisher erfahrenen Energien der Chemie, der Thermodynamik und Mechanik unterscheiden. Das ist zuerst im Bereich der Strategien eines atomaren Krieges deutlich geworden. Sie unterscheiden sich drastisch von allen herkömmlichen militärischen Strategien und führen zu dem hier so oft angesprochenen Problem der »arms control«. Entsprechend der – zum Beispiel durch den oben zitierten Faktor Drei-Millionen qualitativ umrissenen – Neuartigkeit der Strategien eines atomaren Krieges sind auch die Probleme solcher »arms control« schwer, d. h. fast unlösbar. In dieser Situation besteht nur die Möglichkeit, die Schwierigkeiten in einen geschichtlichen Prozeß aufzulösen, anstatt sie in einem Schritt zu bewältigen. Der Baruch-Plan war ein Versuch, die ganze Problematik der »arms control« auf einmal zu lösen. Dies müßte dagegen in einzelnen geschichtlichen Stufen geschehen; das SALT-I-Abkommen stellt den bisher letzten Abschnitt dieser Entwicklung dar. Es soll hier bezweifelt werden, daß es ohne den Vertrag über die Nichtverbreitung von Kernwaffen zum Abkommen über SALT I gekommen wäre. SALT II und weitere Schritte müssen folgen. Wahrscheinlich geht der Prozeß nie so weit, daß man begrifflich von einem Ende des Problems der »arms control« sprechen könnte. Von daher relativiert und erfüllt sich gleichzeitig der Sinn des Vertrags über die Nichtverbreitung von Kernwaffen.

Aber auch in einem anderen Sinne ist der hier dargelegte Zusammenhang erhellend. Die militärische Anwendung des oben erwähnten Faktors von Drei-Millionen hat als erste dazu geführt, die Begrenztheit und Verletzbarkeit unseres Globus bewußt zu machen. Inzwischen ist diese Erfahrung nicht auf die militärische Nutzung der Kernenergie beschränkt. Vor allem sind es das Umweltproblem und die Bedrohung für die Reinhaltung von Wasser und Luft sowie die Erhaltung der Ökosphäre, die heute die Größe der Bedrohung deutlich machen. Hieran haben die ständig steigenden Bevölkerungszahlen entscheidenden Anteil. Es ist daher ganz natürlich, daß in der Reihe von Sperrverträgen bereits Umwelt- und Abfallprobleme mitangesprochen sind. Damit ist der Horizont für zukünftige Kontrollsysteme für nukleares Material ebenfalls breiter. Es geht nicht mehr lediglich um die Spaltstoffflußkontrolle, vielmehr wird deren Erarbeitung und Durchführung zum Prototyp für allgemeinere in der Zukunft auf uns zukommende Kontrollaufgaben. In dem Zusammenhang könnte sich auch die Rolle internationaler Organisationen wandeln[21]. Sie sind dann nicht mehr ein Zusammenschluß vollständig souveräner Nationen auf

---

[21] George F. *Kennan*, Weltkonflikte und Weltpolizisten, in: Das 198. Jahrzehnt (Anm. 10), S. 141 ff.

einem unbegrenzten Globus, sondern Instrumente des Miteinander-Auskommens von Völkern im Hinblick auf die Einschränkungen, die die Veränderung der Lebensbedingungen für die Weltbevölkerung mit sich bringt. Um so entscheidender war in dem Zusammenhang, daß das jetzige IAEA-Kontrollsystem für nukleares Material nicht auf die Notwendigkeiten der Tagespolitik hin entworfen, sondern vielmehr mit wissenschaftlich technischen Methoden so sorgfältig ausgebildet wurde, daß auf solcher Basis eines Tages vielleicht auch weitere Kontrollaufgaben bewältigt werden können[22].

Aber auch der Bereich der Versorgung der Weltbevölkerung mit ausreichender Energie, die sauber ist und die auf dem begrenzten Globus gehandhabt werden kann, läßt eine neue Dimension für die friedliche Nutzung der Kernenergie entstehen. Bisher waren es die Fähigkeit der Kernenergie, mit unnatürlich billigen fossilen Brennstoffen in Wettbewerb zu treten, und die technologische Innovation, die noch bis vor kurzem die Triebfedern für die Entwicklung der friedlichen Nutzung der Kernenergie darstellten. Heute geht es um die Bereitstellung von Energie überhaupt.

Seit ihrer ersten Entwicklung stand die friedliche Nutzung der Kernenergie im Schatten der »arms control«, später sollte sie als Mittel zur internationalen Verständigung und als Motor der europäischen Einigung dienen. Das heute im Vordergrund stehende Energieproblem führt nun dazu, daß die friedliche Nutzung der Kernenergie zu ihrem natürlichen Ziel kommt, nämlich unbegrenzte Mengen an Energie bereitzustellen[23].

Auf dieses Ziel hin und gleichzeitig auf das Ziel des Sicher-in-der-Hand-Habens bis hin zum sicheren Handhaben der Mittel der Zivilisation wird sich die Rolle der internationalen Organisationen bei der Überwindung potentieller Konflikte, die aus der friedlichen Nutzung der Kernenergie entstehen, in Zukunft einzustellen haben.

Literatur

Gmelin, Wilhelm, Dipak *Gupta* und Wolf *Häfele*: An Modern Safeguard in the Field of Peaceful Application of Nuclear Energy. Bericht des Kernforschungszentrums Karlsruhe. KFK 800 (Mai 1968).

Groves, Leslie R.: Now it can be told. Story of the Manhattan Project. New York 1962.

Häfele, Wolf: Neuartige Wege naturwissenschaftlich-technischer Entwicklung. In: *Forschung und Bildung*, Heft 4/1963 (Die Projektwissenschaften), erschienen in der Schriftenreihe des Bundesministers für wissenschaftliche Forschung.

---

[22] R. *Avenhaus* und W. *Häfele*, Systems Aspects of Environmental Accountability. Paper presented at the workshop on systems analysis and modelling approaches in environment systems, Zakopane/Poland, 17.–22. 9. 1973.

[23] Proceedings of IIASA Planning Conference on Energy Systems, 17.–20. 7. 1973. The International Institute for Applied Systems Analysis, Laxenburg/Austria.

—: Non-proliferation Safeguards. The Stockholm International Peace Research Institute Symposium on »Review of Nuclear Proliferation Problems«. Tällberg/Schweden, 15. bis 17. Juni 1973.

Häfele, Wolf und Jürgen *Seetzen*: Prioritäten in der Großforschung. In: das 198. Jahrzehnt. Eine Team-Prognose für 1970–1980, hrsg. Claus *Grossner*, Arend *Oettker*, Hans-Hermann *Münchmeyer* und Carl-Christian von *Weizsäcker*. Hamburg 1969.

Hall, John A.: Atoms for Peace or War. In: *Foreign Affairs*, Vol. 43, 1964/65, No. 4, S. 602–615.

Jungk, Robert: Heller als tausend Sonnen. Stuttgart 1963.

Weinberg, Alvin M.: Impact of Large Scale Science on the United States. In: *Science*, Vol. 134, No. 3473, S. 161–164.

MISSBRÄUCHLICHE VERWENDUNG DER KERNENERGIE – EINE BEGRIFFSBESTIMMUNG

Werner Ungerer

I. Verwendungsarten der Kernenergie

Kernenergie kann auf vielfältige Weise verwendet werden. Die breite Öffentlichkeit ist zum ersten Mal durch die Zerstörungsgewalt der über Hiroshima und Nagasaki abgeworfenen Bomben mit dieser neuen Energiequelle konfrontiert worden. Für sie steht daher die Verwendung als Atombombe noch immer im Vordergrund. Inzwischen ist die Kenntnis von den friedlichen Nutzungsmöglichkeiten der Kernenergie gewachsen. Das Bewußtsein einer sich anbahnenden Energiekrise, in der die herkömmlichen Energieträger nicht mehr ausreichen, den steigenden Energiebedarf zu decken, läßt die Kernenergie in neuem Licht erscheinen. Dennoch lastet das Trauma von Hiroshima nach wie vor auf allem Nuklearen. Auch die öffentliche Diskussion um die Errichtung von Kernkraftwerken ist davon – zumindest unterschwellig – beeinflußt. Die Verhinderung mißbräuchlicher Verwendung der Kernenergie wird damit zu einer zentralen Frage der künftigen Nutzung dieser Energiequelle.

Seit dem im Jahre 1953 proklamierten »Atoms-for-Peace«-Programm Präsident Eisenhowers hat man sich angewöhnt, zwischen militärischer und friedlicher Nutzung der Kernenergie zu unterscheiden. Ganz logisch ist diese Unterscheidung nicht. Der Gegensatz von militärisch ist zivil, der von friedlich kriegerisch. Die im NV-Vertrag getroffene Unterscheidung zwischen explosiver und nichtexplosiver Verwendung ist daher konsequenter.

Die militärische Verwendung von Kernenergie ist nicht auf die Fertigung von nuklearen Sprengsätzen für Atombomben beschränkt. Auch die Benutzung von Schiffsreaktoren zum Antrieb von U-Booten, die Verwendung eines Kernkraftwerks zur Versorgung militärischer Anlagen mit Elektrizität und der Gebrauch eines Forschungsreaktors zur Prüfung der Resistenz gewisser Panzerstahlsorten gegenüber radioaktiven Strahlungen sind militärische Nutzungen, ohne daß ihnen jener destruktiv-aggressive Charakter der Atombombe anhaftet. Insofern unterscheiden sie sich prinzipiell nicht von einem Dieselmotor, einem mit Erdöl betriebenen Kraftwerk oder von konventionellen Testmethoden zur Prüfung der Widerstandsfähigkeit von Panzerstahl.

Im Vordergrund der zivilen Nutzung der Kernenergie steht die Elektrizitätserzeugung durch mit Kernmaterial betriebene Kraftwerke. Ende 1972 waren auf der Welt Kraftwerke mit einer installierten elektrischen Kapazität von 35 200 MW (1 MW = 1000 kW) in Betrieb. 1980 rechnet man mit einer installierten Leistung von rd. 315 000 MW, und für das Jahr 2000 glauben die Experten, daß rd. 50 vH der Elektrizitätserzeugung aus nuklearen Quellen fließen[1]. Ebenfalls bedeutsam ist die in gewissen Reaktoren zu gewinnende Prozeßwärme, die zur Kohlevergasung, Fernheizung und für chemotechnische Prozesse benutzt werden kann. Zwar treten daneben die anderen Nutzungsmöglichkeiten an wirtschaftlicher Bedeutung zurück, doch sollten sie nicht unterschätzt werden. Zu erwähnen ist insbesondere der nukleare Schiffsantrieb, die Verwendung nuklearer Sprengsätze zum Bau von Kanälen und Kavernen sowie die Verwendung von Radioisotopen und radioaktiven Bestrahlungen bei der Züchtung von ertragreicheren, widerstandsfähigeren und proteinhaltigeren Pflanzen. Die Anwendung von Isotopen spielt ebenfalls eine Rolle bei der Düngung von Mais und Reis, bei der Bekämpfung von Insekten und der Impfung von Vieh gegen gewisse tropische Krankheiten. In der Medizin sind Methoden radioaktiver Behandlung längst zur Routine geworden. Neue Verfahren und Anwendungsbereiche werden laufend entwickelt. In Forschung und Industrie werden Radioisotope in wachsendem Maß angewandt, sei es zu Meßzwecken, Analysen, zerstörungsfreien Untersuchungen, Qualitätskontrollen, Sterilisation von Produkten und Entwicklung neuer synthetischer Erzeugnisse. Auch für die Suche und Erschließung von Erzlagern und Wasserquellen kommt die Isotopenanwendung in Frage.

II. Variationen des Missbrauchsbegriffs

Die Überlegungen über das, was eine mißbräuchliche Verwendung der Kernenergie darstellt, sind der raschen Verbreitung der Kernenergienutzung und der Flut der Forschungs- und Entwicklungsergebnisse auf diesem Gebiet nur langsam, wenn überhaupt, gefolgt. Wohl gibt es Naturapostel und radikale Umweltschützer, die in jedweder Anwendung der Kernenergie Gefahren wittern, von dem durch Kernspaltung gestörten natürlichen Gleichgewicht sprechen und vor den unübersehbaren Auswirkungen dieser Eingriffe in die Struktur der Atome und Moleküle warnen. Für sie ist die Nutzung der Kernenergie grundsätzlich Mißbrauch.

Da viele der Anwendungen von Radioisotopen in Landwirtschaft, Industrie, Forschung und Medizin erst vor kurzem dem Labor entsprungen sind, ist der Erfahrungsschatz, der bei der Venwendung dieser Methoden gewonnen wurde, noch klein. Die Grenzen dieser Nutzungsmöglichkeiten, jenseits derer von schädlicher Anwendung gesprochen werden könnte, bedürfen in manchen Fällen sicher noch genauerer Bestimmung. Dies gilt aber auch für andere Methoden

---

[1] IAEA-Jahresbericht 1972/73, S. 33. IAEA-Dokument GC (XVII)/500.

und Produkte, die seit Jahren zum festen Instrumentarium unserer industriellen Zivilisation zählen.

Schwerer ins Gewicht fällt die Auffassung jener, die Opposition gegen die Errichtung von Kernkraftwerken an bestimmten Standorten mit technisch und wissenschaftlich begründeten Argumenten treiben. Für sie ist der Bau eines Kernkraftwerks in der Nähe einer großen chemischen Fabrik, in der latent Explosionsgefahr besteht, oder am Ufer eines Flusses, dessen Wärmehaushalt durch die Ableitung von Kühlwasser anderer Kraftwerke bereits gestört ist, eine mißbräuchliche Verwendung der Kernenergie.

Groß ist der Kreis derer, die vor allem in der Atombombe die mißbräuchliche Verwendung der Kernenergie sehen. Die globale Zerstörungsgewalt moderner Wasserstoffbomben vor Augen, plädieren sie für ein totales Verbot der Produktion von Atomwaffen und die Vernichtung der bestehenden Atombombenbestände. Dabei sind sie geneigt, die Tatsache zu übersehen, daß ein Staat, der über Kernwaffen verfügt, solange nicht darauf verzichten wird, wie er seine Sicherheit durch andere Staaten bedroht glaubt.

Realistischer erscheint jedoch das Ziel, die weitere Herstellung von Kernwaffen einzustellen. Der Vertrag über die Nichtverbreitung von Kernwaffen (NV-Vertrag) ist ein erster Schritt auf dem Weg zu diesem Ziel. Ihm liegt die Auffassung der führenden Kernwaffenmächte zugrunde, daß die weitere Herstellung von Kernwaffen für die bestehenden Kernwaffenmächte zwar legitim sei, der Erwerb oder die Produktion von Kernwaffen durch Nichtkernwaffenstaaten jedoch eine mißbräuchliche Verwendung der Kernenergie darstelle.

In engem Zusammenhang mit dieser Auffassung steht der offizielle Mißbrauchsbegriff, der sich in der internationalen Diskussion und Vertragspraxis seit dem amerikanischen »Atoms-for-Peace«-Programm herausgebildet hat[2]. Das »Atoms-for-Peace«-Programm[3] und die im Anschluß daran begonnene multilaterale und bilaterale Zusammenarbeit beruhen auf der Einsicht, daß es auf die Dauer unmöglich sein würde, das Wissen um die Gewinnung von Kernenergie geheimzuhalten. Es erschien darum sinnvoll, den Staaten, die auf diesem Gebiet noch nicht tätig geworden waren, jedoch aufgrund ihres zivilisatorischen und technischen Niveaus dazu in der Lage gewesen wären, Kenntnisse auf dem Gebiet der friedlichen Kernenergienutzung sowie Kernausrüstungen (Reaktoren) und Kernbrennstoffe zur Verfügung zu stellen. Auf diese Weise sollten die Empfängerstaaten veranlaßt werden, sich auf die nichtmilitärische Nutzung der Kernenergie zu beschränken und die erforderlichen Kernenergieerzeugnisse einzuführen. Als Argument wurde angeführt, daß sich die nichtnuklearen Staaten

---

[2] Der Baruch-Plan aus dem Jahr 1946 ging noch von dem weitergehenden Mißbrauchsbegriff aus. Er sah vor, sämtliche gefährlichen Herstellungsphasen der Kernenergie der Zuständigkeit der Staaten zu entziehen und einer internationalen Behörde zu übertragen.

[3] Siehe dazu auch in diesem Band Wolf *Häfele*, Die historische Entwicklung der friedlichen Nutzung der Kernenergie, S. 46 f.

die enormen finanziellen Aufwendungen ersparen könnten, welche die Entwicklung der Kernenergietechnik in den Nuklearstaaten gekostet hätte. Für die Nuklearstaaten lag der Vorteil einer solchen Politik in der Sicherung neuer Exportmöglichkeiten.

Die Kernenergie hat zwei Seiten: Förderung der friedlichen Kernenergienutzung und Verhinderung der Verwendung der Kernenergie für militärische Zwecke. Spiegelbild dieser Auffassung ist die IAEA-Satzung, die in Art. III folgende Aufgaben der IAEA bestimmt: »1. die Erforschung, Entwicklung und praktische Anwendung der Atomenergie für friedliche Zwecke in der ganzen Welt zu fördern und zu unterstützen; ... 5. Sicherheitsmaßnahmen zu treffen und zu handhaben, die gewährleisten, daß besonderes spaltbares Material und sonstiges Material, Dienstleistungen, Ausrüstungen, Einrichtungen und Informationen, die von der Organisation auf ihr Ersuchen oder unter ihrer Aufsicht und Kontrolle zur Verfügung gestellt werden, nicht zur Förderung militärischer Zwecke benutzt werden, ...«

Auch die Satzung der Europäischen Kernenergieagentur (ENEA)[4] geht von diesem Begriffspaar aus. Gemäß Art. 1 ist Zweck der Agentur, im Wege der Zusammenarbeit zwischen den Teilnehmerstaaten und der gegenseitigen Abstimmung ihrer innerstaatlichen Maßnahmen die Erzeugung und Verwendung der Kernenergie für friedliche Zwecke durch diese Staaten zu entwickeln und zu fördern. Art. 8 bestimmt, daß eine Sicherheitskontrolle eingerichtet wird, die gewährleisten soll, daß der Betrieb von Gemeinschaftsunternehmen und die von der Agentur unter ihrer Aufsicht zur Verfügung gestellten Materialien, Ausrüstungen und Dienstleistungen keinen militärischen Zwecken dienen. Die von den Vereinigten Staaten, Großbritannien und Kanada mit verschiedenen Nichtkernwaffenstaaten abgeschlossenen Zusammenarbeitsabkommen enthalten ähnliche Bestimmungen: Gemäß Art. VIII des deutsch-amerikanischen Abkommens über Zusammenarbeit auf dem Gebiet der zivilen Verwendung der Atomenergie vom Februar 1956 hat die Regierung der Bundesrepublik Deutschland zu gewährleisten, daß kein Material einschließlich von Ausrüstungen und Vorrichtungen, das ihr oder ihrer Hoheitsgewalt unterstehenden Personen aufgrund dieses Abkommens übertragen wird, für Atomwaffen oder Forschungsarbeiten über Atomwaffen oder deren Entwicklung oder für sonstige militärische Zwecke verwendet wird.

In dem deutsch-britischen Zusammenarbeitsabkommen vom Juli 1956 wird als Zweck des Abkommens bezeichnet, »daß die ausgetauschten Informationen und das gelieferte Material ausschließlich zur Förderung und Entwicklung der friedlichen Verwendung der Atomenergie dienen« (Art. V). Die Bundesregierung muß gemäß Art. VII gewährleisten, daß kein Reaktor oder Reaktorbestandteil oder sonstiges Material, das ihr oder ihrer Hoheitsgewalt unterstehenden Personen aufgrund dieses Abkommens übertragen wird, sowie kein unter

---

[4] Seit 20. 4. 1972 Kernenergie-Agentur (NEA) der OECD.

Verwendung derartiger Reaktoren, Reaktorbestandteile oder Materialien gewonnenes Material für Atomwaffen oder sonstige militärische Zwecke verwendet wird.

Nach dem deutsch-kanadischen Zusammenarbeitsabkommen vom Dezember 1957 ist es jeder liefernden Vertragspartei gestattet, sich zu vergewissern, daß gemäß diesem Abkommen erhaltenes Kernmaterial sowie besonderes Kernmaterial, das bei der Verwendung von geliefertem Kernmaterial anfällt oder in einem gelieferten Reaktor erzeugt wird, nur für friedliche Zwecke verwendet wird (Art. IV und Art. VIg). Die Lieferung von Informationen, Ausrüstungen, Einrichtungen oder Materialien und der Zugang zu Ausrüstungen oder Einrichtungen, die nach Auffassung einer Vertragspartei von vorwiegend militärischer Bedeutung sind, sowie die Verwendung von gemäß diesem Abkommen erhaltenen Informationen, Ausrüstungen oder Materialien sowie von Kernmaterial, wie es in Art. VI näher definiert ist, für einen militärischen Zweck sind vom Anwendungsbereich des Abkommens ausgeschlossen (Art. Va). Alle drei Abkommen sind inzwischen ausgelaufen.

Der Euratom-Vertrag enthält das Begriffspaar »Förderung der friedlichen Nutzung – Gewährleistung der nichtmilitärischen Verwendung« nicht. Als Aufgabe der Gemeinschaft wird die Schaffung der für die schnelle Bildung und Entwicklung von Kernindustrien erforderlichen Voraussetzungen bezeichnet, während die Sicherheitskontrolle gewährleisten soll, daß die Kernbrennstoffe nicht anderen als den vorgesehenen Zwecken zugeführt werden (Art. 1 und Art. 2e). Der Unterschied zur IAEA-Satzung und zur ENEA-Satzung rührt daher, daß bei Euratom grundsätzlich alle in der Gemeinschaft befindlichen, verwendeten und erzeugten Kernbrennstoffe – angefangen von den Erzen, über die Ausgangsstoffe bis zu den besonderen spaltbaren Stoffen – der Sicherheitsüberwachung durch die Kommission unterliegen. Dabei wird kein Unterschied zwischen Kernwaffenmächten und Nichtkernwaffenmächten gemacht. In Art. 84 Abs. 1 ist sogar ausdrücklich bestimmt, daß bei der Überwachung kein Unterschied nach dem Verwendungszweck der Erze, Ausgangsstoffe und der besonderen spaltbaren Stoffe gemacht wird. Allerdings folgt die Ausnahme der Regel in Abs. 3 desselben Artikels. Er bestimmt, »... daß die Überwachung sich nicht auf Stoffe erstreckt, die für die Zwecke der Verteidigung bestimmt sind, soweit sie sich im Vorgang der Einfügung in Sondergeräte für diese Zwecke befinden oder soweit sie nach Abschluß dieser Einfügung gemäß einem Operationsplan in eine militärische Anlage eingesetzt oder dort gelagert werden«.

Der Grund für diese Ausnahmeregelung liegt darin, daß zwar einerseits alles Kernmaterial in der Gemeinschaft der Kontrolle unterliegt, andererseits ein Mitgliedstaat (Frankreich) beim Abschluß des Euratom-Vertrages ein atomares Verteidigungsprogramm hatte und insofern einen kontrollfreien Bereich beanspruchte.

Im NV-Vertrag wurde insofern Neuland beschritten, als sich die Kontrolle (im Vertragstext »Sicherungsmaßnahmen« genannt) in den Nichtkernwaffenstaaten, die Vertragsparteien sind, nur noch auf Kernmaterial bezieht, d. h. Ausgangs- und besonderes spaltbares Material, nicht dagegen auf Dienstleistungen, Ausrüstungen, Anlagen und Kenntnisse wie in der IAEA-Satzung[5]. Der Mißbrauchtatbestand ist auch nicht mehr eine Verwendung, die allgemein militärischen Zwecken dient, sondern die Verwendung für Kernwaffen oder sonstige Kernsprengkörper (Art. III Abs. 1). Allerdings spiegelt die in Abs. 2 desselben Artikels enthaltene Exportklausel noch die alte Kontrollphilosophie wider: Sicherungsmaßnahmen werden nicht nur durch den Export von Kernmaterial ausgelöst, sondern auch durch die Ausfuhr von anderen Materialien und Ausrüstungen. Jedoch finden die Sicherungsmaßnahmen nur auf Kernmaterial Anwendung, das mit Hilfe der exportierten Materialien oder Ausrüstungen verarbeitet, verwendet oder erzeugt wird. Auch sind die in Art. III Abs. 2 genannten Materialien und Ausrüstungen – im Unterschied zur IAEA-Satzung und zur ENEA-Satzung – genauer, wenn auch nicht ausreichend beschrieben[6].

Die Ausweitung der Exportklausel von Art. III auf Ausrüstungen und Materialien, die eigens für die Aufbereitung, Verwendung oder Herstellung von besonderem spaltbarem Material vorgesehen sind, erschien deshalb notwendig, weil in einem Nichtkernwaffenstaat, der Nichtunterzeichner des NV-Vertrags ist, im allgemeinen nicht der gesamte Kernmaterialfluß Sicherungsmaßnahmen unterworfen ist. Das bedeutet, daß er z. B. in einer aus dem Ausland gelieferten Wiederaufbereitungsanlage das Plutonium, das er aus eigenen Uranquellen und in Reaktoren eigener Produktion erzeugt hat, für Waffenzwecke aufarbeiten könnte. Deshalb ist in dieser Vertragsbestimmung vorgesehen, daß der Export

---

[5] Das ist in hohem Maß auf die nachdrücklich vertretene Auffassung der Bundesregierung während der Konsultationen mit den Amerikanern und während der Konferenz der Nichtkernwaffenstaaten im September 1968 zurückzuführen. Siehe dazu Willy *Brandt*, Zum Atomsperrvertrag, Berlin 1969, S. 29 ff.

[6] Abs. 2 lautet: »(2) Jeder Staat, der Vertragspartei ist, verpflichtet sich, a) Ausgangs- und besonderes spaltbares Material oder b) Ausrüstungen und Materialien, die eigens für die Verarbeitung, Verwendung oder Herstellung von besonderem spaltbarem Material vorgesehen oder hergerichtet sind, einem Nichtkernwaffenstaat für friedliche Zwecke nur dann zur Verfügung zu stellen, wenn das Ausgangs- oder besondere spaltbare Material den nach diesem Artikel erforderlichen Sicherheitsmaßnahmen unterliegt.«

In Art. XX der IAEA-Satzung wird dagegen lediglich eine Definition von besonderem spaltbarem Material und von Ausgangsmaterial gegeben.

Die ENEA-Satzung ist ähnlich allgemein gehalten. Allerdings ist der Begriff »Material« in Art. 18 des Übereinkommens zur Errichtung einer Sicherheitskontrolle auf dem Gebiet der Kernenergie als Ausgangsmaterial und besonders spaltbares Material definiert, während unter »Dienstleistungen« gemäß einer Anlage zur Auslegung von Art. 1 dieses Übereinkommens die besondere Hilfe verstanden wird, die einem Staat aufgrund einer mit seiner Regierung getroffenen Sondervereinbarung gewährt werden kann. Die Tätigkeit von Personen, die in Gemeinschaftsunternehmen mitgearbeitet haben oder die Verwertung von Kenntnissen, die von Teilnehmern an diesen Unternehmen erworben worden sind, fällt danach nicht unter die ENEA-Kontrolle. Eine Definition der »Ausrüstungen« enthält das Übereinkommen nicht.

einer solchen Anlage Sicherungsmaßnahmen für das in dieser Anlage verwendete oder erzeugte Kernmaterial auslöst.

In den Kontrollabkommen, die die IAEA gemäß Art. III Abs. 1 des NV-Vertrags mit den Nichtkernwaffenstaaten, die NV-Vertragsparteien sind, abgeschlossen hat, ist der auf Kernsprengkörper eingeschränkte Mißbrauchsbegriff des NV-Vertrages etwas erweitert worden. In Art. 28 des IAEA-Modellabkommens[7] wird als Ziel der Sicherungsmaßnahmen die rechtzeitige Entdeckung der Abzweigung signifikanter Mengen Kernmaterials von friedlichen nuklearen Tätigkeiten für die Herstellung von Kernwaffen und sonstigen Kernsprengkörpern oder für unbekannte Zwecke sowie die Abschreckung von einer solchen Abzweigung durch das Risiko frühzeitiger Entdeckung bezeichnet. Dies erwies sich deshalb als erforderlich, weil der NV-Vertrag einem Nichtkernwaffenstaat eine nichtexplosive militärische Verwendung von Kernmaterial nicht untersagt. Die Verfahren, die bei der Nichtanwendung von Sicherungsmaßnahmen auf Kernmaterial, das bei militärischen Tätigkeiten verwendet werden soll, zu beachten sind, sind in Art. 14 des IAEA-Modellabkommens bestimmt. Die IAEA erhält dadurch Kenntnis von der militärischen Tätigkeit, für die das Kernmaterial benötigt wird sowie von der Menge und Art des Kernmaterials, das hierfür – legal – abgezweigt wird. Da ihr alle erlaubten Verwendungszwecke zur Kenntnis zu bringen sind, ist es nur logisch, die Abzweigung von Kernmaterial für unbekannte Zwecke als mißbräuchliche Verwendung zu betrachten. Dabei ist die Feststellung, für welche konkreten Zwecke Kernmaterial illegal abgezweigt wurde, schwierig, wenn nicht unmöglich, sind doch die Sicherungsmaßnahmen auf die Entdeckung einer Abzweigung ausgerichtet. Sie haben somit primär ex-post-Charakter und sind nur indirekt präventiver Natur. Die Einbeziehung der Abzweigung für unbekannte Zwecke in den Mißbrauchsbegriff erschien daher aus technischen und praktischen Gründen angebracht. Insofern berührt sich das in den IAEA-Kontrollabkommen näher bestimmte NV-Vertragssystem mit dem System des Euratom-Vertrages.

Eine weitere Eingrenzung des Mißbrauchsbegriffs findet sich im Vertrag über das Verbot von Kernwaffen in Lateinamerika, der am 14. Februar 1967 in Tlatelolco unterzeichnet wurde und im Juni 1969 in Kraft trat. Gemäß Art. 1 des Vertrags ist jede Art der Erprobung, Verwendung, Herstellung, Erzeugung oder des Erwerbs irgendwelcher Kernwaffen verboten[8]. Jedoch sind im Unterschied zum NV-Vertrag Explosionen zu friedlichen Zwecken gestattet, einschließlich solcher Explosionen, für die Geräte erforderlich sind, die den für Kernwaffen verwendeten gleichen (Art. 18). Dabei müssen die Vertragsparteien, welche die Absicht haben, eine derartige Explosion durchzuführen, der Organisation zum Verbot der Kernwaffen in Lateinamerika (OPANAL) sowie der

---

[7] IAEA-Dokument INFCIRC/153.
[8] Siehe *Europa-Archiv*, Folge 7/1967, S. D 154.

IAEA eine Reihe von Angaben über die Explosion vorlegen[9]. Außerdem erhalten OPANAL und die IAEA Gelegenheit, sich davon zu überzeugen, daß die Sprengvorrichtung und die bei der Explosion angewendeten Verfahren den übermittelten Angaben sowie den Bestimmungen des Vertrags entsprechen[10]. Zur Kontrollphilosophie sagt der Vertrag nichts aus. Dadurch, daß die Vertragsparteien gemäß Art. 13 gehalten sind, mit der IAEA mehrseitige oder zweiseitige Übereinkünfte über die Anwendung der Sicherungsmaßnahmen der IAEA auf die Kernenergietätigkeiten der Vertragspartei abzuschließen, wird die Kontrollphilosophie der IAEA-Satzung und des jeweils zur Anwendung kommenden Kontrollsystems der IAEA implizite übernommen.

Zusammenfassend läßt sich feststellen, daß der Mißbrauchsbegriff seit Beginn der internationalen Zusammenarbeit auf dem Gebiet der friedlichen Nutzung der Kernenergie zumindest in der offiziellen Diskussion zunehmend eingegrenzt wurde. Während er früher auf die Förderung militärischer Zwecke abgestellt war und sich auf die ganze Bandbreite der zur Erzeugung von Kernenergie notwendigen Stoffe, Ausrüstungen, Anlagen, Dienstleistungen und sogar Kenntnisse bezog, ist er im NV-Vertrag auf Kernmaterial und auf explosive Zwecke und im Vertrag von Tlatelolco auf die Erprobung, Verwendung, Herstellung und den Erwerb von Kernwaffen beschränkt.

III. Der Bau von Atombomben

Es ist heute einer breiteren Öffentlichkeit bekannt, daß Kernsprengkörper aus Plutonium und/oder angereichertem Uran hergestellt werden. Es ist inzwischen ebenfalls bekannt, daß Kernreaktoren entweder mit natürlichem oder mit angereichertem Uran betrieben werden und daß beim Abbrand der Uranbrennstäbe Plutonium entsteht. Was liegt also näher, als aus der Verwendung von angereichertem Uran und aus der Erzeugung von Plutonium beim Betrieb eines Reaktors auf die Möglichkeit eines Landes zu schließen, Kernwaffen herstellen zu können?

Ganz so einfach sind die Dinge jedoch nicht. Zunächst ist nicht alles Plutonium, das in einem Reaktor erzeugt wird, zur Verwendung in einem nuklearen Sprengsatz geeignet. Auch angereichertes Uran kann nur dann für Atombomben verwendet werden, wenn es einen verhältnismäßig hohen Anreicherungs-

---

[9] Angaben über Zeitpunkt, Ort und Zweck der geplanten Explosion, Art und Herkunft der nuklearen Vorrichtung, die Verfahren, die zwecks Beobachtung der Explosion durch die IAEA und OPANAL angewandt werden, Leistungen, die von der Vorrichtung erwartet werden, und den zu erwartenden radioaktiven Niederschlag sowie entsprechende Schutzmaßnahmen (Art. 18 Abs. 2).

[10] Die beiden Organisationen dürfen alle Vorrichtungen, einschließlich der Explosion der Vorrichtung, beobachten und haben uneingeschränkten Zugang zu allen Orten in der Umgebung der Explosion (Art. 18 Abs. 3).

grad besitzt. Das in den z. Z. üblichen Leichtwasserreaktoren verwendete angereicherte Uran hat nur einen Anreicherungsgrad von 2 bis 4 vH[11]. Sodann sind beide Kernbrennstoffe Ergebnis einer Reihe von komplizierten Produktionsprozessen. Sie beginnen mit dem Abbau von uranhaltigen Erzen[12], führen über die Aufbereitung der Erze zu Urankonzentraten und über die Entfernung von Verunreinigungen zur Herstellung von Uranmetall oder anderen Uranverbindungen. Uranerze enthalten sehr wenig Uran (1 bis 5 vH), die Konzentrate etwa 30 bis 60 vH. Das Uranmetall, Uranoxyd, Urankarbid oder andere passende Uranverbindungen werden dann zu Brennstoffelementen verarbeitet, wobei die Brennstoffhüllen aus Magnesium- oder Aluminiumlegierungen, Graphit, rostfreiem Stahl, Zirkonium u. ä. bestehen können. Im Reaktor werden die Brennstoffelemente abgebrannt. Dabei wird Energie erzeugt.

Einige Reaktortypen arbeiten mit Natururan, andere mit angereichertem Uran. In letzterem Fall muß die gereinigte Uranverbindung, in der Regel Uranhexafluorid, bevor sie zu Brennstoffelementen verarbeitet wird, in einer Isotopentrennanlage angereichert werden. Dabei wird das Verhältnis der Isotopen U-238 und U-235, die beide im Natururan enthalten sind, zugunsten des Isotops U-235 verändert. Das am häufigsten angewandte Verfahren zur Isotopentrennung besteht darin, daß man Uranhexafluorid in gasförmigem Zustand durch poröse Membranen diffundieren läßt. Als weitere Verfahren kommen elektromagnetische Trennung, Gasultrazentrifugen und kinetische Trennung durch Düsen in Betracht.

Bisher wurde angereichertes Uran in industriellem Maßstab ausschließlich in Gasdiffusionsanlagen hergestellt[13]. Es kommt nicht von ungefähr, daß bisher nur die Kernwaffenmächte Gasdiffusionsanlagen gebaut haben. Der Bau solcher Anlagen rechtfertigt sich nur, wenn beträchtliche Mengen von Uran angereichert werden sollen. Bei Anreicherungsgraden von nur 2 bis 4 vH muß schon ein großer Absatzmarkt vorhanden sein, um die gewaltigen Kosten einer Gasdiffusionsanlage zu rechtfertigen. Abgesehen von den Vereinigten Staaten hat bisher kein Land eine Reaktorkapazität erreicht, die den Bau einer Gasdiffusionsanlage ausschließlich zur Deckung des zivilen Bedarfs im eigenen Lande rechtfertigen würde. Die in den Vereinigten Staaten, in der Sowjetunion, Großbritannien und Frankreich errichteten Gasdiffusionsanlagen wurden nur gebaut, weil man hoch angereichertes Uran für Waffenzwecke produzieren wollte. Da die amerikanischen und sowjetischen Kapazitäten ausreichen, um das in den

---

[11] Im Natururan sind die beiden Isotope U-238 und U-235 im Verhältnis 139 zu 1 enthalten. Von angereichertem Uran spricht man dann, wenn der Anteil von U-235 im Verhältnis zu U-238 größer ist als 1 zu 139.
[12] Der Thoriumzyklus (Thorium kann im Reaktor in das spaltbare Uranisotop-233 konvertiert werden) soll hier außer acht gelassen werden, weil er vorerst quantitativ nicht ins Gewicht fällt.
[13] Zur Urananreicherung siehe in diesem Band ausführlich Hans-Peter *Lorenzen*, Hauptentwicklungen auf dem Gebiet der industriellen Nutzung der Kernenergie, S. 98 ff.

siebziger Jahren in der Welt erforderliche angereicherte Uran für zivile Zwecke zu produzieren, und da beide Länder den Preis für angereichertes Uran nicht an den hohen Gestehungskosten ihrer Anlagen auszurichten brauchen, weil diese primär für militärische Zwecke benutzten Anlagen weitgehend amortisiert sind, ist der Bau einer Gasdiffusionsanlage für ein anderes Industrieland auch dann nicht rentabel, wenn es sich politisch motivierte Absatzchancen in anderen Ländern ausrechnet. Eine Gasdiffusionsanlage unter dem Vorwand ziviler Nutzung bei nur schwach ausgelasteter Kapazität nur deshalb zu bauen, um damit vielleicht später hoch angereichertes Uran für Waffenzwecke herstellen zu können, wird sich ein Staat nur dann leisten, wenn er entweder eine völlig irrationale Politik treibt oder bewußt eine Kernwaffenkapazität aufbauen will. Da der Bau und Standort einer solchen Anlage aufgrund ihrer Größenordnung nicht verheimlicht werden kann, wäre ein solches Unternehmen nicht nur ungeheuer kostspielig, sondern auch politisch ein Risiko.

In den letzten Jahren hat sich die Methode der Gaszentrifuge als Alternative zur Gasdiffusion entwickelt. Viele Anzeichen sprechen dafür, daß diese Methode der Isotopentrennung die Produktionspalette des Kernbrennstoffzyklus in wenigen Jahren um eine neue industrielle Variante bereichern wird. Gaszentrifugenanlagen haben gegenüber den Gasdiffusionsanlagen den Vorteil, daß sie nicht auf eine so hohe Trennkapazität ausgelegt zu werden brauchen und mit viel geringerem Elektrizitätsaufwand auskommen. Zwar dürfte auch eine Gaszentrifugenanlage nur dann wirtschaftlich arbeiten, wenn die Gaszentrifugen in großindustriellem Maßstab hergestellt werden. Der Bau kleinerer Anlagen ist jedoch technisch möglich. Wenn aus Gründen nationaler oder regionaler Unabhängigkeit von den bisherigen Lieferanten angereicherten Urans ein Land sich zum Bau einer Gaszentrifugenanlage entschließen sollte, wird es auch etwas höhere Gestehungskosten pro Trenneinheit in Kauf nehmen. Jedenfalls ist der Bau einer solchen Anlage für jedes Industrieland, das im Besitz der Gaszentrifugentechnologie ist, erschwinglich. Durch Hintereinanderschaltung verschiedener Gaszentrifugen kann auch hoch angereichertes Uran produziert werden. Die entsprechende Umwandlung einer für die Produktion von 2 bis 4 vH angereichertem Uran ausgelegten Anlage dürfte nicht zu schwierig sein. Eine Gaszentrifugenanlage stellt daher unter dem Nonproliferationsgesichtspunkt einen besonders sensiblen Punkt des Kernbrennstoffkreislaufs dar[14].

---

[14] Aus diesem Grund sind die Länder, die bisher in erster Linie die Gaszentrifuge entwickelt haben, d. h. die Vereinigten Staaten, Großbritannien, die Bundesrepublik und die Niederlande, übereingekommen, die technischen Kenntnisse der Gaszentrifugenmethode unter Geheimschutz zu stellen. Das trilaterale Abkommen zur gemeinsamen Entwicklung der Gaszentrifugentechnologie zwischen Großbritannien, den Niederlanden und der Bundesrepublik aus dem Jahr 1970 wurde – zumindest von deutscher Seite – auch mit der Absicht geschlossen, Verdächtigungen zu zerstreuen, die Bundesrepublik wolle durch den Aufbau einer nationalen Gaszentrifugenanlage sich die Möglichkeit schaffen, notfalls Waffenmaterial selbst herzustellen.

Im Reaktor wird der Kernbrennstoff der Bestrahlung durch Neutronen ausgesetzt. Der dadurch hervorgerufene Kernspaltungsprozeß bewirkt die Umwandlung der Brennstoffe in chemisch andersartige Elemente. Einerseits wird U-238 zu Pu-239 verwandelt. Andererseits entstehen aus U-235 eine Reihe anderer Isotope und Spaltprodukte, die ihrerseits radioaktiv sind und die auch die Neutronenökonomie der Kernspaltungskettenreaktion verschlechtern. Mit wachsendem Entstehen von Spaltprodukten und Isotopen, d. h. mit zunehmendem Abbrand, geht die Energieleistung des Reaktors zurück. Für jeden Reaktortyp gibt es eine optimale Abbrandzeit. Sobald sie erreicht ist, werden die Brennstoffelemente aus dem Reaktor herausgenommen und in strahlungssicheren Behältern gelagert. Das ist der Moment, in dem – nach den Vorstellungen der politisch einfallsreichen, jedoch technisch unzureichend informierten Nonproliferationsfanatiker – der potentielle Atombombenhersteller aus den Lagerstätten der abgebrannten Brennelemente Plutonium für seine finsteren Zwecke abzweigen kann.

Bei solchen Vorstellungen wird übersehen, daß die abgebrannten Brennelemente in der Regel so hochradioaktiv sind, daß sie ohne besondere Sicherheitsvorkehrungen nicht entfernt werden können. Zum anderen hat der Abbrand zu einem chemischen Umwandlungsprozeß geführt, so daß eine mechanische Absonderung des Plutoniums nicht möglich ist. Will man das beim Abbrand entstandene Plutonium abtrennen, müssen die bestrahlten Brennelemente chemisch aufgearbeitet werden[15].

Der Schritt von der friedlichen Verwendung der Kernenergie zur Herstellung von Atombomben kann folglich nur dann gemacht werden, wenn der Staat, der Atomwaffen herzustellen wünscht, entweder über einen vollständigen Brennstoffkreislauf vom Uranerzabbau bis zur Wideraufbereitung abgebrannter Brennstoffelemente verfügt oder aber spaltbares Plutonium – oder hoch angereichertes Uran – vom Ausland ohne Sicherheitsgarantien für seine friedliche Verwendung beziehen kann. Als dritte Möglichkeit kommt der Bezug von Uranerzen, Urankonzentraten oder Uranbrennelementen aus dem Ausland ohne Sicherheitsgarantien für seine friedliche Verwendung in Betracht bei gleichzeitigem Vorhandensein einer kernindustriellen Kapazität für den Rest des Brennstoffkreislaufs.

Die nicht mit Sicherheitsgarantien verbundene Lieferung von Uranerzen, Urankonzentraten und Brennstoffelementen sowie die Errichtung von Lei-

---

[15] Dabei wird in der Regel folgendes Verfahren angewandt: Nach Entfernung der Umhüllung werden die bestrahlten Uranstäbe in Salpetersäure aufgelöst und dann in drei Bestandteile, nämlich Plutonium, Uran und Spaltprodukte geschieden. Hierbei wird ein Lösungsmittel verwendet, das zu jedem dieser Elemente eine unterschiedliche Affinität besitzt. Auch hier sind die Gestehungskosten nur bei einer sehr großen Anlage tragbar. Wohl aber ist die Entnahme von angereichertem Uran oder Plutonium an anderen Punkten des Brennstoffkreislaufs möglich. Siehe S. 80 f.

stungsreaktoren führt solange nicht zur Verbreitung von Atomwaffen, solange die Länder, die solche Kernbrennstoffe beziehen und Leistungsreaktoren errichten, über keine eigenen Isotopentrenn- oder Wiederaufbereitungsanlagen verfügen. Da die Technologie der Isotopentrennanlagen geheimgehalten wird, die Kosten einer Gasdiffusionsanlage unverhältnismäßig hoch sind und auch die Errichtung einer Wiederaufbereitungsanlage ziemlich kostspielig ist, kann nicht angenommen werden, daß eine größere Anzahl von Ländern in absehbarer Zeit in den Besitz vollständiger Brennstoffzyklen gelangt, auch wenn sie ihren Bedarf an Elektrizität in zunehmendem Maß durch Kernkraftwerke decken.

So oberflächlich die in der Nonproliferationspropaganda beschworene Kausalkette Kernkraftwerke – Plutoniumerzeugung – Bombenherstellung auch ist, so unverantwortlich ist der gegenteilige Schluß, daß alles zum Besten stehe, solange die Lieferung von Plutonium oder hochangereichertem Uran Sicherheitsgarantien unterliege und die Technologie der Isotopentrennung und Wiederaufbereitung geheimgehalten werde. Die Wiederaufbereitungstechnologie ist heute kein Geheimnis mehr. Auch die Kenntnis der Isotopentrenntechnik ist unter Fachleuten so verbreitet, daß es einem Staat, der über genügend qualifizierte Wissenschaftler und Techniker sowie über die dazu benötigten finanziellen Mittel verfügt, im Verlauf eines Dezenniums durchaus möglich wäre, eine – wenn auch unwirtschaftliche und anfangs mit viel technischen Mängeln behaftete – Isotopentrennanlage zu bauen.

Solange ein Staat technisch und finanziell in der Lage ist, eine Wiederaufbereitungsanlage oder eine Isotopentrennanlage zu errichten und zu betreiben und das darin bearbeitete Kernmaterial entweder aus eigenen Produktionsstätten oder aus dem Ausland ohne Sicherungsmaßnahmen zu beziehen, ist auch die Möglichkeit der Verbreitung von Kernwaffen gegeben. Selbst wenn das gesamte auf dem Hoheitsgebiet eines Staates erzeugte und verwendete Kernmaterial internationalen Sicherungsmaßnahmen unterliegt, ist – zumindest theoretisch – die Gefahr der Proliferation auf staatlicher Ebene noch nicht ganz gebannt. Dieser Staat könnte einem anderen Land, das über Uranvorkommen, nicht jedoch über die technische Kapazität zur Errichtung von Kernanlagen verfügt, entweder die erforderlichen Kernanlagen oder einzelne Ausrüstungsgegenstände oder das erforderliche Know-how zur Errichtung eines vollständigen Brennstoffzyklus zur Verfügung stellen. Denkbar ist auch, daß ein Staat, der Plutonium oder hoch angereichertes Uran zu erzeugen imstande ist, dessen Brennstoffzyklus jedoch internationalen Sicherungsmaßnahmen unterliegt, Vorräte an Plutonium oder hoch angereichertem Uran anlegt und dann dieses Kernmaterial für Waffenzwecke verwendet, wenn seine militärtechnischen Vorbereitungen weit genug gediehen sind und die politische Situation es ihm erlaubt oder ihn dazu zwingt, sich aus seinen Verpflichtungen bezüglich der Anwendung von internationalen Sicherungsmaßnahmen auf seinem Hoheitsgebiet zu lösen. Auch wenn es fraglich ist, ob sich solche Möglichkeiten je materialisieren, muß mit ihnen gerechnet werden.

Dasselbe gilt für eine weitere Proliferationsmöglichkeit, deren Realisierungsgrad als gering angesehen werden muß. Es handelt sich um die heimliche, von Staatsorganen vorgenommene Abzweigung von Kernmaterial, das internationalen Sicherungsmaßnahmen unterliegt, entweder zur Anlegung eines Vorrats von Waffenmaterial oder zur sofortigen Herstellung einer Atombombe.

Selbst wenn die vorstehend erwähnten Möglichkeiten in das Kalkül einer Nonproliferationspolitik einbezogen werden müssen, ist die immer wieder gemachte Annahme, daß ein Staat, der sich unkontrolliertes Plutonium oder hoch angereichertes Uran zu verschaffen versteht, früher oder später Kernwaffen herstellen wird, in dieser vereinfachten Form nicht zutreffend.

Wer Plutonium und hoch angereichertes Uran besitzt, hat damit noch nicht das technische Know-how für die Herstellung eines funktionierenden und militärischen Erfordernissen genügenden atomaren Sprengsatzes. Wer das Know-how zur Herstellung nuklearer Sprengkörper für Waffenzwecke besitzt, dem mögen die notwendigen Testmöglichkeiten fehlen, so daß die Herstellung einer Atombombe wenn nicht unmöglich, so doch äußerst schwierig wird[16]. Wer Atombomben produzieren kann, besitzt noch lange nicht die notwendige Trägerkapazität. Allein die Konstruktion einer Atombombe, d. h. eines militärisch verwendbaren nuklearen Sprengsatzes, ist schwierig genug, ganz abgesehen vom Testen, der Zuverlässigkeitsprüfung, der Entwicklung von Komponenten und der Zusammensetzung der Kernwaffe.

Ist schon die Herstellung einer Kernwaffe schwierig genug, so wachsen die Probleme naturgemäß, wenn es sich um die Entwicklung und den militärischen Einsatz eines Trägersystems handelt. Überdies sind die Kosten einer noch so bescheidenen Atomstreitmacht enorm und dürften die finanziellen Möglichkeiten der meisten Schwellenmächte übersteigen. Schließlich ist der Abschreckungseffekt einer solchen Atomstreitmacht, zumindest gegenüber einem Gegner, der über eine voll ausgebaute Atomstreitmacht mit »second strike capability« verfügt, gering.

Die in der Öffentlichkeit immer wieder vorgebrachte These, der Bau und Betrieb von Kernreaktoren führe zur Bildung großer Plutoniumbestände, womit der Verbreitung von Kernwaffen Tür und Tor geöffnet sei, stimmt in dieser vereinfachten Form nicht. Die Zusammenhänge sind sehr viel komplexer. Ob und inwieweit der Aufstieg und Ausbau der Kernindustrie in einem Land die Gefahr einer Verbreitung von Kernwaffen impliziert, kann nur nach Prüfung aller relevanten, technischen, wirtschaftlichen und politischen Faktoren festgestellt werden.

---

[16] Die Erprobung einer Atombombe durch einen Test scheint jedoch technisch keine »conditio sine qua non« für die Herstellung einer Bombe zu sein. So der Vorsitzende der USAEC, Dr. Seaborg, in den öffentlichen Hearings des Joint Committee on Atomic Energy des amerikanischen Kongresses am 27. 2., 1. 3. und 7. 3. 1966 (S. 56–58 des gedruckten Protokolls).

IV. Friedliche Kernsprengungen[17]

Die indische Kernsprengung vom 18. Mai 1974 hat die Frage aktualisiert, ob eine Kernsprengung für friedliche Zwecke als mißbräuchliche Verwendung anzusehen ist oder nicht. Die indische Regierung hat nach der Explosion bei verschiedenen Gelegenheiten betont, daß die Kernsprengung ausschließlich für friedliche Zwecke durchgeführt wurde, und zwar als Teil des indischen Programms zur friedlichen Nutzung der Kernenergie mit dem Ziel, Kernsprengungen zur Erschließung von Öl- und Erdgasvorkommen sowie für größere Erdbewegungen zu verwenden. Da die Explosion nahezu keinen radioaktiven Ausfall verursacht habe und die dafür verwendeten Kernmaterialien und Ausrüstungen keinen internationalen Sicherungsmaßnahmen unterlagen, habe Indien weder gegen den Teststop-Vertrag, dem es beigetreten sei, noch gegen eines der Kontrollabkommen, die es mit der IAEA abgeschlossen habe, verstoßen. Im übrigen habe Indien nicht die Absicht, dem Klub der Kernwaffenmächte anzugehören.

In den Mißbrauchsbegriff des NV-Vertrags sind alle Arten von Kernsprengungen einbezogen worden, weil technisch zwischen einer Kernsprengung für Waffenzwecke und für friedliche Zwecke kein Unterschied besteht. Demgegenüber fallen im Vertrag von Tlatelolco, der vor dem NV-Vertrag ausgearbeitet wurde, friedliche Kernsprengungen nicht unter die Verbotstatbestände des Vertrages[18], sofern sie unter internationaler Beobachtung durchgeführt werden (siehe auch S. 71 f.).

Die Kernwaffenmächte haben seit Inkrafttreten des Teststop-Vertrags und des NV-Vertrags ungeachtet der von der UN-Generalversammlung seit 1965 regelmäßig verabschiedeten Resolutionen[19] über die dringende Notwendigkeit der Einstellung der nuklearen und thermonuklearen Waffentests zahlreiche Kernsprengungen für Waffenzwecke[20] vorgenommen. Es kann deshalb dem Anspruch einer Nichtvertragspartei des NV-Vertrags, eine Kernsprengung für friedliche Zwecke durchzuführen, die keinen Verstoß gegen den Teststop-Vertrag darstellt, eine gewisse Berechtigung nicht abgesprochen werden. Dennoch bleibt die Unsicherheit darüber bestehen, ob eine Kernspaltung tatsächlich ausschließlich friedlichen Zwecken gedient hat, oder ob sie die erste Stufe zur Herstellung von Kernwaffen darstellt, da die Kernsprengung keiner internationalen Beobachtung unterlag.

Aber selbst die Anwesenheit internationaler Beobachter bei der Explosion löst das Problem noch nicht: Wenn der betreffende Staat für Waffenzwecke verwendbares Kernmaterial besitzt, kann er die Erfahrungen, die er bei der »inter-

---

[17] Siehe dazu ausführlich in diesem Band das Kapitel von Stephan v. *Welck*, Friedliche Kernsprengungen als Herausforderung und Aufgabe internationaler Organisationen, S. 389 ff.
[18] Darüber scheinen allerdings die Meinungen der Signatarstaaten auseinanderzugehen.
[19] Vgl. Resolutionen 2032, 2163, 2455, 2604, 2663, 2828, 2934 und 3074.
[20] Ihre Zahl wird auf über 200 geschätzt.

national beobachteten« Kernsprengung gewonnen hat, bei der Herstellung von Sprengsätzen für Atombomben verwenden. Erst wenn das gesamte Kernmaterial, das im Hoheitsgebiet oder unter der Hoheitsgewalt eines Staates erzeugt, eingeführt oder gelagert wird, internationalen Sicherungsmaßnahmen unterliegt, erhält die internationale Beobachtung einer Kernexplosion einen Sinn. Voraussetzung ist allerdings, daß genau verifiziert wird, daß das aus dem Kernbrennstoffkreislauf für die Kernsprengungen entnommene Plutonium oder hoch angereicherte Uran auch tatsächlich zur Explosion gebracht wurde. Die Glaubwürdigkeit der indischen Versicherungen, daß die Kernsprengung vom 18. Mai 1974 ausschließlich friedlichen Zwecken diente und daß Indien nicht die Absicht habe, Kernwaffen herzustellen, würde zweifellos erhöht werden, wenn sich Indien entschließen würde, IAEA-Sicherungsmaßnahmen für seine gesamte Kernenergietätigkeit anzunehmen und eventuelle weitere Kernsprengungen von der IAEA in angemessener Weise beobachten zu lassen. Kernsprengungen, die ohne diese Einbettung in ein internationales Kontrollsystem erfolgen, sind als mißbräuchliche Verwendung der Kernenergie zu betrachten, auch wenn sie angeblich für friedliche Zwecke durchgeführt worden sind.

V. Subnationale Diversion

Der NV-Vertrag ist ein Instrument zwischenstaatlicher Macht- und Sicherheitspolitik. Das in ihm enthaltene Nonproliferationssystem ist auf Nichtkernwaffenstaaten abgestellt. Diesen Staaten soll die Abzweigung von Kernmaterial für Kernwaffen unmöglich gemacht oder zumindest erschwert werden. Auch der IAEA-Satzung und den bilateralen Zusammenarbeitsabkommen liegt primär der Gedanke einer Verhinderung staatlicher Abzweigung von Kernerzeugnissen für mißbräuchliche Zwecke zugrunde. Der Euratom-Vertrag erstreckt sich dagegen auch auf die subnationale Ebene, und zwar als Folge der supranationalen Konzeption der Gemeinschaft, die der Kommission die Ausübung von Hoheitsrechten gegenüber Angehörigen der Mitgliedstaaten ermöglicht. Bei der NEA ist die Sicherheitskontrolle auf die von ihr initiierten Gemeinschaftsunternehmen konzentriert, die entweder zwischenstaatliche Einrichtungen wie Eurochemic darstellen oder in Verbindung mit staatlichen Kernanlagen stehen wie die Reaktoren Halden und Dragon.

Dem zwischenstaatlichen Charakter bilateraler Zusammenarbeitsabkommen und internationaler Organisationen wie der IAEA und der NEA entspricht der Grundsatz, daß die Verhinderung bzw. Entdeckung subnationaler Diversion von Kernerzeugnissen in die Verantwortung der einzelnen Staaten fällt. Die Beschäftigung mit den Problemen einer mißbräuchlichen Verwendung von Kernenergie auf subnationaler Ebene ist daher weitgehend vernachlässigt worden. Die öffentliche Diskussion der Verhinderung mißbräuchlicher Verwendung der Kernenergie war ganz auf die internationale Politik beschränkt. Sinn und Zweck einer nationalen oder multilateralen Atommacht, Verhinderung des

Aufbaus nationaler oder regionaler Atomstreitkräfte durch Nichtkernwaffenstaaten, Teilhabe an den nuklearen Planungsprozessen der militärischen Allianzen, Verhinderung von Abzweigungen von Kernmaterial für militärische Zwecke im Zusammenhang mit der Verbreitung der Kernenergie und die Auswirkungen entsprechender Kontrollmechanismen auf die Kernforschung und Kernindustrie in den kontrollierten Staaten – das waren die Themen, die im Vordergrund des Interesses standen. Daß auch aus subnationaler Diversion internationale Konflikte entstehen können, wurde dabei übersehen. Erst in letzter Zeit ist das Bewußtsein gewachsen, daß die subnationale Diversion unter Umständen größere Probleme verursachen kann als die Bemühungen einiger weniger Staaten, zu dem Kreis der Kernwaffenmächte zu stoßen[21].

Über die Möglichkeiten subnationaler Diversion lassen sich mannigfaltige Spekulationen anstellen. Mit zunehmender Verwendung der Kernenergie und den damit zusammenhängenden Kernmaterialmengen, die in Kernanlagen erzeugt, verwendet und gelagert werden und von einer Kernanlage zu einer anderen, sei es im Hoheitsgebiet eines Staates, sei es zwischen verschiedenen Ländern, transportiert werden, erhöht sich das Risiko der subnationalen Diversion.

Es gibt verschiedene Punkte im Brennstoffkreislauf, an denen die Entwendung von hoch angereichertem Uran oder Plutonium möglich ist. In Forschungs- und Testreaktoren wird vielfach hoch angereichertes Uran verwendet. Die Brennelemente, die Uran enthalten, sind in vielen Fällen nicht so groß, daß sie nicht von einem normalen Lieferwagen beiseite geschafft werden könnten. Radioaktiv sind sie – im Gegensatz zu abgebrannten Brennelementen, die Plutonium enthalten – auch nicht, so daß der Dieb sich daran kaum »die Finger verbrennen« kann. Überhaupt ist angereichertes Uran viel weniger toxisch als Plutonium.

Wenn einmal schnelle Brutreaktoren in Betrieb sind[22], könnten die entweder aus Plutonium oder hoch angereichertem Uran bestehenden Brennstäbe dieser Reaktoren ebenfalls Objekte der Diversion werden. Noch leichter dürfte der Diebstahl von Kernwaffenmaterial in den Fabrikationsanlagen für Brennelemente werden, wo das Kernmaterial sozusagen unbekleidet herumliegt. Glücklicherweise werden in diesen Anlagen vorwiegend Brennelemente für die derzeit gängigen Leistungsreaktoren hergestellt, die entweder mit schwach angereichertem Uran oder mit Natururan arbeiten.

Ein weiterer sensibler Punkt im Brennstoffkreislauf ist die Wiederaufbereitungsanlage, in der das beim Abbrand der Brennelemente entstandene Plutonium abgesondert wird. Weniger problematisch erscheinen dagegen Isoto-

---

[21] Siehe dazu Mason *Willrich* (Hrsg.), International Safeguards and Nuclear Industry, Baltimore 1973, sowie Mason *Willrich* und Theodore B. *Taylor*, Nuclear Theft: Risks and Safeguards, Cambridge, Mass., 1974.
[22] Bisher gibt es nur einige wenige Forschungsreaktoren sowie einige Prototypen in den Vereinigten Staaten, in der Sowjetunion, Großbritannien und Frankreich.

pentrennanlagen, sofern dort nur das für Leistungsreaktoren benötigte schwach angereicherte Uran produziert wird. Dennoch muß damit gerechnet werden, daß schwach angereichertes Uran entwendet wird, einmal weil dieser Stoff verhältnismäßig leicht zu transportieren ist, zum anderen, weil er relativ wertvoll ist. Falls ein Staat heimlich Kernwaffen produzieren wollte, könnte er durchaus daran interessiert sein, schwach angereichertes Uran auf dem schwarzen Markt zu kaufen, um eine eventuell gebaute kleinere Isotopentrennanlage ganz auf die Hochanreicherung zu konzentrieren.

Schließlich sind die Lagerstätten von Kernmaterial sowie der Transport dieses Kernmaterials zu erwähnen. Dabei stellt der Transport von Brennelementen, hoch angereichertem Uran oder Plutonium die Stelle des Brennstoffkreislaufs dar, wo die Sicherheitsvorkehrungen am größten sein sollten. Ein Lastwagen mit hoch angereicherten Brennelementen ist leicht entführt. Auch auf hoher See kann sich manches ereignen, was auf dem Lande nur schwer möglich ist. Wenn man schließlich noch bedenkt, daß in einigen Fällen Plutonium, das bei der Wiederaufbereitung gewonnen wurde, per Linienflugzeug dem Eigentümer zurückgesandt wurde, ist der Phantasie keine Grenze gesetzt, sich mannigfache Arten von Mißbrauchssituationen vorzustellen.

Solche Entwendungen können sowohl von Einzelpersonen als auch von Personengruppen vorgenommen werden. Kriminelle Elemente könnten Kernmaterial entwenden, um es auf dem schwarzen Markt zu verkaufen, was voraussetzt, daß es potentielle Abnehmer gibt. Als solche kämen Regierungen anderer Länder in Betracht, die sich heimlich ein Kernwaffenpotential aufbauen wollen, oder Kernanlagen, die im Betriebsablauf entstandene Kernmaterialverluste ausgleichen wollen, um keine Scherereien mit internationalen Inspektoren oder nationalen Kontrolleuren zu bekommen, sowie Einzelpersonen oder Gruppen, die sich einen Kernsprengsatz basteln oder den Besitz des Materials zu erpresserischen Zwecken benutzen wollen. Die potentiellen Abnehmer eines solchen schwarzen Marktes könnten auch selbst zu Dieben werden.

Besonders gefährlich könnten solche Entwendungen oder der Erwerb des Materials auf dem schwarzen Markt durch Terroristengruppen werden, da diese in innerstaatlichen oder zwischenstaatlichen Konfliktsituationen ihre Ziele viel bedingungsloser ansteuern als rein kriminelle Elemente, denen es nur auf Gelderwerb ankommt. Einzelne Wahnsinnstäter könnten allerdings noch größeren Schrecken auslösen, wenngleich ihre Drohungen weniger glaubwürdig wären, da ein einzelner kaum in der Lage sein dürfte, aus gestohlenem Kernmaterial einen auch nur primitiven Sprengsatz herzustellen. Bei politisch motivierten Terroristengruppen kann dagegen angenommen werden, daß sich in ihren Reihen auch Wissenschaftler, Techniker und Militärs befinden.

Daß vorbeugende Maßnahmen zur Verhinderung subnationaler Diversion nicht nur Sache der einzelnen Staaten sein können, ergibt sich aus den internationalen Konflikten, welche das Abhandenkommen von Kernmaterial, insbesondere von Waffenmaterial, verursachen kann. Auch wenn bei einem internationalen Transport von Kernmaterial die Verantwortlichkeit des Lieferstaates und des Empfängerstaates genau abgegrenzt sind, dürfte der Verlust einer Sendung von Kernmaterial auf hoher See oder im Transit zu einem internationalen Konfliktsfall werden. Man stelle sich nur einmal vor, eine Sendung von zehn Kilogramm Plutonium (ausreichend für zwei kleinere Bomben des Hiroshima-Typs), das von der Wiederaufbereitungsanlage Eurochemic in Mol (Belgien) aus abgebrannten Brennelementen eines Schweizer Reaktors abgetrennt wurde und per Lastwagen durch die Bundesrepublik in die Schweiz befördert werden soll, käme während des Transits durch die Bundesrepublik abhanden. Auch wenn vorher zwischen Belgien und der Schweiz vereinbart wurde, daß die Schweiz ab Verlassen der belgischen Grenze die Verantwortung für das Material hat und auch wenn die Regierung der Bundesrepublik Deutschland jede Verantwortung unter Berufung auf Art. 91 der von der IAEA mit den NV-Vertragsparteien abgeschlossenen Kontrollabkommen ablehnt[23], wäre die Bundesrepublik allen möglichen Verdächtigungen ausgesetzt.

Nach allem, was die Geheimdienste einzelner Staaten zustande gebracht haben, ließe sich auch denken, daß der Geheimdienst des Staates A Kernmaterial, das sich in Staat B befindet, für das B die Verantwortung hat und das dort der internationalen Sicherungsüberwachung gemäß NV-Vertrag unterliegt, entwendet, um bei der Weltöffentlichkeit den Eindruck zu erwecken, Staat B zweige Kernmaterial ab, strebe Kernwaffenbesitz an und verletze den NV-Vertrag. Oder eine im Staat C ansässige und von diesem Staat offiziell geduldete und unterstützte Terroristenorganisation entwendet auf einem internationalen Transport mehrere Kilogramm hoch angereichertes Uran, erklärt kurze Zeit später, sie sei im Besitz einer kleinen Atombombe und werde diese über der Hauptstadt des Landes D zur Explosion bringen, wenn die Regierung dieses Landes nicht auf ihre Forderungen eingehe. Was machen da die Regierungen von D und C und andere Regierungen sowie der Sicherheitsrat der Vereinten Nationen?

Das in der subnationalen Diversion liegende Gefahrenmoment ist auch deshalb relativ groß, weil das Aktionsfeld potentieller Abzweigungen wesentlich größer ist als das der nationalen Diversion. Es erstreckt sich nicht nur auf einen Staat oder auf eine Reihe von Nichtkernwaffenstaaten, sondern auf alle Staaten, in denen Kernmaterial erzeugt, benutzt oder gelagert wird sowie auf alle internationalen Transporte von Kernmaterial. Vergleicht man die Kernmaterialmengen, die in den kernwaffenlosen NV-Vertragsstaaten vorhanden sind sowie die vom Kontrollsystem des NV-Vertrags erfaßten Kernmaterialmengen in den Nichtkernwaffenstaaten, die keine NV-Vertragsparteien sind, mit den

---

[23] Art. 91, letzter Satz lautet: »No state shall be deemed to have such responsibility for nuclear material [nämlich die Verantwortung für das international transferierte Kernmaterial] merely by reason of the fact that the nuclear material is in transit on or over its territory or territorial waters, or that it is being transported under its flag or in its aircraft.«

Mengen an Kernmaterial, die in den Kernwaffenstaaten vorhanden sind und laufend produziert werden, so läßt sich die Schlußfolgerung nicht vermeiden, daß die Kernenergietätigkeiten der Kernwaffenmächte ein ungleich ergiebigeres Aktionsfeld für die subnationale Diversion darstellen als die der kontrollierten Nichtkernwaffenstaaten. Außerdem unterliegt das Kernmaterial in den Kernwaffenstaaten keiner – oder zumindest keiner umfassenden – internationalen Kontrolle[24]. Die den IAEA-Sicherungsmaßnahmen gemäß NV-Vertrag unterliegenden Nichtkernwaffenstaaten sind gehalten, ihre Kernmaterialmengen aufgrund eines nationalen oder regionalen Materialbuchführungs- und -kontrollsystems genau zu erfassen. Die Feststellungen dieser Systeme werden von der IAEA überprüft. Durch die Verifizierung der IAEA, die im gleichen Maß verstärkt wird, wie die nationale oder regionale Kontrolle unvollständig, wenig wirksam oder unzuverlässig ist, sind die betroffenen Nichtkernwaffenstaaten wenn nicht gezwungen, so doch daran interessiert, ihre eigene Materialkontrolle möglichst effizient zu gestalten. Dieser Zwang bzw. Anreiz fällt bei den international nicht kontrollierten Kernwaffenmächten weg. Es ist damit wahrscheinlich, daß die Materialkontrolle bei ihnen weniger strikt ist als in einem dem NV-Kontrollsystem unterworfenen Nichtkernwaffenstaat. Subnationale Diversion dürfte in einem Kernwaffenstaat also leichter sein als in einem international kontrollierten Nichtkernwaffenstaat.

Die subnationale Diversion erscheint deshalb gefährlicher als eine Diversion auf staatlicher Ebene, weil sich Einzelpersonen sowie politische und kriminelle Gruppen, die sich Kernwaffenmaterial aneignen, nicht unter den gleichen restriktiven Zwängen befinden wie Regierungen. Bei der Regierung eines Staates kann man in der Regel rationales Verhalten und ein an der Verantwortung gegenüber der eigenen Bevölkerung und der internationalen Gemeinschaft ausgerichtetes Handeln voraussetzen, bei Terroristen oder Kriminellen in der Regel nicht. Jedenfalls ist der Gedanke, daß sich eine Gangsterbande oder eine Terroristengruppe einiger Kilogramm hoch angereicherten Urans bemächtigen könnte, um einige Grade schrecklicher als die Vorstellung, die Regierung eines Nichtkernwaffenstaates produziere heimlich eine kleine Atombombe.

---

[24] Die französischen Kerntätigkeiten unterstehen zwar gemäß Euratom-Vertrag der Euratom-Kontrolle, die französische Regierung hat jedoch im Zusammenhang mit der Erteilung eines Verhandlungsmandats an die EG-Kommission zwecks Aushandlung eines Verifikationsabkommens mit der IAEA erreicht, daß nur diejenigen seiner Kerntätigkeiten von Euratom kontrolliert werden, für die es eine internationale Verpflichtung übernommen hat, sie nur friedlich zu nutzen. Großbritannien fällt seit 1973 ebenfalls unter die Euratom-Kontrolle und ist darüber hinaus bereit, für seine zivilen Kerntätigkeiten eine noch festzulegende Verifizierung durch die IAEA zu akzeptieren. Die Vereinigten Staaten haben bisher vier Reaktoren und eine Wiederaufbereitungsanlage versuchsweise IAEA-Kontrollen unterworfen und haben sich bereit erklärt, alle ihre Kerntätigkeiten, die keine direkte Bedeutung für die nationale Sicherheit haben, IAEA-Sicherungsmaßnahmen zu unterstellen. Ein diesbezügliches Abkommen mit der IAEA steht allerdings noch aus. Die Sowjetunion und China haben bisher keinen Zweifel daran gelassen, daß sie nicht bereit sind, eine internationale Kontrolle ihrer zivilen Kerntätigkeiten zu akzeptieren.

VI. Zusammenfassung

Unter mißbräuchlicher Verwendung der Kernenergie wird im wesentlichen ihre Verwendung zu explosiven Zwecken verstanden. Dabei ist zwischen einer Verwendung auf staatlicher und auf subnationaler Ebene zu unterscheiden. Auf staatlicher Ebene wird die Verwendung von Kernmaterial zur Herstellung von Kernwaffen als Mißbrauch betrachtet, während die Nutzung von Kernsprengkörpern zu friedlichen Zwecken, z. B. zum Bau von Kanälen und Kavernen, dann als statthaft angesehen wird, wenn die Kernsprengungen unter geeigneter internationaler Kontrolle durchgeführt werden. Die Kontrolle soll gewährleisten, daß Kernmaterial nicht für Waffenzwecke benutzt wird.

Auf subnationaler Ebene ist jede Verwendung als mißbräuchlich anzusehen, die explosiven oder anderen als deklarierten nichtexplosiven Zwecken dient. Wer Kernmaterial für unbekannte Zwecke abzweigt, steht unter dem Verdacht, daß er es zur Herstellung von Kernsprengkörpern oder zu erpresserischen Zwecken benutzen oder zur Verfügung stellen will.

Literatur

Bücher

Beaton, Leonard: Must the Bomb spread? Harmondsworth: Penguin Books 1966.
Brandt, Willy: Zum Atomsperrvertrag. Berlin 1969.
Goldschmidt, Bertrand: L'aventure atomique. Paris 1962.
Hädrich, Heinz: Europäische Atomverträge. Kommentar. Baden-Baden 1966.
Willrich, Mason (Hrsg.): Civil Nuclear Power and International Security. New York 1971.
—: International Safeguards and Nuclear Industry. Baltimore 1973.
Willrich, Mason und Theodore B. *Taylor:* Nuclear Theft: Risks and Safeguards. Cambridge, Mass., 1974.

Artikel

Botzian, Rudolf: Uran-Anreicherung in Europa. Die technisch-wirtschaftliche und politische Bedeutung eigener Verfahren. In: *Europa-Archiv*, Folge 14/1970, S. 891–900.
Cornides, Wilhelm: Die Verbreitung der nuklearen Waffen. Mythos und Wirklichkeit. In: *Europa-Archiv*, Folge 21/1962, S. 725–731.
Gupta, Dipak und Jürgen *Seetzen:* Safeguards Measures in Nuclear Power Industry. In: *Außenpolitik* (engl. Ausgabe), Heft 2/1970, S. 170–178.
Hall, John A.: Atoms for Peace, or War. In: *Foreign Affairs*, Vol. 43, 1965, No. 4, S. 602 bis 615.
Ungerer, Werner: Das nukleare Dilemma und die Bundesrepublik. In: *Außenpolitik*, Heft 10/1966, S. 599–606.
Zettler, Hans: Wenn Plutonium in falsche Hände gerät. In: *Frankfurter Allgemeine Zeitung* vom 5. 6. 1974.

Dokumente

United Nations: Treaty on the Non-Proliferation of Nuclear Weapons. New York 1969.
IAEA: Power and Research Reactors in Member States (jährlich).

HAUPTENTWICKLUNGEN AUF DEM GEBIET DER INDUSTRIELLEN NUTZUNG DER KERNENERGIE

Hans-Peter Lorenzen

I. Einleitung

Kernenergie kann prinzipiell durch Spaltung von bestimmten Isotopen schwerer Elemente, Uran oder Plutonium, oder durch Fusion bestimmter Isotope des Wasserstoffs gewonnen werden. Anhand des Brennstoffkreislaufs lassen sich die einzelnen Schritte verfolgen:

Für die Kernspaltung wird zunächst uran- und thoriumhaltiges Erz geschürft und aufbereitet. Das Natururan enthält jedoch nur 0,71 vH des spaltbaren Isotops Uran-235, der Rest besteht aus dem Isotop Uran-238, das nicht spaltbar ist. Für die meisten Reaktoren ist Natururan als Brennstoff unbrauchbar. Erst bei einer bestimmten Anreicherung des spaltbaren Anteils beginnt die Kernspaltung in diesen Anlagen. Als Brennstoff sind außerdem Uran-233 und Plutonium-239 geeignet, die zwar in der Natur nicht vorkommen, aber durch Brutprozesse in bestimmten Kernreaktoren aus Uran-238 bzw. Thorium gewonnen werden können. Nach der Verarbeitung des Brennstoffs zu Brennelementen, die für den jeweiligen Reaktortyp spezifisch sind, wird der Reaktor damit beladen. Im Reaktor selbst wird die Spaltungsenergie in kontrollierter Form freigesetzt, die entstehende Wärme auf ein Kühlmedium übertragen, das eine Turbine treibt, so daß über einen Generator elektrische Energie erzeugt werden kann.

Die verbrauchten Brennelemente und die in speziellen Brutprozessen verwendeten Brutelemente enthalten einen Restbestand an spaltbarem Material, die erbrüteten Spaltstoffe. Diese werden bei der Wiederaufarbeitung von den Spaltprodukten getrennt und wieder der Brennelementfabrikation zugeführt.

Die radioaktiven Abfallstoffe, die in erster Linie bei der Wiederaufarbeitung, aber auch beim Betrieb des Reaktors sowie bei Reparatur und Stillegung kerntechnischer Anlagen anfallen, müssen so gelagert werden, daß sie auf die Dauer ihrer radioaktiven Gefährdungsmöglichkeit von der Umwelt abgeschirmt sind.

Bei der Kernfusion benötigt man als Reaktionsprodukte je nach Verfahren Deuterium oder Deuterium und Tritium. Tritium kann durch verschiedene Brutprozesse aus Lithium-6 und Lithium-7 gewonnen werden. Es ist noch offen, ob hier eine Isotopentrennung des natürlichen Lithiums erforderlich ist. Die weiteren Schritte im Brennstoffkreislauf, wie Brennelementfertigung und

Wiederaufarbeitung, entsprechen beim Fusionsprozeß integrierten Verfahrensabläufen im Fusionsreaktorkraftwerk.

Es gibt nur bei den Reaktoren und den Anlagen zur Uran-Anreicherung wesentliche Konkurrenzsituationen.

II. Reaktoren

1. Bestandsaufnahme

Um die konkurrierenden Reaktor- bzw. Kernkraftwerkstypen eingrenzen zu können, ist es nützlich, sich zunächst einmal die gegenwärtige Lage vor Augen zu führen. In 28 Ländern der Welt sind Kernkraftwerke in Betrieb, in Bau oder in Auftrag gegeben. Dabei ist zwischen zehn Haupttypen zu unterscheiden.

In der Tabelle I[1] sind die Leistungen aufgezeichnet, die in den jeweiligen Ländern auf die verschiedenen Kraftwerkstypen entfallen. Ein erster Blick auf die Tabelle zeigt, daß die einzelnen Kernkraftwerkstypen offenbar recht unterschiedliche Erfolge aufzuweisen haben. Die Druckwasserreaktoren (DWR) und die Siedewasserreaktoren (SWR) haben beide weltweite Anerkennung gefunden. Sie können in den meisten Ländern schon seit einigen Jahren mit den fossilen Energieträgern konkurrieren.

Die Aufteilung der jeweiligen Leistungen auf die beteiligten Reaktorbaufirmen ist in Tabelle II[2] enthalten.

- Die mit schwerem Wasser moderierten und gekühlten Druckwasserreaktoren (D_2O-DWR), die mit leichtem Wasser gekühlten und mit schwerem Wasser moderierten Reaktoren (D_2O-H_2O) und die mit leichtem Wasser gekühlten und graphitmoderierten Reaktoren (LWGR) haben auf nationalen Märkten Bedeutung erlangt, ohne bisher den Sprung zur weltweiten Konkurrenzfähigkeit vollzogen zu haben.
- Die gasgekühlten Hochtemperaturreaktoren (HTR) und schnellen natriumgekühlten Reaktoren (SNR), die bisher weder national noch weltweit eine nennenswerte Rolle in der Energieversorgung spielen, haben gute Zukunftschancen.
- Die übrigen Kernkraftwerkstypen, von denen einige, wie z. B. der Gas-Graphit-Reaktor (GGR) oder der fortgeschrittene gasgekühlte Reaktor (AGR), in den nächsten Jahren noch einen erheblichen Anteil an der Elektrizitätserzeugung in einzelnen Ländern haben werden, werden nicht mehr weiterentwickelt.
- Diese Einteilung ließe sich noch ergänzen um diejenigen Kernkraftwerkstypen, die über das Planungsstadium nicht hinausgekommen sind oder von denen

---
[1] Siehe Anhang I, S. 103.
[2] Siehe Anhang II, S. 104.

bereits errichtete Versuchskraftwerke inzwischen wieder stillgelegt wurden. Sie sind in Tabelle I nicht aufgeführt worden (z. B. schwerwassermoderierte Reaktoren mit organischen Kühlmitteln, schwerwassermoderierte und -gekühlte Siedewasserreaktoren).

2. Deutung der jetzigen Situation

Es gibt vielfältige Gründe dafür, daß die kerntechnische Entwicklung zunächst mit sehr vielen Kernreaktortypen begann. Diejenigen Staaten, die sich aus militärischen Gründen bereits mit dem Bau von Reaktoren (Plutoniumgewinnung, Schiffsantrieb) beschäftigt hatten, versuchten, die dort gewonnenen technischen Erfahrungen auf den zivilen Sektor zu übertragen (Druckwasser- und Siedewasserreaktor in den Vereinigten Staaten von Amerika, Gas-Graphit-Reaktor in Großbritannien und Frankreich). Für viele Staaten war es zunächst entscheidend, die Reaktortypen zu erhalten, die mit Natururan betrieben wurden. Es konnte nicht mit Sicherheit angenommen werden, daß ihnen jemals angereichertes Uran in ausreichender Menge zur Verfügung stehen würde, denn praktisch verfügten nur die Vereinigten Staaten über hinreichende Anreicherungskapazitäten für den zivilen Bedarf. Dieses Argument förderte die Vorliebe für die schwerwassermoderierten Reaktoren und die Gas-Graphit-Reaktoren.

Während sich in den Staaten, die zunächst mit der militärischen Anwendung der Kerntechnik befaßt waren, die Entwicklung von zivilen Reaktoren als sinngemäße Beschäftigung für die bestehenden Kernforschungszentren anbot, wurde die Reaktorentwicklung für die übrigen Industriestaaten sehr bald zu einer Prestigefrage. Die Faszination, die von der neuen Technologie ausging, aber auch die Möglichkeit einer langfristig gesicherten Energieerzeugung ergriff in gleicher Weise Ingenieure und Physiker. Sie versuchten jeweils auf ihre Art, optimale Kombinationen von Materialien und Konstruktionsprinzipien zu entwerfen. In den Ländern, in denen die Entwicklung von Kernreaktoren von vornherein primär als industrielle Aufgabe gesehen wurde, nahmen sich viele traditionelle Maschinenbau- und Elektrofirmen dieser neuen Technologie an.

Allen Beteiligten war vermutlich eines gemeinsam: Sie unterschätzten die Probleme der Reaktorentwicklung. Das erste Problem bestand in der Technologie. Es zeigte sich bald, daß Materialien, von denen man geglaubt hatte, sie aus der konventionellen Technik zu kennen, unter den extremen Anforderungen der Kerntechnik ungewohnte Eigenschaften zeigten (z. B. Stahl, Graphit). Die erforderliche Genauigkeit und Sorgfalt bei der Fertigung wurde erst nach zahlreichen schlechten Erfahrungen zur Gewohnheit. Daraus ergaben sich höhere Aufwendungen für Forschungs- und Entwicklungsarbeiten sowie Bauzeitverlängerungen, höhere Errichtungskosten, z. T. sogar Einschränkungen der Leistung und der Verfügbarkeit für die Kernkraftwerke selbst. Hinzu kamen die bessere

Kenntnis über mögliche Schadensabläufe bei Störfällen, die zusätzliche Forderungen von seiten der atomrechtlichen Genehmigungsbehörden brachten[3].

Das zweite Problem bestand darin, daß bis zum Jahre 1963, als das erste Kernkraftwerk (Oyster Creek) in den Vereinigten Staaten von Amerika von einem Elektrizitätsunternehmen bestellt wurde und die Wirtschaftlichkeitsrechnung für dieses Unternehmen einen Vorteil gegenüber konventionellen Kraftwerken zeigte, den meisten Reaktorentwicklern der wirtschaftliche Maßstab fehlte. Einerseits wurde jenes Ereignis als großer Erfolg für die Kerntechnik gefeiert, andererseits bedeutet es aber auch, daß nunmehr Zeiten unwiderruflich vergangen waren, in denen man Reaktortechnologie auf Vorrat entwickeln konnte, ohne Kosten-Nutzen-Analysen anzustellen.

Die 1965 in den Vereinigten Staaten einsetzende Welle von Kernkraftwerksbestellungen machte ein drittes Problem deutlich. Die Vorteile, die die amerikanischen Firmen aus der Herstellung von einigen Kernkraftwerkserien ziehen konnten und die in der Einsparung von Planungskosten, Fertigungskosten sowie einem erheblichen Erfahrungsvorsprung bestanden, zeigten sich zwar bald. Aber bei der Abwicklung der Aufträge wurde auch deutlich, daß die ersten amerikanischen Anlagen nicht zu kostendeckenden Preisen verkauft worden waren. Die hieraus entstandenen erheblichen Verluste lagen in der Größenordnung einiger $ 100 Mio. Diese Verluste der Herstellerfirmen sind nach der Etablierung des Kernkraftwerksmarktes durch Gewinne allmählich wieder kompensiert worden. Ob dieser Mechanismus – zunächst erhebliche Verluste für die Erschließung des Marktes, dann Kompensation nach vielen Jahren – von vornherein geplant war, ist zweifelhaft. Die Entwicklung hat aber mit Sicherheit vorgezeichnet, unter welchen Bedingungen die Markteinführung eines neuen Kernkraftwerkstyps im freien Wettbewerb gegen konkurrierende Systeme möglich ist. Dabei spielt es keine Rolle, ob Industriefirmen allein oder mit finanzieller Förderung durch ihre Regierung auftreten. Die Anfangsverluste entstehen in jedem Fall zu Lasten der jeweiligen Volkswirtschaft, und sie können nur dann überwunden werden, wenn ein hinreichend großer Absatzmarkt gesichert werden kann.

In dem Maße, in dem diese Problembereiche schließlich von den Betroffenen verstanden wurden und Wirtschaftlichkeit als wesentliches Kriterium Bedeutung erhielt, wurden Reaktorlinien aufgegeben, deren Entwicklung unter anderen Voraussetzungen begonnen worden war. Im Einzelfall erwies es sich als vorteilhaft, Reaktoren stillzulegen oder einmal gebaute Kernkraftwerke weiterhin zur Energieerzeugung einzusetzen, jedoch keine neuen Kraftwerke diesen Typs zu bestellen.

Es drängt sich die Frage auf, ob der Ausleseprozeß nicht billiger und zielgerichteter hätte verlaufen können. Hier ist es in erster Linie das menschlich-

---

[3] Siehe dazu ausführlich in diesem Band Werner *Boulanger,* Haftung für nukleare Schäden, S. 269 ff.

soziale Element, das dafür verantwortlich gemacht werden muß, daß vielleicht auf zu vielen Gebieten gleichzeitig, aber auf den notwendigen Gebieten zu wenig geforscht wurde. Während es in der Anfangsphase der Beschäftigung mit der Kerntechnik verhältnismäßig gleichgültig ist, an welchen Typen sich die Ausbildung der beteiligten Physiker, Ingenieure und Werkstätten vollzieht, muß von einer bestimmten Stufe der Erfahrung an ein strengerer Maßstab angelegt werden. Es ist dies die Aufgabe der Regierungen gewesen, denn durch die Bereitstellung von erheblichen Mitteln für die Forschung und Entwicklung sowie den Bau von Versuchs- und Prototyp-Kernkraftwerken hatten sie immer das letzte Wort.

Die Rolle der Regierungen ist nicht nur gegenüber den Entwicklungen im eigenen Land entscheidend gewesen, sondern auch für die Wechselwirkung der verschiedenen Entwicklungen in den einzelnen Ländern untereinander. Von Anfang an hat es Kontakte zwischen den zuständigen Regierungsvertretern gegeben, die aber in der entscheidenden ersten Phase nicht dazu geführt haben, daß sich großräumige Entwicklungsgemeinschaften bildeten. Vielmehr entwickelten und bauten die Länder mit staatlicher Elektrizitätswirtschaft ihre eigenen Typen. In den Ländern mit privatwirtschaftlicher Elektrizitätswirtschaft orientierte sich diese bald primär an Kostenkriterien und wählte in der Regel Siedewasser- und Druckwasserreaktoren. Wegen der zunehmenden Bedeutung des Energiepreises für die gesamte Volkswirtschaft können sich jedoch auch Länder mit staatlicher Elektrizitätswirtschaft auf die Dauer einem Kostenvergleich der verfügbaren Kernkraftwerkstypen nicht verschließen. So wandte sich z. B. in Frankreich die Electricité de France (EdF) vor wenigen Jahren auch den Druckwasser- und Siedewasserreaktoren zu, und in Großbritannien bemühte sich das Central Electricity Generating Board seit Mitte 1973 um die Einführung von Druckwasserreaktoren, bis diese Möglichkeit durch Regierungsentscheidung im Juli 1974 für die nächsten Jahre ausgeschlossen wurde.

3. Probleme des Kostenvergleichs und der atomrechtlichen Genehmigungsverfahren

Wenn wirtschaftliche Auswahlkriterien angelegt werden, ist die Forderung nach einem exakten Kostenvergleich ebenso berechtigt wie problematisch, was die praktische Durchführung anbelangt.

Die Kosten der jeweiligen Forschungs- und Entwicklungsarbeiten lassen zwar keinen Schluß auf die Wirtschaftlichkeit der Reaktortypen zu, sie können jedoch Hinweise auf den Entwicklungsstand oder den technologischen Schwierigkeitsgrad enthalten. Bei dem Versuch, Entwicklungskosten zu vergleichen, tritt mit aller Deutlichkeit das Abgrenzungsproblem auf. Meist wurden in den Kernforschungszentren die Kosten für reaktorspezifische Arbeiten und für solche Arbeiten, die mehreren Typen in gleicher Weise zugute kommen, nicht exakt im Sinne einer Kostenträgerrechnung erfaßt, so daß man später vielfach auf Mutmaßungen angewiesen war. Bei der anteiligen Zuordnung der grundlegenden Arbeiten ist darüber hinaus ein großer Ermessensspielraum gegeben. Nicht viel klarer ist das Bild bei den Kosten von Versuchsreaktoren mit Leistungen meist unter 100 MW und von Prototyp-Kraftwerken, wenn diese von staatlichen Forschungszentren errichtet worden sind. Es ist ein großer Unterschied, ob eine bestehende, auf Plutoniumverarbeitung ausgerichtete Infrastruktur kostenlos genutzt werden kann oder ob z. B. Brennelemente für einen schnellen Brutreaktor in einer Fabrik hergestellt werden, die unter kommerziellen Bedingungen neu errichtet wird. An diesem Abgrenzungsproblem scheitern die meisten Vergleiche über Kosten von Reaktorlinien, die von internationalen Organisationen, Forschungszentren oder Hochschulen angestellt werden. Darüber hinaus sind erhebliche Zweifel berechtigt, ob selbst die exakt ermittelten Kosten von Prototyp-Kraftwerken mehr als nur einen Trend für die Kosten der kommerziell zu nutzenden nachfolgenden Kraftwerke aufzeigen können. Beim Übergang vom Prototyp, der nur die technische Realisierbarkeit des Konzepts bei hinreichend großer Leistung (meist um 300 MW) demonstrieren soll, zum kommerziellen Kraftwerk bieten sich vielfältige Möglichkeiten, die Kosten zu beeinflussen (z. B. Optimierung oder Änderung der Auslegung) oder die Preise zu senken (z. B. Wettbewerb). Um diese Möglichkeit richtig einzuschätzen, d. h. eine zuverlässige Trendaussage machen zu können, ist mehr als ein pauschaler Gesamtkostenvergleich erforderlich. Es empfiehlt sich, Elektrizitätsversorgungsunternehmen mit dieser Aufgabe zu betrauen, und zwar nicht als außenstehende Gutachter, sondern als Bauherren und Betreiber von Prototyp-Kraftwerken, die ihr eigenes finanzielles Risiko und die Betriebserfordernisse bei den kommerziellen Nachfolgeanlagen von vornherein mit berücksichtigen.

Mit der Einschaltung von Elektrizitätsversorgungsunternehmen ist aber die Reihe von Abgrenzungsproblemen, die einem Kostenvergleich von Kernkraftwerken entgegenstehen, noch nicht gelöst. Auch Zahlen, die von verschiedenen Elektrizitätsversorgungsunternehmen für die Errichtung von prinzipiell vergleichbaren Kraftwerken geliefert werden, brauchen nicht direkt vergleichbar zu sein. Jedes Unternehmen hat seine Spezifikation und Bauherrnwünsche, die u. U. für das Versorgungsgebiet charakteristisch sein können (z. B. Jahreslastkurve). Dazu kommen die Eigenheiten des Standorts (z. B. Kühlverfahren), Finanzierungskonditionen (z. B. Zinssatz für Fremdmittel), Steuervorschriften (z. B. Investitionssteuer) und die Bedingungen des jeweils atomrechtlichen Genehmigungsverfahrens. Erst nach einer repräsentativen Betriebszeit von mehreren Jahren weiß man, ob das Betriebsverhalten und damit die Stromerzeugungskosten eines Kraftwerks den vorkalkulierten Werten entsprechen. Ausfallzeiten, notwendige Reparaturen und Umfang der Ersatzteilhaltung sind dafür wesentliche Bestimmungsstücke. Repräsentative Aussagen für den Kraftwerkstyp sind darüber hinaus erst nach ca. fünf Anlagen des gleichen Typs zu erwarten.

Während bei einem Vergleich alle aufgezählten Randbedingungen durch geeignete rechnerische Korrekturen berücksichtigt werden können, stellt die Vergleichbarkeit der atomrechtlichen Genehmigungsverfahren die größte Schwierigkeit dar. Jeder Wirtschaftlichkeitsvergleich setzt voraus, daß die zu vergleichenden Kraftwerke am gleichen Standort zu gleichen Bedingungen genehmigungsfähig sind. Diese Voraussetzung ist aber in den seltensten Fällen gegeben: Die Genehmigungsverfahren haben sich in den verschiedenen Ländern in unterschiedlicher Weise entwickelt.

In der Regel wird ein Größter-Anzunehmender-Unfall (GAU) in einem Kernkraftwerk postuliert. Bei der Festlegung dieses Unfalls und seiner Beherrschung besteht ein Ermessensspielraum, z. B. wieweit mögliche Einwirkungen von außen, wie Flugzeugabsturz, Erdbeben, Sabotage und chemische Explosionen, einbezogen werden. Ferner ist die Betrachtung des sog. hypothetischen Unfalls, der über das Ausmaß des GAU hinausgeht, ein weites Feld für theoretische Diskussionen. Sie kann zur Einengung des Ermessensspielraums bei der Behandlung des GAU und wahrscheinlicher Unfallabläufe führen. Es ist zu erwarten, daß sich durch Gespräche zwischen den verschiedenen nationalen Genehmigungsbehörden die Standpunkte allmählich annähern, wobei vermutlich die strengsten Maßstäbe allgemeine Verbindlichkeit erlangen werden. Das Problem regional unterschiedlicher Genehmigungsverfahren wird von der zeitlichen Abhängigkeit der sicherheitstechnischen Beurteilung überlagert. Der Stand von Wissenschaft und Technik, auf den sich die Genehmigungsfähigkeit in jedem Land bezieht, ändert sich, so daß sich eine zeitliche Veränderung der Genehmigungsbedingungen ergibt, d. h. in der Praxis eine ständige Verschärfung.

Im Interesse einer größtmöglichen Sicherheit der Bevölkerung in allen betroffenen Ländern und zur Vermeidung von Wettbewerbsverzerrungen, zur Erleichterung der Zusammenarbeit der entsprechenden Industrien sowie zur Verbesserung der Markttransparenz für die Elektrizitätsversorgungsunternehmen ist eine Vereinheitlichung der Genehmigungsverfahren dringend geboten. Die zeitliche Veränderung von Genehmigungsbedingungen wird sich prinzipiell nicht vermeiden lassen. Es muß jedoch auch hier gefordert werden, daß Genehmigungsbehörden frühzeitig die Bedingungen künftiger Genehmigungsverfahren nennen. Dadurch soll vermieden werden, daß Kernkraftwerke nachträglich durch Umbau an den letzten Stand von Wissenschaft und Technik angepaßt werden oder sogar stillgelegt werden müssen, weil ein entsprechender Umbau technisch nicht möglich oder mit unangemessen hohen Kosten verbunden wäre.

4. Konsequenzen für die Kernkraftwerkstypen

Aus den geschilderten, vielfältig verschachtelten Problemen, die bisher bei der Einführung der Kernkraftwerke aufgetreten sind, lassen sich nun Folgerungen für die Zukunftsaussichten der verschiedenen Reaktortypen ableiten:

Die bereits weltweit als konkurrenzfähig anerkannten Druckwasser- und Siedewasserreaktoren werden ihre Stellung auch noch in den nächsten 10 bis 15

Jahren behaupten, sofern nicht erhebliche Kostensteigerungen infolge künftiger Genehmigungsauflagen (z. B. Berstsicherung für Reaktordruckgefäße) die Wettbewerbsfähigkeit nachhaltig zugunsten anderer Typen verschieben. Die beherrschende Stellung von Druckwasser- und Siedewasserreaktoren ist wahrscheinlich, weil sich mit steigender Zahl immer mehr Bau- und Betriebserfahrung kumuliert. Außerdem werden technische Anfangsschwierigkeiten ausgeräumt und Sicherheitsprobleme auf breiter Basis bearbeitet. Eine hinreichende Kostendegression wird bei den Herstellerfirmen, zu denen auch die Komponentenlieferanten zählen, erzielt, und dadurch wird wieder bei Elektrizitätsversorgungsunternehmen und Herstellerfirmen ein Anreiz geschaffen, diese Vorteile nicht zugunsten neuer Typen aufzugeben, es sei denn, gewichtige andere Gründe sprechen dafür. Wegen der Kostendegression ist es praktisch auszuschließen, daß nennenswerte Kostenvorteile bei der Bestellung einzelner Kraftwerke neuer Typen überhaupt auftreten könnten. Wenn man ferner berücksichtigt, daß ein Elektrizitätsversorgungsunternehmen nur mit erheblichem Aufwand einen Kostenvergleich anstellen kann, der trotz allem noch mit großen Unsicherheiten behaftet ist, dann kann man wohl davon ausgehen, daß sich Elektrizitätsversorgungsunternehmen nicht nur aufgrund von angeblichen Kostenvorteilen dazu entschließen, statt Druckwasser- und Siedewasserreaktoren andere Typen zu bestellen. Der Vollständigkeit halber sei noch erwähnt, daß für den nuklearen Schiffsantrieb bisher und wohl auch in absehbarer Zukunft nur spezielle Formen des Druckwasserreaktors in Frage kommen.

Diese Überlegungen bedeuten aber auch, daß eine Ausweitung der Absatzgebiete der bisher nur auf nationalen Märkten eingeführten, mit schwerem Wasser moderierten und gekühlten kanadischen Druckwasserreaktoren (D_2O-DWR) und der russischen graphitmoderierten Reaktoren (LWGR) nur dann wahrscheinlich ist, wenn es qualitative Gründe für ihre Übernahme gibt. Ein solcher Grund besteht für die mit schwerem Wasser moderierten und gekühlten Druckwasserreaktoren z. B. in ihrer Unabhängigkeit von angereichertem Uran. Es gibt einige Länder, die grundsätzlich bereit sind, für diese Unabhängigkeit eine Prämie in Form höherer Stromerzeugungskosten zu zahlen, so daß diese Linie zwar Bedeutung behalten wird, jedoch stark hinter den Druckwasser- und Siedewasserreaktoren zurückbleiben wird. Exportbemühungen für die leichtwassergekühlten und graphitmoderierten Reaktoren (LWGR) sind nicht bekannt.

Die Problematik der Markteinführung verstärkt sich bei den Reaktortypen, die bisher weder national noch weltweit einen nennenswerten Anteil an der Energieversorgung übernommen haben. Hier müssen neue Technologien mit all ihren Unsicherheiten gegenüber einer etablierten Konkurrenz antreten. Die mit leichtem Wasser gekühlten und mit schwerem Wasser moderierten Reaktoren (D_2O-H_2O) in Kanada und Großbritannien verbinden ihre besondere Ausrüstung mit schwerem Wasser mit der Abhängigkeit von angereichertem Uran, so daß für diesen Schwerwasserreaktortyp das oben genannte Argument der Versorgungsunabhängigkeit in bezug auf die Anreicherung nicht gilt. Während dieser Typ in Kanada bisher nicht für den weiteren Ausbau der Kernkraft gewählt wurde, entschied sich die britische Regierung im Juli 1974 für ein 4000-MW-Kernkraftwerksprogramm auf dieser Grundlage. Die in Großbritannien entwickelte Variante wird als »Steam-Generating-Heavy-Water-Reactor« (SGHWR) bezeichnet. Die Wahl wurde getroffen, als sich in Großbritannien die Ansicht durchsetzte, daß die dort bisher gebauten gasgekühlten Reaktoren keine wirtschaftliche Alternative zu den Leichtwasserreaktoren darstellten, eine eigenständige sicherheitstechnische Beurteilung von Leichtwasserreaktoren in den nächsten zwei Jahren nicht abgeschlossen werden könnte und neue Reaktortypen für ein Kraftwerksprogramm noch nicht reif genug seien. Der SGHWR verwendet Druckröhren anstelle eines Druckgefäßes, dessen Integrität bei Leichtwasserreaktoren zur Zeit Gegenstand umfangreicher Forschungsarbeiten ist.

Auffällig ist der für neue Reaktortypen ungewöhnlich hohe Auftragsbestand an Hochtemperaturreaktorkraftwerken (HTR) in den Vereinigten Staaten von Amerika. Die Vorteile, die von den Elektrizitätsunternehmen gegenüber Druckwasser- und Siedewasserreaktoren gesehen werden, lassen sich unter dem Begriff der technischen Alternative zusammenfassen. Hochtemperaturreaktoren gestatten wegen besserer Dampfzustände die Verwendung der in konventionellen Kraftwerken üblichen Heißdampfturbinen. Dadurch steigt zugleich der Wirkungsgrad, so daß weniger Kühlwasser benötigt wird bzw. die Kühltürme kleiner gebaut werden können. Ein weiterer Vorteil besteht in der hohen inhärenten Sicherheit, d. h., der Aufwand an Ingenieurmaßnahmen zum Erreichen eines bestimmten Sicherheitsstandards fällt hier geringer aus (z. B. Notkühlsystem). Diese Eigenschaft wiegt um so schwerer, je weiter die Sicherheitsstandards künftig angehoben werden. Vermutlich sind es diese Gründe, die auch die Tatsache erklären, warum gegen die Errichtung und den Betrieb des amerikanischen Prototyp-Kraftwerks in Fort St. Vrain keine der sonst in den Vereinigten Staaten vielfältigen Einsprecher (intervenors) aufgetreten sind.

Der Auftragsbestand zeigt aber auch noch etwas anderes: Es ist der Herstellerfirma General Atomic gelungen, den Elektrizitätsversorgungsunternehmen annehmbare Errichtungs- und Betriebskosten nachzuweisen bzw. zu garantieren. Es darf als sicher gelten, daß die Preise für die nuklearen Dampferzeugungssysteme, die bei nicht schlüsselfertiger Vergabe bei General Atomic in Auftrag gegeben wurden, nicht kostendeckend sind, daß diese Firma jedoch willens und in der Lage ist, die bei den ersten Anlagen in der Phase der Markteinführung zu erwartenden hohen Anfangsverluste abzudecken. Sie rechnet mit einem Anteil von rd. 20 vH am amerikanischen Kernkraftwerksmarkt in den nächsten 10 bis 15 Jahren, d. h. in der Zeit, in der die Konkurrenz des Hochtemperaturreaktors mit den Druckwasser- und Siedewasserreaktoren besteht.

Die Voraussetzung für die Realisierung dieser Zielvorstellung besteht darin, daß bei Betrieb des von General Atomic gebauten Prototyp-Kraftwerks keine weiteren wesentlichen Probleme auftreten, die die vorausgesagten günstigen Eigenschaften beeinträchtigen (z. B. Isolierungen im Spannbetonbehälter, Brennelementverhalten), daß diese Firma ihre Preispolitik durchhält, d. h., daß die tatsächlichen Anlaufverluste der Markteinführung die Finanzierungskraft und den Finanzierungswillen der Gesellschafter nicht übersteigen, und daß schließlich die für diese Linie typische Infrastruktur (z. B. Wiederaufarbeitung der thoriumhaltigen Brennelemente, Fertigung Uran-233-haltiger Brennelemente) mit den zugehörigen öffentlich geförderten Programmen technisch durchentwickelt und wie geplant aufgebaut werden kann.

Selbst wenn man voraussetzt, daß die geschätzten Marktanteile der Hochtemperaturreaktorkraftwerke in den Vereinigten Staaten erreicht werden, bleibt die Berechnung der Marktanteile in Europa von vielen weiteren Faktoren abhängig. Die bisherigen Erfahrungen bei Druckwasser- und Siedewasserreaktorkraftwerken deuten darauf hin, daß es für eine amerikanische Firma notwendig ist, zusammen mit einem im jeweiligen europäischen Land ansässigen Partner oder durch geeignete Tochtergesellschaften anzubieten. Daher hat General Atomic die Zusammenarbeit mit deutschen und französischen Firmen aufgenommen und bemüht sich um weitere europäische Partnerfirmen, die auf dem Gebiet der Kerntechnik tätig sind. Durch diese Verbindung stellt sich für die europäischen Partner das Renditeproblem bei der Entwicklung und Markteinführung dieser neuen Linie zwar in verkleinertem Maßstab, es bleibt jedoch immer noch groß genug, daß sich hier ein natürlicher Zwang zur engen, kostensparenden Zusammenarbeit der europäischen Partnerfirmen ergibt. Es ist bisher noch nicht sicher, ob diese Partnerfirmen ihren Anteil an den Kosten der Markteinführung in Europa – soweit diese nicht von der öffentlichen Hand übernommen werden – auch tatsächlich leisten werden.

Für den Aufbau einer konkurrierenden Industriegruppe stellt sich das Problem der Entwicklung und Markteinführung in voller Schärfe. Sie könnte die in der Bundesrepublik Deutschland entwickelte alternative Hochtemperaturreaktortechnologie benutzen, die aber bis zur Marktreife noch weiterer Entwicklung bedarf (HTR-Kugelhaufentyp). Hier ist nur dann ein Erfolg denkbar, wenn es gelingt, den amerikanischen Markt durch Beteiligung einer potenten amerikanischen Kraftwerksfirma mit einzubeziehen und so viele privatwirtschaftliche Mittel zu erwerben, daß die restlichen Entwicklungskosten, Entwicklungsrisiken und Anlaufverluste gedeckt werden. Das ist notwendig, weil einerseits die vermutlich in den europäischen Ländern in den nächsten Jahren für kerntechnische Entwicklung zur Verfügung stehenden Mittel wegen anderer Bindungen nur noch in sehr beschränktem Umfang hierfür einsatzfähig sind und andererseits der amerikanische Markt erst beim überwiegenden Einsatz privater Mittel eine Renditeerwartung ermöglicht.

Hochtemperaturreaktoren nutzen zwar das Uran etwas besser aus als Druckwasser- und Siedewasserreaktoren und erschließen mit dem Brennstoff Thorium eine weitere Versorgungsquelle, sie bieten aber wegen der verbleibenden Abhängigkeit von angereichertem Uran keine Lösung bei einer wesentlichen Verknappung und Verteuerung des Urans. Im Bereich der Spaltungsreaktoren sind hierfür nur schnelle Brutreaktoren geeignet. Sie erzeugen (brüten) während des Betriebs aus dem nicht spaltbaren Uran-238 mehr spaltbares Plutonium-239, als verbraucht wird. Durch diesen Brutprozeß wird das bisher bei der Urananreicherung als Abfall betrachtete abgereicherte Uran zum Brutstoff, und der erschließbare Energieinhalt des natürlichen Urans wächst auf das Fünfzigfache. Damit sinkt zugleich die Abhängigkeit der Stromgestehungskosten vom Uranpreis.

In den sechziger Jahren hielt man die schnellen Brutreaktoren vielfach für eine Konkurrenz der Siedewasser- und Druckwasserreaktoren unter den Bedingungen der siebziger Jahre. Man unterschätzte dabei die technischen und wirtschaftlichen Probleme und überschätzte die Möglichkeit, daß in Zukunft mehr Uran gefunden würde, als zunächst angenommen worden war, was die Senkung der Uranpreise zur Folge haben würde. Heute muß man dagegen von der Möglichkeit einer Verknappung und spürbaren Verteuerung des Urans in den neunziger Jahren ausgehen. Der Energiemarkt braucht dann eine alternative Technologie, die zunächst durch ihre bloße Existenz, später durch einen wachsenden Anteil an der Elektrizitätserzeugung auf die steigenden Uranpreise dämpfend und regulierend wirken kann. Auch durch die Notwendigkeit, das in Siedewasser- und Druckwasserreaktoren erzeugte und bereits mehrmals wieder eingesetzte Plutonium lagern oder in schnellen Brutreaktoren einsetzen zu müssen, wird ein Anreiz zur Markteinführung geschaffen. Im Hinblick auf die unter Punkt 2 (S. 87 ff.) und 3 (S. 89 ff.) geschilderten Probleme der Markteinführung und Kostenvergleiche darf man wohl davon ausgehen, daß so lange, wie der Energiemarkt diese Technologie tatsächlich erfordert, der Zubau auf wenige Schnellbrüterkraftwerke als Prototypen oder Demonstrationsanlagen beschränkt bleibt. Ihre Errichtung und ihr Betrieb sind zwischenzeitlich notwendig, um die Basis an Wissen bereitzustellen, die bei dieser anspruchsvollen Technik vor einer Markteinführung erforderlich ist.

Dieser Prozeß könnte beschleunigt werden, wenn Staaten bereit wären, zu einem früheren Zeitpunkt die kommerziell nicht gedeckten Kosten der Markteinführung und Infrastruktur zu tragen. Zum forcierten Aufbau der Infrastruktur gehören z. B. Herstellung und Wiederaufarbeitung plutoniumhaltiger Brennelemente und Lagerung plutoniumhaltigen, hochradioaktiven Abfalls in größeren Mengen. Ob sich dieses Verfahren empfiehlt, läßt sich abstrakt nicht klären. Es würden dabei sicher eine Reihe von Kostenpositionen der öffentlichen Hand angelastet werden, die zu einem späteren Zeitpunkt von der Herstellerindustrie (z. B. Markteinführung) oder zwischenzeitlich von der Elektrizitätswirtschaft und damit vom Verbraucher getragen würden. Der letzte Effekt kommt dadurch zustande, daß die gleiche Infrastruktur auch für das Wiedereinsetzen von Plutonium in Druckwasser- und Siedewasserreaktoren benötigt wird und die hierfür notwendigen Aufwendungen – mindestens so weit, wie sie auch für die sonst erforderliche Lagerung von Plutonium erforderlich wären – von der Elektrizitätswirtschaft gemäß dem Verursacherprinzip übernommen werden müßten.

Es liegt auf der Hand, daß die Überlegungen, die hinsichtlich der weltweiten Kooperation von Kraftwerkserbauern bei der Entwicklung und Markteinführung von Hochtemperaturreaktorkraftwerken angestellt wurden, bei den schnellen Brutreaktoren wegen des geringeren Entwicklungsstandes und der zu erwartenden höheren Entwicklungskosten erst recht gelten. D. h., man kann nicht damit rechnen, daß nationale oder multinationale europäische Entwicklungen bis zur kommerziellen Nutzung getrennt fortgeführt werden. Vielmehr dienen die jetzt in Bau und Betrieb befindlichen europäischen Anlagen der Schaffung einer ausreichenden technischen Basis, sie vermitteln den Herstellern frühzeitig wertvolles Know-how, das diese in die Lage versetzt, innerhalb einer weltweiten Kooperation, insbesondere mit amerikanischen Firmen, die Rolle zu spielen, die ihrer bisherigen Stellung in einer exportorientierten Volkswirtschaft entspricht. Insofern handelt es sich bei den jetzigen staatlichen Aufwendungen für die Schnellbrüterentwicklung nicht nur um eine energiewirtschaftliche, sondern auch um eine industrieorientierte Vorhaltepolitik.

Komplementär zu der geschilderten weltweiten Kooperation von Reaktorherstellern wird die regionale Zusammenarbeit von Elektrizitätsversorgungsunternehmen bei Bau und Betrieb von Prototyp- und Demonstrationskraftwerken wachsen. Die Unternehmen erhalten auf diese Weise Gelegenheit, Erfahrungen mit Kernkraftwerken außerhalb ihrer Versorgungsgebiete zu machen, konkurrierende Konzepte zu vergleichen und sich so eine gute Ausgangsbasis für Unternehmensentscheidungen in der Phase der kommerziellen Nutzung zu schaffen. Die Ergebnisse dieser Vergleiche können aber auch von der kommerziellen Nutzung rückwirkend die industrielle Entwicklung und die Urteilsbildung der Regierungen über die weitere Förderungswürdigkeit einzelner Auslegungskonzepte beeinflussen.

Außer Natrium gibt es als weitere denkbare Kühlmittel für schnelle Brutreaktoren Dampf, Kohlendioxyd und Helium, jedoch sind bisher nur natriumgekühlte Brutreaktoren gebaut worden. Der Erfolg eines alternativen Kühlmittels ist nur vorstellbar, wenn sich Regierungen und Firmen der einschlägigen Industrienationen zu großen Entwicklungsanstrengungen entschließen. Das setzt aber voraus, daß die Natriumbrüter die in sie gesetzten technischen und wirtschaftlichen Erwartungen generell nicht erfüllen, was allerdings vor den achtziger Jahren nicht gut belegbar sein kann. Wenn überhaupt eine Alternative in Frage kommt, dann ist es Helium, denn hierfür besteht noch das meiste Interesse. Ein Heliumbrüter könnte sich zugleich auf die Brennelementtechnologie des Natriumbrüters und auf die Heliumtechnologie der Hochtemperaturreaktoren abstützen.

Die Verknappung und Verteuerung des Urans wurde als auslösende Entwicklung für die Markteinführung schneller Brutreaktoren bezeichnet. Mit steigenden Uranpreisen wird sich das Kostengleichgewicht allmählich zugunsten der Schnellbrüterkraftwerke verschieben, d. h., ihr Marktanteil wird zu Lasten der Druckwasser-, Siedewasser- und Hochtemperaturreaktorkraftwerke steigen. Der Einführung sind jedoch zunächst durch die verfügbare industrielle Kapazität, die Aufnahmebereitschaft der Elektrizitätsversorgungsunternehmen und später durch die zur Erstbeladung erforderliche Menge Plutonium bestimmte Grenzen gesetzt. Nimmt man hinzu, daß die Kernkraftwerke eine Lebensdauer von 20 bis 30 Jahren haben, dann wird deutlich, daß es auch im nächsten Jahrhundert vermutlich noch für eine längere Zeit zu einem Nebeneinander von schnellen Brutreaktoren mit Siedewasser- und Druckwasserreaktoren kommen wird, die dabei allerdings vom Einsatz im Grundlastbereich (mehr als 5000 Vollastbetriebsstunden pro Jahr) in den Mittellastbereich (zwischen 2500 und 5000 Vollastbetriebsstunden) zunehmend verschoben werden. Hochtemperaturreaktorkraftwerke werden dann vermutlich in ähnlicher Weise im Mittellastbereich eingesetzt. Als Vorteil gegenüber den Siedewasser- und Druckwasserreaktorkraftwerken wird aber ihr höherer Wirkungsgrad ins Gewicht fallen. Das gilt insbesondere, wenn es gelingt, den Reaktor direkt mit einer Heliumturbine zu verbinden, da in diesem Fall das Hochtemperaturreaktorkraftwerk ohne wesentliche Kostenerhöhung mit einem Trockenkühlturm anstelle eines Naßkühlturms ausgerüstet werden kann.

Die Möglichkeiten, Kühlwasser in ausreichender Menge bei steigendem Elektrizitätsbedarf bereitstellen zu können, werden in einigen Gebieten der Bundesrepublik bereits in den achtziger Jahren erschöpft sein, so daß dann die Zusatzkosten für Trockenkühlung ebenfalls das Kostengleichgewicht zwischen den verschiedenen Kraftwerkstypen verschieben.

Noch auf einem anderen Gebiet nimmt der Hochtemperaturreaktor eine Sonderstellung ein: Er gestattet grundsätzlich die Erzeugung von sehr heißem Helium (über 1000 °C), das zu Vergasung von Braun- und Steinkohle zu synthetischem Erdgas genutzt werden kann. Diese Nutzungsmöglichkeit der Hochtemperaturreaktoren befindet sich noch am Anfang der Entwicklung, aber es gibt keinen Grund daran zu zweifeln, daß ein solches Verfahren vom Markt her in den neunziger Jahren gefordert wird, wenn die natürlichen Erdgasvorräte knapper werden. Für die weitere Zukunft behält der Hochtemperaturreaktor damit eine Aufgabe.

Neben den Schnellbrüterkraftwerken könnten Fusionskraftwerke ebenfalls zur langfristigen Versorgung mit Elektrizität beitragen. Obwohl sich zahlreiche Forschergruppen in allen größeren Industrieländern mit den Problemen der fusionsorientierten Plasmaphysik seit den fünfziger Jahren beschäftigen, haben die physikalischen Grundlagen eines Fusionsreaktors, der das Plasma durch starke Magnetfelder zusammenhält, bisher noch nicht ausreichend geklärt werden können. Man weiß noch nicht, ob ein solches Fusionsreaktorkraftwerk überhaupt physikalisch möglich ist. Aber selbst wenn diese physikalischen Grundlagen, die den Einschluß des Plasmas betreffen, bis 1980 geklärt werden können, ist es noch ein weiter Weg zur Lösung der technologischen Probleme (z. B. Materialprobleme), bevor ein Versuchskraftwerk realisiert werden kann. Den gleichen Schwierigkeitsgrad wie die physikalischen und technologischen Probleme haben auch die Organisationsfragen, wenn es an die Entwicklung und den Bau eines Fusionsreaktorversuchskraftwerks mit magnetischem Einschluß geht. Aus technischen Gründen wird das Kraftwerk eine Mindestleistung von ca. 3000 MW haben müssen. Die damit verbundenen Kosten und Risiken machen von Anfang an eine wirkungsvolle internationale Zusammenarbeit von einschlägigen Firmen notwendig. Man könnte hier beweisen, daß man aus den Erfahrungen einer international schlecht koordinierten Spaltungsreaktorenentwicklung gelernt hat.

Im vergangenen Jahr richtete sich das Interesse auch auf eine andere Möglichkeit der Nutzung von Fusionsenergie. Es sollte nach den gegenwärtigen theoretischen Erkenntnissen möglich sein, durch starke Laser das Brennstoffgemisch so stark zu verdichten, daß es zu einer Kernverschmelzung kommt. Der Vorteil wäre, daß mit dieser Methode Kraftwerke schon mit einer Mindestleistung von einigen 100 MW gebaut werden könnten. Man darf gespannt sein, ob die zur Zeit laufenden Versuche die Theorie bestätigen oder ob – wie in den vergangenen Jahren – die fusionsorientierte Plasmaphysik den Theoretikern immer wieder neue Rätsel aufgeben wird. Aber auch im günstigsten Fall würde noch ein langer Weg technischer Entwicklung bis zur Reife eines Laserfusionskraftwerks zu gehen sein (z. B. Laserentwicklung, Materialprobleme). Trotz der geschilderten Schwierigkeiten besteht aber ein Anreiz, die Fusionsreaktorentwicklung voranzutreiben, um eine alternative Technologie zu den schnellen Brutreaktoren und einen alternativen Brennstoffzyklus zum Uran/Plutonium zu erhalten. Es handelt sich hier allerdings um eine sehr langfristige Maßnahme, die der Energieversorgung der nächsten Jahrhunderte zugute kommen soll.

III. Urananreicherungsanlagen

1. Bestandsaufnahme

Bei den Anlagen zur Anreicherung des Isotops Uran-235, das im natürlichen Uran zu 0,71 vH enthalten ist, gibt es nur ein Verfahren, das langjährige Betriebserfahrungen mit großer Kapazität verbindet: das Diffusionsverfahren. Bei diesem Verfahren wird das gasförmige Uranhexafluorid mit Kompressoren durch feinporige Membranen gepreßt, und es wird dabei die verschiedene Diffusionsgeschwindigkeit in Abhängigkeit vom Molekulargewicht ausgenutzt. In den Vereinigten Staaten von Amerika befinden sich drei dieser Anlagen in Betrieb, die bisher praktisch den gesamten zivilen Bedarf an angereichertem Uran in der westlichen Welt gedeckt haben und die – mit geplanten Erweiterungen und Verbesserungen – bis Anfang der achtziger Jahre in der Lage sein werden, den Bedarf weiter zu decken. In Frankreich, Großbritannien, der Volksrepublik

China und der Sowjetunion gibt es noch andere Anlagen dieses Typs.

Versuchsanlagen, die nach dem Zentrifugenverfahren arbeiten, haben in den Niederlanden und in Großbritannien den Betrieb aufgenommen. Das Zentrifugenverfahren wurde zunächst getrennt, seit 1970 gemeinsam in der Bundesrepublik Deutschland, Großbritannien und den Niederlanden entwickelt sowie unabhängig davon in den Vereinigten Staaten von Amerika. Das Zentrifugenverfahren beruht auf dem Effekt, daß sich in einer schnellaufenden Zentrifuge das Gas mit leichteren Isotopen in der Mitte, das Gas mit schwereren Isotopen am Rande anreichert.

Andere Verfahren mit Hilfe von Trenndüsen unter Nutzung der Zentrifugalkräfte (Bundesrepublik Deutschland) oder Lasern (Vereinigte Staaten, Bundesrepublik) befinden sich im Entwicklungsstadium. Über ein in der Südafrikanischen Union benutztes Verfahren gibt es nur sich widersprechende Angaben.

2. Deutung der jetzigen Situation

Die hohe Anreicherungskapazität in den Vereinigten Staaten war genauso wie die übrigen Anlagen in Frankreich, Großbritannien, China und der Sowjetunion zunächst für militärische Zwecke von staatlichen Organisationen gebaut und genutzt worden. Während bis vor kurzem der Bezug von angereichertem Uran für zivile Zwecke nur aus den Vereinigten Staaten möglich war, stehen jetzt kleinere Mengen Anreicherungsarbeit auch aus der Sowjetunion und Frankreich zur Verfügung[4]. Das zugleich forschungs- und wirtschaftspolitische Problem besteht heute darin, den günstigsten Weg für die in den achtziger Jahren notwendige Erweiterung der Anreicherungskapazität für zivile Zwecke zu wählen.

3. Auswahlkriterien

Da das Diffusions- und Zentrifugenverfahren der Geheimhaltung unterliegen und die Probleme der Kostenabgrenzung hier sicher nicht einfacher als bei den Reaktortypen sind, sind technische und wirtschaftliche Daten nur beschränkt verfügbar und die verfügbaren nur beschränkt aussagefähig.

Da der Trennfaktor beim Diffusionsverfahren (1,002 bis 1,004) vergleichsweise gering ist, muß eine große Anzahl von Trennstufen hintereinandergeschaltet werden. Dadurch arbeitet dieses Verfahren nur bei Anlagen mit großer Kapazität wirtschaftlich. Dagegen liegen die Trennfaktoren bei dem Zentrifugenverfahren zwischen 1,2 und 1,5, so daß prinzipiell mit diesem Ver-

---

[4] Siehe dazu ausführlich in diesem Band Felix *Oboussier*, Die Verteilung von Kernbrennstoffen: Das Problem der Rohstoffe und der Anreicherung, S. 348 f.

fahren bereits kleinere Anlagen konkurrenzfähig werden können. Außer der Möglichkeit, durch den sukzessiven Zubau kleinerer Anlageeinheiten den wachsenden Bedarf an Anreicherungskapazität ohne größere wirtschaftliche Risiken zu decken, spricht der niedrige Stromverbrauch für das Zentrifugenverfahren. Das Diffusionsverfahren benötigt das Zehnfache und ist daher wesentlich stärker vom Strompreis abhängig. Diese Bedingung ist für Mitteleuropa mit seinem höheren Strompreisniveau einschneidender als für andere Länder, in denen billige Wasserkraft (z. B. Kanada) zur Verfügung steht. Zugleich bedeutet der niedrigere Stromverbrauch des Zentrifugenverfahrens eine deutlich geringere Umweltbelastung durch Abwärme.

Der Trennfaktor beim Trenndüsenverfahren beträgt zur Zeit 1,015, der Strombedarf das Vierzehnfache des Zentrifugenverfahrens. Unter wirtschaftlichen Gesichtspunkten hat damit dieses Verfahren nur noch geringe Chancen. Seine Anwendung bleibt jedoch in solchen Ländern denkbar, die keinen Zugang zu den alternativen Technologien haben.

Das Laserverfahren steht am Anfang der Entwicklung und eine Bewertung ist noch nicht möglich.

4. Konsequenzen für die Anreicherungsverfahren

Eine Reihe von internationalen Studiengesellschaften, Firmen und staatlichen Organisationen hat sich mit den Vor- und Nachteilen des Diffusions- und Zentrifugenverfahrens beschäftigt. Die Versuche, sich innerhalb Europas auf ein Verfahren zur Erweiterung der bestehenden Kapazität zu einigen, müssen zur Zeit als gescheitert angesehen werden. In Frankreich wurde im November 1973 der Beschluß gefaßt, gemeinsam mit weiteren interessierten europäischen Staaten wie Italien, Belgien und Spanien eine eigene Diffusionsanlage zu bauen. Inzwischen ist bestimmt worden, daß diese bei Tricastin in der Nähe der bisherigen kleinen französischen Anlage in Pierrelatte errichtet werden soll. Es ist geplant, daß sie 1979 mit einer Kapazität von 3500 t Trennarbeit/Jahr ihren Betrieb aufnimmt und 1981 ihre volle Leistung von 9600 t Trennarbeit/Jahr erreicht. Die Regierungen von Großbritannien, den Niederlanden und der Bundesrepublik Deutschland haben dagegen im Januar 1974 den Beschluß der beteiligten Firma gebilligt, daß zwei weitere Anlagen nach dem Zentrifugenverfahren mit je 200 t Trennarbeit/Jahr in Großbritannien (Capenhurst) und den Niederlanden (Almelo) gebaut werden. Nachfolgende Kapazitätserweiterungen sind vorgesehen.

Während vor kurzem noch befürchtet werden mußte, daß durch diese Baubeschlüsse und ähnliche Planungen in den Vereinigten Staaten von Amerika in der ersten Hälfte der achtziger Jahre eine Überproduktion an angereichertem Uran droht, hat sich infolge der Ölkrise vom Herbst 1973 die Situation geändert. Die Nachfrage nach angereichertem Uran hat sich so verstärkt, daß der

Bedarf nicht gedeckt werden kann, wenn sich die Kernkraftwerksplanungen in den angekündigten Zeiten realisieren. Die Problemstellung konzentriert sich jetzt auf die Frage, ob die technischen, organisatorischen und finanziellen Voraussetzungen für den Bau neuer Anreicherungsanlagen rechtzeitig geschaffen werden können und ob diese nach Inbetriebnahme dann auch die technischen und wirtschaftlichen Erwartungen erfüllen werden.

IV. Grenzen der Kernenergie

Technische Probleme gibt es noch bei zwei weiteren Stufen des Brennstoffzyklus. Wiederaufarbeitung im großen Maßstab bleibt noch zu demonstrieren, insbesondere mit hochabgebrannten Brennelementen. Dabei muß der Dekontaminationsfaktor für Plutonium und die anderen Aktiniden erhöht werden, d. h. der Restanteil, der im Abfall verbleibt, spürbar gesenkt werden. Der Restanteil ist deshalb so wichtig, weil dieser im hochradioaktiven Abfall – wegen der teilweise langen Halbwertzeichen der im Brennelement und bei späterem Zerfall entstehenden Aktiniden – die Bedingungen bestimmt, die an eine sichere Endlagerung zu stellen sind: Dieser Abfall muß für Millionen Jahre sicher gelagert werden. Zur Zeit hilft man sich noch mit Behältern (engineered storage), die überwacht werden müssen. Sie stellen so lange eine sichere Lösung dar, wie die Überwachung sorgfältig ausgeführt wird. Als aussichtsreichste Variante einer Dauerlösung wird die Lagerung in unterirdischen Salzstöcken untersucht[5]. Das ist eine Möglichkeit, von der primär nur die Länder Gebrauch machen können, die über die richtigen geologischen Formationen verfügen. Diese unterirdische Lagerung muß sichergestellt sein, bevor die Menge des anfallenden hochradioaktiven Abfalls eine weitere Benutzung von Behältern unmöglich macht. Alternativ wird geprüft, ob die Umwandlung der langlebigen Aktiniden in weniger problematische Elemente in einem Kernreaktor eine Lösung verspricht.

Für den Gesamtbereich der Kernenergie gilt, daß es sich um eine junge Technik handelt, bei der man sich aber wegen der potentiellen Gefahren nicht leisten kann, erst aus Unglücksfällen zu lernen. Es kommt deshalb darauf an, bei Entwurf, Errichtung, Betrieb und Wartung von kerntechnischen Anlagen sowie Transport von radioaktivem Material äußerste Sorgfalt anzuwenden und für die ständige Einhaltung hoher Qualitätsstandards und Qualifikationen des Personals zu sorgen. Das gilt für die hochindustrialisierten Länder, besonders wenn nach erfolgreichen Jahren eine gewisse Nachlässigkeit droht, genauso wie für die Entwicklungsländer, wenn diese gezwungen sein werden, aus Gründen der Energieversorgung früher zu dieser Technik zu greifen, als es das allgemeine Ausbildungsniveau erlaubt.

---

[5] Siehe dazu in diesem Band Helmut *Schnurer*, Hans-Christoph *Breest*, Die Sicherheit kerntechnischer Einrichtungen als Konfliktquelle im internationalen Bereich, S. 245 f.

Eine weitere Grenze wird durch den international möglichst gleichmäßig zu handhabenden Umweltschutz repräsentiert. Durch technische Maßnahmen, die auf die Energieversorgung verteuernd wirken, können alle Umwelteinflüsse unter bestimmte festgelegte Grenzen gedrückt werden. Den Verzicht auf die weitere Erwärmung der Flüsse erkauft man mit der Errichtung von Kühltürmen, die die Wärme an die Luft statt an das Flußwasser abgeben. Naßkühltürme verdunsten dabei einen Teil des umlaufenden Wassers, das aus einem Gewässer oder dem Grundwasser ersetzt werden muß. Dieser Zusatzwasserbedarf wird in einigen Teilen der Bundesrepublik schon zu Anfang der achtziger Jahre nicht mehr gedeckt werden können. Dann bleibt als letzter Ausweg der Trockenkühlturm. Zur Zeit lassen sich die erforderlichen wasserrechtlichen Genehmigungen für Kraftwerke im Rahmen der Grenzen halten, die vom gegenwärtigen Stand der Forschung über ökologische Auswirkungen bestimmt sind. Es ist zu erwarten, daß mit besserem Verständnis der Wechselwirkungen diese Grenzen hier und da noch etwas erweitert werden können. Es scheint jedoch unwahrscheinlich zu sein, daß der Abfall an Abwärme auch diese Grenzen zu sprengen droht, wenn der Energieverbrauch weiterhin so stark anwächst wie bisher. Dieses einschränkende Argument gilt natürlich nicht nur für die Kernenergie, sondern für jede andere Form der Energieerzeugung in ähnlicher Weise. Es ist aber deshalb für die Kernenergie besonders einschlägig, weil diese vermutlich in den nächsten zwanzig Jahren den ersten Rang unter den Primärerzeugungsquellen einnehmen wird.

Ebensowenig spezifisch, aber doch von erheblicher Bedeutung für die Kernenergie ist das Finanzierungsproblem. Bereits in dem Abschnitt über die Reaktorentwicklung wurde erwähnt, welche finanziellen Belastungen für die Herstellerfirma damit verbunden sind, neue Kernkraftwerkstypen auf den Markt zu bringen. Das gleiche gilt für die Urananreicherung und die Wiederaufarbeitung in noch stärkerem Maße, da diese Anlagen wegen der notwendigen Kostendegression mit einer Kapazität errichtet werden müssen, die es erlaubt, zahlreiche Kernkraftwerke zu versorgen. Die Marktanteile, die für neue Investitionen gesichert werden müssen, sind deshalb vergleichsweise hoch. Kosten und Risiken bei Forschung und Entwicklung sowie Marketing lassen sich durch geeignete internationale Zusammenarbeit teilen, die im Einzelfall schwierig zu erreichen und zu erhalten sein kann. Die Finanzierungsproblematik trifft jedoch mit voller Schärfe die Versorgungsindustrie, wenn die Kraftwerke gebaut werden müssen, um den jeweils in sechs bis sieben Jahren zu erwartenden Bedarf zu decken. Es könnte sich herausstellen, daß sich aus der Notwendigkeit, den Energiebedarf der Zukunft zu decken, einerseits Beschränkungen des heutigen Wirtschaftswachstums ergeben und andererseits neue Partnerschaften zwischen Rohstoff- und Verbraucherländern bilden.

Anhang I: Übersicht über die Leistungen der in Betrieb und in Bau befindlichen sowie die in Auftrag gegebenen Kernkraftwerkstypen in MWel (Stand Ende 1973)

Länder	gesamt	AGR	D_2O-DWR	D_2O-Gas	D_2O-H_2O	DWR	GG	HTR	LWGR	SNR	SWR
Argentinien	919		919								
Belgien	1560					1560					
Brasilien	600					600					
BRD	14342		50	100		7772		315		300	5805
Bulgarien	1760					1760					
DDR	1840					1840					
Finnland	1540					880					660
Frankreich	9696			70		4691	2695			250	1990
Großbritannien	11831	6230			100		5238			263	
Indien	1580		1200								380
Italien	3374				35	1207	200				1932
Japan	14989				165	6455	160				8209
Jugoslawien	615					615					
Kanada	6136		5886		250						
Korea (Süd)	1164		600			564					
Mexiko	1260										1260
Niederlande	500					450					50
Österreich	692										692
Pakistan	337		137			200					
Puerto Rico	600					600					
Schweden	7372		12			2620					4740
Schweiz	3716					1620					2096
Sowjetunion	12030					4270			6948	762	50
Spanien	7628					5733	480				1415
Taiwan	3020										3020
Tschechoslowakei	1870			110		1760					
Ungarn	880					880					
USA	192654					123251		5770	790		62843
insgesamt	304505	6230	8804	280	550	169328	8773	6085	7738	1575	95142

Abkürzungen:
- AGR = Fortgeschrittener gasgekühlter Reaktor
- D_2O-DWR = mit schwerem Wasser moderierter und gekühlter Druckwasserreaktor
- D_2O-Gas = mit CO_2 gekühlter und mit schwerem Wasser moderierter Reaktor
- D_2O-H_2O = mit Leichtwasser gekühlter und mit schwerem Wasser moderierter Reaktor
- DWR = Druckwasserreaktor
- GG = Gas-Graphit-Reaktor
- HTR = gasgekühlter Hochtemperaturreaktor
- LWGR = mit Leichtwasser gekühlter und graphit-moderierter Reaktor
- SNR = Schneller natriumgekühlter Reaktor
- SWR = Siedewasserreaktor
- MWel = elektrische Megawatt

(Quelle: *Atomwirtschaft*, Oktober 1973 und März 1974)

Anhang II: Aufteilung der Nettoleistungen der Druckwasserreaktor- und Siedewasserreaktor-Kraftwerke auf die Herstellerfirmen – (ohne Ostblock) (Stand: Ende 1973)

Firma	Land	Kernkraftwerkstyp	Leistung in MWel
ACEC	Belgien	DWR	1750
Ansaldo Mec. Nucleare	Italien	SWR	982
ASEA	Schweden	SWR	5400
Babcock & Wilcox	USA	DWR	22096
BBR	BRD	DWR	1154
Combusting Engineering	USA	DWR	26278
Comp. Générale d'Electricité/Alsthom	Frankreich	SWR	1990
Elettronucleare Italiana	Italien	DWR	952
General Electric	USA	SWR	74820
Hitachi	Japan	SWR	1200
KWU / AEG	BRD	SWR	6497
KWU / Siemens	BRD	DWR	7988
Mitsubishi	Japan	DWR	4555
Schneider / Framatome	Frankreich	DWR	4425
Toshiba	Japan	SWR	3341
Westinghouse	USA	DWR	89882

(Quelle: *Atomwirtschaft*, Oktober 1973 und März 1974)

Literatur

Andressen, Harro: Die technologischen Probleme des Fusionsreaktors. In: *Atomwirtschaft*, November 1973.
Avery, D. G. und E. *Davies*: Uranium Enrichment by Gas Centrifuge. London 1973.
Brandstetter, A. und E. *Gutmann:* Das Prototypkraftwerk SNR-300. In: *Atomwirtschaft*, Juli 1972.
Braun, Werner: Weiterentwicklung des Druckwasserreaktors in der BRD. In: *Atomwirtschaft*, September/Oktober 1972.
Bücker, Horst u. a.: Kernenergie und Umwelt. Kernforschungsanlage Jülich 1973.
Emots, H. und E. *Schomer*: Das 1300-MW-Kernkraftwerk Unterweser mit Siemens-Druckwasserreaktor. In: *Atomwirtschaft*, Mai 1973.
Gerwin, Robert: Kernkraft heute und morgen. Stuttgart 1971.
Harder, Hermann u. a.: Das 300-MW-Thorium-Hochtemperaturkernkraftwerk (THTR). In: *Atomwirtschaft*, Mai 1971.
Hüttl, Adolf und Wolfgang *Moll*: Das 900-MW-Kernkraftwerk Phillipsburg mit AEG-Siedewasserreaktor. In: *Atomwirtschaft*, Juli 1970.
Klusmann, Arno und Helmut *Völcker*: Brennelemente von Kernreaktoren. München 1969.
Lindackers, Karl-Heinz u. a.: Kernenergie. Nutzen und Risiko. Stuttgart 1970.

Mattick, Wolfgang und I. *Bugl*: Die Hochtemperaturreaktorlinie. In: *Atomwirtschaft*, Oktober 1973.

Schmidt-Küster, Wolf-Jürgen: Das Entsorgungssystem im nuklearen Brennstoffkreislauf. In: *Atomwirtschaft*, Juli 1974.

Sigel, Rudolf: Kernfusion mit Lasern. In: *Umschau in Wissenschaft und Technik*, Heft 12/1974.

Traube, K.: Entwicklungslinien der Natriumschnellbrüter. In: *Atomwirtschaft*, Oktober 1973.

Voigt, O.: Weiterentwicklung des Siedewasserreaktors in der BRD. In: *Atomwirtschaft*, September/Oktober 1972.

Viertes Atomprogramm der Bundesrepublik Deutschland für die Jahre 1973 bis 1976. Bundesministerium für Forschung und Technologie 1973.

DIE KONVENTIONALISIERUNG DER KERNENERGIE UND DER WANDEL DER NONPROLIFERATIONSPOLITIK – VERTEILUNG UND KONTROLLE ALS POLITISCHES KONFLIKTPOTENTIAL

Uwe Nerlich

I. Krise der Nonproliferationspolitik?

Seit dem 5. März 1970 ist der Vertrag über die Nichtverbreitung von Kernwaffen (NV-Vertrag) in Kraft. Er wurde bisher von 107 Staaten unterzeichnet und von 85 ratifiziert. Unter den nuklearen Schwellenmächten, die gegenwärtig in kanonischen Listen geführt werden, sind sowohl Unterzeichnerwie Nichtunterzeichnerstaaten. Zu den Schwellenmächten, die unterzeichnet haben, gehören eine Reihe westlicher Industriestaaten, deren Ratifikationsverfahren allein aus Gründen parlamentarischer Prozedur noch nicht abgeschlossen ist. Es gehören aber etwa mit Ägypten oder vor allem Iran, der sogar ratifiziert hat, auch Staaten dazu, auf die sich heute das kritische Augenmerk derer richtet, die den Möglichkeiten nuklearer Proliferation politisch vorzubeugen suchen. Die mangelnde Universalität der NV-Vertrags beschreibt also das Problem keineswegs vollständig, auch wenn z. B. gerade die nicht nur förmliche, sondern auch faktische Ignorierung der Verpflichtungen aus dem NV-Vertrag durch Frankreich wesentlich zur neuen Lage beiträgt. Sorgen entstehen gegenwärtig vor allem darüber, ob der Vertrag in seinem Anwendungsbereich, d. h. überall dort, wo Pflichten aus dem Vertrag förmlich anerkannt worden sind, wirksam sein wird. Die Gründe für diese mögliche Krise der bisherigen Nichtverbreitungspolitik sind nicht einfach im Verhalten der einen oder anderen Schwellenmacht zu suchen. Angesichts einer Reihe tiefgreifender politischer und ökonomischer Veränderungen der letzten Jahre stellt sich vielmehr die Frage, ob die Voraussetzungen, unter denen der NV-Vertrag und allgemeiner die Nonproliferationspolitik der vergangenen Jahrzehnte konzipiert worden ist, wirklich auf längere Sicht tragfähig sein werden.

Während grundsätzliche Bedenken solcher Art in den sechziger Jahren gerade von seiten der Bundesrepublik Deutschland geäußert worden waren, charakterisiert es die heutige Lage, daß die Bundesrepublik von der gegenwärtigen Krise der Nonproliferationspolitik selbst nicht unmittelbar betroffen ist. Sie erscheint aufgrund des beinahe abgeschlossenen Ratifikationsverfahrens vielleicht sogar exkulpierter, als das aufgrund der Gegebenheiten des Konkurrenzkampfes im

Reaktorgeschäft gerechtfertigt sein mag. So ist die Bundesrepublik, die den Vertrag – angesichts der politischen Zwecke, denen er nach begründeten westdeutschen Befürchtungen dienen sollte – besonders heftig bekämpft hatte, gegenwärtig eher ein Nutznießer eben dieses Vertrags, was immer dessen Wirksamkeit anderswo in kommenden Jahren beeinträchtigen mag. Hatten die politischen Kräfte, die in den sechziger Jahren zum Zustandekommen des NV-Vertrags führten, auch bewirkt, daß die Bundesrepublik in das Zentrum der Auseinandersetzung um die NV-Politik geriet[1], so würde in der jetzigen Phase der Nonproliferationspolitik die Interessenlage – wenngleich wohl nicht die Verantwortlichkeit politischen Handelns – gestatten, daß die Bundesrepublik an der Überprüfungskonferenz im Mai 1975 nur als Beobachter teilnimmt.

In diesem Sachverhalt kommt vor allem zum Ausdruck, daß in der bisherigen NV-Politik immer auch und vielleicht sogar in erster Linie politische Zwecke verfolgt wurden, die mit dem Gegenstand möglicher NV-Regelungen wenig oder gar nichts zu tun hatten. Die charakteristische Kombination von technokratischen Problemdefinitionen und legalistischen Lösungsvorschlägen[2], die durch die scheinbar isolierbare, eben »nichtkonventionelle« Natur nuklear-politischer Sachverhalte noch begünstigt wurde, erlaubte Möglichkeiten indirekter Diplomatie: Sie haben vermutlich den Spielraum für effektivere Nonproliferationsregelungen reduziert, und zwar ähnlich wie die analogen Versuche, auf dem Weg über neue Formen multilateraler Verfügungsgewalt über Kernwaffen im Bündnis politische Positionsgewinne zu erlangen, die die Möglichkeiten effektiver nuklearer Abschreckungspolitik eingeengt haben.

II. Die Konfiguration der Nuklearpolitik bis Ende der sechziger Jahre

Dieser instrumentale Charakter nuklearer Politik – sowohl im Bereich militärischer Verfügungsgewalt wie in der Kontrolle von Proliferationsrisiken – war im wesentlichen auf die Verhältnisse beschränkt, für die der Ost-West-Konflikt der Nachkriegszeit grundlegend war[3]. Seit Kriegsende wurden nukleare Kräfteverhältnisse zunehmend als Maß für die Stabilität und Konfliktträchtigkeit in den amerikanisch-sowjetischen Beziehungen überhaupt angesehen, so wie umgekehrt

---

[1] Vgl. Uwe *Nerlich,* Der NV-Vertrag in der Politik der BRD, Ebenhausen, September 1973 (SWP-S 217); ders., Vor der Bonner Entscheidung über den Nichtverbreitungsvertrag, in: *Europa-Archiv,* Folge 21/1973, S. 729–738.

[2] Technokratische Betrachtungsweisen begünstigten unangemessen eingeengte Problemdefinitionen; legalistische Betrachtungsweisen tendierten zu unangemessenen, unspezifischen Universalregelungen.

[3] Dieser konzeptionell unpolitische Charakter nuklearer Kontrollvorschläge, der dann doch so spezifische Möglichkeiten indirekter Diplomatie eröffnet hat, läßt sich bis auf die frühesten Versuche zurückverfolgen: Vgl. etwa den sehr instruktiven Bericht über den Baruch-Plan von Leneice N. *Wu,* The Baruch Plan: U.S. Diplomacy enters the Nuclear Age. Pre-

mögliche vereinbarte Beschränkungen auf diesem Gebiet einen wachsenden Konsens der beiden Weltmächte gerade dann darzustellen schienen, wenn tiefgreifendere Wandlungen im Verhältnis der beiden Weltmächte noch nicht für möglich gehalten wurden. Seit Mitte der fünfziger Jahre wurde dies folgerichtig dadurch überlagert, daß nukleare Machtverteilung zunehmend auch zum Maßstab ausgewogener Bündnisstrukturen gemacht wurde – vor allem innerhalb der Atlantischen Allianz, in erkennbarer Form aber auch in den chinesisch-sowjetischen Beziehungen.

Staaten, die nicht zu dieser Konfiguration gehörten, wie europäische Neutrale (namentlich Schweden), besonders aber eine Reihe von Ländern der Dritten Welt, die sich bereits im Prozeß der Industrialisierung befanden, wurden zwar als potentielle Nuklearmächte genannt und dienten so zur Begründung universaler Regelungsvorschläge. Sie spielten zum Teil und zumindest phasenweise auch eine aktive Rolle in der Unterstützung von Nonproliferationsvereinbarungen. Aber die NV-Politik hatte in den fünfziger und vor allem in den sechziger Jahren allein dann Erfolg, wenn die beiden Weltmächte ein Interesse am Zustandekommen von Vereinbarungen hatten. Dieses Interesse war stets durch politische Nebenabsichten bestimmt, die auf Verhältnisse innerhalb der westlichen Allianz und begrenzt auf die sowjetisch-chinesischen Beziehungen, in entscheidenden Phasen aber auch auf den innenpolitischen Bedarf – namentlich in den Vereinigten Staaten – gerichtet waren.

Folgerichtig war es gerade diese Dominanz der beiden Weltmächte, die das Nonproliferationsthema wiederholt und bis Ende der sechziger Jahre zumindest latent durchgängig auch zu einem Solidarisierungsanlaß innerhalb der ungebundenen und überwiegend weniger entwickelten Staaten werden ließ. Das war formal sogar in der triadischen Struktur der Abrüstungsverhandlungen der fünfziger Jahre (Ost-West-Neutrale) vorgezeichnet. In den sechziger Jahren kam es dann häufiger zu spontanen politischen Formationen aus Staaten dieser Kategorie, die sich im Zeichen von Nonproliferationsbemühungen gegen die beiden Weltmächte richteten.

Da das NV-Thema hier im wesentlichen instrumental war, wird die Bedeutung dieses Vorgangs nicht daran erkennbar, daß er auf die NV-Verhandlungen wenig Einfluß hatte. Bemerkenswert war hingegen, daß in dieser Phase der Ein-

---

pared for the Subcommittee on Foreign Affairs, U.S. House of Representatives, Washington, August 1972.

Eine scharfsinnige Kritik der kategorialen Mängel, die der amerikanischen NV-Politik der sechziger Jahre zugrunde lagen, enthält eine Studie des heutigen amerikanischen Verteidigungsministers: James R. *Schlesinger*, Nuclear Spread: The Setting of the Problem, Santa Monica, März 1967 (RAND P-3557). Sie ist etwas gekürzt auch im *Europa-Archiv* veröffentlicht worden: Die Verbreitung von Kernwaffen. Möglichkeiten und Grenzen der Eindämmung der Proliferation, Folge 14/1967. Vgl. ferner Uwe *Nerlich*, Der NV-Vertrag (Anm. 1), S. 37 ff., sowie grundsätzlicher zu den symbolischen Funktionen nuklearer Politik: Ders., Nuclear Weapons and European Politics: Some Structural Interdependencies, in: Johan J. *Holst* (Hrsg.), Security, Order, and the Bomb, Oslo 1972, S. 78 ff.

tritt der Volksrepublik China in den Kreis der Nuklearmächte keine wesentlichen Solidarisierungseffekte auslöste, obwohl China – ähnlich wie zehn Jahre später Indien – durchaus den industriell weniger entwickelten Ländern zuzurechnen war und in Asien durch sein Nuklearprogramm auch Prestige gewinnen konnte. Vor allem suchte China mit seiner nuklearen Politik ausdrücklich eine kritische Haltung gegenüber den beiden Weltmächten darzustellen, die dazu beitragen sollte, sich die Rolle eines Wortführers der Entwicklungsländer zu sichern. Der geringe Einfluß Chinas auf die Nonproliferationspolitik der sechziger Jahre und besonders auf das Verhältnis der beiden Weltmächte zu den weniger entwickelten Ländern ist zum Teil sicher aus seiner weitgehenden damaligen Isolierung und zeitweilig sogar Selbstisolierung zu erklären. Hinzu kommt – mutatis mutandis wie im Fall Frankreichs – die Kombination von vermuteten Hegemonialbestrebungen und fehlender direkter Beteiligung am Verhandlungsgeschehen. Im unterschiedlichen Verhalten der weniger entwickelten Länder gegenüber dem chinesischen Nuklearprogramm in den sechziger Jahren einerseits und der indischen Kernexplosion andererseits kommt aber eben auch zum Ausdruck, daß in diesen Jahren – wie immer die längerfristigen Interessen einiger Schwellenmächte wie Indien damals zu beurteilen waren – eine dezidierte Nonproliferationspolitik den meisten Staaten der Dritten Welt situationsgerecht und politisch zweckmäßig erschien. Das ist auch bei multilateralen Vorgängen außerhalb des Rahmens eigentlicher Abrüstungsverhandlungen immer wieder deutlich geworden – z. B. noch 1972 auf der Stockholmer Umweltkonferenz.

Diese Konfiguration wurde auch durch die Art gestärkt, in der sich die Emanzipation der friedlichen Nutzung der Kernenergie von militärischen Programmen vollzog. Maßgebend war die amerikanische Entwicklung. Im ersten Jahrzehnt nach Kriegsende gab es in den Vereinigten Staaten zwar ein breites Interesse an der friedlichen Nutzung, aber ihre Bereitschaft zur internationalen Zusammenarbeit stand noch ausschließlich im Zeichen der Dominanz militärischer Programme; sie war entsprechend minimal. Mitte der fünfziger Jahre, als die amerikanische und die sowjetische zivile Reaktorkapazität zusammengenommen so groß war, daß man die anfallenden Plutoniummengen nach heutigen Begriffen fast als negligabel ansehen würde, kam es dann zu den politischen Entscheidungen: Die Kernforschung zu friedlichen Zwecken sollte in einen internationalen Kooperationsrahmen eingefügt werden, der die Unterstützung namentlich durch die Vereinigten Staaten an entsprechende Kontrollen bindet. Schon in dieser Forschungs- und Entwicklungsphase zeichnete sich – mit der bemerkenswerten Ausnahme Indiens – ab, daß dieser Kooperationsrahmen in erster Linie zwischen den westlichen Industrienationen hergestellt wurde. Schon diese Phase war nicht frei von Friktionen, die aus dem Interesse einiger Industrieländer an technischen Eigenentwicklungen und/oder politischer Unabhängigkeit von amerikanischer Kooperationsbereitschaft resultierten.

Der Übergang von der Phase bloßer Forschung und Entwicklung in die Phase beginnender industrieller Nutzung fiel in den westlichen Industrieländern zusammen mit der Ausbreitung einer politischen Betrachtungsweise, die von der Tatsache einer nahezu überwältigenden Führungsrolle der Vereinigten Staaten in den meisten fortgeschrittenen Technologien sowie von durchaus mechanistischen Annahmen über den Zusammenhang von technologischer Innovationsfähigkeit und wirtschaftlicher Potenz ausging. Der Abstand zur amerikanischen Forschungs- und Entwicklungskapazität in den fortgeschrittenen Technologien – vor allem Kernenergie, Raumfahrt und Elektronik – wurde in Westeuropa und mutatis mutandis in Japan in den sechziger Jahren als Maß für den internationalen Rang gesehen, den ein Staat unter den Bedingungen der überschaubaren Zukunft einnimmt. Mehr noch, der offenkundige Abstand zu den Vereinigten Staaten führte zum Eindruck einer erdrückenden amerikanischen Monopolstellung, der nicht nur in politischen Formeln wie der »technologischen Lücke« oder der »amerikanischen Herausforderung« seinen Niederschlag fand, sondern auch aktuelle Besorgnisse über wachsende empfindliche Abhängigkeiten von den Vereinigten Staaten auslöste, die in politischen Haltungen in Washington nicht selten ihre Bestätigung zu finden schienen. So mußte es im Licht eines drohenden amerikanischen Monopols an Kernbrennstoffen, zunehmender amerikanischer Zahlungsbilanzschwierigkeiten und beginnender politischer Auseinandersetzungen über die Grundlagen des internationalen Währungssystems – vor allem zwischen den Vereinigten Staaten und Frankreich – in westeuropäischen Hauptstädten alarmieren, wenn der damalige Vorsitzende der amerikanischen Atomenergie-Kommission (USAEC), Glenn T. Seaborg, in einer programmatischen Verlautbarung der amerikanischen Lieferpolitik für angereichertes Uran ein künftig potentiell entscheidendes Instrument amerikanischer Währungspolitik sah[4]. Wenn in dieser Phase dennoch die meisten westeuropäischen Länder (mit Frankreich als dramatischer Ausnahme bis zur Änderung der französischen Politik Anfang der siebziger Jahre) sich im wesentlichen an die amerikanische Entwicklung anlehnten und aus kommerziellen Überlegungen den Kauf amerikanischer Lizenzen kostspieligen Eigenentwicklungen bei ungewisser Brennstoffversorgungslage vorzogen, so geschah dies mit besonderer Aufmerksamkeit gegenüber politischer Abhängigkeit und möglichen amerikanischen Neigungen, die eigene Monopolstellung im kommerziellen Bereich mit politischen Mitteln zu stärken. Auch dies gehörte zum Rahmen, in dem sich die Nonproliferationspolitik der sechziger Jahre entwickelte.

III. Die Übergangsphase: Vom NV-Vertrag zur Ölkrise

Als der NV-Vertrag in Kraft trat, hatte diese Konfiguration, aus der er erwachsen war, bereits ihre bestimmende Kraft verloren. Nukleare Waffen hatten

---

[4] »The Atom in World Affairs«, Rede in Dallas, Texas, am 17. November 1966. USAEC Release vom 17. 2. 1966, S. 12.

in der Ära McNamaras viel von ihrer politischen Symbolfähigkeit eingebüßt; ihre zentrale Funktion in den Beziehungen der beiden Weltmächte wurde abgeschwächt. Als Mittel allianzinterner Strukturpolitik waren nukleare Waffen im Grunde schon mit der Aufgabe des MLF-Projekts zweitrangig geworden. Die beinahe ausschließliche Präokkupation der Sowjetunion mit dem nuklearen Status der Bundesrepublik Deutschland, die während der NV-Verhandlungen so offenkundig war, hörte mit der Bonner Unterzeichnung des NV-Vertrags Ende 1969 und den Anfängen der westdeutschen wie der amerikanischen Verhandlungspolitik gegenüber Moskau beinahe schlagartig auf. Sie ist inzwischen sogar einem Kooperationsinteresse auf dem zivilen Sektor gewichen, das für Moskau immerhin so vorrangig war, daß es zur Hinnahme Euratoms als Vertragspartner in trilateralen Lieferabkommen führte. Aus den gleichen Gründen verlor das NV-Thema in Bonn und anderen westlichen Hauptstädten seine Bedeutung als Symbol amerikanischer Bereitschaft, im Prioritätskonflikt zwischen Allianzbedürfnissen und Verhandlungsinteressen gegenüber Moskau für letzteres zu optieren. Nukleare Politik hatte so in beiden Formen – Auseinandersetzungen über multilaterale Verfügungsgewalt und Nonproliferation – in der Konfiguration, die für das Entstehen des NV-Vertrags bestimmend war, Ende der sechziger Jahre schon ihre instrumentale Bedeutung verloren.

Unter den Bedingungen dieser Übergangsphase fiel besonders ins Gewicht, daß die neue Verhandlungspolitik der Nixon-Administration gegenüber Moskau[5] von der Détente-Politik Johnsons und Kennedys grundsätzlich abging: Sie strebte nicht unter dem Eindruck eines innen- wie außenpolitisch bedingten Immobilismus in allen eigentlich politischen Konfliktpunkten zwischen den beiden Weltmächten Rüstungskontrollvereinbarungen als symbolischen Ersatz an, sondern nahm zumindest in dieser Phase der Rüstungskontrollpolitik weitgehend ihren instrumentalen Charakter. Das verminderte aber auch ihren Rang in der praktischen Politik – mit SALT und MBFR als wichtigen Ausnahmen – und suchte die verbliebenen Verhandlungsziele und -ergebnisse namentlich bei SALT zusammen mit Vereinbarungen auf anderen Gebieten zu einem System zu verknüpfen, wo beide Weltmächte zunehmend so viel Interessen investieren, daß dies zu einer zunehmenden Stabilisierung des gesamten Interdependenzgefüges führt.

Man muß heute zwar erkennen, daß zumindest aus innenpolitischen Gründen diese Verhandlungspolitik der Nixon-Administration hinter den gesetzten Zielen zurückgeblieben ist. Aber während die angestrebte Struktur möglicherweise nicht mehr zustande kommt, wird die Methode dieser Verhandlungspolitik prägende Wirkung behalten. Die politische Relativierung im Sinne einer interessenmäßigen Verflechtung und Kompensierbarkeit mit anderen

---

[5] Vgl. Uwe *Nerlich*, Die Anfänge des neuen amerikanisch-sowjetischen Bilateralismus, in: Die Internationale Politik 1968/69. Jahrbücher der Deutschen Gesellschaft für Auswärtige Politik, München/Wien 1975.

Bereichen, welche für die SALT-Verhandlungen charakteristisch war und die im Ergebnis zu einer weitgehenden Zurückhaltung der amerikanischen Regierung in der Nonproliferationspolitik geführt hat, wird für die Zukunft ausschließen, daß die Vereinigten Staaten die Nuklearpolitik oder speziell die Nonproliferationspolitik noch einmal – wie vor allem in den Johnson-Jahren – zu einem Bereich sui generis machen können.

Auch ohne die anderen Veränderungen der Übergangsphase wäre es als Resultat dieser Verhandlungspolitik zu solcher »Konventionalisierung« der Nuklearpolitik gekommen. Dies mag in der Zukunft bedeuten, daß problemgerechtere Lösungen gefunden werden können, weil Verhandlungen weniger von übergeordneten politischen Zwecken geleitet werden. Umgekehrt mag man in dem kurzatmigen Rückfall in die symbolische Nonproliferationspolitik beim dritten amerikanisch-sowjetischen Gipfeltreffen in Gestalt des Schwellenvertrags über die Beschränkung unterirdischer Kernwaffenversuche erkennen, wie sehr sich der Rahmen der Nuklearpolitik bereits verändert hat.

Ein weiterer Faktor in dieser Übergangsphase, der zwar weniger offenkundig ist, auf längere Sicht aber von weitreichender Bedeutung sein wird, ist die waffentechnische Entwicklung, namentlich auf seiten der beiden Weltmächte und mit einem u. U. beachtlichen zeitlichen Vorsprung der Vereinigten Staaten. Die bisherige Einschätzung der militärischen Rolle und Wirkung nuklearer Waffen in der Öffentlichkeit ist im wesentlichen durch die Bombenabwürfe auf Hiroshima und Nagasaki und zehn Jahre später durch die Kombination interkontinentaler Raketen mit nuklearen Sprengköpfen geprägt worden, bei der Raketen eine geringe Zielgenauigkeit, Sprengköpfe einen hohen Detonationswert hatten. Die gegenwärtig absehbaren Zielgenauigkeiten, die praktisch unabhängig von der Reichweite erzielt werden können, stellen möglicherweise eine waffentechnische Revolution dar, die mit der Kombination von ICBMs und Wasserstoffbomben vergleichbar ist, aber in die entgegengesetzte Richtung weist: Es ist eher wahrscheinlich, daß die herkömmlichen nuklearen Vergeltungswaffen für alle militärisch wichtigen Aufträge mit Ausnahme extremer punitiver Handlungen zunehmend als obsolet angesehen und durch Waffen abgelöst oder zumindest ergänzt werden, die den Vorteil extremer Zielgenauigkeit selbst über interkontinentale Reichweiten nutzen. Im NV-Kontext bedeutet dies, daß mit zunehmendem Veralten des gegenwärtig verfügbaren Potentials die Bereitschaft der beiden Weltmächte zu effektiver und weitreichender nuklearer Abrüstung wachsen könnte, ohne daß dadurch die primären militärischen Optionen beider Seiten beeinträchtigt werden, während u. U. weitere Proliferation eine Vermehrung der Kernwaffenpotentiale mit reinem Vergeltungscharakter herbeiführen würde. Diese Gegenläufigkeit könnte zu einem späteren Zeitpunkt dann auch wieder gemeinsame Nonproliferationsinteressen der beiden Weltmächte begründen, die so in den nächsten Jahren sicher noch nicht zu erwarten sind und die überdies auch wenig Chancen besitzen würden, etwa ähnlich wie in den sechziger Jahren zusammenzuwirken.

Hinzu kam, daß die Einschätzung extremer (ziviler) Technologien in den Vereinigten Staaten und in westeuropäischen Ländern in dieser Übergangsphase Ende der sechziger und Anfang der siebziger Jahre eigenartig gegenläufig verlief. Während das »Servan-Schreiber-Syndrom« in Westeuropa zu dieser Zeit am intensivsten war und zumindest selektiv ein möglichst weitgehendes Gleichziehen mit den Vereinigten Staaten, d. h. eine Nachahmung amerikanischer Entwicklungen, in der westeuropäischen Öffentlichkeit als selbstverständliche politische Zielsetzungen propagiert und weitgehend auch gesehen wurde, war in den Vereinigten Staaten bereits der Umkehrpunkt überschritten: Technologische Entwicklungen wurden nicht mehr in entscheidendem Maße unter dem Gesichtspunkt der amerikanischen Führungsrolle, sondern auch im Blick auf zweckmäßige Beschränkungen oder auf zweckmäßiges Abwarten der Erfahrungen anderer, einschließlich der Sowjetunion, betrachtet. Die Entwicklung, die zum Scheitern des amerikanischen SST-Projekts (Überschallverkehrsflugzeug) führte, ist das wohl sichtbarste Beispiel, das kürzlich dadurch noch erhöhte Bedeutung gewonnen hat, daß in den Vereinigten Staaten ein Interesse am Kauf sowjetischer SST-Flugzeuge zu beobachten war. Ein anderes Beispiel ist, daß die USAEC in dieser Phase gegen eine Aufstockung der Mittel für die Entwicklung Schneller Brutreaktoren, die das »Joint Atomic Energy Committee« auferlegen wollte, mit der Begründung anging, daß man zunächst die Erfahrungen mit Prototypen in der Sowjetunion und in Westeuropa abwarten solle.

Es charakterisiert ferner diese Übergangsphase, daß die Installierung nuklearer Kapazität zum Teil erheblich hinter den Erwartungen zurückblieb, die parallel zu den NV-Verhandlungen vorherrschend waren. Die Installierungsprogramme wurden verzögert und zum Teil echt reduziert. Inflation, unvorhergesehene technische Schwierigkeiten, der wachsende Einfluß der Umwelt-Lobby (in den Vereinigten Staaten vor allem in Gestalt des »Environmental Protection Act« von 1969), wachsende finanzielle Schwierigkeiten der EVUs und Ungewißheiten über die wirtschaftliche Konkurrenzfähigkeit im Vergleich mit anderen primären Energieträgern trugen zu dieser Situation bei.

Es gehört aber auch zum Bild dieser Übergangsphase, daß Nuklearpolitik und namentlich Nonproliferationspolitik – von den Protestwellen gegen französische Kernwaffenversuche im Pazifik abgesehen – keinen Anlaß für gemeinsames politisches Handeln der weniger entwickelten Länder bot und daß umgekehrt für die Solidarisierung gegen die beiden Weltmächte weit eindrucksvollere Gelegenheiten bestanden – Vietnam und die Ausläufer amerikanischer Hegemonialpolitik in Lateinamerika im einen, Tschechoslowakei und die Anfänge sowjetischer Hegemonialpolitik in der arabischen Welt im anderen Falle. In der Folge dieser Entwicklung und bei erstarkendem Selbstvertrauen der großen Zahl afroasiatischer Staaten, die auch auf längere Sicht als nukleare Schwellenmächte nicht in Betracht kommen, entstand zudem – vor allem im Rahmen internationaler Organisationen – ein Konfrontationsverhalten namentlich gegenüber westlichen Industrieländern, das immer häufiger zu Majorisierungen auch in solchen Fragen führte, in denen diese weniger entwickelten Länder keinerlei direktes Interesse hatten, das also unabhängig von der anstehenden Materie ausreichende Eigendynamik hatte. Auch in der Hinsicht war das NV-Thema politisch verbraucht. Dieses Abstimmungsverhalten ließ zugleich vermuten, daß eine sinnvolle Kooperation bei Nonproliferationsbemühungen kaum noch zu erwarten war und daß sie zudem mehr denn je – über die formale Festlegung der Nuklearmächte im NV-Vertrag hinaus – vom Verhalten der Nuklearmächte selbst, vor allem der Vereinigten Staaten und der Sowjetunion, abhängig gemacht werden würde. Zudem begann sich innerhalb der sog. Dritten Welt selbst eine zunehmende Diversifizierung der Interessen abzuzeichnen, die zwar über beobachtbare und sogar seitens westlicher Industriestaaten geförderte Programme, etwa Indiens oder Argentiniens, hinaus noch kein politisches Profil gewonnen hatten, die aber jedenfalls das NV-Thema für Zwecke negativer Solidierung ungeeigneter als in der vorausgegangenen Phase machte.

Hatte so die internationale Nuklearpolitik in der Konfiguration, die im Abschluß des NV-Vertrags ihren wohl stärksten symbolischen Ausdruck fand, in allen drei Dimensionen – der Multilateralisierung militärischer Verfügungsgewalt, der Nonproliferationspolitik und der friedlichen Zusammenarbeit – einen Rang, der diese Konfiguration selbst auf letztlich ungute Weise bestimmt hat, so läßt sich in der folgenden Übergangsphase eine Diffusion der Probleme und ein Abflachen des Profils der Nuklearpolitik beobachten, die so auch wieder unangemessen erscheinen mußten: Sie charakterisierten eben eine Übergangsphase, die eine neue Phase intensivierter Nuklearpolitik wahrscheinlich machte, in der freilich die bestimmenden Merkmale der Konfiguration, aus der der NV-Vertrag erwuchs, mit Sicherheit fehlen würden.

Als sich diese neue Phase der Nuklearpolitik Anfang der siebziger Jahre vereinzelt anzudeuten begann, fehlte die politische Vorstellungskraft, um den Rahmen zu erkennen, in dem das erfolgen würde. In der gleichen technokratischen Betrachtungsweise, die am Anfang der Verhandlungen über den NV-Vertrag gestanden hatte, konzentrierte sich das Interesse vornehmlich darauf, daß mit dem absehbaren Anwachsen anfallender Plutoniummengen unabhängig von der politischen Konfiguration die Proliferationswahrscheinlichkeit wächst und daß dies speziell auch die Wahrscheinlichkeit unautorisierten Zugriffs (»subnationale Proliferation«) erhöhen würde. Anders als Ende der fünfziger und Anfang der sechziger Jahre fanden die Ergebnisse dieser Betrachtungsweise zu diesem Zeitpunkt nicht einmal die Aufmerksamkeit, die sie verdienten. Sie blieben auf einen esoterischen Rahmen beschränkt, was allerdings vor allem im Falle subnationaler Proliferationen einen um so stärkeren publizistischen Alarmismus auslöste, der gelegentlich, etwa in den Veröffentlichungen Theodore Taylors[6], bedenklich in die Nähe selbsterfüllender Prophetie zu geraten schien.

---

[6] Siehe Mason *Willrich* und Theodore B. *Taylor*, Nuclear Theft: Risks and Safeguards, Cambridge, Mass., 1974 (Energy Policy Project of the Ford Foundation).

Während so aber der Natur der Sache entsprechend die technokratische Betrachtungsweise überlebte, ließ sich bereits während dieser Übergangsphase vermuten, daß die legalistische Betrachtungsweise, mit der sie sich in der NV-Politik der sechziger Jahre so charakteristisch verband, sich unter künftigen politischen Bedingungen kaum würde wiederholen lassen. Sie war durch eben jene politische Konfiguration bedingt, in der universale Regelungen noch den übergeordneten politischen Interessen zumindest der beiden Weltmächte einerseits und der ungebundenen und weniger entwickelten Länder andererseits zu dienen schienen[7]. Jener Unitarismus, der sich in der Absonderung und Dominanz nuklearer Probleme, in der hierarchischen Einschätzung nuklearen Status sowie in der erwarteten Automatik der Folgen nuklearer Entwicklungen darstellte, verlor einfach durch die Diffusion der Interessen und die politische Relativierung nuklearer Macht- und Energieverteilung seine politischen Grundlagen.

IV. Die neue Konfiguration nuklearer Politik

Die verschiedenen Faktoren, die während der Übergangsphase erkennbar geworden sind, wirken sämtlich dahin, die Rolle nuklearer Waffen und den instrumentalen Wert der Nonproliferationspolitik in der Politik der westlichen Industriestaaten wie der Sowjetunion stark zu vermindern. Zudem würde die kanonische Art von Motivationsanalyse, die in der Vergangenheit im wesentlichen auf industrielle Schwellenmächte angewandt wurde, eher vermuten lassen, daß die Proliferationsinteressen heute auch dort schwächer werden, wo sie in der Vergangenheit ohnehin nicht wirklich ernst genommen wurden, nämlich im Kreise weniger entwickelter Länder. Die Volksrepublik China und Frankreich haben als mögliche Beispiele jedenfalls nicht gezeigt, daß sie aufgrund ihres Kernwaffenbesitzes wesentlich an politischem Einfluß gewonnen haben, wenngleich dies für China vielleicht auf längere Sicht nicht ganz auszuschließen ist. Der technische und quantitative Abstand zu den beiden Weltmächten wächst. Die Rolle in internationalen Organisationen wird weniger durch den nuklearen Status mitbestimmt, als in den sechziger Jahren erwartet wurde. Das politisch wichtige Verhandlungsgeschehen läßt die nuklearen Potentiale Dritter praktisch außer Betracht und wird zur Zeit so völlig von den beiden Weltmächten dominiert, daß China wie (weniger ausdrücklich) Frankreich ihre gar nicht anhängige Teilnahme von Vorbedingungen abhängig machen, deren Unerfüllbarkeit kaum die Ohnmacht solcher Diplomatie verdeckt. Nach den Kriterien, die in der Konfiguration der sechziger Jahre Sinn hatten, war eine Reaktivierung der politischen Motivationen, die damals die Nuklearpolitik trieben, auch in anderen, damals weniger unmittelbar betroffenen Regionen eigentlich unwahrscheinlich.

---

[7] Siehe *Nerlich* (Anm. 1: Der NV-Vertrag ...), S. 20.

Zugleich waren in der Übergangsphase, die auf den Abschluß des NV-Vertrags folgte, Entwicklungen erkennbar, die absehen ließen, daß eine neue Konfiguration der Nuklear- und speziell auch der Nonproliferationspolitik entsteht. Obwohl auch angesichts der indischen Kernexplosion noch nicht mit Sicherheit zu sagen ist, ob es zu weiteren Proliferationen kommt, ist die Möglichkeit solcher politischer Entwicklungen offenbar akuter als in der Phase der Verhandlungen über den NV-Vertrag. Zugleich muß es als völlig ungewiß gelten, ob solche Proliferationsrisiken durch Verhandlungen über universale Regelungen unter Kontrolle zu bringen sind. Die Interessenlagen fast aller Mächte und Gruppen ergaben während der NV-Verhandlungen ein grundlegend anderes politisches Kräftespiel als in der jetzt entstehenden Konfiguration, und vermutlich ist auch die Natur der politischen Kräfte in der kommenden Entwicklung wesentlich verschieden von dem, was die Analyse der Nonproliferationspolitik der sechziger Jahre gezeigt hat.

Das Entstehen der neuen Konfiguration ist in erster Linie durch den vierten Nahost-Krieg und die dramatischen Veränderungen auf dem Erdölmarkt ausgelöst worden. Die Folgen, die das im nuklearen Bereich nach sich zog, gerieten dann im Sommer 1974 aufgrund relativ ungewöhnlicher nuklearer Testserien aller fünf Nuklearmächte sowie vor allem der indischen Kernexplosion in ein politisches Klima, in dem sich die Aufmerksamkeit rasch wieder auf die Möglichkeit nuklearer Proliferation richtete.

Man kann die wesentlichsten Entwicklungen auf drei Ebenen sehen:

– Erstens haben die Veränderungen im Energiesektor unmittelbare Folgen für die Zukunft der Kernenergie innerhalb der industrialisierten Staaten.
– Zweitens ergeben sich aus neuen Interessen sowohl der Industrieländer wie einer Reihe weniger entwickelter Länder namentlich des Nahen Ostens neue Umstände für den Export von Reaktoren.
– Drittens schließlich spielen in den nuklearen Testprogrammen zumindest der drei westlichen Nuklearmächte sowie Indiens innenpolitische Motive eine offenbar stärkere Rolle als bisher.

1. Die veränderte Rolle der Kernenergie in den westlichen Industriestaaten

Auf der ersten Ebene ist hier nur kurz darauf hinzuweisen, daß sich aufgrund der Vervierfachung des Erdölpreises nicht nur die Konkurrenzfähigkeit der Kernenergie erheblich verbessert hat, sondern daß angesichts der empfindlich spürbar gewordenen Abhängigkeit von Ölimporten namentlich aus politischen Krisengebieten (wie dem Nahen Osten) sowie der entsprechenden Suche nach Substitutionsmöglichkeiten in der beschleunigten Installierung nuklearer Kapazitäten für die absehbare Zukunft die einzige Alternative gegeben ist[8]. Nach den Erfahrungen auf dem Erdölmarkt ist so bei einer angestrebten erheblichen Reduzierung des Gesamtprimärenergieverbrauchs eine erhebliche Steigerung des Anteils der Kernenergie vorgesehen[9]. In der Folge dieser Entwicklung wird eine Abschwächung der bisher inhibierenden Faktoren, die einer »Konventionalisierung« der Kernenergie gleichkommt, praktisch unvermeidlich.

Das ist in den Vereinigten Staaten besonders deutlich zu erkennen. Eine der ersten Auswirkungen des Ölembargos war, daß der »Environmental Protection Act« von 1969 viel von seiner Wirksamkeit einbüßte, zuerst bei der Auseinandersetzung über die »Alaska Pipeline«, auf weniger offensichtliche Weise aber auch durch Veränderung der Entscheidungskriterien im Bereich der Kernenergie. Dies beschränkte insbesondere die Einspruchmöglichkeiten des Umweltschutzamts (EPA = Environmental Protection Agency), dessen Rolle in der Nixon-Administration ohnehin zunehmend eingeengt wurde. Angesichts der Notwendigkeiten des Energieprogramms der amerikanischen Regierung, des »Project Independence«, konnte Nixons Forderung nicht überraschen, daß die USAEC den Zeitaufwand für Lizenzierung und Bau von Kernkraftwerken von rd. zehn auf sieben Jahre verkürzte. Das gewinnt noch besondere Bedeutung auf dem Hintergrund der gleichzeitigen Kürzungen der USAEC-Mittel für Sicherheitszwecke um rd. $ 9,9 Mio., d. h. von $ 71 Mio. auf 61,1 Mio., die das zentrale Amt für Management und Haushalt (OMB) ohne Einspruch der USAEC vorgenommen hat[10]. Bei den anfallenden Plutoniummengen und ent-

---

[8] Siehe dazu ausführlicher in diesem Band Ulf *Lantzke,* Die Energiesituation als Rahmenbedingung für Konflikte, S. 33 ff.

[9] Nach einer Schätzung der OECD wird der Gesamtverbrauch der OECD-Länder bis 1980 um 10,8 vH, bis 1985 um 12,5 vH niedriger liegen, als vor dem Oktober 1973 angenommen worden ist. Der Anteil der Kernenergie wird hingegen bis 1980 um 6 vH, bis 1985 um 15 vH höher liegen, als vor dem Oktober 1973 angenommen worden ist. Siehe die Übersicht bei *Lantzke,* ebd., S. 41. Nach einer amerikanischen Schätzung wird der Anteil der Kernenergie an der amerikanischen Gesamtkapazität zur Elektrizitätserzeugung 1975 bei 11 vH, 1980 bei 17 bis 19 vH und 1985 bei 25 bis 30 vH liegen. Vgl. John H. *Hoagland,* Inc., *Quarterly Newsletter,* Vol. I, No. 3, 31. Juli 1974.

[10] *Washington Post* vom 11. 1. 1974. Die Verkürzung auf sieben Jahre dürfte in erster Linie aus der Vereinfachung schwerfälliger Prozeduren resultieren, so wie die Kürzung des Etats für Sicherungsmaßnahmen nach Auffassung mancher Beobachter im Rahmen der allgemeinen Bestrebungen zu sehen ist, durch Abschaffung ineffizienter Bürokratien einzusparen. Aber der Zeitpunkt dieser Maßnahmen sowie die Tatsache, daß der gegenwärtigen Leitung der USAEC ein relativ geringes Interesse an Fragen der Sicherheit nachgesagt wird, haben doch den Eindruck veränderter Prioritäten entstehen lassen. Nach Abschluß der gegenwärtigen Umorganisation – Schaffung der ERDA, in der die bisherige USAEC teilweise aufgehen wird – wird man ein genaueres Bild gewinnen können.

Im übrigen ist zwar diese Haushaltskategorie der USAEC mit dem Etat für Sicherungsmaßnahmen der IAEA nicht direkt vergleichbar, aber es mag doch aufschlußreich sein, daß die IAEA, deren Kontrollapparat noch im Aufbau ist, über rd. $ 5 Mio. verfügt und die Bereitschaft der Mitgliedstaaten zur Finanzierung des Systems allgemein gering ist.

sprechenden Schwundraten wächst nicht nur in der Tat die Wahrscheinlichkeit unautorisierten Zugriffs zu spaltbarem Material ziemlich dramatisch[11], sondern man muß aufgrund solcher Entwicklungen innerhalb der Vereinigten Staaten, wo Sicherheitsstandards bisher eine (auch nachdrücklich Dritten auferlegte) Beispielhaftigkeit besaßen, überdies befürchten, daß dies ein allgemeines Sinken der Sicherheitsstandards begünstigen wird. Das um so mehr, als andere Industrieländer sich in vergleichbaren Lagen befinden, die zum Teil schon ohne solchen amerikanischen Präzedenzfall zu vergleichbarer »Liberalisierung« tendieren lassen. Dies gewinnt besondere Bedeutung, wenn es zusammentrifft mit Konkurrenzlagen auf dem Reaktormarkt, wo Kontrollauflagen solche Exportländer begünstigen, die wie Frankreich von derartigen Auflagen praktisch absehen.

Die Folgen, die diese Entwicklungen innerhalb der westlichen Industrieländer für die internationale Kontrolle der Kernenergie haben, werden dreifach sein:
– Sie lassen die inneren Sicherheitsprobleme sprunghaft anwachsen,
– sie mindern die Standards, die Dritten zugemutet werden können, und
– sie mögen durch zunehmende Konkurrenz im Reaktorgeschäft zu einem riskanten Überwiegen kommerzieller Interessen vor Sicherheitsinteressen auch dort führen, wo bisher auf die Einhaltung hoher Standards gedrängt wurde[12].

Diese Entwicklung hat im übrigen weit über den Rahmen der Nonproliferationspolitik tiefgreifende Wirkungen. Obwohl gerade die seit dem Herbst 1973 empfundene energiewirtschaftliche Notwendigkeit beschleunigter Installierung von nuklearen Stromerzeugungskapazitäten dazu geführt hat, Forderungen der Umwelt etwas mehr nach hinten zu stellen, werden vor allem im Zuge dieser beschleunigten Installierung Entsorgungsprobleme bisher nicht bekannter Größenordnung auftreten, für die offenbar ausreichende Lösungen noch nicht verfügbar sind und möglicherweise im nationalen Rahmen auch nicht gefunden werden können. Ferner werden die ohnehin bestehenden Verwundbarkeiten moderner Industriegesellschaften durch diese Entwicklung auf längere Sicht dramatisch verändert, und zwar auf zweierlei Art: durch leichtere Verfügbarkeit von Mitteln zu großangelegter Erpressung (Bomben oder Giftstoffe) sowie durch die mit zunehmender Zentralisierung der Stromversorgung

---

[11] Daß in den Vereinigten Staaten bereits ein psychologisches Klima entstanden ist, das solche Handlungen begünstigt, mag dadurch bestätigt werden, daß allein das kalifornische Amt für Notdienste (Office for Emergency Services) in letzter Zeit mehrere Drohungen mit nuklearer Erpressung registriert hat und daß auf Veranlassung dieses Amts ein »heißer Draht« zwischen örtlichen Polizeibehörden und der USAEC hergestellt worden ist. Vgl. *Washington Post* vom 13. 7. 1974.

[12] Man muß allerdings ergänzen, daß auch in bisher relativ vorbildlichen Ländern weitergehende Maßnahmen zum Schutz gegen Sabotage und für den Fall militärischer Krisenzustände beim Bau und bei der Standortwahl von Kernkraftwerken wenig oder gar keine Beachtung gefunden haben, obwohl hier angesichts der zunehmenden Zentralisierung der Energieversorgung und der entsprechenden Verwundbarkeit moderner Gesellschaften große Risiken entstehen.

wachsenden möglichen Ziele für Sabotage, die bei geringem Mittelaufwand Wirkungen erzielen kann, welche bisher nur als Ergebnis extremer Streiks denkbar waren. Zwar muß man feststellen, daß gegenwärtig die Wahrscheinlichkeit innerstaatlicher nuklearer Erpressung mit Bomben oder nuklearen Giftstoffen aus vereinfachten Überlegungen abgeleitet wird: Es bedarf immerhin identifizierbarer Gruppen, die hinreichend plausible Ziele verfolgen und dabei nicht auf positive Beeinflussung der Öffentlichkeit abzielen, die von den Folgen mitbetroffen wäre, und die zudem glaubhaft machen können, tatsächlich über nukleare Erpressungsmittel zu verfügen. Diese Konstellation ist relativ unwahrscheinlich, obwohl sie angesichts der wachsenden Zugänglichkeit der Erpressungsmittel nicht auszuschließen ist. In dieser Hinsicht sind dann allerdings die Möglichkeiten präventiven Handelns sehr begrenzt: Eine entschlossene Gruppe wird, falls die beschriebene Konstellation einmal eintritt, wahrscheinlich Erfolg haben. Wahrscheinlicher sind Fälle, in denen gerade die staatliche Autorität auf dem Spiele steht, also z. B. im Konflikt um Nordirland, wo Drohungen die nordirische Bevölkerung aussparen könnten, andererseits der erforderliche Radikalisierungsgrad durchaus vorstellbar ist[13].

Der Schutz der Bevölkerung sowie allgemein die Vorzüge umfassender Verbundsysteme mit wenigen zentralisierten Stromerzeugungskapazitäten führen zunehmend zu Überlegungen, die in der Idee der seegestützten nuklearen Parks ihre reinste Ausprägung erfahren haben. Die Zweckmäßigkeit solcher Zentralisierung liegt auf der Hand. Die Kehrseite ist hier noch mehr als in anderen Bereichen mit starker Zentralisierung die wachsende Verwundbarkeit moderner Gesellschaften im Sinne wachsender Störanfälligkeit des Gesamtsystems an stra-

---

[13] Das Problem des unautorisierten Zugriffs ist vielfach nur technisch als Problem der physischen Sicherheit von Anlagen gesehen worden und im Hinblick auf innerstaatliche Erpressungen. Das irische Beispiel zeigt, daß Sezessionskonflikte, in denen eine Seite gerade die Innerstaatlichkeit bestreitet, eine andere und plausiblere Kategorie darstellen. Noch plausibler mag es sein, die Möglichkeit nuklearer Erpressung im internationalen Rahmen zu sehen, indem man die Möglichkeit unautorisierten Zugriffs in Verbindung mit den Proliferationsrisiken in politisch instabilen Regionen im Nahen Osten oder in Lateinamerika betrachtet. Es könnte leicht zu Konflikten etwa der arabischen Ölländer oder Irans mit westlichen Industrieländern kommen, in denen eine militärische Intervention des einzigen dazu befähigten Landes, der Vereinigten Staaten, droht. Die Tatsache, daß nukleare Kapazitäten und radikale Gruppen bestehen, die nicht mit den Staaten der Region identifiziert werden können, mag zu einer Art nuklearer Agententheorie führen: Eine wirksame Gegendrohung wäre etwa, wenn in einer solchen Krise einige westeuropäische Länder durch »nichtautorisierte« Terrorgruppen erpreßt würden. Aber sowohl im Nahen Osten wie auf längere Sicht in Lateinamerika – Brasilien, Argentinien und Mexiko – sind auch Szenarios im Sinne dieser Agententheorie denkbar, bei denen es nicht um Gegendrohungen, sondern um aktive Drohungen geht, im einen Fall mehr gegen Westeuropa, im anderen mehr gegen die Vereinigten Staaten. Auch hier sind technische Präventivmaßnahmen kaum durchgreifend möglich. Diese Risiken lassen sich nur durch Beeinflussung der politischen Motive kontrollieren. Da starke Motivationen erforderlich sind, ist dies immerhin eine effektive Möglichkeit.

tegischen Punkten. Solche Verwundbarkeit entsteht unvermeidlich. Nur die extremeren Ausmaße liegen im Bereich politischer Entscheidung. Das Beispiel der nuklearen Parks zeigt dies. Präventives Handeln kann den erforderlichen Aufwand für Störmaßnahmen erheblich erhöhen und damit das Spektrum möglicher Störungen entsprechend verringern. Aber einmal bleibt abzuwarten, ob im Zuge weiterer Entwicklungen solche Sicherheitsüberlegungen stärker zum Tragen kommen, als das bei bisherigen Empfehlungen zum Reaktorschutz gegen Sabotage und andere Störungen (etwa in Spannungszeiten) der Fall war. Zum anderen bleiben die Risiken in extremeren Situationen – innere Unruhen oder militärische Spannungsfälle – auch bei erheblichen Schutzvorkehrungen vermutlich bestehen. Diese langfristigen Probleme wären sämtlich auch ohne die beschleunigenden Wirkungen der Ölpreiserhöhung aufgetreten, aber ihre Wahrnehmung gewinnt durch die Umstände der Ölkrise doch erheblich an Dramatik und Anschaulichkeit, ohne daß bisher erkennbar wäre, daß die Sorge um wirksamere Vorkehrungen im nationalen und internationalen Rahmen schon effektiv geworden wäre.

Ein weiterer Aspekt dieser Entwicklung in westlichen Industrieländern ist, daß zumindest Westeuropa und Japan in zusätzliche Abhängigkeiten geraten, die politisch empfindlich sind. Seit dem Yom-Kippur-Krieg ist die Abhängigkeit von Ölimporten zu einer Grundtatsache politischen Lebens geworden. Für Westeuropa und Japan resultiert daraus eine zusätzliche Abhängigkeit auch von den Vereinigten Staaten, da nicht nur militärischer Schutz in einem Ost-West-Konflikt ohne amerikanische Intervention undenkbar ist, sondern allein die Vereinigten Staaten bei krisenhafter Entwicklung der Erdölversorgung Westeuropas und Japans zu potentiell wirksamen Maßnahmen in der Lage sind. Hinzu kommt aber, daß die Substitutionspolitik, die solche Abhängigkeiten durch teilweise Umstellung auf Kernenergie vermindern soll, auf absehbare Zeit die Belieferung mit Kernbrennstoffen erfordert. Das in den sechziger Jahren befürchtete amerikanische Monopol ist nicht Wirklichkeit geworden. Vielmehr sind die Vereinigten Staaten gegenwärtig in großen Lieferschwierigkeiten. Ohne eine starke Aufstockung der amerikanischen Anreicherungskapazitäten – gegenwärtige Überlegungen sehen eine Ausweitung um rd. 60 vH vor – wäre ein zunehmendes Ausweichen auf sowjetische Brennstofflieferungen vorerst unvermeidlich, was eine zusätzliche energiewirtschaftliche Abhängigkeit Westeuropas von der Sowjetunion darstellen würde, die bei fortdauernder Normalisierung positive Wirkungen haben könnte, in Krisensituationen jedoch ein strategisches Risiko wäre[14].

So ist in westeuropäischen Industrieländern eine Lage eingetreten, wo auf absehbare Zukunft jedes Proliferationsinteresse erloschen ist und sogar die mili-

---

[14] Es gibt Schätzungen, nach denen bei Fortschreibung gegenwärtiger Trends Anfang der achtziger Jahre bis zu 45 vH des westdeutschen Bedarfs an Kernbrennstoffen aus der Sowjetunion gedeckt werden.

tärische Nuklearpolitik zumindest Frankreichs und vor allem Großbritanniens stark an Bedeutung verloren hat und wo andererseits die wachsende Verwundbarkeit moderner Gesellschaften, die gerade mit der unvermeidlichen Umstellung auf Kernenergie entsteht, stärker als bisher wahrgenommen wird. Diese Verwundbarkeit hängt teilweise mit Proliferationsrisiken in politischen Krisenregionen und mit externen Abhängigkeiten zusammen, woraus erstmals ein genuines und gemeinsames Interesse der westlichen Industrieländer an Nonproliferationsbemühungen und weiterreichenden Schutzvorkehrungen resultieren könnte. Aber die jüngsten Entwicklungen etwa auf dem Gebiet des Reaktorexports zeigen, daß die Interessenlagen gerade in der Folge des Yom-Kippur-Krieges komplexer sind.

2. Die Politik des Reaktorexports

Es sollen im wesentlichen zwei Fälle mit Beispielcharakter ausgewählt werden, nämlich Ägypten und Iran.

a) Der Fall Ägypten

Der Hintergrund sieht folgendermaßen aus: Ägypten hat den NV-Vertrag unterzeichnet, jedoch nicht ratifiziert. Israel hat bisher auch eine Unterzeichnung abgelehnt. 1960 hat die Sowjetunion bereits einen Forschungsreaktor an Ägypten geliefert. Ähnlich wie bei Lieferungen an Kuba und Ghana war die technische Hilfe der Sowjetunion beim Aufbau und Betrieb des Reaktors mangelhaft, die Durchmesser der Brennelemente paßten nicht etc.

Im November 1973 ließ Heikal im Zusammenhang mit einer Forderung nach arabischen Inspektionen des israelischen Kernreaktors Dimona verlautbaren, daß Ägypten in letzter Zeit drei Versuche unternommen habe, »nukleare Kapazität« zu erhalten, in einem Fall von der Volksrepublik China[15]. Bei gleicher Gelegenheit wies er auf die Möglichkeit eines gemeinsamen arabischen Produktionszentrums für Kernwaffen hin. Die arabischen Führer sollten ca. $ 500 bis 750 Mio. aufbringen und in der strategischen Tiefe des arabischen Raumes außerhalb der Reichweite israelischer Waffen ein Zentrum mit rd. 100 arabischen Wissenschaftlern einrichten. Falls indessen Israel dem mit eigenen Kernwaffen zuvorkommen sollte, werde man Kernwaffen »von der Sowjetunion oder, falls die es ablehnt, von China oder, falls das uns zurückweist, anderswo erhalten«. Nasser sei vor dem Krieg 1967 noch vor den hohen Kosten und praktischen Schwierigkeiten eines militärischen Nuklearprogramms zurückgeschreckt. Zudem habe China, an das man damals herangetreten sei, Nasser ein langsames Vorgehen mit dem Ziel der Unabhängigkeit angeraten. Ebenfalls in

---

[15] Siehe *Washington Post* vom 24. 2. 1973

diesem Zusammenhang teilte Heikal mit, daß Kadhafi 1970 vergeblich versucht habe, Kernwaffen zu kaufen. Die Mutmaßungen konzentrieren sich auf Frankreich. Heikal nannte schließlich als strategischen Grund, der diesen verschiedenen Erwägungen und Vorgängen zugrunde lag, daß Israel angesichts der arabischen Ölwaffe in Zukunft auf eigene Kernwaffen angewiesen sei, falls arabischer Druck Waffenlieferungen an Israel ausreichend unterbinden könne. Diese Äußerungen Heikals haben heute natürlich insofern an Bedeutung verloren, als Heikal von Sadat zugunsten einer Verbesserung der amerikanisch-ägyptischen Beziehungen fallengelassen wurde. Andererseits haben sie aber im Rückblick noch einiges Gewicht, weil sie am Vorabend der arabischen Gipfelkonferenz in Algier gemacht wurden und so vermutlich zumindest zum damaligen Zeitpunkt vorheriger Abstimmung bedurft haben werden, auch wenn sie in der Form zweifellos nicht die gegenwärtigen Auffassungen der ägyptischen Führung wiedergeben. Anzeichen einer entstehenden israelischen Kernwaffenkapazität würden solche Überlegungen jedoch sofort wiederbeleben. Überdies hat zumindest der strategische Grund, den Heikal für israelische Kernwaffen angab, Plausibilität. Nicht weniger plausibel war der Versuch Heikals, Israel am Bau nuklearer Waffen dadurch zu hindern, daß man es durch die Drohung mit arabischen Bemühungen unter wachsenden Druck vor allem der beiden Weltmächte setzt.

Als die Sowjetunion seit 1971 ihr Interesse an der Lieferung von Leistungsreaktoren an Ägypten erkennen ließ, verhielt sich Ägypten ablehnend. Das hat nicht zuletzt insofern Bedeutung, als die Sowjetunion vermutlich Reaktorverkäufe an weniger restriktive Kontrollbedingungen gebunden hat als die Vereinigten Staaten. Der allerdings sehr kleine Forschungsreaktor, den die Sowjetunion 1960 an Ägypten geliefert hatte, war offenbar überhaupt keinen Inspektionen unterworfen.

In dieses Bild gehören aber auch einige andere Vorgänge. Nach dem vierten Nahost-Krieg konnten Meldungen, wonach sowjetische Kernwaffen auf ägyptischem Boden gelagert worden seien, immerhin Plausibilität erlangen, auch wenn sie in der Folge gegenstandslos geworden sind. Im gleichen Kontext schienen wachsende arabische Sorgen über die Möglichkeit eines israelischen Kernwaffenpotentials in einigen arabischen Ländern, namentlich in Ägypten, Anlaß zu gewissen Pressionen, vielleicht sogar zur Planung effektiver eigener Maßnahmen zu sein.

Eine dritte Entwicklungslinie begann 1970 kurz nach Nassers Tod. Seit dieser Zeit ist Ägypten mehrmals jährlich bei Westinghouse Electric und General Electric vorstellig geworden. Der ägyptische Wunsch nach Lieferung eines amerikanischen Leistungsreaktors wurde jedesmal mit dem Hinweis beschieden, daß die ägyptische Regierung bei der USAEC ein Abkommen über Zusammenarbeit abschließen muß als Grundlage für die Lieferung eines Reaktors. Vermutlich politische Gründe hinderten Ägypten lange an diesem Schritt. Im Frühjahr 1974 änderte Kairo indessen seine Haltung, suchte bei der Exim-Bank mit Erfolg um

Kredithilfe für den Fall einer Reaktorlieferung an Ägypten nach und unternahm dann den förmlichen Versuch, ein Kooperationsabkommen mit der USAEC abzuschließen.

Amerikanische Bedarfsanalysen stimmten darin weitgehend überein, daß die ägyptische Energielage trotz des Assuan-Staudamms ohne drastische Abhilfe sehr kritisch wird. Zusätzlicher Bedarf entsteht vor allem bei den Programmen zur Industrialisierung, zur Landgewinnung, zur Meerwasserentsalzung und zur Elektrifizierung. Die Urteile darüber, inwieweit Kernenergie in diesen Bereichen die zweckmäßigste Lösung darstellt, gehen zwar erheblich auseinander, aber sie ist jedenfalls ein möglicher Weg.

Nach dem ägyptischen Vorstoß bei der Exim-Bank und der USAEC unternahmen das State Department und die Arms Control und Disarmament Agency (ACDA) gemeinsam eine Untersuchung der Praktikabilität von Reaktorverkäufen an Ägypten. Das Interesse Ägyptens war in Washington lange vor der Reise Präsident Nixons in den Nahen Osten kein Geheimnis. Es schien aber im Frühsommer 1974 in Washington sehr ungewiß, wie die politische Entscheidung der Administration ausfallen würde, zumal die Beratungen bis kurz vor der Abreise Nixons nur bei den mehr technischen Fragen des ägyptischen Bedarfs und der technischen Durchführbarkeit über einen engen Personenkreis hinausgegangen waren. Obwohl es sich indessen nur um ein Lieferabkommen handeln würde, wie es die Vereinigten Staaten bereits mit rund 30 Staaten abgeschlossen hatten, ließ die besondere Natur des ägyptischen Falls absehen, daß die Kombination von Israel-Lobby und Rüstungskontroll-Lobby die politische Entscheidung ungemein komplizieren würden. Gleichzeitig mußte der Verzicht auf umfangreiche politische Konsensbildung angesichts der Beziehungen zwischen Kongreß und Weißem Haus im Schatten der Watergate-Krise Nixons innenpolitische Lage weiter verschärfen[16] und weitere Versuche des Kongresses, die Vollmachten der Exekutive einzuschränken, unmittelbar einladen.

Dieser Sachverhalt wurde durch eine vierte Entwicklung erfaßt. Die amerikanisch-ägyptischen Beziehungen waren nach der verhängnisvollen Ablehnung der amerikanischen Hilfe für den Bau des Assuan-Staudamms und trotz der nachfolgenden halben amerikanischen Intervention während des zweiten Nahost-Kriegs in London und Paris auf lange Zeit hinaus zerrüttet. Gelegentliche Anläufe wie Nassers vergeblicher Versuch 1965, von der Johnson-Administration größere Weizenlieferungen zu erhalten, resultierten letztlich eher in weiteren Verschlechterungen. Der dritte Nahost-Krieg führte schließlich an einen Punkt, wo es der Sowjetunion zu gelingen schien, in Ägypten eine stabile politische Basis zu schaffen.

---

[16] Vgl. Uwe *Nerlich,* Nixon und der Primat der Innenpolitik, in: *Europa-Archiv,* Folge 18/1974, S. 611–622.

Die militärischen Erfahrungen des dritten Nahost-Kriegs, der geringe Erfolg einseitiger diplomatischer Unterstützung durch die Sowjetunion in einer Konfrontationslage der beiden Weltmächte im Nahen Osten sowie die zunehmende Befürchtung sowjetischer Hegemonialinteressen, die durch die Intervention in der Tschechoslowakei einen realen Hintergrund erhalten hatten, mußten in Kairo zu einer Überprüfung seiner Interessenlage führen. Die sich abzeichnende Gipfeldiplomatie der beiden Weltmächte hat diesen Vorgang sicher beschleunigt. Die zeitliche Nähe zwischen dem ersten (und bisher wichtigsten) Gipfeltreffen in Moskau und der ägyptischen Entscheidung, die Sowjetunion zum Abbau ihrer militärischen Präsenz in Ägypten zu veranlassen, weist vermutlich auf ursächliche Zusammenhänge hin.

Es gab auch bereits im ersten Amtsjahr Nixons eine bekundete Bereitschaft der amerikanischen Regierung zu einer Revision ihrer Nahost-Politik, die erheblich über das hinausging, was gegenwärtig im Zuge der diplomatischen Tätigkeit Kissingers noch als machbar erschien. Aber die Zeit war damals in Kairo noch nicht reif für einen solchen Wandel so kurz nach dem verlorenen dritten Nahost-Krieg und noch während der Wiederaufrüstung der ägyptischen Streitkräfte durch die Sowjetunion. Zwischen der Ausweisung der sowjetischen Streitkräfte aus Ägypten und dem vierten Nahost-Krieg gab es dann umgekehrt zunehmend ägyptische Fühlungnahmen in Washington, doch war diesmal hier der Zeitpunkt zunächst nicht günstig, da die Administration anderweitig überlastet war.

Erst der vierte Nahost-Krieg brachte die Wende. Die amerikanische Intervention, die Ägypten vor dem militärischen Zusammenbruch bewahrt haben dürfte, hat zusammen mit dem politischen Erfolg, der letztlich für Ägypten aus diesem Konflikt resultierte, die Stellung Sadats innenpolitisch so gefestigt, daß der Weg für größere Umorientierungen frei wurde. Zugleich war der Nahe Osten in Verbindung mit der durch das Ölembargo ausgelösten Energiekrise für die Vereinigten Staaten nunmehr unausweichlich zu einer Priorität ersten Ranges geworden. Das durch Kissinger ausgehandelte Disengagement-Abkommen war nicht nur wichtig für die Beruhigung der militärischen Lage (durch Freilassung eingeschlossener ägyptischer Städte und Streitkräfte), es stellte auch über die Wiederaufnahme der 1967 abgebrochenen diplomatischen Beziehungen hinaus die Möglichkeit einer grundlegenden und demonstrativen Änderung der amerikanisch-ägyptischen Beziehungen her. Die Einladung Sadats an Präsident Nixon und dessen Annahme war die logische Folge. Der erste Besuch eines amerikanischen Präsidenten in Ägypten war auf dem Hintergrund fast zwanzigjähriger Friktionen wie der politisch-emotionalen Veränderungen nach dem Yom-Kippur-Krieg an sich schon ein beachtliches Ereignis. Auf beiden Seiten kamen aber Überlegungen hinzu.

Nach den Erfahrungen aus dem Yom-Kippur-Krieg mußte Washington versuchen, den sowjetischen Einfluß im Nahen Osten weiter zu reduzieren, die politischen Gelegenheiten für die Anwendung des arabischen Ölembargos zu beseitigen (immerhin war das Embargo zum Zeitpunkt des Nixon-Aufenthalts im Nahen Osten noch nicht aufgehoben) und vor allem eine mögliche Kombination von sowjetischer Politik und arabischer Ölwaffe auszuschließen. Die emotionalen Wirkungen eines Präsidentenbesuchs waren bei der Natur arabischer Politik an sich schon ein wichtiger Faktor. Er diente zugleich dem offensichtlichen Interesse Nixons, seine innenpolitische Lage durch einen außenpolitischen Triumph zu verbessern. In der Tat übertraf der Empfang Nixons in Kairo alles, was einem amerikanischen Präsidenten an demonstrierter Zustimmung bisher zuteil geworden ist.

Diese Interessenlage entsprach auch weitgehend der Sadats. Ein emotionaler Massenempfang für Nixon war die Gelegenheit, die er selbst nach dem Nahost-Krieg brauchte, um sein neugewonnenes Prestige zu stabilisieren. Angesichts der Ungewißheiten über die amerikanische Nahost-Politik nach einem Rücktritt oder einer Verurteilung Nixons im Senat hatte Sadat zudem jedes Interesse, Nixon auch zu einem innenpolitischen Erfolg zu verhelfen, der dessen politisches Überleben wahrscheinlicher machte. Hinzu kam schließlich, daß Sadats innenpolitische Stellung sich durch den politischen Erfolg des vierten Nahost-Kriegs zwar verstärkt hatte, daß aber die entscheidende Wirkung der Ölwaffe in diesem Krieg zugleich die Gewichte innerhalb der arabischen Welt zuungunsten Ägyptens zu verschieben begann. Das hatte angesichts der drohenden ägyptischen Energiekrise Ende des Jahrzehnts besondere Aktualität. Als einzige arabische Führungsmacht mit beiden Weltmächten in engen Beziehungen zu stehen und deshalb bei den absehbaren Nahost-Friedensverhandlungen eine besondere Mittlerrolle einnehmen zu können, war ein wichtiges Ziel Sadats. Jede Entwicklung, die überdies Kairos Rolle als Bittsteller in Saudi-Arabien abmildern würde, war ein Interesse, das wiederum mit dem der Vereinigten Staaten zusammentraf.

Ein letzter Faktor schließlich war die Natur der Konferenzdiplomatie Nixons, die grundsätzlich davon ausging, Gipfeltreffen an die Voraussetzung erreichbarer Vereinbarungen zu knüpfen. Ergebnisse kommender Friedensverhandlungen über die Disengagement-Abkommen hinaus zu antizipieren, war nun genau der Bereich, wo amerikanische und ägyptische Interessen auseinandergingen. Die Suche nach Ersatz lenkte das Interesse des Weißen Hauses ziemlich folgerichtig auf die seit mehreren Monaten laufenden Sondierungen und Verhandlungen Kairos über den Kauf von Reaktoren in den Vereinigten Staaten. Die kurzfristige Ansetzung der Nixon-Reise bot darüber hinaus ohnehin kaum andere brauchbare Optionen.

Es wäre vermutlich auch ohne die Nixon-Reise in den Nahen Osten zu einem Erfolg der ägyptischen Bemühungen um Lieferung von Kernkraftwerken gekommen. Es gab sogar einen Zeitfaktor. Aufgrund der amerikanischen Atomenergiegesetzgebung würden nach dem 30. Juni 1974 alle neuen Brennstofflieferverträge für einige Jahre unanwendbar bleiben, da die Kapazität der Vereinigten Staaten auf acht Jahre im voraus als erschöpft gilt – eine Situation, von der Euratom-Antragsteller gegenwärtig spürbar betroffen sind. Ein Lieferabkommen mit Ägypten mußte deshalb entweder vor dem 30. Juni zustande kommen oder (für mindestens ein bis zwei Jahre) ausgesetzt werden, was die Konkurrenz begünstigt hätte. Zur Konkurrenz gehörten nicht nur die Bundesrepublik, sondern auch Frankreich sowie die Sowjetunion, an deren Lieferung Ägypten indessen, wie gesagt, vier Jahre lang geringes Interesse bekundet hatte.

Das kommerzielle Interesse hätte hier wie in vergleichbaren Situationen wahrscheinlich den Ausschlag zugunsten einer amerikanischen Lieferentscheidung gegeben. Hinzu kam, daß bei mindestens zwei Konkurrenten, namentlich bei Frankreich, Kernkraftwerke vermutlich ohne Kontrollauflagen geliefert worden wären, was besonders die »Arms Control Lobby« zugunsten amerikanischer Lieferungen motiviert haben dürfte – vor allem angesichts der gerade demonstrierten Folgen des kanadisch-indischen Lieferabkommens, die auf das Fehlen ausreichender Sicherheitsbestimmungen zurückgeführt wurden. Ein solches Lieferabkommen der Vereinigten Staaten mit Ägypten hätte sich technisch nicht wesentlich von den rd. 30 schon bestehenden amerikanischen Abkommen mit anderen Empfängern unterschieden. Andererseits hatte bis zu diesem Zeitpunkt auch Israel – abgesehen von einem kleinen Forschungsreaktor – noch keine Reaktoren von den Vereinigten Staaten erhalten. Bei gleichzeitiger Belieferung Israels und Ägyptens wäre es sogar wahrscheinlich gewesen, daß Forderungen nach speziellen Kontrollauflagen gar nicht erhoben worden oder jedenfalls ohne Folgen geblieben wären.

So war das Abkommen, das Nixon und Sadat am 14. Juni 1974 abgeschlossen haben, auf eigenartige Weise qualitativ verschieden von dem, das auf dem Routineweg vermutlich zustande gekommen wäre – und zwar wahrscheinlich nur wenig später und vielleicht sogar mit geringeren Kontrollauflagen für Ägypten. Es hatte symbolische Qualität in mehr als einer Hinsicht. Als Ergebnis eines Gipfeltreffens konnte es als eine Art direkter Korrektur der folgenschweren Entscheidung über die Assuan-Hilfe gelten, zumal es in beiden Fällen um die Vermeidung katastrophaler ägyptischer Energielücken ging. Als Resultat des Nixon-Besuchs konnte es aber auch dem von beiden Seiten bekundeten Willen zur Zusammenarbeit symbolischen Ausdruck geben: Gerade im Lichte der politischen Aufmerksamkeit, die das Abkommen durch die Umstände erhielt, legte es beide Seiten auf lange Sicht auf eine enge Zusammenarbeit in einem für beide empfindlichen Bereich fest: Ägypten machte sich energiepolitisch teilweise von amerikanischer Kooperation abhängig, die Vereinigten Staaten mußten auf die guten Absichten Ägyptens vertrauen und dies so weit wie möglich – auch unter anderen politischen Bedingungen als den derzeitigen – verifizierbar werden lassen.

Das Abkommen erhielt überdies gerade dadurch zusätzliche politische Qualität, als es aufgrund der Überraschung der Öffentlichkeit und der absehbaren Vorbehalte in Israel wie im amerikanischen Kongreß als umfassende Festlegung des Präsidenten auf eine politische Zusammenarbeit mit Ägypten verstanden werden konnte. Folgerichtig bezeichnete Sadat das Abkommen am 14. Juni 1974 als bei weitem wichtigstes Resultat des Nixon-Besuchs, und ebenso folgerichtig sah Sadat es auch nicht durch das wenige Tage später folgende entsprechende Lieferabkommen mit Israel abgewertet: Gerade in der Symmetrie sah man in Kairo die politische Natur des Abkommens bestätigt, d. h., es symbolisierte in einer politisch empfindlichen Frage die Bereitschaft der Vereinigten Staaten, Israel und Ägypten gleich zu behandeln.

Die Gesamtheit dieser politischen Wirkungen wäre bei einem routinemäßig zustande gekommenen Abkommen weitgehend ausgeblieben. Sie ergab sich primär aus den politischen Umständen. Aber kein anderes erreichbares Abkommen hätte vermutlich dem Besuch des Präsidenten auch diese Wirkung verschafft. Ein geschäftlicher Erfolg der Firma Westinghouse wurde durch die Umstände zu einem Instrument großer Diplomatie. Man kann darin, wenn man einmal von der MLF absieht, eine Umkehrung der traditionellen amerikanischen Diplomatie in nuklaren Angelegenheiten sehen, die für die NV-Konfiguration charakteristisch war: Dort wurden NV-Regelungen instrumental zu übergeordnet erscheinenden Zwecken benutzt; bei Nixon war es ein Lieferabkommen, dessen Proliferationsverdächtigkeit gerade mit dem politischen Erfolg zunehmen mußte, den es erzeugen sollte. Allerdings: Im einen wie im anderen Fall war es im wesentlichen die Wahrnehmungsweise durch politische Eliten, die diese Qualität verlieh; aber eben diese Wahrnehmungsweise war im einen wie im anderen Fall das Resultat politischer Verlaufsformen, die für die beiden Situationen typisch sind.

Im Fall des Nixon-Sadat-Abkommens waren es die Umstände des Zustandekommens der politischen Entscheidung in Washington, die das Abkommen in die Nähe der Proliferationsverdächtigkeit rückten. Die Kurzfristigkeit der diplomatischen Vorbereitung und wohl auch der kalkulierte Überraschungseffekt zusammen mit der geringen Wahrscheinlichkeit, daß im Kongreß im Fall seiner ausreichenden Einschaltung genügend Kooperationsbereitschaft bestehen würde, um das Abkommen während des Nixon-Besuchs unterzeichnungsreif sein zu lassen, bewogen Nixon und Kissinger, Umstände und Zeitpunkt des Abkommens bis kurz vor der Abreise Nixons geheimzuhalten. Der Mitvorsitzende des gemeinsamen Atomenergieausschusses (JAEC, Repräsentantenhaus/Senat), Melvin Price, erfuhr nach eigener Aussage erst am Tage vor Nixons Abreise von diesem Vorhaben[17]. Damit wurde dies aber in den Augen des Kongresses zu einem Paradefall der an der Nixon-Administration kritisierten Vorgehensweise. In dieser Situation konnte es nicht ausbleiben, daß sich im Kongreß mit einer grundsätzlich kritischen Haltung gegenüber dem Zustandekommen des Abkommens trotz des Abkommens mit Israel vom 17. Juni 1974 starke Bedenken der Israel-Lobby im Kongreß geltend machten und daß, auf dem Hintergrund der

---

[17] D. h. davon, daß das Lieferabkommen während des Nixon-Besuchs abgeschlossen werden sollte.

indischen Explosion sowie intensivierter nuklearer Aktivitäten in Iran, Argentinien und einer Reihe weiterer Länder vorübergehend ein psychologisches Klima entstand, in dem Proliferationsbefürchtungen auch in Washington leicht mit den vorgesehenen Reaktorverkäufen an Ägypten zu verbinden waren.

Die unmittelbare Folge war, daß Senator Proxmire (Wisconsin) eine Gesetzesvorlage einbrachte, die rückwirkend ab 1. Juni 1974 jedes Abkommen auf nuklearem Gebiet von der Zustimmung des Kongresses abhängig machen würde, was also die Abkommen mit Ägypten und Israel zustimmungsbedürftig gemacht hätte. Der Vorschlag wurde erst zurückgezogen, als der Mitvorsitzende im JAEC, John Pastore, eine Novelle zum Exportkontrollgesetz einbrachte, wonach nunmehr sämtliche Abkommen über die Lieferung von Reaktoren vom Präsidenten dem Kongreß vorgelegt werden müssen, bevor sie in Kraft treten können. Der Kongreß würde dann, wie bei anderen Arten von Nuklearabkommen bisher auch schon, innerhalb von 60 Tagen durch gesetzgeberische Schritte ein Veto einlegen können. Der Pastore-Vorschlag wird mit Sicherheit Gesetz. Diese Ausweitung der Vollmachten des Kongresses, die im übrigen auch positive Seiten hat, folgt genau dem Muster kontraproduktiver Verhaltensweisen Nixons gegenüber dem Kongreß. Die Alternative für Nixon wäre indessen höchstwahrscheinlich ein Verzicht auf das Abkommen und damit auf dessen potentiell weittragende Folgen gewesen.

Die beschleunigte Aktion des Kongresses war im übrigen bedingt durch den Zeitfaktor, der von den Umständen der Nixon-Reise ganz unabhängig war, nämlich dem Stichtag des 30. Juni 1974, nach dem Lieferabkommen für Kernbrennstoffe bis auf weiteres nicht mehr abgeschlossen werden können, da die bisherigen Verkäufe die Herstellungskapazität für die nächsten acht Jahre erschöpfen, eine Überschreitung durch zusätzlich eingegangene Lieferverpflichtungen aber durch Gesetz unterbunden ist[18]. Eine mehrjährige Verschiebung aber hätte nicht nur den politischen Effekt des Abkommens weitgehend annulliert, sie würde dem Abkommen für Ägypten auch die energiewirtschaftliche Perspektive nehmen. Bei sofortigem Inkrafttreten sollte das Kernkraftwerk 1982 betriebsfertig sein, also ohnehin schon nach dem Zeitpunkt, wo eine empfindliche Energielücke erwartet wurde, nämlich nach 1978. Eine mehrjährige Verzögerung hätte also mit ziemlicher Sicherheit dazu geführt, daß Ägypten aus energiewirtschaftlichen Gründen auf andere Möglichkeiten hätte zurückgreifen müssen. Die Angebote vor allem Frankreichs, aber auch der Bundesrepublik Deutschland lagen in Kairo vor.

Die Schritte der Administration, die solche gesetzgeberische Eile auslösten, waren so gesehen unerläßlich – auch auf das Risiko hin, die Haltung im Kongreß noch weiter zu versteifen. Am 26. Juni 1974, also kurz vor Auslaufen der

---

[18] Die gegenwärtig erwogene Ausweitung der amerikanischen Anreicherungskapazität bis zu 60 vH würde eine neue Lage schaffen.

verfügbaren Frist, schloß die USAEC mit Israel und Ägypten Abkommen über die Lieferung von Kernbrennstoffen in Höhe von $ 78 Mio. für die 600-Megawatt-Kernkraftwerke, die Nixon den beiden Nahost-Staaten am 14. bzw. 17. Juni 1974 zugesagt hatte. Israel wie Ägypten leisteten bei dieser Gelegenheit Vorauszahlungen. Die Lieferabkommen sahen eine erste Lieferung von jeweils 115 000 Pfund angereichertem Uran vor. Nachladungen sollten achtmal, und zwar in Abständen von ca. 13 bis 14 Monaten, vorgenommen werden. Die Abkommen hatten eine Laufzeit von zehn Jahren. Sie erhielten angesichts des gesetzgeberischen Dilemmas zwischen dem Stichtag des 30. Juni und dem Pastore-Amendment den Status provisorischer Vereinbarungen.

In dieser Lage war es fast zwangsläufig, daß die Frage der zusätzlichen Kontrollauflagen und NV-bezogenen Vorbedingungen für die erforderlich gewordene Zustimmung des Kongresses eine zentrale Rolle gewinnen würde, wie das bei einem routinemäßig zustande gekommenen Abkommen kaum eingetreten wäre. Das Abkommen über die Lieferung von angereichertem Uran, ohne das auch das vorherige Abkommen über die Lieferung von Kernkraftwerken seinen praktischen Wert weitgehend verloren hätte, konnte erst nach Abschluß eines Kontrollabkommens zwischen den Vereinigten Staaten und den beiden Nahostländern endgültig in Kraft treten, das auch die Zustimmung des Kongresses findet.

Diese Lage wurde nicht nur durch die allgemeine Watergate-Situation noch verschärft, sondern auch durch spezielle Entwicklungen wie etwa die, daß Anfang Juli die Exim-Bank erstmals einen Kredit für ein nukleares Projekt in einem kommunistischen Land, nämlich in Jugoslawien, gab. Es handelte sich zudem um den bisher größten Kredit, den Jugoslawien bisher über die Exim-Bank erhalten hatte, und dies zu einem Zeitpunkt, wo die Verlängerung der gesetzlichen Grundlage der Exim-Bank ebenso wie die generelle Regelung von Kreditvergaben an kommunistische Länder (die Jugoslawien allerdings nicht mehr direkt betrifft) im Kongreß besonders umstritten waren, sowie unter Bedingungen, die als extrem günstig für Jugoslawien angesehen wurden (z. B. Vorfinanzierung jugoslawischer Arbeitskräfte). Und es handelt sich um den ersten Leistungsreaktor in Jugoslawien. Zum politischen Hintergrund gehörte schließlich auch, daß Belgrad die indische Kernexplosion nach einigem Zögern guthieß. Das einzig durchschlagende Argument in Washington war offenbar, daß westdeutsche Firmen den jugoslawischen Auftrag bekommen hätten, wenn die Exim-Bank und die USAEC sowie Westinghouse Electric aufgegeben hätten.

Aber das Thema der Reaktorverkäufe wurde damit im Kongreß noch mehr zum Streitpunkt. War die Bereitstellung nuklearer Kapazität für Nixon zum Instrument der Diplomatie geworden, so wurde die nachträgliche und die NV-Normen überschreitende Kontrolle eben dieser Kapazität zum Instrument der Auseinandersetzung zwischen Kongreß und Exekutive, die im Schatten von Watergate so vielfältige Formen angenommen hatte und nach Fords Amtsantritt nur im Stil, nicht aber in der Sache aufgehört hat, der Mittelpunkt gegenwärtiger amerikanischer Politik zu sein.

Es gab in diesem Zusammenhang eine ganze Reihe weitreichender Vorschläge für Vorbedingungen zum endgültigen Inkrafttreten des Abkommens mit Ägypten. Von verschiedenen Seiten wurde die vorherige Ratifizierung des NV-Vertrags durch Ägypten gefordert, die für Sadat praktisch unmöglich ist ohne die gleichzeitige Ratifizierung durch Israel, das den Vertrag noch nicht einmal unterzeichnet hat und dies vermutlich auch kaum tun wird. Senator Jackson (Washington) forderte die Schaffung einer kernwaffenfreien Zone im Nahen Osten – ein Vorschlag, der trotz des pro-israelischen Kurses Jacksons gerade auf die Ablehnung Israels stoßen mußte, in Ägypten indessen bei Beteiligung Israels durchaus nicht außer Betracht ist[19]. Weniger weitreichende Vorschläge betrafen entweder zusätzliche Safeguards (zusätzlich zu NV-konformen Kontrollen durch die IAEA) und/oder zusätzliche Sicherungsmaßnahmen, z. B. auch die Garantie ägyptischer Schutzmaßnahmen gegen Diebstahl und Sabotage sowie ein amerikanisches Vetorecht bei bestimmten Schritten im Brennstoffkreislauf.

Zusätzliche Schutzmaßnahmen waren dann auch die Kompromißlinie der Administration, wie sie von Fred Iklé, dem Direktor der ACDA, in Aussicht gestellt wurden. Diese Maßnahmen waren jedoch bescheidener, politisch aber auch praktikabler. Sie sehen die Lagerung von Kernbrennstoffen außerhalb des Nahen Ostens sowie die Fabrikation und Wiederaufbereitung in den Vereinigten Staaten oder einem vereinbarten dritten Land außerhalb des Nahen Ostens, z. B. in Westeuropa, vor. Die mutmaßliche Symmetrie zumindest in der Form der zusätzlichen Regelungen mit Ägypten und Israel bot so auch die Aussicht auf eine Erhaltung dessen, was mit dem Abkommen politisch in den amerikanisch-ägyptischen Beziehungen erreicht worden war. Ein Scheitern des Projekts im Kongreß würde umgekehrt weit über den Rahmen der amerikanisch-ägyptischen Beziehungen hinaus gerade aufgrund seiner besonderen politischen Natur Signalwirkung haben und auch die Beziehungen der Vereinigten Staaten zu anderen arabischen Ländern berühren – namentlich solchen, die dem Rapprochement mit Washington ohnehin mißtrauisch gegenüberstanden. Es würde überdies die wachsende Vetomacht des Kongresses und die entsprechend schwindende Handlungsfähigkeit der Exekutive in Washington demonstrieren, was gerade bei einem solchen Projekt, das in erster Linie eine politische Festlegung des Präsidenten symbolisieren sollte, weitreichende Folgen haben würde. Andererseits zeigt sich an diesem Beispiel auch die etwaige Kurzlebigkeit der Erfolge solcher Diplomatie: Das amerikanische Verhalten während der Zypern-Krise dürfte in Kairo diejenigen Skeptiker bestärkt haben, die militärische Lösungen des Nahost-Kriegs zugunsten eines diplomatischen Prozesses mit Beteiligung der beiden Weltmächte weniger preiszugeben bereit sind, als es Sadat zumindest im Sommer 1974 wohl war. Zudem ist eine Abkühlung der Beziehungen zu Wa-

---

[19] Auf der islamischen Außenministerkonferenz am 25. 6. 1974 wurde eine eigene Position durch den Vorschlag eines Abkommens über den Nichteinsatz von Kernwaffen gegen Nichtkernwaffenstaaten bezogen.

shington seit Fords Einzug ins Weiße Haus unverkennbar, auch wenn es noch keine erneuten Friktionen gegeben hat[20]. So ist der politische Wert im Rückblick schwer abzuschätzen, wohl aber sind es die Risiken im Falle des nachträglichen Scheiterns, nachdem solche Festlegungen einmal erfolgt sind.

Diese vier Entwicklungslinien ergeben im Augenblick das Bild, wonach energiewirtschaftlicher Bedarf Ägyptens und politische Interessen Ägyptens und der Vereinigten Staaten sich, wenngleich mit etwas ungewissen Perspektiven, zu einer Lösung verbunden haben. Dagegen bleibt das sowjetische Lieferinteresse in dieser Lage unbefriedigt, und die strategischen Überlegungen, die aus den Wirkungen eines durchschlagenden Erfolgs eines künftigen Ölembargos auf Israel für die militärische Nuklearpolitik der arabischen Länder abgeleitet werden, sind zumindest in Ägypten gegenwärtig in den Hintergrund getreten. Aber die sowjetische Offerte mag in künftigen Krisensituationen nützlich sein. Vor allem aber wäre Ägypten im Fall einer Krisensituation, die zu arabischen Kernwaffenprogrammen Anlaß gibt, im Besitz des amerikanischen Megawatt-Kernkraftwerks auf diesem Weg nicht nur sehr viel weiter fortgeschritten als vor dem 14. Juni 1974, es würde auch innerhalb der arabischen Staatenwelt eine starke Ausgangsposition besitzen. Arabisches Geld und die Konkurrenz anderer Industriestaaten, die gegen die Vereinigten Staaten als mögliche Lieferanten ausgespielt werden könnten, würden auch ein relativ rigoroses Kontrollarrangement in Krisensituationen politischen Belastungen aussetzen können, die von den bisherigen Standarderfahrungen erheblich abweichen können. Zudem wird die Frage des unautorisierten Zugriffs, die bisher im wesentlichen in den normativen Kategorien westlicher Industriestaaten erörtert worden ist, in solcher Perspektive zu ganz neuen Arten von Risiken führen können[21]. Aber es charakterisiert die neue Konfiguration nuklearer Politik, daß eine Zusammenarbeit der Industriestaaten mit dem Ziel, den Bau von Kernkraftwerken in weniger entwickelten Ländern oder zumindest in Spannungsgebieten wie dem Nahen Osten oder dem indischen Subkontinent zu verhindern, kein möglicher Weg ist und folglich Entwicklungen eintreten, für die das amerikanisch-ägyptische Abkommen einer der typischen Fälle ist.

Gerade aus den gleichzeitigen Reaktorverkäufen in verschiedene weniger entwickelte Länder durch konkurrierende Industriestaaten folgt aber noch ein wei-

---

[20] Die starke Besorgnis Sadats über ein mögliches vorzeitiges Ausscheiden Nixons aus dem Amt läßt zwar vermuten, daß Sadat weiter ein enges Verhältnis zu den USA anstrebt, aber die trotz des Kissinger-Besuchs im Oktober 1974 veränderten Beziehungen machen es für Sadat notwendig, wieder stärker zwischen den beiden Weltmächten zu manövrieren, was sich vor allem in dem für Januar 1975 vorgesehenen Breshnjew-Besuch in Kairo abzeichnet.

[21] Auf vergleichbare Weise würde das Entstehen nuklearer Kapazitäten in Lateinamerika namentlich für die Vereinigten Staaten auf längere Sicht Risiken unautorisierten Zugriffs schaffen, die gerade angesichts der wachsenden Verwundbarkeit moderner Industriegesellschaften weit realer sein mögen als die meist betrachteten Szenarios innerstaatlicher Erpressungsvorgänge.

teres Problem. Angesichts der Lage im Kongreß wurde eine Revision des Lieferabkommens mit Ägypten erforderlich, die den Sicherungsfragen ausdrücklicher Rechnung trägt. Zugleich dauern die Anhörungen und Beratungen in verschiedenen Kongreßausschüssen über das Abkommen noch an. Die ägyptische Regierung hat in der Folge eine Reihe »technischer Fragen« zum vorgeschlagenen Sicherungsarrangement vorgebracht und die Verhandlungen ihrerseits offenbar verzögert. Der Grund ist einfach. Die Vereinigten Staaten haben Abkommen über die Lieferung von Reaktoren mit einer Reihe weiterer Staaten der Dritten Welt abgeschlossen oder in Vorbereitung, z. B. mit Iran, und sie müssen darüber entscheiden, ob Indien nach der Kernexplosion weiter angereichertes Uran aus den Vereinigten Staaten erhalten soll.

In allen Fällen ist die Frage ausreichender Sicherungsmaßnahmen und -zusagen entscheidend, aber die Konkurrenz mit industriellen Drittländern, die politische Opportunität und die wirtschaftlichen Möglichkeiten des Empfängerlandes werden jeweils das Resultat stark beeinflussen, und alle drei Faktoren differieren von Fall zu Fall erheblich. Z. B. wird man bei dem gegebenen wirtschaftlichen Einflußpotential Irans und angesichts der Tatsache, daß Frankreich bereits die Lieferung von fünf 1000-Megawatt-Kernkraftwerken an Iran ohne erkennbare Kontrollauflagen zugesagt hat, nicht davon ausgehen können, daß es den Vereinigten Staaten gelingt, Iran sehr restriktive Kontrollregelungen aufzuerlegen, zumal Iran den NV-Vertrag nicht nur unterzeichnet, sondern auch ratifiziert hat. Jeder empfindliche Unterschied in Kontrollforderungen gegenüber Ländern der Dritten Welt – und zumal Ländern der gleichen Region – wird also zu starken Friktionen führen müssen. Umgekehrt löst die Orientierung am »liberalsten« Fall eine negative Eskalation der Kontrollerfordernisse aus, die gerade in einem Fall wie dem Ägyptens auf längere Sicht die geschilderten Risiken noch erhöhen würde. Aber aus völlig plausiblen Gründen wird eine Regierung in der Lage Kairos Präzedenzfälle abwarten wollen, in denen Exportländer, namentlich die Vereinigten Staaten, ein Eigeninteresse haben, das die Erfordernisse ausreichender Kontrolle überwiegen mag. Genau das scheint die Verhandlungen zwischen Kairo und Washington gegenwärtig zu verlangsamen. Diese Dynamik entsteht aus zwei Bedingungen: Einmal, daß es Exportländer wie Frankreich gibt, die ihre Konkurrenzfähigkeit durch praktischen Verzicht auf Kontrollauflagen zu steigern hoffen, und zum anderen, daß es Empfängerländer wie Iran gibt, deren Einfluß ausreicht, um Zusatzforderungen abzuwehren und auf längere Sicht ein bestehendes Kontrollsystem zu korrumpieren. Die erste Bedingung ist für die Auslösung des Prozesses ausschlaggebend; wenn dieser Prozeß einmal in Gang ist, genügt die zweite Bedingung.

Noch wichtiger dürfte indessen in ägyptischen Entscheidungen die Erhaltung der Symmetrie mit Israel sein. Das zeigt sich in den Verhandlungen mit den Vereinigten Staaten über Sicherungsmaßnahmen für die Reaktoren, deren Lieferung Nixon Ägypten und Israel zugesagt hatte. Ausgangspunkt ist folgender

Sachverhalt: Wenn ein Nichtkernwaffenstaat den NV-Vertrag ratifiziert, muß er alle betroffenen Anlagen internationalen Kontrollen unterwerfen, d. h. auch solche, die aus Ländern wie Frankreich bezogen wurden, die selbst nicht den NV-Vertrag ratifiziert haben. Wenn andererseits ein Land, das Signatar des NV-Vertrages ist, Reaktoren und spaltbares Material an Länder liefert, die den Vertrag nicht ratifiziert haben, so muß es gemäß den Bestimmungen des NV-Vertrages sicherstellen, daß diese Anlagen und Materialien unter internationale Kontrolle kommen. Hingegen bleiben Anlagen und Materialien anderer Herkunft davon unberührt. Diese Lücke im Sicherungssystem ist durch das indische Beispiel offenkundig geworden. Angesichts des verstärkten Drucks seitens des Kongresses – auch in Verbindung mit der Fortsetzung von Lieferungen nuklearer Materialien an Indien – sah sich die Ford-Administration genötigt, diese Lücke möglichst zu schließen. Die ersten Anwendungsfälle sind nun ausgerechnet Ägypten und Israel, von denen die Vereinigten Staaten verlangen, daß beide auch alle künftigen Anlagen und Materialien unabhängig von der Herkunft internationalen Kontrollen unterwerfen. Da Israel und deshalb dann auch Ägypten den NV-Vertrag auf absehbare Zukunft nicht ratifizieren werden, würde die beschriebene Lücke im internationalen Sicherungssystem für die beiden Nahost-Länder auf diese Weise nachträglich geschlossen. Nur gibt es eine entscheidende Ausnahme: Israel verfügt bereits über einen Forschungsreaktor beachtlicher Größe, den Dimona-Reaktor, Ägypten jedoch nicht.

Folgerichtig macht Ägypten seine Zustimmung zu den amerikanischen Sicherungsforderungen davon abhängig, daß in beiden Ländern alle existierenden Anlagen, also auch Dimona, internationalen Kontrollen unterworfen werden, womit sozusagen als Nebenergebnis ein seit langem verfolgtes Ziel ägyptischer Politik auch ohne Ratifizierung des NV-Vertrages durch Israel erreicht würde. Israel seinerseits könnte zwar bis zur Verwirklichung solcher Kontrollen leicht Plutonium für militärische Zwecke ansammeln und hat dies nach Auffassung vieler Beobachter schon getan. Insofern wäre der Gewinn für Ägypten auch mehr politischer als militärischer Art. Aber Israel hat internationale Kontrollen des Dimona-Reaktors bisher nicht nur aus Gründen seiner Handlungsfreiheit abgelehnt, sondern auch, weil es in der IAEA eine überwiegend pro-arabische Einstellung vermutet, was angesichts der Erfahrungen in den Vereinten Nationen durchaus verständlich ist. Zudem ist Israels Sorge über die Reaktorlieferung an Ägypten nicht zerstreut worden: Selbst wenn alle Anlagen in Ägypten internationalen Kontrollen unterstellt würden, so würde die beschriebene Lücke im Sicherungssystem hier insofern fortbestehen, als alle anderen arabischen Länder, die in einem arabischen Kernwaffenkonsortium eine Rolle spielen könnten, davon unberührt sind.

So scheint Ägypten die Sicherungsfrage dazu nutzen zu wollen, auch Dimona unter Kontrolle zu bringen, was für die Einschätzung längerfristiger Optionen im Nahost-Konflikt erhebliche Bedeutung haben würde, während Israel umgekehrt offenbar eher auf den eigenen Reaktor verzichten würde, wenn es damit die Lieferung eines amerikanischen Reaktors an Ägypten unterbinden könnte, wozu beim Verhandlungsstand im Herbst 1974 nur die Ablehnung einer Ausdehnung internationaler Kontrollen auf alle existierenden Anlagen, d. h. auf Dimona, nötig ist. Der Ausweg besteht möglicherweise nur in der Lockerung der amerikanischen Zusatzforderungen für bestehende und zusätzliche künftige Anlagen, so daß ein »Gleichgewicht der Unsicherheiten« wiederhergestellt wird. Eben dies aber würde den Konflikt zwischen Administration und Kongreß wieder verschärfen und vermutlich innerhalb der sechzigtägigen Vetofrist zur Ablehnung im Gemeinsamen Kernenergieausschuß des Kongresses führen. Dies wiederum hätte jedoch empfindliche Auswirkungen auf Exportinteressen, bei denen die Motivation für weniger scharfe Kontrollforderungen vorhanden ist wie etwa bei Iran oder Indien.

b) Der Fall Iran

Iran hat den NV-Vertrag ratifiziert und hat gegenwärtig nur einen kleinen Forschungsreaktor in Betrieb, der bis heute höchstens 13 kg Plutonium produziert haben dürfte. Aber die Auswirkungen von Yom-Kippur-Krieg und Ölpreiserhöhung auf die Nuklearpolitik sind wohl nirgendwo dramatischer sichtbar als im Fall Irans.

Im April 1974 wurde eine iranische Atomenergiebehörde geschaffen. Zugleich wurde ausländische Hilfe bei der Ausbildung iranischer Wissenschaftler und Techniker sowie bei der Ausarbeitung von Plänen für die Installierung umfänglicher iranischer Kapazitäten zur Kernenergiegewinnung angeworben[22]. Seit dem Frühjahr stand Iran in Verhandlungen mit Regierungen und Firmen einer ganzen Reihe potentieller Reaktorexportländer, u. a. mit den Vereinigten Staaten, Kanada, Frankreich, der Bundesrepublik, aber auch mit der Sowjetunion. Zugleich vereinbarte Iran enge nukleare Zusammenarbeit mit einer Reihe kritischer Schwellenländer wie Indien und Argentinien. Es gilt als wahrscheinlich, daß der Schah über den indischen Nukleartest anläßlich des Besuchs Indira Ghandis in Teheran Anfang Mai 1974 im voraus unterrichtet wurde; Iran gehörte nicht zu den Kritikern des Tests.

Während des Besuchs der Vorsitzenden der USAEC, Dixy Lee Ray, Ende Mai in Teheran, vor allem aber während der Reise des Schahs nach Paris Ende Juni,

---

[22] Zu den namhaftesten Beispielen gehört u. a. Admiral Armando Quihilat, ein früherer Präsident der argentinischen Atomenergiebehörde, der im Mai als Berater der iranischen Regierung in Fragen der Kernenergiegewinnung nach Teheran kam. (Dies mag besondere Bedeutung haben auf dem Hintergrund des iranisch-argentinischen Abkommens über nukleare Zusammenarbeit, das ebenfalls in diesem Zeitraum abgeschlossen wurde.) Wie in den anderen Bereichen, etwa bei der Einrichtung eines neuen Instituts für Internationale Politik und Wirtschaft in Teheran, läßt sich absehen, daß die finanziellen Möglichkeiten Irans einen »brain drain« auslösen, der in der Methode nicht unähnlich dem ist, der vor einigen Jahren etwa von der Firma Westinghouse in Großbritannien praktiziert wurde, um die Spitzenkräfte des britischen schnellen Brutreaktor-Programms abzuwerben und mit ihnen auch extrem billig das entsprechende Know-how zu erlangen.

wurde das iranische Interesse an der Schaffung eines größeren Kernenergiekomplexes in der Öffentlichkeit erkennbar. Iran plant bisher rd. 20 große Kernkraftwerke. Am 24. Juni 1974 wurde der Kauf von fünf 1000-Megawatt-Kernkraftwerken in Frankreich bekanntgegeben. Am 28. Juni 1974 wurde ein vorläufiges Abkommen mit den Vereinigten Staaten über die Lieferung von zwei Kernkraftwerken abgeschlossen. Das Abkommen wird endgültig, wenn in der Frage der Sicherungsmaßnahmen Einigung besteht und seitens des Kongresses kein Veto erfolgt, das in diesem Fall sehr unwahrscheinlich ist, nachdem Iran sich sogar ohne größeres Aufsehen finanziell an der Entwicklung des von der Firma Grummond gebauten Höchstleistungsflugzeugs F-14 beteiligen konnte (ein Projekt, das offenbar von NATO-Verbündeten bisher mit großer Zurückhaltung behandelt worden ist). Ferner wird damit gerechnet, daß Kanada ein bis zwei Reaktoren an Iran liefert. Weitere Verhandlungen mit Reaktorexportländern dauern an. Zu einem etwas späteren Zeitpunkt wird überdies erwartet, daß Frankreich eine Trennanlage an Iran liefern wird.

Auf diesem Hintergrund gewann ein angebliches Interview des Schahs, das kurz vor dessen Eintreffen in Paris in der Zeitschrift »Les Informations« wiedergegeben wurde, dramatisch Plausibilität[23]. Die Tatsache, daß Iran den NV-Vertrag ratifiziert hat, spielte in den nachfolgenden Spekulationen eine bemerkenswert geringe Rolle. Das Dementi folgte, während der Schah in Paris war. Die Feststellung, daß Iran nicht den Besitz der Kernwaffen anstrebe, war nicht auf den NV-Vertrag bezogen. Vielmehr schlug der Schah vor, daß »in unserer Zone« keine Kernwaffen gelagert werden – ohne dabei zu spezifizieren, ob eine solche Zone nur die Länder des Persischen Golfs oder den Raum vom Nahen Osten bis zum indischen Subkontinent oder irgendeine andere Subregion umfassen solle. Noch weiter in die Nähe einer Vorbedingung für die iranische Kernwaffenfreiheit kam die Erläuterung des iranischen Außenministeriums, wonach Iran zwar »nicht daran denke, Kernwaffen anzuschaffen, aber wenn die kleineren Staaten sich selbst mit Kernwaffen ausrüsten, dann wird Iran seine Politik überprüfen«[24]. Im Stil gaullistischer Diplomatie hatte Iran auf diese Weise bereits durch publizistische Manöver wenige Wochen nach der Beschleunigung seiner Anstrengungen auf dem Gebiet der Kernenergiegewinnung insoweit den Rang einer Schwellenmacht erlangt, als das iranische Dementi ebenso viele Zweifel weckte wie beseitigte.

Das iranische Kernenergieprogramm ist ebenso wie dessen politische Stilisierung im Rahmen der umfassenden Zielsetzungen zu sehen, die der Schah seit der Ölkrise in forcierter Weise verfolgt. Diese Zielsetzungen sind von zweierlei Art. Einmal soll die politische Macht Irans seinen wirtschaftlichen und monetären Machtmitteln entsprechen: War es schon seit Jahren das erklärte Ziel

---

[23] Vgl. *Washington Post* vom 24. Juni 1974.
[24] Vgl. den Bericht von William *Shawcross*, The Nuclear Queue, in: *Sunday Times* vom 30. 6. 1974.

des Schahs, Iran zur regionalen Führungsmacht zu machen, so wird die politische Rolle Irans aufgrund der empfindlichen Abhängigkeit, vor allem der wachsenden Finanzkraft Irans beinahe zwangsläufig in einen weltpolitischen Rahmen gedrängt. Die Politik des Schahs, diese Entwicklung im iranischen Interesse zu steuern, ist nur folgerichtig. Der Aufbau einer demonstrativen Militärmacht – die Modernisierung der Streitkräfte ist bisher im wesentlichen auf die Luftstreitkräfte beschränkt, während der Zustand der Landstreitkräfte offensichtlich desolat ist – folgt hier nur dem traditionellen Muster herkömmlicher Diplomatie. Die Rolle einer nuklearen Schwellenmacht in Verbindung mit wirtschaftlichen Möglichkeiten, die denen der Seminuklearmacht Indien erdrückend überlegen sind, gehört ebenso in dieses Bild wie möglicherweise umgekehrt die unverhältnismäßig hoch entwickelte indische Kerntechnik in Verbindung mit der extremen Hilfsbedürftigkeit Indiens in Bereichen, in denen Iran teilweise in einer besonders starken Position ist, nämlich Kapital und Öl[25].

Die andere Zielsetzung des Schahs ist langfristiger Art. Sie geht davon aus, daß die iranischen Ölvorkommen in 30 bis 60 Jahren erschöpft sind, woraus zwei Folgerungen gezogen werden: Erstens soll Iran in dieser Zeit so weit industrialisiert sein, daß die iranische Wirtschaft von Ölexporten unabhängig wird. Zweitens soll Öl in erster Linie für Zwecke der Petrochemie vorbehalten werden, wo es nicht wie bei der Energiegewinnung Substitutionsmöglichkeiten gibt. In dieser Hinsicht sucht Iran mit der eigenen Umstellung der Elektrizitätserzeugung auf Kernenergie auch den Industrieländern ein Beispiel zu geben. Hinzu kommt schließlich, daß die Installierung großer Kernenergiekapazitäten einfach eine der offenkundigen Möglichkeiten ist, angesichts des enorm anwachsenden Kapitalvolumens Investitionen im großen Stil vornehmen zu können.

Diese Politik hat durchaus eine Reihe sehr einleuchtender Zielsetzungen. Die Besorgnisse ergeben sich einmal aus der Kombination erheblicher Ungewißheiten über die politische Stabilität Irans mit der absehbaren sehr erheblichen nuklearen Kapazität des Landes. Zwar ist für westliche Industrieländer die wachsende ökonomische Interventionsfähigkeit Irans der größere Grund zur Besorgnis. Aber einmal gewinnt eine nukleare Kapazität, die zumindest potentiell militärische Anwendung findet, gerade in möglichen künftigen Krisenlagen neue Bedeutung, wenn angesichts wirtschaftlicher Interventionen Irans auf dem internationalen Geld- oder Ölmarkt militärische Sanktionen der Industrieländer in Betracht gezogen werden, die dazu die militärischen Mittel besitzen[26]. Zweitens aber nimmt die Kontrollierbarkeit möglicher Krisen in der Region unter solchen Bedingungen – politische Instabilität und verfügbare nukleare Kapazität – erheblich ab, und zwar so, daß es die Industrieländer wiederum

---

[25] Indien war nach Japan das von der Ölkrise am stärksten betroffene Land.
[26] Die amerikanische Regierung findet noch heute sogar in liberalen Kreisen Kritiker, die ihr vorwerfen, das Ölembargo mit seinen Folgen ohne militärische Intervention hingenommen zu haben.

nicht nur als Teilnehmer am Krisenmanagement, sondern auch als Betroffene möglicher wirtschaftlicher Folgen angeht, die dann aus der Abhängigkeit von Iran resultieren mögen.

Besorgnisse ergeben sich aber auch zum anderen daraus, daß

- erstens die ökonomischen Einflußmöglichkeiten auf vorstellbare Weise zur praktischen Ineffizienz von Sicherungsregelungen für iranische Kernkraftwerke und damit auf längere Sicht zur Korrumpierung des gesamten internationalen Kontrollsystems führen könnten[27],
- zweitens die nukleare Zusammenarbeit Irans mit wirtschaftlich schwächeren, aber in der Kerntechnik weit fortgeschritteneren Ländern wie Indien und Argentinien weite Perspektiven einer nuklearen Proliferation unter den Schwellenmächten der Dritten Welt eröffnet,
- drittens die Entwicklung der Handelsbilanzdefizite einiger Industrieländer nach der Erhöhung der Ölpreise so sprunghaft war, daß der Export nuklearer Ausrüstung sowie moderner Waffen im großen Stil in Länder wie Iran überhaupt einer der wenigen Auswege zu sein scheint[28],
- viertens auf längere Sicht eine Kombination politischer Interessen Irans oder auch arabischer Ölländer und der Sowjetunion auf Kosten westlicher Industrieländer eine reale Möglichkeit darstellt.

---

[27] Das ist auf verschiedene Weise möglich. Iran könnte auf Inspektoren aus Ländern drängen, die angesichts der Erdölabhängigkeit »höhere« Interessen haben. Es könnte Inspektionen praktisch erschweren und dann wiederum mit Gelassenheit abwarten, ob im Gouverneursrat der IAEA von seiten gewichtiger Industrieländer der Vorwurf der Vertragsverletzung erhoben wird oder sogar Sanktionen gefordert werden, die im übrigen nur in der Sperrung von Lieferungen spaltbaren Materials bestehen könnten, die für Iran nützlich, aber nicht lebenswichtig sind, und wo nicht nur vielfältige Vergeltungs-, sondern auch andere Bezugsmöglichkeiten bestehen dürften. Schließlich steht Iran die Möglichkeit des Rücktritts unter Berufung auf außerordentliche Umstände im Sinne des Artikels X des NV-Vertrags offen. Die Form des Dementis der angeblichen Äußerungen des Schahs gegenüber »Les Informations« weist auf einen möglichen Kontext hin (S. 136). Ein indisches Kernwaffenprogramm würde auch dann, wenn es von Iran politisch im Grunde gebilligt würde, ausreichenden Anlaß bieten. Die fortdauernden Abhängigkeiten von iranischem Öl würden im übrigen auch in diesem Fall politischen Widerstand westlicher Industriemächte in Grenzen halten dürfen.

[28] Der extremste Fall ist ausgerechnet Frankreich, das in seiner Exportpolitik sowohl im nuklearen Bereich wie bei moderner militärischer Ausrüstung ohnehin am wenigsten restriktiv verfahren ist. Die Handelsbilanz Frankreichs mit Iran war schon vor der Ölpreiserhöhung sehr schlecht und hat sich seitdem katastrophal weiterentwickelt. In dieser Lage konnte der Verkauf der fünf 1000-Megawatt-Kernkraftwerke unter liberalsten Bedingungen mit der Ankündigung weiterer Exporte kaum überraschen. Manche Beobachter bezweifeln allerdings, ob Frankreich seine Lieferzusagen überhaupt wird einhalten können. Offenbar gehen zudem innerhalb der zuständigen Pariser Bürokratien die Meinungen darüber noch auseinander, in welchem Ausmaß Frankreich auf Kontrollen bestehen soll. Wahrscheinlich sind förmliche Vereinbarungen über internationale Kontrollen, für deren Wirksamkeit aber nur politischer Druck Dritter sorgen könnte.

Die Tatsache, daß eine ganze Reihe westlicher Industriestaaten im Reaktorexport, wenngleich aus unterschiedlichen wirtschaftlichen Notwendigkeiten, scharf konkurrieren, erhöht hier den Spielraum der interessierten Länder im Nahen Osten. Auf die Folgen für das Zustandekommen weiterer Sicherungsregelungen sowie die Wirksamkeit des bestehenden internationalen Kontrollsystems wurde bereits hingewiesen. Auf diesem Hintergrund gewinnt dann aber auch das Beispiel der Industriestaaten selbst zusätzliche Bedeutung, was am amerikanischen Fall – Beschleunigung bei der Lizenzierung und beim Bau von Kernkraftwerken bei gleichzeitiger Reduzierung der Mittel für Sicherungsmaßnahmen – besonders offenkundig ist.

Noch ein letzter Gesichtspunkt sei hier erwähnt: Bei der zunehmenden relativen Verknappung der verfügbaren Kernbrennstoffe, mit der vor allem angesichts der gegenwärtigen Auslastung der amerikanischen Anreicherungskapazität zu rechnen ist, und der zunehmenden Installierung großer Kernenergiekapazitäten in den führenden Ölexportländern könnte es leicht zu einer Konkurrenz zwischen westeuropäischen Beziehern von Kernbrennstoffen mit Ländern des Nahen Ostens kommen: Die Interessen der Erzeugerländer, namentlich der Vereinigten Staaten, müssen dann – wie das etwas anders gelagerte gegenwärtige amerikanisch-ägyptische Beispiel zeigt – nicht selbstverständlich auf seiten Westeuropas liegen. Das gilt vor allem angesichts zunehmender wirtschaftlicher Konkurrenz zwischen den Vereinigten Staaten und Westeuropa und speziell im Reaktorgeschäft. Damit würden die westeuropäischen Länder aber in eine besonders empfindliche Abhängigkeit geraten: Um die Abhängigkeit von Ölimporten aus dem Nahen Osten zu verringern, wird die Umstellung auf Kernenergie beschleunigt, mit entsprechend wachsendem Bedarf an vor allem amerikanischen Kernbrennstoffen. Aber bei Fortschreitung gegenwärtiger Tendenzen würde man genau hier mit den Erdölländern bei der Inanspruchnahme der verfügbaren Anreicherungskapazitäten konkurrieren. Westeuropa würde in einer solchen Lage offenbar weder gegenüber den Vereinigten Staaten noch gegenüber den Erdölländern über Optionen verfügen. Das gilt verstärkt, je näher Länder des Nahen Ostens und namentlich Iran an die Schwelle zur militärischen Nuklearmacht kommen sollten. In dieser Frage haben sowohl die Vereinigten Staaten wie Frankreich Eigeninteressen, die von denen der anderen westeuropäischen Industriestaaten (sowie Japans) erheblich verschieden sind, obwohl sich sogar Frankreich von den Folgen einer solchen Konkurrenz auf dem Kernbrennstoffmarkt, die es selbst so entscheidend mit ausgelöst hat, betroffen sehen kann. Eine frühzeitige politische Abstimmung auf seiten der westlichen Industrieländer erscheint deshalb dringend notwendig. Sie ist jedoch zusätzlich durch die strukturellen Unterschiede hinsichtlich der staatlichen Interventionsmöglichkeiten in der Industrie erschwert – allerdings so, daß Frankreich als das Land, das wohl vor allem auf die Linie größerer Solidarität gedrängt werden müßte, seine Industrie am leichtesten kontrollieren kann, aber auch die dringendsten Exportinteressen im nuklearen Bereich hat.

3. Vier Proliferationsmodelle

Es ist möglich, daß weder Ägypten noch Iran bei Ende des Jahrhunderts über Kernwaffen verfügen. Aber wenn Befürchtungen über Proliferationsgefahren in den letzten zehn Jahren irgendeine Realität besaßen, dann auch in diesen beiden Fällen. Das ergibt sich nicht aus einer Abschätzung technischer Möglichkeiten oder politischer Absichten, sondern aus der Dynamik jener komplexen politischen Vorgänge, die zum möglichen Kauf von Reaktoren durch Ägypten und Iran führen. Die beiden Beispiele sind dabei auf typische Weise verschieden.

Im Fall Ägyptens sind ökonomische Interessen sekundär, wenn man von der für Ende des Jahrzehnts befürchteten ägyptischen Energielücke absieht, die nicht unbedingt durch Kernenergie geschlossen werden müßte. Dieser Fall wird vielmehr ganz entscheidend von politischen Interessen bestimmt, die sich aus der Stellung Ägyptens zwischen den beiden Weltmächten ergeben und die durch den Konflikt Ägyptens mit Israel geprägt, durch den Konflikt zwischen amerikanischer Exekutive und Legislative beschränkt werden. Innerwestliche Konkurrenz auf dem Reaktormarkt ist zwar auch hier gegeben, spielt aber eine klar untergeordnete Rolle.

Im Fall Irans spielen umgekehrt politische Interessen im engeren Sinne eine geringe Rolle. Das Verhältnis Irans zur Sowjetunion ist in diesem Zusammenhang unproblematisch. Subregionale Friktionen bestehen nur in den Beziehungen zu Irak; sie berühren weder, wie bei Ägyptens Beziehungen zu Israel, spezielle Interessen der Vereinigten Staaten von Amerika noch ergeben sich daraus Erfordernisse für nukleare Bewaffnung. Schließlich hat Iran den NV-Vertrag ratifiziert, so daß der formale Anlaß für politische Konflikte zwischen Administration und Kongreß in Washington fehlt. Um so stärker sind in diesem Fall ökonomische Faktoren, die einmal aus der wachsenden Finanzkraft Irans und der starken Abhängigkeit vor allem westeuropäischer Industrieländer und Japans von iranischem Erdöl, zum anderen aus den wachsenden Handelsdefiziten einiger westlicher Industrieländer gegenüber Iran und der entsprechend verschärften Konkurrenz der Reaktorländer unter diesen resultieren.

Denkbar ist bei diesen beiden charakteristischen Interessenlagen, daß Ägypten auch in Zukunft den NV-Normen genügt, obwohl es den NV-Vertrag aus politischen Gründen nicht ratifizieren wird, während Iran den NV-Vertrag zwar ratifiziert hat, aber durchaus fraglich ist, ob es sich in Zukunft an ihn gebunden fühlen wird. Aus den unterschiedlichen Optionen Irans und Ägyptens und der entsprechend potentiell verschiedenen Verhaltensweise vor allem der Vereinigten Staaten in der Frage der Sicherungsauflagen für Iran bzw. Ägypten ergeben sich dann aber auch, wie gesagt, direkte Wechselwirkungen zwischen den beiden Vorgängen.

Noch etwas anderes folgt aber aus der Verschiedenheit der beiden Fälle: Beide sprengen den herkömmlichen Rahmen der Nonproliferationspolitik völlig, auch wenn deren Erfordernisse weiter eine Rolle spielen. Aber im einen Fall, der vor allem durch politische Interessen einer der beiden Weltmächte im Blick auf den Einfluß der anderen bestimmt wird, haben die übrigen westlichen Industriemächte kaum nennenswerte Möglichkeiten zur Beeinflussung oder auch nur ein beachtliches Interesse daran: Es handelt sich um das Interesse einer Weltmacht, das allein durch die Strukturen politischer Willensbildung in Washington beschränkt wird. Im anderen Fall ist eine wirtschaftlich geschwächte Mittelmacht, nämlich Frankreich, die treibende Kraft. Die Vereinigten Staaten haben hier zumindest im Augenblick keine Weltmachtinteressen, die ihr Verhältnis zur Sowjetunion berühren. Da alle wesentlichen Interessen in ökonomischer Konkurrenz westlicher Industrieländer resultieren, gibt es hier auch Einflußmöglichkeiten. Sie liegen zwar wiederum völlig außerhalb des herkömmlichen Rahmens der Nonproliferationspolitik – allein schon deshalb, weil Frankreich zwar im Gouverneursrat der IAEA sitzt[29], aber kein Signatar des NV-Vertrags ist. Der Rahmen für politische Abstimmung unter den westlichen Industrieländern ist eher in den Bemühungen um eine gemeinsame Energiepolitik der Gemeinschaft sowie darüber hinaus der OECD-Länder sowie in Bemühungen um eine gemeinsame monetäre Politik – wiederum vor allem der Gemeinschaftsländer – zu suchen: Wenn eine Abstimmung der Interessen möglich ist, die Proliferationsrisiken beinhalten, dann vor allem auf diesen Wegen. Daß es in beiden Fällen langfristig ein Interesse aller westlichen Industrieländer daran geben muß, Proliferationsrisiken zu kontrollieren, ergibt sich einfach aus der Tatsache der Abhängigkeit von iranischen wie von arabischen Erdöllieferungen und den Risiken iranischer und arabischer Fähigkeiten zu nuklearer »Gegenabschreckung«.

Die beschriebenen Vorgänge lassen eine gewisse Eigengesetzlichkeit im ägyptischen wie im iranischen Fall vermuten. Dennoch stellt sich die Frage, ob die charakteristische Dynamik dieser beiden Fälle – die man als »diplomatisches« bzw. »ökonomisches Modell« bezeichnen könnte – sich irgendwo zu wiederholen scheint. Dies gilt um so mehr, als zumindest zwischen einigen dieser politisch plausiblen Schwellenmächte – namentlich Indien, Brasilien, Argentinien und Iran – ein Kooperationsnetz entsteht, das Gefälle in bezug auf den NV-Vertrag praktisch geringe Bedeutung haben könnte, NV-relevante Regelungen (namentlich mit den Vereinigten Staaten) mit irgendeinem dieser Länder jedoch als besonders brauchbarer Präzedenzfall für alle übrigen betrachtet würden und wiederum zumindest einige dieser Länder – vor allem Indien, Brasilien und Argentinien – ein durchgängiges Interesse an Kernexplosionen zu nichtmilitärischen Zwecken bekundet haben[30].

---

[29] Gegenwärtig sind im Gouverneursrat der IAEA 14 von 34 Staaten vertreten, die den NV-Vertrag nicht ratifiziert haben.

[30] Außer diesen Schwellenmächten ist gegenwärtig – von Israel abgesehen – allein noch Südafrika ein plausibler Fall. Nach dem Sturz des Caetano-Regimes in Portugal und der Unabhängigkeit für die portugiesischen Kolonien in Afrika mag sich Südafrika in einer

Forts. s. nächste Seite

Das diplomatische Modell setzt voraus, daß das betroffene Land wie im Fall Ägyptens im Schnittpunkt konkurrierender Weltmachtinteressen liegt. Beim ökonomischen Modell wirken Kräfte von der Größenordnung, wie sie im Zeichen des Petrodollars entstanden sind[31]. Man mag im Blick auf Israel und längerfristig auch Südafrika das »Vergeltungsmodell« hinzufügen, das eine akute Bedrohung in zunehmend isolierter Lage voraussetzt, in der nukleare Vergeltung als desparater Ausweg erscheinen könnte.

Indien, Brasilien und Argentinien scheinen keinem dieser drei Modelle zu entsprechen. Sie liegen nicht so im Schnittpunkt konkurrierender Weltmachtinteressen, daß dies die nukleare Politik dieser Länder prägen würde, wenngleich die zurückhaltende Reaktion nicht nur der Sowjetunion, sondern auch der Vereinigten Staaten nach der indischen Explosion vom 18. Mai 1974 in diesem weiteren Rahmen zu sehen ist. Sie sind auch nicht Träger wie Gegenstand ökonomischer Interessen wie die führenden OPEC-Länder, vor allem Iran[32], wenngleich alle drei Länder einen begehrten Markt für Reaktorexportländer darstellen und Konkurrenzerscheinungen hier – besonders sichtbar im indisch-kanadischen Beispiel – eine gewisse Rolle gespielt haben. Indien ist im Grunde sogar das Gegenbeispiel zum ökonomischen Modell, da es auf absehbare Zeit in extremem Maße von äußerer Hilfe abhängig bleibt. So hat die Weltbank den indischen Bedarf an Auslandshilfe für die nächsten fünf Jahre auf rd. $ 12 Mio.

Forts. von Seite 141, Fußnote 30
ähnlich insularen Lage sehen wie Israel. Wenn in der weiteren Folge dieser Entwicklungen die südafrikanische Politik des »Outward Movement« scheitern und Südafrika durch Ausschluß aus den Vereinten Nationen und anderen internationalen Organisationen sowie durch wirksamen Boykott weiter in die Isolierung gedrängt würde, wäre ein militärisches Nuklearprogramm Südafrikas eine plausible und wohl auch wahrscheinliche Antwort. Mehr noch als in anderen Fällen sind Proliferationsrisiken im Fall Südafrika durch die Außenpolitik der wichtigsten westlichen Industrieländer zu kontrollieren, während Südafrikas Haltung in nuklearen Fragen außerhalb der Reichweite spezifischer Nonproliferationsbemühungen liegt – es sei denn im Sinne kontraproduktiver Wirkungen. Vgl. auch J. E. *Spence,* The Republic of South Africa: Proliferation and the Politics of »Outward Movement«, in: Robert M. *Lawrence* und Joel *Larus* (Hrsg.), Nuclear Proliferation Phase II, Lawrence, Kansas, 1974.

[31] Auf längere Sicht könnte Mexiko zu einem ähnlichen Fall wie Iran werden, wenn der Erdölexport im gegenwärtig erwarteten Maße wächst. Die kontrollierende Nähe Mexikos zu den Vereinigten Staaten würde sich auf längere Sicht bei Andauern der Wachstumsraten der letzten zehn Jahre zunehmend anders darstellen: Bei bloßer Fortschreibung dieser Trends würde Mexiko in rund 70 Jahren nach Bevölkerung und Bruttosozialprodukt doppelt so groß sein wie die Vereinigten Staaten. Wie Iran hat Mexiko den NV-Vertrag ratifiziert, aber wie Iran sind die Umstände leicht vorstellbar, unter denen dies seine praktische Bedeutung verliert. Vor allem in dieser Hinsicht wird das Verhalten Brasiliens und Argentiniens ähnliche Bedeutung haben wie das Verhalten Indiens im Hinblick auf Iran.

[32] Vgl. auch die Interessenanalysen der wichtigsten Schwellenmächte bei George H. *Quester,* Can Proliferation now be stopped?, in: *Foreign Affairs,* Vol. 53, 1974, No. 1, S. 77–97, wo allerdings gerade das ökonomische Modell noch nicht genügend berücksichtigt wird.

sowie 10 Mio. t Weizen geschätzt. Ein Einflußpotential für Nonproliferationspolitik scheint darin dennoch nicht zu liegen: Der indische Test fand drei Wochen vor dem Treffen des Weltbank-Hilfskonsortiums in Paris statt, wo die 13 vertretenen Nationen, darunter die Bundesrepublik Deutschland, Großbritannien, Japan und Kanada, eine Erhöhung der Hilfsmaßnahmen für Indien vorsahen. Die im amerikanischen Senat anhängige vierte Refinanzierung der IDA in Höhe von $ 1,5 Mio., von der 40 vH an Indien gehen, wurde ebenfalls weitgehend unabhängig vom indischen Testprogramm behandelt. In der Tat wiegen gerade humanitäre Nonproliferationsforderungen wenig auf dem Hintergrund der indischen Ernährungslage mit 13 Mio. jährlichen Sterbefällen wegen Unterernährung und 175 Mio., d. h. rd. 30 vH der Gesamtbevölkerung, mit weniger als $ 30 Jahreseinkommen. Keine dieser drei Schwellenmächte ist aber auch einer Bedrohung wie Israel oder potentiell Südafrika ausgesetzt, in der nukleare Waffen zu einer desparaten Sicherheitsoption werden könnten, wenngleich man die nukleare Zwillingssituation Brasiliens und Argentiniens auch unter militärischen Gesichtspunkten betrachten kann, sofern man die Lage eines dieser beiden Länder nimmt, nachdem das andere aus welchen Gründen auch immer nukleare Waffen erlangt hat.

Was charakterisiert dann die Lage Indiens, Brasiliens und Argentiniens vor allem? Zunächst besitzen alle drei bereits ein beachtliches nukleares Establishment. Sie sind vergleichsweise unabhängiger von nuklearer Zusammenarbeit mit westlichen Industriestaaten als Iran oder Ägypten. Sie brauchen aber auch nicht wie Israel oder Südafrika, die ebenfalls über nukleare Kapazität verfügen, die Folgen außenpolitischer Isolierung zu befürchten, da keine akute Bedrohung besteht. Andererseits ist allen drei Ländern in besonderem Maße gemeinsam, daß ihre innere Stabilität zunehmend gefährdet wird. Das indische Beispiel zeigt, daß das Umgehen mit der nuklearen Option in erster Linie innenpolitischen Zielen dient. Wenn Brasilien und Argentinien, die nicht zufällig eine enge Zusammenarbeit mit Indien eingegangen sind, einen ähnlichen Weg beschreiten sollen, dann wird das vermutlich auch aus ähnlichen Gründen erfolgen. Man kann diese Nuklearpolitik für den innenpolitischen Konsum zu Zwecken innerer Stabilität im Unterschied zum diplomatischen, ökonomischen und Vergeltungsmodell als »politisches Modell« charakterisieren. Während das diplomatische und das ökonomische Modell aus dem Zusammenwirken mit Interessen der beiden Weltmächte bzw. der westlichen Industrieländer entsteht, sind im Vergeltungsmodell wie im politischen Modell innere Antriebe ausschlaggebend. Aber im Vergeltungsmodell ist das Eintreten der Umstände, unter denen es sinnvoll wird, ein Resultat der Außen- und Handelspolitik Dritter, vor allem der westlichen Industrieländer, während die innenpolitischen Instabilitäten, die im politischen Modell wirken, von außen nicht durchgreifend zu beeinflussen sind, wenn man von Hilfsmaßnahmen absieht, die als solche dann auch wieder die Indifferenz der Geberländer gegenüber nuklearen Bestrebungen der Empfängerländer demonstrieren.

So mag Proliferation im politischen Modell am wahrscheinlichsten sein, wie das indische Beispiel auch zu lehren scheint. Aber sie ist in diesen Fällen auch im Hinblick auf nationale Handlungsmöglichkeiten am sinnlosesten: Sie bietet nach außen keine neuen Optionen, wenn man von möglichen diplomatischen Vorteilen absieht. Zudem ist es zumindest zweifelhaft, ob sie sich als taugliches Mittel zur Erhaltung innerer Stabilität erweist[33]. Das Vergeltungsmodell ist je nach dem Verlauf der außenpolitischen Entwicklung und dem Grad der resultierenden Isolierung wahrscheinlich und dann auch politisch und militärisch in der Sicht der betroffenen Länder sinnvoll. Das diplomatische Modell bietet geringere Proliferationsrisiken, solange es isoliert betrachtet werden kann. Es verstärkt indessen vorhandene Risiken, wenn es mit dem Vergeltungsmodell (Israel) und/oder dem ökonomischen Modell (auf längere Sicht arabisches Kernwaffenkonsortium) zusammentrifft. Die größten Risiken dürften im ökonomischen Modell liegen. Sie resultieren wie im diplomatischen Modell aus dem Zusammenwirken von Interessen von Schwellenländern der Dritten Welt und westlichen Industrieländern, aber anders als im diplomatischen Modell sind sie nur sehr begrenzt kontrollierbar: Sie sind in weit stärkerem Maße durch Sachzwänge beherrscht. Es ist ein historischer Zufall, daß die Mächte, die dem ökonomischen Modell entsprechen, erst eine nukleare Kapazität aufbauen müssen. So liegen Einflußmöglichkeiten jedenfalls in der Langfristigkeit der erforderlichen Entwicklung. Kein historischer Zufall ist umgekehrt, daß die Mächte, die dem politischen Modell entsprechen, bereits über eine beträchtliche nukleare Kapazität verfügen, die äußere Einflußmöglichkeiten zusätzlich verringert.

Es bleibt schließlich darauf hinzuweisen, daß alle vier Proliferationsmodelle ausschließlich auf Länder der Dritten Welt zutreffen. Keines der westlichen Industrieländer entspricht irgendeinem dieser Modelle oder ist aus anderen Gründen unter absehbaren Umständen ein wahrscheinlicher Proliferant, obwohl einige unter ihnen wie Japan, Schweden oder die Bundesrepublik dazu kapazitär leichter imstande wären als die Kandidaten der vier Modelle. Man kann dies als einen wichtigen Teilerfolg bisheriger Nonproliferationspolitik ansehen, obwohl diese Sachlage letztlich aus ganz anderen Ursachen resultiert. Gerade wenn man auch auf längere Sicht ein Interesse der größeren Industrieländer an einer Änderung dieser Nuklearpolitik ausschließt, ergibt sich die zusätzliche Überlegung, ob nicht gerade für die Schwellenmächte der vier dargestellten Kategorien, die eine fortschreitende Industrialisierung anstreben und erleben, ähnliche Motive dominierend werden wie für westliche Industriemächte. Dies wird aber nicht zuletzt vom Verhalten dieser Industriemächte selbst abhängen.

---

[33] Vorhandene Kernwaffen bei Zerfallen der politischen Stabilität stellen dann ein Risiko bisher unbekannter Art dar.

V. Einige Konsequenzen für die Politik westlicher Industrieländer

Die größten Risiken, die für westliche Industrieländer aus der fortschreitenden Umstellung auf Kernenergie resultieren, entstehen nicht aus der Proliferation Dritter, sondern im eigenen Lande, d. h. aus den möglichen Nebenwirkungen großer Kernenergiekapazitäten und der wachsenden Verwundbarkeit moderner Gesellschaften an strategischen Punkten. Soweit jedoch Proliferationsrisiken bestehen, sind sie dort am empfindlichsten, wo auch die wirtschaftlichen Interessen von Industrieländern, die solche Risiken erhöhen, am stärksten sind, also im ökonomischen Modell.

Ein hinreichend sicherheitsorientiertes industrielles und administratives Management der Kernenergiekapazitäten im eigenen Land ist erste Priorität. Sie ist vor allem Aufgabe nationaler Institutionen, obwohl internationale Zusammenarbeit vielfach zweckmäßig sein kann, in speziellen Fragen sogar unerläßlich scheint. Ein sicherheitsorientiertes nationales Management wird auch am ehesten nicht nur die nötigen Interessenabstimmungen zwischen westlichen Industrieländern gegenüber Schwellenmächten der Dritten Welt ermöglichen, sofern es in allen Industrieländern in ähnlicher Wirksamkeit zustande kommt. Es bietet auch mehr als alle Arten der Rüstungskontrolle, denen sich die Kernwaffenstaaten in Zukunft vielleicht unterwerfen mögen, Spielraum für eine Politik des Beispiels gegenüber den Schwellenmächten der Dritten Welt. Es ist vor allem hier, daß internationalen Organisationen wichtige Hilfsfunktionen zufallen.

Eine fortschreitende Begrenzung und Reduzierung verfügbarer Kernwaffen wäre primär im Rahmen der Ost-West-Beziehungen wirkungsvoll. Nachdem die Diskussionen über den nichtautorisierten Zugriff zu spaltbarem Material im Lichte des Zypern-Konflikts und nach dem Ausscheiden Griechenlands aus der NATO auf die Frage der Sicherung vorhandener Kernwaffenvorräte, vor allem auf ausländischem Boden, übergesprungen sind, läßt sich absehen, daß das militärische Management vorhandener Kernwaffenlager ebenfalls zunehmende politische Aufmerksamkeit finden wird.

Die Interessen der Schwellenmächte aller vier Kategorien werden durch Vereinbarungen über die Begrenzung und Reduzierung vorhandener Kernwaffen – vor allem bei SALT, aber u. U. auch bei MBFR – letztlich kaum beeinflußt werden. In der Tat sind die Triebkräfte in allen vier Modellen weitgehend invariant gegenüber solchen Entwicklungen. Allerdings würde das Zustandekommen solcher Vereinbarungen die beteiligten Industriemächte u. U. stärker und glaubhafter motivieren, der Nonproliferation höhere Priorität in der Politik gegenüber den Schwellenmächten der Dritten Welt einzuräumen. Umgekehrt wird das Ausbleiben solcher Resultate den Proliferationskandidaten aller vier Kategorien, namentlich aber den Vertretern des politischen Modells, beliebig Gelegenheit bieten, das zu rechtfertigen, was sie im wesentlichen ohnehin tun würden.

In dieser Hinsicht ist die Haltung etwa Indiens im übrigen auch völlig verständlich. In den Monaten des ersten indischen Tests haben alle fünf Nuklearwaffenstaaten militärische Testprogramme durchgeführt. Großbritannien machte erstmals seit neun Jahren wieder einen Test, Frankreich und China nahmen nach zweijähriger Pause – seit den Protesten der Stockholmer Umweltkonferenz – wieder ihre Versuche auf. Im Unterschied zum indischen waren die französischen Tests überirdisch. Im britischen wie im französischen Fall spielten innenpolitische Motive eine starke Rolle: Im britischen Fall – wo der Test unter Geheimhaltung in Nevada ausgeführt wurde – sah die Labour-Regierung angesichts wachsender Kritik der Linken an der Verteidigungspolitik die letzte Gelegenheit vor den anstehenden Beratungen über einen umfassenden »Defense Review«, noch einen zweckmäßigen Gefechtskopf für die Polaris A-3 zu testen. Im französischen Fall diente der Test sogar kurz nach der Amtsübernahme von Giscard d'Estaing und angesichts der Festlegung Servan-Schreibers auf eine Beendigung der Kernwaffentests als geeigneter Anlaß für die orthodoxen Gaullisten (deren Auflösung Giscards erklärtes Ziel war), den neuen Präsidenten in Schranken zu weisen und die verbliebene Handlungsfähigkeit zu demonstrieren.

Noch weniger ließ sich den beiden Weltmächten Beispielhaftigkeit nachsagen. Aus vor allem innenpolitischen Gründen kam beim dritten amerikanisch-sowjetischen Gipfeltreffen in Moskau keine neue SALT-Vereinbarung zustande: Nixon konnte nicht riskieren, durch ein SALT-Abkommen die 34 Stimmen im Senat zu gefährden, die er nach einem schon absehbaren Impeachment zum politischen Überleben gebraucht hätte, und Breshnjew konnte sich bei wachsender Unsicherheit in Moskau über die Zukunft der Beziehungen zu den Vereinigten Staaten nicht dadurch noch weiter exponieren, daß er in SALT Konzessionen machte, die auch die Zustimmung der Konservativen im amerikanischen Kongreß finden würden. Als Ersatz wurde der sog. Schwellenvertrag über die Einstellung von unterirdischen Kernwaffenversuchen mit mehr als 150 Kt vereinbart. Das Thema hatte sich angeboten, nachdem Kennedy bei seinem Moskau-Besuch im April 1974 ein Verbot aller unterirdischen Versuche vorgeschlagen hatte, um zwischen der Détente-Politik Nixons und der Détente-Kritik Jacksons eine eigene Position zu definieren, und Breshnjew auf diese Anregung einging. Für die Nixon-Administration ging es darum, das von Kennedy vorgeschlagene vollständige Verbot unterirdischer Versuche innenpolitisch abzufangen und zugleich einen bescheideneren Vorschlag als Ersatz für SALT-Vereinbarungen anzustreben.

Die innere Kompromißlinie der amerikanischen Administration ließ ein Verbot auch friedlicher Explosionen – kurz nach der indischen Explosion – zu, was jedoch die Sowjetunion ablehnte. Sie führte andererseits zur Ausnahme aller Explosionen mit weniger als 150 Kt vom Verbot. Die Sowjetunion hatte in der Vergangenheit auf einem vollständigen Verbot bestanden, seit 1966 dann auch einen Schwellenvertrag als möglich angesehen, sofern er mit einem Moratorium für alle übrigen Tests verbunden würde. Der Moskauer Schwellenvertrag sah zwar eine ergänzende Regelung für friedliche Explosionen, nicht aber ein solches Moratorium vor. Die wiederholten Erklärungen Moskaus, ein vollständiges Verbot anzustreben, müssen indessen zweifelhaft bleiben. Angesichts der amerikanischen Festlegung auf einen Schwellenvertrag war jede weitergehende sowjetische Forderung risikofrei. Jedenfalls begannen beide Partner des Schwellenabkommens kurz nach dessen Abschluß damit, die verbliebenen 21 Monate bis zum Inkrafttreten durch beschleunigte Testserien zu nutzen. Das laufende amerikanische Programm wurde von 36 auf 20 Monate verkürzt. Bis zum Stichtag, dem 31. März 1976, sollen bis zu 30 amerikanische Tests mit mehr als 150 Kt stattfinden. Wenige Wochen nach Abschluß des Schwellenvertrages wurde eine Erhöhung des USAEC-Etats um rd. $ 100 Mio. gefordert, von denen rd. $ 89 Mio. für das beschleunigte Testprogramm geplant waren. Es ist anzunehmen, daß das Abkommen in Moskau ähnliche Vorgänge ausgelöst hat. Wenn man feststellt, daß die Versuche, die sich die Kernwaffenstaaten unter dem Schwellenvertrag nach dem 1. April 1976 zugestehen, einen mehr als zehnmal größeren Detonationswert haben können als der indische Versuch vom 18. Mai 1974, dann hat man einen Maßstab für die Beispielhaftigkeit dieser Verhandlungen. Daraus folgt nicht, daß der Schwellenvertrag im Blick auf amerikanische und sowjetische Interessen unzweckmäßig ist, sondern daß Kompensationen, wie sie der Artikel VI des NV-Vertrages vorsieht, keine reale Grundlage haben.

Denkbar ist indessen, daß demonstrierte Sicherheit auf dem Gebiet des militärischen Managements vorhandener Kernwaffenvorräte auch die Kandidaten der vier Proliferationskategorien zu größerer Vorsicht anleiten kann. Dies liegt auch im besonderen Interesse der Industrieländer, wenn die »nukleare Agententheorie« in Zukunft mehr Realität gewinnen sollte. Falls die öffentliche Erörterung der Sicherungserfordernisse für vorhandene Kernwaffenlager sich ausweiten sollte, mag es sich als zweckmäßig erweisen, die Schwellenländer der Dritten Welt mit den Risiken und möglichen Vorkehrungen, aber auch mit den sehr erheblichen Kosten ausreichender Sicherungsvorkehrungen vertraut zu machen[34]. Vielleicht eignet sich sogar der Rahmen internationaler Organisationen für solche Erörterungen.

Sicher werden auch die spezifischen Bemühungen auf dem Gebiet der Nonproliferationspolitik durch die Entwicklungen des Jahres 1974 neuen Auftrieb erhalten. Die Überprüfungskonferenz der Signatarmächte des NV-Vertrages im Mai 1975 bietet dafür auch Anlaß und Rahmen. Aber schon jetzt steht fest, daß die Zielsetzungen, die mit dem NV-Vertrag angestrebt wurden und die dessen Universalität voraussetzen, verfehlt wurden, was nicht zuletzt an der Konzeption

---

[34] Die hohen Kosten für ausreichende Sicherungsvorkehrungen wurden in den sechziger Jahren mit einer gewissen Plausibilität von Verteidigungsminister McNamara als ein Hauptmotiv für die NV-Politik angesehen: Nur reiche Länder könnten sich diesen Selbstschutz leisten.

des Vertrages selbst und der Art seines Zustandekommens liegt. Man wird den Vertrag jetzt im Rahmen des Möglichen als eines unter diversen Instrumenten zu nutzen suchen müssen, wobei wiederum eine einfache Kombination des NV-Vertrages mit anderen, z. B. bilateralen Instrumenten zwar zweckmäßig sein könnte, aber von der Sache her nicht konfliktfrei ist: Es muß zu Friktionen führen, wenn in einem Fall aus bescheidenem Anlaß auf Einhaltung des NV-Vertrages gedrängt wird, wenn in anderen Fällen bei weit größerem Proliferationsrisiko zweitbeste bilaterale Regelungen angestrebt werden. Man wird hier nur durch Pragmatismus die Wirksamkeit des NV-Vertrages zwischen dem selbstzerstörenden Universalitätsanspruch des Vertrages und der Unverbindlichkeit instrumentaler Beliebigkeit hindurchretten können.

Die aussichtsreichste Nonproliferationspolitik richtet sich jedoch nicht in erster Linie an die Schwellenmächte der Dritten Welt, sondern wiederum an die Industrieländer, die auf dem Reaktormarkt miteinander konkurrieren. Einige unter ihnen sind Kernwaffenstaaten, einige nicht. Einige in beiden Gruppen sind Signatarmächte des NV-Vertrages, einige nicht. Einige haben beinahe überwältigende wirtschaftliche Exportzwänge, die zur Vernachlässigung von Sicherheitserfordernissen führen können, bei anderen ist das in geringerem Maße der Fall. Einige exportieren die kostenwirksameren Reaktoren, die mit angereichertem Uran arbeiten und mehr Kontrollmöglichkeiten bieten, andere exportieren Reaktoren, die mit Natururan arbeiten und weniger kostenwirksam sind, dafür aber größere Aussichten auf Unabhängigkeit vom Lieferverhalten Dritter bieten[35].

Daraus resultieren spezifische Interessenunterschiede, die das Zustandekommen eines proliferationsverhütenden Netzes von Regelungen zusätzlich erschweren und u. U. das Entstehen von Proliferationsrisiken begünstigen. Zwar wird man sowenig wie auf der anderen Seite etwa im Fall Indiens, wo gerade das humanitäre Interesse der Fortführung von Hilfsmaßnahmen den klaren Vorrang vor dem Nonproliferationszweck gab, erwarten können, daß die westlichen Industriemächte die Nonproliferation zu einer übergeordneten Zielsetzung machen[36]. Es charakterisiert gerade die Konventionalisierung der Kernenergie mit, daß Nonproliferation eine Forderung unter mehreren ist, so daß Regierungen aufgefordert sind, einen verantwortbaren Kompromiß zu finden. Nur kann man es gegenwärtig nicht als gegeben ansehen, daß die Regierungen aller führenden Industriemächte die Nonproliferation in ausreichendem Maße als Aufgabe sehen. So ist vor allem anderen wichtig, unter den Industriemächten einen Konsens über die Erfordernisse der Nonproliferation herzustellen. Ange-

---

[35] Es ist in diesem Zusammenhang, daß Kanada nach dem indischen Versuch in offensichtlicher politischer Verlegenheit war, daß jedoch seit diesem Versuch die Nachfrage nach dem kanadischen Candu-Reaktor, der die Grundlage des indischen Programms darstellt, sprunghaft zugenommen hat. Vgl. *Washington Post* vom 15. 7. 1974.

[36] Die Sowjetunion hat hier ohnehin nie einen vorrangigen Selbstzweck gesehen, sondern mehr den instrumentalen Nutzen der NV-Politik ins Auge gefaßt.

sichts der unterschiedlichen politischen und wirtschaftlichen Interessen verschiedener Industriemächte gegenüber manchen Schwellenländern der Dritten Welt müssen sodann Wege gefunden werden, die Interessen abzustimmen und u. U. auch im weiteren Rahmen einer gemeinsamen Energiepolitik und gemeinsamer Anstrengungen auf monetärem Gebiet einen Interessenausgleich zum Zwecke verminderter Proliferationsrisiken zu suchen. Die außenpolitischen Konsultationsverfahren etwa der Neun bieten sich dafür ebenso an wie die institutionellen Kooperationsformen auf monetärem, handelspolitischem und energiepolitischem Gebiet.

Im Maße solcher Interessenharmonisierung wird dann auch die Zusammenarbeit der Industriemächte im Rahmen NV-spezifischer Organisationen wie vor allem der IAEA zweckmäßiger, während der Spielraum, den Schwellenmächte der Dritten Welt in Verhandlungen über die Lieferung von nuklearen Anlagen und Materialien nutzen können, sich entsprechend verringern würde. Allerdings wird man abwarten müssen, ob die bestehenden Möglichkeiten der Zusammenarbeit in internationalen Organisationen ausreichen werden. Andererseits wird gerade die Ausweitung der Handlungsbereiche der Nonproliferationspolitik über ihren herkömmlichen organisatorischen Rahmen hinaus Bemühungen erschweren, zusätzliche, zweckmäßige organisatorische Vorkehrungen zu vereinbaren. Die offensichtliche Notwendigkeit politischer Zusammenarbeit zwischen Industriemächten mit und ohne Kernwaffenstatus zum Zweck der Nonproliferation mag im übrigen mehr als alles andere demonstrieren, wie sehr sich die neue Konfiguration nuklearer Politik von jener der sechziger Jahre unterscheidet. Mehr noch, es kündigt sich darin eine umwälzende Veränderung des in der Nachkriegszeit dominierenden Systems internationaler Politik an, dessen Folgen noch kaum absehbar sind, jedoch auf Jahrzehnte hinaus wirksam sein werden. Insofern hat dann die Nuklearpolitik wieder einmal symptomatischen Charakter.

Literatur

Bader, William B.: The United States and the Spread of Nuclear Weapons. New York 1968.
Holst, Johan J. (Hrsg.): Security, Order, and the Bomb. Oslo 1972.
Lawrence, Robert M. und Joel *Larus* (Hrsg.): Nuclear Proliferation, Phase II. Lawrence, Kansas, 1974.
Nerlich, Uwe: Der NV-Vertrag in der Politik der BRD. Ebenhausen 1973 (Stiftung Wissenschaft und Politik. Studien. SWP – S 217).
Quester, George H.: Can Proliferation Now Be Stopped? In: *Foreign Affairs*, Vol. 53, 1974, No. 1, S. 77–97.
Rathjens, George W.: Nuclear Policy in the Post-Vietnam Period. In: John H. *Gilbert* (Hrsg.): The New Era in American Foreign Policy. New York 1973.
Scheinman, Lawrence: IAEA: Atomic Condominium? In: Robert W. *Cox* u. a.: The Anatomy of Influence. Decision Making in International Organization. New Haven/London 1973.

—: Safeguarding Nuclear Materials. In: *Science and Public Affairs*, Vol. 30, 1974, No. 4, S. 34–36.

Spinrad, Bernard J.: Where Are We? On War and Peace and NPT and Safeguards. In: *Science and Public Affairs*, Vol. 30, 1974, No. 1, S. 34–38.

Willrich, Mason (Hrsg.): Civil Nuclear Power and International Security. New York 1971.

Willrich, Mason und Theodore B. *Taylor:* Nuclear Theft: Risks and Safeguards. Cambridge, Mass., 1974 (A Report to the Energy Policy Project of the Ford Foundation).

Probleme der friedlichen Nutzung der Kernenergie und die Rolle
internationaler Organisationen

DIE ROLLE INTERNATIONALER ORGANISATIONEN BEI DER VERHINDERUNG MISSBRÄUCHLICHER VERWENDUNG DER KERNENERGIE

Werner Ungerer

I. Vereinte Nationen

1. Die Atomenergie-Kommission der Vereinten Nationen und der Baruch-Plan[1]

Es ist kein Zufall, daß der erste Versuch, »die Atomenergie unter Kontrolle zu bekommen«, auf multilateraler Ebene unternommen wurde. Drei Monate nach dem Abwurf der ersten Atombombe schlugen die Vereinigten Staaten von Amerika, Großbritannien und Kanada in einer gemeinsamen Erklärung die Bildung einer Kommission im Rahmen der Vereinten Nationen vor, deren Ziel es sein sollte, den Gebrauch der Atomenergie für kriegerische Zwecke zu verhindern und nach Mitteln für ihre friedliche Verwendung zu suchen. Auf der Moskauer Außenministerkonferenz der Vereinigten Staaten, Großbritanniens und der Sowjetunion im Dezember 1945 schloß sich die Sowjetunion dem amerikanisch-britisch-kanadischen Vorschlag an. Dementsprechend wurde der ersten Generalversammlung der Vereinten Nationen ein Resolutionsentwurf vorgelegt, der die Bildung einer Atomenergie-Kommission vorsah, die aus den Mitgliedern des Sicherheitsrats bestehen sollte. Kanada sollte – neben den fünf ständigen Mitgliedern des Sicherheitsrats – ebenfalls ständig in der Kommission vertreten sein, unabhängig davon, ob es einen nichtständigen Sitz im Sicherheitsrat einnahm oder nicht. Als Aufgabe der Kommission war u. a. die Ausarbeitung von Vorschlägen zur Kontrolle der Atomenergie vorgesehen, soweit sie zur Sicherstellung ihrer ausschließlichen Verwendung zu friedlichen Zwecken und zur Schaffung wirksamer Sicherheiten im Wege der Inspektion und durch andere Mittel zum Schutz der vertragstreuen Staaten vor den Folgen von Rechtsverletzungen und -umgehungen erforderlich waren. Dieser Resolutionsentwurf wurde von der UN-Generalversammlung am 24. Januar 1946 einstimmig angenommen[2].

---

[1] Siehe dazu auch in diesem Band Wolf *Häfele*, Die historische Entwicklung der friedlichen Nutzung der Kernenergie, S. 43 ff., und Beate *Lindemann*, Kernenergie und internationale Organisationen, S. 419.

[2] Vgl. Hermann *Volle* und Claus-Jürgen *Duisberg*, Probleme der internationalen Abrüstung. Die Bemühungen der Vereinten Nationen 1945–1961. Schriftenreihe des Forschungsinstituts der Deutschen Gesellschaft für Auswärtige Politik, Bd. 1/I, Frankfurt/Berlin 1964, S. 8 ff.

Auf der ersten Sitzung der Kommission am 14. Juni 1946 unterbreitete der amerikanische Delegierte Bernard Baruch Vorschläge seiner Regierung zur Schaffung einer internationalen Behörde für die Atomentwicklung, die in der Folgezeit als Baruch-Plan bekannt wurden. Der Baruch-Plan beruhte auf der Überzeugung, daß klassische Sicherheitssysteme nach dem Muster des Briand-Kellogg-Paktes und die mit Hilfe von Inspektionen durchgeführte Rüstungskontrolle dem Problem der Atombombe nicht gerecht würden. Er sah daher vor, alle gefährlichen Herstellungsphasen der Kernenergie der Zuständigkeit der Staaten zu entziehen und einer internationalen Behörde zu übertragen. Diese Behörde wäre Eigentümerin aller Uranbergwerke sowie Kernbrennstoffe geworden. Brennstoffelementfabriken sowie Kernkraftreaktoren sollten ihrer Leitung unterstehen. Ein internationaler Inspektorenstab sollte darüber wachen, daß keine Tätigkeit auf dem Kernenergiegebiet heimlich erfolgen würde. In einer Übergangszeit wären die bereits bestehenden nationalen Kernenergieeinrichtungen auf internationale Ebene überführt worden. In diesem Zeitraum hätten die Vereinigten Staaten ihre geheimen Kenntnisse, ihre Atombomben und ihre Kernenergieanlagen auf die internationale Behörde übertragen, die dann Eigentümerin und Betreiberin der Kernindustrie im Namen und zum Nutzen aller Völker geworden wäre: ein im Nuklearen verwurzelter Ansatz zu einer Weltregierung.

Beinahe zwei Jahre lang wurde dieser Plan in der Atomenergie-Kommission der Vereinten Nationen diskutiert. Seine supranationalen Elemente waren für die Sowjetunion nicht annehmbar. Sie fürchtete, mit der Unterstellung kerntechnischer Anlagen unter eine internationale Behörde der nichtkommunistischen Welt das Geheimnis der Standorte ihrer industriellen Zentren zu enthüllen und damit einem eventuellen Gegner bei einem trotz aller Sicherheitsmaßnahmen ausbrechenden Konflikt die Bestimmung wesentlicher Angriffsziele zu ermöglichen. Ihre Gegenvorschläge zielten darauf ab, das bestehende Atommonopol zu brechen. Sie beinhalteten das Verbot, atomare Waffen zu gebrauchen, herzustellen und zu lagern, die Verpflichtung, bestehende oder im Herstellungsprozeß befindliche Atomwaffen zu zerstören sowie Sanktionsmaßnahmen der Unterzeichnerstaaten gegen diejenigen ihrer Staatsangehörigen, die diese Verbote und Verpflichtungen mißachten. Im Verlauf der Verhandlungen gaben die Sowjets sogar den ursprünglichen, reichlich illusorischen Vorschlag der Eigenkontrolle der Unterzeichnerstaaten zugunsten einer internationalen Kontrolle auf.

Es gelang jedoch nicht, die Auffassung der Mehrheit der Kommissionsmitglieder und der Sowjetunion auf einen Nenner zu bringen. Während die Mehrheit eine wirksam funktionierende Kontrolle der Herstellung und Verwendung von Kernerzeugnissen verlangte, wobei die vorgeschlagene internationale Kontrollbehörde uneingeschränkte Inspektionsrechte haben sollte, bestand die Sowjetunion auf dem vorherigen Abschluß eines Abkommens über das Verbot der Atomwaffen und wollte der erst später zu errichtenden Kontrollbehörde nur beschränkte Inspektionsrechte einräumen. Zwar nahm die UN-Generalversammlung am 4. November 1948 mit 40 gegen 6 Stimmen eine Resolution an, in der die gegen die Stimmen der Sowjetunion und der Ukraine beschlossenen und auf dem Baruch-Plan beruhenden Empfehlungen der Atomenergie-Kommission gebilligt wurden, doch gelang es auch in der Folgezeit nicht, mit der Sowjetunion zu einer Einigung zu kommen. Am 29. August 1949 führten die Sowjets ihren ersten Atombombenversuch durch. Am 19. Januar 1950 wurden die Beratungen der sechs ständigen Mitglieder der Atomenergie-Kommission abgebrochen. Anfang Januar 1952 löste die Generalversammlung die Atomenergie-Kommission auf. So scheiterte der erste große, ja großartige Versuch, die Atomenergie im Rahmen einer internationalen Organisation unter Kontrolle zu bekommen.

2. Das »Atoms-for-Peace«-Programm

Der zweite große Anlauf, die friedliche Nutzung der Kernenergie auf eine breite internationale Basis zu stellen und damit gleichzeitig zu gewährleisten, daß sie nicht zu militärischen Zwecken verwendet werde, wurde im Dezember 1953 mit dem »Atoms-for-Peace«-Programm des amerikanischen Präsidenten Eisenhower genommen[3]. Kernpunkt des Programms war die Schaffung einer internationalen Atomenergie-Behörde. Sie sollte die Aufgabe haben, einerseits den Beitrag der Atomenergie für den Frieden, die Gesundheit und den Wohlstand auf der ganzen Welt zu beschleunigen und zu erweitern, andererseits dafür zu sorgen, daß die Unterstützung, die sie gewährte, nicht für militärische Zwecke verwendet werde. Die Regierungen, die dazu in der Lage seien, sollten aus den Vorräten von Uran und besonderem spaltbarem Material Beiträge an die zu schaffende Behörde leisten, die diese anderen Mitgliedstaaten ausschließlich für friedliche Zwecke zur Verfügung stellen würde.

Die sowjetische Regierung bemängelte zwar in einer Erklärung vom 21. Dezember 1953 die amerikanischen Vorschläge mit dem Argument, es sei lediglich beabsichtigt, einen Teil der vorhandenen und in Zukunft erzeugten Kernmaterialien der friedlichen Nutzung zuzuführen, während ein Verbot der Herstellung von Atomwaffen und eine Beschränkung ihrer Anwendung nicht vorgesehen sei, erklärte sich jedoch bereit, an Gesprächen über die Gründung einer internationalen Atomenergie-Behörde teilzunehmen.

Die Verhandlungen über das Statut der zu gründenden Organisation nahmen nahezu drei Jahre in Anspruch. Sie fanden außerhalb der Vereinten Nationen statt. Auf einer Regierungskonferenz im September und Oktober 1956 gelang es, die Satzung der Internationalen Atomenergie-Organisation (IAEA) zu verabschieden. Sie trat am 29. Juli 1957 in Kraft.

---

[3] Siehe dazu in diesem Band auch *Häfele* (Anm. 1), S. 46 f., und *Lindemann* (Anm. 1), S. 420.

Mit dem »Atoms-for-Peace«-Programm war nicht nur eine internationale Organisation auf weltweiter Basis geschaffen worden, es begann auch eine Periode der bewußten Verbreitung kernwissenschaftlicher und kerntechnischer Kenntnisse, des internationalen Austauschs von Kernmaterial und Kernausrüstungen und der Nutzung der Kernenergie selbst in solchen Ländern, die auf absehbare Zeit kaum auf die Verwendung der Kernenergie angewiesen waren. Der Gründung der IAEA folgte auf regionaler Basis die Schaffung der Europäischen Atomgemeinschaft (Euratom) am 25. März 1957 und die Errichtung der Kernagentur der OECD (ENEA)[4] am 20. Dezember 1957. Außerdem schlossen die Vereinigten Staaten von Amerika, Großbritannien und Kanada eine Reihe von internationalen Abkommen über Zusammenarbeit auf dem Gebiet der friedlichen Verwendung der Kernenergie ab.

Alle in dieser Periode abgeschlossenen multilateralen Verträge und bilateralen Abkommen enthielten Bestimmungen über die ausschließlich friedliche Nutzung der gelieferten Kernmaterialien und -ausrüstungen sowie über damit verbundene Kontroll- und Inspektionsrechte.

In den bilateralen Zusammenarbeitsabkommen der Vereinigten Staaten, Großbritanniens und Kanadas waren, von einigen wenigen Ausnahmen abgesehen[5], die Kontroll- und Inspektionsrechte dem Lieferland vorbehalten. Dagegen waren im Rahmen der 1957 entstandenen multinationalen Kernenergie-Organisationen Kontrollsysteme aufgebaut worden, die von Sicherungsmaßnahmen in den von der Organisation selbst betriebenen bzw. unter ihrer Ägide errichteten Kernanlagen – wie im Fall der NEA – bis zur Kontrolle aller Kernbrennstoffe im Hoheitsgebiet der Mitgliedsländer der Organisation – wie im Fall Euratoms – reichten.

3. Bemühungen um nukleare Abrüstung

Die mit der friedlichen Nutzung der Kernenergie verbundenen Kontrollprobleme wurden also außerhalb der Vereinten Nationen behandelt. Dennoch befaßten sich die Vereinten Nationen weiterhin mit der Frage, wie man die Nutzung der Atomenergie unter Kontrolle bekommen könne. Anlaß hierzu boten die von zahlreichen Mitgliedstaaten eingebrachten Abrüstungsvorschläge, die Arbeiten der 1952 eingesetzten Abrüstungskommission und der seit 1962 bestehenden Achtzehn-Mächte-Abrüstungskonferenz sowie die jährlichen Tätigkeitsberichte, welche die IAEA gemäß Art. III B 4 ihrer Satzung der UN-Generalversammlung vorzulegen hatte.

---

[4] Seit 17. Mai 1972 »Nuclear Energy Agency« (NEA) der OECD.
[5] Erwähnenswert sind in diesem Zusammenhang insbesondere die Abkommen zwischen Großbritannien und den Vereinigten Staaten, zwischen den Vereinigten Staaten und Euratom sowie zwischen Kanada und Indien.

In den Verhandlungen der Abrüstungskommission spielten die im Baruch-Plan enthaltenen Elemente einer Beschränkung der Kernenergienutzung auf friedliche Zwecke und einer internationalen Kontrolle der Kernenergieverwendung auch nach dem Scheitern der Verhandlungen und der Auflösung der Atomenergie-Kommission eine wichtige Rolle. Nur waren sie in diesem Rahmen an das Abrüstungsproblem des Verbots von Atomwaffen gebunden. Bezeichnend hierfür ist die auf der Grundlage der Erörterungen in der Abrüstungskommission von der UN-Generalversammlung am 4. November 1954 einstimmig angenommene Resolution, in der ein neuer Versuch gefordert wurde, »ein Übereinkommen über umfassende und koordinierte Vorschläge zu erzielen, die in den Entwurf einer internationalen Abrüstungskonvention aufzunehmen wären«[6]. Dieser Entwurf sollte u. a. Bestimmungen über das völlige Verbot der Anwendung und Herstellung von Kernwaffen und die Umwandlung vorhandener Bestände an Kernwaffen zur Verwendung für friedliche Zwecke sowie über die Schaffung einer wirksamen internationalen Kontrolle enthalten. Ähnlich wie bei den Beratungen über den Baruch-Plan ergaben sich Meinungsverschiedenheiten zwischen der Sowjetunion und den westlichen Kernwaffenmächten bei der Definition der »wirksamen internationalen Kontrolle« und in der Frage, ob eine eventuell zu gründende Kontrollbehörde dem Sicherheitsrat unterstellt werden und damit dem Vetorecht der ständigen Mitglieder des Rats unterliegen sollte.

Es überrascht daher nicht, daß in einem von Großbritannien und 23 anderen, vorwiegend westlichen Staaten eingebrachten Entschließungsentwurf über den Abschluß eines Abrüstungsabkommens nur noch von der Einstellung der Produktion von spaltbarem Material für militärische Zwecke und dem Abbau von Kernwaffenlagern, jedoch nicht mehr von der Errichtung eines internationalen Kontrollsystems die Rede war. Der Entwurf wurde von der Generalversammlung am 14. November 1957 mit 56 gegen 9 Stimmen (der Sowjetunion und ihrer Verbündeten) bei 15 Enthaltungen angenommen[7].

Die Abstimmung über den britisch/westlichen Entschließungsentwurf hatte gezeigt, daß im Rahmen der UN-Abrüstungskommission und der UN-Generalversammlung kaum eine Einigung der Kernwaffenmächte über ein allgemeines Abrüstungsabkommen und die ausschließliche Nutzung der Kernenergie für friedliche Zwecke zu erzielen war. In der Folgezeit verlagerten sich deshalb die weiteren Erörterungen auf Teilmaßnahmen und bilaterale Kontakte zwischen den unmittelbar interessierten Staaten sowie auf besondere Konferenzen außerhalb der Vereinten Nationen. In den Vordergrund trat vor allem das Thema der Einstellung von Kernwaffenversuchen, dessen Erörterung am 5. August 1963 mit der Unterzeichnung des sog. Teststop-Vertrags, d. h. des Vertrags über die

---

[6] Näheres über die Erörterungen in der Abrüstungskommission, ihrem Fünf-Mächte-Unterausschuß und der UN-Generalversammlung bei *Volle/Duisberg* (Anm. 2), S. 41–62.
[7] Ebd., S. 190.

Einstellung der Kernwaffenversuche in der Atmosphäre, im Weltraum und unter Wasser, erfolgreich abgeschlossen werden konnte.

4. Der Vertrag zur Nichtverbreitung von Kernwaffen

Daneben traten bald Vorschläge zur Begrenzung des »Atomklubs«, also zur Nichtweiterverbreitung von Kernwaffen. Am 28. Oktober 1959 brachte Irland in der UN-Generalversammlung einen Entschließungsentwurf ein, in dem vorgeschlagen wurde, die Abrüstungskommission solle bei ihren Verhandlungen auch über Maßnahmen gegen die weitere Verbreitung der Kernwaffen beraten, insbesondere über die Möglichkeit, ein internationales Abkommen mit geeigneter Kontrolle zu treffen[8]. Ihm folgte ein weiterer irischer Entschließungsentwurf am 17. November 1961, in dem alle Staaten, vor allem die Atommächte, aufgefordert wurden, sich um den Abschluß eines internationalen Abkommens zu bemühen, das Bestimmungen über ein Verbot der Weitergabe von Kernwaffen an dritte Staaten enthalte und diesen Staaten die Herstellung oder den Erwerb von Kernwaffen untersage[9]. Dieser Entwurf wurde am 4. Dezember 1961 von der Generalversammlung einstimmig angenommen und bildete fortan Ausgangspunkt und Grundlage für die Erörterungen über einen NV-Vertrag[10]. Nach langen Verhandlungen im Rahmen der Achtzehn-Mächte-Abrüstungskonferenz und parallel dazu verlaufenden bilateralen Sondierungen konnten die Vereinigten Staaten von Amerika und die Sowjetunion am 24. August 1967 der Achtzehn-Mächte-Konferenz einen Vertragsentwurf vorlegen. Er wurde nach intensiven Konsultationen der Vereinigten Staaten mit ihren Verbündeten und als Folge der Debatten auf der Genfer Abrüstungskonferenz und im Ersten Ausschuß der UN-Generalversammlung Anfang 1968 in einigen Punkten abgeändert und ergänzt. Die Generalversammlung verabschiedete diesen Entwurf am 12. Juni 1968 mit 95 gegen 4 Stimmen (Albanien, Kuba, Sambia und Tansania) bei 21 Enthaltungen. Am 1. Juli wurde der Vertrag über die Nichtverbreitung von Kernwaffen in Moskau, Washington und London feierlich unterzeichnet, am 5. März 1970 trat er in Kraft.

So unterschiedlich dieser Vertrag auch bewertet wird[11], so wird er doch allgemein auf der Haben-Seite der mit Erfolgen nicht gerade verwöhnten Vereinten Nationen verbucht.

In diesem Zusammenhang ist auch die vom 29. August bis 28. September 1968 abgehaltene Konferenz der Nichtkernwaffenstaaten zu erwähnen, die von der

---

[8] Ebd., S. 226.
[9] Ebd., S. 270.
[10] Vgl. auch die weiteren Resolutionen zum Thema Nonproliferation vom 19. 11. 1965 (Nr. 2028), 17. 11. 1966 (Nr. 2153) und 19. 12. 1967 (Nr. 2346).
[11] Im Rahmen dieser Abhandlung muß auf eine Bewertung verzichtet werden.

UN-Generalversammlung mit ihrer Resolution 2153 B vom 17. Januar 1966 einberufen worden war, um Sicherheitsgarantien für die Nichtkernwaffenstaaten, die Zusammenarbeit dieser Staaten zur Verhinderung der Verbreitung von Kernwaffen und die Nutzung nuklearer Vorrichtungen zu ausschließlich friedlichen Zwecken zu erörtern. Die Konferenz nahm zum Thema der Kernenergiekontrollen zwei Resolutionen an[12], deren Empfehlungen später weitgehend verwirklicht wurden. In der ersten wurde die Annahme des IAEA-Kontrollsystems, einschließlich von Zeit zu Zeit vorzunehmender Anpassungen, durch alle Nichtkernwaffenstaaten als ein Schritt zur Nichtverbreitung von Kernwaffen empfohlen, in der zweiten eine Verbesserung und Vereinfachung des Systems der IAEA.

Auch die Resolution über Aufgaben und Struktur der IAEA hat weitergewirkt[13]. Die UN-Generalversammlung hat die Verwirklichung der Ergebnisse dieser Konferenz laufend verfolgt und ermutigt[14]. Besondere Aufmerksamkeit fand dabei die Errichtung eines internationalen Kernsprengdienstes unter internationaler Kontrolle im Rahmen der IAEA[15].

5. Der Vertrag von Tlatelolco

Ebenfalls auf der Haben-Seite zu buchen ist die Förderung, welche die Vereinten Nationen der Schaffung einer kernwaffenfreien Zone in Lateinamerika zuteil werden ließen. Nachdem die Präsidenten von Bolivien, Brasilien, Chile, Ekuador und Mexiko in einer gemeinsamen Erklärung vom April 1963 angekündigt hatten, daß die fünf Staaten bereit seien, ein Abkommen über das Verbot von Kernwaffen abzuschließen, brachte die UN-Generalversammlung in einer Resolution vom 27. November 1963 die Hoffnung zum Ausdruck, die Staaten Lateinamerikas würden geeignete Maßnahmen einleiten, um einen Vertrag abzuschließen, durch den Kernwaffen in Lateinamerika verboten würden. Nach erfolgter Unterzeichnung des Vertrags von Tlatelolco über das Verbot von Kernwaffen in Lateinamerika am 14. Februar 1967 (siehe auch S. 204) begrüßte sie in einer Resolution vom 5. Dezember 1967 diesen Vertrag mit »besonderer Genugtuung« als »Ereignis von historischer Bedeutung im Rahmen der Bemühungen um die Verhinderung der Verbreitung von Kernwaffen«. In der Folgezeit richtete sie wiederholt Appelle an die Kernwaffenmächte, das Zu-

---

[12] Siehe *Europa-Archiv*, Folge 21/1968, S. D 536.
[13] Ebd., S. D 539.
[14] Zuerst mit ihrer Resolution 2605 vom 16. 12. 1969, sodann mit den Resolutionen 2664 vom 7. 12. 1970 und 2931 vom 29. 11. 1972.
[15] Sie war Gegenstand besonderer Resolutionen: 2605 B vom 16. 12. 1969, 2665 vom 3. 12. 1970 und 2829 vom 16. 12. 1971.

satzprotokoll II[16] zu diesem Vertrag möglichst bald zu unterzeichnen und zu ratifizieren[17].

Die Annahme scheint berechtigt, daß die jährliche Überprüfung des Stands der Unterzeichnung und Ratifizierung des erwähnten Zusatzprotokolls dazu beigetragen hat, die Vereinigten Staaten von Amerika und Großbritannien zur Unterzeichnung und Ratifizierung des Protokolls sowie die Volksrepublik China und Frankreich zur Unterzeichnung zu bewegen[18].

6. Erfolglosigkeit der nuklearen Abrüstungsgespräche

Weniger erfolgreich waren dagegen die parallel zu den Verhandlungen über Teilmaßnahmen verlaufenden allgemeinen Abrüstungsgespräche und die damit im Zusammenhang stehende Diskussion um eine nukleare Abrüstung und die Einstellung der Atomwaffenherstellung. Weder in der Frage eines Verbots der Anwendung von Atomwaffen noch in der eines Verbots der Herstellung von Kernwaffen war eine Übereinkunft zwischen den Kernwaffenmächten zu erzielen. Selbst über begrenzte Vorschläge wie das Verbot unterirdischer Kernwaffenversuche, die Einstellung der Produktion von spaltbarem Material für Waffenzwecke oder den Transfer von begrenzten Mengen hochangereicherten Urans, das für Waffenzwecke produziert worden war, in den Bereich ausschließlich friedlicher Nutzung konnte keine Einigung erreicht werden[19]. Lediglich über eine Einschränkung der Produktion von angereichertem Uran und Plutonium für den Zeitraum von vier Jahren kam 1964 eine Einigung zwischen den Vereinigten Staaten von Amerika, Großbritannien und der Sowjetunion zustande[20].

Auch die Resolution 2033 vom 3. Dezember 1965, in der die Generalversammlung die Erklärung der Staats- und Regierungschefs der OAU vom 21. Juli 1964 über eine kernwaffenfreie Zone in Afrika billigte, alle Staaten aufforderte, diese Erklärung zu respektieren, und der Hoffnung Ausdruck gab, daß die afrikanischen Staaten die Durchführung des Verbots von Kernwaffen in Afrika prüfen würden, blieb toter Buchstabe.

Wenn somit festgestellt werden kann, daß sich der Beitrag, den die Vereinten Nationen zur Verhinderung mißbräuchlicher Verwendung der Kernenergie

---

[16] Darin ist vorgesehen, daß die Parteien dieses Protokolls den Status der kernwaffenfreien Zone wahren, in keiner Weise zu einer Verletzung des Vertrags von Tlatelolco beitragen, gegen die Parteien dieses Vertrags keine Kernwaffen einsetzen und nicht mit ihrem Einsatz drohen. *Europa-Archiv*, Folge 7/1967, S. D 165.

[17] So in ihren Resolutionen 2456 B vom 20. 12. 1968, 2666 vom 7. 12. 1970, 2830 vom 16. 12. 1971 und 2935 vom 29. 11. 1972.

[18] Siehe H. G. *Espiell*, En Torno al tratado de Tlatelolco y la prohibición de las armas nucleares en America Latina, Mexico 1973, S. 31.

[19] Siehe *Volle/Duisberg* (Anm. 2), S. 148 ff., 168 f.

[20] Erklärungen von Präsident Johnson und Ministerpräsident Chruschtschow vom 20. April 1964 und von Premierminister Douglas-Home vom 21. April, siehe ebd., S. 156.

geleistet haben, im wesentlichen auf die Förderung der Gründung der IAEA, das Zustandekommen des Teststop- und des NV-Vertrags sowie auf die Förderung der Erfüllung des Vertrags von Tlatelolco beschränkt hat, so darf nicht unerwähnt bleiben, daß die Generalversammlung der Tätigkeit der IAEA auf dem Gebiet der Sicherungsmaßnahmen in den letzten Jahren besondere Unterstützung gewährt hat[21].

II. Internationale Atomenergie-Organisation (IAEA)

1. Aufgabenstellung auf dem Gebiet der Sicherungsmaßnahmen

Gemäß Art. III A 5 der IAEA-Satzung ist diese befugt,

»Sicherheitsmaßnahmen zu treffen und zu handhaben, die gewährleisten, daß besonderes spaltbares Material und sonstiges Material, Dienstleistungen, Ausrüstungen, Einrichtungen und Informationen, die von der Organisation auf ihr Ersuchen oder unter ihrer Aufsicht oder Kontrolle zur Verfügung gestellt werden, nicht zur Förderung militärischer Zwecke benutzt werden, und diese Sicherheitsmaßnahmen, wenn die betreffenden Parteien darum ersuchen, auf bilaterale oder multilaterale Vereinbarungen oder, wenn ein Staat darum ersucht, auf dessen Tätigkeit auf dem Gebiet der Atomenergie anzuwenden«.

In Art. XII der Satzung werden diese Aufgaben näher beschrieben. Danach kann die IAEA die Pläne von Spezialausrüstungen und -einrichtungen, einschließlich Kernreaktoren, prüfen, die Führung von Buchungsunterlagen über Betriebsvorgänge verlangen, Berichte anfordern, die Verfahren für die Wiederaufbereitung von bestrahltem Kernmaterial genehmigen, die Hinterlegung von überschüssigem besonderem spaltbaren Material verlangen, um die Bildung nationaler Vorräte zu verhindern, Inspektoren entsenden, die jederzeit Zugang zu allen relevanten Orten, Unterlagen und Personen haben, und Sanktionen verhängen.

Diese weitgesteckte Aufgabenstellung auf dem Gebiet der Sicherungsmaßnahmen beruht auf den ursprünglichen, von den Amerikanern gehegten Vorstellungen von den Aufgaben der IAEA, die als Vermittler für die Lieferung von Kernmaterial, -ausrüstungen und -anlagen von einem Staat an einen anderen Staat oder eine Gruppe von Staaten dienen sollte. Wenn es schon nicht möglich

---

[21] So wurde in Resolution 2655 der Generalversammlung vom 4. 12. 1970 über den Jahresbericht der IAEA die zunehmend dynamische und konstruktive Rolle bei der friedlichen Nutzung der Kernenergie unterstrichen und die Tätigkeit der Organisation bei der Erfüllung ihrer Kontrollverpflichtungen gelobt. Ebenso in den beiden folgenden Jahren; vgl. die Resolutionen 2763 vom 8. 11. 1971 und 2907 vom 31. 10. 1972. In der Abrüstungsresolution 2825 vom 16. 12. 1971 wurde die Ausarbeitung der Modellbestimmungen für die Kontrollabkommen, die gemäß NV-Vertrag mit der IAEA abzuschließen sind, als Erfolg bezeichnet und Vertrauen in die Fähigkeit der IAEA zum Ausdruck gebracht, ihre Verpflichtungen bei der Anwendung von Sicherungsmaßnahmen auf Kernmaterial in allen Arten von Anlagen zu erfüllen.

war – wie im Baruch-Plan konzipiert –, sämtliches Kernmaterial und alle Kernanlagen durch eine internationale Atomenergiebehörde verwalten und kontrollieren zu lassen, dann sollten wenigstens die zwischenstaatlichen Lieferungen unter der Aufsicht einer internationalen Behörde erfolgen. Solange nur die Kernwaffenmächte über einen vollständigen Brennstoffkreislauf verfügten, nur wenige Staaten Uran erzeugten und die Lieferung von Kernanlagen, -ausrüstungen und -materialien durch die Kernwaffenmächte es für die Nichtkernwaffenstaaten wenig sinnvoll erscheinen ließ, einen vollständigen eigenen Brennstoffkreislauf aufzubauen, schien ein System zwischenstaatlicher Lieferungen über die zu gründende internationale Atomenergiebehörde zu gewährleisten, daß die Ausbreitung der friedlichen Kernenergie nicht zu einer weiteren Verbreitung von Kernwaffen führen würde. Bei den Verhandlungen über die IAEA-Satzung zeigte es sich, daß so weitgehende Vorstellungen nicht durchzusetzen waren. Art. III A 1 der Satzung sagt daher nur, die IAEA sei befugt, »auf Antrag zwischen ihren Mitgliedern die Erbringung von Dienstleistungen und die Lieferung von Material, Ausrüstungen und Einrichtungen zu vermitteln«.

2. Langsames Anlaufen der Anwendung von Sicherungsmaßnahmen

Die Praxis der IAEA in den ersten Jahren nach ihrer Errichtung zeigte eine noch größere Diskrepanz zu den ursprünglichen Vorstellungen als die Satzung selbst. Die Debatten der IAEA-Tagungen waren damals in starkem Maß vom Ost-West-Gegensatz geprägt. Insbesondere die Sowjetunion machte viele Jahre hindurch keinen Hehl aus ihrer Abneigung gegen internationale Kontrollen. Auch wenn sie keine Einwände dagegen hatte, daß sich Staaten, die nicht dem Ostblock angehörten, durch die IAEA kontrollieren ließen, war sie doch nicht bereit, die Kontrolltätigkeit der IAEA über den Haushalt der Organisation mitzufinanzieren.

Die Amerikaner, Briten und Kanadier hatten bereits vor Beginn der Tätigkeit der IAEA in ihren Zusammenarbeitsabkommen Sicherungsmaßnahmen vorgesehen, die durch nationale Beamte des jeweiligen Lieferstaates durchgeführt wurden. Allerdings enthielten die Abkommen der Amerikaner seit der Gründung der IAEA Bestimmungen, die eine mögliche Ersetzung der Sicherungsmaßnahmen des Lieferstaates durch die IAEA vorsahen. Eine weitere Beeinträchtigung der Tätigkeit der IAEA auf dem Gebiet der Sicherungsmaßnahmen stellte die Gründung von Euratom und ENEA dar. Insbesondere die Errichtung des Euratom-Kontrollsystems, das sämtliche Kernmaterialien im Gebiet der Mitgliedstaaten der Gemeinschaft umfaßt, ließ in den Euratom-Mitgliedstaaten keinen Raum mehr für eine – erst noch aufzubauende – IAEA-Kontrolle. Die Gemeinschaft hatte beim Abschluß von Zusammenarbeitsabkommen mit den Vereinigten Staaten, Großbritannien und Kanada in den Jahren 1958 und 1959 durchsetzen können, daß die von diesen Ländern gelieferten

Kernmaterialien und -ausrüstungen lediglich dem Kontrollsystem der Gemeinschaft unterliegen, nicht jedoch Kontrollen der Lieferländer oder der IAEA[22].

Da die Tätigkeit der IAEA sich auf diesem Gebiet nur langsam entwickelte, bemühten sich die Amerikaner, die IAEA stärker einzuschalten. Im Jahre 1963 wurde das bilaterale Kontrollabkommen zwischen den Vereinigten Staaten und Japan in ein trilaterales Abkommen mit der IAEA umgewandelt. Dementsprechend wurden auch die bestehenden Zusammenarbeitsabkommen geändert[23]. Ausnahmen wurden lediglich im Fall Großbritanniens, Kanadas und Euratoms gemacht. Im Fall Großbritanniens hatten die Amerikaner wegen der engen militärischen Zusammenarbeit von Anfang an auf Kontrollen verzichtet; im Fall Kanadas ebenfalls, wohl im Hinblick auf die in die Kriegszeit zurückreichende enge Zusammenarbeit; im Fall Euratoms wollten sie das gemeinschaftliche Kontrollsystem stärken, um damit Euratom zu unterstützen und die europäische Integration zu fördern. Vielleicht mag dabei auch der Gedanke eine Rolle gespielt haben, daß über Euratom die Kerntätigkeiten Frankreichs und der Bundesrepublik Deutschland vollständiger kontrolliert werden konnten als auf bilateralem Weg oder über die IAEA im Zusammenhang mit amerikanischen Lieferungen.

Im Jahre 1964 wurde das IAEA-Kontrollsystem auch auf größere Reaktoren erweitert. Gleichzeitig beschloß der IAEA-Gouverneursrat, das gesamte System einer Revision zu unterziehen. Das von einer besonderen Arbeitsgruppe revidierte System wurde 1965 angenommen, nach weiteren Vorarbeiten eines unter dem Vorsitz des norwegischen Atomwissenschaftlers Randers stehenden Ausschusses im Jahre 1966 auf Wiederaufbereitungsanlagen und im Jahre 1968 auch auf Konversions- und Fabrikationsanlagen ausgedehnt. Eine Ausdehnung des Systems auf Urananreicherungsanlagen kam nicht zustande, weil keine der Kernwaffenmächte bereit war, in einer Arbeitsgruppe die für die Bestimmung von Sicherungsmaßnahmen notwendigen Informationen über die Merkmale

---

[22] Art. XII des Abkommens zwischen Euratom und den Vereinigten Staaten vom 8. 11. 1958 bestimmt:
»Die Gemeinschaft übernimmt die Verantwortung für die Einsetzung und Durchführung eines Sicherungs- und Kontrollsystems, das mit größtmöglicher Sicherheit gewährleisten soll, daß alles Material, jede Ausrüstung bzw. alle Einrichtungen, die diesem Abkommen zufolge zur Verfügung gestellt werden, und jede Quelle bzw. besonderes Kernmaterial, die sich aus der Nutzung von Material, Ausrüstung und Einrichtungen dieser Art herleiten, nur zu friedlichen Zwecken verwendet werden.«

[23] So heißt es in Art. III des Änderungsabkommens vom 8. 6. 1964 zum Zusammenarbeitsabkommen zwischen den Vereinigten Staaten und Griechenland vom 4. 8. 1955:
»Die Regierung der Vereinigten Staaten von Amerika und die Regierung des Königreichs Griechenland vereinbaren in Anerkennung der Erwünschtheit einer Nutzung der Einrichtungen und Dienstleistungen der Internationalen Atomenergie-Organisation, daß die Organisation unverzüglich ersucht wird, die Verantwortung für die Anwendung von Sicherheitsvorkehrungen für Material und Einrichtungen zu übernehmen, für die aufgrund dieses Abkommens über Zusammenarbeit Sicherheitsvorkehrungen getroffen werden müssen.«

und die Arbeitsweise von Urananreicherungsanlagen zu geben oder IAEA-Inspektoren zu Ausbildungszwecken in ihre Urananreicherungsanlagen hineinzulassen. Erst nachdem die Verhandlungen zwischen Großbritannien, den Niederlanden und der Bundesrepublik Deutschland über die gemeinsame Entwicklung der Gaszentrifugentechnologie abgeschlossen worden waren und damit die Errichtung einer Anreicherungsanlage in einem Nichtkernwaffenstaat (in diesem Fall die Niederlande) in greifbare Nähe gerückt war, erwachte plötzlich das Interesse, insbesondere das der Amerikaner, im Rahmen der IAEA über Sicherungsmaßnahmen in Anreicherungsanlagen zu sprechen.

Auf der Grundlage dieses im IAEA-Dokument INFCIRC/66/Rev. 2 vom 16. September 1968 festgehaltenen Kontrollsystems hat die IAEA bis zum Inkrafttreten des NV-Vertrags am 5. März 1970 44 Kontrollabkommen mit 32 Staaten abgeschlossen. Damit wurden zehn Kernkraftwerke, 68 andere Reaktoren, vor allem Forschungsreaktoren, vier Konversions-, Fabrikations- und Wiederaufbereitungsanlagen sowie 74 andere Einrichtungen, in denen Kernmaterial gelagert oder benutzt wurde, den Sicherungsmaßnahmen der IAEA unterstellt. 1070 t Ausgangsmaterial, 522 effektive kg angereichertes Material sowie 824 kg Plutonium unterlagen damit der Kontrolle der IAEA[24].

3. Das Kontrollsystem gemäß INFCIRC/66

Gemäß INFCIRC/66 wendet die IAEA in einem Staat dann Sicherungsmaßnahmen an, wenn

– sie mit ihm ein Projektabkommen abgeschlossen hat, unter dem Material, Dienstleistungen, Ausrüstungen, Einrichtungen oder Informationen zur Verfügung gestellt werden und das die Anwendung von Sicherungsmaßnahmen vorsieht;
– der Staat Vertragspartei einer bilateralen oder multilateralen Vereinbarung ist, unter der Material, Dienstleistungen, Ausrüstungen, Einrichtungen oder Informationen zur Verfügung gestellt werden, alle Vertragsparteien die IAEA um Durchführung von Sicherungsmaßnahmen ersucht haben und die IAEA mit dem Staat ein entsprechendes Kontrollabkommen abgeschlossen hat;
– der Staat die IAEA gebeten hat, bestimmte Kerntätigkeiten unter seiner Hoheitsgewalt zu kontrollieren, und die IAEA mit ihm ein diesbezügliches Abkommen abgeschlossen hat.

Die IAEA ist verpflichtet, die Sicherungsmaßnahmen so durchzuführen, daß die wirtschaftliche und technologische Entwicklung des Staates nicht behindert wird, sie mit einer umsichtigen Betriebsführung in Einklang stehen und Ge-

---

[24] Siehe IAEA-Tätigkeitsbericht für 1969/1970. IAEA-Dokument GC (XIV) 430, S. 35 f.

schäfts- und Betriebsgeheimnisse geschützt werden. Sie hat das Recht, Anlagedaten der zu kontrollierenden Kernanlagen zu erhalten und zu überprüfen. Sie kann verlangen, daß Buchungsunterlagen über das Sicherungsmaßnahmen unterliegende Kernmaterial sowie den Betrieb der zu kontrollierenden Kernanlagen zur Einsicht gehalten werden. Außerdem müssen ihr alle Materialbewegungen und -nutzungen berichtet werden. Schließlich kann sie die den Sicherungsmaßnahmen unterliegenden Kernanlagen inspizieren und dabei die Buchungsunterlagen einsehen, das tatsächliche Vorhandensein des Kernmaterials und seine Nutzung überprüfen und sich von den Betriebsabläufen überzeugen.

Der Besuch eines Inspektors in einem Staat ist mindestens eine Woche vorher anzumelden. Außerdem kann der Staat der Benennung eines Inspektors widersprechen. Der Inspektor hat jederzeit Zugang zu allen Orten und Unterlagen sowie zu jeder Person, die beruflich mit Kernmaterial, -ausrüstungen oder -einrichtungen zu tun hat, auf die Sicherungsmaßnahmen Anwendung finden. Die Häufigkeit der Inspektionen erstreckt sich von einer Inspektion pro Jahr bei kleineren Reaktoren, die nur geringe Mengen an Kernmaterial verarbeiten, bis zum jederzeitigen Zugangsrecht bei Kernkraftwerken, größeren Wiederaufbereitungs-, Konversions- und Fabrikationsanlagen[25].

Das Kontrollsystem nach INFCIRC/66 enthält außerdem Bestimmungen über die Nichtanwendung von Sicherungsmaßnahmen (vor allem bei kleineren Mengen von Kernmaterial), die Beendigung der Sicherungsmaßnahmen und den Transport von kontrolliertem Material außerhalb des Staates. Ein wesentliches Merkmal des Systems ist das Folgerecht: Sicherungsmaßnahmen finden so lange auf das kontrollierte Material Anwendung, bis es entweder dem Lieferstaat zurückgegeben, durch eine gleich große Menge substituiert oder in einen anderen Staat gebracht wurde, in dem es gleichartigen und von der IAEA akzeptierten Sicherungsmaßnahmen unterliegt. Die Sicherungsmaßnahmen enden normalerweise mit dem Erlöschen des Kontrollabkommens. In INFCIRC/66 wird es jedoch als wünschenswert bezeichnet, daß die Sicherungsmaßnahmen fortgesetzt werden.

4. Begrenzte Anwendung des Kontrollsystems

Auch wenn es der IAEA gelang, die Anwendung ihrer Sicherungsmaßnahmen kontinuierlich auszudehnen und ein technisch wirksames Kontrollsystem aufzubauen, so war sie doch weit davon entfernt, den Rahmen für allumfassende Kernenergiekontrollen darzustellen oder auch nur den größten Teil der Kern-

---

[25] Bei Reaktoren ist kontinuierliche Inspektion möglich, wenn sie einen Durchsatz oder eine Jahresproduktion von mehr als 60 effektiven kg haben. Bei Wiederaufbereitungs-, Konversions- und Fabrikationsanlagen liegt die Schwelle bei 5 effektiven kg. Bei Plutonium entspricht 1 effektives kg 1 kg Plutonium, bei angereichertem Uran werden die effektiven kg je nach Anreicherungsgrad bemessen.

tätigkeiten ihrer Mitgliedstaaten zu erfassen. Selbst unter dem Gesichtspunkt der horizontalen Nonproliferation, d. h. der Verhinderung der militärischen Verwendung von Kernenergie durch Nichtkernwaffenstaaten, blieb ihre Kontrolltätigkeit Stückwerk.

Ein Blick auf die Anfang 1970 in Kraft befindlichen Kontrollabkommen macht dies deutlich: Von den 44 Kontrollabkommen waren 14 Projektabkommen der IAEA. Sie bezogen sich auf zwölf Forschungsreaktoren, eine subkritische Versuchsanlage sowie eine zusätzliche Brennelementausstattung für einen Forschungsreaktor, die alle über die IAEA geliefert worden waren. Weitere 26 Abkommen waren trilaterale Kontrollabkommen im Zusammenhang mit bilateralen Zusammenarbeitsabkommen der Vereinigten Staaten (22), Großbritanniens (zwei) und Kanadas (zwei). Lediglich vier Abkommen beruhten auf der in der IAEA-Satzung eröffneten Möglichkeit, Sicherungsmaßnahmen auf die Kernenergietätigkeit eines Staates anzuwenden, falls dieser darum ersucht. Zwei dieser Abkommen waren mit den Vereinigten Staaten und mit Großbritannien abgeschlossen worden. Sie dienten dem Ziel, mit der Unterstellung von einigen Leistungs- und Forschungsreaktoren (USA: zwei Leistungs- und zwei Forschungsreaktoren; Großbritannien: ein Leistungsreaktor) ein nachahmenswertes Beispiel für Nichtkernwaffenstaaten zu setzen. Sie sollten außerdem IAEA-Inspektoren Gelegenheit zum Sammeln von Erfahrungen bei der Kontrolle gewisser Reaktortypen geben. Insofern waren sie im Hinblick auf den eigentlichen Zweck von Sicherungsmaßnahmen atypisch. Ein weiteres Abkommen war von Taiwan abgeschlossen worden, weil die Nationalchinesen einen Mehrzweckreaktor in der Bundesrepublik kaufen wollten und die Bundesregierung die Erteilung einer Exportlizenz vom Abschluß eines Kontrollabkommens mit der IAEA abhängig gemacht hatte. Das Abkommen kam nie zur Durchführung, weil die Taiwanesen den Reaktor schließlich nicht kauften. Lediglich das mit Mexiko am 6. September 1968 abgeschlossene Abkommen war ein Vorläufer der im NV-Vertrag vorgesehenen Kontrollabkommen. Mit ihm unterstellte Mexiko seine gesamte Kernenergietätigkeit den Sicherungsmaßnahmen der IAEA. Der Abschluß dieses Abkommens war eine Konsequenz des am 24. Februar 1967 unterzeichneten Vertrags von Tlatelolco über die Schaffung einer kernwaffenfreien Zone in Lateinamerika.

Wenn man von diesem Abkommen, das aufgrund einer in einem regionalen Nonproliferationsvertrag enthaltenen Verpflichtung abgeschlossen wurde, und den beiden Abkommen der Vereinigten Staaten und Großbritanniens absieht, blieb die Kontrolltätigkeit der IAEA auf die Anwendung von Sicherungsmaßnahmen bei der Lieferung von Kernmaterial, -anlagen und -ausrüstungen beschränkt. Selbst in diesem Bereich kontrollierte sie nur einen Teil des internationalen Transfers von Kernenergieerzeugnissen. Die Lieferungen der Sowjetunion an die Tschechoslowakei, Polen, Ungarn, die DDR und die Volksrepublik China waren ebensowenig IAEA-Sicherungsmaßnahmen unterworfen wie die Lieferungen Frankreichs an Spanien und die Kanadas an Indien, ganz zu schweigen von den Uranlieferungen der Tschechoslowakei und der DDR an die Sowjetunion. Auch der Transfer von Kernerzeugnissen zwischen den Mitgliedstaaten der Europäischen Gemeinschaft und zwischen den Vereinigten Staaten, Großbritannien, Kanada und der Gemeinschaft blieben außerhalb des Anwendungsbereichs der IAEA-Kontrollen. Die Gemeinschaftsländer hielten IAEA-Kontrollen auf ihrem Hoheitsgebiet für überflüssig, da ihre gesamte Kerntätigkeit dem zwar nur regionalen, doch multinationalen und ihrer Überzeugung nach technisch und rechtlich besser ausgestalteten Kontrollsystem von Euratom unterlag. Bei den Ostblockländern war die Abwehrstellung gegen jede internationale Kontrolle der Hauptgrund. Die Inder waren nur ungern bereit, eine Beschränkung ihrer Souveränität hinzunehmen, wobei auch der Wunsch maßgebend war, sich eine nukleare Option angesichts der Bedrohung durch Pakistan und später durch die Volksrepublik China offenzuhalten. Im Fall des von Frankreich an Spanien verkauften Leistungsreaktors war es eher so, daß Frankreich keinen Wert auf ein trilaterales oder ein bilaterales Kontrollabkommen der Spanier mit der IAEA legte.

Der Versuch der Amerikaner und Briten, durch die Unterstellung einzelner Kernanlagen unter IAEA-Sicherungsmaßnahmen bei anderen Staaten die Bereitschaft zu erhöhen, ihre Kernenergietätigkeit ganz oder teilweise der IAEA-Kontrolle zu unterwerfen, hatte keinen Erfolg. Auch die 1965 auf amerikanische Initiative gebildete »Nuclear Suppliers Group«, der die hauptsächlichen westlichen Lieferländer von Kernerzeugnissen angehörten und in der die Amerikaner, unterstützt von den Briten und Kanadiern, versuchten, eine Absprache über eine Liste von Kernerzeugnissen zu erreichen, deren Export internationale Sicherungsmaßnahmen im Empfängerstaat auslösen würde, war nicht erfolgreich. Als indirekte positive Auswirkung ist allerdings die – in der Note der Bundesregierung vom 25. März 1966 zur deutschen Friedenspolitik zum Ausdruck gebrachte – Bereitschaft zu werten, »in ihren Lieferverträgen mit Empfängerländern außerhalb des Euratom-Gebiets allgemein entsprechende Kontrollen durch die Internationale Atomenergie-Organisation zu fordern«. Obwohl diese Bereitschaftserklärung durch den anschließenden Satz »sie geht davon aus, daß andere Lieferländer die gleiche Auflage machen« eingeschränkt wurde, blieb es nicht bei ihr. Bei allen Exporten von Kernanlagen in Länder außerhalb des Euratom-Bereichs hat die Bundesrepublik konsequent das Vorliegen oder den Abschluß eines Kontrollabkommens mit der IAEA durch den Empfängerstaat zur Voraussetzung der Erteilung der Exportlizenz gemacht[26].

Nicht unerwähnt dürfen in diesem Zusammenhang die – ebenfalls gescheiterten – Versuche bleiben, wenigstens die Bundesrepublik Deutschland durch Pres-

---

[26] So bei der in Aussicht genommenen Lieferung eines Mehrzweckreaktors nach Taiwan, beim Export des Atucha-Leistungsreaktors nach Argentinien sowie bei der Lieferung von Forschungsreaktoren nach Argentinien und Mexiko, die über die IAEA in Form von Projektabkommen der IAEA erfolgten.

sionen aller Art zur Annahme von IAEA-Kontrollen zu bewegen. Diese Pressionen reichten von freundlichen Überredungsversuchen des IAEA-Generaldirektors über ebenso freundliche Ermunterungsversuche westlicher oder neutraler Regierungen bis zu den überdeutlichen Erklärungen Polens und der Tschechoslowakei auf der IAEA-Generalkonferenz im September 1966, sie seien bereit, ihre nuklearen Einrichtungen der IAEA-Kontrolle zu unterstellen, falls die Bundesrepublik das gleiche tue[27]. All diese Versuche waren Ausstrahlungen der sowjetischen Nonproliferationspolitik, die in engem Zusammenhang mit den deutschland- und europapolitischen Zielsetzungen der Sowjetunion im wesentlichen auf ein Kernwaffenverbot für die Bundesrepublik und eine entsprechende Kontrolle durch eine Organisation ausgerichtet war, in der die Sowjetunion maßgebenden Einfluß ausübt. Die Tatsache, daß die Bundesrepublik im Zusammenhang mit dem WEU-Vertrag bereits 1954 auf die Herstellung von Kernwaffen verzichtet hatte und daß ihre gesamte Kernenergietätigkeit den Euratom-Kontrollen unterlag, wurde von den Sowjets nicht als ausreichend betrachtet. Insofern wurden auch die in der Friedensnote vom 25. März 1966 und in anderen diplomatischen Noten und Erklärungen deutscher Regierungsvertreter gemachten Feststellungen, durch die in der Bundesrepublik durchgeführten internationalen Kontrollen sei die Nichtverwendung von Kernbrennstoffen für die Herstellung von Kernwaffen gewährleistet, von der sowjetisch-osteuropäischen Propaganda überspielt.

Der polnisch-tschechoslowakische Vorschlag wurde auf der IAEA-Generalkonferenz 1967 bekräftigt. Ungarn und Bulgarien schlossen sich ihm an. Der deutsche Vertreter wies in seiner Erwiderung darauf hin, daß die gesamte nukleare Tätigkeit der Bundesrepublik ausschließlich friedlichen Zwecken diene und durch Euratom kontrolliert werde. Die deutsche Regierung befürworte eine möglichst alle Staaten der Welt umfassende Kontrolle. Die IAEA könne zur Erhaltung des Friedens und zur Verhinderung der nuklearen Bedrohung in Zusammenarbeit mit anderen, dem gleichen Zweck dienenden Organisationen einen wichtigen Beitrag leisten. Ein entsprechendes Abkommen zwischen der IAEA und Euratom könne die IAEA entlasten und sicherstellen, daß die Mitgliedstaaten von Euratom nach den gleichen Grundsätzen kontrolliert würden wie die direkt von der IAEA kontrollierten Staaten.

---

[27] Die DDR, die damals noch nicht Mitglied der IAEA war, machte in einer an die Teilnehmer der Konferenz verteilten Note den gleichen Vorschlag. Ob der polnisch-tschechoslowakische Vorschlag überhaupt seriös war, wurde von manchen bezweifelt. Polen verfügte damals nur über drei Forschungsreaktoren. In der Tschechoslowakei war ein Forschungsreaktor in Betrieb und ein Leistungsreaktor im Bau. Demgegenüber gab es in der Bundesrepublik 13 Forschungsreaktoren in Betrieb, zwei weitere im Bau, vier Leistungsreaktoren in Betrieb und acht weitere im Bau sowie eine Fabrikationsanlage für Brennelemente. Eine Versuchsanlage für die Wiederaufbereitung bestrahlter Brennelemente war im Bau.

5. Kritik an den IAEA-Kontrollen

Die Bemühungen der Amerikaner, die IAEA zum Durchführungsorgan ihrer weltweit angelegten Nonproliferationspolitik zu machen, und die Politik der Sowjets, die IAEA zur Durchsetzung ihrer deutschlandpolitischen Ziele zu nutzen, resultierten bei einer Reihe anderer Mitgliedstaaten nicht nur in einer reservierten Haltung gegenüber der Kontrolltätigkeit der IAEA, sondern zum Teil auch in offener Kritik. Die kritische Argumentation richtete sich dabei vor allem auf Sinn und Zweck der Kontrollen und auf die durch die Kontrollen entstehenden Belastungen der Kernforschung und -industrie, auf die Souveränitätsbeschränkungen und Ungleichheiten zwischen den Staaten, die kontrolliert werden, und solchen, die sich nicht kontrollieren lassen. Sinn und Zweck der Kontrollen wurden mit dem Argument angezweifelt, daß ohnehin nur ein kleiner Teil der Kernenergietätigkeiten in der Welt von der IAEA kontrolliert würde, so daß die IAEA-Kontrolle keinen wesentlichen Beitrag zur Nichtverbreitung von Kernwaffen leisten könne. Selbst in den Empfängerstaaten von Kernerzeugnissen, die von der IAEA kontrolliert würden, bleibe der Bereich der nationalen Kernenergietätigkeit, der von diesen Lieferungen unberührt sei, außerhalb jeder Kontrolle. Für Staaten mit wenig Kernanlagen, die zudem auf die gelieferten Kernbrennstoffe und ihre Folgeprodukte angewiesen seien, bedeute dies eine weitgehende Kontrolle. Staaten mit vielen Kernanlagen und einer relativ großen Eigenerzeugung an Ausgangsstoffen und besonderen spaltbaren Stoffen gebe dieses System die Möglichkeit, alle die Kernanlagen von der Kontrolle auszunehmen, die für militärische Zwecke arbeiteten oder zu einem späteren Zeitpunkt arbeiten sollten. Sie brauchten lediglich in diesen Bereichen keine Kernbrennstoffe oder Ausrüstungsgegenstände zu benutzen, die von einem anderen Staat direkt oder über die IAEA unter der Bedingung friedlicher Verwendung bei entsprechenden Kontrollen geliefert werden. Außerdem setze die Kontrolle an den falschen Stellen im Brennstoffkreislauf an. Die Kontrolle von Forschungsreaktoren und selbst Leistungsreaktoren sei so lange entbehrlich, als die kontrollierten Staaten keine Möglichkeit zur Wiederaufbereitung der bestrahlten Brennelemente oder der Hochanreicherung der ihnen gelieferten Brennelemente hätten. Es genüge völlig, wenn die Kontrollen sich auf Urananreicherungsanlagen und Wiederaufbereitungsanlagen beschränkten. Diese gebe es aber bisher nur in Ländern, die sich nicht von der IAEA kontrollieren lassen wollten.

Die mit den Kontrollen einhergehenden Souveränitätsbeschränkungen wurden von einigen Staaten so lange als unzumutbar empfunden, als nicht alle Staaten sich gleichartigen Kontrollen unterwarfen. Die Kontrollen seien auch geeignet, die internationale Arbeitsteilung auf dem Kernenergiesektor zu verfälschen, indem sie für die Staaten, die in der Lage wären, sich einen vollständigen Brennstoffkreislauf zu schaffen, es aber aus ökonomischen Erwägungen vorzögen, gewisse Kernbrennstoffe und -ausrüstungen aus dem Ausland zu beziehen, einen Anreiz bildeten, dennoch den Aufbau eines vollständigen nationalen Brennstoffkreislaufs zu betreiben. Außerdem würden die Kontrollen indirekt neue Abhängigkeiten zwischen Industrie- und Entwicklungsländern schaffen. Staaten, die über keine eigenen Uranvorkommen verfügten, aber finanziell und industriell in der Lage wären, alle übrigen Phasen des Brennstoffkreislaufs aufzubauen, würden dadurch verleitet, in erhöhtem Maß Uranschürfungen in solchen Ländern zu betreiben, die wirtschaftlich schwach, auf mögliche Uranexporte angewiesen und darum bereit seien, Uranerz ohne die Bedingung internationaler Kontrollen zu liefern.

Ein weiteres Element der Ungleichheit zwischen kontrollierten und nichtkontrollierten Staaten werde schließlich durch die Belastungen eingeführt, welche die Kontrollen für die Kernforschung und -industrie der kontrollierten Staaten mit sich bringen. Kontrollkosten würden nicht nur bei der IAEA anfallen, sondern auch in den nationalen Kernanlagen, und zwar sowohl im Zusammenhang mit der Führung der von der IAEA verlangten Material- und Betriebsunterlagen als auch durch die Anwesenheit von Inspektoren, die mit ihren Nachprüfungen und Messungen den Betriebsablauf hemmten. Insofern würde die Wettbewerbsstellung der kontrollierten Kernanlagen geschwächt. Außerdem werde der Industriespionage Tür und Tor geöffnet. Die IAEA-Inspektoren hätten das Recht zu jederzeitigem Zugang zu allen relevanten Orten, Unterlagen und Personen. Auch wenn die ihnen bei der Prüfung von Anlagendaten und im Verlauf von Inspektionen zufließenden Kenntnisse innerhalb der IAEA dem Geheimschutz unterlägen, sei nicht gewährleistet, daß die einzelnen Inspektoren diese Geheimschutzbestimmungen stets respektierten, vor allem dann, wenn sie den Dienst bei der IAEA quittiert hätten. Viele Inspektoren wären nur für wenige Jahre bei der IAEA beschäftigt und würden dann wieder in ihre Heimatländer zurückkehren.

Zu diesen kritischen Argumenten trat noch die Kritik am Kontrollsystem als solchem. Es wurde bemängelt, daß in Dokument INFCIRC/66 das praktische Ziel, das mit den Sicherungsmaßnahmen erreicht werden solle, nicht definiert sei. »Wer dieses Dokument zu seiner Arbeitsgrundlage macht, wird nur mit Mühe herausfinden können, ob seine Aufgabe darin besteht, jemanden auf frischer Tat bei einem Akt der Diversion zu ertappen, oder darin, nur zu seiner eigenen Befriedigung eine gründliche Inspektion durchzuführen.«[28] Zugleich seien keine technischen Richtlinien für die Effektivität von Inspektionen festgelegt worden. Ebensowenig seien irgendwelche Kriterien dafür entwickelt worden, was unter Diversion zu verstehen sei, d. h. von welcher Schwelle ab Materialverluste, die beim Betriebsablauf unvermeidlich auftreten, als kritisch zu betrachten sind. Schließlich seien die Belange der Kernanlagenbetreiber und der Schutz von Betriebsgeheimnissen viel zuwenig berücksichtigt worden.

---

[28] So Ryukichi *Imai*, Nuclear Safeguards, in: *Adelphi Papers*, Nr. 86, hrsg. International Institute for Strategic Studies, London, März 1972.

6. Zwischenbilanz

Trotz dieser Kritik ist festzustellen, daß die IAEA mit ihrer Kontrolltätigkeit (bis zum Inkrafttreten des NV-Vertrags) einen wertvollen Beitrag zur Vermeidung potentieller internationaler Konflike leistete. Bei der Lieferung von Kernmaterial, -ausrüstungen und -anlagen in Nichtkernwaffenstaaten, die mit der IAEA entsprechende Kontrollabkommen abgeschlossen hatten, war die Gewähr gegeben, daß die Verwendung der gelieferten Gegenstände und des in ihnen oder durch sie produzierten besonderen spaltbaren Materials durch internationale Beamte überprüft wurde, um eine militärische Verwendung auszuschließen. Da die IAEA-Kontrolle allgemein als zuverlässig und objektiv betrachtet wurde und alle Mitgliedstaaten mitverantwortlich für die IAEA-Kontrolltätigkeit waren, bot sich kein Anlaß, den Empfangsstaat mißbräuchlicher Verwendung der gelieferten Kernerzeugnisse zu verdächtigen. Sicherungsmaßnahmen, die von einer internationalen Organisation durchgeführt werden, besitzen – vor allem in dritten Staaten – größere Glaubwürdigkeit als bilaterale Kontrollen. Dabei ist die Glaubwürdigkeit multilateraler Kontrollen ceteris paribus um so größer, je größer die Mitgliederzahl der Kontroll-Organisation ist.

Andererseits hat die Gestaltung des IAEA-Kontrollsystems und seine praktische Anwendung auch Anlaß zu Konflikten zwischen den Mitgliedstaaten gegeben. Die Bemühungen der beiden Supermächte, die IAEA in den Dienst ihrer Sicherheitspolitik zu stellen, haben nicht nur zu einer gewissen Malaise einer nicht unbeträchtlichen Anzahl von Mitgliedstaaten gegenüber der Kontrolltätigkeit der Organisation geführt, sondern auch zu zwischenstaatlichen Konflikten: Anfangs gab es Konfliktsituationen zwischen den Vereinigten Staaten von Amerika und der Sowjetunion, dann zwischen den osteuropäischen Staaten und den Euratom-Ländern, sodann zwischen Kernwaffenstaaten und Nichtkernwaffenstaaten der Atlantischen Allianz und schließlich – wenn es an die Finanzierung der Kontrolltätigkeit und ihren Platz im Gesamtprogramm der IAEA ging – auch zwischen Industrieländern und Entwicklungsländern.

7. Artikel III des NV-Vertrags

Eine neue Phase der Kontrolltätigkeit der IAEA wurde durch den NV-Vertrag eingeleitet.

Im August 1965 hatte die amerikanische Delegation auf der Genfer Abrüstungskonferenz den Entwurf eines Vertrags über die Nichtverbreitung von Kernwaffen vorgelegt, der in Art. III eine Verpflichtung der Vertragsparteien vorsah, »daran mitzuwirken, die Anwendung von Sicherungsmaßnahmen der IAEA oder von entsprechenden internationalen Sicherungsmaßnahmen bei jeder friedlichen atomaren Tätigkeit zu erleichtern«. Im Gegenentwurf der Sowjetunion, der im September 1965 der UN-Generalversammlung unterbreitet wurde, fehlte dagegen jede Bezugnahme auf Sicherungsmaßnahmen. Es gelang zunächst auch nicht, zu einer Einigung über die Formulierung von Art. III zu gelangen. Die amerikanische Formulierung hatte die Möglichkeit eingeschlossen, daß die NV-Vertrags-Kontrollen auch von Euratom durchgeführt werden. Die Einbeziehung Euratoms in ein weltweites System von Sicherungsmaßnahmen war jedoch einer Reihe von Mitgliedern der Abrüstungskonferenz äußerst unwillkommen, insbesondere der Sowjetunion, die damals keine Gelegenheit vorbeiließ, um gegen die Europäische Gemeinschaft zu polemisieren. Sie legte daher im Mai 1967 einen eigenen Entwurf zu Art. III vor, der ausschließlich Sicherungsmaßnahmen der IAEA für die gesamte Kernenergietätigkeit der Nichtkernwaffenstaaten vorsah[29]. Das wiederum war für die Euratom-Länder unannehmbar. Der gleichlautende Entwurf der Vereinigten Staaten und der Sowjetunion für einen NV-Vertrag vom 24. August 1967 ließ daher Art. III offen. Erst nach längeren Diskussionen hinter den Kulissen war es den beiden Kopräsidenten des Achtzehn-Mächte-Abrüstungsausschusses möglich, sich auf eine Kompromißformel für Art. III zu einigen. So konnte schließlich ein gleichlautender Entwurf des NV-Vertrags am 18. Januar 1968 vorgelegt werden, der von der UN-Generalversammlung am 12. Juni 1968 gebilligt und in Washington, Moskau und London am 1. Juli 1968 unterzeichnet wurde.

Die Kompromißlösung für Art. III bestand darin, daß nicht mehr von IAEA-Sicherungsmaßnahmen allein oder im Zusammenhang mit anderen internationalen Sicherungsmaßnahmen die Rede war, sondern lediglich von der Verpflichtung der Nichtkernwaffenstaaten, Sicherungsmaßnahmen anzunehmen, »wie sie in einer mit der IAEA nach Maßgabe ihrer Satzung und ihres Sicherungssystems auszuhandelnden und zu schließenden Übereinkunft festgelegt werden«. Im letzten Absatz des Artikels ist außerdem vorgesehen, daß die kernwaffenlosen Staaten ihre Übereinkünfte mit der IAEA entweder einzeln oder zusammen mit anderen Staaten abschließen können.

Mit diesen sibyllinischen Formulierungen war natürlich unterschiedlichen Interpretationen Tür und Tor geöffnet. Dies wurde bereits bei der Vorlage des gemeinsamen Entwurfs im Achtzehn-Mächte-Ausschuß deutlich. Der sowjetische Delegierte gab klar zu verstehen, daß Art. III »die Errichtung einer internationalen Kontrolle seitens der IAEA« vorsehe[30]. Die Amerikaner ließen andererseits ihre Euratom-Verbündeten wissen, diese Formulierungen erlaubten den kernwaffenlosen Euratom-Mitgliedstaaten, ihren Verpflichtungen aus diesem Artikel durch ein Abkommen zwischen Euratom und der IAEA nachzukommen.

---

[29] Siehe Jürgen *Diesel*, Die Verhandlungen über den Kernwaffensperrvertrag seit Herbst 1966, in: *Europa-Archiv*, Folge 8/1968, S. 295 ff.
[30] Siehe *Europa-Archiv*, Folge 4/1968, S. D 88.

Mit Art. III des NV-Vertrags war die Rolle der IAEA als hauptsächliches Durchführungsorgan des NV-Vertrags festgeschrieben[31].

8. Der Ausschuß für Sicherungsmaßnahmen

Gleich nach Inkrafttreten des NV-Vertrags ging die IAEA daran, die Folgerungen aus dem in Art. III indirekt enthaltenen Mandat für die Organisation zu ziehen. Das IAEA-Sekretariat mußte in die Lage versetzt werden, Kontrollabkommen mit denjenigen Nichtkernwaffenstaaten auszuhandeln, die den NV-Vertrag ratifiziert hatten und damit verpflichtet waren, im September 1970 mit der IAEA Verhandlungen aufzunehmen. Der IAEA-Gouverneursrat beschloß deshalb in einer Sondersitzung im April 1970, einen Ausschuß einzusetzen, der dem Gouverneursrat Vorschläge über die Rolle der IAEA im Zusammenhang mit den vom NV-Vertrag vorgeschriebenen Sicherungsmaßnahmen und im besonderen über den Inhalt der im NV-Vertrag vorgesehenen Übereinkünfte unterbreiten sollte. Um eine möglichst breite Basis für diese Vorschläge zu gewinnen, wurde auch den Mitgliedstaaten, die nicht im Gouverneursrat vertreten waren, die Möglichkeit eröffnet, im Ausschuß mitzuwirken. Die Bundesrepublik konnte daher an den Arbeiten des Ausschusses teilnehmen.

Als der Ausschuß im Juni 1970 unter dem Vorsitz des damaligen österreichischen UN-Botschafters Waldheim seine Arbeit aufnahm, sah er sich einer schwierigen Aufgabe gegenüber. Im Art. III des NV-Vertrags waren der Zweck der Sicherungsmaßnahmen, ihr Anwendungsbereich sowie die Art ihrer Durchführung in den Grundlinien festgelegt worden. Danach sollen die Sicherungsmaßnahmen

---

[31] Vgl. hierzu die von der Konferenz der Nichtkernwaffenstaaten im September 1968 mit 34 Stimmen, bei acht Neinstimmen und 31 Enthaltungen angenommene Resolution, in der allen Nichtkernwaffenstaaten empfohlen wurde, das Kontrollsystem der IAEA nach Maßgabe einer entsprechenden Übereinkunft für ihre gesamte Tätigkeit auf dem Gebiet der friedlichen Nutzung der Kernenergie zu akzeptieren (siehe *Europa-Archiv*, Folge 21/1968, S. D 500). Einer der Gründe für die Abgabe einiger Neinstimmen und die zahlreichen Enthaltungen bei der Abstimmung über diese Resolution war das Unbehagen, das mehrere Nichtkernwaffenstaaten über die privilegierte Stellung der Kernwaffenmächte im IAEA-Gouverneursrat und den beherrschenden Einfluß der Vereinigten Staaten und der Sowjetunion in der IAEA empfanden. Als Kontrapunkt zu dieser Resolution ist die Resolution H über die Aufgaben und Struktur der IAEA zu betrachten, die von der Konferenz mit 51 gegen 15 Stimmen bei 10 Enthaltungen angenommen wurde. Darin wird u. a. der Erwartung Ausdruck gegeben, daß die IAEA zu gegebener Zeit sowohl ihre Verfahrensregeln und Abmachungen als auch die Frage der Zusammensetzung ihres Gouverneursrats im Hinblick auf die notwendigen Anpassungen im Lichte ihrer neuen Zuständigkeiten überprüft. Auf derselben Linie liegt die insbesondere von der deutschen Delegation propagierte Resolution über die Vereinfachung von Sicherungsmaßnahmen. Siehe *Europa-Archiv*, Folge 21/1968, S. D 537.

a) ausschließlich dazu dienen, die Erfüllung der von dem Nichtkernwaffenstaat im NV-Vertrag übernommenen Verpflichtungen nachzuprüfen, »damit verhindert wird, daß Kernenergie von der friedlichen Nutzung abgezweigt und für Kernwaffen oder sonstige Kernsprengkörper verwendet wird«;

b) auf alles Kernmaterial (Ausgangs- und besonders spaltbares Material) in allen friedlichen nuklearen Tätigkeiten Anwendung finden, die im Hoheitsgebiet dieses Staates, unter seiner Hoheitsgewalt oder unter seiner Kontrolle an irgendeinem Ort durchgeführt werden;

c) so durchgeführt werden, daß sie

— das Recht aller Vertragsparteien, die Erforschung, Erzeugung und Verwendung der Kernenergie für friedliche Zwecke zu entwickeln, nicht beeinträchtigen,
— keine Behinderung für die wirtschaftliche und technologische Entwicklung der Vertragsparteien oder für die internationale Zusammenarbeit auf dem Gebiet der friedlichen Kernenergietätigkeiten darstellen.

Die erste Schwierigkeit ergab sich daraus, daß diese Grundlinien nicht ganz in Übereinstimmung mit einer anderen Vorschrift des Art. III zu stehen schienen, wonach die Übereinkünfte nach Maßgabe des Kontrollsystems der IAEA auszuhandeln und abzuschließen sind. Da Sicherungsmaßnahmen der IAEA in einem Staat praktisch nur im Zusammenhang mit der Durchführung von IAEA-Projekten oder der Lieferung von Kernmaterial oder Kernausrüstungen durch andere Staaten durchgeführt wurden, war das IAEA-Kontrollsystem darauf ausgerichtet, die den Sicherungsmaßnahmen unterliegenden einzelnen Kernmaterialmengen und Kernanlagen möglichst vollständig zu erfassen. Dementsprechend unterlag der Zugang zu Kernanlagen keiner Begrenzung. Auch die Häufigkeit der Inspektionen war ziemlich hoch angesetzt worden und beinhaltete das Recht zu jederzeitigem Zutritt zu allen Anlagen, die mehr als 60 effektive kg (in der Hauptsache Plutonium) an Beständen, Durchsatz oder Produktionskapazität aufwiesen. Es war offensichtlich, daß bei der Erfassung des gesamten Brennstoffkreislaufs eines Staates in weit größerem Umfang als bisher mit statistischen Verfahren und Stichproben gearbeitet werden konnte und daß daher die Inspektionsfrequenzen nicht so hoch angesetzt zu werden brauchten wie im bisherigen System.

Im bisherigen Kontrollsystem der IAEA bezogen sich die Sicherungsmaßnahmen sowohl auf Kernmaterialmengen als auch auf Kernanlagen. Die im NV-Vertrag vorgesehenen Sicherungsmaßnahmen sollten dagegen nur in bezug auf Kernmaterial durchgeführt werden, gleichgültig, ob dieses Material in einer Kernanlage verwendet, verarbeitet oder hergestellt wird oder sich außerhalb einer solchen Anlage befindet. Demgemäß erschien der Zugang zu Kernanlagen nicht mehr im gleichen Maße notwendig wie unter dem bisherigen Kontrollsystem. Er konnte auf das für die Spaltstoffflußkontrolle notwendige Minimum beschränkt werden. Bei der Festlegung dieses Minimums konnte auf die in den letzten Jahren durchgeführten Forschungsarbeiten auf dem Gebiet der Sicherungsmaßnahmen zurückgegriffen werden. Das im Kernforschungszentrum Karlsruhe entwickelte Konzept der Spaltstoffflußkontrolle an bestimmten strategischen Punkten bot sich als eine objektive Methode an, den Zugang zu den Kernanlagen bei voller Wirksamkeit der Kontrolle einzugrenzen[32].

Es kam noch hinzu, daß Art. III in Verbindung mit Art. IV des NV-Vertrags sehr viel mehr Vorschriften über die Nichtbehinderung der friedlichen Kernenergietätigkeit der kontrollierten Staaten enthält als INFCIRC/66. Diese Vorschriften dienten im wesentlichen dazu, die Befürchtungen in einigen Nichtkernwaffenstaaten zu zerstreuen, sie würden durch den NV-Vertrag am Ausbau ihrer friedlichen Kernenergietätigkeiten und am Austausch von Kernmaterial, Kernausrüstungen und Kernenergie-Information mit anderen Staaten gehindert. Es war daher sowohl aus politischen als auch aus rechtlichen Gründen notwendig, in die Übereinkünfte entsprechend ausgestaltete Bestimmungen aufzunehmen. In gleichem Maß erschien es angebracht, durch präzisere Regelungen sowohl für die Inspektionen als auch für die Übermittlung von Konstruktionsunterlagen und Materialberichten an die IAEA den Befürchtungen den Boden zu entziehen, die Kontrolle der IAEA würde zu einem den internationalen Wettbewerb auf dem Kernenergiemarkt verzerrenden Mittel der Werkspionage und Betriebsbelästigung werden. Diese Unterschiede in der Grundkonzeption des IAEA-Sicherungssystems einerseits und der in Art. III des NV-Vertrags vorgesehenen Sicherungsmaßnahmen andererseits ließen eine unveränderte Übernahme der Kontrollmodalitäten des IAEA-Kontrollsystems in die nach dem NV-Vertrag zu schließenden Übereinkünfte nicht zu. Auch hinsichtlich neuer technischer Konzepte fiel es einigen Staaten schwer, von der alten Kontrollphilosophie der IAEA abzugehen. Insbesondere der in der Präambel des NV-Vertrags verankerte Grundsatz der Spaltstoffflußkontrolle an bestimmten strategischen Punkten wurde von ihnen nur als Ziel der förderungswürdigen Entwicklung neuer Sicherungstechniken betrachtet, nicht aber als praktische und sofort anwendbare Sicherungsmaßnahme[33].

Eine andersartige Schwierigkeit ergab sich daraus, daß im NV-Vertrag von der Verhinderung der Abzweigung von Kernenergie für Kernwaffen oder

---

[32] Siehe hierzu Wilhelm *Gmelin*, Dipak *Gupta* und Wolf *Häfele*, On modern safeguards in the field of peaceful applications of nuclear energy. Bericht des Kernforschungszentrums Karlsruhe, KFK 800, Mai 1968. Das in Karlsruhe entwickelte Konzept fand nicht nur Eingang in den NV-Vertrag (siehe Präambelsatz 5 und die Bezugnahme darauf in Art. III Abs. 3), sondern mittels eines deutschen Arbeitspapiers auch in die Resolution F der Konferenz der Nichtkernwaffenstaaten über die Verbesserung und Vereinfachung des Kontrollsystems der IAEA (§ 2a der Resolution).

[33] Die Formulierung des Präambelsatzes leistete dieser eher negativen Haltung insofern Vorschub, als dort das Konzept der strategischen Punkte mit der Verwendung von Kontrollinstrumenten in Verbindung gebracht worden war. Während strategische Punkte für den Materialfluß in jeder Kernanlage bestimmt werden können, ist die Verwendung von Instrumenten anstelle von Inspektoren tatsächlich noch eine Entwicklungsaufgabe.

sonstige Kernsprengkörper gesprochen wird. Die Experten für Sicherungsmaßnahmen waren sich darin einig, daß die im NV-Vertrag gebrauchte Formulierung sachlich nicht angemessen war. Schon der Ausdruck »Kernenergie« war irreführend. Gemeint war Kernmaterial. Auch der Begriff »Verhinderung« bedurfte der Auslegung. Aufgabe von Sicherungsmaßnahmen kann nur die Nachprüfung der Kernmaterialverwendung sein. Damit verbunden ist die Möglichkeit, die Abzweigung von Kernmaterial für unbekannte Zwecke rechtzeitig zu entdecken. Insofern wirken sie als Abschreckung und tragen dadurch auch zur Verhinderung der Abzweigung bei. Die Sicherheit von Kernmaterial und die Vermeidung des Verlustes von Kernmaterialmengen sind dagegen Sache der Betreiber von Kernanlagen, die insofern geeignete Maßnahmen treffen müssen.

Ein weiteres Problem stellte die Finanzierung der Kontrolltätigkeit der IAEA dar. Darüber bestanden recht unterschiedliche Vorstellungen. Bereits im Jahre 1968 waren in den Vereinigten Staaten Schätzungen veröffentlicht worden[34], die viele erschreckten. Die darin genannten Beträge bewegten sich zwischen $ 55 Mio. und 34 Mio. für 1973, $ 90 Mio. und 40 Mio. für 1975 und $ 271 Mio. und 60 Mio. für 1980. Die Berechnungen des IAEA-Sekretariats, die im Verlauf der Beratungen des Kontrollausschusses vorgelegt wurden, waren viel vorsichtiger. Für 1973 wurde mit $ 2,9 Mio. gerechnet, für 1975 mit $ 4,6 Mio., während Zahlen für 1980 gar nicht angegeben wurden. Die Meinungen über die Verteilung dieser Kosten ergaben eine bunte Palette. Einige Staaten waren der Auffassung, sie müßten nach dem normalen Beitragsschlüssel aus dem Haushalt der IAEA finanziert werden, andere vertraten die Meinung, diejenigen, die die Sicherungsmaßnahmen annähmen, um ihren Verpflichtungen aus dem NV-Vertrag gerecht zu werden, sollten auch die Kosten hierfür übernehmen. Andere verlangten, die Entwicklungsländer von der Finanzierung dieser Kosten freizustellen, und wieder andere meinten, die Kernwaffenmächte, die sich für die Verwirklichung des NV-Vertrags so sehr eingesetzt hätten und daraus auch gewisse Vorteile zögen, sollten die Kontrollkosten übernehmen.

In diesem Zusammenhang spielte auch die Frage des amerikanischen und britischen Angebots eine Rolle, ihre zivile Kernenergietätigkeit freiwillig internationalen Kontrollen zu unterwerfen. Einige industrialisierte Nichtkernwaffenstaaten legten auf die Verwirklichung dieses Angebots im Hinblick auf die Herstellung gleicher Wettbewerbschancen auf dem Weltmarkt größten Wert. Andere Staaten betrachteten Kontrollen in den beiden Kernwaffenmächten als überflüssig und wandten sich vor allem gegen die damit verbundene beträchtliche Steigerung der Kontrollkosten.

Politisch erwies sich die Aufgabe des Ausschusses deshalb als schwierig, weil die Ausgangspositionen der an dem Ausschuß teilnehmenden Mitgliedstaaten äußerst verschieden waren. Da gab es eine Reihe von Staaten, die den NV-

---

[34] So von Congressman Hosmer und der »Technical Support Organization« der USAEC.

Vertrag bereits ratifiziert hatten und, da sie über keine nennenswerte Kernenergietätigkeit verfügten, hauptsächlich daran interessiert waren, die Verhandlungen bald zum Abschluß zu bringen, damit sie die im NV-Vertrag vorgesehenen Fristen einhalten konnten. In die gleiche Richtung drängten einige andere Staaten, denen es in erster Linie auf die baldige Durchführung der im NV-Vertrag vorgesehenen Sicherungsmaßnahmen ging und die es am liebsten gesehen hätten, wenn das bestehende Kontrollsystem unterschiedslos Anwendung gefunden hätte.

Auf der anderen Seite gab es eine Anzahl von Staaten mit nennenswerter Kernenergiekapazität, die zwar den NV-Vertrag unterzeichnet, jedoch seine Ratifizierung von befriedigenden Kontrollregelungen abhängig gemacht hatten. Sie legten besonderen Wert auf eine nicht nur oberflächliche Anpassung der Sicherungsmaßnahmen an die Bedingungen des NV-Vertrags und auf die Berücksichtigung der Fortschritte auf dem Gebiet der Sicherungstechnik. Innerhalb dieser Gruppe gab es auch Interessenunterschiede, da die Staaten, die nicht dem regionalen Kontrollsystem von Euratom angehörten, keinesfalls schlechter gestellt sein wollten als die Mitglieder dieser Gemeinschaft. Ihre Befürchtungen erstreckten sich vor allem darauf, daß die IAEA in den Euratom-Ländern lediglich die Ergebnisse der Euratom-Kontrollen stichprobenartig überprüfen würde, während ihre eigenen Kernenergietätigkeiten direkten Kontrollen der IAEA gemäß INFCIRC/66 unterliegen würden.

Eine vierte Gruppe bestand aus solchen Staaten, die den NV-Vertrag nicht unterzeichnet hatten und vor allem daran interessiert waren, finanzielle Belastungen aus der Durchführung der Sicherungsmaßnahmen zu vermeiden.

9. Das Modellabkommen

Die Lösung der dem Ausschuß übertragenen Aufgabe schien der Quadratur des Zirkels zu gleichen. Dennoch gelang es dem Ausschuß, in insgesamt 81 Sitzungen zu einem offenbar alle Delegationen befriedigenden Ergebnis zu gelangen. Im März 1971 legte er dem IAEA-Gouverneursrat seinen Abschlußbericht vor. Formal als Verhandlungsrichtlinien für den Generaldirektor gefaßt, stellten die insgesamt 116 Paragraphen umfassenden Vorschläge praktisch ein Modellabkommen dar. Dazu kamen Bestimmungen über die Finanzierung der Sicherungsmaßnahmen sowie Empfehlungen über die physische Sicherheit von Kernmaterial und die Verwirklichung der von den Vereinigten Staaten und Großbritannien im Zusammenhang mit dem NV-Vertrag gemachten Angebote, ihre zivile Kernenergietätigkeit freiwilligen internationalen Sicherungsmaßnahmen zu unterwerfen. Die Vorschläge des Ausschusses wurden vom IAEA-Gouverneursrat im April 1971 gebilligt.

Die Einigung über das Modellabkommen und die Finanzierungsregelung war von allen Beteiligten mit großer Befriedigung aufgenommen worden. Vertreter der Depositarmächte des NV-Vertrags bezeichneten die Tätigkeit des Kontrollausschusses als bedeutenden Erfolg und Markstein in der Geschichte der IAEA. Aber nicht nur die am NV-Vertrag beteiligten Kernwaffenmächte hatten Grund zur Zufriedenheit. Auch die Entwicklungsländer konnten zufrieden sein, einmal, weil sie für die Kontrollkosten, deren beträchtliches Ansteigen bis 1980 als sicher angenommen wurde, praktisch nicht mehr zu zahlen brauchen als 1971[35], zum anderen, weil der Beginn der Sicherungsmaßnahmen so gelegt wurde, daß Ländern, deren Tätigkeit auf dem Kernenergiegebiet sich auf die Erzeugung von uran- und thoriumhaltigen Mineralien beschränkt, keinen Sicherungsmaßnahmen unterliegen. Auch für die von den Sicherungsmaßnahmen in erster Linie betroffenen industriellen Nichtkernwaffenstaaten bedeutete das Modellabkommen einen Erfolg. Ihre Befürchtungen, die im NV-Vertrag vorgesehenen Sicherungsmaßnahmen würden zu einer Behinderung der Entwicklung und Nutzung der Kernenergie für friedliche Zwecke in ihren Ländern und zu einer Beeinträchtigung ihrer internationalen Wettbewerbsfähigkeit führen, konnten durch die in das Modellabkommen eingebauten Begrenzungen und Schutzmaßnahmen weitgehend zerstreut werden.

Die schon in INFCIRC/66 enthaltenen Verpflichtungen der IAEA bezüglich der Nichtbehinderung der wirtschaftlichen und technologischen Entwicklung des kontrollierten Staates, des Nichteingriffs in Betriebsabläufe und des Schutzes kommerzieller und industrieller Geheimnisse wurden im Modellabkommen erweitert und präzisiert. Schutz gegen zu weitgehende Eingriffe von Inspektoren wurde vor allem durch die Festlegung der Häufigkeit und Intensität der Inspektionen, die Präzisierung der Inspektionsaufgaben, die Begrenzung des Zugangs zu Kernanlagen sowie durch die Bestimmung gewährleistet, daß als Inspektor für ein bestimmtes Land nur ein IAEA-Beamter tätig werden kann, mit dessen Benennung der kontrollierte Staat einverstanden ist. Da die Sicherungsmaßnahmen den gesamten Brennstoffkreislauf eines Staates oder einer Gruppe von Staaten erfassen, konnte zu ihrer Durchführung in größerem Umfang als im bisherigen Kontrollsystem auf statistische Verfahren und Stichproben zurückgegriffen werden. Damit war es auch möglich, die Inspektionsfrequenzen niedriger anzusetzen, was in der Festlegung von Maximalgrenzen sowie in der Möglichkeit zum Ausdruck kam, die tatsächliche Inspektionsfrequenz bei Vorliegen gewisser Kriterien weiter zu senken. Der Zugang der Inspektoren wurde bei Routineinspektionen auf gewisse strategische Punkte beschränkt, die für jede Materialbilanzzone gemeinsam von der IAEA und ihrem Vertragspartner festgesetzt werden. In außergewöhnlichen Fällen, die genau definiert sind, kann die IAEA Sonderinspektionen durchführen. Dabei können ihre Inspektoren auch

---

[35] Nach der Finanzierungsregelung werden die Kontrollkosten aus dem regulären Haushalt der IAEA finanziert, was einige Entwicklungsländer zunächst ablehnten, jedoch ist der Beitrag der Entwicklungsländer für die Kontrollkosten de facto auf dem Niveau von 1971 stabilisiert. Die von ihnen nicht getragenen zusätzlichen Kosten müssen von den Industrieländern anteilmäßig übernommen werden.

Zugang zu solchen Teilen von Kernanlagen erhalten, die jenseits der strategischen Punkte liegen, vorausgesetzt, daß darüber Einverständnis zwischen der IAEA und ihrem Vertragspartner besteht.

Eine Erleichterung der »Kontrollast«, die für die Nichtkernwaffenstaaten mit der Annahme der IAEA-Sicherungsmaßnahmen entsteht, wurde auch dadurch erreicht, daß zwischen die Anlagenbetreiber und die IAEA ein nationales und – im Fall einer Staatengruppe – ein regionales Kontrollsystem eingeschaltet wurde. Die IAEA beschränkt sich darauf, die Ergebnisse des vom Vertragspartner der IAEA nach gewissen Kriterien zu errichtenden Systems zu verifizieren. Durch eine wirksame Ausgestaltung und Arbeitsweise des nationalen bzw. regionalen Kontrollsystems ist es auch möglich, die Inspektionsfrequenzen zu senken. Ebenfalls bedeutsam ist in diesem Zusammenhang, daß die Sicherungsmaßnahmen nicht mehr – wie in INFCIRC/66 – auf Kernanlagen hin orientiert sind, sondern sich lediglich auf Kernmaterial beziehen, so daß z. B. Forschungseinrichtungen, die mit sehr kleinen Mengen von Kernmaterial arbeiten, von der Anwendung von Sicherungsmaßnahmen ausgenommen werden können. Mit der Ausrichtung der Sicherungsmaßnahmen auf Kernmaterial wurden die Merkmale des Brennstoffkreislaufs in dem zu kontrollierenden Staat sowie die Abhängigkeit des betreffenden Staates von Kernbrennstofflieferungen anderer Staaten wie überhaupt die Verflechtung seiner Kernenergietätigkeiten mit der anderer Staaten zu Faktoren, die bei der Ausgestaltung der Sicherungsmaßnahmen und insbesondere bei der Festlegung der Inspektionsfrequenzen zu berücksichtigen waren.

Auf diese Weise konnten wichtige Anliegen der industriellen Nichtkernwaffenstaaten befriedigt werden. Hinzu kam, daß es den bedeutendsten unter ihnen (Bundesrepublik Deutschland, Japan, Italien, Belgien, Niederlande, Schweiz und Schweden) mit aktiver Unterstützung Großbritanniens und Indiens gelang, sich gegen die ursprünglichen Vorstellungen der beiden Supermächte durchzusetzen. Während die Vereinigten Staaten und die Sowjetunion eine möglichst unveränderte Übernahme des bisherigen Kontrollsystems anstrebten und das IAEA-Sekretariat diesem Wunsch in seinen Arbeitspapieren Rechnung getragen hatte, wurden im Verlauf der Verhandlungen die von einigen Nichtkernwaffenstaaten, insbesondere von der Bundesrepublik Deutschland und Japan, vertretenen Kontrollkonzepte schrittweise in das neue NV-Vertragskontrollsystem eingeführt[36]. Das Modellabkommen unterschied sich auf diese Weise erheblich vom ersten Entwurf des Sekretariats. Die Dominanz der Vereinigten Staaten und der Sowjetunion in der IAEA war damit zum ersten

---

[36] Die Einführung des im Kernforschungszentrum Karlsruhe entwickelten Kontrollkonzepts über die Präambel des NV-Vertrags in das Modellabkommen (siehe insbesondere die Paragraphen 6 und 76) ist ein Musterbeispiel dafür, wie politische Probleme durch den Einschuß technologischer Substanz gelöst bzw. entschärft werden können. Voraussetzung hierfür ist allerdings eine enge Zusammenarbeit zwischen Wissenschaftlern und Diplomaten.

Male in Richtung auf eine stärkere Mitwirkung der größeren Nichtkernwaffenstaaten durchbrochen. Wären die Verhandlungen infolge Unnachgiebigkeit der beiden Supermächte gescheitert, hätte dies die Ratifizierung des NV-Vertrags in einer Reihe von Staaten erschwert, wenn nicht verhindert. Daran konnte den beiden Supermächten nicht gelegen sein.

10. Abschluß von Kontrollabkommen gemäß NV-Vertrag

Auf der Grundlage des Modellabkommens, wie es im IAEA-Dokument INFCIRC/153 niedergelegt war, konnte das IAEA-Sekretariat in der Folgezeit ohne größere Schwierigkeiten die nach dem NV-Vertrag erforderlichen Kontrollabkommen mit Nichtkernwaffenstaaten, die Vertragsparteien waren, abschließen. Bis zum 30. Juni 1974 wurden 44 solcher Abkommen abgeschlossen. 32 dieser Abkommen sind in Kraft getreten. Mit Ausnahme Schwedens, das noch immer auf den Abschluß des Abkommens mit Japan zu warten scheint, obwohl es dadurch die Fristenbestimmungen des NV-Vertrags verletzt, haben alle Vertragsparteien des NV-Vertrags, die nennenswerte Kernenergietätigkeiten haben und keine Kernwaffenmächte sind, Kontrollabkommen mit der IAEA abgeschlossen. Dennoch bleiben 36 Vertragsparteien, die noch keine Kontrollabkommen abgeschlossen haben. Es handelt sich fast ausschließlich um Entwicklungsländer, die zwar bereitwillig dazu verhalfen, den NV-Vertrag in Kraft zu setzen, sich aber kaum mehr an die damit eingegangenen Verpflichtungen erinnern.

Ein besonderes Problem stellten die Euratom-Länder dar. Sie hatten anläßlich der Unterzeichnung des NV-Vertrags im November 1969 erklärt, sie würden den NV-Vertrag erst dann ratifizieren, wenn zwischen Euratom und der IAEA ein Abkommen abgeschlossen sei, das auf der Grundlage des Prinzips der Verifikation beruhe und die politischen, wissenschaftlichen, wirtschaftlichen und technischen Aufgaben von Euratom nicht beeinträchtige[37].

Die Bundesregierung hatte darüber hinaus noch eine Reihe anderer Voraussetzungen für die Ratifizierung des NV-Vertrags genannt: die Beschränkung der Sicherungsmaßnahmen auf Kernmaterial in Übereinstimmung mit dem Grundsatz einer wirksamen Spaltstoffflußkontrolle an bestimmten strategischen Punkten, eine Finanzierungsregelung der Kontrollkosten, die den Nichtkernwaffenstaaten keine unbilligen Lasten aufbürde, sowie eine Klarstellung über die Anwendung von Sicherungsmaßnahmen außerhalb der eigenen Hoheitsgewalt. Gleichzeitig hatte sie die Bedeutung hervorgehoben, die sie – im Interesse der wirtschaftlichen Chancengleichheit – der Erfüllung der Zusagen der Vereinigten

---

[37] Siehe Vertrag über die Nichtverbreitung von Kernwaffen. Dokumentation zur deutschen Haltung und über den deutschen Beitrag, hrsg. Presse- und Informationsamt der Bundesregierung, Dez. 1969, S. 69.

Staaten und Großbritanniens beimesse, auch ihre friedlichen Kernanlagen Kontrollen zu unterwerfen.

Diese Forderungen konnten bereits im Kontrollausschuß der IAEA durchgesetzt werden, so die Annahme des Prinzips der Verifikation, die Anwendung der Sicherungsmaßnahmen auf Kernmaterial (und nicht auf Anlagen), die Spaltstoffflußkontrolle an bestimmten strategischen Punkten, die Klarstellung, daß sich Sicherungsmaßnahmen nur auf die der eigenen Hoheitsgewalt unterliegenden Kernenergietätigkeiten beziehen, die Finanzierung der Kontrollkosten über den regulären Haushalt der IAEA und die Bekräftigung der Zusagen der Vereinigten Staaten von Amerika und Großbritanniens, ihre zivilen nuklearen Tätigkeiten internationalen Sicherungsmaßnahmen zu unterstellen. Was damit für die Verhandlungen zwischen Euratom und der IAEA übrigblieb, war

a) die Anerkennung der Realität der Europäischen Atomgemeinschaft, d. h. der Tatsache, daß

- Euratom über ein seit 1958 bestehendes Kontrollsystem und über umfangreiche Erfahrungen auf dem Gebiet der Sicherungsmaßnahmen verfügt,
- die Euratom-Kontrollen Sicherungsmaßnahmen im Sinn des NV-Vertrags darstellen,
- die Mitgliedstaaten der Gemeinschaft einen gemeinsamen Markt auf dem Kernenergiegebiet bilden,
- die Organe der Gemeinschaft rechtsetzende, exekutive und rechtsprechende Befugnisse in eigenen Zuständigkeitsbereichen haben,
- die Verordnungen, Richtlinien und Entscheidungen, die vom Ministerrat und der Kommission erlassen werden, unmittelbar in den Mitgliedstaaten gelten;

b) die Festlegung der Rechte und Verpflichtungen der Gemeinschaft und der einzelnen kernwaffenlosen Mitgliedstaaten in Übereinstimmung mit den Zuständigkeiten, die der Gemeinschaft im Euratom-Vertrag gegeben wurden;

c) die Präzisierung der Verifikationsmaßnahmen der IAEA zur Vermeidung von Doppelkontrollen.

11. Das Verifikationsabkommen mit Euratom

Die Verhandlungen über ein Verifikationsabkommen wurden im November 1971 aufgenommen[38]. Sie erwiesen sich als schwierig und dauerten bis Juli 1972. Bei der IAEA-Delegation mußte zunächst einmal Verständnis für die institutionelle Struktur der Gemeinschaft, für die von den einzelnen Mitgliedstaaten

---

[38] Sie wurden auf seiten Euratoms durch eine gemischte Delegation geführt, die aus Vertretern der EG-Kommission sowie Belgiens, der Bundesrepublik Deutschland, Italiens und der Niederlande bestand.

unabhängige Stellung der Kommission und ihre direkt auf die Benutzer von Kernmaterial sich erstreckenden Befugnisse auf dem Gebiet der Sicherungsmaßnahmen sowie für die Modalitäten der Buchführung und Inspektionen der Kommission geweckt werden. Zum anderen fehlte der Kommission die Kenntnis der Motive und Absprachen, die bei der Ausarbeitung der Bestimmungen des Modellabkommens im IAEA-Kontrollausschuß Pate gestanden hatten. Insofern wirkte sich die Nichtteilnahme der Kommission an den Arbeiten des Kontrollausschusses als nachteilig aus. Auch war es nicht leicht, die Befugnisse der Kommission und der einzelnen Mitgliedstaaten bezüglich der im Verifikationsabkommen zu übernehmenden Rechte und Pflichten klar abzugrenzen. Zu alledem kam noch die in der Formulierung von Art. III des NV-Vertrags steckende Unklarheit darüber, welche Sicherungsmaßnahmen gemeint sind: ausschließlich die der IAEA (sowjetisch-osteuropäisch-japanisch-schwedische Version, die sich das IAEA-Sekretariat zu eigen machte) oder auch die Sicherungsmaßnahmen entsprechender internationaler Organisationen, die dann nur noch von der IAEA verifiziert werden (Euratom-Version).

Das Verhandlungsergebnis bestand darin, daß das IAEA-Modellabkommen im großen ganzen übernommen wurde. Einige Änderungen waren allerdings unvermeidlich, um der Einschaltung von Euratom Rechnung zu tragen. Es wurde ergänzt durch ein Protokoll, in dem die Modalitäten der Zusammenarbeit zwischen Euratom und der IAEA bei der Anwendung der Sicherungsmaßnahmen festgelegt wurden. Die Anerkennung der Realität der Gemeinschaft findet sich in erster Linie in der Präambel, in der die institutionellen Merkmale und das Kontrollsystem der Gemeinschaft dargestellt sind. Die gleichberechtigte Einschaltung der Gemeinschaft in das System der Sicherungsmaßnahmen erfolgt durch Art. 3. Darin verpflichtet sich die Gemeinschaft, mit der IAEA zusammenzuarbeiten, indem sie ihre Sicherungsmaßnahmen auf Kernmaterial in allen friedlichen nuklearen Tätigkeiten in den Hoheitsgebieten der fünf Mitgliedstaaten anwendet. Die Ergebnisse des Euratom-Kontrollsystems werden von der IAEA verifiziert, wobei sie zwar das Recht hat, unabhängige Messungen und Beobachtungen vorzunehmen, jedoch die Wirksamkeit des Euratom-Kontrollsystems voll berücksichtigen muß. Die Hoheitsgebiete der betroffenen fünf Euratom-Mitgliedstaaten werden als ein Gebiet betrachtet, um der Realität des gemeinsamen Kernenergiemarktes Rechnung zu tragen.

Die Vermeidung unnötiger Doppelarbeit bei der Anwendung von Sicherungsmaßnahmen steht im Mittelpunkt des Protokolls. Darin wird die Rolle der Gemeinschaft bei der Beschaffung und Bewertung von Informationen über Kernmaterial und Kernanlagen in den fünf Ländern und bei der Durchführung von Inspektionen definiert. Die Kommission übermittelt der IAEA Informationen über die Kernanlagen in den fünf Ländern (design information) und prüft diese Informationen zusammen mit der IAEA zwecks gemeinsamer Festlegung von Materialbilanzzonen, strategischen Punkten und Inspektionsfrequenzen. Sie übermittelt der IAEA außerdem bereits ausgewertete Berichte über die Kernmaterialbewegungen in und zwischen den einzelnen Kernanlagen.

Bei der Festlegung des Inspektionsaufwands für jede einzelne Anlage, der unter normalen Bedingungen als Maximalaufwand betrachtet wird, sind die von der Gemeinschaft durchgeführten Inspektionen in Rechnung zu stellen. Außerdem soll die Tatsache berücksichtigt werden, daß die Euratom-Inspektionen im Rahmen eines multinationalen Kontrollsystems (und nicht etwa auf nationaler Ebene) erfolgen. Ebenfalls zu beachten sind neue kontrolltechnische Entwicklungen (z. B. Meßinstrumente) und die bei der Anwendung von Sicherungsmaßnahmen gewonnenen Erfahrungen.

Inspektionen der IAEA sollen stets zu gleicher Zeit wie die Euratom-Inspektionen durchgeführt werden. IAEA-Inspektoren können jedoch nur an einem Teil der Euratom-Inspektionen teilnehmen[39]. Außerdem müssen sie sich auf die Beobachtung der Inspektionstätigkeit der Euratom-Inspektoren beschränken. Nur in Ausnahmefällen können sie direkte Messungen und Beobachtungen vornehmen. Planung und Durchführung der Inspektionen beider Organisationen vollziehen sich nach einem gemeinsam aufgestellten Plan, der vor allem der Vermeidung unnötiger Doppelarbeit dienen soll.

Schließlich sieht das Protokoll die Einsetzung eines Verbindungsausschusses vor, der aus Vertretern der Kommission und der IAEA bestehen und die Durchführung der Zusammenarbeit sowie die Entwicklung der Kontrollmethoden und -techniken überprüfen und eventuell auftretende Meinungsverschiedenheiten erörtern soll.

Das Abkommen wurde am 5. April 1973 unterzeichnet. Durch den Beitritt Dänemarks und Irlands zur Europäischen Gemeinschaft sind auch diese beiden Staaten Partner des Abkommens geworden. Der Abschluß des Abkommens ist allgemein begrüßt worden, war doch die Einbeziehung Euratoms in die Durchführung des NV-Vertrags lange Zeit als äußerst schwieriges Problem betrachtet worden. Dementsprechend wurde auch betont, daß das Abkommen einen Meilenstein für die Anwendung des NV-Vertrags bedeute und darüber hinaus den Abschluß weiterer internationaler Abkommen auf dem Gebiet der Nichtverbreitung von Kernwaffen und der nuklearen Abrüstung begünstige[40]. Nach seinem Inkrafttreten werden mehr als die Hälfte aller in den Nichtkernwaffenstaaten befindlichen Kernanlagen dem in Art. III des NV-Vertrags vorgesehenen System von Sicherungsmaßnahmen unterliegen. Nach dem Jahresbericht der IAEA befanden sich am 30. Juni 1973 sieben Kernkraftwerke, 45 Versuchs- und Forschungsreaktoren sowie 43 andere Anlagen unter NV-vertragsgemäßen Sicherungsmaßnahmen. Mit dem Inkrafttreten des Veri-

---

[39] Nach Werner *Boulanger,* Das Verifikationsabkommen IAEA-Euratom, in: *Atomwirtschaft,* Nr. 9/10, 1972, S. 511, wird sich die IAEA an etwa 20 bis 35 vH dieser Inspektionen beobachtend beteiligen.
[40] So EG-Kommissar Dahrendorf bei der Unterzeichnung, ähnlich auch IAEA-Generaldirektor Eklund.

fikationsabkommens treten zu diesen Anlagen weitere 19 Kernkraftwerke, 73 andere Reaktoren sowie 20 weitere Anlagen im Bereich des Brennstoffkreislaufs.

Ein weiterer bedeutsamer Aspekt des Abkommens liegt darin, daß eine organisierte Zusammenarbeit zwischen der IAEA und Euratom eingeleitet wird. Zwar haben beide Organisationen auf Einzelgebieten bisher pragmatisch zusammengearbeitet; formelle Beziehungen zwischen ihnen bestanden jedoch nicht. Mit dem Verifikationsabkommen wird ein System der Zusammenarbeit etabliert, das einer wirksamen Erfüllung der NV-Vertragsverpflichtungen der fünf Euratom-Mitgliedstaaten dient, ohne dabei die bedeutsamen Aufgaben der Europäischen Gemeinschaft zu beeinträchtigen.

Besonders hervorzuheben ist, daß eine unnötige Verdoppelung von Sicherungsmaßnahmen zu Lasten der Kernforschung und Kernindustrie der Euratom-Staaten vermieden werden konnte. Dies ist auch deshalb positiv zu beurteilen, weil dadurch die personellen und finanziellen Mittel der IAEA rationell eingesetzt werden können.

12. Die Chancen eines weltweiten Kontrollsystems

Ob der Auftrieb, den die IAEA durch den Abschluß des Verifikationsabkommens mit Euratom erhalten hat, ausreicht, um den Rubikon zu einem wirklich weltweiten Kontrollsystem zu überschreiten, wird weitgehend davon abhängen, ob Japan, als Signatar des NV-Vertrags, bald ein NV-vertragsgemäßes Kontrollabkommen mit der IAEA abschließen wird. Solange das Verifikationsabkommen zwischen Euratom und der IAEA noch nicht unterzeichnet war, hatten die Japaner keine Bereitschaft zu Verhandlungen mit der IAEA gezeigt. Das entsprach ihren wiederholt abgegebenen Erklärungen, daß Japan in keinem Fall schlechter gestellt werden dürfe als die Euratom-Länder. Nachdem das Verifikationsabkommen abgeschlossen war, begannen sie im Juni 1973 Gespräche mit der IAEA. Kurz vorher hatte das japanische Atomindustrieforum eine positive Stellungnahme zur Ratifizierung des NV-Vertrags durch Japan abgegeben. Aufschlußreich ist in diesem Zusammenhang ein in der Zeitschrift dieses Forums kurz danach erschienener Artikel, in dem festgestellt wurde, die Zeit sei nunmehr für Japan gekommen, die eigenen Interessen besser innerhalb der NV-Vertrags-Struktur zu schützen als außerhalb. Das von der IAEA entwickelte Modellabkommen müsse in fairer und gleichartiger Weise auf alle NV-Vertragsparteien angewandt werden. Eine solche gleichartige Anwendung sei möglich. Mit der Aufnahme von Verhandlungen wolle Japan herausfinden, ob seine diesbezüglichen Erwartungen erfüllt werden könnten. Diese Verhandlungen stellten daher einen ersten Schritt auf dem Weg zur Ratifizierung des NV-Vertrags dar.

Es ist zu hoffen, daß mit der Ratifizierung des NV-Vertrags durch Japan auch andere Staaten, die den NV-Vertrag unterzeichnet, ihn jedoch noch nicht ratifiziert und die auch noch kein Kontrollabkommen abgeschlossen haben, dem japanischen Beispiel folgen werden. Es ist an Indonesien, Südkorea, Singapur und die Schweiz zu denken. Der Abschluß eines Kontrollabkommens zwischen Japan und der IAEA könnte auch Schweden dazu bewegen, das immer noch ausstehende Kontrollabkommen abzuschließen.

Einen weiteren Meilenstein kann die Verwirklichung der amerikanischen und britischen Angebote darstellen, ihre zivilen nuklearen Tätigkeiten internationalen Sicherungsmaßnahmen zu unterstellen. Großbritanniens Kernenergietätigkeiten sind mit dem Beitritt zur Europäischen Gemeinschaft bereits den Euratom-Kontrollen unterworfen[41]. Auf der IAEA-Generalkonferenz 1972 hoben die Briten außerdem ihre Bereitschaft hervor, außer den Euratom-Kontrollen auch noch die Verifizierung durch die IAEA zu akzeptieren. Die Amerikaner bekräftigten bei derselben Gelegenheit ihre Absicht, der IAEA zu gestatten, ihre Sicherungsmaßnahmen auf alle Kernenergietätigkeiten in den Vereinigten Staaten anzuwenden. Es sollen lediglich solche Tätigkeiten ausgenommen sein, die direkte Bedeutung für die nationale Sicherheit haben[42]. Sie wollten damit beweisen, daß sie keine wirtschaftlichen Vorteile aus dem NV-Vertrag erzielen wollen und daß Sicherungsmaßnahmen keine unzumutbare Belastung für die Kernindustrie eines Landes darstellen. Verhandlungen mit der IAEA wurden Anfang 1973 auf der Grundlage eines amerikanischen Abkommensentwurfs begonnen.

Inwieweit die Verwirklichung der amerikanischen und britischen Angebote die Ausdehnung der NV-Vertragskontrollen fördert, wird weitgehend davon abhängen, ob sich die vorgesehenen Sicherungsmaßnahmen der IAEA auf den gesamten Brennstoffkreislauf für friedliche Zwecke in den Vereinigten Staaten erstrecken und wie die Euratom-Kontrolle sowie die IAEA-Verifikation in Großbritannien durchgeführt wird. Zwar dürfte beiden Staaten die Möglichkeit erhalten bleiben, jederzeit Kernmaterial aus eigener Produktion aus dem kontrollierten Spaltstoffluß herauszunehmen und für Waffenzwecke zu verwenden, doch wäre bei entsprechender Ausgestaltung der Sicherungsmaßnahmen im nicht-militärischen Bereich immerhin gewährleistet, daß die Kernindustrie der beiden Staaten keine Wettbewerbsvorteile durch die Nichtbelastung mit Sicherungsmaßnahmen erhielten.

Da Frankreich im Rahmen von Euratom einem ähnlichen Kontrollregime unterliegt, gäbe es nur noch zwei Kernwaffenstaaten, deren friedliche Kernenergietätigkeit unkontrolliert bliebe: die Sowjetunion und die Volksrepublik China.

Die Bundesregierung hatte anläßlich der Unterzeichnung des NV-Vertrags der Hoffnung Ausdruck gegeben, daß auch andere Kernwaffenstaaten entspre-

---

[41] Siehe dazu in diesem Band Werner *Ungerer*, Mißbräuchliche Verwendung der Kernenergie – eine Begriffsbestimmung, S. 83 (Anm. 24).

[42] Es sei daran erinnert, daß dieses Angebot von Präsident Johnson am 2. 12. 1967 gemacht wurde, um den Euratom-Ländern und insbesondere der Bundesrepublik die Annahme des NV-Vertrags zu erleichtern.

chende Zusagen abgeben werden wie die Vereinigten Staaten und Großbritannien. Mit dieser Erklärung war vor allem die Sowjetunion als eine der Depositarmächte des NV-Vertrags anvisiert. Obwohl gelegentlich daran erinnert wurde, daß diese Erwartung noch immer besteht, hat die Sowjetunion bisher keine Bereitschaft erkennen lassen, IAEA-Sicherungsmaßnahmen auf ihrem Gebiet zuzulassen.

Die Volksrepublik China hat stets gegen den NV-Vertrag Stellung genommen, den es als ein Herrschaftsinstrument der imperialistischen Mächte ansieht, und betrachtet sich nicht als Mitglied der IAEA. Es will auch solange nicht an den Arbeiten der IAEA teilnehmen, als diese Sicherungsmaßnahmen in Taiwan durchführt. Insofern ist nicht zu erwarten, daß China ein Kontrollabkommen mit der IAEA abschließen wird[43].

Ein weiteres Hindernis für die weltweite Ausdehnung der Kontrollen ist die Abneigung zahlreicher Nichtkernwaffenstaaten, dem NV-Vertrag beizutreten. Unter ihnen befinden sich eine Reihe von Staaten, die über nennenswerte Kernenergietätigkeiten verfügen, so Indien, Pakistan, Israel, Ägypten, Südafrika, Spanien, Portugal, Argentinien, Brasilien und Chile[44]. Allerdings finden in einigen dieser Staaten aufgrund von Projektabkommen, trilateralen Kontrollabkommen und unilateralen »Submissions«-Abkommen bereits seit mehreren Jahren Sicherungsmaßnahmen Anwendung, so in Argentinien, Chile, Brasilien, Indien, Pakistan, Portugal, Israel, Südafrika und Spanien. Jedoch erstrecken sich diese Sicherungsmaßnahmen nur auf die Kernenergietätigkeiten, die auf Lieferungen von Kernmaterial und -ausrüstungen aus anderen Staaten beruhen (Vereinigte Staaten, Großbritannien, Bundesrepublik, Kanada).

13. Sicherungsmaßnahmen beim Export von Kernerzeugnissen

In Zukunft dürften Lieferungen von Kernmaterial und -ausrüstungen noch mehr als bisher von IAEA-Sicherungsmaßnahmen erfaßt werden. Gemäß Art. III Abs. 2 des Vertrags sind die NV-Vertragsparteien verpflichtet,

> »a) Ausgangs- und besonderes spaltbares Material oder
> b) Ausrüstungen und Materialien, die eigens für die Verarbeitung, Verwendung oder Herstellung von besonderem spaltbarem Material vorgesehen oder hergerichtet sind, einem Nichtkernwaffenstaat für friedliche Zwecke nur dann zur Verfügung zu stellen, wenn das Ausgangs- oder besondere spaltbare Material den nach diesem Artikel erforderlichen Sicherungsmaßnahmen unterliegt«.

Auch diese Vertragsbestimmungen lassen Raum für unterschiedliche Interpretationen. Während Ausgangs- und besonderes spaltbares Material bereits in

---

[43] Siehe dazu auch in diesem Band *Lindemann* (Anm. 1), S. 432.
[44] Bis zum 30. 6. 1974 hatten 95 Staaten den NV-Vertrag unterzeichnet. 80 hatten ihn ratifiziert oder waren ihm beigetreten.

der IAEA-Satzung definiert sind, gibt es eine nähere Bestimmung der unter b) genannten Ausrüstungen und Materialien nicht. Zwar wurde in der von den Amerikanern 1965 ins Leben gerufenen »Nuclear Suppliers Group« versucht, eine Liste von Ausrüstungsgegenständen und nichtnuklearen Materialien aufzustellen, die für die Erzeugung von Spaltstoffen wesentlich sind und deren Export darum Sicherungsmaßnahmen auslösen sollte, doch kam eine Einigung damals nicht zustande.

Eine weitere offene Frage ist die nach der Art der Sicherungsmaßnahmen, die in einem Einfuhrland, das nicht NV-Vertragspartei ist, angewandt werden sollen. Da das im Modellabkommen INFCIRC/153 enthaltene System der NV-Kontrollen auf den gesamten Brennstoffkreislauf eines Staates abgestellt ist, kommt es für die Anwendung von Sicherungsmaßnahmen auf Einzelmengen von Kernmaterial und einzelne Ausrüstungen kaum in Betracht. Es war darum vernünftig, daß sich einige Lieferländer von Kernmaterial und nuklearen Ausrüstungen konsultierten, um zu einer Klärung dieser offenen Fragen zu gelangen. Bei diesen Konsultationen wurde davon ausgegangen, daß — wie die Bundesregierung bereits in ihrer Erklärung anläßlich der Unterzeichnung des NV-Vertrags klargestellt hatte — »jede Vertragspartei bestimmt, welche Ausrüstungen und Materialien für sie unter die Exportauflage des Art. III Abs. 2 fallen«. Die Gespräche fanden außerhalb der IAEA statt und dienten ausschließlich dem Zweck, zu einer informellen Absprache darüber zu gelangen, bei welchen Ausrüstungen und Materialien Sicherungsmaßnahmen vernünftigerweise verlangt werden sollen, um Wettbewerbsverzerrungen zwischen den Lieferländern, die durch unterschiedliche Kontrollerfordernisse entstehen würden, zu vermeiden. Sie wurden im Juli 1974 erfolgreich abgeschlossen.

Die zweite Frage nach der Art der Sicherungsmaßnahmen, die auf solche Lieferungen Anwendung finden sollen, berührt in Abweichung zur ersten unmittelbar die IAEA. Dabei herrschte sowohl zwischen den Lieferländern, die aktuelle und potentielle NV-Vertragsparteien sind, als auch im IAEA-Sekretariat Übereinstimmung darüber, daß nur die Anwendung von INFCIRC/66 in Frage komme. Dieses System sei auf die Erfassung von einzelnen Kernanlagen und Teilmengen von Kernmaterial in einem Staat zugeschnitten. Dabei wurde nicht übersehen, daß dieses Dokument in manchen Passagen etwas vage formuliert ist. Zwei Fragen wurden allerdings als klärungsbedürftig empfunden: die Dauer der Kontrollabkommen und die Anwendung von Sicherungsmaßnahmen auf spaltbares Material nach Beendigung der Abkommen. Der Generaldirektor schlug daher im September 1973 auf Bitten einiger Mitgliedstaaten dem Gouverneursrat vor, in künftigen Kontrollabkommen mit Staaten, die keine Vertragsparteien des NV-Vertrags sind, zwei Konzepte aufzunehmen:

a) die Verbindung der Abkommensdauer mit der tatsächlichen Benutzung des gelieferten Gegenstands im Empfangsstaat;

b) die Fortdauer der Sicherungsmaßnahmen für geliefertes Kernmaterial und besonderes spaltbares Material, das in oder im Zusammenhang mit geliefertem

Kernmaterial, Ausrüstungen, Anlagen oder nichtnuklearem Material nach Beendigung des Abkommens erzeugt, bearbeitet oder genutzt wurde.

Der Gouverneursrat hat diesen Vorschlag im Februar 1974 gebilligt.

14. Die Beobachtung friedlicher Kernsprengungen[45]

Im Gefolge des NV-Vertrags ist der IAEA noch eine weitere Aufgabe zugewachsen, die als Kontrolltätigkeit bezeichnet werden kann. Art. V des NV-Vertrags sieht vor, daß die Vorteile friedlicher Kernsprengungen unter geeigneter internationaler Beobachtung und durch geeignete internationale Verfahren allen Vertragsparteien auf der Grundlage der Gleichbehandlung zugänglich gemacht werden können. Diese Vorteile können durch eine geeignete internationale Organisation erlangt werden, in der Nichtkernwaffenstaaten angemessen vertreten sind.

Die Generalkonferenz der IAEA hatte in einer Resolution vom 30. September 1968 unter Hinweis darauf, daß die von der IAEA erworbenen Erfahrungen und Kenntnisse auch für die friedliche Nutzung von Kernexplosionen relevant seien, festgestellt, daß die IAEA in der Lage sei, die im NV-Vertrag vorgesehene Rolle für die Vermittlung von Kernsprengdiensten zu übernehmen. Der Generaldirektor wurde aufgefordert, die Verfahren zu prüfen, welche die IAEA dabei anwenden sollte. Bereits ein Jahr später legte der Generaldirektor der Generalkonferenz einen Bericht über die Zuständigkeiten der IAEA auf dem Gebiet friedlicher Kernsprengdienste vor. Eine der Schlußfolgerungen dieses Berichts war, daß die IAEA technisch in der Lage und durch ihre Satzung befugt sei, die Funktionen der internationalen Organisation sowie der internationalen Beobachtung auszuüben, die in Art. V des NV-Vertrags erwähnt sind. Die Generalkonferenz billigte diesen Bericht und ersuchte den Generaldirektor, seine Studien auf diesem Gebiet fortzusetzen. Die UN-Generalversammlung unterstützte in ihrer Resolution 2605 B vom 16. Dezember 1969 diesen Auftrag, indem sie die IAEA einlud, bis zum 1. Oktober 1970 einen besonderen Bericht über die Fortschritte der im Rahmen der IAEA durchgeführten Studien und Tätigkeiten zu erstatten, und vorschlug, Studien über die im NV-Vertrag vorgesehene internationale Beobachtung anzufertigen. Auf der Grundlage des Berichts einer Expertengruppe konnte der Generaldirektor dem Gouverneursrat im Juni 1972 Richtlinien für die internationale Beobachtung von Kernsprengungen für friedliche Zwecke vorlegen. Sie wurden vom Gouverneursrat am 21. Juni 1972 gebilligt[46] und der UN-Generalversammlung zur Kenntnis gebracht.

Die wesentlichen Bestimmungen dieser Richtlinien können wie folgt zusammengefaßt werden:

---

[45] Siehe dazu ausführlich in diesem Band Stephan *v. Welck,* Friedliche Kernsprengungen als Herausforderung und Aufgabe internationaler Organisationen, S. 389 ff.

[46] Siehe IAEA-Dokument INFCIRC/169.

a) Zweck der internationalen Beobachtung ist es, zu verifizieren, daß im Verlauf der Durchführung einer friedlichen Kernsprengung in einem Nichtkernwaffenstaat Art. I und II des NV-Vertrags oder gleichartige Bestimmungen internationaler Abkommen nicht verletzt werden.

b) Die Beobachtungen werden aufgrund eines besonderen Abkommens vorgenommen, das zwischen der IAEA und dem Staat, in dem die Kernsprengungen stattfinden, abgeschlossen wird.

c) Die IAEA ist verpflichtet,

- so viele Beobachter vorzusehen, daß die Überwachung der Bereiche und Situationen, durch die Art. I und II des NV-Vertrags oder analoge Bestimmungen verletzt oder umgangen werden können, gewährleistet ist,
- nur solche Informationen zu verlangen und solche Tätigkeiten auszuführen, die für die Durchführung der Beobachtungsaufgaben notwendig sind,
- diese Funktionen so wahrzunehmen, daß die Durchführung der friedlichen Kernsprengung nicht behindert wird und vertrauliche Informationen nicht enthüllt werden,
- alle Mitgliedstaaten von solchen Situationen oder Vorfällen zu unterrichten, die den Anschein einer Umgehung der Art. I und II des NV-Vertrags und der Verpflichtungen der Vertragsparteien unter dem »Beobachtungsabkommen« erwecken,
- falls die vorerwähnten Umstände und Vorkommnisse nicht rechtzeitig in Ordnung gebracht wurden, entsprechende Maßnahmen von den teilnehmenden Staaten zu verlangen, eingeschlossen den Entzug der Kernsprengvorrichtungen.

d) Die Staaten, die als Lieferanten oder Empfänger von Kernsprengdiensten Vertragsparteien sind, haben die Verpflichtung, die Kernsprengung so durchzuführen, daß Konstruktionsdaten über Kernsprengkörper nicht enthüllt werden. Sie müssen der IAEA Gelegenheit zur Beobachtung der Kernsprengung geben und mit ihr zusammenarbeiten, um ihr die Durchführung ihrer Aufgaben zu ermöglichen.

e) Durch die Beobachtung soll gewährleistet werden, daß

- die Kernsprengkörper und Dokumente, die Konstruktionsunterlagen enthalten, jederzeit unter der Kontrolle des Lieferstaats bleiben,
- nichtbefugte Personen des Lieferstaats keine Konstruktionsunterlagen oder Einblick in die Sprengvorrichtung erhalten,
- kein Versuch unternommen wird, radioaktives Material, das durch die Explosion erzeugt wurde, zu erhalten,
- die Kernsprengung in Übereinstimmung mit dem angegebenen Zweck ausgeführt wird.

f) Die Beobachtung beginnt mit dem Zeitpunkt, wenn die Kernsprengvorrichtung das Gebiet oder das Transportmittel verläßt, das unter der Hoheitsgewalt und Kontrolle des Lieferstaats steht. Sie dauert so lange, bis der Kernsprengkörper explodiert ist oder aus dem Hoheitsgebiet des Nichtkernwaffenstaates verbracht ist, in dem die Kernsprengung vorgenommen werden soll. Die Überwachung soll 24 Stunden pro Tag dauern. Als Überwachungsmethoden kommen neben der visuellen Beobachtung auch wirksame technische Überwachungsmittel in Frage.

g) Für die Benennung und die Tätigkeit der Beobachter in den betroffenen Nichtkernwaffenstaaten gelten ähnliche Bestimmungen wie für die IAEA-Inspektoren im Zusammenhang mit der Durchführung von Sicherungsmaßnahmen gemäß NV-Vertrag.

Beobachtungsabkommen auf der Grundlage dieser Richtlinien sind bisher noch nicht abgeschlossen worden. Der Grund dafür liegt darin, daß die Verfahren für die Bereitstellung von Kernsprengdiensten für friedliche Zwecke noch nicht ausgearbeitet sind und bisher kein Nichtkernwaffenstaat die Durchführung solcher Kernsprengdienste erbeten hat.

15. Empfehlung zur Sicherheit von Kernmaterial

Auch auf dem Gebiet der Verhinderung subnationaler Diversion ist die IAEA tätig geworden. Bei den Verhandlungen im Kontrollausschuß zur Ausarbeitung eines NV-vertragsgemäßen Modellabkommens war auch die Frage aufgeworfen worden, wer für die Sicherheit von Kernmaterial zuständig ist. Der Ausschuß kam in seinem dritten Bericht an den Gouverneursrat zu dem Ergebnis, daß die Sicherheit von Kernmaterial (»physical security« bzw. »physical protection«) in der Verantwortung der Staaten liege. Dementsprechend wurden auch die Bestimmungen des Modellabkommens über den internationalen Transfer von Kernmaterial (Art. 91–97) formuliert.

Danach ist ein Staat bei der Einfuhr von Kernmaterial von dem Zeitpunkt an für dieses verantwortlich, wenn die Verantwortlichkeit des Ausfuhrlandes aufhört, spätestens dann, wenn das Kernmaterial seinen Bestimmungsort erreicht. Bei der Ausfuhr von Kernmaterial ist das Ausfuhrland so lange verantwortlich, bis das Einfuhrland die Verantwortung übernimmt, jedoch nicht länger als bis das Kernmaterial seinen Bestimmungsort erreicht. Die betroffenen Staaten sind gehalten, geeignete Vereinbarungen darüber zu treffen, an welchem Punkt die Übernahme der Verantwortlichkeit erfolgt. Für Kernmaterial, das sich im Transit auf oder über dem Hoheitsgebiet eines Staates befindet oder das unter der Flagge oder in einem Flugzeug eines Staates befördert wird, ist der betreffende Staat nicht verantwortlich[47].

In dem Zusammenhang empfahl der Ausschuß, daß die IAEA ihre Mitgliedstaaten auf Anforderung beraten solle, welche Maßnahmen für die Sicherheit

---

[47] Siehe dazu in diesem Band Werner *Boulanger*, Haftung für nucleare Schäden, S. 269 ff.

von Kernmaterial beim Transport von einem Land ins andere erforderlich sind. Der Gouverneursrat machte sich diese Empfehlung am 20. April 1971 zu eigen. Daraufhin berief der Generaldirektor ein Expertenpanel, das im März 1972 Empfehlungen für die Sicherheit von Kernmaterial erarbeitete.

Die Empfehlungen gehen von den nationalen Kontrollsystemen aus, die nach dem Modellabkommen INFCIRC/153 von den Staaten, die ein NV-vertragsgemäßes Kontrollabkommen mit der IAEA abschließen, zu errichten sind. Aufgabe dieser Kontrollsysteme sei es, Abzweigungen von Kernmaterial zu verhindern. Um die Sicherheit von Kernmaterial zu gewährleisten, müßten solche Systeme

a) Bedingungen aufstellen, welche die Möglichkeiten für eine heimliche oder offene Entwendung von Kernmaterial verringern. Die Sicherheit des Kernmaterials müsse sowohl während der Lagerung als auch bei der Benutzung und beim Transfer gewährleistet sein;

b) schnelle und umfassende Maßnahmen vorsehen, um gestohlenes, verlorenes, falsch versandtes oder verspätet ankommendes Material aufzufinden und wiederzuerlangen.

Die Aufgaben der IAEA sollten sich darauf beschränken, Empfehlungen darüber zu formulieren, welche Maßnahmen für die Sicherheit von Kernmaterial erforderlich sind. Die Verantwortlichkeit für die Errichtung und Durchführung eines Sicherheitssystemes innerhalb eines Staates liege ausschließlich bei dem Staat selbst. Die IAEA könne den Staat lediglich über Beobachtungen informieren, die sie anläßlich der Durchführung ihrer Sicherungsmaßnahmen gemacht habe. Zusätzliche Unterstützung solle nur erteilt werden, wenn ein Staat dies ausdrücklich verlange.

Ein nationales Sicherheitssystem sollte folgende Funktionen ausüben können:

a) Erlaß staatlicher Verordnungen;
b) Überwachung der Durchführung von Sicherheitsmaßnahmen;
c) Errichtung eines Informationssystems;
d) Aufbau eines Systems zur Wiedererlangung abhanden gekommenen Kernmaterials.

Im einzelnen wurden folgende Maßnahmen empfohlen:

– Kernmaterial sollte nur in besonders geschützten Bereichen benutzt oder gelagert werden;
– die Sicherheitsmaßnahmen sollten mindestens jährlich von den staatlichen Sicherheitsbehörden auf ihre Wirksamkeit geprüft werden;
– alle Personen, die Zugang zu den Kernmaterialbereichen haben, müßten kontrolliert werden;
– für Notfälle (Abzweigungen, Unfälle, Naturkatastrophen) müßten Krisenpläne ausgearbeitet werden.

Die Empfehlungen über den Transfer von Kernmaterial beziehen sich auf Abweichungen vom normalen Weg, Schäden, Unfälle, Diebstähle, Sabotage und den Austausch von Kernmaterial während des Transports. Sie sehen Wachmannschaften, Benachrichtigung des Empfängers und der Kontrollbehörden, Festlegung der Transportroute, laufenden Kontakt mit dem Transporteur u. a. vor[48].

Da das Expertenpanel lediglich unter der Ägide der IAEA stattfand, sind seine Empfehlungen nicht Gegenstand eines IAEA-Gouverneursratsbeschlusses geworden. Damit fehlt ihnen die Eigenschaft von Richtlinien, die sie erhalten hätten, wenn sie vom Gouverneursrat gebilligt und den Mitgliedstaaten zur Beachtung empfohlen worden wären. Es gibt daher auch keine Stelle, die nachzuprüfen befugt wäre, ob die Staaten, die über nennenswerte Kernenergietätigkeiten verfügen, bisher ein Sicherheitssystem errichtet haben und inwieweit die Sicherheitssysteme den Expertenempfehlungen entsprechen.

III. Europäische Atomgemeinschaft (Euratom)

1. Das Kontrollsystem des Euratom-Vertrags

Mit dem Kontrollsystem der Europäischen Atomgemeinschaft ist ein regionales System von Sicherungsmaßnahmen geschaffen worden, das Anspruch auf umfassende und wirksame Kontrolle des im Gebiet der Gemeinschaft verwendeten Kernmaterials erhebt.

Nach Art. 77 des Euratom-Vertrags hat sich die Kommission nach Maßgabe der in den Art. 78 bis 84 festgelegten Bestimmungen zu vergewissern, daß

a) die Erze, Ausgangsstoffe und besonderen spaltbaren Stoffe im Gebiet der Gemeinschaft nicht zu anderen als den von ihren Benutzern angegebenen Zwecken verwendet werden;

b) die Vorschriften über die Versorgung und alle besonderen Kontrollverpflichtungen geachtet werden, welche die Gemeinschaft in einem Abkommen mit einem dritten Staat oder einer zwischenstaatlichen Einrichtung übernommen hat.

Träger der Kontrolle ist die Kommission, deren Stellung im institutionellen Gefüge der Gemeinschaft sehr viel stärker ist als die des Sekretariats einer intergouvernementalen Organisation, wie der IAEA oder der NEA. Dies beruht auf der spezifischen Eigenart der Europäischen Gemeinschaft. Sie verfügt im Rahmen der ihr in den Verträgen von Paris und Rom gegebenen Zuständigkeiten über eigene normative Befugnisse. Sie hat das Recht, Verordnungen und Entscheidungen zu erlassen, die sowohl für die Mitgliedstaaten als auch für natürliche und juristische Personen, die im Hoheitsgebiet der Mitgliedstaaten

---

[48] Siehe Recommendations for the Physical Protection of Nuclear Material, hrsg. IAEA, Wien, Juni 1972.

ihre Tätigkeit ausüben, unmittelbar verbindlich sind. Zwar ist die Gemeinschaft insofern multinationale Organisation, als sie im gegenseitigen Einvernehmen mehrerer Staaten geschaffen wurde und als die Mitgliedstaaten in einem der vier Organe der Gemeinschaft, nämlich im Ministerrat, vertreten sind und dort am Entscheidungsprozeß der Gemeinschaft wesentlich mitwirken. Aber diese Multinationalität bedeutet für die Gemeinschaft nicht, daß alle ihre Akte eine Willenskonvergenz ihrer Mitgliedstaaten sind. Die Kommission hat ihre Tätigkeit in voller Unabhängigkeit und zum allgemeinen Wohl der Gemeinschaft auszuüben (Art. 126 des Euratom-Vertrags). Ihre Beschlüsse werden mit der Mehrheit ihrer Mitglieder gefaßt (Art. 132). Sie kann die Staaten binden und sie vor dem Europäischen Gerichtshof zur Rechenschaft ziehen. Der Gerichtshof selbst kann Verstöße gegen den Vertrag oder gegen Ausführungsmaßnahmen verurteilen. Auch das Europäische Parlament, das die Tätigkeit der Kommission zu kontrollieren hat, übt seine Befugnisse ohne Rücksicht auf die Nationalität seiner Mitglieder aus.

Der supranationale Charakter der Gemeinschaft bewirkt, daß die von ihr ausgeübte Kontrolle sehr viel objektiver und wirksamer durchgeführt werden kann als durch das Sekretariat einer intergouvernementalen Organisation. Der Verkehr zwischen der IAEA-Kontrollbehörde und der kontrollierten Anlage erfolgt über den Staat, der der IAEA auch die Anlagendaten sowie die Berichte über Kernmaterialvorräte und -bewegungen übermittelt. Nicht so bei Euratom, wo die Kommission direkt mit den Anlagenbetreibern verkehrt. Der Mitgliedstaat ist nur insofern eingeschaltet, als er von der Kommission konsultiert wird, bevor diese einen Inspektor mit seiner ersten Überwachungsaufgabe im Hoheitsgebiet dieses Staates betraut. Außerdem hat er das Recht, die Kommissionsinspektoren durch Vertreter seiner Behörden begleiten zu lassen.

Während bei der IAEA die kontrollierten Staaten die Möglichkeit haben, wegen der Einzelheiten der Durchführung der Sicherungsmaßnahmen abweichend von den Kontrollmodalitäten in anderen Staaten mit der IAEA ein Kontrollabkommen auszuhandeln, besteht diese Möglichkeit bei Euratom nicht. Die im Euratom-Vertrag enthaltenen Bestimmungen über die Sicherheitsüberwachung und die beiden Ausführungsverordnungen Nr. 7 und 8 sind die Rechtsgrundlage für die Durchführung der Kontrolle. Einzelheiten der Durchführung bestimmt die Kommission, wobei sie gehalten ist, die Kernanlagenbetreiber aller Mitgliedstaaten gleich zu behandeln.

Wer in den Ländern der Gemeinschaft eine Kernanlage betreibt, hat der Kommission die grundlegenden Merkmale der Anlage anzugeben. Die Errichtung einer Wiederaufbereitungsanlage bedarf sogar der ausdrücklichen Genehmigung der Kommission[49]. Die Anlagenbetreiber sind außerdem zu detaillierter Buchführung über erzeugte oder benutzte Kernbrennstoffe ver-

---

[49] Art. 78 und Verordnung Nr. 7. Siehe *Amtsblatt der Europäischen Gemeinschaften*, Nr. 15 vom 12. 3. 1959.

pflichtet[50]. Dadurch wird die Kommission in die Lage versetzt, sich über Menge und Art der überwachungspflichtigen Stoffe, die in den Ländern der Gemeinschaft vorhanden sind, über den Ort, an dem sie sich befinden, sowie über ihre Verlagerung zu unterrichten. Inspektoren der Kommission können sich an Ort und Stelle von der Richtigkeit der gemachten Angaben sowie davon überzeugen, daß die einer Kernanlage zur Verfügung stehenden Kernbrennstoffe ausschließlich für die angegebenen Zwecke verwendet werden. Sie haben jederzeit zu allen Orten, Unterlagen und Personen Zugang, die sich von Berufs wegen mit Stoffen, Ausrüstungsgegenständen oder Anlagen beschäftigen, welche der Überwachung unterliegen[51]. Gegen Anlagenbetreiber, die ihren Kontrollverpflichtungen nicht nachkommen, kann die Kommission Zwangsmaßnahmen ergreifen, die von einer Verwarnung über den Entzug besonderer Vorteile, wie finanzielle Unterstützung oder technische Hilfe, bis zur zeitweisen Übertragung der Verwaltung des Unternehmens an andere Personen oder Personengruppen und den vollständigen Entzug von Kernmaterial reichen[52].

Im Euratom-Kontrollsystem bestehen also unmittelbare Beziehungen zwischen der Kommission und den Kernanlagen. Umgekehrt genießen die Einzelpersonen und Unternehmen das Recht, gegen die Entscheidungen der Kommission vor dem Europäischen Gerichtshof Berufung einzulegen. Sie können die Kommission haftbar machen und Ersatz für den Schaden verlangen, der ihnen durch Beschlüsse der Kommission oder durch Beamte der Kommission bei Ausübung ihrer Amtstätigkeit entstanden ist[53].

Die in der IAEA-Satzung gemäß Artikel XII vorgesehenen Sanktionen sind nur gegenüber einem Mitgliedstaat anwendbar und treffen diesen nicht sehr, wenn er beim Bezug von Kernbrennstoffen, Kernausrüstungen oder technischer Hilfe nicht oder nicht mehr auf die Unterstützung der IAEA angewiesen ist.

2. Vorteile des Euratom-Kontrollsystems

Das Euratom-Kontrollsystem weist im Vergleich zum IAEA-System noch folgende Vorteile auf:

a) Es ist eng verbunden mit der gesamten Tätigkeit der Gemeinschaft. Die nach Art. 41 des Euratom-Vertrags der Kommission zu meldenden Investitionsvorhaben für Neuanlagen, die Verbindung einer Anzahl von Kernkraftwerken mit Euratom durch die Inanspruchnahme des Status eines gemeinsamen Unternehmens sowie die Verflechtung des Forschungsprogramms der Gemeinschaft mit den Kernforschungstätigkeiten der Mitgliedstaaten durch Forschungs- und

---

[50] Art. 79 und Verordnung Nr. 8. Siehe *Amtsblatt der Europäischen Gemeinschaften*, Nr. 34 vom 29. 5. 1959.
[51] Art. 81.
[52] Art. 83.
[53] Art. 188.

Assoziationsverträge ermöglichen der Kommission eine umfassende Übersicht über die Kernenergietätigkeiten im Hoheitsgebiet der Mitgliedstaaten der Gemeinschaft. Das Tätigkeitsfeld der IAEA erstreckt sich dagegen nur auf Ausschnitte der nuklearen Tätigkeiten der Mitgliedstaaten.

b) Der Euratom-Vertrag gibt Euratom nicht nur das Eigentumsrecht an allen besonderen spaltbaren Stoffen, die von einem Mitgliedstaat, einer Person oder einem Unternehmen erzeugt oder eingeführt werden[54]; er sichert auch der Euratom-Versorgungsagentur das Bezugsrecht für Kernbrennstoffe sowie das Recht, Abkommen oder Übereinkünfte zur Lieferung von Erzen, Ausgangsstoffen oder besonderen spaltbaren Stoffen aus dem Aufkommen außerhalb der Gemeinschaft abzuschließen[55]. Durch diese Versorgungsregelung kann sich die Kommission, der die Versorgungsagentur untersteht, jederzeit einen Überblick und notfalls auch die Verfügungsgewalt über die im Gebiet der Gemeinschaft erzeugten und in die Gemeinschaft eingeführten Kernbrennstoffe verschaffen[56]. Auch die Sanktionsmöglichkeit, Kernmaterial einem Anlagenbetreiber zu entziehen, der gegen seine Kontrollverpflichtungen verstoßen hat, bekommt dadurch ein anderes Gewicht, als wenn die Kontrollbehörde nur gelegentlich als Vermittler bei der Lieferung von Kernmaterial auftritt wie im Fall der IAEA.

Da es sich bei dem Euratom-Kontrollsystem um ein regionales System handelt, kam auch der Regelung der Außenbeziehungen besondere Bedeutung zu. Auf der Grundlage der Art. 77 und 101 Abs. 1 kann Euratom gegenüber Vertragspartnern außerhalb der Gemeinschaft die Garantie übernehmen, daß Kernmaterial nicht zu anderen als den angegebenen Zwecken verwendet wird. Ohne daß der Grundsatz der Ausschließlichkeit der Kontrolle durch die Kommission im Euratom-Vertrag ausdrücklich festgelegt wäre, war man sich beim Aufbau des Euratom-Kontrollsystems doch bewußt, daß ein etwaiges Nebeneinander verschiedener Kontrollen nur Komplikationen, höhere finanzielle Belastungen und erhöhten technischen Aufwand, in manchen Fällen sogar Konflikte mit sich gebracht hätte. Es war deshalb versucht worden, der Euratom-Kontrolle im Gebiet der Gemeinschaft Ausschließlichkeit oder zumindest Priorität zu verschaffen. Dies ist geschehen

a) in den Zusammenarbeitsabkommen der Gemeinschaft mit den Vereinigten Staaten, Großbritannien und Kanada, denen zufolge die Überwachung des in das Hoheitsgebiet der Euratom-Mitgliedstaaten gelieferten Kernmaterials ausschließlich durch die Kommission gewährleistet wird;

b) durch die Beendigung der von den Mitgliedstaaten vor Inkrafttreten des Euratom-Vertrags abgeschlossenen bilateralen Abkommen und der Ersetzung der darin vorgesehenen bilateralen Kontrollen durch die Euratom-Kontrolle;

---

[54] Art. 86.
[55] Art. 57 und 64.
[56] Siehe dazu ausführlich in diesem Band Felix *Oboussier,* Die Verteilung von Kernbrennstoffen: Das Problem der Rohstoffe und der Anreicherung, S. 332 ff.

c) durch den Ausschluß eines Kontrollsystems durch das andere, wie es in Art. 19b der ENEA-Satzung und Art. 21c des Übereinkommens über die Errichtung der ENEA-Kontrolle zugunsten der Euratom-Kontrolle geschehen ist;

d) durch Beauftragung der gleichen Behörde, auch die Sicherungsmaßnahmen des Vertragspartners in solchen Anlagen durchzuführen, die der Kontrolle beider Partner unterliegen[57]. Das führt ebenfalls zur ausschließlichen Kontrolle durch Euratom, wenn man von dem NEA-Gemeinschaftsunternehmen Eurochemic absieht, in dem die NEA weiterhin Kontrollrechte in Anspruch nahm;

e) durch Zusammenarbeit zweier Kontrollsysteme, wobei Euratom die Erstkontrollen durchführt, während die andere Kontrollbehörde lediglich die Feststellungen der Euratom-Kontrolle verifiziert, wie dies im Verifikationsabkommen zwischen der IAEA und Euratom festgelegt ist.

Die Kontrolltätigkeit von Euratom hat sich nach Inkrafttreten des Euratom-Vertrages schnell entwickelt. Bereits Ende 1960 kontrollierte die Kommission 111 Kernanlagen. Ende 1966 waren es 216. Die Vorräte an angereichertem Uran und Plutonium, in erster Linie Gegenstand der Kontrolle, sind im gleichen Zeitraum von 0,5 t auf 10,3 t (U-235) und von 2 kg auf 535 kg (Pu) gestiegen[58].

Die Existenz der Euratom-Kontrolle hat sicherlich dazu beigetragen, daß die Kernenergieentwicklung in den einzelnen Mitgliedstaaten der Gemeinschaft keinen Verdächtigungen von seiten anderer Mitgliedstaaten oder der Staaten ausgesetzt war, die mit Euratom Zusammenarbeitsabkommen abgeschlossen hatten. Die Tatsache, daß die Euratom-Kontrolle sich grundsätzlich auf alles Kernmaterial im Gebiet der Gemeinschaft erstreckte und daß die angewandten Kontrollverfahren lange Zeit als dem letzten technischen Stand entsprechend betrachtet wurden, war zweifelsohne einer der Gründe, die insbesondere die Amerikaner bewogen, der Gemeinschaft großzügigere Bedingungen für die Lieferung von Kernmaterial einzuräumen, als sie es in den früheren Abkommen mit den einzelnen Mitgliedstaaten zu tun bereit waren. Alle diese positiven Effekte haben sich besonders zugunsten der Bundesrepublik Deutschland ausgewirkt, die später als andere Mitgliedstaaten mit der Entwicklung der Kernenergie begann und gerade auf diesem Gebiet besonderem Mißtrauen begegnete.

Ebenfalls positiv zu verzeichnen ist das durch die Euratom-Kontrolle begünstigte Fehlen nuklearen »Klassendenkens«, wie es sich in der gesamten Abrüstungsdebatte seit Ende des Zweiten Weltkriegs manifestiert und im NV-Vertrag kristallisiert hat. Die französische Kernforschung und -industrie war ebenso Euratom-Kontrollen unterworfen wie die der anderen Mitgliedstaaten. Die in Art. 84 Abs. 3 des Euratom-Vertrags vorgesehene Ausnahmeregelung für den

---

[57] Vgl. dazu Art. XII des Abkommens der Vereinigten Staaten mit Euratom und Art. 16 des Übereinkommens über die ENEA-Kontrolle.

[58] Zum Vergleich: Die IAEA kontrollierte am 30. 6. 1967 56 Reaktoren, darunter fünf Leistungsreaktoren, sowie 59 andere »accountability areas«. Siehe IAEA-Jahresbericht 1966/67, S. 29 sowie S. 33–35.

militärischen Bereich war außerdem so formuliert, daß die zivile Kernforschung und -industrie in den anderen Gemeinschaftsländern keine Wettbewerbsnachteile zu befürchten hatte.

3. Schwierigkeiten und Konflikte

Dieser harmonische Zustand gleicher Rechte für alle dauerte leider nicht lange an. Die Franzosen versuchten bereits zu Beginn der sechziger Jahre, den der Kontrolle entzogenen Bereich zu erweitern und übten entsprechende Pressionen auf die Kommission aus. Ihr Ziel war es, solche Anlagen, die teilweise auch für militärische Zwecke arbeiteten, ganz der Euratom-Kontrolle zu entziehen. Die Meinungsverschiedenheiten, die es darüber mit der Kommission gab, waren einer der Gründe, warum der damalige französische Präsident der Euratom-Kommission, Etienne Hirsch, von der französischen Regierung nicht zur Wiederwahl vorgeschlagen wurde. Auch bei den anderen Mitgliedstaaten lösten die französischen Versuche, doch noch eine nukleare Zweiklassengesellschaft innerhalb der Gemeinschaft einzuführen, erhebliches Unbehagen aus.

Das waren jedoch nur Vorboten der Konflikte, die auf Euratom im Zusammenhang mit dem NV-Vertrag zukamen. Wie bereits erwähnt (s. S. 171 ff.), stieß die Formulierung von Art. III des NV-Vertrags auf große Schwierigkeiten, weil die Sowjetunion und eine Reihe anderer Staaten sich einer Einbeziehung Euratoms in die Durchführung der Sicherungsmaßnahmen widersetzten. Dieser Widerstand blieb nicht ohne Auswirkungen auf die interne Diskussion in den Staaten, die – wie die Vereinigten Staaten, Großbritannien und Kanada – die Euratom-Kontrolle als umfassend und wirksam anerkannt hatten. Auch in den Mitgliedstaaten wurden Stimmen laut, die dafür plädierten, im Interesse der Nichtverbreitung von Kernwaffen und der Entspannung zwischen Ost und West sämtliche Kontrollbefugnisse unter dem NV-Vertrag der IAEA zu geben. Da Euratom aufgrund der negativen Haltung Frankreichs zum Forschungsprogramm der Gemeinschaft ohnehin in Schwierigkeiten sei, könne man auch auf die Euratom-Kontrollen verzichten.

Auch der von außen kommende Druck auf das Euratom-Kontrollsystem nahm zu. Es wurde bemängelt, die Euratom-Kontrolle könne die militärische Verwendung der ihr unterliegenden Kernbrennstoffe nicht verhindern, da sie lediglich nachzuprüfen habe, ob die im Gebiet der Gemeinschaft befindlichen Kernbrennstoffe auch für die von den Benutzern angegebenen Zwecke verwendet werden. Wenn ein Benutzer Kernmaterial als für militärische Zwecke bestimmt bezeichnet, müsse dies die Kommission als Kontrollorgan akzeptieren. Ein nach dem Besitz von Kernwaffen strebender Staat könne daher jederzeit Kernwaffen herstellen, sobald er technisch dazu in der Lage ist. Bei dieser Argumentation wurde übersehen, daß die Euratom-Kontrolle ausdrücklich die friedliche Verwendung aller Kernbrennstoffe garantiert, die unter der Bedingung friedlicher Zweckbestimmung einem Benutzer in der Gemeinschaft geliefert werden. Da die Nichtkernwaffenstaaten der Gemeinschaft über keine eigenen Uranvorräte und Anreicherungsanlagen verfügten, waren sie auf Lieferungen aus Kanada, Großbritannien und den Vereinigten Staaten angewiesen. Diese Lieferungen waren aber vertraglich ausschließlich für die friedliche Nutzung bestimmt.

Da damals mit der Unterstellung, ein Nichtkernwaffenstaat der Gemeinschaft strebe nach dem Besitz von Kernwaffen, allein die Bundesrepublik gemeint war, war die Argumentation doppelt falsch, denn die Bundesrepublik hatte – wie bereits erwähnt – 1954 vertraglich auf die Herstellung von Kernwaffen verzichtet. Insofern gewährleistete die Euratom-Kontrolle, daß nicht nur die von dritten Staaten unter der Bedingung friedlicher Verwendung bezogenen, sondern auch die aus anderen Gemeinschaftsländern kommenden und in der Bundesrepublik selbst erzeugten Kernbrennstoffe nicht zur Herstellung von Kernwaffen verwendet wurden.

Ein anderes Argument war, die Euratom-Kontrolle stelle eine Eigenkontrolle einer Staatengruppe innerhalb des NATO-Blocks dar. Da die NATO ihre militärische Strategie auf die Verwendung von Kernwaffen abgestellt habe, sei die Euratom-Kontrolle keine Garantie dafür, daß die Mitglieder dieser Gruppe keine Kernwaffen herstellen. Dieses Argument wäre dann zutreffend gewesen, wenn alle Mitgliedstaaten der Gemeinschaft am Aufbau von nationalen oder einer gemeinschaftlichen Atomstreitmacht interessiert gewesen wären. Dies war aber nicht der Fall. Die Bundesrepublik hatte vertraglich auf die Herstellung von Kernwaffen verzichtet. Die Beneluxstaaten hatten keinen Grund zur Annahme gegeben, sie wollten in den Klub der Atommächte aufgenommen werden. Und Frankreich unter de Gaulle war alles andere als bereit, Kernwaffen in den Händen seiner Nachbarn zu dulden oder gar die nationale »force de frappe« in eine europäische Atomstreitmacht zu überführen.

Wenn auch dieser von außen kommende Druck Unsicherheit in den Gemeinschaftsländern über die Zukunft der Euratom-Kontrolle erzeugte, so gelang es doch den fünf Nichtkernwaffenstaaten, sich auf eine gemeinsame Haltung in der Frage zu einigen, wer die NV-Vertragskontrollen auf ihrem Hoheitsgebiet durchführen solle. Diese Einigung wurde in einem fünf Punkte enthaltenden Grundsatzpapier festgehalten, das dann auch als Grundlage für das Verhandlungsmandat an die Kommission zur Aushandlung eines Verifikationsabkommens mit der IAEA diente.

Zum eigentlichen Konflikt innerhalb der Gemeinschaft über den NV-Vertrag kam es wegen Frankreich, das seine früheren Bemühungen, die Ausnahmeregelung von Art. 84 Abs. 3 sehr intensiv zu interpretieren, nun in die Forderung umwandelte, substantielle Teile seiner Kernenergietätigkeit ganz der Euratom-Kontrolle zu entziehen. Zur Begründung dieser den Gleichheitsgrundsatz der Verträge der Europäischen Gemeinschaft durchbrechenden Forderung wurde angeführt, im NV-Vertrag werde eine deutliche Trennungslinie zwischen Kernwaffenstaaten und Nichtkernwaffenstaaten gezogen. Nachdem die Nichtkernwaffenstaaten der Gemeinschaft diesen Vertrag akzeptiert hätten, gebe es für Frankreich keinen Grund mehr, auf die Vorzugsstellung zu verzichten, die den Kernwaffenmächten im NV-Vertrag eingeräumt werde. Frankreich wolle nicht schlechter gestellt werden als die Vereinigten Staaten von Amerika und Großbritannien und sei deshalb nur noch bereit, die Kerntätigkeiten in Frankreich von Euratom kontrollieren zu lassen, die es ausdrücklich der Kontrolle unterstelle.

Diese Forderung wurde mit der Erteilung eines Mandats durch den Ministerrat der Gemeinschaft an die Kommission zur Aufnahme von Verhandlungen über ein Verifikationsabkommen mit der IAEA verknüpft. Da die anderen Mitgliedstaaten der Gemeinschaft es nicht für opportun hielten, die Franzosen bei der Mandatserteilung und später bei der Billigung des Abkommens zu überstimmen, was gemäß Art. 101 Abs. 2 des Euratom-Vertrags möglich gewesen wäre, wurde die französische Forderung nach langwierigen Verhandlungen erfüllt. In der Präambel zu dem Ratsbeschluß vom 20. September 1971, mit dem die Kommission das Verhandlungsmandat erhielt, wurde Frankreich zugestanden, daß ein Kernwaffenstaat, der der Gemeinschaft angehört, nach Inkrafttreten des Verifikationsabkommens selbst entscheiden kann, welche Anlagen er der Euratom-Kontrolle unterstellt. Dabei sind alle diejenigen Anlagen als unterstellt anzusehen, in denen Kernmaterial aus Drittländern verwendet wird, welche die Lieferung des Kernmaterials von der Anwendung von Sicherungsmaßnahmen abhängig gemacht haben. Frankreich hat sich andererseits verpflichtet, aus seiner besonderen Stellung keinen Wettbewerbsvorteil zu ziehen.

Andere, allerdings weit geringere und nicht bis auf Ministerebene gelangende Schwierigkeiten innerhalb der Gemeinschaft ergaben sich daraus, daß die Kommission aufgrund ihrer langjährigen Erfahrungen und der Geschlossenheit und Wirksamkeit ihres Systems allen Entwicklungen auf dem Gebiet der Kontrolltechnik, die nicht von ihr selbst erarbeitet worden waren, äußerst reserviert gegenüberstand. Die in der Bundesrepublik im Zusammenhang mit der NV-Vertragsdiskussion intensivierten Forschungen auf dem Gebiet der Kontrolltechnik fanden nur geringes Interesse. So entstand die einigermaßen groteske Situation, daß die in Karlsruhe entwickelten Konzepte, wie das Prinzip der Spaltstoffflußkontrolle an bestimmten strategischen Punkten, zuerst in den Konsultationen mit den Amerikanern über den NV-Vertrag und in der IAEA, vor allem in den Verhandlungen über das Modellabkommen INFCIRC/153, durchgesetzt werden konnten, bevor die Kommission sich ernstlich damit befaßte.

Mit dem Verifikationsabkommen sind diese Schwierigkeiten allerdings überwunden, denn über das IAEA-Modellabkommen haben diese Konzepte Eingang ins Verifikationsabkommen gefunden und müssen damit von der Kommission bei der Durchführung des Abkommens angewandt werden. Das erfordert allerdings gewisse Anpassungen des Euratom-Systems. Die Nichtkernwaffenstaaten der Gemeinschaft erwarten dabei, daß Frankreich keine Einwände gegen diese

Anpassungen erhebt, die zum großen Teil technische Verbesserungen darstellen, so daß die Sicherungsmaßnahmen der Gemeinschaft nach Inkrafttreten des Verifikationsabkommens im ganzen Gebiet der Gemeinschaft, einschließlich der Kernenergietätigkeiten in Frankreich, die weiterhin Euratom-Kontrollen unterliegen, einheitlich durchgeführt werden.

4. Bekräftigung Euratoms durch das Verifikationsabkommen

Der Abschluß des Verifikationsabkommens ist für Euratom und die IAEA ein Erfolg. Die Unsicherheit über die Zukunft des Euratom-Kontrollsystems ist damit behoben. Die Gemeinschaft ist als eines der Durchführungsorgane des NV-Vertrags anerkannt. Die Rivalität zur IAEA wird durch eine organisierte Zusammenarbeit abgelöst. Das System als solches kann durch die Anpassung an das in INFCIRC/153 niedergelegte und im Verifikationsabkommen übernommene NV-Vertragskontrollsystem technisch verbessert werden. Auch die Ausdehnung der Sicherungsmaßnahmen auf die neuen Mitglieder der Gemeinschaft wird Euratom im Kontrollbereich neuen Auftrieb geben.

IV. Kernenergie-Agentur (NEA) der OECD

1. Aufgabenstellung

Das zweite Kontrollsystem auf regionaler Basis ist das der Kernenergie-Agentur der OECD (NEA), die im Jahre 1957 als Europäische Kernenergie-Agentur (ENEA) der Organisation für Europäische Wirtschaftliche Zusammenarbeit (OEEC) errichtet worden ist. Die Satzung der Agentur war am 17. Dezember 1957 vom Rat der OEEC angenommen worden. Sie ist am 1. Februar 1958 in Kraft getreten.

Aufgabe der Agentur ist es, »im Weg der Zusammenarbeit zwischen den Teilnehmerstaaten und der gegenseitigen Abstimmung ihrer innerstaatlichen Maßnahmen die Erzeugung und Verwendung der Kernenergie für friedliche Zwecke durch diese Staaten zu entwickeln und zu fördern«[59]. Teilnehmerstaaten waren die Mitgliedstaaten der OEEC. Nach der Umwandlung der OEEC in die OECD unter Einbeziehung der Vereinigten Staaten von Amerika, Kanadas und Japans wurde die ENEA als Kernenergie-Agentur der Organisation beibehalten. Die Vereinigten Staaten, Kanada und Japan wurden assoziierte Mitglieder der Agentur. Nachdem Japan Vollmitglied der ENEA geworden war, wurde die ENEA im April 1972 unter Weglassung des Wortes »Europäisch« in die NEA umgewandelt.

---

[59] Art. 1 der ENEA-Satzung.

Die Zusammenarbeit der OEEC-Mitgliedstaaten auf dem Kernenergiegebiet ist von Anfang an mit der Zusammenarbeit der sechs Mitgliedstaaten von Euratom abgestimmt worden. Ihre Abgrenzung ergab sich aus ihrem unterschiedlichen territorialen Anwendungsbereich und ihren divergierenden Zuständigkeiten. Die Rechte und Pflichten der EG-Mitgliedstaaten gegenüber Euratom wurden durch die Teilnahme an der ENEA nicht berührt. Die für die ENEA getroffenen Regelungen beeinträchtigten auch nicht die Zuständigkeiten von Euratom[60].

Grundlage der Kontrolltätigkeit der NEA ist Art. 8 der ENEA-Satzung, der folgendes bestimmt:

»a) Es wird eine Sicherheitskontrolle eingerichtet, die gewährleisten soll, daß der Betrieb von Gemeinschaftsunternehmen und die von der Agentur oder unter ihrer Aufsicht zur Verfügung gestellten Materialien, Ausrüstungen und Dienstleistungen keinen militärischen Zwecken dienen.
b) Die Sicherheitskontrolle kann, wenn die betreffenden Parteien darum ersuchen, auf zwei- oder mehrseitige Vereinbarungen oder, wenn ein Teilnehmerstaat darum ersucht, auf dessen Tätigkeit auf dem Gebiet der Kernenergie angewendet werden.
c) Die Einrichtung dieser Kontrolle und ihre Ausübung durch die Agentur sind Gegenstand eines besonderen Übereinkommens über die Sicherheitskontrolle.«

Dieses Übereinkommen, das die Kontrollregelungen im einzelnen enthält, ist von den Mitgliedstaaten der OEEC am 20. Dezember 1957 geschlossen worden. Es trat am 22. Juli 1959 in Kraft. Spanien trat ihm im Anschluß an seinen Beitritt zur OEEC im Juli 1958 bei.

Der gesonderte Abschluß eines Übereinkommens über die Sicherheitskontrolle war deshalb notwendig, weil einzelne Bestimmungen für die Ausgestaltung der Kontrolle in einer Reihe von Mitgliedstaaten der Ratifizierung bedurften, während die ENEA-Satzung nicht ratifizierungsbedürftig war und damit durch einen Beschluß des OEEC-Rates angenommen werden konnte.

2. Das NEA-Kontrollsystem

Die Kontrolle im Rahmen der NEA erfaßt grundsätzlich nur Gemeinschaftsunternehmen sowie Materialien, Ausrüstungen und Dienstleistungen, die von der Agentur den Regierungen der Mitgliedstaaten zur Verfügung gestellt wurden. Daneben können sich die Mitgliedstaaten der Kontrolle auch für einzelne oder alle Sektoren ihrer Kernenergietätigkeit unterwerfen. Auch zwischenstaatliche Vereinbarungen auf dem Kernenergiegebiet, sei es zwischen Mitgliedsstaaten der OECD, sei es zwischen solchen und dritten Staaten, können der Kontrolle im Einvernehmen der Parteien dieser Vereinbarungen unterstellt werden. Das gleiche gilt für Vereinbarungen mit internationalen Organisationen[61].

---
[60] So H. *Haedrich,* Europäische Atomverträge, Baden-Baden 1966, S. 19.
[61] Art. 1 des Übereinkommens.

Die militärische Betätigung der Mitgliedstaaten auf atomarem Gebiet außerhalb der auf friedliche Zwecke beschränkten Zusammenarbeit im Rahmen der NEA bleibt unberührt[62]. Der Begriff der militärischen Nutzung im Sinne des Übereinkommens umfaßt nur die Verwendung besonderen spaltbaren Materials in Waffen, nicht jedoch für andere militärische Zwecke, z. B. für den Antrieb militärischer Fahrzeuge oder für die Erzeugung von Elektrizität und Wärme für militärische Zwecke[63]. Die Kontrolle bezieht sich nicht nur auf die Materialien, Ausrüstungen und Dienstleistungen, die von der NEA zur Verfügung gestellt oder die aus den Gemeinschaftsunternehmen geliefert werden, sondern auch auf die Kernanlagen, in denen diese Materialien oder solche, die durch Bearbeitung aus ihnen entstehen, weiterverwendet werden (Folgerecht). Wird besonderes spaltbares Material in ein Drittland ausgeführt, kann der Direktionsausschuß der Agentur die Anwendung der Sicherungskontrolle einstellen, wenn dieses Material dort gleichwertigen Kontrollen unterliegt (Art. 2b). Dabei wurde vor allem an die IAEA-Sicherungsmaßnahmen gedacht.

Das Kontrollsystem als solches ähnelt dem Euratom-System, wobei allerdings die Buchführungs- und Vorlagepflicht weniger weit geht als bei Euratom. Im Unterschied zu Euratom können Zwangsmaßnahmen nur über die Regierungen der Mitgliedstaaten durchgeführt werden. Die Durchführung der Kontrolle obliegt einem Kontrollbüro, dem je ein Vertreter der Mitgliedstaaten angehört und das seine Beschlüsse in der Regel mit Mehrheit treffen kann[64]. Gegen bestimmte Beschlüsse des Kontrollbüros, die sich auf die Prüfung von Anlagendaten, Betriebsaufzeichnungen und Berichten der Kernanlagen beziehen[65], kann jeder Mitgliedstaat sowie jedes betroffene Unternehmen ein Kernenergiegericht anrufen, das gemäß Art. 12 des Übereinkommens errichtet wurde[66].

Von besonderer Bedeutung für die Praxis des NEA-Kontrollsystems wurden Art. 16a und 21c. Da die Sicherungsmaßnahmen der ENEA und von Euratom sich überdeckten und eine Doppelkontrolle der Kernanlagen im Gebiet der Gemeinschaft vermieden werden sollte, wurde in Art. 16a eine Vereinbarung zwischen Euratom und OEEC (die als Mutterorganisation völkerrechtliche Rechtspersönlichkeit war, während die ENEA nur eine mit Organbefugnissen ausgestattete Körperschaft im Rahmen der OEEC war)[67] vorgesehen, nach der die Kontrolle der ENEA im Euratom-Gebiet durch die zuständigen Euratom-Organe ausgeübt wird. Weil in den Mitgliedstaaten der Gemeinschaft bereits die Euratom-Kontrolle angewandt wurde, sah Art. 21c vor, daß das Übereinkom-

---

[62] Vgl. *Haedrich* (Anm. 60), S. 120.
[63] Vgl. Art. 17.
[64] Art. 7, 8 und 9.
[65] Vgl. Art. 3.
[66] Art. 1 b. Einzelheiten der Einrichtung dieses Gerichts wurden in einem gesonderten Protokoll vom 20. 12. 1957 vereinbart, abgedruckt bei *Haedrich* (Anm. 61), S. 159 ff.
[67] Vgl. *Haedrich* (Anm. 60), S. 22 f.

men über die ENEA-Kontrolle erst nach Abschluß dieser Vereinbarung Anwendung findet. Gemeinschaftsunternehmen der ENEA waren allerdings ausgenommen. Sie unterstehen beiden Kontrollsystemen.

3. Praktische Bedeutung

Für die Einführung eines besonderen Kontrollsystems im Rahmen der ENEA waren vor allem zwei Gesichtspunkte maßgebend gewesen:

a) Die Teilnehmerstaaten sollten gewisse Garantien gegen den Mißbrauch des spaltbaren Materials erhalten, das im Rahmen der in der ENEA erfolgenden Zusammenarbeit hergestellt, geliefert oder verwendet wird;

b) die Erwartung, daß die Vereinigten Staaten von Amerika Stoffe, Ausrüstungen und Kenntnisse auf dem Kernenergiegebiet zur Verfügung stellen werden, machte es erforderlich, die Sicherheitsanforderungen der Vereinigten Staaten zu berücksichtigen[68].

Obwohl das Kontrollsystem der ENEA für eine weitreichende Anwendung geeignet war, hat es nur geringe praktische Bedeutung erhalten. In den Euratom-Staaten fand es gemäß Art. 21c keine Anwendung, da die in Art. 16a erwähnte Vereinbarung mit Euratom nie zustande gekommen ist. Die Mitgliedstaaten, die nicht der Europäischen Gemeinschaft angehörten, zeigten kein Interesse, die in Art. 1b des Übereinkommens gegebenen Möglichkeiten zur Unterstellung ihrer Kernenergietätigkeiten unter ENEA-Kontrollen zu benutzen. Als Lieferant von Kernmaterial und -aurüstungen konnte die ENEA auch keine Rolle spielen. Und die Anwendung auf Lieferverträge mit Drittländern schied ebenfalls aus, weil die hauptsächlichen Lieferländer – wie die Vereinigten Staaten und Kanada – für Lieferungen in Länder außerhalb des Euratom-Bereichs der IAEA-Kontrolle den Vorzug gaben. So blieb die ENEA-Kontrolle auf die drei Gemeinschaftsunternehmen, d. h. die Wiederaufbereitungsanlage Mol in Belgien, den Forschungs- und Versuchsreaktor Halden in Norwegen und den Versuchsreaktor Dragon in Großbritannien, beschränkt.

Da die Wiederaufbereitungsanlage in Mol auch Euratom-Kontrollen unterlag und die beiden Versuchsreaktoren, die am 29. Juni 1959 bzw. 23. August 1964 kritisch wurden, IAEA-Sicherungsmaßnahmen hätten unterstellt werden können, ist die Frage nicht unberechtigt, warum das ENEA-Kontrollsystem beibehalten wurde, nachdem die OEEC 1960 unter Einschluß der Vereinigten Staaten, Kanadas und Japans in die OECD umgewandelt worden war. Diese Frage ist heute noch aktueller, da Großbritannien – und damit auch der Versuchsreaktor Dragon – nach seinem Beitritt zu der Europäischen Gemeinschaft Euratom-Kontrollen unterliegt und Norwegen, auf dessen Gebiet der Forschungs- und Versuchsreaktor Halden steht, das gemäß NV-Vertrag abzuschließende Kontrollabkommen mit der IAEA bereits am 1. März 1972 in Kraft gesetzt hat.

---
[68] Vgl. *Haedrich* (Anm. 60), S. 47 f.

V. Organisation für das Verbot nuklearer Waffen in Lateinamerika (OPANAL)

1. Die Vertragsbestimmungen

Mit dem Vertrag von Tlatelolco über das Verbot von Kernwaffen in Lateinamerika vom 14. Februar 1967 wurde ein weiteres regionales Kontrollsystem geschaffen. Es hebt sich vom Euratom- und NEA-System nicht nur dadurch ab, daß es sich auf eine geographische Region außerhalb Westeuropas bezieht, sondern auch durch seine enge Verflechtung mit der IAEA.

Gemäß Art. 1 des Vertrags[69] verpflichten sich die Vertragsparteien, das nukleare Material und die nuklearen Einrichtungen, die ihrer Hoheitsgewalt unterstehen, ausschließlich zu friedlichen Zwecken zu nutzen. Sie verpflichten sich außerdem, in ihren Hoheitsgebieten jede Art der Erprobung, Verwendung, Herstellung, Erzeugung oder des Erwerbs von Kernwaffen sowie den Empfang, die Lagerung, den Einbau, die Aufstellung oder eine andere Form des Besitzes von Kernwaffen zu verbieten und zu verhindern.

Zur Erfüllung der aus diesem Vertrag erwachsenden Verpflichtungen wurde die Errichtung von OPANAL vorgesehen, deren Aufgabe darin besteht, regelmäßige und außerordentliche Konsultationen zwischen den Mitgliedstaaten durchzuführen und die Erfüllung der vorerwähnten Verpflichtungen zu überwachen (Art. 7). Außerdem wurde ein Kontrollsystem errichtet, das insbesondere nachzuprüfen hat,

a) ob die Geräte, Dienstleistungen und Einrichtungen, die für die friedliche Nutzung der Kernenergie bestimmt sind, nicht zur Erprobung und Herstellung von Kernwaffen benutzt werden;

b) ob im Hoheitsgebiet der Vertragsparteien keine der durch Art. 1 verbotenen Betätigungen mit Kernmaterial oder Kernwaffen durchgeführt werden, die aus dem Ausland eingeführt wurden;

c) ob die Explosionen zu friedlichen Zwecken (die im Gegensatz zum NV-Vertrag erlaubt sind[70]) mit Art. 18 des Vertrags vereinbar sind (Art. 12).

Nach Art. 18 muß ein Mitgliedstaat, der eine derartige Explosion durchzuführen beabsichtigt, OPANAL und die IAEA rechtzeitig vorher unterrichten. Diese haben das Recht, alle Vorbereitungen einschließlich der Explosion selbst zu beobachten. Sie haben uneingeschränkten Zugang zu allen Orten in der Umgebung der Explosion, um sich davon zu überzeugen, daß die Explosionsvorrichtung und die bei der Explosion angewendeten Verfahren den gemachten Angaben sowie den Bestimmungen des Vertrags entsprechen.

---

[69] Siehe *Europa-Archiv*, Folge 7/1967, S. D 154.
[70] Hierzu gibt es verschiedene Vertragsinterpretationen. Siehe ausführlich zu den friedlichen Kernexplosionen in diesem Band v. *Welck* (Anm. 45), S. 389 ff. (397).

Die Vertragsparteien sind ferner verpflichtet, in Verhandlungen mit der IAEA über den Abschluß von mehrseitigen oder zweiseitigen Abkommen zur Anwendung von Sicherungsmaßnahmen einzutreten, so daß die entsprechenden Abkommen spätestens zwei Jahre nach Hinterlegung ihrer Ratifikationsurkunde in Kaft treten können (Art. 13). Sie haben OPANAL und der IAEA halbjährlich zu berichten, daß in ihrem Hoheitsgebiet keine durch den Vertrag verbotene Betätigung stattgefunden hat (Art. 14). Der Generalsekretär der Organisation kann außerdem jeden Mitgliedstaat unter Darlegung seiner Gründe auffordern, zusätzliche Auskünfte über jeden Sachverhalt im Zusammenhang mit der Vertragserfüllung zu erteilen (Art. 15).

Besondere Bedeutung im Kontrollsystem kommt den Sonderinspektionen zu, die von der IAEA oder vom OPANAL-Rat durchgeführt werden können. Die IAEA führt diese Sonderinspektionen nach Maßgabe der mit ihr abgeschlossenen Kontrollabkommen durch[71], der OPANAL-Rat dann, wenn ein Mitgliedstaat den Verdacht hegt, daß im Hoheitsgebiet eines anderen Mitgliedstaates oder in einem anderen Ort im Auftrag dieses Staates eine verbotene Betätigung stattgefunden hat oder vorbereitet wird, oder wenn ein verdächtiger Mitgliedstaat dies beantragt. Die mit der Durchführung dieser Sonderinspektionen beauftragten Inspektoren haben unbeschränkten und freien Zugang zu allen Orten und Unterlagen, die sie zur Durchführung ihres Auftrags benötigen und die in unmittelbarem, engem Zusammenhang mit dem Verdacht einer Verletzung des Vertrags stehen (Art. 16).

Verletzt ein Mitgliedstaat seine vertraglichen Pflichten, kann die Generalkonferenz von OPANAL die ihr geeignet erscheinenden Empfehlungen an ihn richten. Falls die Vertragsverletzung den Frieden und die Sicherheit gefährden könnte, unterrichtet die Generalkonferenz gleichzeitig den Sicherheitsrat und die Generalversammlung der Vereinten Nationen sowie die Generalkonferenz der IAEA.

Die Durchführung der im Vertrag vorgesehenen Kontrolle obliegt somit zum einen der IAEA, zum anderen den Organen von OPANAL. Dem Rat kommt hierbei eine zentrale Rolle zu. Er besteht aus fünf Mitgliedern, die für vier Jahre von der Generalkonferenz gewählt werden. Seine Aufgabe besteht in erster Linie darin, durch den Generalsekretär über das ordnungsgemäße Funktionieren des Kontrollsystems zu wachen. Der Generalsekretär ist insofern ausführendes Organ. Die Generalkonferenz, in der alle Mitgliedstaaten vertreten sind, setzt

---

[71] Im IAEA-Kontrollsystem INFCIRC/153 sind Sonderinspektionen in solchen Fällen vorgesehen, in denen die IAEA von ihrem Vertragspartner Berichte darüber erhalten hat, daß aufgrund außergewöhnlicher Umstände Kernmaterialverluste angenommen werden müssen oder eine Änderung der räumlichen Eingrenzung einer Kernanlage die unbefugte Entnahme von Kernmaterial ermöglicht, oder in denen sie zu der Auffassung gelangt ist, daß die ihr zur Verfügung gestellten oder bei Routineinspektionen gewonnenen Informationen nicht ausreichen, ihr die Erfüllung ihrer Kontrollaufgaben zu ermöglichen (vgl. Art. 68 b, 73 und 77).

die Verfahrensregeln für das Kontrollsystem fest und wird bei Vertragsverletzungen tätig.

Da die Kontrolle von zwei verschiedenen Organisationen vorgenommen werden soll, sind ein Informationsaustausch und die Abstimmung über die zu treffenden und getroffenen Kontrollmaßnahmen besonders wichtig. Art. 19 des Vertrags sieht daher vor, daß OPANAL mit der IAEA Abkommen abschließen kann, um das wirksame Funktionieren des Kontrollsystems zu gewährleisten.

Der Vertrag ist durch zwei Protokolle ergänzt. Durch das erste soll der Anwendungsbereich des Vertrags auch auf die in Mittel- und Südamerika liegenden Hoheitsgebiete nichtlateinamerikanischer Staaten ausgedehnt werden. Das zweite bezweckt die Respektierung der kernwaffenfreien Zone durch die Kernwaffenmächte[72].

2. Inkrafttreten und Tätigwerden

OPANAL selbst wurde im Juni 1969 errichtet, nachdem der Vertrag von der vorgesehenen Mindestzahl von elf Staaten ratifiziert worden war. Inzwischen sind alle Staaten der Region der Organisation beigetreten, ausgenommen Kuba und Guyana, die den Vertrag bisher nicht einmal unterzeichnet haben, Argentinien und Chile, die den Vertrag unterzeichnet, aber noch nicht ratifiziert haben, sowie Brasilien und Trinidad-Tobago, die den Vertrag zwar ratifiziert haben, sein Inkrafttreten für sie jedoch von den in Art. 28 Abs. 1 des Vertrags genannten Voraussetzungen abhängig gemacht haben.

Diese Voraussetzungen sind:

a) Hinterlegung der Ratifikationsurkunden durch alle lateinamerikanischen Republiken und alle anderen souveränen Staaten der westlichen Hemisphäre, deren gesamtes Hoheitsgebiet südlich des 35. Breitengrades nördlicher Breite liegt (damit sind die Vereinigten Staaten von Amerika und Kanada ausgeschlossen);

b) Beitritt aller außerkontinentalen Staaten zum Zusatzprotokoll I, die de jure und de facto international für Hoheitsgebiete verantwortlich sind, die im Anwendungsbereich des Vertrags liegen;

c) Beitritt aller Kernwaffenmächte zum Zusatzprotokoll II;

d) Abschluß der Kontrollabkommen mit der IAEA.

Keine dieser Voraussetzungen ist bisher erfüllt. Kuba, Guyana, Argentinien und Chile sind noch nicht Vertragsparteien. Das Zusatzprotokoll I wurde erst durch Großbritannien und die Niederlande ratifiziert. Die Unterschriften der Vereinigten Staaten und Frankreichs stehen noch aus. Das Zusatzprotokoll II wurde bisher von den Vereinigten Staaten und Großbritannien ratifiziert.

---

[72] Texte der beiden Protokolle in: *Europa-Archiv*, Folge 7/1967, S. D 164.

Frankreich und die Volksrepublik China haben es im Sommer 1973 unterzeichnet, während die Sowjetunion keine Bereitschaft zum Beitritt gezeigt hat.

Von den 18 Staaten, die dem Vertrag bis zum 30. Juni 1974 beigetreten waren, haben lediglich vier, nämlich Costa Rica, die Dominikanische Republik, Mexiko und Uruguay die mit der IAEA auszuhandelnden Kontrollabkommen abgeschlossen. Ein weiteres Abkommen wurde von den Niederlanden für die Niederländischen Antillen und Surinam in Erfüllung der Verpflichtungen aus Zusatzprotokoll I geschlossen. Alle diese Abkommen erfüllen gleichzeitig die Verpflichtungen dieser Staaten gemäß Art. III des NV-Vertrags.

Bolivien, Ekuador, Haiti, Nikaragua und Panama haben die Verhandlungen über die Kontrollabkommen abgeschlossen, San Salvador, Honduras, Jamaika und Peru stehen noch in Verhandlungen mit der IAEA[73]. Kolumbien und Venezuela haben trilaterale Kontrollabkommen mit der IAEA und den Vereinigten Staaten abgeschlossen. Den Erfordernissen von Art. 13 des Vertrags dürften diese Abkommen nicht genügen.

Das in Art. 12 vorgesehene Kontrollsystem, das – soweit die dort festgelegten Überprüfungsmaßnahmen nicht von der IAEA wahrgenommen werden[74] – vom OPANAL-Generalsekretär unter Aufsicht des Rates aufgebaut und betrieben werden müßte, ist noch nicht in Funktion. Voraussetzung hierzu wäre die Verabschiedung der Verfahrensregeln für das Kontrollsystem und die Sonderinspektionen durch die Generalkonferenz gemäß Art. 9 Abs. 2b und Art. 16 Abs. 3 des Vertrags. Dies ist bisher noch nicht geschehen[75]. Lediglich die gemäß Art. 14 zu erstattenden Berichte scheinen regelmäßig beim Generalsekretär einzugehen. Der Rat hat auch im Januar 1973 ein Modell eines Berichts ausgearbeitet, damit die erforderlichen Informationen auf homogene und systematische Weise übermittelt werden können[76].

Es muß festgestellt werden, daß das OPANAL-Kontrollsystem noch in den Kinderschuhen steckt. Wenn es einmal funktioniert, d. h. wenn alle mittel- und südamerikanischen Staaten und alle Hoheitsgebiete anderer Staaten in dieser Region von ihm erfaßt werden, wenn alle Vertragsparteien die erforderlichen Kontrollabkommen mit der IAEA abgeschlossen haben und wenn die Verfahrensregeln für die von OPANAL selbst durchzuführenden Kontrollen eta-

---

[73] Siehe Jahresbericht der IAEA für 1973/74. IAEA-Dokument GC(XVIII)/525.
[74] Ein Zusammenarbeitsabkommen zwischen OPANAL und der IAEA wurde am 3. 10. 1972 abgeschlossen. Es sieht Konsultationen zwischen beiden Organisationen in Fragen gemeinsamen Interesses, gegenseitiger Repräsentation auf den Generalkonferenzen beider Organisationen sowie den Austausch von Dokumenten und Informationen vor. Spezifische Bestimmungen über die Abstimmung von Kontrollmaßnahmen enthält es nicht (siehe IAEA-Dokument INFCIRC/25/Add. 4). Insofern entspricht es den anderen von der IAEA mit regionalen intergouvernementalen Organisationen abgeschlossenen Zusammenarbeitsabkommen.
[75] So *Espiell* (Anm. 18), S. 37/38.
[76] Vgl. *Espiell*, ebd., S. 36.

bliert sind und die Kontrolle selbst effektiv betrieben wird, dürfte das OPANAL-Kontrollsystem ein wichtiger Faktor für die internationale Sicherheit in Lateinamerika werden.

VI. Schlussfolgerungen

1. Die Rolle der verschiedenen internationalen Organisationen

Die friedliche Nutzung der Kernenergie hat durch internationale Organisationen entscheidende Impulse erhalten. Die Bemühungen, die Atomenergie unter Kontrolle zu bringen, wurden in internationalen Organisationen begonnen und haben dort ihre wesentlichen Ausprägungen erfahren.

Während die Vereinten Nationen das Forum für Initiativen zur Kontrolle der Atomenergie abgegeben haben, erfolgt die Anwendung von Kontrollmaßnahmen im wesentlichen durch zwei internationale Organisationen, durch Euratom und die IAEA. Dabei erfaßt die Euratom-Kontrolltätigkeit die Gesamtheit der friedlichen Nutzung der Kernenergie in allen Mitgliedstaaten, unabhängig davon, ob sie Kernwaffenstaaten sind oder nicht. Demgegenüber blieb die Kontrolltätigkeit der IAEA zunächst auf einzelne Kernanlagen und Kernmaterialmengen beschränkt, die im Zusammenhang mit der Lieferung durch einen anderen Staat oder durch die IAEA Sicherungsmaßnahmen unterstellt wurden. Erst in Durchführung des NV-Vertrags und des Vertrags von Tlatelolco werden IAEA-Sicherungsmaßnahmen auf die gesamte Kernenergietätigkeit einer Reihe von Nichtkernwaffenstaaten angewandt. Eine Reihe von Mitgliedstaaten mit beachtlicher Kernenergietätigkeit stehen allerdings außerhalb des IAEA-Kontrollsystems. Andere werden nur teilweise von IAEA-Kontrollen erfaßt.

Mit dem Verifikationsabkommen zwischen Euratom und der IAEA wird eine organisierte Verbindung zwischen beiden Kontrollsystemen geschaffen. Das Euratom-Kontrollsystem erhält dadurch weltweite Anerkennung. Zwar gewährleistete es schon vorher, daß Kernmaterial auf dem Gebiet oder unter der Hoheitsgewalt eines Mitgliedstaates, der auf die Produktion von Kernwaffen verzichtet hat, nicht für Waffenzwecke verwendet wurde. Das wurde jedoch nur von Mitgliedstaaten der Gemeinschaft und anderen westlichen Staaten als Garantie empfunden. Mit dem Verifikationsabkommen wird das Euratom-Kontrollsystem in die Durchführung des NV-Vertrags einbezogen. Durch die Verifizierung der Ergebnisse der Euratom-Kontrolltätigkeit seitens der IAEA erhalten alle Mitgliedstaaten der IAEA die Gewähr, daß Kernmaterial im Hoheitsgebiet und unter Hoheitsgewalt der Nichtkernwaffenstaaten von Euratom nicht zur Herstellung von Kernwaffen oder sonstigen Kernsprengkörpern verwendet wird.

Mit dem Verifikationsabkommen hat allerdings das Euratom-Kontrollsystem seinen Charakter als ein für alle Mitgliedstaaten in gleichem Maße geltendes

System verloren. Der Preis, den die Nichtkernwaffenstaaten der Gemeinschaft für die Erteilung eines Verhandlungsmandats an die EG-Kommission zu entrichten hatten, war das Ausscheren Frankreichs aus der Euratom-Kontrolle[77]. Zwar finden Euratom-Sicherungsmaßnahmen nach wie vor in Frankreich Anwendung, jedoch sollen sie nur noch in solchen Anlagen durchgeführt werden, für die ausdrücklich Euratom-Kontrollen akzeptiert werden. Dies gilt vor allem für solche Kernanlagen, in denen Kernmaterial aus Drittländern verwendet wird, welche die Lieferung dieses Materials von der Anwendung von Sicherungsmaßnahmen abhängig gemacht haben. Damit hat der prinzipielle Unterschied zwischen Kernwaffenmächten und Nichtkernwaffenstaaten über den NV-Vertrag auch Eingang in die auf dem Grundsatz der Gleichheit aller Mitgliedstaaten beruhende Europäische Gemeinschaft gefunden.

2. Sinn und Zweck internationaler Kontrollen

Durch die Verbindungen zwischen Euratom und IAEA, Euratom und der OECD-NEA sowie der IAEA und OPANAL ist so etwas wie ein weltweites System von Kernenergiekontrollen entstanden. Wer bedenkt, mit welcher Eifersucht die einzelnen Staaten ihre »Souveränität« hüten, vermag den Fortschritt zu ermessen, der mit der Annahme internationaler Sicherungsmaßnahmen verbunden ist. Vertrauliche Unterlagen wichtiger Forschungsstätten und Industriebetriebe sowie Berichte über die Erzeugung, die Einfuhr, die Ausfuhr und die Verwendung von Kernmaterial werden internationalen Behörden überlassen, und Inspektoren dieser Behörden erhalten Gelegenheit, alle diese Forschungsstätten und Industriebetriebe regelmäßig zu überprüfen.

Mit der Zulassung von Ausländern auf dem eigenen Hoheitsgebiet zu Inspektionszwecken ist tatsächlich eine heilige Kuh nationalstaatlicher Souveränität geschlachtet, wurde doch lange Zeit die Zulassung inspizierender Ausländer nur von solchen Ländern geduldet, die entweder gerade einen Krieg verloren hatten oder in einem Unterordnungsverhältnis zu einem anderen Staat standen.

Allerdings ist die Feststellung, daß die Annahme internationaler Sicherungsmaßnahmen einen Fortschritt darstelle, so lange stark von Zweifeln überschattet, als eine Reihe von Staaten für ihre Kernenergietätigkeit keine internationalen Sicherungsmaßnahmen zu akzeptieren bereit sind. Solange solche Staaten, die für sich großmachtähnlichen Status beanspruchen, nicht bereit sind, sich in das weltweite Kontrollsystem einzufügen, muß ein Land, das dazu bereit ist, als ein Staat mit beschränkter Souveränität erscheinen.

Die Bewertung dieser Frage mag verschieden ausfallen, je nachdem, wie man den ohnehin schillernden Begriff der nationalen Souveränität interpretiert. Wer der Auffassung ist, daß die Welt sich auf ein System weltweiter, die einzelnen

---

[77] Siehe dazu ausführlich S. 198 f.

Staaten übergreifender Regelungen zubewegt, wird diejenigen als Pioniere des Fortschrittes betrachten, die sich in ein weltweites System von Kernenergiekontrollen eingegliedert haben. Wer dagegen der Meinung ist, daß Nationalstaaten nichts anderes sind als große Monaden, die zwar in ein Geflecht internationaler Beziehungen eingebettet sind, aber dadurch ihren Monadencharakter nicht verlieren können und dürfen, wird die Annahme internationaler Kontrollen durch einen Staat, der die Macht hat, sie abzulehnen, als widernatürlich betrachten. Ein Land, das solche Kontrollen unter dem Zwang der Verhältnisse akzeptiert, erscheint den Anhängern dieser Auffassung als Staat mit eingeschränkter Souveränität. Es überrascht daher nicht, daß gerade die Vertreter jener Staaten, die den Staat bewußt oder unbewußt als Monade betrachten und besonderen Wert auf die nationalstaatliche Souveränität legen, internationalen Kernenergiekontrollen auch im Grundsätzlichen stets ablehnend gegenüberstanden.

Die Frage nach Sinn und Zweck internationaler Kernenergiekontrollen ist legitim. Kann die Verhinderung einer mißbräuchlichen Verwendung der Kernenergie auch auf anderem Weg als über die Errichtung kostspieliger und souveränitätsbeschränkender internationaler Kontrollsysteme erreicht werden? Folgende Modelle bieten sich hierfür an:

a) die vertragliche Verpflichtung der Staaten,
kein Kernmaterial für mißbräuchliche, d. h. explosive Zwecke zu verwenden,
keinem anderen Staat Kernmaterial und -ausrüstungen zu liefern, der nicht bereit ist, eine gleichartige Verwendungsgarantie zu geben,
durch geeignete innerstaatliche Maßnahmen sicherzustellen, daß kein Kernmaterial auf dem eigenen Hoheitsgebiet für explosive oder unbekannte Zwecke abgezweigt wird.

Ob ein solches System seinen Zweck erfüllt, hängt im wesentlichen davon ab, ob die Mitglieder des Systems Vertrauen in die Einhaltung der vertraglichen Verpflichtungen der anderen Mitglieder haben. Wenn die Mitgliedstaaten übereinstimmende außenpolitische Ziele verfolgen und die zu treffenden innerstaatlichen Maßnahmen zur Verhinderung von Kernmaterialabzweigungen von den anderen Mitgliedern als wirksam betrachtet werden oder wenn keines der Mitglieder technisch und finanziell in der Lage ist, Kernsprengkörper herzustellen, dürfte ein solches System ausreichend sein. Selbst dann bleibt jedoch die Frage der Verwendungsgarantien bei der Lieferung von Kernmaterial und -ausrüstungen an Staaten außerhalb des Systems offen.

Als weltweites System, das Mitgliedstaaten mit unterschiedlicher Kernenergiekapazität und politischen Zielvorstellungen einschließt, kommt es nicht oder nur bedingt in Frage. Auch wenn die Mitglieder wirksame nationale Kontrollen der Kernenergieverwendung auf ihrem Hoheitsgebiet einrichten, reicht dies nicht aus, um dem System die notwendige Vertrauensgrundlage zu geben. Nationale Kontrollen mögen zwar ausreichen, um eine subnationale Verwendung von Kernmaterial zu mißbräuchlichen Zwecken zu verhindern, sie haben jedoch nur beschränkte internationale Glaubwürdigkeit, wenn es um die Nutzung der Kernenergie für staatliche Zwecke geht.

b) Denkbar wäre auch ein System, in dem die unter a) genannten Verpflichtungen der Mitgliedstaaten durch einen Mechanismus zur Überprüfung von Vertragsverletzungen ergänzt würden. Wenn man die Bildung einer internationalen Kontrollorganisation vermeiden möchte, könnte man neben einer Generalversammlung aller Vertragsparteien noch einen aus nur wenigen Mitgliedern bestehenden Rat vorsehen, der Verdächtigungen, die gegen einen Mitgliedstaat erhoben werden, prüft und der Generalversammlung zwecks Billigung Sanktionsmaßnahmen vorschlägt. Der Rat müßte auch in der Lage sein, in dem beschuldigten Staat Überprüfungsmaßnahmen durchzuführen. Diese Maßnahmen könnten den im Vertrag von Tlatelolco vorgesehenen Sonderinspektionen entsprechen, allerdings mit dem Unterschied, daß die Inspektoren ad hoc aus Vertretern der nicht betroffenen Mitgliedstaaten ausgewählt werden müßten. Da die Mitgliedstaaten – wie unter a) – gehalten wären, nationale Kontrollsysteme zur Verhinderung subnationaler Abzweigungen zu errichten, könnte leicht auf Beamte dieser Kontrollbehörden zurückgegriffen werden. Auch bei der Lieferung von Kernmaterial und -ausrüstungen an Staaten außerhalb des Systems könnten die nationalen Kontrollbehörden eingeschaltet werden, indem die Lieferungen – ähnlich wie in der früheren Vertragspraxis der Vereinigten Staaten, Großbritanniens und Kanadas – von der Durchführung bilateraler Kontrollen durch den Lieferstaat abhängig gemacht würden. Ein solches System wäre zweifellos glaubwürdiger als das unter a) genannte System. Es hätte uneingeschränkt zwischenstaatlichen Charakter, da es keine institutionalisierte internationale Kontrollorganisation gäbe[78].

Jedoch sind auch in diesem Fall Zweifel an der Wirksamkeit des Systems angebracht. Wenn die Vertragsparteien heterogene außenpolitische Zielsetzungen haben oder gar Unterschiede der Gesellschaftsordnung aufweisen, ist es mehr als wahrscheinlich, daß bei jeder nennenswerten Kernenergietätigkeit eines Mitgliedstaates andere Staaten, die zu ihm in einem Spannungsverhältnis stehen, Verdächtigungen gegen ihn vorbringen. Die Zusammensetzung des Inspektorenteams zur Durchführung von Ad-hoc-Inspektionen wird dann zu einem Politikum. Je nach Parteinahme im Rat, der Zusammensetzung des Inspektoren-

---

[78] Eine internationale Kontrollorganisation hat auch dann supranationale Züge, wenn sie Teil einer als intergouvernemental betrachteten Organisation ist. So ist die Kontrolltätigkeit der IAEA supranationaler Natur, ungeachtet des intergouvernementalen Charakters der Organisation. Ihre Inspektoren haben jederzeit Zutritt zu allen Orten, Daten und Personen auf dem Hoheitsgebiet des zu kontrollierenden Staates, soweit dies notwendig ist, um den buchmäßigen Nachweis des zu kontrollierenden Kernmaterials zu erbringen und um festzustellen, ob das Material nicht zu militärischen bzw. explosiven Zwecken verwendet wird (vgl. Artikel XII A 6 der Satzung). Die Kontrollabkommen der IAEA mit einzelnen Staaten werden aufgrund der dem Generaldirektor vom Gouverneursrat erteilten allgemeinen Richtlinien von diesem bzw. seinen Mitarbeitern ausgehandelt und vom Gouverneursrat gebilligt, wobei der Gouverneursrat mit Mehrheit entscheiden kann.

teams und den Absichten des verdächtigen Staates ist sogar ein größerer Konflikt möglich, dann nämlich, wenn der verdächtige Staat dem Inspektorenteam die Einreise verweigert.

Auch bilaterale Kontrollen im Zusammenhang mit der Lieferung von Kernmaterial und -aurüstungen von einem Mitgliedstaat des Systems an einen anderen Staat, der nicht Vertragspartei ist, weisen eine Reihe von Nachteilen auf. Die Ausübung der Kontrolle hängt in jedem einzelnen Fall von der Beschaffenheit des nationalen Kontrollsystems ab. Je nach der kerntechnischen Erfahrung, der finanziellen Potenz und dem internationalen Verantwortungsbewußtsein des exportierenden Staates sowie der fachlichen Qualifikation der eingesetzten Inspektoren werden die Kontrollen von Land zu Land verschieden ausfallen. Solange es keine verbindlichen internationalen Regeln für die Durchführung dieser Kontrollen gibt, werden auch handelspolitische und kommerzielle Erwägungen nicht ohne Einfluß auf das Ausmaß der Kontrolle bleiben. Wenn zwei oder mehrere Staaten des Systems im Konkurrenzkampf um den Verkauf eines Reaktors stehen, wird es sehr schwierig sein, die Kontrollbedingungen außerhalb der Lieferbedingungen zu halten. Zumindest ist die Gefahr vorhanden, daß in solchen Fällen die Kontrollmodalitäten auf dem niedrigsten gemeinsamen Nenner fortgesetzt werden. Politisch haben bilaterale Kontrollen nicht die gleiche Glaubwürdigkeit wie multilaterale Sicherungsmaßnahmen. Wenn z. B. die Lieferung von Kernmaterial durch die Vereinigten Staaten an Israel nur mit bilateralen amerikanischen Kontrollen verbunden wäre, würden sich die arabischen Nachbarstaaten Israels ungeachtet aller amerikanischen Zusicherungen als nuklear bedroht bezeichnen. Wenn die Kontrolle dagegen durch die IAEA durchgeführt wird, der sie selbst als Mitglieder angehören, können sie dieses Argument nicht verwenden.

3. *Schwächen des internationalen Kontrollsystems*

Optimal wäre ein Kontrollsystem, das alles Kernmaterial auf der Welt erfassen würde, dem alle Länder unterworfen wären, dessen Inspektorenstab einen von einzelnen Mitgliedstaaten völlig unabhängigen internationalen Status hätte[79] und das in der Lage wäre, wirksame Sanktionen gegen den Betreiber einer Kernanlage zu verhängen, der seinen Verpflichtungen zur Buchführung und entsprechenden Verwendung von Kernmaterial nicht nachkommt, sowie gegen die Staaten, in denen Kernmaterial abhanden kommt, Inspektionen erschwert

---

[79] Bei den IAEA-Inspektoren ist dies nur unzureichend der Fall. Zwar sind einige der Inspektoren permanente IAEA-Bedienstete, die meisten haben jedoch nur befristete Anstellungsverträge. Das bedeutet, daß sie nach Auslaufen ihres Vertrags wieder in ihr Heimatland zurückkehren müssen, wenn sie keine andere Stellung bei einer internationalen Organisation finden.

werden oder die Errichtung von Kernanlagen verheimlicht wird. Daß ein solches optimales System jemals verwirklicht werden kann, ist unwahrscheinlich.

Wenn aber das gegenwärtige System von einem nicht zu verwirklichenden optimalen System noch weit entfernt ist, stellt sich die Frage, ob es nicht wenigstens bessere Systeme gibt. Denkbar wäre z. B. ein weltweites System, das auf einer Reihe regionaler Kontrollsysteme aufbauen würde und in dem die IAEA lediglich für die Transporte zwischen den einzelnen Systemen, die Abstimmung der einzelnen Kontrollregelungen sowie die Durchführung von Sonderinspektionen bei Vorliegen begründeten Verdachts auf Abzweigung von Kernmaterial zuständig wäre. Auch die Konzentration aller Kontrolltätigkeiten bei der IAEA und die Abschaffung aller anderen internationalen Kontrollsysteme (Euratom, OECD-NEA und OPANAL) stellt ein interessantes Denkmodell dar.

Beide Denkmodelle sind jedoch nicht sehr realitätsnahe. Was das erstgenannte Modell anbetrifft, so vermochte sich bisher außerhalb Euratoms noch kein regionales Kontrollsystem zu bilden. Was das zweite Modell anbetrifft, so ist die Erhaltung des Euratom-Kontrollsystems ein Politikum, für das bei den Konsultationen über den NV-Vertrag, in den Erörterungen innerhalb der IAEA über ein NV-vertragsgemäßes Modellabkommen und in den Verhandlungen über ein Verifikationsabkommen zwischen Euratom und IAEA hart gekämpft wurde.

Abgesehen davon, daß die Abschaffung des Euratom-Systems eine Beeinträchtigung des europäischen Einigungsprozesses darstellen würde, besteht ein mehrfaches Interesse an seiner Erhaltung: Einmal gewährleistet es die – wenn auch beschränkte – Fortdauer internationaler Kontrollen in Frankreich; zum anderen enthebt es die Nichtkernwaffenstaaten der Gemeinschaft der Notwendigkeit, ein nationales Kontrollsystem, wie in Art. 32 des IAEA-Modellabkommens vorgesehen, zu errichten; schließlich stellt die Einschaltung des Euratom-Systems in die NV-Vertragskontrollen eine Entlastung der IAEA dar, was angesichts der stets angespannten Finanzsituation dieser Organisation der wirksamen Durchführung der NV-Sicherungsmaßnahmen, insbesondere in den Euratom-Ländern, zugute kommt.

Es bleibt die Frage, warum das bestehende, durch die Kontrolltätigkeit der IAEA, Euratoms und der OECD-NEA sowie die Existenz von OPANAL markierte weltweite System nur wenig befriedigt. Die Antwort wird evident durch einen Blick auf eine Weltkarte: Die Staaten, in denen die gesamte friedliche Kernenergietätigkeit internationalen Sicherungsmaßnahmen unterliegt, sind farbig eingezeichnet; die Staaten, in denen einzelne Kernanlagen Kontrollen unterstellt wurden, sind schraffiert; die Staaten, in denen überhaupt keine internationalen Sicherungsmaßnahmen durchgeführt werden, erscheinen als weiße Flächen. Diese Weltkarte sieht nicht sehr farbig aus. Weiß sind große, weite Gebiete mit verhältnismäßig starker Kernenergietätigkeit, so die Sowjetunion und die Volksrepublik China. Schraffiert sind weitere Zentren großer

Aktivität auf dem Kernenergiegebiet, so die Vereinigten Staaten von Amerika, Indien, Brasilien, Argentinien, Japan, Frankreich, Südafrika, Pakistan, Spanien, Schweden, die Schweiz und Israel. Die Karte macht eines deutlich: Das weltweite Kontrollsystem erstreckt sich zwar über den ganzen Globus, weist aber erhebliche Lücken auf.

Wenn man auf dieser Karte noch die Tätigkeit der einzelnen Kontrollorganisationen einträgt, ergibt sich ein beinahe bestürzendes Bild. An einigen Orten sind nämlich mehrere Kontrollorganisationen tätig, so in der Wiederaufbereitungsanlage Eurochemic in Mol (Belgien), die sowohl von Euratom als auch von der OECD-NEA kontrolliert wird. Nach Inkrafttreten des Verifikationsabkommens zwischen Euratom und der IAEA wird daraus sogar eine dreifache Kontrolle. Auch der Reaktor Halden in Norwegen unterliegt Doppelkontrollen, einerseits durch die OECD-NEA, andererseits durch die IAEA. Ähnlich ergeht es dem Reaktor Dragon in Großbritannien, der der Kontrolle der OECD-NEA und Euratoms unterliegt. Falls Großbritannien seine zivilen Kernenergietätigkeiten – wie beabsichtigt – Sicherungsmaßnahmen unterstellt, wird dieser Reaktor sogar von drei Organisationen kontrolliert. Nach Inkrafttreten des Verifikationsabkommens zwischen Euratom und der IAEA kontrollieren beide Organisationen in den kernwaffenlosen Euratom-Ländern. Dies gilt unbeschadet dessen, daß in dem Verifikationsabkommen Kontrollmodalitäten vereinbart wurden, die Doppelkontrollen ausschließen.

Auch wenn die IAEA-Verifizierung der Euratom-Kontrolle nicht als Doppelkontrolle zu betrachten ist, bleibt die Tatsache bestehen, daß in Westeuropa mehrere internationale Kontrollorganisationen dieselben Kernanlagen gleichzeitig kontrollieren, während es in anderen Teilen der Welt zahlreiche Kernanlagen gibt, die international überhaupt nicht kontrolliert werden. Dieser Zustand ist äußerst unbefriedigend.

4. *Erstrebenswerte Verbesserungen*

Die Bemühungen um eine Verbesserung des gegenwärtigen durch die Tätigkeit der IAEA, Euratoms und der OECD-NEA repräsentierten weltweiten Kontrollsystems müssen daher an zwei Zielvorstellungen orientiert werden:

– Vermeidung von Kontrollkumulierungen in den Euratom-Ländern und in Norwegen,
– Ausdehnung internationaler Sicherungsmaßnahmen auf die gesamte friedliche Nutzung der Kernenergie in allen Ländern der Welt.

a) Vermeidung von Kontrollkumulierungen

Dieses Ziel können die betroffenen Länder im europäischen Rahmen und in Konsultationen mit der IAEA erreichen. Solange Großbritannien kein Mitglied der Europäischen Gemeinschaft war und in Norwegen keine Sicherungsmaßnahmen der IAEA angewandt wurden, hatte die NEA-Kontrolle des Halden- und des Dragon-Reaktors noch einen gewissen Sinn. Nachdem aber der eine Reaktor IAEA-Sicherungsmaßnahmen und der andere Reaktor Euratom-Kontrollen unterliegt, ist es nicht mehr der Fall. Die NEA-Kontrollen von Halden, Dragon und Eurochemic sollten daher eingestellt und das NEA-Kontrollsystem abgeschafft werden.

Im Rahmen des Verifikationsabkommens zwischen Euratom und der IAEA können Kontrollkumulierungen in den Euratom-Ländern dann vermieden werden, wenn die praktische Durchführung der IAEA-Verifizierung so gehandhabt wird, daß die Gesamtbelastung der Kernanlagenbetreiber durch die Sicherungsmaßnahmen beider Organisationen nicht größer ist als die Belastung der Kernanlagenbetreiber anderer Staaten, die nur von der IAEA kontrolliert werden. Ob dies der Fall sein wird, hängt wesentlich von der EG-Kommission ab, die gemäß Art. 5 des Protokolls zum Verifikationsabkommen »die anlagespezifischen Anhänge zu den Ergänzungs-Abkommen« gemeinsam mit der IAEA ausarbeitet. In diesen Anhängen wird nämlich der Inspektionsaufwand beider Organisationen für jede Kernanlage festgelegt. Wichtig ist auch die Art, wie die Art. 14a und 22 des Protokolls in der Praxis angewandt werden[80].

b) Die Ausdehnung internationaler Sicherungsmaßnahmen

Dieses Ziel ist eng mit der weiteren Entwicklung des NV-Vertrags verbunden. Der NV-Vertrag stellt zweifelsohne ein wichtiges Element der Entspannungspolitik der letzten Jahre dar. Allerdings darf nicht übersehen werden, daß er auch ein Instrument zur Aufrechterhaltung der militärischen Machtposition der Kernwaffenstaaten darstellt. Darüber hinaus enthält er Elemente wirtschaftlicher und technologischer Diskriminierung. Ungeachtet der Erfolge, die bei der Anpassung des IAEA-Kontrollsystems an den NV-Vertrag und in den Verhandlungen über ein Verifikationsabkommen zwischen Euratom und IAEA erzielt werden konnten, wird der NV-Vertrag seinen diskriminierenden Charakter erst verlieren, wenn

---

[80] Art. 14a lautet:
»Vorbehaltlich der in Artikel 13 dieses Protokolls genannten Voraussetzungen werden die Inspektionen der Organisation gleichzeitig mit den Inspektionstätigkeiten der Gemeinschaft durchgeführt. Die Inspektoren der Organisation sind während der Durchführung bestimmter Inspektionen der Gemeinschaft anwesend.«
Art. 22 lautet:
»Wie im voraus vereinbart und in den Ergänzenden Abmachungen näher geregelt, werden die für die Organisation bestimmten Kernmaterialproben aus den gleichen stichprobenmäßig ausgewählten Chargen oder Posten wie für die Gemeinschaft und zusammen mit den Proben der Gemeinschaft genommen, es sei denn, die Aufrechterhaltung des niedrigsten praktisch möglichen Niveaus des Inspektionsaufwands der Organisation oder eine Senkung auf dieses Niveau erfordere die unabhängige Probenahme durch die Organisation.«

- der Kreis der Vertragsparteien möglichst alle Staaten erfaßt, die Kernerzeugnisse herstellen und exportieren,
- die Verwendung der Kernenergie in allen Vertragsparteien, also auch in den Kernwaffenstaaten, kontrolliert wird. Letzteres impliziert die Einstellung der Produktion von Kernwaffen durch die Kernwaffenmächte.

Ob es in den nächsten Jahren gelingt, den Kreis der NV-Vertragsparteien wesentlich zu erweitern, muß allerdings bezweifelt werden. Die im Mai 1974 durchgeführte indische Kernsprengung ist ein Indiz dafür, daß die mit dem NV-Vertrag verfolgte Politik, wenigstens die Nichtkernwaffenstaaten von der Verwendung der Kernenergie zu explosiven Zwecken abzuhalten, an einem Wendepunkt angelangt ist. Es ist zu befürchten, daß die Staaten, die schon bisher dem NV-Vertrag reserviert gegenüberstanden, nun noch weniger bereit sind, ihm beizutreten. Zwar mögen sie in nächster Zukunft nicht in der Lage sein, selbst einen nuklearen Sprengsatz zu zünden oder sich einen von internationalen Sicherungsmaßnahmen nicht erfaßten Brennstoffkreislauf aufzubauen, aber die Option dafür wollen sie sich in jedem Fall offenhalten. Dies dürfte auch für einige Staaten gelten, die den NV-Vertrag bereits unterschrieben haben.

Damit bleibt der Kreis der NV-Vertragsparteien auf die Nichtkernwaffenstaaten beschränkt, die entweder keine nennenswerten Kernenergietätigkeiten haben oder ohnehin nicht die Absicht hatten, Kernwaffen herzustellen[81]. In dieser Situation sind die Wege neu zu überdenken, die das Ziel einer möglichst umfassenden Anwendung internationaler Sicherungsmaßnahmen zur Gewährleistung der ausschließlich friedlichen Nutzung der Kernenergie haben. Es ist fraglich, ob der NV-Vertrag in seiner gegenwärtigen Ausgestaltung das geeignete Instrument zur Erreichung dieses Ziels darstellt. Angesichts der indischen Kernsprengung müssen neue Instrumente gefunden werden.

Einige Nichtkernwaffenstaaten scheinen Wert auf die Entwicklung nationaler Kernsprengdienste zu legen. Sie verwenden dabei das Argument, friedliche Kernsprengungen seien für die Entwicklung ihres Landes wesentlich, vor allem im Hinblick auf die Erschließung von Öl- und Erdgasvorkommen. Bei einer so wichtigen Aufgabe möchten sie nicht von Kernsprengdiensten abhängen, die ihnen vielleicht von den Kernwaffenmächten zur Verfügung gestellt werden. Die dem NV-Vertrag zugrundeliegende These, Kernsprengungen für friedliche Zwecke seien technisch nicht von solchen für militärische Zwecke zu unterscheiden und müßten daher ebenso den Kernwaffenmächten vorbehalten bleiben wie die Herstellung von Kernwaffen, akzeptieren sie nicht.

Wenn es diesen Staaten tatsächlich darum geht, nur friedliche Kernsprengungen durchführen zu können, müßte es möglich sein, sie zur Annahme internationaler Sicherungsmaßnahmen für ihre gesamte Kernenergietätigkeit zu ver-

---

[81] Siehe S. 184 ff.

anlassen, sofern ihnen die Möglichkeit erhalten bleibt, Kernmaterial aus eigener Produktion für friedliche Kernsprengungen zu verwenden. Wenn alles Kernmaterial im Hoheitsgebiet und unter der Hoheitsgewalt dieser Staaten Sicherungsmaßnahmen unterworfen wird, und wenn die internationale Kontrollbehörde auch das Recht erhält, den Kernsprengsatz zu verifizieren und bei der Kernsprengung anwesend zu sein[82], sollte es möglich sein, eine eventuelle Abzweigung von Kernmaterial für Waffenzwecke festzustellen. Was nicht verhindert werden kann, ist das Know-how, das der betreffende Staat beim Bau von Kernsprengsätzen und ihrer Zündung erwirbt. Dieser sicher ernst zu nehmende Nachteil dürfte jedoch durch den Vorteil aufgewogen werden, daß der betreffende Staat seine gesamte Kernenergietätigkeit internationalen Sicherungsmaßnahmen unterwirft.

Wenn die IAEA ein Modellabkommen ausarbeiten würde, das auf die Staaten dieser Kategorie abgestellt wäre, könnten unter Umständen erhebliche Fortschritte auf dem Gebiet der weiteren Ausdehnung internationaler Sicherungsmaßnahmen gemacht werden.

c) Kontrollauflagen beim Export von Kernerzeugnissen

Ebenfalls bedeutsam ist die Erweiterung und Verstärkung der Kontrollauflagen beim Export von Kernmaterial und Kernausrüstungen. Gemäß Art. III Abs. 2 des NV-Vertrags sind alle Vertragsparteien verpflichtet, Kernmaterial oder Ausrüstungen und sonstige Materialien, die für die Verarbeitung, Verwendung oder Herstellung von Kernmaterial vorgesehen oder hergerichtet sind, einem Nichtkernwaffenstaat nur dann zur Verfügung zu stellen, wenn das Kernmaterial internationalen Sicherungsmaßnahmen unterliegt. Abgesehen davon, daß eine Verständigung darüber notwendig ist, was im einzelnen unter Ausrüstungen und Materialien zu verstehen ist, »die eigens für die Verarbeitung, Verwendung oder Herstellung von besonderem spaltbarem Material vorgesehen oder hergerichtet sind«, sollten auch Verfahren für die Auslösung der Sicherungsmaßnahmen festgelegt werden, damit einerseits Wettbewerbsverzerrungen vermieden und andererseits die Sicherungsmaßnahmen effektiv durchgeführt werden können. Außerdem sollte der Kreis der Staaten, die Sicherungsmaßnahmen beim Export von Kernerzeugnissen verlangen, über den Kreis der NV-Vertragsparteien hinaus auf alle Lieferstaaten von Kernmaterial und -ausrüstungen ausgedehnt werden. Es ist auch nicht einzusehen, warum der Export von Kernerzeugnissen in Kernwaffenstaaten anderen Regeln unterworfen sein soll als der Export in Nichtkernwaffenstaaten. Auch dieser Bestimmung liegt die unhaltbare Annahme zugrunde, die Verwendung von Kernmaterial zur Herstellung von Kernwaffen stelle keine Proliferation dar, wenn sie in einem Kernwaffenstaat erfolgt.

---

[82] Siehe S. 188 ff.

Da es eine Reihe von Lieferstaaten gibt, die den NV-Vertrag ablehnen, da Art. III Abs. 2 des NV-Vertrags nicht spezifiziert, was unter Ausrüstungen und Materialien zu verstehen ist und welche Verfahren im einzelnen anzuwenden sind, und da es keinen triftigen Grund gibt, Sicherungsmaßnahmen beim Export von Kernerzeugnissen auf Nichtkernwaffenstaaten zu beschränken, empfiehlt es sich, dieses Problem außerhalb des NV-Vertrags unter Beteiligung möglichst aller Lieferstaaten von Kernenergieerzeugnissen zu lösen.

d) Beschränkungen der Vermittlung von Know-how

In diesem Zusammenhang sollte auch die Frage geprüft werden, inwieweit die Vermittlung technischer Kenntnisse im Rahmen der von der IAEA durchgeführten Programme und bilateraler Zusammenarbeitsabkommen einen indirekten Beitrag zur Verbreitung von Kernwaffen darstellt. Länder, die nicht bereit sind, ihre gesamte Kernenergietätigkeit internationalen Sicherungsmaßnahmen zu unterstellen, sollten grundsätzlich von der Möglichkeit ausgeschlossen werden, sich das Know-how zum Aufbau eines eigenen Brennstoffkreislaufs von der IAEA oder durch Zusammenarbeit mit solchen Ländern zu beschaffen, die sich selbst Sicherungsmaßnahmen unterworfen haben. Besonders grotesk erscheint ein möglicher indirekter Beitrag zur Verbreitung von Kernwaffen dann, wenn die Vermittlung solcher Kenntnisse und Erfahrungen als technische Hilfe von den Geberländern finanziert wird.

e) Weiterentwicklung des Teststop- und des NV-Vertrags

So wichtig diese Strategien sein mögen, die zentrale Aufgabe dürfte die Weiterentwicklung des Teststop-Vertrags und des NV-Vertrags sein. Solange die Kernwaffenmächte zahlreiche Kernsprengungen für Waffentests vornehmen, sind sie moralisch in einer schwachen Position gegenüber einem Nichtkernwaffenstaat, der eine unkontrollierte Kernsprengung für friedliche Zwecke durchführt. Die von der UN-Generalversammlung immer wieder betonte Notwendigkeit, einen umfassenden Teststop-Vertrag abzuschließen, ist nach der indischen Atomexplosion die erste und dringliche Forderung, die an die Kernwaffenmächte zu richten ist. Neben dem prinzipiellen Verbot von Kernexplosionen sollten Bestimmungen vorgesehen werden, die friedliche Kernsprengungen unter internationaler Kontrolle erlauben[83].

Parallel zur Umwandlung des gegenwärtigen Teststop-Vertrags in einen umfassenden Teststop-Vertrag müßte die Übernahme der Verpflichtungen der Art. II und III des NV-Vertrags durch die Kernwaffenmächte und die Ausdehnung der Kontrollverpflichtungen des Art. III Abs. 2 auf Exporte in Kernwaffenstaaten erfolgen. Solange die führenden Kernwaffenmächte nicht bereit sind, auf die weitere Produktion von Kernwaffen zu verzichten, fällt es einer Reihe von

---

[83] Vgl. dazu Resolution L der Konferenz der Nichtkernwaffenstaaten vom 26. 9. 1968 (Siehe *Europa-Archiv,* Folge 21/1968, S. D 543).

Nichtkernwaffenstaaten, die über eine ausbaufähige Kernenergiekapazität verfügen, aus Sicherheits- und Prestigeerwägungen schwer, vertraglich der Herstellung von Kernwaffen zu entsagen. Wenn ein generelles Verbot der Herstellung von Kernwaffen besteht und in Verbindung damit der Export von Kernerzeugnissen in Nichtvertragsparteien erschwerten Bedingungen unterliegt, können die daraus resultierenden Nachteile für die Nichtvertragsparteien größer werden als die mit Sicherheitserwägungen begründeten Vorteile. Prestige kann dann durch das Fernbleiben vom Vertrag kaum mehr gewonnen werden.

Die Chance, den Kreis der Vertragsparteien des NV-Vertrags zu erweitern, wird größer, wenn es auch für die Kernwaffenstaaten ein Nonproliferationsgebot sowie die Verpflichtung zur Annahme von internationalen Sicherungsmaßnahmen gibt. Durch die internationale Kontrolle der Kernenergienutzung in den Kernwaffenstaaten würde die Kernforschung und -industrie in allen Staaten, die dem NV-System angehören, den gleichen Kontrollbelastungen unterliegen.

Die Forderung, daß die in Art. II und III des NV-Vertrags enthaltenen Verpflichtungen auch auf die Kernwaffenstaaten erstreckt werden sollen, wird dem Einwand begegnen, die Gefahr wirtschaftlicher und technologischer Diskriminierung der Nichtkernwaffenstaaten sei durch das Angebot der Vereinigten Staaten und Großbritanniens gebannt, ihre zivile Kernenergietätigkeit internationalen Sicherungsmaßnahmen zu unterstellen. Dieses Angebot sei gemacht worden, um klarzustellen, daß beide Staaten aus dem NV-Vertrag keine wirtschaftlichen Vorteile zu erlangen suchen. Darauf ist zu erwidern, daß die gute Absicht der amerikanischen und britischen Regierung außer Frage steht. Jedoch hat die freiwillige Unterstellung von Kernanlagen unter internationale Sicherungsmaßnahmen nicht denselben Wert, wie ihn eine vertraglich fixierte Verpflichtung hat. Es ist kaum anzunehmen, daß beide Staaten die Durchführung der Sicherungsmaßnahmen auf ihrem Hoheitsgebiet an die Dauer ihrer Zugehörigkeit zum NV-Vertrag binden werden[84]. Außerdem bleibt abzuwarten, wie die beiden Staaten die Abgrenzung zwischen zivilen und militärischen Kernenergietätigkeiten festlegen werden.

Abgesehen davon wäre es unrealistisch anzunehmen, daß die internationalen Kontrollbehörden ihre Sicherungsmaßnahmen in den beiden Kernwaffenstaaten in gleichem Umfang und in derselben Intensität durchführen wie in den Nichtkernwaffenstaaten. Bei der relativ großen Anzahl von Kernanlagen in den Vereinigten Staaten und Großbritannien und der zu erwartenden Ausdehnung der Kernenergietätigkeiten in der ganzen Welt werden die Kontrollkosten beträchtlich ansteigen. Die Kontrollbehörden, auf jeden Fall aber die IAEA, werden damit unter Druck ihrer Mitgliedstaaten geraten, unnötige Kontrollkosten

---

[84] Vgl. dagegen Art. 26 des IAEA-Modellabkommens für die Nichtkernwaffenstaaten, der vorsieht, daß das Abkommen so lange in Kraft bleiben wird, als der betreffende Staat Vertragspartei des NV-Vertrags ist.

abzubauen. Als unnötig werden aber Sicherungsmaßnahmen in Kernwaffenstaaten so lange gesehen, als diese das Recht haben, jederzeit Kernmaterial für die Herstellung von Kernwaffen abzuzweigen. In der Tat erscheint die Zielsetzung von Sicherungsmaßnahmen, nämlich die rechtzeitige Entdeckung von Kernmaterial, das für explosive Zwecke abgezweigt wurde, im Fall eines Kernwaffenstaates wenig sinnvoll. Die Nichtkernwaffenstaaten, die an der Verwirklichung des amerikanischen und britischen Angebots interessiert sind, befinden sich in der IAEA in der Minderheit. Viele IAEA-Mitgliedstaaten sind schon jetzt gegen die Anwendung von IAEA-Sicherungsmaßnahmen in den Vereinigten Staaten und Großbritannien, so z. B. die Sowjetunion und Frankreich aus prinzipiellen Erwägungen, die Entwicklungsländer, weil sie das für Sicherungsmaßnahmen ausgegebene Geld lieber für technische Hilfe verwendet sehen wollen, und einige kleinere Industriestaaten, weil für sie die Wettbewerbsfähigkeit mit der amerikanischen und britischen Kernindustrie irrelevant ist. Insofern muß damit gerechnet werden, daß die Tendenz, die IAEA-Sicherungsmaßnahmen in den Vereinigten Staaten und in Großbritannien auf möglichst niedrigem Niveau zu halten, eher zu- als abnimmt.

IAEA-Sicherungsmaßnahmen sind in diesem Zusammenhang in erster Linie in den USA von Bedeutung. In Großbritannien wird es vor allem auf die Euratom-Kontrolle ankommen. Auch wenn der Euratom-Vertrag keine Unterschiede zwischen Kernwaffenmächten und Nichtkernwaffenstaaten kennt, bleibt abzuwarten, ob die Euratom-Kontrollen in Großbritannien in gleicher Weise durchgeführt werden wie in den kernwaffenlosen Mitgliedstaaten der Gemeinschaft. Die Zugeständnisse, die Frankreich seinen Partnern im Zusammenhang mit der Erteilung des Verhandlungsmandats an die EG-Kommission für die Verhandlungen mit der IAEA abtrotzte, lassen es zweifelhaft erscheinen, ob die Euratom-Kontrolle im Verhältnis zwischen Kernwaffenmächten und Nichtkernwaffenstaaten noch wettbewerbsneutral ist.

Der diskriminierende Effekt des NV-Vertrags auf wirtschaftlichem und technologischem Gebiet zwischen Kernwaffenmächten und Nichtkernwaffenstaaten wirkt bisher uneingeschränkt zugunsten der Sowjetunion. Sie hat sich noch nicht bereit gefunden, IAEA-Sicherungsmaßnahmen auf ihrem Hoheitsgebiet zuzulassen. Zwar sind sowjetische Kernerzeugnisse auf den Märkten der westlichen Länder bisher noch wenig in Erscheinung getreten, doch kann sich dies rasch ändern, wenn die Lage auf dem internationalen Erdölmarkt einen verstärkten Rückgriff auf die Kernenergie notwendig macht.

Die vorerwähnten Unsicherheiten und die daraus resultierende Diskriminierung der kernwaffenlosen Staaten auf wirtschaftlichem und technologischem Gebiet können nur dann ausgeschlossen werden, wenn internationale Kernenergiekontrollen nach dem Grundsatz »Gleiches Recht für alle« durchgeführt werden. Dies impliziert nicht nur den Verzicht der Kernwaffenmächte auf die Herstellung weiterer Kernwaffen, sondern auch die Verifizierung dieses Verzichts durch internationale Kontrollen.

Die Unterstellung der Kernenergietätigkeit der Kernwaffenmächte unter internationale Sicherungsmaßnahmen empfiehlt sich auch aus Gründen der Verhinderung mißbräuchlicher Verwendung der Kernenergie auf subnationaler Ebene. Wie bereits dargestellt[85], stellen die Kernenergietätigkeiten der Kernwaffenmächte das ideale Aktionsfeld für Gangsterbanden und Terroristengruppen dar, die subnationale Diversion betreiben. Dort ist Kernmaterial, das für die Herstellung von Sprengkörpern geeignet ist, in reichlichem Maß vorhanden. Gewiß sind die kritischen Kernenergietätigkeiten in diesen Staaten Gegenstand nationaler Sicherheitsvorkehrungen. Es ist jedoch nicht auszuschließen, daß kriminelle Elemente oder Terroristengruppen versuchen, die mit Sicherheitsvorkehrungen befaßten Angestellten von Kernanlagen und Beamten staatlicher Kontrollbehörden in ihre Vorhaben einzuspannen. Wenn Kernmaterial einmal verschwunden ist, wird die Regierung eher versuchen, den Vorfall zu vertuschen als ihn aufzuklären. Wenn dagegen die Tätigkeit der nationalen Kontrollbehörde von einer internationalen Organisation verifiziert wird, sind solche Vertuschungsmanöver kaum möglich. Internationale Sicherungsmaßnahmen sind daher eine nützliche, wenn nicht notwendige Ergänzung nationaler Sicherheitsmaßnahmen zur Verhinderung subnationaler Diversion. Da die Gefahr subnationaler Diversion mit zunehmender Verbreitung der Kernenergie wahrscheinlich größer ist als die Gefahr einer Abzweigung von Kernmaterial für Waffenzwecke auf staatlicher Ebene, erhält die Verifizierung nationaler Kontrolltätigkeiten durch internationale Organisationen eine neue und sicherlich nicht unwichtige Dimension.

f) Sicherheit von Kernmaterial

Überhaupt scheint die Zeit dafür reif zu sein, daß sich die für Kernenergieprobleme in den einzelnen Staaten Verantwortlichen intensiver als bisher mit dem Thema der subnationalen Diversion und der Sicherheit von Kernmaterial befassen. Die Staaten, in denen kritische Mengen an Kernmaterial vorhanden und in Benutzung sind, haben vielfach noch nicht ausreichende Maßnahmen für den Schutz von Kernmaterial in den auf ihrem Hoheitsgebiet liegenden Kernanlagen getroffen. Ebenso unzureichend sind die Sicherheitsmaßnahmen beim Transport von Kernmaterial (siehe S. 190 ff.). Dabei ist zu unterscheiden zwischen Sicherheitsmaßnahmen (physical security), d. h. Maßnahmen zum Schutz des Kernmaterials, und Sicherungsmaßnahmen (safeguards), d. h. Maßnahmen zur Entdeckung von Kernmaterialabzweigungen. Sicherheitsmaßnahmen sind Sache der Staaten, Sicherungsmaßnahmen Sache internationaler Organisationen. Beide Gruppen von Maßnahmen können sich jedoch ergänzen. Durch die Sicherungsmaßnahmen internationaler Organisationen wird verifiziert, ob Kernmaterial abhanden gekommen ist. Gleichzeitig kann auch festgestellt werden, ob die

---

[85] Siehe dazu ausführlich in diesem Band *Ungerer* (Anm. 41), S. 80 f.

Maßnahmen zum Schutz des Kernmaterials ausreichend sind. Insofern erscheint es angebracht, daß eine internationale Organisation, die Sicherungsmaßnahmen durchführt, nicht nur allgemeine Empfehlungen über die Sicherheit von Kernmaterial ausarbeitet, wie dies die IAEA getan hat, sondern auch spezifische Empfehlungen für konkrete Sicherheitsmaßnahmen gibt. Insbesondere die IAEA sollte auf dem begonnenen Weg fortschreiten und Regeln für den Schutz des Kernmaterials bei internationalen Transporten aufstellen. Sie sollte das Recht erhalten, bei der Durchführung ihrer Sicherungsmaßnahmen auf unzureichende Schutzmaßnahmen des kontrollierten Staates hinzuweisen.

g) Forschung und Entwicklung

Im engen Zusammenhang damit steht die Förderung der Forschung auf dem Gebiet von Sicherheits- und Sicherungsmaßnahmen. Die in den letzten Jahren in einigen Staaten durchgeführten Entwicklungsarbeiten auf dem Gebiet der Sicherungsmaßnahmen haben zweifellos dazu beigetragen, die Einsicht in das, was auf diesem Gebiet notwendig und überflüssig ist, zu vertiefen. Das Ergebnis ist eine Systematisierung der Kontrollregeln, eine größere Übersicht über die erforderlichen Belastungen des Betriebs einer Kernanlage, eine saubere Abgrenzung der Eingriffe in den Betriebsablauf, eine Verringerung der Inspektionsfrequenzen sowie eine höhere Wirksamkeit der Sicherungsmaßnahmen. Diese Entwicklungsarbeiten sind fortzusetzen mit dem Ziel, die Belastungen für die Kernforschung und -industrie sowie die Kontrollkosten, die der internationalen Organisation entstehen, herabzusetzen, und nach Möglichkeit die Wirksamkeit der Sicherungsmaßnahmen zu erhöhen. Statistische Methoden und der Einsatz von Kontrollinstrumenten können hierbei eine bedeutsame Rolle spielen. Ebenfalls erwünscht ist die Ausdehnung dieser Arbeiten auf den Bereich der Sicherheitsmaßnahmen für Kernmaterial. Probleme wie die räumliche Eingrenzung (containment) des Kernmaterials und der Einsatz von Kontrollinstrumenten sind gleichermaßen wichtig für Sicherungs- wie Sicherheitsmaßnahmen.

5. Empfehlungen für die Nuklearpolitik der Bundesrepublik Deutschland

Folgende Ziele liegen im Interesse der Bundesrepublik[86]:
– die Ausdehnung des Kreises der NV-Vertragsparteien,
– die Anwendung von Sicherungsmaßnahmen in allen Staaten, die auf dem Kernenergiegebiet tätig sind, einschließlich der Kernwaffenstaaten,
– die Vermeidung von Mehrfachkontrollen in den Ländern der Europäischen Gemeinschaft und im Zusammenhang damit eine reibungslose, Doppelarbeit vermeidende Zusammenarbeit zwischen Euratom und der IAEA,

---

[86] Siehe dazu in diesem Band Karl *Kaiser,* Die Politik der Bundesrepublik Deutschland zur friedlichen Nutzung der Kernenergie, S. 451 ff.

– die Stärkung nationaler Sicherheitsmaßnahmen zum Schutz von Kernmaterial und die Koordinierung dieser Maßnahmen auf internationaler Ebene sowie
– die Förderung verbesserter Methoden des Schutzes von Kernmaterial und der Anwendung von Sicherungsmaßnahmen.

Als ein Land, das selbst keine Kernwaffen herzustellen oder zu erwerben wünscht, das aber in der Mitte Europas und an der Grenze zweier ideologisch getrennter Staatengruppen liegt, hat die Bundesrepublik Deutschland alles Interesse daran, daß ein nuklearer Konflikt vermieden wird und daß das derzeitige nukleare Gleichgewicht zwischen den Supermächten nicht durch weitere technische Entwicklungen und die weitere Herstellung von Kernwaffen verschoben wird. Sie ist außerdem daran interessiert, daß der Kreis der Kernwaffenmächte nicht vergrößert wird, da es ihr schwerer fallen würde, ihren Kernwaffenverzicht aufrechtzuerhalten, wenn andere Mittelmächte oder sogar kleinere Staaten Atomstreitkräfte aufbauen würden.

Als ein Land, das über eine beachtliche Kernforschungskapazität sowie eine große Anzahl von Kernkraftwerken und andere Anlagen des Kernbrennstoffkreislaufs verfügt, das in seiner Energieversorgung in wachsendem Maße auf die Kernenergie angewiesen ist und das als Ausfuhrland industrieller Güter auch an seine kerntechnischen Exportmöglichkeiten denken muß, hat die Bundesrepublik größtes Interesse daran, daß der internationale Kernenergiemarkt nicht durch politische Faktoren verzerrt wird. Eine solche Verzerrung ist solange gegeben, als eine Gruppe von Ländern internationalen Sicherungsmaßnahmen für ihre gesamte Kernenergietätigkeit unterliegt, während andere Länder nur partielle Sicherungsmaßnahmen akzeptieren und wieder andere überhaupt keine. Die Bundesrepublik ist wie viele andere Länder auch daran interessiert, daß die wachsende Menge von Kernmaterial, das in den Industrieländern und in zunehmendem Maß auch in einer Reihe von Entwicklungsländern erzeugt und benutzt wird, wirksamen Schutzvorkehrungen unterliegt, so daß Abzweigungen durch kriminelle Elemente oder Terroristengruppen verhindert oder rechtzeitig entdeckt werden.

Die Bundesregierung hat vielfältige Einwirkungsmöglichkeiten, um diese Zielvorstellungen zu verwirklichen. Sie kann Rechtsvorschriften über den Schutz von Kernmaterial erlassen und durch die von ihr finanzierten Forschungszentren Sicherheitssysteme für Kernmaterial entwickeln. Sie kann über den Ministerrat der Europäischen Gemeinschaft und ihre Ständige Vertretung bei der Gemeinschaft darauf hinwirken, daß das Euratom-Kontrollsystem technisch weiterentwickelt wird und daß Euratom und die IAEA im Rahmen des Verifikationsabkommens gut zusammenarbeiten, ohne daß daraus eine Komplicenschaft zweier multinationaler Kontrollapparate zu Lasten der Kernforschung und -industrie in den Euratom-Ländern entsteht. Dasselbe gilt mutatis mutandis für die IAEA, wo die Bundesrepublik seit September 1973 quasi-ständiges Mitglied des Gouverneursrats, d. h. des hauptsächlichen Entscheidungsorgans der Organisation, ist. Sie kann dort und in der IAEA-Generalkonferenz auch immer wieder darauf hinweisen, daß das IAEA-Kontrollsystem möglichst auf alle Staaten mit Kernenergietätigkeiten ausgedehnt werden sollte, und darauf Einfluß nehmen, daß die IAEA in eine Beratungs- und Koordinierungsrolle für den Aufbau nationaler Sicherheitssysteme zum Schutz von Kernmaterial hineinwächst. In der OECD-NEA kann die Bundesregierung im Lenkungsausschuß der Agentur oder im OECD-Rat eine Abschaffung des NEA-Kontrollsystems vorschlagen. In den Vereinigten Nationen kann sie als neues, zahlungskräftiges Mitglied nach ihrem vollzogenen Beitritt zum NV-Vertrag auf eine konsequente Fortsetzung der Nonproliferationspolitik vor allem in Richtung auf eine vertikale, d. h. auf die Kernwaffenmächte bezogene Nichtweiterverbreitung von Kernwaffen hinwirken. Dasselbe gilt um so mehr für die Überprüfungskonferenz des NV-Vertrags, die im Frühjahr 1975 in Genf stattfinden wird.

Ein Beitrag der Bundesrepublik Deutschland zur Lösung des Problems, wie die Menschheit die Atomenergie unter Kontrolle bringt, würde einer konsequenten Friedenspolitik entsprechen. Die Bundesrepublik hat das wirtschaftliche und technologische Gewicht und auch die internationale Stellung, um sich aktiv in die internationale Diskussion um die Verhinderung mißbräuchlicher Verwendung der Kernenergie einschalten zu können. Es ist zu wünschen, daß eine aktive deutsche Nuklearpolitik dazu beiträgt, die Last des nuklearen Traumas zu verringern.

Literatur

Bücher

Errera, J., E. *Symon*, J. van der *Meulen* und L. *Vernaeve:* Euratom – Analyse et Commentaires du Traité. Brüssel 1958.

Espiell, H. G.: En torno al tratado de Tlatelolco y la prohibición de las armas nucleares en America Latina. Mexiko 1973.

Imai, Ryukichi: Nuclear Safeguards. Adelphi Papers, No. 86, 1972.

Kramish, Arnold: Die Zukunft der Nichtatomaren. Opladen 1970.

—: The Peaceful Atom in Foreign Policy. New York 1963.

Margulies, Robert: Atome für den Frieden. Köln/Opladen 1965.

McKnight, Allan: Atomic Safeguards: A Study in International Verification. New York 1971.

Seyersted, Finn: Die Internationale Atomenergie-Organisation. Ihre rechtlichen Aufgaben und Funktionen. Beiträge zum internationalen Wirtschaftsrecht, Band 2, Heft 1. Göttingen 1966.

Szasz, Paul C.: The Law and Practices of the International Atomic Energy Agency. Legal Series, No. 7. IAEA, Wien 1970.

Young, Elizabeth: The Control of Proliferation: The 1968 Treaty in Hindsight and Forecast. Adelphi-Papers, No. 56, 1969.

Artikel

Bennett, C. A., H. J. C. *Kouts* and S. *Lawroski:* A Review of the Goals, Methods and Techniques of Nuclear Materials Safeguards. Proceedings of the Fourth International Conference on the Peaceful Uses of Atomic Energy, 1971. P 098.

Botzian, Rudolf: Die Internationale Atomenergie-Organisation und der Kernwaffensperrvertrag. In: *Europa-Archiv,* Folge 16/1969.
Boulanger, Werner: Das Musterabkommen für die IAEO-Sicherheitskontrolle. In: *Atomwirtschaft,* Heft 11/1970.
—: Das Verifikationsabkommen IAEO-Euratom. In: *Atomwirtschaft,* Heft 9, 10/1972.
Diesel, Jürgen: Die Verhandlungen über den Kernwaffen-Sperrvertrag seit Herbst 1966. In: *Europa-Archiv,* Folge 8/1968.
Fend, Paul: Die Internationale Atomenergie-Organisation. Ihre Tätigkeit und ihre Probleme. In: *Europa-Archiv,* Folge 13/1959.
Gaerte, Felix: Die Genfer Abrüstungsverhandlungen im Jahre 1966. In: *Europa-Archiv,* Folge 19/1966.
Gescher, Dieter: Die Debatte über den Nichtverbreitungsvertrag in den Vereinten Nationen. In: *Europa-Archiv,* Folge 14/1968.
Gijssels, J.: L'accord entre l'Euratom et l'IAEA en application du traité sur la Non-Proliferation des armes nucleaires. Annuaire Francais de Droit International, 1973.
Gmelin, Wilhelm, Dipak *Gupta* und Wolf *Häfele:* On modern safeguards in the field of peaceful application of nuclear energy. Bericht des Kernforschungszentrums Karlsruhe, KFK 800, 1968.
Goldschmidt, Bertrand: Le problème du controle international de l'utilisation de l'énergie atomique. In: *Revue de Defense Nationale,* Aug./Sept. 1968.
Gorove, S.: The first multinational atomic inspection and control system at work: Euratom's experience. In: *Stanford Law Review,* 18/1965.
Gupta, D.: Das Projekt Spaltstoffflußkontrolle in Karlsruhe. In *Atomwirtschaft,* Heft 1/1970.
—: Die technischen Grundzüge der IAEO-Sicherheitskontrolle. In: *Atomwirtschaft,* Heft 8, 9/1971.
Häfele, Wolf: Systems Analysis in Safeguards of Nuclear Material. Proceedings of the Fourth International Conference on the peaceful uses of Atomic Energy, 1971. P 771.
Haunschild, Hans-Hilger: Die IAEO bereitet sich auf ihre Kontrollaufgaben vor. In: *Atomwirtschaft,* Heft 1/1972.
Helmont, Jacques van: Das System der Überwachung der Sicherheit nach dem Euratom-Vertrag. In: *Europa-Archiv,* Folge 7/1963.
Imai, Ryukichi: Safeguards. In: *IAEA-Bulletin,* 3/1971.
Jacchia, E., und S. *Finzi:* The Safeguards System of the Commission of the European Communities. Proceedings of the Fourth International Conference on the Peaceful Uses of Atomic Energy, 1971. P. 725.
Kelly, Peter: Safeguards. In: *IAEA-Bulletin,* 3/1971.
Kramish, Arnold: Die Kontrollierten und die Unkontrollierten. Das Inspektionsproblem in einem Vertrag über die Nichtverbreitung von Kernwaffen. In: *Europa-Archiv,* Folge 22/1967.
Kratzer, Myron B.: A new era for international safeguards. In: *Nuclear News,* Februar 1971.
—: Safeguards. In: *IAEA-Bulletin,* 3/1971.
Miranda, Ugo: Die Spaltstoff-Überwachung. Verfahren und Mittel. In: *Euro-Spectra,* Dezember 1969.
Morokhov, I. D.: Safeguards. In: *IAEA-Bulletin,* 3/1971.
Oboussier, Felix: Euratom und der Kernwaffenvertrag. In: *Europa-Archiv,* Folge 16/1968.
Puissochet, J. P., und A. *Sacchettini:* Communauté Européenne de l'Energie Atomique (Euratom). In: *Organisation Politique et Administrative Internationale,* 9/1972.
Rometsch, Rudolf: Development of IAEA Safeguards System for NPT. Proceedings of the Fourth International Conference of the Peaceful Uses of Atomic Energy, 1971. P 770.
Scheinman, Lawrence: Nuclear Safeguards, the Peaceful Atom and the IAEA. In: *International Conciliation,* No. 572/1969.

Stoll, W.: Die Spaltstoffflußkontrolle aus industrieller Sicht. In: *Atomwirtschaft,* Heft 8/1970.
Ungerer, Werner: Kernenergie-Kontrolle und Non-Proliferation. In: *Außenpolitik*, Heft 11/1966.
—: Safeguards. In: *IAEA-Bulletin*, 3/1971.
—: Kernenergiekontrollen gemäß NV-Vertrag. In: *Außenpolitik*, Heft 8/1971.
—: Das Verifikationsabkommen Euratom/IAEO. In: *Außenpolitik*, Heft 2/1973.

Dokumente
IAEA: Annual Report.
IAEA: Safeguards Techniques. Proceedings from a Symposium held in Karlsruhe, 6.–10. Juli 1970. Pub. 260, 2 Bände.
IAEA: The Structure and Content of Agreements between the Agency and States required in connection with the Treaty on the Non-Proliferation of Nuclear Weapons. INFCIRC/ 153, Mai 1971.
IAEA: Recommendations for the Physical Protection of Nuclear Material. Juni 1972.
Europäische Gemeinschaft: Gesamtbericht über die Tätigkeit der Gemeinschaft (jährlich).
US-Congress: Hearings before the Joint Committee on Atomic Energy: »Nonproliferation of Nuclear Weapons«, März 1966.
US-Congress: Hearings before the Committee on Foreign Relations, US Senate: »Treaty on the Non-Proliferation of Nuclear Weapons«, Juli 1968.
Deutscher Bundestag: Protokoll der 81. Sitzung am 20. 2. 1974 (Debatte über NV-Vertrag und Verifikationsabkommen mit der IAEA).
Presse- und Informationsamt der Bundesregierung: Die Konferenz der Nichtkernwaffenstaaten. Dokumentation über den deutschen Beitrag. November 1968.
Presse- und Informationsamt der Bundesregierung: Vertrag über die Nichtverbreitung von Kernwaffen. Dokumentation zur deutschen Haltung und über den deutschen Beitrag. Dezember 1969.

DIE SICHERHEIT KERNTECHNISCHER EINRICHTUNGEN ALS KONFLIKTQUELLE IM INTERNATIONALEN BEREICH

Helmut Schnurer/Hans-Christoph Breest

I. Einleitung

Die heute rund 30 Jahre zählende friedliche Nutzung der Kernenergie hat in diesem Zeitraum erheblich dazu beigetragen, die Beziehungen zwischen zahlreichen Staaten der Welt zu verbessern. Im ersten Jahrzehnt dieser Entwicklung stand die militärische Atomforschung im Vordergrund und bedingte eine abgeschiedene Entwicklung der Kernenergie ausschließlich durch die Kernwaffenstaaten. Nachdem sich jedoch die Atomwissenschaft der friedlichen Nutzung dieser Energieform zuwandte – ein Markstein war die erste Genfer Konferenz für die friedliche Nutzung der Kernenergie im August 1955 mit ihrem Motto »Atoms-for-Peace« –, verschwand diese Geheimnissphäre, und es wurden zahlreiche bilaterale und multilaterale Verbindungen geknüpft. Erwähnt seien auch die unzähligen menschlichen Kontakte durch die Scharen von Wissenschaftlern und Technikern aus vielen Ländern, die insbesondere in die Vereinigten Staaten als Ursprungsland dieser neuen Technologie strömten und die heute internationale Tagungen auch zu Wiedersehensfeiern einer großen kerntechnischen »Familie« machen.

Im zweiten Jahrzehnt der Entwicklung erfolgte ein reger Informations- und Erfahrungsaustausch mit breiter internationaler Kooperation. Die Behandlung von Sicherheitsfragen kerntechnischer Einrichtungen unterschied sich dabei nicht von der in den anderen Gebieten der Wissenschaft üblichen offenen internationalen Diskussion.

In der dann folgenden Zeit flossen die Informationen nicht mehr in der gewohnten Freizügigkeit. Mit der Marktreife der Kerntechnik wurde Sicherheit zu einem Know-how, dessen eigene Erlangung einen beträchtlichen Forschungs- und Entwicklungsaufwand verursacht. Kerntechnische Anlagen, die zunächst meist in abgelegenen Entwicklungsreservaten gebaut worden waren, traten mit der Errichtung vieler großer kommerzieller Kernkraftwerke in das Bewußtsein der Öffentlichkeit. Sie stoßen heute noch häufig auf Mißtrauen und Angst in der Bevölkerung, die von Kernenergiegegnern aus unterschiedlichen Motiven heftig geschürt werden. Wegen der möglicherweise weitreichenden Auswirkungen von Reaktorunfällen bleibt dieses Mißtrauen nicht auf Anlagen im eigenen Lande beschränkt, sondern richtet sich auch gegen kerntechnische Aktivitäten im

Ausland. Internationale Organisationen im Kernenergiesektor wie vor allem die IAEA stehen in ihrem Bemühen, internationale Konfliktquellen zu vermeiden oder abzubauen, vor der schwierigen Aufgabe, zum Teil sehr unterschiedlichen lokalen, technologischen und industriellen Schwierigkeiten auf sicherheitstechnischem und sicherheitspolitischem Gebiet entgegenzuwirken.

II. Sicherheitsprobleme bei kerntechnischen Einrichtungen

Die Nutzung der Energie aus der Kernspaltung hat zweifellos faszinierende Eigenschaften. Sie eröffnet energetisch gesehen die Möglichkeit, eine bestimmte Menge spaltbarer Materie so in Energie umzuwandeln, daß zur Erreichung des gleichen Zieles die hunderttausendfache Menge Kohle erforderlich wäre. Gerade rechtzeitig zu dem Zeitpunkt, an dem erkennbar wird, daß die fossilen Energieträger der Erde zur Neige gehen oder von den Rohstoffländern verknappt werden, steht damit eine Alternative zur Verfügung, die maßgeblich die Energieversorgung sichern hilft.

Energieumwandlung durch Atomkernspaltung hat ferner die Eigenschaft, daß sie völlig unabhängig von Hilfsmedien abläuft. Im Gegensatz zu den fossilen Energieträgern Kohle, Öl oder Gas benötigt sie nicht die Luft als Sauerstoffträger für die chemische Verbrennung. Damit entfällt die Abgabe von Verbrennungsprodukten wie Kohlenoxyd, Stickoxyd, Schwefeloxyd, Ruß, Schlacke u. a., die bei den anderen genannten Energieträgern in großen Mengen entstehen und die Umwelt ganz erheblich belasten.

Theoretisch könnte die nukleare Energieumwandlung als »black box« angesehen werden, d. h., sie muß mit der Umwelt in keiner direkten Wechselwirkung stehen, abgesehen von den naturgesetzmäßigen thermodynamischen Wärmeverlusten. Als anschauliches Beispiel sei an die monatelangen Tauchfahrten nuklear angetriebener U-Boote erinnert. Neben diesen Vorteilen ist die friedliche Nutzung der Kernenergie – wie jede Technologie – auch unvermeidbar mit Risiken behaftet, die durch geeignete technische und administrative Maßnahmen auf ein vertretbares Ausmaß reduziert werden müssen (in diesem Zusammenhang können die sog. Nutzen-Kosten-Risiko-Analysen eine Rolle spielen).

In sicherheitstechnischer Hinsicht ist der Vergleich mit einer »black box« nur teilweise zutreffend, weil eine völlig dichte Einschließung des Kernspaltvorgangs den dafür notwendigen technischen Aufwand extrem ansteigen lassen würde und weil natürlich trotz der hohen Energieausbeute die »black box« von Zeit zu Zeit geöffnet werden muß – z. B. einmal im Jahr, um neuen Brennstoff einzubringen und den verbrauchten einschließlich der darin enthaltenen Produkte des Kernspaltungsprozesses zu entfernen.

Die heutige Kerntechnik wird von der Nutzung der Spaltungsenergie aus leichtwassergekühlten Reaktoren, der sog. Leichtwasserreaktorkraftwerke

(LWR), und von dem zugehörigen sog. äußeren Brennstoffkreislauf beherrscht. Unter Brennstoffkreislauf sind hier alle Tätigkeiten zu verstehen, die entweder der Versorgung der Kernkraftwerke mit Kernbrennstoff (KBSt) bzw. Brennelementen (BE) oder ihrer Entsorgung dienen. Die Entsorgung umfaßt insbesondere auch die Wiederaufarbeitung (WA) abgebrannter Brennelemente und die Beseitigung aller radioaktiven (ra) Abfälle aus der Kerntechnik.

Den nachfolgenden Ausführungen wird eine LWR-Technologie zugrunde gelegt. Mit der künftigen Einführung auch anderer Reaktorsysteme, wie z. B. gasgekühlter Hochtemperaturreaktoren und natriumgekühlter schneller Brutreaktoren, werden sich die Sicherheitsprobleme allenfalls graduell, keineswegs jedoch grundsätzlich ändern.

Ziel aller Sicherheits- und Strahlenschutzmaßnahmen ist es, eine radiologische Gefährdung für Mensch und Umwelt zu vermeiden. Die Maßnahmen zur Erreichung dieses Ziels erfolgen in folgenden Bereichen:

– bestimmungsgemäßes Verhalten der kerntechnischen Anlagen (Normalbetrieb),
– Verhinderung von Störfällen und Beherrschung von Störfallfolgen,
– Verhinderung gezielter Abzweigung von KBSt und radioaktiven Stoffen für nichtfriedliche oder kriminelle Zwecke (Sicherung; Spaltstoffflußkontrolle),
– Vorsorge durch Haftung, Deckung und Notfallschutzplanung.

Hinsichtlich der Sicherheitsprobleme bilden der Reaktorbetrieb (insbesondere wegen des extrem hohen Aktivitätsinventars von ca. $7 \cdot 10^9$ Ci/1000 MW) und im äußeren Brennstoffkreislauf vor allem die Aufarbeitung abgebrannter Brennelemente (hier werden die Kernbrennstoffhüllen und damit die wichtigste Barriere für den Einschluß der Radioaktivität bewußt zerstört) sowie die Plutoniumverarbeitung und die Beseitigung radioaktiver Abfälle beachtliche Gefahrenquellen für die Bevölkerung und die Umwelt, die auch Anlaß zu Konflikten im internationalen Bereich geben können. Die Transporte von Kernbrennstoffen (insbesondere von Plutonium), Brennelementen und radioaktiven Abfällen über z. T. große Entfernungen und über Grenzen hinweg werfen ebenfalls Probleme auf.

1. Sicherheitsprobleme bei Kernreaktoren und Kernkraftwerken

a) Das Gefahrenpotential bei der Kernspaltung

Radioaktivität: Das wesentliche Problem der Kernspaltung besteht in der Tatsache, daß bei der Spaltung schwerer Atomkerne, wie des Urans-235, diese in unterschiedliche Bruchstücke zerfallen, die überwiegend radioaktive Isotope darstellen. Hierbei treten feste, flüssige und gasförmige Spaltprodukte auf, die zunächst im Atomgitter des Kernbrennstoffes eingebaut sind. Daneben verursacht die intensive Neutronenstrahlung eine Aktivierung der Substanzen, mit denen sie in Wechselwirkung tritt, d. h., die im Reaktorkern befindlichen und ihn umgebenden Strukturen, das Reaktorkühlmittel und die darin enthaltenen Verunreinigungen werden selbst radioaktiv. Schließlich senden die im Reaktorkern ablaufende Atomkernspaltung, die Spaltprodukte und die Aktivierungsprodukte ionisierende Strahlung aus, die abgeschirmt werden muß.

Von entscheidender Bedeutung ist die ungeheure Menge an radioaktiven Stoffen, die beim Leistungsbetrieb eines Großkernkraftwerkes in den Brennelementen des Reaktors vorliegen. Ein Großteil der Spaltprodukte ist zwar kurzlebig und zerfällt in stabile, nicht mehr radioaktive Elemente. Die längerlebigen Substanzen, von denen einige Halbwertzeiten von über eine Mio. Jahren haben, kumulieren sich jedoch, so daß ein großes Kernkraftwerk mit einer elektrischen Leistung von 1000 MW nach längerer Betriebszeit etwa folgende Aktivitätsmengen an Spaltprodukten enthält:

Feste Stoffe	$4{,}4 \cdot 10^9$ Ci[1]
Schwerflüchtige Stoffe	$1{,}1 \cdot 10^9$ Ci
Halogene	$0{,}9 \cdot 10^9$ Ci
Edelgase	$0{,}8 \cdot 10^9$ Ci
Gesamt	$7 \cdot 10^9$ Ci

An ein Kernkraftwerk müssen deshalb ungewöhnlich hohe Dichtigkeitsanforderungen gestellt werden. Berücksichtigt man den Stand in der konventionellen Technik sowie die Tatsache, daß Störungen und Unfälle in der Technik nicht auszuschließen sind, so fällt es in der Tat schwer, den Technikern Glauben zu schenken, daß eine hohe Dichtheit erreicht und über einen langen Zeitraum aufrechterhalten werden kann.

Bei Kernkraftwerken werden zur Erzielung eines sicheren Einschlusses dieser großen und potentiell sehr gefährlichen Spaltproduktmengen mehrere aufeinanderfolgende Barrieren vorgesehen, so daß das Undichtwerden einer dieser Barrieren wegen der dahinterfolgenden keine Konsequenzen für die Umgebung hat.

Es sind dies

– die Struktur des Brennstoffes selbst, der einen Großteil der Spaltprodukte festhält (im Betriebsbereich diffundieren nur etwa 1 bis 10 vH der Spaltedelgase und der Halogene aus dem Brennstoff heraus),

---

[1] Die Aktivität eines radioaktiven Stoffes wird in Curie = Ci gemessen. 1 Ci entspricht 37 Mrd. Kernzerfällen pro Sekunde. Der überwiegende Teil dieser Spaltprodukte ist nicht flüchtig und schwer flüchtig. Jedoch beträgt z. B. der Anteil an Jod-131, das aus dem Kernbrennstoff leicht flüchtig ist und mit seiner Halbwertszeit von acht Tagen bei einem Entweichen aus der Anlage zu einer Monate andauernden Kontamination in der Umgebung führen könnte, immer noch 10^7 bis 10^8 Ci. Im bestimmungsgemäßen Betrieb des Kernkraftwerks dürfen aus Strahlenschutzgründen nur etwa 1 Ci an Jod-131 pro Jahr abgegeben werden. Das ist also weniger als der 10^8te Teil des gesamten Inventars.

- die dicht verschweißten Brennstabhüllrohre, in denen sich die Brennstofftabletten befinden, oder ein dichter Überzug um kleine Brennstoffkörnchen (coated particles) bei gasgekühlten Hochtemperaturreaktoren,
- der in sich geschlossene Primärkreis für das Reaktorkühlmittel, insbesondere der stählerne Reaktordruckbehälter bei wassergekühlten Reaktoren,
- das System des Sicherheitseinschlusses, u. a. bestehend aus einem inneren stählernen Sicherheitsbehälter und einer äußeren Stahlbetonhülle (bei Kernkraftwerken in der Bundesrepublik Deutschland wird der Zwischenraum auf Unterdruck gegenüber der Außenatmosphäre gehalten, so daß Leckagen nur nach innen, nicht jedoch vom Zwischenraum an die Umgebung möglich sind).
- Indirekt als Barrieren wirken ferner Filter- und Rückhalteeinrichtungen (Verzögerungsstrecken) sowie ein Abluftkamin, die dazu beitragen, innerhalb des Sicherheitseinschlusses befindliche radioaktive Substanzen an einer Wirkung auf die Umgebung zu hindern bzw. diese zu reduzieren.

Kontrolle der Kettenreaktion: Die Nutzung der Kernenergie im Kernkraftwerk beruht auf der langsamen, kontrollierten Kettenreaktion, wohingegen bei der Kernexplosion die Spaltung der Atomkerne im Bruchteil einer Sekunde abläuft. In der Anfangszeit der kerntechnischen Entwicklung bestand die Sorge, daß die Kettenreaktion im Reaktor außer Kontrolle geraten könnte und in einer Kernexplosion enden würde. Bei den heute üblichen thermischen Reaktoren ist jedoch ein solches Ereignis ausgeschlossen, da die geringe Konzentration an spaltbarem Material und andere inhärente Systemeigenschaften dies naturgesetzlich unmöglich machen. Trotzdem kommt den Überwachungs-, Steuerungs-, Regelungs- und Abschaltsystemen für die Kettenreaktion eine große sicherheitstechnische Bedeutung zu, da ein zu rascher Anstieg der Reaktorleistung die Reaktoranlage beschädigen und einige der Barrieren (z. B. die Brennstabhüllrohre, beim Schmelzen des Brennstoffs auch weitgehend dessen inhärente Rückhalteeigenschaft für Spaltprodukte) unwirksam machen könnte. Kernreaktoren sollen deshalb in der Regel zwei voneinander unabhängige Abschaltsysteme aufweisen.

Besondere Bedeutung kommt der Gewährleistung einer sicheren raschen Abschaltung bei den schnellen Reaktoren zu, bei denen der Brennstoff nicht in der kritischsten Konfiguration angeordnet ist, so daß unkontrollierte Leistungsüberhöhungen im Falle einer dadurch verursachten Änderung der Kerngeometrie statt einer Reduzierung der Leistungserzeugung eine weitere Steigerung der Leistung zur Folge haben könnten.

Wärmeabfuhr: Infolge des hohen Gehalts an hochradioaktiven Spaltprodukten sinkt bei einem abgeschalteten Reaktor die Wärmeerzeugung des Reaktorkerns nicht sofort auf Null ab. Entsprechend den Zerfallsgesetzen der Spaltprodukte erzeugt ein Reaktor vielmehr nach einer Sekunde noch 6 vH der Gesamtleistung der Anlage als Zerfallswärme, nach einer Stunde noch 1,6 vH und nach einem Tag noch 0,6 vH — bei einem 1000-MW-Kernkraftwerk also immer noch einige 10 MW an thermischer Leistung.

Während bei kleinen Forschungsreaktoren die Nachzerfallsleistung, z. B. durch Wärmestrahlung oder Naturkonvektion, problemlos abgeführt werden kann, muß bei Leistungsreaktoren mit hoher Energiedichte nach dem Abschalten für längere Zeit ein intaktes Wärmeabfuhrsystem betrieben werden. Fällt durch technisches Versagen von Komponenten, z. B. durch Rohrbruch, das Kühlmedium (Wasser, Gas, Natrium) aus, würden die Brennstäbe infolge der Zerfallswärme der Spaltprodukte alsbald schmelzen und die Spaltprodukte aus ihnen herausdampfen. Dieser Gefahr muß durch entsprechende Notkühlsysteme begegnet werden. Das aus dem Primärkreis bei einem Rohrbruch ausströmende, unter hohem Druck stehende Primärkühlmittel sowie die aus defekten Brennstäben entweichenden Spaltprodukte (Edelgas, Halogene) müssen vom Sicherheitsbehälter eingeschlossen bleiben, der hohen Drücken und Temperaturen ausgesetzt wird. Auslegungsgemäß hält der Sicherheitsbehälter solchen Belastungen unter Aufrechterhaltung seiner hohen Dichtheitsfunktion stand. Einem geschmolzenen großen Reaktorkern dagegen würde er nicht sehr lange widerstehen können. Es ist also zu gewährleisten, daß der Reaktorkern unter keinen Umständen schmilzt.

Schließlich müssen auch vorübergehende Überhitzungen der Brennstäbe vermieden werden, da die dünnwandigen hochbelasteten Brennstabhüllrohre dabei undicht werden könnten (Barrierenversagen) und die enthaltenen Spaltgase, vor allem Halogene wie Cäsium (CS), Jod (J) und Edelgase wie Xenon (Xe), Krypton (Kr), ins Primärkühlmittel übertreten würden.

Zusammenfassend ist zu sagen, daß die Reaktorsicherheit im wesentlichen die Lösung folgender Problemkreise zum Inhalt hat:

- Der Reaktor muß im Bedarfsfall sicher abgeschaltet und unterkritisch gehalten werden können,
- die Wärmeabfuhr muß im Betrieb und nach Abschaltung langfristig gesichert sein,
- die Barrieren zur Einschließung der radioaktiven Substanzen müssen intakt bleiben, zumindest eine Barriere.

Können im bestimmungsgemäßen Betrieb einer Anlage oder bei Störfällen eine oder mehrere dieser Aufgaben nicht erfüllt werden, so kann ein solches Versagen zur Freisetzung von radioaktiven Spalt- und Aktivierungsprodukten führen. Wegen der ungeheuren Menge dieser Spaltprodukte würde bereits die Freisetzung eines geringen Bruchteiles ernste, wenn nicht katastrophale Schäden somatischer, genetischer und volkswirtschaftlicher Art in der Umgebung verursachen.

Bei einem Entweichen von etwa 100 Ci Jod-131 – das ist nur ein Millionstel des Inventars in den Brennelementen eines großen 1000-MW-Reaktors – müßten bereits Notfallmaßnahmen im Nahbereich eingeleitet werden. Freisetzungen in der Größenordnung von 10^4 bis 10^5 Ci Jod-131 – immerhin noch weniger als ein Promille des Inventars – hätten bei ungünstigen meteorologischen Bedingungen lebensbedrohende Auswirkungen in der Umgebung. Theoretische Annahmen, daß bei einem extrem hypothetischen Unfall ein großer Teil des Spaltproduktinventars freigesetzt würde, führen rein rechnerisch zu Ergebnissen, daß als Folge davon größenordnungsmäßig 100 000 Personen und mehr betroffen sein könnten und daß infolge radioaktiver Kontamination der Umgebung Schäden in Milliardenhöhe auftreten könnten.

Die neuerdings auch in der Öffentlichkeit stärker diskutierte Frage einer Abzweigung von Kernbrennstoff für nichtfriedliche oder kriminelle Zwecke stellt ein weiteres Gefahrenmoment dar und darf hier nicht unerwähnt bleiben. Kernkraftwerke vom Leichtwasserreaktortyp setzen wenig angereichertes Uran ein, das eine geringe Zielwertigkeit besitzt. Problematischer sind dagegen Hochtemperaturreaktoren und schnelle Brutreaktoren, die hochangereichertes Material verwenden. Schließlich entsteht in allen Reaktoren während des Betriebes Plutonium. Da Kernbrennstoffe im Kernreaktor praktisch nicht zugänglich und darüber hinaus bereits nach kürzester Einsatzzeit sehr stark radioaktiv sind, dürfte die Gefahr einer Entwendung an dieser Stelle des Brennstoffkreislaufs relativ gering sein[2].

Das Bewußtsein des hohen Gefahrenpotentials der Kerntechnik fördert nicht gerade die Bereitschaft der Bevölkerung, ein Kernkraftwerk in ihrer Nachbarschaft oder unmittelbar jenseits der Landesgrenze zu akzeptieren. Es bedarf hierzu auch der Kenntnis, welche Maßnahmen ergriffen werden, um die Wahrscheinlichkeit für das Eintreten eines großen Störfalles akzeptierbar, d. h. vernachlässigbar gering zu halten. Während dieses Informationsbedürfnis im eigenen Land gestillt werden kann – in der Bundesrepublik Deutschland gibt es hierfür gesetzliche Regelungen – treten hinsichtlich ausländischer Anlagen neben Sprachschwierigkeiten auch Zuständigkeitsbarrieren auf.

b) Sicherheitsmaßnahmen

Die meisten Länder stimmen in den Sicherheitszielen weitgehend überein. In den konkreten Sicherheitsmaßnahmen dagegen sind durchaus Unterschiede festzustellen.

Bei Leichtwasserreaktoren in westlichen Ländern, die alle aus den amerikanischen Erstanlagen abgeleitet sind, zeigen sich voneinander abweichende Entwicklungen, allerdings erst seit kurzer Zeit. Gemeinsam jedoch ist nach wie vor, daß ganz extreme Anforderungen an die Sicherheit gestellt werden, die weit über das in anderen Bereichen der Technik übliche Maß hinausgehen. Vergleichbar hierzu ist lediglich die Weltraumtechnik, bei der wegen der auf dem Spiel stehenden hohen Investitionssummen für ein einziges Raketensystem extrem hohe Zuverlässigkeitsanforderungen an dessen Komponenten gestellt werden.

---

[2] Siehe dazu ausführlich in diesem Band Werner *Ungerer,* Mißbräuchliche Verwendung der Kernenergie – eine Begriffsbestimmung, S. 80 f.

In der Kerntechnik ist es insbesondere das hohe Gefahrenpotential, welches alle an der Entwicklung dieser Technik Beteiligten von Anfang an zu einem extremen Sicherheitsstreben veranlaßt hat. Daneben kann bei den hohen Baukosten für die heute üblichen Kernkraftwerke – ca. 1,5 Mrd. DM pro Anlage – auch davon ausgegangen werden, daß der Bauherr und Betreiber einer solchen Anlage schon wegen des finanziellen Risikos ein fundamentales Interesse hat, möglichst sichere Anlagen zu besitzen.

Das Sicherheitsstreben drückt sich in folgenden Schwerpunkten aus:

Sicherheitsanalyse: Vor der Errichtung einer Anlage wird eine detaillierte vorausschauende Sicherheitsanalyse durchgeführt. Hierzu werden alle erkennbaren Störfallursachen und -abläufe systematisch untersucht. Es muß dabei nachgewiesen werden, daß die vorhandenen Schutzmaßnahmen und Sicherheitseinrichtungen glaubwürdige Störfallabläufe entweder von vornherein unmöglich machen oder deren Auswirkungen so begrenzen, daß diese Störfälle keine schädlichen Auswirkungen auf die Bevölkerung in der Umgebung haben können. Die Sicherheitseinrichtungen müssen anhand extremer Lastannahmen und Grenzbetrachtungen konzipiert werden.

Aufgrund des Barrierenkonzepts sind die Sicherheitseinrichtungen auch ein wirksamer Schutz gegen solche Störfälle, deren Ursache und Ablauf bei der vorausschauenden Analyse nicht erkannt wurden.

Dieser Sicherheitsanalyse legt man bisher in den meisten Ländern das Konzept des größten anzunehmenden Unfalls zugrunde. Hierbei werden die nach menschlichem Ermessen möglichen Störfälle bezüglich ihres Ablaufs und ihrer Auswirkungen untersucht. Da es möglich ist, theoretisch immer neue und komplexere Unfallmechanismen zu ersinnen, ist es einleuchtend, daß man mit den Maßnahmen zum Schutz vor Störungen einmal die Grenze des technisch Sinnvollen erreicht. Als Beispiel sei genannt, daß in einem Kernkraftwerk gleichzeitig an mehreren voneinander völlig unabhängigen Stellen schwere Störungen auftreten. Ein solcher Fall wird als unglaubwürdig bezeichnet. Man definiert deshalb unter pessimistischen Annahmen und unter Einschaltung von all dem zur Verfügung stehenden Sachverstand mit technischen Einrichtungen und mit dem Verhalten von Menschen in schwierigen Situationen einen sogenannten Größten-Anzunehmenden-Unfall (GAU). Bei den heute in der Bundesrepublik hauptsächlich üblichen Leichtwasserreaktoren wird der GAU als doppelendiger plötzlicher Bruch einer Primärkühlmittelrohrleitung definiert. Dieser GAU muß von den Sicherheitseinrichtungen noch ohne Gefährdung der Umgebung beherrscht werden.

Eine denkbare Alternative zum GAU-Konzept ist das »Wahrscheinlichkeitskonzept«. Hierbei werden anhand der Einzelwahrscheinlichkeiten des Versagens von Komponenten und Systemen in systematischer Weise die daraus kombinierbaren Störfallabläufe untersucht. Für jeden dieser Störfallabläufe lassen sich dann die Gesamtwahrscheinlichkeit sowie das Schadensausmaß angeben. Durch Multiplikation von Eintrittswahrscheinlichkeit der Schadensursache und Schadensauswirkung erhält man ein Maß für das Risiko eines bestimmten Störfalls. Durch das Summieren der Einzelrisiken aller Störfälle erhält man das Gesamtrisiko einer Anlage.

Gegen die Einführung dieser Art von Sicherheitsanalysen spricht momentan noch die Tatsache, daß eine Reihe von Störfall-Eintritt-Wahrscheinlichkeiten mangels entsprechender Statistiken oder Erfahrungswerte abgeschätzt werden müssen. Darüber hinaus läßt natürlich die Angabe einer mittleren Eintritt-Wahrscheinlichkeit keine Aussage über den Zeitpunkt zu, an dem ein entsprechendes Ereignis eintreten könnte.

Qualitätsprinzip: Ein wesentliches Merkmal des Sicherheitsstrebens bei Kernkraftwerken ist das Qualitätsprinzip. An die Auslegung einer Anlage, an die verwendeten Werkstoffe und Materialien, an Fertigung und Montage, an die Betriebsbedingungen und schließlich auch an die Menschen, die bei der Planung, Fertigung und im Betrieb eingeschaltet sind, werden ungewöhnlich hohe Qualitätsanforderungen gestellt.

Das Qualitätsprinzip gilt ganz besonders für die Teile der Anlage, die sowohl betriebsnotwendig sind als auch Schutzfunktionen zur Rückhaltung von Spaltprodukten besitzen, wie der Brennstoff selbst, die Brennelementhüllen und der in sich geschlossene Primärkühlmittelkreis. Bei letzterem kommt natürlich dem Druckbehälter aus Stahl oder Spannbeton (letzterer bei gasgekühlten Reaktoren) besondere Sicherheitsbedeutung zu.

Sekundäre Schutzmaßnahmen: Die Genehmigungspraxis von Kernanlagen zeichnet sich dadurch aus, daß man trotz des Qualitätsprinzips das Versagen von Teilen unterstellt und Einrichtungen vorschreibt, die im normalen Betrieb der Anlage nicht benötigt werden und die ausschließlich dem Schutz der Umgebung bei auftretenden Störfällen, der Begrenzung solcher Störfallfolgen oder die der Verhinderung des Eintretens bestimmter Störfalltypen überhaupt dienen. Wesentliche Einrichtungen dieser Art bei wassergekühlten Reaktoren sind:

– Notkühlsystem,
– Sicherheitseinschluß (Containment),
– Rückpumpeinrichtungen zur Erzielung eines praktisch leckagefreien Sicherheitsbehälters,
– Filteranlagen zur Rückhaltung von Spaltprodukten und Abluftkamin zur Erzielung einer raschen atmosphärischen Verdünnung von nicht vermeidbaren Emissionen,
– Schnellschlußventile zum Abschließen defekter Rohrleitungen,
– zweites Abschaltsystem zur sicheren Unterbrechung der nuklearen Kettenreaktion beim Ausfall der normalen Reaktorsteuerung,
– Notstromversorgung u. a.

Wesentlich bei diesen sekundären Schutzmaßnahmen ist das geforderte Prinzip von Redundanz und Diversität. D. h., man verläßt sich nicht auf das Vorhandensein von jeweils einem dieser Systeme, sondern verlangt u. a.

ausreichend Reserve für den Fall, daß ein solches Schutzsystem selbst ausfällt. Nach Möglichkeit sollen die jeweils mehrfach vorhandenen Schutzsysteme außerdem von verschiedener Bauart (diversitär) sein, um den gleichzeitigen Ausfall, beispielsweise durch einen systematischen Fehler, zu verhindern. Schließlich wird auch darauf geachtet, daß die mehrfach vorhandenen Schutzsysteme räumlich voneinander getrennt sind, damit ein einzelner Störfall – z. B. lokal begrenztes Feuer – nicht sämtliche dieser Schutzsysteme ausschalten kann. Insbesondere das letztgenannte Prinzip wird in der Bundesrepublik Deutschland sehr konsequent beachtet, während andere Länder hier noch Vermaschungen für zulässig erachten.

Prüfungen: Ein weiteres wesentliches Merkmal von kerntechnischen Anlagen in der Bundesrepublik Deutschland ist der ungewöhnlich hohe Prüfumfang durch unabhängige Gutachter der Behörden. Der Prüfumfang bei einem Kernkraftwerk beträgt beispielsweise kostenmäßig rund 1 vH der gesamten Herstellungskosten.

Der größte Teil der Prüfungen erfolgt vor und während der Errichtung. Für alle sicherheitstechnisch wichtigen Systeme und Komponenten werden begleitende Kontrollen ausgeführt. Hierunter werden die Tätigkeiten verstanden, die sich mit der Ausführung dieser Systeme und Komponenten befassen. Während der begleitenden Kontrolle wird geprüft, ob die betrachteten Systeme und Komponenten den im Rahmen der Begutachtung festgestellten Anforderungen genügen. Die Ergebnisse dieser Prüfung werden in Berichten, Bescheinigungen, Zeugnissen usw. niedergelegt. Der gesamte Prüfumfang der begleitenden Kontrollen wird unterteilt in:

– Vorprüfung,
– Werkstoff-, Bau- und Druckprüfung,
– Abnahme- und Funktionsprüfung.

In vielen anderen Staaten ist ein derartig umfangreicher Prüfaufwand nicht oder noch nicht die Praxis.

Nach der Inbetriebnahme werden Kernkraftwerke in regelmäßigen Abständen Wiederholungsprüfungen unterworfen. Hersteller und Betreiber der Anlage müssen deshalb schon bei Auslegung und Errichtung darauf Rücksicht nehmen.

Deckungsvorsorge und Katastrophenabwehrpläne: Trotz der vorausschauenden Sicherheitsanalysen und der aufwendigen technischen Sicherheitseinrichtungen ist für Kernkraftwerke – wie für andere komplizierte technische Objekte – eine absolute Sicherheit nicht erreichbar. Jenseits des sicherheitstechnisch abgedeckten Bereichs von Störfällen verbleiben als Restrisiko unwahrscheinliche, aber theoretisch denkbare Fälle, bei denen die zahlreichen und meist mehrfach vorhandenen Sicherheitseinrichtungen versagen könnten. Derartige Überlegungen beziehen sich ausschließlich auf extreme Ereignisse, die so unwahrscheinlich sind, daß man sie in allen anderen Bereichen der Technik und im täglichen Leben als unmöglich bezeichnen und völlig vernachlässigen würde.

Nur wegen des im Vergleich zu anderen Industrieanlagen größeren Gefahrenpotentials von Kernkraftwerken werden im Bereich der Kerntechnik die Vorsorgeüberlegungen in rechtlicher Hinsicht mit Deckungsvorsorge und Freistellungsverpflichtung des Bundes bis zu 500 Mio. DM je Schadensereignis, nach Verabschiedung der dem Deutschen Bundestag vorliegenden Atomgesetznovelle bis zu 1 Mrd. DM und in technisch-organisatorischer Hinsicht mit Katastrophenabwehrplänen erheblich über das sonst übliche Maß hinaus ausgedehnt.

c) Standortprobleme

Vom energiewirtschaftlichen Standpunkt sind Kernkraftwerke wesentlich standortunabhängiger als fossil befeuerte Kraftwerke, da bei ersteren der Antransport großer Mengen an Brennstoff entfällt. Eine Kernladung für ein großes Kernkraftwerk enthält etwa 100 t Uran und reicht für einen rund zweijährigen Betrieb aus.

Aus Umweltschutzgründen sind Kernkraftwerke gegenüber fossil befeuerten Kraftwerken relativ vorteilhaft, weil die Emission schädlicher Verbrennungsprodukte entfällt. Hinsichtlich des Abwärmeproblems verhalten sich Kernkraftwerke wie fossile Kraftwerke; allerdings tritt das Abwärmeproblem bei Kernkraftwerken konzentrierter auf, weil diese einen derzeit noch schlechteren thermischen Wirkungsgrad besitzen, in sehr großen Einheiten und häufig auch als Mehrblockanlagen entstehen.

Aus sicherheitstechnischer Sicht existiert heute noch kein standortunabhängiges Kernkraftwerk, welches an jedem beliebigen Standort errichtet werden könnte. Vielmehr sind Standort und Anlage gemeinsam zu betrachten. Die erreichbare Gesamtsicherheit der umgebenden Bevölkerung vor Gefährdungen hängt zum einen von den Sicherheitseigenschaften der Anlage ab, zum anderen von den Eigenschaften des Standortes, wie meteorologische Verhältnisse, Nähe zu Wohngebieten usw. In der Anfangszeit der kerntechnischen Entwicklung wurde im wesentlichen ein großer Sicherheitsabstand gewählt. Mit der Verbesserung der Sicherheitseinrichtungen rückten die Reaktoren auch näher an dichter besiedelte Zonen heran. Dies bedeutet, daß ungünstigere Standorteigenschaften durch ein Mehr an Anlagensicherheit kompensiert werden können. Trotzdem erscheint es nicht sinnvoll, ohne zwingenden Grund ungünstigere Standorte zu akzeptieren, solange noch bessere Möglichkeiten für Standorte existieren. In Ländern mit relativ ungünstigen Standortbedingungen – oder auch unter dem Aspekt einer Minimierung der Transporte von Kernbrennstoffen und radioaktiven Abfällen – kann es künftig Vorteile bringen, in günstigen Standortregionen große Nuklearparks anzulegen, in denen neben mehreren Kernkraftwerken auch Anlagen des Brennstoffkreislaufs, einschließlich der Entsorgung, konzentriert werden könnten. Allerdings sprechen Aspekte des Umweltschutzes (Abwärme), des Energietransports und der Versorgungssicherheit (strategische Zielwertigkeit) wiederum gegen solche Konzepte. Es bedarf deshalb ausgereifter Studien, um Vor- und Nachteile gegeneinander abwägen zu können. Mit ähnlich langfristigem Interesse sollten internationale Übereinkommen zur Konzentrierung von Kernkraftwerken an geeigneten Küstenstrichen Europas im Rahmen einer gesamteuropäischen Energiepolitik verfolgt werden.

Mehrere Staaten sind derzeit bemüht, die Genehmigungsverfahren für Kernkraftwerke zu beschleunigen, wobei eine Standardisierung der Anlagen in Verbindung mit einer vorausschauenden Standortvorsorge als geeignetes Mittel erscheint. Zur Standortvorsorge ist es erforderlich, die Anforderungen an Standorte vorausschauend zu kodifizieren. Dabei ist zu berücksichtigen, daß es praktisch nicht möglich sein wird, unter ideellen Zielvorstellungen einen in all seinen Eigenschaften optimalen Soll-Standort vorzuschreiben, weil die Eigenschaften eines konkreten Standortes im Gegensatz zu Anlageeigenschaften in der Regel nicht beeinflußbar sind. D. h., Standortkriterien werden sich auch an den überhaupt vorhandenen Möglichkeiten im Land orientieren müssen. Im internationalen Vergleich könnten sich daraus unterschiedliche Kriterien ergeben, beispielsweise zwischen dicht und dünn besiedelten Ländern. Darüber hinaus kann ein günstiger Standort in einem Land bei anderen Standortgegebenheiten im Nachbarland dort durchaus ungünstig erscheinen, was insbesondere bei grenznahen Standorten Konflikte verursacht.

d) Ergebnis der Sicherheitsbemühungen

Die Bemühungen zum Schutz der Beschäftigten in kerntechnischen Anlagen, zum Schutz Dritter und der Allgemeinheit vor den Gefahren bei der friedlichen Nutzung der Kernenergie basieren in allen Ländern auf dem vorausschauenden Ansetzen eines hohen Sicherheitsniveaus. Wegen der Besonderheiten der Kernenergie sind Störfälle mit schwerwiegenden Konsequenzen theoretisch nicht völlig auszuschließen; ihre Eintrittswahrscheinlichkeit liegt jedoch extrem niedrig. So sind größere Störfälle in der Kerntechnik bisher sehr selten gewesen, solche mit erheblichen Auswirkungen auf die Umgebung sind nicht aufgetreten. Es liegen daher auch keine umfangreichen Unfall- und Schadensstatistiken vor, wie z. B. bei Unfällen in der konventionellen Technik. Um zu der Aufstellung solcher Statistiken zu kommen und um positive Lehren aus Störfällen für andere Anlagen zu ziehen, besteht in allen Ländern sehr großes Interesse, über Störfälle an kerntechnischen Anlagen in anderen Ländern rasche und detaillierte Informationen zu erhalten. Leider steht einem solchen ungehinderten Informationsfluß das Prestigedenken von Reaktorherstellern und anderen nationalen Stellen oft im Wege.

Trotz des Fehlens einer – mit konventionellen Techniken vergleichbaren – Unfallstatistik ist es in gewissem Umfang möglich, aus der 30jährigen Erfahrung mit kerntechnischen Anlagen (in der Welt sind ca. 800 Reaktoren im Betrieb oder im Bau; in Kernkraftwerken sind etwa 1000 Betriebsjahre angefallen) Aussagen abzuleiten, ob und wie die anzustrebende hohe Sicherheit in der Praxis gewährleistet ist.

Reaktoren im Normalbetrieb: Im bestimmungsgemäßen Betrieb geben Reaktoren und Kernkraftwerke im geringen Umfang gasförmige und flüssige radioaktive Stoffe an Luft und Wasser ab. Daneben fallen feste radioaktive Abfallstoffe an, die abtransportiert werden. Für die Festlegung der Abgabegrenzen werden in allen Ländern die Empfehlungen der Internationalen Strahlenschutzkommission (ICRP) beachtet. Entsprechend dem Grundsatz des Strahlenschutzes, die Strahlenbelastung darüber hinaus »so gering wie möglich« zu halten (die ICRP setzt hinzu: »soweit es unter Berücksichtigung sozialer und wirtschaftlicher Aspekte erreichbar ist«), sind im nationalen Bereich von den Behörden teilweise erheblich niedriger zugelassene Grenzwerte festgelegt worden. Die höchstzulässigen Abgabewerte unterscheiden sich deshalb teilweise von Land zu Land.

In der Praxis können die tatsächlich abgegebenen Aktivitätsmengen (gewöhnlich Edelgase, Radio-Jod und Tritium) wesentlich unter den Genehmigungsgrenzwerten gehalten werden. Irgendwelche Schäden durch diese geringen Radioaktivitätsabgaben aus Reaktoren sind bisher nicht feststellbar gewesen. Langfristig und bei einer raschen Expansion der Kernenergiewirtschaft muß jedoch den langlebigeren Spaltprodukten wie Krypton-85 und Tritium stärkere Beachtung geschenkt werden, da sich diese Substanzen in der Ökosphäre kumulieren.

Störfälle: Die Sicherheitsbilanz von Kernkraftwerken ist bisher gegenüber anderen Industriezweigen ausgesprochen positiv. Es war zwar nicht vermeidbar, daß Störungen und Unfälle aufgetreten sind. Die vorausschauend konzipierten Sicherheitseinrichtungen haben jedoch bewirkt, daß bisher kein einziger unbeteiligter Dritter durch Strahleneinwirkungen aus einem Reaktorstörfall geschädigt oder gar getötet worden wäre. In den Anfangsjahren der kerntechnischen Entwicklung haben sich – allerdings ausschließlich in Versuchs- und militärisch genutzten Anlagen – einige Unfälle ereignet, von denen sieben (in der westlichen Welt) tödlich verliefen (ausschließlich Betriebspersonal). Die Sicherheitsvorkehrungen bei diesen Anlagen waren mit dem heutigen Stand nicht vergleichbar.

2. Sicherheitsprobleme im Kernbrennstoffkreislauf

Der Kernbrennstoffkreislauf außerhalb des eigentlichen Energieumwandlungsprozesses im Kernreaktor umfaßt folgende Bereiche:
 a) Uranerzbergbau;
 b) Erzaufbereitung;
 c) Anreicherung;
 d) Brennelementfabrikation;
 e) Wiederaufarbeitung abgebrannter Brennelemente;
 f) Behandlung und Lagerung radioaktiver Abfälle;
 g) Transporte zwischen den einzelnen Bereichen.

Die Stufen a) und b) spielen in der Bundesrepublik Deutschland mangels geeigneter Uranvorkommen nur eine sehr untergeordnete Rolle; Anreicherungsanlagen c) befinden sich ausschließlich im Ausland.

Im Bereich des Kernbrennstoffkreislaufs gelten bezüglich der Sicherheit gleichartige Forderungen wie beim Reaktorbetrieb. Auch hier heißt das Ziel: keine Strahlenbelastung von Mensch und Umwelt über die zulässigen Höchstwerte bei Normalbetrieb und allen denkbaren Störfällen hinaus. Eine Sonderrolle spielen die zwischen den einzelnen Schritten des Kreislaufs notwendigen Transporte.

Die erforderlichen Maßnahmen sind aufgrund des jeweiligen Gefährdungspotentials der einzelnen Schritte des Kreislaufs recht unterschiedlich. Neben ausreichendem Strahlenschutz sind insbesondere bei der Plutoniumverarbeitung (Plutoniumrückführung anstelle angereicherten Urans in thermischen Reaktoren sowie Plutonium als Kernbrennstoff für schnelle Brutreaktoren), bei der Handhabung hochangereicherten Urans (Ausgangsmaterial für Hochtemperaturreaktor-Kernbrennstoff) und bei der Wiederaufarbeitung von Brennelementen auch Kritikalitätsprobleme und Fragen der Sicherung gegen Entwendung und vor Einwirkungen von außen zu beachten.

Obwohl Detailinformationen über die Gegebenheiten konkreter Anlagen aus Sicherungsgründen vertraulich behandelt werden müssen und eine Weitergabe insbesondere an ausländische Stellen ausscheidet, besteht trotzdem die Notwendigkeit, die vielfältigen Schutzprobleme zumindest in ihren grundsätzlichen Lösungen international zu erörtern. Der in diesem Zusammenhang bedeutsame Komplex einer wirksamen Kontrolle des Spaltstoffflusses im Kreislauf wird an anderer Stelle eingehend behandelt. Nachfolgend soll deshalb nur auf die technologisch bedingten Maßnahmen näher eingegangen werden:

a) Durch bautechnischen Strahlenschutz kann erreicht werden, daß das Bedienungspersonal sowie strahlenempfindliche Anlagenteile und Chemikalien
– gegen γ-Strahlung abgeschirmt und
– vor Kontakt mit α-Strahlern geschützt werden;

b) als technische Einrichtungen stehen
– Betriebssysteme zur Gewährleistung des Normalbetriebs,
– Schutzsysteme zur Begrenzung von Störfallfolgen und
– Barrieresysteme zur Verhinderung der Ausbreitung radioaktiver Stoffe

zur Verfügung. Charakteristische Beispiele hierfür sind Druckdifferenzen zwischen zwei durch ein Barrieresystem voneinander getrennten Räumen (generell Druckgefälle von außen nach innen) und Gasfördereinrichtungen bzw. Lüftungsanlagen mit ausreichender Reserveleistung;

c) durch entsprechende Auslegung strahlenbelasteter Anlagenteile können
– möglichst lange Standzeit,
– wartungsfreundliche Anordnung sowie
– einfache und damit zuverlässige und, soweit möglich, wartungsfreie Konstruktionen

erzielt werden;

d) bei Beachtung der sog. chemischen Sicherheit kann gewährleistet werden, daß keine mit Ausdringen radioaktiver Stoffe verbundenen chemischen Reaktionen eintreten (z. B. darf die Prozeßtemperatur die Flammtemperatur nicht überschreiten);

e) die nukleare Sicherheit (d. h. Verhinderung ungewollter und dann unkontrollierter Kettenreaktionen) erfordert

- sichere Spaltstoffkonzentrationen (z. B. < 6 g Pu/1 H_2O),
- Handhabung unterkritischer Massen,
- sog. sichere Geometrie (d. h. große spezifische Oberflächen und deshalb relativ hohe Neutronen-Verluste),
- ausreichenden und stabilen Abstand zwischen Behältern mit Kernbrennstoffen,
- Verwendung von Neutronenabsorbern bzw. Zwischenschichten aus z. B. Beton oder Paraffin zur Neutronenabschirmung;

f) schließlich spielen anlagenspezifische Quantifizierungen und gegebenenfalls Ergänzungen unter Berücksichtigung der jeweiligen Standortbedingungen, wie z. B.

- Grundwasserspiegel,
- Erdbebensicherheit,
- Meteorologie,
- mögliche Einwirkungen von außen (Flugzeugabsturz, externe Explosion)

eine wichtige Rolle.

Infolge der Konzentration radioaktiven Materials während der Wiederaufarbeitung von Brennelementen (eine Großanlage für ca. 50 Kernkraftwerke, die ihrerseits von mehreren Brennelementfabriken versorgt werden) kommt diesem Schritt des Kernbrennstoffkreislaufs mit seinen Produkten

- hochtoxisches Plutonium und
- hochradioaktive Abfälle

besondere Bedeutung zu. In den folgenden Abschnitten werden deshalb die Sicherheitsprobleme beim sog. Wastemanagement und beim Transport radioaktiver Materialien etwas eingehender behandelt.

3. Sicherheitsprobleme beim Wastemanagement

Unter Wastemanagement soll hier die Behandlung radioaktiver Abfälle aus der Kerntechnik zu lagerfähigen Produkten und deren Endlagerung bzw. Sicherstellung bis zur späteren Endlagerung verstanden werden. Damit sind alle diejenigen Maßnahmen gemeint, mit denen radioaktive Abfälle für ausreichend lange Zeiträume sicher und zuverlässig aus der Biosphäre ferngehalten werden, um eine Gefährdung einzelner, der Allgemeinheit und der Umwelt weitestgehend auszuschließen.

a) Radioaktive Abfälle aus der Kerntechnik

In der Kerntechnik entstehen radioaktive Abfälle von z. T. sehr unterschiedlicher Menge und Aktivität als Produktionsrückstände, insbesondere bei der Kernbrennstoffverarbeitung zu Brennelementen, als Reaktorbetriebsabfälle und vor allem bei der Wiederaufarbeitung von Brennelementen. Die folgende Aufzählung soll eine Übersicht über die wichtigsten Beiträge geben:

a) Produktionsrückstände aus der Brennelementfabrikation: kernbrennstoffhaltig und damit sogenannter α-Waste (α-Strahler);

b) Betriebsabfälle aus Kernkraftwerken (ohne abgebrannte Brennelemente): Verdampfer-, Filter- und Schlammkonzentrate sowie kontaminierte Feststoffe, d. h. im wesentlichen aktivierte Korrosionsprodukte mit geringfügiger Kontamination an Spaltprodukten, also im wesentlichen β-, γ-Strahler;

c) Abfälle aus der Wiederaufarbeitung von Brennelementen:
– Festabfälle aus dem Anlagenbetrieb (z. B. Filtereinsätze) und kontaminierte Geräte, d. h. im wesentlichen β-, γ-Strahler;
– Brennstabhüllrohr- und Brennelementstrukturteile (z. B. Abstandhalter), d. h. Festabfälle aus der mechanischen Brennelementedemontage[3], radioaktiv durch Aktivierungsprodukte (β-, γ-Strahler) und Kontamination durch abgebrannten Kernbrennstoff, d. h. Spaltprodukte (β-Strahler, γ-Strahler) und Aktiniden (z. T. β-, γ-Strahler und z. T. auch α-Strahler);
– radioaktiv verunreinigte schwach- bis mittelaktive Abfälle aus der Plutonium- und der Lösungsmittelreinigung;
– hochaktive Spaltproduktkonzentrate (β-, γ-Strahler) aus dem ersten Extraktionszyklus (Trennung von Spaltstoff und Spaltprodukt), die noch mit Aktiniden und damit auch α-Strahlern kontaminiert sind.

Die tabellarische Übersicht auf S. 243 unten stellt eine Abschätzung des jährlich zur Beseitigung anstehenden Mengenanfalls radioaktiver Abfälle aus einer Kernenergiewirtschaft der Größenordnung 50 000-MW-Leichtwasserreaktorkapazität dar (diese Situation ist in der Bundesrepublik etwa 1985–1990 zu erwarten). Diese Abschätzung ist sehr grob, nicht zuletzt wegen des entscheidenden Einflusses der Einteilung in Abfallkategorien und der Behandlungsverfahren, die sich bei der schnellen Entwicklung der Kerntechnik noch maßgeblich verändern können. Die Größenordnung des Problems dürfte jedoch durch diese Abschätzung aufgezeigt und erkennbar sein.

b) Gefährdungspotential radioaktiver Abfälle

Jeglicher Umgang mit radioaktiven Stoffen und insbesondere auch die Handhabung abgebrannter Brennelemente sowie der Wiederaufarbeitungsabfälle

---

[3] Hier ist das sogenannte Chop-Leach-Verfahren (Zerschneiden der Brennstabbündel in kurze Stücke und anschließendes chemisches Herauslösen des abgebrannten Kernbrennstoffs) zugrunde gelegt; ein anderes Verfahren wäre z. B. die chemische Auflösung der gesamten Brennelemente.

bedeuten eine potentielle Strahlengefährdung. Dieses sogenannte Gefährdungspotential wird jedoch nicht allein durch die Menge und Aktivität des zu handhabenden Materials bestimmt, sondern hängt z. T. entscheidend von einer Reihe anderer Faktoren ab, vor allem von

- Ausmaß und Zeitpunkt der Freisetzung von Radionukliden aus dem konditionierten Abfall;
- Aufnahme bzw. Transport dieser Radionuklide in der Umgebung und Wahrscheinlichkeit ihres Eindringens in die Biosphäre;
- Kontakt mit dem Menschen sowie Aufnahme und mittlere Verweilzeit im Menschen.

Berücksichtigt man, daß wohl in keinem denkbaren Fall sofort und gleichzeitig das gesamte Aktivitätsinventar den Menschen erreichen kann, weil jeder dieser Wahrscheinlichkeitsfaktoren für sich wesentlich kleiner als eins ist, so wird deutlich, daß die reine Menge bzw. Aktivität des radioaktiven Abfalls kein angemessener Maßstab für das Gefährdungspotential sein kann. Das gilt folglich auch für die in diesem Zusammenhang oft genannten Volumina an Luft oder Wasser, die erforderlich wären, um den gesamten radioaktiven Abfall auf erlaubte Konzentrationswerte zu verdünnen.

Eine vernünftige Beurteilung des Gefährdungspotentials setzt eine quantitative Berücksichtigung der oben genannten Kopplungsfaktoren zwischen dem konditionierten radioaktiven Abfall und dem Gefährdungsobjekt voraus. Nach heutiger Kenntnis sind hierüber aber noch keine quantitativ belastbaren Aussagen möglich, die weiter gehen als die Feststellung, daß durch geeignete Kondi-

Jährlicher Anfall an konditionierten, abzulagernden radioaktiven Abfällen aus einer LWR-Kernenergiewirtschaft von 50 000 MW bzw. 1500 jato Kernbrennstoff

Herkunft		m³/a Anfall zur Endlagerung			Typ		
		schwachaktiv < 1 Ci/m³	mittelaktiv $1 - 10^4$ Ci/m³	hochaktiv $> 10^4$ Ci/m³ Wärmeentwick.	α	β	γ
Brennelement- fabrikation 1.500 jato	1.300 jato frischer U-KBSt*)	60*)			x		
	200 jato U,Pu-Rückführung*)		600*)		x	x	x
Kernkraftwerks- betrieb 50.000-MW -LWR	Konzentrate, Festabfälle	5.000				x	x
	Harze		70			x	x
Aufarbeitung ab- gebrannter Brenn- elemente 1.500 jato	Anlagenbetrieb (Filter, Geräte)		650			x	x
	Headend (Hüllen usw.)		700		x	x	x
	Prozeßabfälle (Chemie)	5.000	5.000		x	x	x
	Spaltprodukte			125	x	x	x

*) bei Vollrezyklierung (nach USAEC-Angaben) ergäben sich
      1.015 jato U-KBSt   :   50 m³/a schwachaktiv
      485 jato U, Pu-KBSt : 1.450 m³/a mittelaktiv

tionierungsmaßnahmen und Endlagerungsmethoden eine Gefährdung des Menschen durch radioaktive Abfälle nach menschlichem Ermessen ausgeschlossen werden kann. Die vorzusehenden Maßnahmen zum Ausschluß radioaktiver Abfälle aus der Biosphäre werden zum Ausgleich aller heute noch nicht quantitativ bekannten Faktoren stets »konservativ« sein, damit man beim Wastemanagement »auf jeden Fall auf der sicheren Seite« liegt.

Die Aktivität und die damit verbundene Zerfallswärme in abgebrannten Brennelementen bzw. im hochaktiven Aufarbeitungsabfall ist in einer Tabelle[4] nach amerikanischen Angaben zusammengestellt. Als Beispiel dient ein DWR mit Pu-Rückführung (für andere Reaktorsysteme wie HTR oder Na-SBR ergeben sich in dieser Hinsicht ähnliche Verhältnisse); die berücksichtigten Zeitpunkte entsprechen den derzeitigen Vorstellungen der USAEC über den Ablauf des Wastemanagement und haben deshalb nur Modellcharakter; sie sind nicht unbedingt repräsentativ für die Verhältnisse in anderen Ländern (z. B. wird in der Bundesrepublik eine Aufarbeitung der Brennelemente erst ca. 220 Tage nach Entnahme aus dem Reaktor vorgesehen).

Bei einer Gleichgewichts-Nachladung von ca. 30 jato bei jedem 1000-MW-Leichtwasserreaktorkernkraftwerk und einer 1500-jato-Brennelement-Wiederaufarbeitungsanlage (Entsorgung von ca. 50 derartigen Kernkraftwerken) ergibt sich dann folgendes Bild[5]:

— Bei jedem 1000-MW-Leichtwasserreaktorkernkraftwerk sind beim jährlichen Brennelementwechsel rd. $5,3 \cdot 10^9$ Ci Aktivität, verbunden mit ca. $47 \cdot 10^7$ W Zerfallswärme zu handhaben.
— Nach etwa vierteljähriger Abklinglagerung sind die Aktivität und die Zerfallswärme auf etwa 5 vH abgesunken; die entladenen Brennelemente werden ins Eingangsbecken der großen Wiederaufarbeitungsanlage (1500 jato) transportiert.
— Bei der Wiederaufarbeitungsanlage konzentrieren sich die Aktivität und die damit verbundene Zerfallswärme aus den Brennelementen von ca. 50 Kernkraftwerken; d. h.: dort muß wieder in etwa eine Aktivität und eine Zerfallswärme wie bei jedem Kernkraftwerk-Brennelementwechsel beherrscht werden;
— Die Aktivität klingt auch nach der Wiederaufarbeitung von Brennelementen zunächst noch schnell ab, in den ersten Jahren nach der Reaktorentnahme auf größenordnungsmäßig 10 vH, danach nur noch sehr langsam.

Dieses Bild macht deutlich, daß ein Transport der abgebrannten Brennelemente vom Kernkraftwerk zur Wiederaufarbeitungsanlage etwa ein Vierteljahr nach der Entnahme aus dem Reaktor sinnvoll ist, da in der Zwischenzeit die Aktivität der kurzlebigen Nuklide größtenteils abgeklungen ist. Man erkennt auch, daß eine Konditionierung des bei der Wiederaufarbeitung von Brennelementen

---

[4] Siehe Anhang I., S. 265.
[5] Siehe Anhang II., S. 266.

zunächst als Flüssigkonzentrat anfallenden hochaktiven Spaltproduktabfalls wenige Jahre nach der Brennelemententnahme aus dem Reaktor zweckmäßig erscheint, da längeres Warten technisch keine entscheidenden Vorteile mehr bringt, konditionierter Hochaktivabfall aber aus Strahlenschutzgründen in jedem Fall als sicherer zu beurteilen ist als Flüssigkonzentrat.

c) Endlagerung radioaktiver Abfälle

Die radioaktiven Abfälle müssen wegen ihres radiologischen Gefährdungspotentials für ausreichend lange Zeit aus der Biosphäre ausgeschlossen werden. Dazu gibt es, abhängig von den jeweils geographischen Gegebenheiten, verschiedene Möglichkeiten.

In der Bundesrepublik Deutschland bietet sich infolge der gegebenen geologischen Verhältnisse insbesondere eine Einlagerung in tiefliegende Salzformationen an. Entsprechende Untersuchungen über die Eignung des Salzes und der Einlagerungsmethoden sind bisher recht erfolgreich verlaufen. In einem großangelegten Versuchsprogramm wurden in dem 1966 vom Bund erworbenen und zur Versuchsanlage umgerüsteten stillgelegten Salzbergwerk Asse, in einem Salzdom bei Wolfenbüttel, bisher ca. 37 000 Fässer (durchschnittlich 200 l) schwachaktiver und ca. 360 Fässer mittelaktiver Abfall eingelagert. Die bisherigen Ergebnisse bestätigen, daß später auch hochaktive Abfälle – allerdings anders konditioniert und nach anderen Verfahren – im tiefliegenden Salz sicher endgelagert werden können. Ehe jedoch eine solche Lösung routinemäßig eingeführt werden kann, sind noch sehr ausgedehnte und gezielte Untersuchungen und rückholbar ausgelegte Versuchseinlagerungen erforderlich. In jedem Fall wäre, selbst nach heutigem Kenntnisstand, jederzeit eine längerfristige Sicherstellung in gewarteten, ständig gekühlten und überwachten Schutzbauten möglich (engineered storage).

An dieser Stelle sei kurz darauf hingewiesen, daß es zur Ablagerung der radioaktiven Abfälle nur eines relativ geringen Volumens bedarf. In jedem Fall würde das Volumen der jährlich abgebauten Salze ausreichen, um derartige Abfälle aufzunehmen.

In anderen Ländern wurde und wird zum Teil auch noch für schwachaktive Abfälle eine Flüssigableitung in Küstengewässer oder ein Vergraben verfestigter Abfälle im Boden praktiziert. Bezüglich hochaktiver Wiederaufarbeitungsabfälle wurden und werden verschiedene Behandlungsverfahren und Beseitigungsmethoden entwickelt und erprobt. Im europäischen Bereich werden noch die Möglichkeiten einer Einlagerung im tiefliegenden Granit (Frankreich) und in Tonschiefern (Italien) untersucht.

In den Vereinigten Staaten wird ein umfangreiches Programm durchgeführt: Zunächst war an eine Endlagerung verglaster Hochaktivabfälle im Schichtsalz gedacht. Die diesbezüglichen experimentellen Arbeiten (Lyons Mine, Kansas) mußten jedoch aus lokalbedingten Gründen – keineswegs aufgrund prinzipieller Probleme bezüglich des Salzes – abgebrochen werden. Derzeit ist eine über

Jahrzehnte geplante oberirdische Sicherstellung vorgesehen (engineered storage). Gleichzeitig laufen an mehreren Stellen in den Vereinigten Staaten die Untersuchungen zur Tieflagerung im Salz intensiv weiter. Parallel zur Errichtung von »Engineered-Storage«-Anlagen soll eine rückholbar ausgelegte Pilotanlage im Schichtsalz (Standort: Carlsbad, New Mexico) erstellt werden. Zunehmend gewinnen die sog. Salzdome (mächtige Salzauftürmungen aus dem darunter liegenden Schichtsalz) an Bedeutung, wodurch das in der Bundesrepublik Deutschland verfolgte Konzept bestätigt wird. Als langfristige Alternativen zur Einlagerung im Salz werden in einer breitangelegten Studie andere terrestrische (z. B. in Tiefbohrungen, Bergwerken, Tiefseegräben, unter dem Meeresgrund) und auch extraterrestrische Konzepte (nach Abtrennung der langlebigen Bestandteile deren Schuß in die Umlaufbahn um die Erde, um die Sonne oder in die Sonne bzw. ins tiefe Weltall) sowie eine Umwandlung langlebiger Nuklide in kürzerlebige oder sogar stabile Nuklide (sog. Transmutation durch Bestrahlung) untersucht. Aus heutiger Sicht ist aber davon auszugehen, daß derartige Lösungen, wenn überhaupt, erst in einigen Jahrzehnten und nach vorher noch erforderlichen umfangreichen Versuchen realisierbar erscheinen.

Eine besondere Variante zur Beseitigung schwachradioaktiver Abfälle stellt die Versenkung ins tiefe Meer dar. Im Rahmen der Londoner Konvention zum Schutz der Meere vor Verunreinigungen infolge von Abfallablagerungen auf hoher See werden von der IAEA derzeit Richtlinien für die Versenkung radioaktiver Abfälle erarbeitet, die schon bald in Kraft treten können. Für derartige Versenkungsaktionen ist eine internationale Überwachung vorgesehen, d. h., die Aktionen sollen nach Möglichkeit international durchgeführt werden.

d) Gesamtsystem Entsorgung der Kerntechnik

Aus den oben angegebenen Mengen radioaktiver Abfälle und dem damit verbundenen Aufwand und Aufkommen für Transporte[6] wird ersichtlich, daß eine funktionierende Kerntechnik nur bei zufriedenstellender Lösung des Entsorgungsproblems möglich sein wird. In allen Kernenergieländern gelten diesem Problem zunehmend größere Bemühungen; dabei sind die vorgesehenen Lösungswege natürlich aufgrund der unterschiedlichen Gegebenheiten nicht überall gleich oder vergleichbar.

In der Bundesrepublik Deutschland konzentrieren sich die Überlegungen auf ein Konzept, das dadurch gekennzeichnet ist, daß die Aufarbeitung der abgebrannten Brennelemente, die Beseitigung der dabei anfallenden radioaktiven Abfälle und nach Möglichkeit auch die Rückführung der abgetrennten Spaltstoffe, insbesondere des Plutoniums – zumindest der erste, die Aktivität hüllende Schritt dazu –, an einem Standort erfolgen. Es ist also an eine Art Brennstoffkreislauf-Park gedacht. Ein solches Gesamtsystem für die Entsorgung hätte den Vorteil, daß praktisch nur 1500 jato abgebrannter Kernbrennstoff

---

[6] Siehe hierzu auch Abschnitt 4, S. 248.

von etwa 50 Großkraftwerken angeliefert werden; anschließend erfolgt alles »hinter dem Zaun«, den lediglich vorfabrizierter, wieder verwendbarer Kernbrennstoff verlassen soll. Ein Transport der großen Mengen konditionierter und abzuschirmender radioaktiver Abfälle über größere Entfernungen könnte entfallen. Für die schwach-, vielleicht sogar auch für die mittelaktiven Abfälle wird an eine sofortige Endlagerung gedacht: Die hochaktiven Spaltproduktkonzentrate würden zunächst innerbetrieblich als Flüssigkeiten in besonderen Tankkonstruktionen gelagert und später verfestigt. Ob dann für die verfestigten hochaktiven Abfälle eine sofortige Endlagerung möglich ist oder eine längerfristige Sicherstellung (engineered storage) zwischengeschaltet werden muß, kann heute noch nicht entschieden werden.

Wenn mit diesem Gesamtkonzept auch praktisch das ganze Wastemanagement, von der Ablieferung vom Kernkraftwerk bis hin zur Beseitigung der radioaktiven Abfälle an einem endlagerfähigen Standort, vorgezeichnet ist, so ist damit aber nicht daran gedacht, die gesamte Entsorgung in die Verantwortlichkeit der Privatwirtschaft zu geben. Das langfristig beherrschende Problem stellen die radioaktiven Abfälle, insbesondere die sogenannten α-Abfälle mit ihrer zum Teil extrem großen Halbwertzeit dar. Eine Isolierung dieser Abfälle aus der Biosphäre ist über derart große Zeiträume erforderlich, daß dafür keine Privatfirma garantieren kann. In diesem Zusammenhang ist auch von Bedeutung, daß industrielles Streben nach kurzzeitig erreichbaren Gewinnen nur schwer mit der langfristigen Strahlenschutz- und der damit verbundenen Haftungsverpflichtung vereinbar wäre. Als mögliche Lösung bietet sich hier an, daß alle Schritte bis hin zur Behandlung der radioaktiven Abfälle zu langzeitlagerfähigen Produkten in der Verantwortlichkeit der Privatindustrie erfolgen und die öffentliche Hand mit der Ablieferung der konditionierten Abfälle an sie die Verantwortlichkeit für die Endlagerung bzw. Sicherstellung mit späterer Endlagerung übernimmt.

Die Zielvorstellung geht dahin, nicht nur ein Endlager – und dies bei der Wiederaufarbeitungsanlage –, sondern nach Möglichkeit mehrere, voneinander unabhängige Endlager zu haben. Dabei ist daran gedacht, für die zum Teil recht unterschiedlichen radioaktiven Abfälle aus verschiedenen Bereichen der Kerntechnik entsprechend unterschiedlich optimierte Möglichkeiten zu nutzen.

So wäre es z. B. denkbar, die α-haltigen Rückstände aus der Brennelementfabrikation mit in einem Endlager bei der Wiederaufarbeitungsanlage unterzubringen, da dieses Endlager ohnehin für α-haltige Abfälle ausgelegt sein muß. Auf der anderen Seite könnten die an die Landessammelstellen abzuliefernden, im wesentlichen α-freien radioaktiven Abfälle aus der Isotopenanwendung in Medizin, Forschung und Industrie zusammen mit den α-freien Betriebsabfällen der Kernkraftwerke in einem anderen und anders ausgelegten Endlager beseitigt werden[7].

---

[7] Die Graphik in Anhang III., S. 267, soll das Gesamtkonzept der Entsorgung veranschaulichen.

4. Sicherheitsprobleme beim Transport

Sowohl bei der Versorgung der Kernkraftwerke mit Kernbrennstoff bzw. Brennelementen als auch bei der Entsorgung sind Transporte durchzuführen. Mit diesen Transporten sind Sicherheitsprobleme verbunden:

- Frischer Kernbrennstoff muß auch beim Transport sicher gegen Kritikalität geschützt sein,
- eine Abzweigung für nicht bestimmungsgemäße Verwendung muß verhindert werden, wobei hier eine relativ hohe Zielwertigkeit durch entsprechende Sicherungsmaßnahmen kompensiert werden muß,
- beim Transport abgebrannter Brennelemente und gegebenenfalls auch beim Transport radioaktiver Abfälle[8] ist dagegen in erster Linie auf ausreichende Strahlenabschirmung zu achten. Es ist aber nicht ausgeschlossen, daß selbst mit derartigem Material erpresserische, d. h. kriminelle Zwecke verfolgt werden könnten, und es muß deshalb auch ausreichende Sicherung gewährleistet werden[9].

Das Gefährdungspotential beim Transport wird nicht nur durch die Transportdauer, d. h. durch die zurückzulegenden Entfernungen und die Zahl der dabei zu passierenden Menschen, sondern vor allem durch jegliches Handhaben des radioaktiven Materials bestimmt, z. B. beim Be-, Um- und Entladen der Transportfahrzeuge. Eine vernünftige Gesamtstrategie für ausreichenden Strahlenschutz und hinlängliche Sicherung erfordert somit auch eine Optimierung hinsichtlich der Transportwege und der Transportsysteme.

Die Problematik des Transports radioaktiver Materialien und insbesondere von Spaltmaterial wird in letzter Zeit vielerorts intensiv diskutiert. Vor allem einige Untersuchungen in den Vereinigten Staaten haben dazu geführt, daß heute in fast allen Kernenergieländern Maßnahmen entwickelt und eingeführt werden, um derartige Transporte so zu sichern, daß gezielte, unfriedliche Handlungen, z. B. erpresserische Drohungen, mit entwendetem Material weitestgehend ausgeschlossen werden können. Dabei wird es bei den jeweils vorzusehenden Maßnahmen auf ein vernünftiges Maß unter Berücksichtigung des jeweils involvierten Gefährdungspotentials ankommen. So wäre es beispielsweise nicht richtig, aufwendige Vorkehrungen gegen eine Entwendung relativ harmloser schwachaktiver Abfälle zu treffen, wenn andererseits relativ gefährliche Materialien, wie etwa Blausäure oder Explosivstoffe, ganz gewöhnlich transportiert werden. Ebensowenig sinnvoll wäre es, für den Transport von Natururan gleiche Sicherungsanforderungen zu stellen wie für den Transport von Plutonium oder hochangereichertem Uran.

---

[8] Siehe dazu auch Abschnitt II 3d, S. 246 f.
[9] Siehe dazu in diesem Band Werner *Ungerer,* Die Rolle internationaler Organisationen bei der Verhinderung mißbräuchlicher Verwendung der Kernenergie, S. 190 ff.

III. Aufsicht über die friedliche Kernenergienutzung

Wie jede industrielle Tätigkeit muß auch die Kernenergienutzung primär von der Verantwortlichkeit des Betreibers einer solchen Anlage ausgehen. Wegen des hohen Gefahrenpotentials derartiger Anlagen wurde die friedliche Kernenergienutzung jedoch in allen Ländern unter staatliche Aufsicht gestellt. Zu diesem Zweck entstanden nationale Kernenergiegesetze, die teilweise durch internationales Recht ergänzt werden. Eine Sonderstellung nimmt der Schutz vor Abzweigung von Kernmaterial ein, der von Anfang an international geregelt wurde[10].

1. Aufsicht im nationalen Bereich

a) Gesetzliche Grundlagen für die friedliche Kernenergienutzung

Die rechtlichen Voraussetzungen für die friedliche Entwicklung und Nutzung der Kernenergie in der Bundesrepublik Deutschland wurden relativ spät geschaffen, denn die Verbote der alliierten Militärregierungen zu irgendeiner Betätigung auf dem Gebiet der Kernenergie galten bis 1955. Erst 1959 wurde durch Änderung des Grundgesetzes, die die Abgrenzung der Zuständigkeiten von Bund und Ländern festlegte, die rechtliche Voraussetzung für die friedliche Nutzung der Kernenergie in der Bundesrepublik geschaffen. In dem Zusammenhang entstand das Gesetz über die friedliche Verwendung der Kernenergie und den Schutz gegen ihre Gefahren (Atomgesetz) vom 23. Dezember 1959, zuletzt geändert am 15. März 1974.

Zweckbestimmung des Atomgesetzes: Der Zweck dieses Gesetzes ist in seinem ersten Paragraphen festgelegt, nämlich

- die Erforschung, Entwicklung und Nutzung der Kernenergie zu friedlichen Zwecken zu fördern,
- Leben, Gesundheit und Sachgüter vor den Gefahren der Kernenergie und der schädlichen Wirkung ionisierender Strahlen zu schützen und durch Kernenergie oder ionisierende Strahlen verursachte Schäden auszugleichen,
- zu verhindern, daß durch Anwendung oder Freiwerden der Kernenergie die innere oder äußere Sicherheit der Bundesrepublik gefährdet wird,
- die Erfüllung internationaler Verpflichtungen der Bundesrepublik auf dem Gebiet der Kernenergie und des Strahlenschutzes zu gewährleisten.

Schutzvorschriften des Atomgesetzes: Der in der Zweckbestimmung enthaltene Schutzgedanke wird durch drei Vorschriftenkomplexe verwirklicht:

a) Verwaltungsvorschriften für die Kontrolle
Eingehende Rechtsvorschriften regeln die behördliche Überwachung. Für die friedliche Nutzung der Kernenergie sind Genehmigungsverfahren vorgeschrieben, die

---
[10] Siehe *Ungerer*, ebd., S. 261 ff.

strenger als in irgendwelchen anderen Bereichen sind und eine möglichst lückenlose Kontrolle gewährleisten. Kernbrennstoffe, das sind insbesondere die Uranisotope U-233 und U-235 sowie das Plutoniumisotop Pu-339 (definiert in Paragraph 2 Abs. 1 Atomgesetz), unterliegen einer weitestgehenden Genehmigungspflicht. Diese bezieht sich auf:

– die Einfuhr und die Ausfuhr,
– die Beförderung,
– jeden Umgang. Darunter fallen Erzeugung, Gewinnung, Lagerung, Bearbeitung, Verarbeitung, sonstige Verwendung und Beseitigung,
– Errichtung und Betrieb von Kernreaktoren und sonstigen Atomanlagen sowie ortsveränderliche Kernenergieanlagen.

Der für den zuletzt genannten Punkt maßgebende Paragraph 7 des Atomgesetzes sagt über die Genehmigungspflicht folgendes aus: Wer eine ortsfeste Anlage zur Erzeugung oder zur Spaltung von Kernbrennstoffen oder zur Aufarbeitung bestrahlter Kernbrennstoffe errichtet, betreibt oder sonst innehat oder die Anlage oder ihren Betrieb wesentlich verändert, bedarf der Genehmigung.

Die Erteilung einer Genehmigung ist an die Erfüllung einer Reihe von Genehmigungsvoraussetzungen gebunden, die dem Schutz der Beschäftigten, Dritter und der Allgemeinheit dienen. Der Paragraph 7 des Atomgesetzes sagt hierzu aus, daß eine Genehmigung nur erteilt werden darf, wenn

– keine Bedenken gegen die Zuverlässigkeit und Fachkunde des Antragstellers bestehen,
– die nach dem Stand von Wissenschaft und Technik erforderliche Vorsorge gegen Schäden durch die Errichtung und den Betrieb der Anlage getroffen ist,
– die erforderliche Vorsorge für die Erfüllung gesetzlicher Schadensersatzverpflichtungen getroffen ist,
– überwiegende öffentliche Interessen, insbesondere im Hinblick auf die Reinhaltung des Wassers, der Luft und des Bodens, der Wahl des Standorts der Anlage nicht entgegenstehen.

In diesem Paragraphen ist ferner festgelegt, daß im Genehmigungsverfahren alle Behörden des Bundes, der Länder, der Gemeinden und der sonstigen Gebietskörperschaften zu beteiligen sind, deren Zuständigkeitsbereich berührt wird.

b) Haftungs- und Deckungsvorschriften[11]

Die Haftungsvorschriften sind strenger als die allgemeinen Haftungsvorschriften, insbesondere des bürgerlichen Rechts. Unter anderem haftet der Inhaber einer Genehmigung für Personen- oder Sachschäden, die sich durch die Wirkung

---

[11] Siehe dazu ausführlich in diesem Band Werner *Boulanger*, Haftung für nukleare Schäden, S. 269 ff.

eines Kernspaltvorgangs oder von Strahlen eines radioaktiven Stoffes ergaben, sofern ein ursächlicher Zusammenhang zwischen Wirkung und Anlage besteht (Gefährdungshaftung).

Die finanzielle Sicherung eines Geschädigten wird dadurch gewährleistet, daß der Inhaber einer Atomanlage eine Vorsorge für die Erfüllung seiner gesetzlichen Schadensersatzverpflichtungen nachweisen muß (Deckungsvorsorge) und daß bei darüber hinausgehenden Schäden eine Freistellungsverpflichtung des Bundes eingreift.

c) Straf- und Bußgeldvorschriften

Ein umfangreicher Komplex von Straf- und Bußgeldvorschriften dient dem Schutz vor Mißbrauch der Kernenergie und der ionisierenden Strahlung.

Sonstige Vorschriften: Neben diesen Vorschriften des Atomgesetzes sind weitere gesetzliche Grundlagen oder Empfehlungen maßgebend:

a) Strahlenschutzverordnung

Die Probleme des Strahlenschutzes werden umfassend für alle Anwendungsgebiete in der ersten Strahlenschutzverordnung behandelt. Ihr Ziel ist der Schutz des einzelnen (Arbeitnehmer) und der Allgemeinheit vor Strahlenschäden an Leben, Gesundheit und Sachgütern. Die einzelnen Schutzvorschriften enthalten u. a. Bestimmungen über

– Kontroll- und Überwachungsbereiche,
– höchstzulässige Dosen für beruflich strahlenexponierte Personen sowie für Personen, die sich gelegentlich in Kontrollbereichen oder dauernd in Überwachungsbereichen aufhalten,
– höchstzulässige Konzentration radioaktiver Stoffe in der Luft von Kontrollbereichen,
– Schutz von Luft, Boden, Wasser,
– Messung der Dosisleistung von Ortsdosen und von Personendosen,
– Feststellung radioaktiver Verunreinigungen und Aufnahmen radioaktiver Stoffe in den menschlichen Körper,
– Beseitigung radioaktiver Abfälle.

Diese Bestimmungen haben für die technische Gestaltung kerntechnischer Anlagen große Bedeutung. Die Einhaltung der höchstzulässigen Dosen und der höchstzulässigen Konzentrationen erfordert spezielle Rückhalteeinrichtungen für radioaktive Stoffe sowie eine Vielzahl von Sicherheitseinrichtungen, die im Normalbetrieb einer Anlage oder bei Störfällen funktionieren müssen.

b) Allgemeine Verwaltungsverfahren

Neben den Vorschriften des Atomgesetzes und der ersten Strahlenschutzverordnung sind bei Atomanlagen weitere öffentlich-rechtliche Vorschriften zu beachten, insbesondere des Baurechts, des Wasserrechts, des Energiewirtschaftsrechts, des Naturschutzrechts, des Immissionsschutz- und Gewerberechts, des Raumordnungsrechts.

b) Zuständigkeiten im atomrechtlichen Genehmigungsverfahren

Im Ausland sind für kerntechnische Anlagen vielfach zentrale Genehmigungsbehörden zuständig, so z. B. in den Vereinigten Staaten (Atomic Energy Commission), in Kanada (Atomic Energy Control Board) oder in Frankreich (Ministère de l'Industrie et de la Recherche). Der Vorteil zentraler Genehmigungsbehörden ist ein übersichtlicheres Verfahren sowie ein einfacherer Informationsfluß, da die Zahl der an einem Verfahren Beteiligten gering bleibt. Als Nachteil wird jedoch vielfach die große Ferne einer zentralen Stelle von lokalen und regionalen Problemen und u. U. eine schwierigere Kontrollierbarkeit angesehen.

Bundesauftragsverwaltung: In der Bundesrepublik wird das Atom- und Strahlenschutzrecht zum großen Teil im Auftrag des Bundes durch die Länder ausgeführt. Die Länder haben ihre zuständigen Behörden selbst bestimmt. Außerdem haben sie eine Reihe von Verwaltungsvorschriften zur Durchführung des Atom- und Strahlenschutzrechts erlassen. Die Verwaltungsvorschriften beruhen auf gemeinsamen Erörterungen der zuständigen obersten Landesbehörden mit dem zuständigen Bundesministerium des Innern.

Die Genehmigung für die Errichtung und den Betrieb von Reaktoren und sonstigen Atomanlagen (nach Paragraph 7 des Atomgesetzes) erteilen die jeweils zuständigen Landesbehörden. Diese sind ebenfalls zuständig für die Durchführung der Aufsicht (Paragraph 19 des Atomgesetzes) sowie für die Genehmigung jeglichen Umgangs mit Kernbrennstoffen (Paragraph 6 und 9 des Atomgesetzes) und sonstigen radioaktiven Stoffen (Paragraph 3 der ersten Strahlenschutzverordnung). Der Bund, vertreten durch den Bundesminister des Innern, übt die Rechts- und Zweckmäßigkeitsaufsicht über die Tätigkeit der Genehmigungs- und Aufsichtsbehörden der Länder aus. Darüber hinaus entwickelt der Bund das Atomgesetz und die Verwaltungsvorschriften weiter und kodifiziert die allgemeinen Sicherheitsanforderungen (Sicherheitskriterien, Richtlinien). Der Bund hat ferner einen Kerntechnischen Ausschuß gegründet, in dem alle betroffenen Gruppen vertreten sind, um gemeinsam sicherheitstechnische Regeln zu erstellen. Im Hinblick auf die Bestrebungen internationaler Organisationen zur Harmonisierung der sicherheitstechnischen Anforderungen an kerntechnische Einrichtungen kommt dieser Tätigkeit erhebliche Bedeutung zu.

2. Internationale Bindungen

Wegen der notwendigen und zwangsläufigen internationalen Zusammenarbeit auf den Gebieten der Wissenschaft und Technik, des Handels und der Industrie, wohl aber auch wegen des die Staatsgrenzen überschreitenden Gefahrenpotentials kerntechnischer Einrichtungen wurde ein Komplex internationalen Rechts geschaffen. Bedeutung hat insbesondere das Recht des Euratom-Vertrags, das zum Teil als unmittelbar verbindliches Recht für die Verwendung der Atomenergie gilt und entsprechende Beachtung erfordert, wie

- Melde- und Auskunftspflichten,
- Überwachungsbefugnisse,
- Patentlizenzen u. a.

Auf die Vorschriften aus dem NV-Vertrag und den internationalen Haftungskonventionen wird an anderer Stelle in diesem Band eingegangen[12]. Daneben existieren eine Reihe von Empfehlungen internationaler Gremien und Organisationen, die zwar nicht unbedingt eine bindende Wirkung haben müssen, die jedoch praktisch von allen für die Sicherheit verantwortlichen nationalen Stellen beachtet werden. Erwähnt seien hier

- die Empfehlungen der Internationalen Strahlenschutzkommission (ICRP),
- die Euratom-Richtlinien zur Festlegung der Grundnormen für den Gesundheitsschutz der Bevölkerung und der Arbeitskräfte gegen die Gefahren ionisierender Strahlen,
- die Strahlenschutznormen der IAEA,
- die Strahlenschutznormen der OECD.

Diese internationalen Verpflichtungen und Empfehlungen tragen zwar zur Anwendung bestimmter einheitlicher Richtlinien bei, entbinden jedoch die nationalen Behörden nicht von ihrer vollen Verantwortung für die Sicherheit kerntechnischer Anlagen und für den Strahlenschutz[13].

IV. Konfliktsituation im internationalen Bereich

1. Allgemeine Ursachen für mögliche Konflikte

Sicherheitsprobleme bei der friedlichen Nutzung der Kernenergie können vielfältige Konfliktsituationen in den Beziehungen der Staaten zueinander heraufbeschwören.

Die Abgabe radioaktiver Substanzen aus kerntechnischen Anlagen führt zu einer weltweiten Konzentration der längerlebigen Stoffe in der Atmosphäre und in den Oberflächengewässern und damit auch in den Nahrungsmitteln. Obgleich diese Konzentrationen heute noch vernachlässigbar klein sind, wird eine intensive Kernenergienutzung diese Konzentrationen merklich erhöhen, wenn in den nächsten Jahrzehnten nicht zusätzliche Rückhalteeinrichtungen zum Einsatz gebracht werden. Damit werden auch die auf Kernenergie nicht

---

[12] Siehe *Boulanger,* ebd.
[13] Siehe in diesem Band Karl *Aurand,* Strahlenschutz als Aufgabe des Umweltschutzes bei der zivilen Nutzung der Kernenergie, S. 283 ff.

oder kaum angewiesenen Staaten gezwungen, die Konsequenzen aus der insbesondere in den Industrieländern angewandten Technologie mitzutragen. Auf der anderen Seite kann es den wenigen Industrieländern nicht gestattet werden, die weltweit zulässigen Maximalkonzentrationen allein auszunutzen.

Gravierender dürfte der Fall sein, daß sich eines Tages in einem beliebigen Land aus Mangel an Erfahrung oder wegen einseitiger wirtschaftlicher Orientierung der kerntechnischen Anlagen ein kerntechnischer Unfall mit großem Schadensausmaß ereignet. Ein solches Ereignis könnte geographisch weitreichende Konsequenzen haben und andere Länder radiologisch in Mitleidenschaft ziehen. Allein die Tatsache eines solchen großen Störfalles würde schon über den Druck der öffentlichen Meinung die weitere Nutzung der Kernenergie in anderen Ländern maßgeblich beeinflussen und u. U. die Energieversorgung gefährden. Mit zynisch klingendem Realismus wird behauptet, daß eine einzige Reaktorkatastrophe zum jetzigen Zeitpunkt die Nutzung der Kernenergie weltweit zurückwerfen würde. In spätestens zehn Jahren jedoch sei die Menschheit in ihrer Energieversorgung so stark von der Kernenergie abhängig, daß ihr trotz eines solchen Ereignisses nichts übrig bliebe, als den eingeschlagenen Weg fortzusetzen.

Jedes Land hat deshalb ein vitales Interesse daran, daß auch die übrigen Länder bei der Nutzung der Kernenergie höchstmögliche Sicherheitsmaßstäbe anlegen. Geringere Sicherheitsanforderungen, andere Methoden oder selbst Informationsbarrieren werden von den Nachbarländern und auch von den räumlich entfernteren Ländern mit Argwohn betrachtet. Dieser Sachverhalt trägt mit dazu bei, daß sich die Sicherheitsanforderungen ständig aufschaukeln. Das durchaus wünschenswerte Streben nationaler Stellen, im konkreten Einzelfall die Sicherheit zu erhöhen, beispielsweise durch den Einsatz zusätzlicher, bisher nicht üblicher Sicherheitseinrichtungen, um damit den Besonderheiten einer Anlage oder ihres Standortes Rechnung zu tragen, führt häufig dazu, daß entsprechende Einrichtungen auch bei allen künftigen Anlagen gefordert werden.

Maßgeblich daran beteiligt sind zweifellos die öffentliche Meinung und die sie mitformenden Bürgerinitiativen und Gruppen von Kernenergiegegnern[14]. Gerade die Kernenergiegegner sind zum Teil international eng verflochten. Sie sorgen dafür, daß geringfügig unterschiedliche Praktiken und diskutierte Probleme aus einem Land rasch in die Genehmigungsverfahren der anderen Länder eingebracht werden. Positive Aspekte dieser Kooperation sind der damit ausgeübte Zwang zu engen Kontakten zwischen den Sicherheitsexperten auf internationaler Basis sowie die Begünstigung für ein international harmonisierendes Sicherheitsverhalten. Diese Aktivitäten können aber auch zu volkswirtschaftlich nachteiligen Überbewertungen mancher Sicherheitsfragen führen.

---

[14] Siehe dazu in diesem Band Peter *Menke-Glückert*, Atomenergie, Umweltschutz und internationale Konflikte – ein Ausblick, S. 300 ff.

Es bleibt als wichtiges Ergebnis festzuhalten, daß es im internationalen Bereich praktisch sehr schwer ist, sich auf einen kleinsten gemeinsamen Nenner hinsichtlich sicherheitstechnischer Forderungen zu einigen. Es muß vielmehr davon ausgegangen werden, daß jeweils das höchste Sicherheitsniveau als Norm gefordert wird, weil neue, zusätzliche Sicherheitsanforderungen in einem Land die anderen Länder – unter dem Druck ihrer kritischen und oft verunsicherten Öffentlichkeit – meist dazu zwingen, ähnlich hohe Sicherheitsanforderungen aufzustellen. Da jeder zusätzliche Sicherheitsaufwand Kosten verursacht, wird damit Druck ausgeübt auf die Wirtschaftlichkeit der Anlagen, auf die Energieversorgung und letzten Endes auf die Wettbewerbsfähigkeit der Industrie. Es ist deshalb einleuchtend, daß Staaten mit einem noch niedrigen Sicherheitsniveau davor zurückschrecken, gemeinsam mit sicherheitsbewußten Staaten im internationalen Kreis an der Harmonisierung der Anforderungen zu arbeiten. Statt dessen werden bilaterale Kontakte vorgezogen, weil diese einen breiteren Verhandlungsspielraum ermöglichen und die Gefahr des Überstimmtwerdens ausschließen. Umgekehrt müssen sehr sicherheitsbewußte Staaten befürchten, daß international akzeptierbare Schutzanforderungen nur unterhalb des von ihnen als unverzichtbar und notwendig erachteten Sicherheitsniveaus zustande kommen. Die verantwortlichen nationalen Sicherheitsbehörden in solchen Staaten könnten derartige Mindestanforderungen im eigenen Lande nicht als ausreichend akzeptieren.

Ein wirtschaftlicher und politischer Druck könnte insbesondere dann spürbar werden, wenn neue, international verbindliche Sicherheitsanforderungen bei zahlreichen, bereits im Betrieb befindlichen oder in der Bauphase weit fortgeschrittenen Anlagen eines weniger sicherheitsbewußten Landes nicht erfüllt wären. Nachträgliche Ertüchtigungen von Anlagen sind sehr kostspielig oder aus technischen und wirtschaftlichen Gründen undurchführbar, so daß daraus starke wirtschaftliche Nachteile, wenn nicht eine Gefährdung der Energieversorgungssicherheit – falls Stillegungen von Anlagen notwendig wären – erwachsen könnten.

Ein weiteres Problem kann die Standortfrage für kerntechnische Anlagen aufwerfen. Scharfe, sicherheitstechnisch restriktive Standortkriterien wird ein Land anstreben, welches genügend günstige – z. B. dünn besiedelte – Standortmöglichkeiten besitzt. In einem anderen Staat – z. B. mit einer sehr dichten Besiedlung – könnten diese restriktiven Standortkriterien dazu führen, daß überhaupt kein geeigneter Standort mehr gefunden werden kann. Unter pragmatischer Betrachtung der sicherheitsmäßigen Bedeutung verschiedener Standorteigenschaften wird ein solches Land deshalb vermutlich weniger strenge Standortkriterien aufstellen und dafür verschärfte technische und organisatorisch-administrative Maßstäbe setzen müssen.

Berücksichtigt man schließlich noch die Tatsache, daß die Sicherheitsbehörden im nationalen Bereich kostenwirksame Sicherheitsforderungen gegen Widerstände seitens der davon betroffenen Energiewirtschaft durchsetzen müssen, so kann dies zu einer Umkehrung der Zielvorstellungen zwischen diesen beiden Gruppen bei internationalen Harmonisierungsbestrebungen führen. Bei internationalen Kontakten in diesem Sektor müssen deshalb auch deren mögliche Auswirkungen im nationalen Bereich beachtet werden, was nicht unbedingt zur Erleichterung dieser Kontakte und zur Vermeidung von Konflikten beiträgt.

Entsprechend den unmittelbaren Berührungspunkten und dem unterschiedlichen Entwicklungsstand der Kerntechnik in den verschiedenen Ländern sind unterschiedliche Konfliktsituationen möglich.

2. Nachbarstaaten

Das Hauptproblem bei Nachbarstaaten ist die Standortwahl für kerntechnische Anlagen im grenznahen Raum. Insbesondere wenn ein Fluß die gemeinsame Grenze bildet, erfordert der Wunsch zur Nutzung des Gewässers für Kühlzwecke eine Abstimmung der gegenseitigen nationalen Planung. Genauso erwarten flußabwärts liegende Länder, daß ein Land am Oberlauf ihre Bedürfnisse respektiert und die Kühlkapazität nicht allein für sich in Anspruch nimmt. Als Beispiel sei der Rhein genannt, bei dem es der Internationalen Kommission zur Reinhaltung des Rheins erst nach langwierigen Verhandlungen gelang, eine Aufteilung der Kühlkapazität auf alle Anliegerstaaten zu erreichen.

Im Prinzip gleich ist die Situation hinsichtlich der Abgabe flüssiger radioaktiver Stoffe an Gewässer oder gasförmiger Aktivitäten an die Luft, die dann in das Gebiet des Nachbarlandes gelangen. Allerdings ist das Problem der radioaktiven Ableitungen aus Reaktoren geringer als das der Abwärme, weil diese Ableitungen im Normalbetrieb sehr gering sind und die zulässigen Konzentrationswerte mehrere Anlagen in einer Region erlauben. Sicherheitstechnische Unterschiede der Anlagen, die einen geringeren Schutz der Umgebung vermuten oder nicht ausschließen lassen, führen dagegen häufiger zu Bedenken und Konflikten. Eine Rolle spielt hier sicherlich auch, daß die Risikobereitschaft stark sinkt, wenn sich die Risikoursache im Nachbarland befindet und damit die u. U. Betroffenen vom wirtschaftlichen Nutzen der Anlage ausgeschlossen sind.

Derartige, die Bundesrepublik betreffende Konfliktfälle gibt es am Hochrhein, wo die Schweiz auf der einen, die Bundesrepublik auf der anderen Flußseite Kernkraftwerke errichten oder planen. Gegenüber Frankreich besteht eine ähnliche Situation hinsichtlich der französischen Kernkraftwerke in Fessenheim (Elsaß) beziehungsweise auf deutscher Seite in Breisach am Kaiserstuhl und in Wyhl. Schließlich bereitet vielen unserer niederländischen Nachbarn die Errichtung des deutsch-belgisch-niederländisch-luxemburgischen Gemeinschaftsprojekts eines schnellen Brutreaktors im deutschen Kalkar am Niederrhein erhebliche Sorgen und veranlaßte die dortigen Behörden, unter dem politischen Druck der Öffentlichkeit ein niederländisches Mitspracherecht über die Entscheidungen der deutschen Behörden zu fordern. Ähnliche Fälle gibt es zwischen vielen anderen Staaten. Interessant sind noch die Proteste in Schweden und Dänemark Ende 1973 bei der geplanten Inbetriebnahme des Kernkraftwerks Lubmin bei Greifswald in der DDR. Selbst die westdeutsche Presse sprach von einer Bedrohung des Bundesgebietes, und der Deutsche Bundestag forderte von der Bundesregierung Auskunft darüber, was sie dagegen zu tun gedenke (Hamburg und Berlin liegen immerhin rund 200 Kilometer von Lubmin entfernt). Ursache für die massiven Bedenken dürfte sein, daß über die konstruktiven und sicherheitstechnischen Details dieser nach russischem Vorbild gebauten Anlage im Westen sehr wenig bekannt ist. Mangel an Information schafft also Mißtrauen und die Möglichkeit zu Konflikten. Ein weiterer Grund dürfte die Tatsache sein, daß Finnland in eine ähnliche russische Anlage zusätzliche amerikanische Sicherheitseinrichtungen einbauen ließ. Dies bekräftigt die Eskalationsthese: Jede zusätzliche Sicherheitsmaßnahme an einer Anlage wird weltweit zur unverzichtbaren Forderung bei allen anderen Anlagen erhoben. Dieses Sicherheitsbedürfnis ist Ausdruck eines Unsicherheitsgefühls in der Öffentlichkeit und schafft insbesondere bei Nachbarstaaten Konfliktsituationen.

3. Industriestaaten

Bei Industriestaaten kommt – unabhängig von eventuellen Nachbarschaftskonflikten – der Wettbewerb auf dem Weltmarkt für den Export kerntechnischer Anlagen und Einrichtungen als Konfliktquelle hinzu. Es ist bisher vermieden worden, mit Sicherheitsargumenten Wettbewerbsvorteile zu erringen, um eine wirtschaftlich nachteilige Sicherheitsspekulation zu vermeiden. Zweifellos spielen aber Sicherheitsüberlegungen eine große Rolle, wenn ein Land, das sich der Kerntechnik zuwendet oder das eine andere Reaktorbaulinie einführen möchte, sich nach potenten Lieferländern umsieht, wie z. B. kürzlich Großbritannien. Exportländer verfolgen deshalb die Entwicklung der Sicherheit in den Konkurrenzländern ständig auf das genaueste. Unnötig empfundene Entwicklungen in Konkurrenzländern werden dabei mit Argwohn verfolgt, weil sie trotzdem einen Zugzwang bei den eigenen Angeboten verursachen. Bei echten sicherheitstechnischen Verbesserungen muß rechtzeitig Gleichwertiges angeboten werden können. Aber auch der inländische Markt ist bei einer intensiven Nutzung der Kernenergie sehr empfindlich auf zusätzliche, kostenwirksame Sicherheitsmaßnahmen, so daß das Bestreben vorherrscht, Änderungen der Sicherheitstechnik, die im Verhältnis zum Sicherheitsgewinn unverhältnismäßig hohe Aufwendungen verursachen, im eigenen Land und in anderen Ländern zu vermeiden. Wirtschaftlich wenig optimale Neuentwicklungen stoßen deshalb in anderen Ländern auf Widerstand, selbst wenn zunächst ein kostenmäßiger Vorteil für den eigenen kerntechnischen Export vermutet werden könnte. Insofern sind Sicherheitsüberlegungen bei der Kerntechnik – gegenüber den marktwirtschaftlichen Aspekten in anderen Bereichen der Technik – eine zusätzliche Komponente.

4. Kerntechnische Entwicklungsländer

Länder, die erst eine eigene Kernenergiewirtschaft aufbauen, sind im allgemeinen auf Importe angewiesen und wollen den Vorsprung anderer Länder möglichst rasch und kostengünstig aufholen. Wegen vorrangiger anderer Bedürfnisse ist die Risikobereitschaft in diesen Ländern höher als in den technisch entwickelten und deshalb umweltbewußten Industriestaaten. Demzufolge ist es denkbar, daß kerntechnische Entwicklungsländer eine auf optimale Sicherheit gerichtete Entwicklung zugunsten eines mehr auf wirtschaftliche Vorteile ausgerichteten Systems ablehnen.

Beim raschen Aufbau einer nationalen Kernenergiewirtschaft leidet gewöhnlich auch die Ausbildung des für Genehmigung, Errichtung, Betrieb und Kontrolle der Anlagen erforderlichen hochqualifizierten Personals. Damit wächst die Gefahr, daß sich in solchen Staaten ein großer nuklearer Unfall ereignen könnte, der andere Staaten mittel- und unmittelbar in Mitleidenschaft ziehen würde.

5. Internationale Organisationen

Die geschilderten möglichen Einzelkonflikte treten im Tätigkeitsbereich internationaler Organisationen in vielfältiger Form und Mischung auf. Je größer und heterogener die Zusammensetzung der Organisationen ist, desto schwieriger ist die Lösung der einzelnen Interessenkonflikte.

Zusätzliche Konfliktsituationen können aus dem Mandat einer Organisation erwachsen, wenn beispielsweise eine internationale Organisation Angelegenheiten der Kernenergie verbindlich zu regeln versucht und damit in den unmittelbaren Verantwortungsbereich nationaler Behörden eingreift. Schließlich ist bei Interessenkonflikten zu befürchten, daß Einzelstaaten oder Interessengruppen internationale Organisationen dazu benutzen könnten, um ihre eigenen Ziele unter dem Deckmantel der internationalen Zusammenarbeit durchzusetzen[15].

V. Die besondere Problematik bei der Brennelementaufarbeitung, beim Wastemanagement und beim Transport hochradioaktiver Stoffe

Die Tatsache, daß bei der Entsorgung vieler Kernkraftwerke insbesondere abgebrannter, hochradioaktiver Kernbrennstoff zur Aufarbeitung und zur Abfallbehandlung, einschließlich der Abfallbeseitigung, an eine andere Stelle transportiert wird, kann zu internationalen Konflikten führen, vor allem dann, wenn dieser Standort grenznah oder sogar in einem anderen Land liegt als die

---

[15] Zu der Arbeit internationaler Organisationen siehe in diesem Band den Beitrag von Beate *Lindemann*, Kernenergie und internationale Organisationen, S. 419 ff.

zu entsorgende Anlage. Für die internationalen Organisationen ergibt sich gerade hier ein interessantes, wenn auch nicht einfaches Betätigungsfeld.

1. Brennelementaufarbeitung

Eine wirtschaftlich arbeitende Wiederaufarbeitungsanlage muß jährlich abgebrannten Kernbrennstoff in der Größenordnung 1500 t (1500-jato-Anlage) durchsetzen, d. h. etwa 50 Leichtwasserreaktorgroßkraftwerke (je 1000 MW) entsorgen. Eine solche Wiederaufarbeitungsanlage stellt somit eine Konzentration des radiologischen Gefährdungspotentials dar, insbesondere dadurch, daß hier die bisher noch intakten Barrieren für die Radionuklide während des Prozesses zerstört werden[16] und dabei flüchtige Radioisotope (insbesondere Krypton, Jod und Tritium) freigesetzt werden, die nur bedingt zurückgehalten werden können.

Es ist deshalb verständlich, daß gerade solche Anlagen mit den dort anfallenden und gegebenenfalls auch dort verbleibenden hochaktiven Abfällen von der Öffentlichkeit argwöhnisch betrachtet werden. Besonders problematisch wird es, wenn aufzuarbeitendes Material nicht einmal aus dem eigenen Land, sondern aus dem Ausland stammt. Gerade diese Situation ist in der Anfangsphase zu erwarten, wenn eine aus Wirtschaftlichkeitsüberlegungen notwendigerweise große Wiederaufarbeitungsanlage zum Teil auch ausländische Aufträge zur Auslastung entgegennehmen muß. Hier besteht die Möglichkeit eines Konfliktes infolge Polarisation von »Nutzen dort« und »Risiko hier«.

Im Rahmen der United Reprocessors GmbH (URG: gemeinsames Unternehmen der British Nuclear Fuels Limited – BNFL, des französischen Commissariat à l'Energie Atomique – CEA und der deutschen Kernbrennstoff-Wiederaufarbeitungs-GmbH – KEWA) ist z. B. vereinbart, daß infolge des zunächst noch fehlenden Marktes der Ausbau der Wiederaufarbeitungskapazität koordiniert erfolgt. Dabei sollen erst die vorhandene britische, später auch die französische Anlagenkapazität aufgestockt und dem Marktbedarf angepaßt werden. Der Bau einer dritten Großanlage (die sog. 1500-jato-KEWA-Anlage) soll dann Mitte der achtziger Jahre in der Bundesrepublik folgen. Die Vereinbarung der URG beinhaltet u. a., daß die radioaktiven Aufarbeitungsabfälle jeweils bei der Aufarbeitungsanlage oder zumindest in deren näherer Umgebung verbleiben sollen. D. h. beispielsweise: Radioaktive Abfälle aus der Aufarbeitung deutschen Kernbrennstoffes in Großbritannien oder später auch in Frankreich werden nicht in die Bundesrepublik zurücktransportiert werden. Ebenso wird derjenige radioaktive Abfall, der in den späten achtziger Jahren bei der Aufarbeitung von ausländischem Kernbrennstoff in der deutschen Großanlage anfallen wird, dort verbleiben bzw. von dort aus beseitigt werden.

---

[16] Siehe Graphik im Anhang II., S. 266.

Für eine gewisse Zeit wird man also mit einer solchen internationalen Koordination und Aufgabenteilung leben müssen. Langfristig kann aber davon ausgegangen werden, daß alle Kernenergieländer, zumindest regionale Bereiche, jeweils ihre eigene Entsorgungskapazität haben müssen und haben werden.

2. Wastemanagement

Die Art und Weise sowie die Zeitfolge der Verfahrensschritte bei der Behandlung und Beseitigung radioaktiver Abfälle hängen von Land zu Land von den dort jeweils gegebenen Verhältnissen und Strategievorstellungen ab. Wesentlichen Einfluß haben dabei die Kernkraftwerkstypen und die Methoden zur Beseitigung der hochradioaktiven Abfälle. Hier sei nur erwähnt, daß in manchen Ländern eine sofortige Verfestigung, in anderen eine über Jahrzehnte dauernde Flüssiglagerung beabsichtigt ist.

Derart unterschiedliche Praktiken geben Anlaß zu der Frage, welche Methode die sicherste ist und ob die im eigenen Lande gewählte Methode gerade die optimale ist. Es könnte auch zu schwerwiegenden Konflikten führen, wenn eine spezifische, für ein Land optimale Lösung von anderen Staaten übernommen, dort aber aufgrund andersartiger Gegebenheiten keineswegs optimal sein würde. Es könnte deshalb eine wichtige und wünschenswerte Aufgabe internationaler Organisationen sein, die verschiedenen Anstrengungen in einem Gesamtprogramm zusammenzufassen und dafür Sorge zu tragen, daß mehrere Verfahren bis zu einem vergleichbaren Stand entwickelt werden, um dann eine abgewogene Entscheidung zur Auswahl optimaler Verfahren und Methoden treffen zu können.

Ein Problem von internationaler Bedeutung stellt die Versenkung schwachradioaktiver Abfälle ins tiefe Meer, d. h. in internationale Gewässer dar. Die national zum Teil sehr verschiedenen Einstellungen zu diesem Verfahren reichen von Befürwortung bis zu strikter Ablehnung. Küstenstaaten ohne entwickelte Kernenergienutzung (z. B. Portugal oder Island) lehnen die Versenkung radioaktiver Abfälle im Nordostatlantik eher ab als solche Staaten, die größere Kernenergieanlagen an der Küste haben mit zum Teil Ableitung radioaktiver Abwässer in die Küstengewässer.

Gerade auf dem Gebiet der Versenkung radioaktiver Abfälle ins Meer liegen große Möglichkeiten und Verantwortlichkeiten internationaler Organisationen. Seit vielen Jahren hat sich die heutige Kernenergie-Agentur (NEA) der OECD dieser Problematik angenommen. Seit 1967 organisiert und überwacht sie wiederholt derartige Versenkungsaktionen. Mit Hilfe dieser übernationalen Durchführung, die insbesondere den Ländern, die keine radioaktiven Abfälle versenken, Gelegenheit gegeben hat, die Versenkungsaktionen kritisch zu beobachten, wurde die erfolgreiche Erprobung der Beseitigungsmethode ermöglicht.

3. Transport hochradioaktiver Stoffe

Plutonium und hochradioaktive Stoffe wie abgebrannte Kernbrennstoffe und radioaktive Abfälle stellen ein besonderes radiologisches Gefährdungspotential bei jeder Handhabung und beim Transport dieses Materials dar. Bei dem zu bewältigenden Transportaufkommen können Konfliktsituationen entstehen, insbesondere dann, wenn solche Transporte grenzüberschreitend oder grenznah oder in internationalen Gewässern erfolgen. Beispielsweise kann die Versorgung mit Kernbrennstoff und die Rücknahme abgebrannter Brennelemente für die Wiederaufarbeitung und/oder die Endlagerung von radioaktiven Abfällen kleinerer Länder ohne eigene Anlagen häufige Transporte auch durch Drittländer erfordern, die das daraus erwachsende Transportrisiko zu tragen haben. Falls ein solches Land den Transitverkehr dieser Stoffe plötzlich untersagen würde – was bei einem größeren Transportunfall unter dem Druck der öffentlichen Meinung denkbar wäre –, könnte der Kernbrennstoffkreislauf des Landes gefährdet sein, das auf diesen Transportweg angewiesen ist. Bereits kleinere Transportunfälle – z. B. am 4. April 1974: Bestrahlung von Flugzeugpassagieren in den Vereinigten Staaten durch eine mangelhaft abgeschirmte Iridiumquelle – stoßen auf das breite Interesse der Öffentlichkeit und führen auch in anderen Staaten zu angeregten Debatten über die Notwendigkeit, die Transportvorschriften zu verschärfen. Wenngleich internationale Rahmenvorschriften[17], z. B. der IAEA, bestehen, so sind doch ergänzend dazu die jeweils nationalen oder regionalen Vorschriften zu beachten. Das gilt auch bezüglich der zu verwendenden Schutz- und Transportbehälter.

Bei grenzüberschreitenden Transporten können sich auch besondere Probleme ergeben, wie z. B. die Gewährleistung der Sicherung des radioaktiven Materials gegen Entwendung oder Gefährdung von außen während häufiger und längerfristiger Transportunterbrechungen. Eine internationale oder zumindest überregionale Vereinheitlichung der Anforderungen könnte auf diesem Gebiet wesentliche Vereinfachungen und dadurch eine zügigere und risikoärmere Abwicklung ermöglichen.

VI. Ausblick auf konfliktlösende Massnahmen im internationalen Bereich

Konfliktlösende Maßnahmen im internationalen Bereich sollen sich an dem Ziel orientieren, die Sicherheit bei der friedlichen Nutzung der Kernenergie zu erhöhen, unökonomische Lösungen zu vermeiden, unterschiedliche Sicherheits- und Schutzmaßstäbe abzubauen und schließlich dazu beizutragen, daß die friedliche Kernenergienutzung von der Öffentlichkeit akzeptiert wird. Je nach der Problemlage sind bilaterale oder multilaterale Kontakte zweckmäßiger.

---

[17] Siehe dazu *Boulanger* (Anm. 1), S. 278.

Die Grundvoraussetzung für die Beseitigung von Konflikten ist ein Höchstmaß an Information. Es sollte deshalb jede Gelegenheit genutzt werden, um Informationen über sicherheitstechnische Angelegenheiten bereitzustellen, aufzubereiten und weiterzugeben. Im Bereich der ausschließlich sicherheits- und strahlenschutzorientierten Beseitigung radioaktiver Abfälle (hier sind keine wirtschaftlichen Gewinne zu erwarten und deshalb keine kommerziellen Interessen im Spiel) bieten sich große Möglichkeiten für eine internationale Zusammenarbeit, vor allem im Rahmen der internationalen Organisationen.

Die gegenwärtig noch bestehenden nationalen Unterschiede zwischen den sicherheitstechnischen Anforderungen müssen langsam abgebaut werden. Freizügige Informationen über die Ursachen, die zu konkreten Forderungen in einzelnen Ländern führen, tragen dazu bei, daß die verantwortlichen Stellen in anderen Ländern begründete Forderungen aufgreifen und übernehmen, oder aber daß übertriebene und ungerechtfertigte Forderungen abgelehnt werden.

In der Europäischen Gemeinschaft wurde Ende 1973 eine Arbeitsgruppe gebildet, die sich mit der Angleichung der verschiedenen nationalen Standpunkte durch Informationen über Methoden der Sicherheitsanalyse und über Kriterien, Codes und Standards für Kernkraftwerke mit Leichtwasserreaktoren befaßt. Die IAEA verfolgt seit Frühjahr 1974 ein Projekt »Aufstellung sicherheitstechnischer Regeln für Kernkraftwerke«, mit dem ursprünglich ein vollständiger Satz international akzeptierbarer Grundanforderungen angestrebt wurde. Auf Beschluß des Gouverneursrates der IAEA vom Juni 1974 sollen im Rahmen dieses Projektes jedoch vorerst nur – soweit wie möglich und notwendig – Empfehlungen entwickelt werden. Es ist vorgesehen, der Arbeit in größtmöglichem Umfang Dokumente und Erfahrungen aus nationalen Systemen zugrunde zu legen. Die Entwürfe der IAEA-Regeln und -Richtlinien für Kernkraftwerke werden dementsprechend auf repräsentativen Zusammenstellungen verschiedener nationaler Regeln, Richtlinien und Praktiken aufbauen. Die NEA der OECD wirkt in ihren beiden Ausschüssen »Committee on the Safety of Nuclear Installations« und »Committee on Radiation Protection and Public Health« darauf hin, die sicherheitstechnischen Anforderungen an kerntechnische Anlagen und den Strahlenschutz in den OECD-Mitgliedstaaten zu harmonisieren.

Langfristig werden die internationalen Organisationen eine Harmonisierung der sicherheitstechnischen Anforderungen fördern. Da die Verantwortung für die Sicherheit jedoch bei den nationalen Behörden liegt, sind der Harmonisierung der Anforderungen enge Grenzen gesetzt, es sei denn, eine Übereinkunft auf dem jeweilig höchsten Sicherheitsniveau wäre realisierbar. Darüber hinaus erscheint es praktikabel, Sicherheitsanforderungen, über die in den kerntechnischen Ländern Übereinstimmung herrscht, zusammenzutragen, um damit den kerntechnischen Entwicklungsländern eine Anleitung zu vermitteln und ihnen bei der Vermeidung von Fehlern zu helfen.

Internationale Vereinbarungen erscheinen insbesondere bei ortsveränderlichen kerntechnischen Anlagen wie Reaktorschiffen von Bedeutung. In der heutigen Praxis muß das Heimatland eines nuklear angetriebenen Handelsschiffes – derzeit hat lediglich die Bundesrepublik Deutschland ein solches Schiff im Einsatz – mit jedem einzelnen Land, in dem Häfen angelaufen werden sollen, langwierige Verhandlungen führen und Verträge abschließen. Die durch die Verteuerung des Öls ausgelösten wirtschaftlichen Impulse zum verstärkten Bau derartiger Schiffe machen die Erleichterung des Abschlusses der internationalen Verträge erforderlich.

Ein weiteres Betätigungsfeld bietet sich im Bereich der international einheitlich zu regelnden Vorsorge für Störfälle an kerntechnischen Anlagen, wie z. B. Haftungsfragen und Katastrophenabwehrplanungen. Wegen der u. U. weitreichenden Auswirkungen nuklearer Katastrophen steht ein zentral gelegenes Land wie die Bundesrepublik Deutschland vor der Schwierigkeit, entsprechende Verhandlungen getrennt mit seinen zahlreichen Nachbarstaaten führen zu müssen. Die Behandlung der Probleme, die durch die bilateralen Gespräche mit den sozialistischen Nachbarstaaten noch erschwert wird, würde durch eine internationale Regelung erheblich erleichtert werden.

Ein besonderes Kapitel ist schließlich die Frage, in welchem Umfang kerntechnische Anlagen wegen ihres besonderen Gefahrenpotentials vor kriegerischen Einwirkungen zu schützen sind. Bei allen Zweifeln an der Wirksamkeit internationaler Schutzkonventionen sollte eine internationale Organisation wie die IAEA, in der Staaten aus Ost und West sowie aus der Dritten Welt seit Jahren zusammenarbeiten, dieses Thema aufgreifen.

In den Arbeitsbereich der Europäischen Gemeinschaft zielt der Vorschlag, im Rahmen einer langfristigen europäischen Energiepolitik die Standortwahl für Kernkraftwerke in den Gemeinschaftsländern aufeinander abzustimmen. Angesichts der wenigen günstigen Standortmöglichkeiten in der dichtbesiedelten Bundesrepublik Deutschland kommen häufig Vorschläge – auch aus den Reihen der Parlamentarier –, daß Standorte in günstigeren Küstenregionen, beispielsweise in Norwegen, Großbritannien oder Frankreich, anzustreben sind. Umgekehrt betrachten viele die Planung von Kernkraftwerkstandorten im Nachbarland mit Sorge und Argwohn, insbesondere, weil derartige Planungen in der Regel zur Vermeidung von Spekulationen erst bekanntgegeben werden, wenn ein Standort bereits fest beschlossen ist. Besonders ausgeprägt ist das am Hoch- und Oberrhein, wo die betroffenen Kreise in Frankreich, der Schweiz und der Bundesrepublik eine Kollision der jeweilig voneinander unabhängigen nationalen Planungen befürchten.

Ein breites Feld für internationale Maßnahmen bietet die Förderung der Zusammenarbeit von Staaten bei der Fortentwicklung der Sicherheit. Eine komplexe Technologie wie die Kerntechnik stellt an Forschung und Entwicklung in sicherheitstechnischer Hinsicht hohe qualitative und finanzielle Anforderungen. Hier kann internationale Zusammenarbeit durch Arbeitsteilung raschere Fortschritte und bessere Ergebnisse ermöglichen als nationale Anstrengungen. Allerdings wird wegen der Erfordernis eines ausgeglichenen Gebens und Nehmens das auch weiterhin ein bevorzugtes Gebiet der bilateralen Zusammenarbeit sein.

Es ist zu hoffen, daß sich die Einsicht in die volkswirtschaftlichen Vorteile, die eine Zusammenarbeit mit sich bringt, durchsetzt. Nachdem eine gemeinsame Leichtwasserreaktortechnologie wegen unterschiedlicher und teilweise bereits zu weit fortgeschrittener nationaler Technologien nicht zustande kam und sich die Europäische Gemeinschaft nun den Luxus leistet, daß sowohl Frankreich als auch Großbritannien und die Bundesrepublik unabhängig voneinander eine eigene und sehr kostspielige Entwicklung von schnellen Brutreaktoren betreiben, bietet sich für die Zukunft ein breites Aufgabenfeld für erforderliche Harmonisierungen im industriellen Bereich, für den Sicherheitsfragen richtungsweisend sein können.

Ein wichtiges Feld für die internationale Zusammenarbeit sollte die Ausbildung des Betriebspersonals kerntechnischer Anlagen sein. Trotz der Automatisierung der Anlagen sind die Sachkenntnis und der Überblick des Menschen gerade in Störfallsituationen von größter Bedeutung für die Sicherheit des Betriebes kerntechnischer Anlagen. Entwicklungsländer bedürfen gerade hier der Unterstützung durch die fortgeschrittenen Staaten.

Ein weiteres lohnendes Gebiet für die internationale Zusammenarbeit wäre schließlich die Erarbeitung von Teilbereichen im Rahmen einer quantifizierten Risikostrategie. Sie sollte das Ziel verfolgen, ein allgemein akzeptierbares Risiko für die einzelnen Anwendungsgebiete der Kernenergienutzung zu finden. Damit wird es möglich sein, die heute noch innerhalb eines breiten Ermessensspielraumes zu entscheidenden Sicherheitsfragen durch die nationalen Behörden zahlenmäßig zu bewerten und zu vergleichen. Bei genauer Kenntnis und Nachvollziehbarkeit der tatsächlichen Risiken wäre es möglich, den heute oft festzustellenden Zwang zu einem Konformismus in sicherheitstechnischen Einzelheiten aufzugeben und wie in anderen Gebieten der Technik Alternativen in der Lösung von Sicherheitsfragen zuzulassen, sofern das verbleibende Risiko bestimmte Grenzen nicht überschreitet. Dies wäre sicher die dauerhafteste Art, Konflikte zu vermeiden, sowohl im nationalen wie im internationalen Bereich.

Anhang I: Aktivität und Nachwärme in abgebrannten Brennelementen (30 000 MWd/t) bzw. nach der Aufarbeitung im hochaktiven Abfall

Wastemanagementschritt*)	nach Brennelement-entnahme [d]	nach Brennelement-wiederauf-arbeitung [a]	Aktivität [Ci/t]	Nachwärme [W/t]	Typ		
					α	β	γ
Brennelemententnahme aus dem Reaktor	0		$1,8 \cdot 10^8$	$1,6 \cdot 10^6$	x	x	x
Transportkernkraftwerk → Wiederaufarbeitungsanlage	90		$7,4 \cdot 10^6$	$4,5 \cdot 10^4$	x	x	x
Brennelement-aufarbeitung → Prozeßabfälle[1])	150 →	0	$1,0 \cdot 10^4$	—	[1])	x	x
→ Hüllen			$2,0 \cdot 10^4$	$1,6 \cdot 10^2$		x	x
→ Refabrikation[2])			$6,3 \cdot 10^5$	$7,0 \cdot 10^2$	x	x	x
→ Spaltprodukte			$4,9 \cdot 10^6$	$3,5 \cdot 10^4$		x	x
SpP-HLW-Verfestigung		3	$8,1 \cdot 10^5$	$7,4 \cdot 10^3$	x	x	x
SpP-HLW-Sicherstellung		10	$3,6 \cdot 10^5$	$4,2 \cdot 10^3$	x	x	x
SpP-HLW-Endlagerung		100	$3,7 \cdot 10^4$	$3,0 \cdot 10^1$	x	x	x

*) nach derzeitigen Vorstellungen der USAEC
[1]) im wesentlichen Kr 85 und Tritium im Abgas
[2]) im wesentlichen Pu 238 (α-Strahler) und Pu 241 (β-Strahler)

Anhang II: Beim Wastemanagement zu beherrschende Aktivität und Zerfallswärme

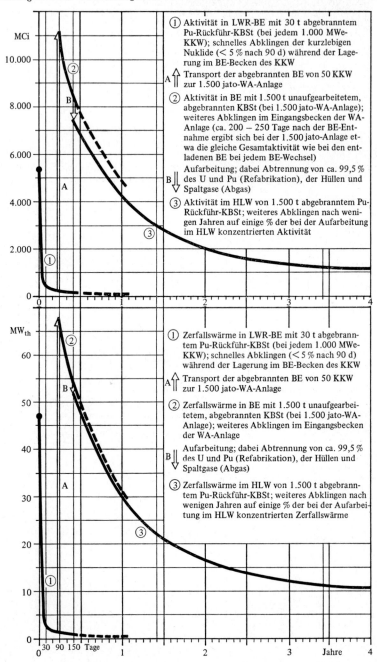

DIE SICHERHEIT KERNTECHNISCHER EINRICHTUNGEN ALS KONFLIKTQUELLE 267

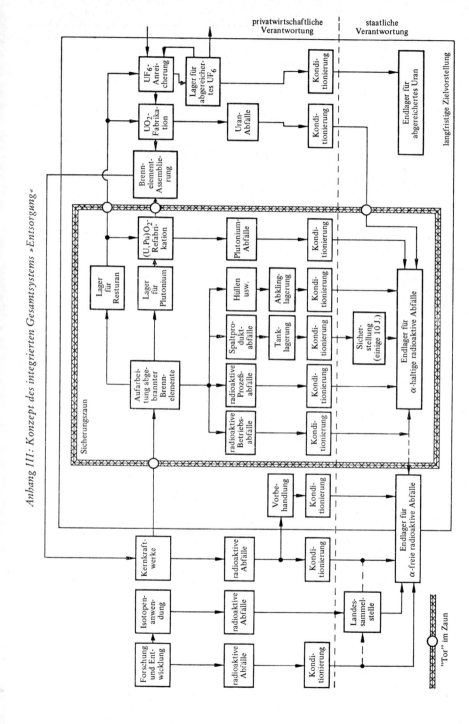

Anhang III: Konzept des integrierten Gesamtsystems »Entsorgung«

Literatur

Blomeke, J. O. u. a.: Projections of Radioactive Wastes to be Generated by the US Nuclear Power Industry. ORNL-TM-3965. 1974. (Detailangaben über Aktivitätsinventar und Gefährdungspotential.)

Fischerhof, H.: Atomgesetz mit Verordnungen. Baden-Baden 1973.

Lindackers, Karl-Heinz u. a.: Kernenergie. Nutzen und Risiko. Stuttgart 1970.

Krause, H.: Die Lagerung radioaktiver Abfälle. In: *Naturwissenschaften,* Nr. 59/1972, S. 412–417.

Franzen, L. F.: Zum Problem der Reaktorsicherheit und des Strahlenschutzes. Vortrag anläßlich der Vorstandssitzung der Schutzgemeinschaft Nordseeküste e. V., Cuxhaven, 26. 11. 1973.

Schmidt-Küster, Wolf-J.: Das Entsorgungssystem im nuklearen Brennstoffkreislauf. In: *Atomwirtschaft,* Nr. 19/1974, S. 340–345.

Schnurer, Helmut: Das atomrechtliche Genehmigungsverfahren in der Bundesrepublik Deutschland. DAtF-Sonderdruck 1974.

Schwibach, Jakob u. a.: Kernenergie und Bevölkerungsschutz. In: *Bundesgesundheitsblatt,* Nr. 16/1973.

Vinck, W. u. a.: Stand und Entwicklung der Kernenergie, nukleare Stromerzeugung und zugehörige Industrie; Normalbetrieb, Unfallverhütung und Begrenzung möglicher Unfallfolgen. Vergleichende Beurteilung von Risiken. EG-Kommission – 2438/1III/72 D. 1972.

Willrich, Mason und Theodore B. *Taylor:* Nuclear Theft: Risks and Safeguards. Cambridge, Mass., 1974.

Umweltradioaktivität und Strahlenbelastung. Jahresbericht 1972. BMI 1973.

Projektgruppenbericht »Umwelt und Energie«. BMI 1974.

Überblick über die Probleme der hochradioaktiven Abfälle mit langen Halbwertszeiten in der Europäischen Gemeinschaft. EG-Kommission – III/2468/1/73 D. 1973.

Zur Sicherheit der Endlagerung radioaktiver Abfälle im Salzbergwerk Asse. Ges. für Strahlen- und Umweltforschung (Hrsg.). 1973.

Nuclear Power and the Environment. American Nuclear Society. 1974.

Technischer und wirtschaftlicher Stand sowie Aussichten der Kernenergie in der Kraftwirtschaft der BRD. Teil IV: Kernenergie und Umwelt. JÜL-929-HT-WT/KFK-1366. 1973.

Radioactive Waste Management Practices in Western Europe. OECD-NEA 1971.

Management of Radioactive Wastes from Fuel Reprocessing. Proceedings of Joint OECD-NEA/IAEA-Symposium. OECD-NEA 1973.

Siting of Fuel Reprocessing Plants and Waste Management Facilities. ORNL-4451. 1970.

Environmental Survey of the Nuclear Fuel Cycle. USAEC 1972.

Environmental Survey of Transportation of Radioactive Materials to and from Nuclear Power Plants. USAEC-WASH-1238. 1972.

The Safety of Nuclear Power Reactors and Related Facilities. USAEC-WASH-1250. 1973.

Everything you always wanted to know about Shipping high-level Nuclear Wastes. USAEC-WASH-1264. 1973.

Radioactive Waste Management Alternatives. USAEC-WASH-1297. 1974.

Generic Environmental Statement. Mixed Oxide Fuel (GESMO) Recycle Plutonium in Light Water-Cooled Reactors. USAEC-WASH-1327. 1974 (Draft).

HAFTUNG FÜR NUKLEARE SCHÄDEN

Werner Boulanger

I. Einige Grundprobleme

Die riesige pilzförmige Wolke, die nach der Detonation der ersten Atombombe im August 1945 den Himmel über der Stadt Hiroshima und ihren Opfern bedeckte, wurde zum optischen Symbol der zerstörerischen Seite des soeben begonnenen »Atomzeitalters«. Sie überschattete auch noch zehn Jahre danach die friedliche Entwicklung der Kernenergie, als diese, ausgehend von der ersten Genfer Konferenz für die friedliche Nutzung der Kernenergie, auch in solchen Ländern ihren Anfang nahm, die nicht zu den ursprünglichen Atommächten gehörten.

Die Mehrzahl der Sachverständigen war sich damals zwar darin einig, daß der Eintritt technischer Schäden beim Betrieb von Forschungs-, Versuchs- und Leistungsreaktoren wegen der umfassenden technischen Sicherheitsmaßnahmen höchst unwahrscheinlich sei. Ebenso bestand aber auch Einigkeit darüber, daß bei einem eventuellen Unglücksfall im Zusammenhang mit dem Betrieb eines Reaktors die daraus resultierenden Schäden ein großes, wenn nicht gar katastrophales Ausmaß annehmen könnten. Neben den technischen Sicherheitsmaßnahmen mußten deshalb auch rechtliche Vorkehrungen getroffen werden. Es mußte sichergestellt werden, daß solche Schäden, so unwahrscheinlich sie waren, in einem einfachen Verfahren rasch geregelt werden konnten und daß die erforderliche finanzielle Deckung dafür bereitstand. Das stellte nicht nur die nationalen Gesetzgeber, sondern auch die neugeschaffenen internationalen Organisationen auf dem Gebiet der Kernenergie vor bis dahin ungekannte Aufgaben. Man mußte davon ausgehen, daß die katastrophalen Schäden nationale Grenzen, insbesondere auf dem engen Gebiet Europas, überschreiten würden. Außerdem bestand besonders in den Anfangsjahren eine enge internationale Verflechtung der nuklearen Industrien. Bei der Lieferung von Reaktoren oder wesentlicher Teile derselben sowie bei der internationalen Versorgung mit Kernbrennstoffen und Brennelementen erhob sich auch die Frage nach dem Ersatz für Schäden, die im Zuge dieses internationalen Austausches von den Herstellern oder Zulieferern verursacht würden.

Es stellte sich also die Aufgabe, einerseits für einen ausreichenden Schutz eventueller Opfer Vorkehrung zu treffen. Andererseits galt es zu verhindern, daß durch Häufung von Anspruchsmöglichkeiten – und die dagegen einzugehenden Versicherungen – ein »Kumulieren« von Versicherungskosten entstehen würde, die die junge Kernindustrie mit wirtschaftlich unzumutbaren Lasten belegt hätten.

II. Internationale Haftungsübereinkommen

1. Das »Pariser Übereinkommen« über die Haftung gegenüber Dritten auf dem Gebiet der Kernenergie vom 29. Juli 1960 in der Fassung des Zusatzprotokolls vom 28. Januar 1964

Im Rahmen der neugegründeten Europäischen Kernenergie-Agentur (ENEA) der OEEC beschäftigte sich alsbald nach ihrer Gründung am 1. Februar 1958 eine Gruppe von Regierungsexperten mit der Ausarbeitung einer Atomhaftungskonvention. Sie klärte zunächst die Definition und Grundsatzfragen in einer Weise, die zum Vorbild für spätere Übereinkommen auf diesem Gebiet und damit auch für eine Reihe von nationalen Gesetzen wurde.

Das Abkommen regelt die Haftung für nukleare Ereignisse (Unfälle), die sich in einer Kernanlage oder im Zusammenhang mit dem Betrieb einer solchen (Abfallbeseitigung, Transport) ereignen. Es erstreckt sich also nicht auf alle durch Radioaktivität verursachten Schäden, sondern nur auf Ereignisse, die sich in oder im Zusammenhang mit einer Kernanlage ereignen, deren Betrieb eine außerordentliche Gefährdung hervorrufen kann. Zentrale Begriffe des Abkommens sind daher der »Kernunfall« (nuclear incident) und die »Kernanlage« (nuclear installation). Der nukleare Schaden muß von der Radioaktivität oder einer Verbindung der Radioaktivität mit giftigen, explosiven oder sonstigen gefährlichen Eigenschaften von Kernbrennstoffen, radioaktiven Erzeugnissen oder Abfällen der Kernanlage herrühren. Für solchen Schaden ist der Inhaber (operator) der Anlage absolut und ausschließlich haftbar, ohne Nachweis des Verschuldens. Die Haftung ist, wie der Fachausdruck lautet, auf den Inhaber der Anlage »rechtlich kanalisiert«. Das bedeutet, daß Ansprüche auch z. B. aus Deliktshaftung gegen andere Personen, wie Hersteller, Zulieferer oder Mitarbeiter, ausgeschlossen sind. Damit ist ein großer Vorteil für das etwaige Opfer verbunden. Es muß nicht erst in einem langfristigen und unter Umständen kostspieligen Verfahren die Person des Haftpflichtigen feststellen und diesem sein Verschulden nachweisen, was ihm bei der technischen Kompliziertheit der Materie fast unmöglich sein dürfte. Vielmehr kann der Geschädigte sofort und ohne nähere Prüfung gegen den Inhaber der Anlage vorgehen. Ihm braucht nur die Verursachung des Schadens nachgewiesen zu werden.

Dieser strikten Haftung des Inhabers steht gewissermaßen als Äquivalent eine Begrenzung der Ansprüche nach Zeit und Umfang gegenüber. Die Verjährungsfrist beträgt im Prinzip zehn Jahre, gerechnet vom Tag des nuklearen Ereignisses. Der Höhe nach ist die Schadensersatzverpflichtung im Grundsatz auf

15 Mio. Rechnungseinheiten begrenzt. Nationale Gesetzgebung kann diese Höchstgrenze herabsetzen, jedoch nicht unter fünf Mio. Rechnungseinheiten.

Der Inhaber der Anlage ist verpflichtet, seine Haftung durch Versicherung oder andere finanzielle Sicherheit zu decken. Art und Bedingungen der Versicherung oder der sonstigen Garantie bestimmt der Vertragsstaat. Dieser ist für die Einhaltung der dem Inhaber der Kernanlage auferlegten Verpflichtung verantwortlich. Mit anderen Worten: Bei Ausfall der Versicherung oder sonstiger finanzieller Sicherheit hat der Staat für Deckung der Ansprüche eventueller Opfer zu sorgen. Eine besonders wichtige Vorschrift des Übereinkommens bestimmt, daß für die Geltendmachung von Schadensersatzansprüchen ausschließlich das Gericht der Vertragspartei zuständig ist, in deren Hoheitsgebiet sich der Kernunfall ereignet. Diese Zentralisierung der Schadensersatzansprüche ermöglicht die gerechte Verteilung des Haftpflichthöchstbetrages, vermeidet die Gefahr einer Überschreitung der Haftungsbegrenzung und gewährleistet eine gleiche rechtliche Behandlung aller eventuell Geschädigten ohne Rücksicht darauf, auf welcher Seite einer Grenze der Schaden eintritt. Die rechtskräftigen Urteile des zuständigen Gerichts sind in allen anderen Vertragsstaaten ohne nochmalige Überprüfung in der Sache vollstreckbar.

Das Übereinkommen wurde mit Datum vom 29. Juli 1960 von folgenden Staaten gezeichnet: Belgien, Dänemark, Bundesrepublik Deutschland, Frankreich, Griechenland, Italien, Luxemburg, Niederlande, Norwegen, Österreich, Portugal, Schweden, Schweiz, Spanien, Türkei, Vereinigtes Königreich von Großbritannien und Nordirland. Durch ein Zusatzprotokoll vom 28. Januar 1964 wurde das Übereinkommen textlich geringfügig in der Weise geändert, daß teilnehmende Regierungen es gleichzeitig oder neben dem Wiener Übereinkommen über die Haftung für nukleare Schäden vom 21. Mai 1963 ratifizieren können.

2. Das »Brüsseler Zusatzübereinkommen« vom 31. Januar 1963
(in der Fassung vom 28. Januar 1964) zum Pariser Übereinkommen

Schon während der Aushandlung des Pariser Übereinkommens war im Kreise der Haftungsexperten der OEEC-Mitgliedsregierungen die Auffassung vertreten worden, die vorgesehene Haftungshöchstgrenze von 15 Mio. Rechnungseinheiten könnte u. U. im Falle eines katastrophalen Schadens keineswegs zur angemessenen Deckung aller Schäden ausreichen. Mit Rücksicht auf die industriell und finanziell weniger entwickelten Mitgliedstaaten wurde jedoch von einer Aufstockung dieses Betrags zunächst abgesehen. Nach Unterzeichnung des Pariser Übereinkommens nahmen diesbezügliche Verhandlungen jedoch, diesmal unter der Ägide der Europäischen Atomgemeinschaft (Euratom) und unter Beteiligung britischer Regierungsvertreter, ihren Fortgang. Sie führten im Januar 1963 zum Abschluß des »Brüsseler Zusatzübereinkommens« zum Pariser Übereinkommen.

Darin wurde für die teilnehmenden Staaten eine Deckungshöchstsumme von 120 Mio. Rechnungseinheiten je Schadensereignis festgelegt. Sie ist in drei Tranchen aufzubringen: Die Entschädigung bis zu der national festgesetzten Höhe, mindestens bis zu 5 Mio. Rechnungseinheiten, ist durch Versicherung oder sonstige finanzielle Garantie zu decken, die der Inhaber der Anlage beizubringen hat. Darüber hinaus deckt bis zu dem Betrag von 70 Mio. Rechnungseinheiten die jeweilige Regierung des Teilnehmerstaates mit öffentlichen Mitteln. Schäden, die diesen Betrag überschreiten, deckt bis zum Gesamtbetrag von 120 Mio. Rechnungseinheiten die Gesamtheit der teilnehmenden Staaten aus öffentlichen Mitteln nach einem Aufbringungsschlüssel, der wie folgt bestimmt wird:

a) zu 50 vH auf der Grundlage des Verhältnisses zwischen dem Bruttosozialprodukt einer jeden Vertragspartei zu jeweiligen Preisen einerseits und der Summe der Bruttosozialprodukte aller Vertragsparteien zu jeweiligen Preisen andererseits, wie sie sich aus der veröffentlichten amtlichen OECD-Statistik für das dem nuklearen Ereignis vorangehende Jahr ergeben,

b) zu 50 vH auf der Grundlage des Verhältnisses zwischen der thermischen Leistung der in dem Hoheitsgebiet jeder einzelnen Vertragspartei gelegenen Reaktoren einerseits und der thermischen Gesamtleistung der in den Hoheitsgebieten aller Vertragsparteien gelegenen Reaktoren andererseits. Diese Berechnung wird auf der Grundlage der thermischen Leistung der Reaktoren, die im Zeitpunkt des nuklearen Ereignisses in der Liste gemäß Art. 2 Abs. a und i enthalten sind, vorgenommen. Jedoch wird ein Reaktor bei dieser Berechnung erst von dem Zeitpunkt an berücksichtigt, in dem er zum ersten Mal kritisch geworden ist.

»Thermische Leistung« im Sinne dieses Übereinkommens bedeutet
– vor der Erteilung der endgültigen Betriebsgenehmigung die vorgesehene thermische Leistung,
– nach der Erteilung der Genehmigung die von den zuständigen innerstaatlichen Behörden genehmigte thermische Leistung.

Die in dieses Deckungssystem einzubeziehenden Kernanlagen werden in einer Liste aufgeführt, die von der belgischen Regierung geführt wird und ständig auf dem neuesten Stand zu halten ist. Da sich die Versicherungsgemeinschaft nur auf Kernanlagen bezieht, die für friedliche Zwecke bestimmt sind, kann eine Vertragspartei gegebenenfalls Einwendungen erheben gegen die Anmeldung bestimmter, z. B. zeitweise für militärische Zwecke benutzter Anlagen.

Auch das Brüsseler Zusatzübereinkommen wurde durch ein Zusatzprotokoll vom 28. Januar 1964 textlich geringfügig geändert.

Das Übereinkommen beruht auf dem Gedanken, den Ausgleich etwaiger Großschäden in einer gemeinsamen Aktion internationaler Solidarität zu bewerkstelligen. Es ist ein bisher einmaliges Vertragswerk. Als solches kann es als Vorbild für die Lösung von Schadensersatzproblemen auch für solche Großschäden dienen, deren künftige Entstehung als Auswirkungen des »technischen Fortschritts« leider nicht mit Sicherheit auszuschließen ist.

3. Das (Brüsseler) Übereinkommen über die Haftung auf dem Gebiet des Seetransports von Kernmaterial vom 17. Dezember 1971

Im Pariser Übereinkommen wurde – ebenso wie im Wiener Übereinkommen – das Verhältnis der neuen atomrechtlichen Haftungsbestimmungen zu den bestehenden internationalen Übereinkommen auf dem Gebiet des Transports nicht geregelt. Dadurch entstand, wie sich bald herausstellte, die Möglichkeit der Kollision seetransportrechtlicher und atomrechtlicher Haftungsbestimmungen. Sie hätte zu einer doppelten Schadensersatzpflicht führen können. Hieraus ergaben sich insbesondere beim Seetransport von Kernbrennstoffen und radioaktiven Abfällen alsbald rechtliche und praktische Probleme. Die Reedereien bestanden teilweise auf Garantien gegen mögliche, der Höhe nach unbegrenzte Haftungsverpflichtungen.

Im Jahre 1968 wurden diese Probleme auf einem von der IAEA und der ENEA gemeinsam in Monaco veranstalteten internationalen Symposium ausführlich erörtert. In der Folgezeit befaßten sich die zuständigen Organisationen der Versicherungswirtschaft, des Seetransportwesens und der Atomenergie mit diesen Fragen. Ihre Arbeit führte schließlich zur Ausarbeitung eines kurzen internationalen Übereinkommens. Dieses wurde im Dezember 1971 auf einer von der IMCO, IAEA und ENEA in Brüssel veranstalteten Seerechtskonferenz zur Diskussion gestellt und schließlich angenommen. Es beinhaltet die Ausdehnung der rechtlichen Kanalisierung der Haftung auf den Inhaber der Atomanlage auch für die Fälle des Seetransports von Kernmaterial, das von seiner Anlage ausgeht oder für diese bestimmt ist. Falls aufgrund der Vorschriften der Pariser oder Wiener Konvention der Inhaber einer nuklearen Anlage für den entstandenen Schaden haftbar ist, ist der Reeder des Schiffes von einer eventuellen, nach transportrechtlichen Bestimmungen bestehenden Haftung freigestellt. Hiermit werden die Kollision von Rechtsnormen vermieden und eine Reihe praktischer Schwierigkeiten beseitigt, die bis dahin den Seetransport von radioaktivem Material erschwert hatten.

4. Das »Wiener Übereinkommen« über die Haftung für nukleare Schäden vom 21. Mai 1963

Die IAEA berief schon im Jahre 1959 einen Ausschuß von Sachverständigen ein, der den IAEA-Generaldirektor über Fragen der zivilrechtlichen Haftung für nukleare Risiken und über die Staatshaftung nach dem Völkerrecht beraten sollte. Nach ausgiebigen Erörterungen legten die Sachverständigen den Entwurf eines internationalen Rahmenübereinkommens über die Haftung für nukleare Schäden vor. Dieser Entwurf bildete die Grundlage für weitere Diskussionen im Rahmen einer Arbeitsgruppe von Regierungssachverständigen. Ihre Vorarbeiten schufen schließlich, zusammen mit weiteren Materialien, die Grundlagen für die

Einberufung einer internationalen Atomhaftungskonferenz im Mai 1963. Aus ihren Verhandlungen ging schließlich das sog. Wiener Übereinkommen über die Haftung für nukleare Schäden vom 21. Mai 1963 hervor.

Das Wiener Übereinkommen entspricht inhaltlich weitgehend dem Pariser Übereinkommen vom 29. Juli 1960. Von diesem übernahm es neben den Definitionen vor allem den wichtigen Grundsatz der rechtlichen Kanalisierung der Haftung auf den Inhaber der Atomanlage, das Prinzip der Haftungsbegrenzung nach Betrag und Zeit, die Verpflichtung zur Deckung der Schadensersatzpflicht durch Versicherung oder andere finanzielle Sicherheit und das Prinzip der Staatsintervention. Ein wesentlicher Unterschied liegt in dem verhältnismäßig geringen Haftungshöchstbetrag von $ 5 Mio. Hier zeigt sich, daß ein weltweites Übereinkommen, das so formuliert sein mußte, daß Staaten unterschiedlichster Wirtschaftsstruktur beitreten konnten, hinsichtlich des Deckungsbetrags erhebliche Abstriche machen mußte. Der verhältnismäßig geringfügige Haftungshöchstbetrag dürfte einer der wesentlichen Gründe dafür sein, daß das Übereinkommen bisher nicht die zu seinem Inkrafttreten erforderliche Zahl von fünf Ratifikationen erzielt hat.

5. Das »Brüsseler Übereinkommen« über die Haftung der Inhaber von Reaktorschiffen vom 25. Mai 1962

Die Erfolge amerikanischer U-Boote mit Atomantrieb, wie die Unterquerung der Polareiskappe vom Atlantischen zum Pazifischen Ozean durch die »Nautilus« oder die Umrundung der Erde in getauchtem Zustand durch die »Triton«, waren aufsehenerregend. Man rechnete mit baldiger Verwendung des Kernenergieantriebs für Handelsschiffe. Nur so läßt sich erklären, daß schon 1960 auf der Londoner Schiffssicherheitskonferenz ein Ausschuß für nukleare Schiffe ein neues technisches Kapitel für den Internationalen Schiffssicherheitsvertrag ausgearbeitet hat und daß bereits 1959 auf der 24. Konferenz des Internationalen Maritimausschusses in Rijeka der Entwurf einer Haftungskonvention für nukleare Schiffe erarbeitet wurde. Bei der IAEA in Wien tagte im März und August 1960 eine Sachverständigengruppe, deren Bericht nach Überarbeitung durch das IAEA-Sekretariat und Stellungnahmen durch die Mitgliedsregierungen schließlich als Arbeitspapier für eine diplomatische Konferenz diente, die im April 1961 auf Einladung der belgischen Regierung in Brüssel zusammentrat. Sie setzte ihre Tagung im Mai 1962 fort. Als Ergebnis ihrer Arbeit wurde das sog. Brüsseler Übereinkommen über die Haftung der Inhaber von Reaktorschiffen am 25. Mai 1962 zur Zeichnung aufgelegt.

Auch dieses Übereinkommen folgt im wesentlichen dem bereits durch das Pariser Übereinkommen von 1960 aufgestellten Muster:

a) objektive und alleinige Haftung des Inhabers des Schiffes für nuklearen Schaden, der durch einen Atomunfall verursacht wurde, der nuklearen Brennstoff, radioaktive Produkte oder Abfälle involviert, die durch sein Schiff produziert wurden;

b) Begrenzung der Haftung des Inhabers nach Betrag und Zeit;

c) Verpflichtung des Inhabers, seine Haftpflicht durch Versicherung oder andere finanzielle Sicherheit zu decken und schließlich

d) die Verpflichtung des Genehmigungsstaates, d. h. des Flaggenstaates, die Zahlung von Ansprüchen auf Ersatz nuklearen Schadens innerhalb der vorgeschriebenen Höchstgrenze und insoweit, als Versicherung oder andere finanzielle Sicherheit nicht ausreichen, sicherzustellen.

Das Brüsseler Schiffshaftungsübereinkommen unterscheidet sich von dem Pariser und Wiener Übereinkommen ganz wesentlich durch den Haftungshöchstbetrag. Er ist im Abkommen mit 1500 Mio. Goldfrancs angegeben. Das entsprach im Jahre 1962 etwa dem Wert von $ 100 Mio. Dieser vergleichsweise hohe Betrag wird verständlich, wenn man sich daran erinnert, daß unter den auf der Konferenz vertretenen Staaten nur sehr wenige waren, die in absehbarer Zeit Lizenzstaat eines nuklearen Schiffes sein würden. Da jedoch auch viele kleine Staaten wichtige Häfen haben, die als Zielhafen nuklearer Schiffe in Frage kommen, legten die Vertreter dieser Staaten verständlicherweise Wert auf einen hohen Haftungshöchstbetrag.

Auch dieser Haftungshöchstbetrag ist, wie erwähnt, von der Regierung des Flaggenstaates zu decken, so daß die erforderliche Sicherheit für eventuelle Opfer gegeben ist. Für Klagen auf Ersatz nuklearen Schadens sind sowohl das Gericht im Flaggenstaat zuständig als auch die Gerichte in den Vertragsstaaten, in deren Hoheitsgebiet nuklearer Schaden eingetreten ist. Dieses Übereinkommen sieht keinen einheitlichen Gerichtsstand vor, jedoch sind Endurteile eines zuständigen Gerichts in allen Mitgliedstaaten ohne weitere Prüfung in der Sache vollstreckbar. In der raschen Vollstreckbarkeit der Urteile und in der Staatsdeckung für die Schadensersatzverpflichtung des Inhabers des Schiffes liegen die großen Vorzüge des Übereinkommens.

III. Die bisherige Entwicklung der internationalen Haftungsübereinkommen

1. Harmonisierung des Atomhaftungsrechts – Lösung von Problemen

Die vorstehend in aller gebotenen Kürze und daher keineswegs vollständig geschilderten internationalen Übereinkommen auf dem Gebiet der Haftung für nukleare Schäden haben bereits vor ihrem eigentlichen Inkrafttreten eine erhebliche Einwirkung und Auswirkung auf das Atomrecht gehabt. Ihre Grundsätze, wie z. B. die Kanalisierung der Haftung auf den Inhaber der Atomanlage, die Begrenzung der Haftung nach Höhe und Zeit, das Prinzip der Staatsdeckung für atomare Schäden und schließlich die rasche Durchsetzung und Vollstreckung von Schadensersatzansprüchen sowie die Bereitstellung der vorgesehenen Deckungsbeträge ausschließlich für die Opfer eines nuklearen Schadens haben weitgehend Eingang in nationale Rechtsordnungen gefunden. Hierzu trug das Vorhandensein mehrerer, in den Grundsätzen gleichartiger Übereinkommen ebenso bei wie die Tätigkeit der internationalen Organisationen. Diese haben, wie z. B. die IAEA in Ausbildungskursen und atomrechtlichen Seminaren oder die IAEA gemeinsam mit der ENEA (NEA) in atomrechtlichen internationalen Konferenzen und Symposien, nicht nur zur Erörterung und Verbreitung, sondern auch zur Weiterentwicklung des Atomrechts beigetragen. Auch wenn man noch nicht von einer langanhaltenden Geltung dieser neuen Rechtsvorstellungen sprechen kann, so gibt es doch einen Konsens über die Grundprinzipien des Atomrechts innerhalb der Atomjuristen. Wenn auch die nationalen Atomrechte in Einzelheiten voneinander abweichen mögen, so stimmen sie doch in den Grundprinzipien mit den Bestimmungen der Pariser Konvention – soweit es sich um europäische Staaten handelt – oder der Wiener Konvention – soweit außereuropäische Staaten in Betracht kommen – ganz weitgehend überein. Hierzu haben nicht zuletzt die Ständigen Ausschüsse beigetragen, die als Folge der Wiener bzw. Brüsseler Schiffshaftungskonferenz eingerichtet worden sind. Hinzu kommt die Gruppe der Regierungsexperten der ENEA (NEA), die ihrerseits eng mit dem Wiener Ständigen Ausschuß zusammenarbeitet. Ihre gemeinsamen Vorschläge liegen z. B. Entscheidungen des Lenkungsausschusses für Kernenergie der OECD und des Gouverneursrats der IAEA zugrunde, durch die gleichlautend gewisse kleine Mengen radioaktiven Materials, die sich außerhalb von Kernanlagen befinden, aus dem Geltungsbereich des Pariser bzw. Wiener Übereinkommens herausgenommen werden. Ähnliche Vorschläge zur Herausnahme kleiner, ungefährlicher Mengen radioaktiven Materials im allgemeinen befinden sich zur Zeit noch in der Diskussion.

Drei praktische Beispiele für das Wirken internationaler Organisationen auf diesem Gebiet mögen hier gegeben werden:

a) Im Jahre 1962 gab der Rat der OECD eine Empfehlung für die steuerliche Begünstigung der Atomrisikoversicherung, durch die die Besteuerung dem Risikocharakter dieser Versicherungssparte angepaßt wurde. Hierdurch wurde ein gewisser Ausgleich dafür gegeben, daß bis dahin die Zahl der versicherten Kernenergierisiken nur klein war und deshalb der sonst geltende versicherungstechnische Grundsatz der großen Zahl gleichartiger Risiken nicht galt.

b) Zum Nachweis des Bestehens einer gültigen Versicherung beim grenzüberschreitenden Transport von Kernbrennstoffen oder anderem radioaktivem Material kann die Versicherung des Anlageninhabers eine nach ihrer Farbe genannte »rosa Karte« (pink card) ausstellen, die als Nachweis ausreichender Versicherung auch im ausländischen Vertragsstaat anerkannt wird. Somit gibt es für den Transport radioaktiven Materials, soweit dieses der Pariser Konvention unterfällt, eine der »grünen Versicherungskarte« bei Automobilen entsprechende Einrichtung.

c) Das Pariser Übereinkommen läßt vielfach dem nationalen Gesetzgeber die Option, für gewisse Fragen eine seinem nationalen Recht entsprechende Einzelregelung zu treffen. Euratom hat nach sorgfältiger Prüfung und Diskussion Empfehlungen für die Ausnützung oder Ausgestaltung einer Reihe dieser Optionen gegeben. Soweit ersichtlich, haben die Mitgliedstaaten der Gemeinschaft bei Ratifizierung des Pariser Übereinkommens auch in dem gewünschten Sinne von den Optionen Gebrauch gemacht.

Das Brüsseler Übereinkommen über die Haftung der Inhaber von Reaktorschiffen hat bereits vor seinem Inkrafttreten als multilaterale Konvention Eingang in bilaterale internationale Verträge gefunden. Die Bundesregierung hat in ihren Verträgen über das Anlaufen ausländischer Hoheitsgewässer und Häfen durch das Reaktorschiff »Otto Hahn« teilweise die haftungsrechtlichen Vorschriften dieses Übereinkommens durch Verweisung zum Bestandteil des bilateralen Vertrages gemacht (»Otto-Hahn«-Verträge mit den Niederlanden, Liberia und Portugal). In die Verträge mit Argentinien und Brasilien wurden diese haftungsrechtlichen Bestimmungen unmittelbar, in einer dem bilateralen Vertrag entsprechenden Form, eingefügt. Man kann sagen, daß insoweit das Brüsseler Übereinkommen teilweise bereits in Geltung getreten ist, als die fünf Verträge von den gesetzgebenden Körperschaften ratifiziert worden sind. Wenigstens auf diesem sehr speziellen Teilgebiet hat somit die rechtliche Kanalisierung der Haftung Eingang in das deutsche Atomrecht gefunden, in dem sonst nach dem Atomgesetz der Grundsatz der wirtschaftlichen Kanalisierung der Haftung gilt.

2. Stand der Ratifikationen; Vorschläge zur Revision der Haftungsübereinkommen

Das Pariser Übereinkommen vom 29. Juli 1960 ist am 1. April 1968 in Kraft getreten. Ihm gehören jetzt folgende zehn Staaten an: Belgien, Dänemark, Finnland, Frankreich, Griechenland, Norwegen, Spanien, Schweden, Türkei und Vereinigtes Königreich von Großbritannien und Nordirland. Diese Staaten haben auch das Zusatzprotokoll vom 28. Januar 1964 ratifiziert. Italien hat das Ratifikationsgesetz verabschiedet, muß jedoch vor Hinterlegung der Ratifikationsurkunde noch die innerstaatliche Gesetzgebung anpassen. In der Bundesrepublik Deutschland und in den Niederlanden sind Zustimmungsgesetze in Vorbereitung; auch die Schweiz beabsichtigt, das Pariser Übereinkommen zu ratifizieren.

Für das Brüsseler Zusatzübereinkommen vom 31. Januar 1973 wurde die zum Inkrafttreten erforderliche sechste Ratifikationsurkunde am 4. September 1974 hinterlegt. Damit ist das Übereinkommen am 4. Dezember 1974 in Kraft getreten für Dänemark, Frankreich, Vereinigtes Königreich von Großbritannien und Nordirland, Norwegen, Spanien und Schweden. Eine weitere Ratifikationsurkunde dürfte voraussichtlich bald von Belgien hinterlegt werden. Finnland hat die Absicht bekundet, der Zusatzkonvention ebenfalls beizutreten, sobald sie in Kraft ist. Weitere Zustimmungsgesetze sind in Vorbereitung in der Bundesrepublik Deutschland, den Niederlanden und der Schweiz. Italien hat bereits ratifiziert und wird die Ratifikationsurkunde ebenfalls nach Anpassung der innerstaatlichen Gesetzgebung hinterlegen. In naher Zukunft werden also in einem großen Teil Europas nukleare Schäden nach der Pariser Konvention und der Brüsseler Zusatzkonvention bis zum Höchstbetrag von 120 Mio. Rechnungseinheiten je Schadensereignis gedeckt sein.

Das (Brüsseler) Übereinkommen vom 17. Dezember 1971 über die Haftung auf dem Gebiet des Seetransports von Kernmaterial wurde bisher von Belgien, Brasilien, Dänemark, der Bundesrepublik Deutschland, Finnland, Frankreich Italien, Norwegen, Portugal, Schweden, Jugoslawien und dem Vereinigten Königreich von Großbritannien und Nordirland unterzeichnet. Ratifiziert hat bisher lediglich Frankreich. Die Ratifikation wird vorbereitet durch Dänemark, die Bundesrepublik Deutschland, die Niederlande, Norwegen und Schweden. Zum Inkrafttreten des Übereinkommens sind fünf Ratifikationen notwendig.

Das Wiener Übereinkommen vom 21. Mai 1963 hat von den zum Inkrafttreten notwendigen fünf Ratifikationen bisher vier erhalten, nämlich von Ägypten, Argentinien, Kuba und den Philippinen. Außerdem sind dem Übereinkommen Kamerun, Trinidad und Tobago sowie Bolivien beigetreten.

Das Brüsseler Übereinkommen vom 25. Mai 1962 über die Haftung der Inhaber von Reaktorschiffen bedarf zu seinem Inkrafttreten der Ratifizierung durch mindestens zwei Staaten, von denen einer »Lizenzstaat« sein, d. h. die Genehmigung für den Betrieb eines Reaktorschiffes unter seiner Flagge erteilt haben muß. Bisher haben Portugal und die Niederlande das Übereinkommen ratifiziert, Madagaskar und Zaire sind ihm beigetreten. In der Bundesrepublik Deutschland ist die Ratifikation des Übereinkommens im Gange. Da die Bundesregierung den Betrieb des Reaktorschiffes »Otto Hahn« unter deutscher Flagge genchmigt hat, wird mit Hinterlegung der deutschen Ratifikationsurkunde das Brüsseler Schiffshaftungsabkommen in Kraft treten[1].

Es ist bekannt, daß mehrere europäische Staaten die Ratifikation dieses Übereinkommens vorbereiten. Japan dürfte ebenfalls an der Ratifikation des Übereinkommens interessiert sein, um seinem Reaktorschiff »Mutsu« das Anlaufen ausländischer Hoheitsgewässer und Häfen zu erleichtern. Das japanische Atom-

---

[1] Der Deutsche Bundestag hat am 31. Januar 1975 das Zustimmungsgesetz zu dem Pariser Übereinkommen, dem Brüsseler Zusatzübereinkommen, dem (Brüsseler) Seetransport-Übereinkommen und dem Brüsseler Reaktorschiff-Übereinkommen einstimmig verabschiedet. Nach der alsbald zu erwartenden Verabschiedung im Bundesrat werden die Ratifikationsurkunden für die genannten vier Übereinkommen hinterlegt. Damit tritt die Bundesrepublik der Haftungsgemeinschaft des Brüsseler Zusatzübereinkommens bei. Außerdem tritt drei Monate nach Hinterlegung der Ratifikationsurkunde das Brüsseler Reaktorschiff-Übereinkommen in Kraft.

gesetz, das grundsätzlich keine Begrenzung der Haftung für nukleare Schäden der Höhe nach kennt, wurde hinsichtlich der Reaktorschiffe bereits 1971 so geändert, daß es den Vorschriften der Brüsseler Konvention entspricht.

Die Existenz zweier internationaler Atomhaftungsübereinkommen, des zunächst auf Europa beschränkten Pariser Übereinkommens und des weltweiten Wiener Übereinkommens, führt naturgemäß zu der Frage, ob nicht beide Übereinkommen zu vereinen oder wenigstens so zu gestalten sind, daß Regierungen, die dies wünschen, beide Abkommen ratifizieren können. Schon während der Wiener Atomhaftungskonferenz im Mai 1963 haben sich die aus den Mitgliedstaaten der ENEA kommenden Delegierten bemüht, durch zahlreiche Änderungsanträge das Wiener Übereinkommen möglichst weit dem Pariser Übereinkommen anzugleichen. Sie hatten damit nur teilweisen Erfolg. Deshalb hat die Gruppe der Regierungssachverständigen der ENEA-Mitgliedstaaten alsbald nach Verabschiedung des Wiener Übereinkommens begonnen, ein Zusatzprotokoll zu dem Pariser Übereinkommen auszuarbeiten, das dieses in Richtung auf den Inhalt des Wiener Übereinkommens modifiziert. Aber selbst nachdem dieses Zusatzprotokoll am 28. Januar 1964 verabschiedet worden war, fanden es die europäischen Regierungen schwierig, das Pariser Übereinkommen zu ratifizieren. Zu viele Zweifelsfragen waren offen geblieben.

An Versuchen, das allen interessierten Regierungen unerwünschte Problem zu lösen, hat es nicht gefehlt. Jedoch hat bisher noch niemand einen praktischen Weg zur erforderlichen Angleichung der beiden Übereinkommen gefunden, der nicht eine grundsätzliche Veränderung einer oder beider Übereinkommen und damit eine weltweite diplomatische Konferenz erforderlich machen würde.

In Art. 22c der Pariser Konvention ist eine Revisionskonferenz fünf Jahre nach dem Inkrafttreten vorgesehen. In den Jahren seit 1960 sind zwar in der Gruppe der Regierungsexperten eine Reihe offener oder zweifelhafter Fragen erörtert und teilweise auch Lösungsvorschläge gemacht worden. Jedoch erschienen alle diese Vorschläge nicht von solcher Bedeutung, daß sie die Einberufung einer großen diplomatischen Konferenz zur Revision des Pariser Übereinkommens gerechtfertigt hätten. Auch gibt es eine Reihe grundsätzlicher Probleme, nämlich die Schaffung eines höheren Haftungshöchstbetrages angesichts der seit 1960 erheblich gestiegenen Größen der Kernkraftwerke oder eine Überarbeitung der Haftungsausschlußklausel des Art. 9, die für sich allein die Einberufung einer Revisionskonferenz rechtfertigen würden. Sie bedürften aber noch näherer Erörterungen im internationalen Kreise, ehe man zu einem solch einschneidenden Schritt kommen könnte.

Auch bei dem Brüsseler Übereinkommen über die Haftung der Inhaber von Reaktorschiffen gibt es ein Problem, das zur Revision Anlaß geben könnte. Es betrifft den Ausschluß der nuklearen Kriegsschiffe aus dem Anwendungsbereich des Übereinkommens. Bereits auf der Brüsseler diplomatischen Konferenz in den Jahren 1961 und 1962 haben die Delegationen der Vereinigten Staaten von Amerika und der Sowjetunion erklärt, das Übereinkommen sei für sie nicht akzeptabel, solange es nuklear betriebene Kriegsschiffe umfasse. Die anderen Teilnehmerstaaten waren damals der Auffassung, da es zunächst an zivilen Schiffen nur den russischen Eisbrecher »Lenin« und das amerikanische Fracht- und Passagierschiff »Savannah« gab, daß das Abkommen nur Sinn habe, wenn man auch die nuklearen Kriegsschiffe einbeziehe. Nachdem durch das Hinzukommen der »Otto Hahn« und der »Mutsu« sich die Zahl der Schiffe vermehrt hat und nach den neuesten Überlegungen im Lichte der steigenden Ölpreise zunehmend mit dem Bau nuklearer Containerschiffe oder sonstiger Großraumschiffe gerechnet werden kann, scheint sich ein Wandel der Auffassungen anzubahnen. Es ist nicht auszuschließen, daß nach dem hoffentlich nicht zu fernen Inkrafttreten des Übereinkommens der Vorschlag gemacht wird, die nuklearen Kriegsschiffe aus dem Geltungsbereich des Brüsseler Schiffshaftungsübereinkommens herauszunehmen. Damit wäre ein Hindernis für die Teilnahme der Vereinigten Staaten und der Sowjetunion beseitigt, so zweifelhaft auch deren Absicht zur Ratifikation sein mag.

Ein weiteres großes Problem verbleibt dennoch: Die Haftungshöchstgrenze von $ 500 Mio. nach dem amerikanischen Atomgesetz gilt zur Zeit auch für den Panama-Kanal. Sie liegt – grob gesprochen – um das Fünffache über der Haftungshöchstgrenze des Übereinkommens. Es muß bezweifelt werden, ob viele Regierungen bereit und in der Lage wären, derartig hohe Garantiesummen für eine zunehmende Zahl von Reaktorschiffen zu gewährleisten. Da die Reeder der Reaktorschiffe aus Konkurrenzgründen höhere Versicherungsprämien nicht über die Frachten abwälzen können, könnte das Beharren der Amerikaner darauf, ihren Haftungshöchstbetrag für Landreaktoren auch auf Schiffe anzuwenden, die Weiterentwicklung der Reaktorschiffahrt auf das schwerste gefährden, wenn nicht gar zunichte machen. Auf diesem Gebiet werden zunächst weitere Verhandlungen der interessierten Regierungen notwendig werden.

IV. Rückblick und Ausblick

Die internationalen Organisationen auf dem Gebiet der Kernenergie haben den Grundstein zur Entwicklung des Rechts der Haftung und Versicherung für nukleare Schäden gelegt. Wir haben hier wohl den ersten Fall, in dem Haftungsvorschriften für Risiken ausgearbeitet wurden, noch ehe diese Risiken – Kernanlagen, insbesondere Kernkraftwerke – überhaupt in nennenswerter Zahl existierten. Durch ihre Ständigen Ausschüsse und Expertengruppen, aber auch durch Ausbildungskurse und Seminare haben die internationalen Organisationen zur Weiterentwicklung und Harmonisierung des Rechts beigetragen.

Die Atomjuristen aus vielen Ländern der Welt, die sich zu diesen Konferenzen und Seminaren treffen, haben mit der International Nuclear Law Association (INLA) eine private Vereinigung der am Atomrecht interessierten Juristen gegründet. Die INLA hielt im September 1973 ihre erste große Tagung in

Karlsruhe ab. Sie war von etwa 150 Teilnehmern aus 22 verschiedenen Ländern
– von Japan, Indonesien über Israel, Südafrika und Europa bis Nordamerika,
Brasilien und Argentinien – und Vertretern der internationalen Organisationen
besucht.

Falls es in Zukunft bei der friedlichen Verwendung der Kernenergie zu internationalen haftungsrechtlichen Problemen oder gar Konflikten kommen sollte, kann davon ausgegangen werden, daß diese in dem von den internationalen Organisationen bisher gebotenen Rahmen ausgetragen und gelöst werden können. Hier ist in erster Linie an die Ständigen Ausschüsse bzw. die Gruppe der Regierungsexperten der NEA zu denken, die schon bisher alle auf diesem Gebiet auftauchenden Zweifelsfragen diskutiert und, soweit erforderlich, einer Lösung zugeführt oder doch wenigstens nähergebracht haben.

Im Anwendungsbereich des Pariser Übereinkommens können Streitigkeiten zwischen Vertragsparteien über Auslegung oder Anwendung des Übereinkommens auch dem Direktionsausschuß für Kernenergie der OECD zur Prüfung vorgelegt werden. Falls dort keine Einigung zustande kommt, sind die Streitigkeiten auf Antrag einer der beteiligten Vertragsparteien dem Gerichtshof vorzulegen, der durch das Übereinkommen vom 20. Dezember 1957 zur Einrichtung einer Sicherungskontrolle auf dem Gebiet der Kernenergie errichtet worden ist. Dieses Europäische Kernenergiegericht ist bisher nur zusammengetreten, um sich eine Verfahrensordnung zu geben. Streitfälle sind ihm bisher weder aus dem Bereich der NEA-Sicherungskontrolle noch wegen Meinungsverschiedenheiten über Auslegung und Anwendung des Pariser Übereinkommens vorgelegt worden. Es ist beruhigend zu wissen, daß ein solches internationales Gericht, dem hervorragende Juristen aus den Mitgliedsländern der OECD angehören, in Bereitschaft steht.

Zum Schluß dieses Kapitels sollte der Hinweis nicht fehlen, daß alle haftungsrechtlichen Überlegungen auf dem Gebiet der Kernenergie auf rein theoretischen Grundlagen beruhen. Die Probe aufs Exempel, ein nuklearer Großschaden, ist dank der strengen Genehmigungsvorschriften und umfassender technischer Sicherheitsmaßnahmen bisher glücklicherweise ausgeblieben. Sollte jedoch ein »nukleares Ereignis« je eintreten, dann dürften die nach bestem Wissen und mit großer Sorgfalt ausgearbeiteten rechtlichen Vorschriften rasch zur – wenigstens finanziellen – Wiedergutmachung eingetretener Schäden führen. Daß sie mit internationalem Konsens entwickelt und eingeführt worden sind, dürfte auch die weitere künftige Entwicklung dieses neuen Rechtsgebiets positiv beeinflussen.

Literatur

Belser, William E.: Atomversicherungsrechtliche Fragen unter Berücksichtigung der internationalen Konventionen. Beiträge zum Internationalen Wirtschaftsrecht und Atomenergierecht. Bd. 1, Heft 2. Göttingen 1963.

Bette, A., J. M. *Didier*, R. *Fornasier* und R. M. *Stein:* Compensation of Nuclear Damage in Europe. Brüssel 1965.
Fischerhof, Hans: Deutsches Atomgesetz und Strahlenschutzrecht. Kommentar. Baden-Baden/Bonn 1962.
Hoog, Günter: Die Konvention über die Haftung der Inhaber von Atomschiffen vom 23. Mai 1962. Forschungsstelle für Völkerrecht und ausländisches öffentliches Recht der Universität Hamburg, Institut für Internationales Recht an der Universität Kiel, Institut für Völkerrecht der Universität Göttingen. Dokumente. Bd. 41. Frankfurt/Berlin 1970.
Hydeman, Lee M. und William H. *Berman:* International Control of Nuclear Maritime Activities. Ann Arbor 1960.
Könz, Peider: La responsabilité des exploitants de navires nucléaires. Institut de droit comparé de l'Université de Paris, Centre d'études de droit de l'énergie atomique. Paris 1962.
Schmid, Franz: Das Abkommen der Europäischen Kernenergieagentur (O.E.C.E.) über die Haftpflicht auf dem Gebiet der Kernenergie. Wien 1961.
Weinstein, Jerry L. (Hrsg.): Progress in Nuclear Energy. Series X. Law and Adminstration. Bd. 3, Nuclear Liability. Oxford 1962.
Weitnauer, Hermann: Das Atomhaftungsrecht in nationaler und internationaler Sicht. Beiträge zum internationalen Wirtschaftsrecht und Atomenergierecht. Bd. 1, Heft 3. Göttingen 1964.
Internationale Atomhaftungskonventionen. Institut für Völkerrecht der Universität Göttingen 1964.
Bundesratsdrucksache 350/74 vom 18. 5. 1974.

STRAHLENSCHUTZ ALS AUFGABE DES UMWELTSCHUTZES BEI DER ZIVILEN NUTZUNG DER KERNENERGIE

Karl Aurand

I. Entwicklung des Strahlenschutzes

Unter Strahlenschutz sind alle Maßnahmen zur Verhinderung von Strahlenschäden, d. h. Schäden durch die Einwirkung ionisierender Strahlung zu verstehen. Nach der Entdeckung der Röntgenstrahlen im Jahre 1895 und der natürlichen radioaktiven Stoffe waren deren biologische Wirksamkeit und ihre Gefährlichkeit bald erkannt und in der Literatur beschrieben worden. Wegen der Anwendung dieser Strahlen in der Medizin wurden gerade in diesem Bereich schon früh Maßnahmen zur Erarbeitung von Strahlenschutzregeln getroffen. Eine der wichtigsten Voraussetzungen dafür war eine einwandfreie Messung und Dosierung dieser Strahlung.

Dienten die damaligen Maßnahmen praktisch ausschließlich dem Arbeitsschutz und dem Schutz des Patienten, so stellte sich eine völlig neue Aufgabe für den Strahlenschutz nach den Atombombenexplosionen in Hiroshima und Nagasaki im August 1945. Durch diese Explosionen wurde der Menschheit bewußt, daß eine völlig neue Dimension der Gefährdung entstanden war. Insbesondere infolge der weiteren Kernwaffenversuche in den fünfziger Jahren setzte eine weltweite Diskussion ein, in deren Mittelpunkt die Gefahren der Umweltradioaktivität standen, d. h. der Freisetzung radioaktiver Stoffe in die Atmosphäre. Die Intensität der internationalen Diskussion war nicht zuletzt auf die besondere Angst vor der »Strahlung« zurückzuführen, für die der Mensch keine Sinnesorgane besitzt.

Die Aufmerksamkeit der Öffentlichkeit führte dazu, daß bei der Anfang der fünfziger Jahre einsetzenden Förderung der friedlichen Nutzung der Kernenergie sofort auch die Probleme des Strahlenschutzes den Mittelpunkt des wissenschaftlichen Interesses bildeten. Die Fortsetzung der militärischen Anwendung und die internationale Förderung der friedlichen Nutzung der Kernenergie hatten deshalb zur Folge, daß die Strahlenwirkung international intensiv erforscht wurde. Die Wirkung ionisierender Strahlung gehört heute zu den am besten untersuchten Noxen der Zivilisation. In Ost und West wurden in großen staatlichen Forschungszentren und an fast allen Universitäten die Probleme der Strahlenwirkung verfolgt. Es wurde nicht nur die Möglichkeit einer direkten Schädigung des bestrahlten Individuums – somatische Wirkung,

z. B. Strahlenkrebs und Leukämie – erkannt, sondern auch die einer Schädigung des Erbgutes – genetische Wirkung. Besonders die Gefahr einer genetischen Schädigung führte zu einer sehr starken Verschärfung der Schutzvorschriften. Im Bewußtsein der Öffentlichkeit ist die ionisierende Strahlung die Hauptursache für eine genetische Gefährdung, obwohl in neuerer Zeit immer mehr die große Bedeutung der chemischen Mutagene erkannt wurde. Wie die neueren Ergebnisse der Strahlenforschung außerdem zeigen, ist das genetische Strahlenrisiko überschätzt worden, das somatische für Strahlenkrebs dagegen unterschätzt.

Die weltweite Kontamination der Biosphäre infolge der Atombombenversuche ermöglichte das eingehende Studium des Verhaltens der verschiedenen radioaktiven Stoffe in der Biosphäre. Es wurde zum ersten Male ein Einblick in den Transport und die Verteilung radioaktiver Stoffe gewonnen, so daß auch die indirekten Auswirkungen in die Umwelt gelangter radioaktiver Stoffe qualitativ und quantitativ erforscht werden konnten. Gerade die Anreicherung radioaktiver Stoffe in Ökosystemen über die Nahrungskette bis hin zum Menschen ist ein wichtiger Faktor bei der Festlegung von Strahlenschutznormen für den Schutz der Bevölkerung. Neben der Festlegung von Grenzwerten geht es hierbei insbesondere darum, daß alle Maßnahmen und Möglichkeiten ermittelt werden, die sicherstellen, daß beim Umgang mit radioaktiven Stoffen und bei der Nutzung der Kernenergie die Strahlenbelastung der Beschäftigten und der Bevölkerung möglichst gering gehalten wird.

Die internationale Diskussion der Kernwaffenversuche, die sich vor dem Hintergrund der durch diese Versuche bewirkten Umweltkontamination abspielte, veranlaßten die Vereinten Nationen auf der zehnten Sitzung der Generalversammlung 1955, sich den Fragen nach der Wirkung der Kernstrahlung zu widmen. Es wurde das Ziel verfolgt, die Probleme der Freisetzung radioaktiver Stoffe bei der friedlichen Nutzung der Kernenergie und der zunehmenden Verwendung von Röntgenstrahlen und Radionukliden in Medizin und Industrie lösen zu helfen. Als Resultat der Debatte wurde ein wissenschaftlicher Ausschuß der Vereinten Nationen für die Wirkung ionisierender Strahlung (UNSCEAR) eingesetzt. Der Ausschuß hatte die Aufgabe, von den UN-Mitgliedstaaten alle Unterlagen über die Höhe der Strahleneinwirkung zu sammeln und auszuwerten sowie Berichte über die Wirkung ionisierender Strahlung auf den Menschen und seine Umgebung zusammenzutragen. Diese von den Vereinten Nationen direkt veranlaßte wissenschaftliche Bestandsaufnahme für die umweltnoxe Strahlung wurde in enger Fühlungnahme mit anderen internationalen Organisationen, wie der ILO, WHO, FAO und später der IAEA durchgeführt. Darüber hinaus wurden internationale wissenschaftliche Gremien intensiv in die Bearbeitung eingeschaltet. Auch die erste Konferenz für die friedliche Nutzung der Kernenergie, die 1955 in Genf stattfand, erörterte die Grundlagen für den Strahlenschutz, und zwar zu einem Zeitpunkt, als die Probleme der weltweiten Kontamination durch Kernwaffenversuche in der öffentlichen Diskussion eine erstrangige Rolle spielten. Die von ihr durchgeführten Bestandsaufnahmen wurden — der Entwicklung der Erkenntnisse auf dem Gebiet der Kernenergie, der Strahlenbiologie und des Strahlenschutzes entsprechend — bei der zweiten bis vierten Konferenz in Genf (1958, 1964 und 1972) fortgesetzt.

II. Internationale Zusammenarbeit auf dem Gebiet des Strahlenschutzes

Im Gegensatz zu anderen Problemen aus den Bereichen des Umweltschutzes und des Arbeitsschutzes sind aufgrund der sehr frühzeitigen internationalen Zusammenarbeit bei Strahlenschutzfragen relativ früh einheitliche Normen für zulässige Dosen erarbeitet worden. Bei der Zusammenarbeit muß zwischen nichtstaatlichen internationalen Organisationen und staatlichen internationalen Organisationen wie den Vereinten Nationen und deren Sonderorganisationen unterschieden werden.

1. Nichtstaatliche internationale Organisationen

a) Internationale Strahlenschutz-Kommission (ICRP)

Die wichtigste nichtstaatliche Organisation ist die ICRP. Sie geht zurück auf die Gründung einer Kommission des zweiten internationalen Kongresses für Radiologie (ICR) im Jahre 1928 in Stockholm. Ihre gegenwärtige Organisationsform (und den Namen ICRP) erhielt sie 1950 mit dem Ziel, das sich schnell vergrößernde Gebiet des Strahlenschutzes wirksamer bearbeiten zu können. Die Mitglieder sind Personen (im Gegensatz zu Staaten), die aufgrund ihrer anerkannten Qualifikation auf dem Gebiet der Radiologie, des Strahlenschutzes, der Physik, der Biologie, der Genetik, der Biochemie und der Biophysik ohne Rücksicht auf ihre Nationalität ausgewählt werden. Somit bestimmen fachliche und sachliche, und nicht politische Gesichtspunkte die Zusammensetzung dieses Expertengremiums. Die Kommission ist berechtigt, auch andere Personen zu ihren Tagungen einzuladen, um spezielle technische Ratschläge von ihnen entgegenzunehmen.

Seit 1956 arbeitet die ICRP als eine nicht von Staaten beeinflußte Organisation eng mit der Weltgesundheitsorganisation (WHO) zusammen. Die Aufgabe der ICRP besteht in der Vorbereitung von Empfehlungen zu Grundproblemen des Strahlenschutzes. Unberührt davon bleiben also die Rechte und Verantwortlichkeiten nationaler Stellen für die Einführung spezieller technischer Vorschriften, Empfehlungen oder Arbeitsrichtlinien, die dem Bedürfnis der einzelnen Länder entsprechen. Die Empfehlungen der Kommission bleiben ständig unter Revision, wodurch neue Erkenntnisse über die Strahlenwirkung schnell berücksichtigt werden können und bei einer eventuellen Erhöhung der potentiellen Strahlengefahr sofort eine Verschärfung der Sicherheitsbestimmungen erfolgen kann.

Das wissenschaftliche Ansehen und die internationale Autorität der Mitglieder der ICRP bewirken, daß praktisch alle internationalen Organisationen und staatlichen Strahlenschutz-Kommissionen in Ost und West die ICRP-Empfehlungen als Grundlage ihrer Normen akzeptieren.

b) Internationale Kommission für Radiologische Einheiten und Strahlenmessung (ICRU)

Diese nichtstaatliche Organisation geht ebenso wie die ICRP auf die Gründung einer Kommission des internationalen Kongresses für Radiologie zurück. 1925 ist sie unter der Bezeichnung Internationale Kommission für radiologische Einheiten eingesetzt worden und erhielt ihre heutige Struktur im Jahre 1950. 1956 wurde ihr Name in Internationale Kommission für Radiologische Einheiten und Strahlenmessung geändert. Seit ihrer Gründung ist es ihre Hauptaufgabe, einheitliche Verfahren für Dosimetrie ionisierender Strahlen, insbesondere der Röntgenstrahlen, zu erarbeiten. Vergleichbare Messung ist die Voraussetzung für die Auswertung strahlenbiologischer Versuche und klinischer Verfahren sowie die Voraussetzung für einen einheitlichen Maßstab des Strahlenschutzes.

Da die Modalitäten der Messung ionisierender Strahlung von größter Bedeutung für die zuverlässige Strahlenschutzüberwachung sind, ist die Arbeit der ICRU auch für internationale Fragen des Strahlenschutzes von besonderem Gewicht. Das hat zur Folge, daß die ICRU – ebenso wie die ICRP – als nichtstaatliche Organisation mit der WHO und dem UN-Ausschuß für die Wirkung ionisierender Strahlung zusammenarbeitet.

c) Internationale Strahlenschutz-Vereinigung (IRPA)

In der IRPA schlossen sich 1966 nationale und regionale Strahlenschutzgesellschaften auf internationaler Ebene zusammen. Die Wissenschaftler, die diesen Gesellschaften angehören – in der Bundesrepublik Deutschland und der Schweiz: Fachverband für Strahlenschutz e.V. – sind automatisch auch Mitglieder der IRPA. Zur Zeit gehören ihr 22 Gesellschaften aus West und Ost[1] mit ca. 6200 Mitgliedern an. Ihr vornehmliches Ziel ist die Förderung internationaler Kontakte und Kooperation bei Strahlenschutzproblemen. Zu diesem Zweck veranstaltet sie u. a. weltweite und regionale Konferenzen. Die IRPA ist von der WHO offiziell anerkannt, und sie nimmt einen Sitz in deren Generalversammlung ein. Sie unterstützt die Arbeit der ICRP.

---

[1] U. a. die Strahlenhygiene – Sektion der Wissenschaftlichen Hygienegesellschaft der Sowjetunion.

d) Internationale Organisation für Normung (ISO)

Als nichtstaatliche Organisation wurde die ISO 1956 gegründet. Ihre Aufgabe ist es, die Vereinheitlichung der Normen in der ganzen Welt zu fördern. Der Fachausschuß »Kernenergie« und der Unterausschuß »Strahlenschutz« haben für die Normung des Strahlenschutzes besondere internationale Bedeutung. Neben den Sicherheitsvorschriften für den Bau und Betrieb von Kernreaktoren werden Probenahmeverfahren für die Messung der Kontamination von Luft und Wasser geregelt, ebenso wie die Klassifizierung von Strahlendetektoren. Auch Fragen der Konstruktion von Transportbehältern für die sichere Beförderung radioaktiver Stoffe werden von der ISO bearbeitet.

2. Vereinte Nationen und ihre Sonderorganisationen

a) Vereinte Nationen

Die von den Vereinten Nationen 1955, 1958, 1964 und 1972 veranstalteten Konferenzen für die friedliche Nutzung der Kernenergie in Genf[2] sind für den internationalen Strahlenschutz wichtige internationale Begegnungen gewesen. Sachfragen aus diesem Bereich sind dagegen fast ausschließlich von den Sonderorganisationen bearbeitet worden.

Der wissenschaftliche Ausschuß der Vereinten Nationen zur Untersuchung der Wirkung ionisierender Strahlung (USCEAR) ist von der UN-Generalversammlung 1955 eingesetzt worden. Er hat die Aufgabe, in enger Fühlungnahme mit den UN-Sonderorganisationen und mit anderen internationalen Organisationen eine umfassende Bestandaufnahme zu dem »Problem der Belastung des Menschen durch ionisierende Strahlung« zu erarbeiten. Der erste Bericht wurde 1958 von den Vereinten Nationen veröffentlicht.

b) Internationale Atomenergie-Organisation (IAEA)

Die IAEA[3] ist eine Organisation, die ausschließlich Kernenergiefragen bearbeitet. Im Bereich des Strahlenschutzes hat sie seit Beginn ihrer Tätigkeit im Jahre 1957 in zahlreichen Aktivitäten wichtige Probleme gelöst. In Seminaren und Forschungsvorträgen wurden Fragen der Sicherheitsgrundnormen, der biologischen Wissenschaften, des Strahlenschutzes bei der Beförderung radioaktiver Stoffe, der Beseitigung radioaktiver Abfälle und der Reaktorsicherheit behandelt. Die Organisation berät ihre Mitglieder in den verschiedenen prak-

---

[2] Deshalb auch oft als Genfer Konferenzen bezeichnet.
[3] Näheres über die IAEA siehe auch in diesem Band bei Werner *Ungerer*, Die Rolle internationaler Organisationen bei der Verhinderung mißbräuchlicher Verwendung der Kernenergie, S. 161 ff.

tischen Fragen des Strahlenschutzes. Auf Antrag einer Regierung übernimmt die IAEA die Ausarbeitung von Gutachten über die Sicherheit von Reaktoren in dem betreffenden Land. Ebenso führt sie Untersuchungen über mögliche Unfälle in Reaktorstationen durch.

Die IAEA arbeitet mit Organisationen in West und Ost zusammen[4], sie veranstaltet internationale Konferenzen und Expertentreffen und fördert dadurch die internationalen Kontakte. Sie schafft neue Verbindungen für die Zusammenarbeit auf dem Gebiet der Kernenergie und damit auch des Strahlenschutzes. Die Ergebnisse ihrer Tätigkeiten hat die IAEA in einer Vielzahl von Veröffentlichungen herausgegeben. In einer besonderen Publikationsreihe wurden bis heute etwa 40 Empfehlungen auf dem Gebiet des Strahlenschutzes (safety serie) veröffentlicht, die fortlaufend dem neuesten Erkenntnisstand angepaßt werden.

c) Die Internationale Arbeitsorganisation (ILO)

Die ILO ist die älteste UN-Sonderorganisation. Sie wurde bereits 1919 vom Völkerbund gegründet und 1945 den Vereinten Nationen als Sonderorganisation angegliedert. Sie führt alle Arbeiten durch, die der Verbesserung der Arbeitsbedingungen und der Lebenshaltung der Arbeitnehmer dienen. Die Behandlung der Fragen des Schutzes der Arbeitnehmer gegen Strahlengefahren gehörten schon früh zu den Aufgaben dieser Organisation.

Da das Personal von Spezialfirmen zunehmend über die Staatsgrenzen hinaus an Kernenergieanlagen arbeitet, also ein Austausch von Arbeitskräften zwischen den verschiedenen Ländern stattfindet, sind die beruflichen Strahlengefahren von besonderem Interesse für die zwischenstaatlichen Beziehungen geworden. Die ILO gibt deshalb regelmäßig Muster-Sicherheitsvorschriften und internationale Informationen zum Schutz der Arbeitskräfte, zur Unfallverhütung, Arbeitshygiene und Arbeitsmedizin heraus, die den Mitgliedstaaten eine Verbesserung ihrer Strahlenschutzbedingungen ermöglichen sollen. Eine Kooperation zwischen der ILO und der IAEA, die gegenseitige Konsultationen bei der Bearbeitung der Strahlenschutzprobleme umfaßt, gibt es seit 1958. Seit 1961 besteht ein Zusammenarbeitsabkommen zwischen der ILO und Euratom.

d) Weltgesundheitsorganisation (WHO)

1948 wurde die WHO als UN-Sonderorganisation gegründet, mit dem Ziel, die Gesundheit aller Völker auf einen möglichst hohen Stand zu bringen. Ihre technische und beratende Tätigkeit bedeutet für die Mitgliedstaaten fachlichen Beistand bei der Bewältigung der Probleme im Hygiene- und Gesundheitswesen. Die Zuständigkeit der WHO auf dem Gebiet des Strahlenschutzes besteht vor allem in der Unterstützung der Gesundheitsbehörden der Mitgliedstaaten bei

---

[4] Siehe dazu in diesem Band Beate *Lindemann*, Friedliche Nutzung der Kernenergie und internationale Organisationen, S. 441 ff.

der Ausarbeitung von innerstaatlichen Strahlenschutzprogrammen. Die WHO arbeitet eng mit der IAEA, der ICRP und der ICRU zusammen. Sie ist an Kolloquien und Tagungen über spezielle Fragen des Strahlenschutzes beteiligt, die vom UN-Ausschuß (UNSCEAR) und anderen internationalen Organisationen und UN-Sonderorganisationen veranstaltet werden.

e) Organisation für Ernährung und Landwirtschaft (FAO)

Die FAO wurde 1945 als UN-Sonderorganisation mit Sitz in Rom errichtet. Die Verbesserung der Ernährung, Lebenshaltung, Produktivitätssteigerung und Verteilung aller Nahrungsmittel sowie landwirtschaftlicher Erzeugnisse sind ihre Hauptaufgaben. In den letzten Jahren hat die FAO ihre Tätigkeit in erheblichem Maße ausgebaut, insbesondere im Hinblick auf die Kontamination der wichtigsten Lebensmittel durch radioaktive Stoffe und die Festsetzung von Strahlenschutznormen. Sie vollzieht ihre Arbeit in enger Fühlungsnahme mit der WHO und der IAEA[5].

3. Organisationen für die europäische Zusammenarbeit

a) Die Kernenergie-Agentur (NEA) der OECD und andere Organisationen

Die NEA[6] – bis 1972 die ENEA – ist eine besondere Körperschaft der OECD. Ihr gehören neben 18 europäischen Ländern die Vereinigten Staaten von Amerika, Kanada und Australien als assoziierte Mitglieder und Japan als Vollmitglied an. Sie hat die Aufgabe, die Entwicklung der Erzeugung von Kernenergie und ihre Verwendung zu friedlichen Zwecken in den Teilnehmerstaaten zu fördern. Der Unterausschuß für Gesundheit und Sicherheit ist zuständig für die Ausarbeitung von Strahlenschutznormen.

Außerdem werden von der Westeuropäischen Union, vom Europarat, vom Zentralamt für den internationalen Eisenbahnverkehr und von der Wirtschaftskommission für Europa internationale Fragen des Strahlenschutzes direkt oder indirekt, insbesondere im Hinblick auf Beförderungsprobleme, bearbeitet.

Die Internationale Kommission zum Schutze des Rheins gegen Verunreinigungen beschäftigt sich mit allen Problemen, die in den Anliegerstaaten des Rheins durch Verunreinigungen dieses Flusses entstehen. Es werden u. a., veranlaßt von einer speziellen Kommission, seit 1947 in regelmäßigen Zeitabständen Radioaktivitätsmessungen des Rheinwassers vorgenommen. Diese Untersuchungen erfassen den gesamten Flußlauf. Sie sind im Hinblick auf die friedliche Nutzung der Kernenergie von besonderer Wichtigkeit für den internationalen Strahlenschutz.

---

[5] Zur organisatorischen Verbindung von IAEA und FAO siehe *Lindemann*, ebd., S. 442 f.
[6] Siehe dazu in diesem Band ausführlich *Ungerer* (Anm. 3), S. 200 ff.

b) Die Europäische Atomgemeinschaft (Euratom)[7]

Im Bereich des Strahlenschutzes ist Euratom zuständig für die Regelung von Gefahren, die sich für die Bevölkerung und die Arbeitskräfte aus der Verwendung der Kernenergie ergeben können. Die Kommission überwacht zu diesem Zweck u. a. im gesamten Gebiet der Gemeinschaft ständig die Umweltradioaktivität und übt eine mittelbare Kontrolle über die Beseitigung der radioaktiven Abfälle aus. Gemäß den Bestimmungen des Euratom-Vertrages (Art. 31, 218) hat der Rat der Europäischen Gemeinschaft am 2. Februar 1959 Richtlinien zur Festlegung der Grundnormen für den Gesundheitsschutz der Bevölkerung und der Arbeitskräfte gegen die Gefahren ionisierender Strahlung erlassen. Die Euratom-Richtlinien verpflichten die Mitgliedstaaten – im Unterschied zu anderen internationalen Ausarbeitungen zum Strahlenschutz – in geeigneten nationalen Rechtsvorschriften die Beachtung der in den Grundnormen festgelegten Grundsätze sicherzustellen. Der materielle Inhalt der Euratom-Grundnormen ist lückenlos in die Stahlenschutz-Verordnungen der Bundesrepublik Deutschland übernommen worden.

Die Normen wurden von Mai bis Oktober 1958 durch eine Experten-Kommission ausgearbeitet, die aus wissenschaftlichen Sachverständigen der Mitgliedstaaten, insbesondere aus Sachverständigen für die Volksgesundheit (Art. 31), bestand. Die Experten-Gruppe und die Kommission konnten bei ihrer Arbeit auf die ICRP-Strahlenschutz-Empfehlungen zurückgreifen.

III. Internationale Aufgaben des Strahlenschutzes

Bei der Vielfalt der von den verschiedenen internationalen Gremien und Organisationen erarbeiteten Richtlinien, Normen und Empfehlungen stellt sich die Frage, inwieweit es überhaupt möglich ist, Aufgaben des Strahlenschutzes international zu lösen. Probleme des Strahlenschutzes auf internationalem Gebiet wird es immer dann geben, wenn bei der friedlichen Nutzung der Kernenergie die Abgabe radioaktiver Stoffe – zusammen mit Abfall, Abluft und Abwasser – in die Biosphäre erfolgt und damit die Möglichkeit gegeben ist, daß die radioaktiven Stoffe den jeweiligen nationalen Bereich verlassen und zu einer Strahleneinwirkung außerhalb des Hoheitsgebietes führen. Werden radioaktive Stoffe in Atemluft, Trinkwasser oder Nahrung festgestellt, so entsteht das Problem der gesundheitlichen Gefährdung der Bevölkerung.

Alle internationalen Organisationen und insbesondere die ICRP haben Empfehlungen hinsichtlich der zugelassenen Strahlendosis für die Bevölkerung herausgegeben. Andererseits wird aber von der Wissenschaft gefordert, unabhängig von diesen Grenzwerten die Strahleneinwirkung so gering wie möglich zu halten. Diese Situation zeigt, daß es für eine Beurteilung des Strahlenrisikos

---

[7] Siehe *Ungerer,* ebd., S. 192 ff.

im Grunde keine absolute Grenze gibt, sondern daß ein Kompromiß zwischen dem Gesundheitsschutz und den Erfordernissen des wissenschaftlichen und technischen Fortschritts zur Verbesserung der Lebensbedingungen gefunden werden muß. In dem Sinne werden gegenwärtige und künftige Lösungen des Strahlenschutzproblems immer einen Kompromiß zwischen dem Ideal der absoluten Sicherheit und den Erfordernissen der friedlichen Kernenergie bedeuten.

Einen exakten Nachweis dafür, daß eine Grenzdosis existiert, unterhalb derer keine Strahlenschäden auftreten, wird es nie geben, da alle Strahlenschäden (somatisch oder genetisch) keine spezifischen Spätschäden sind, sondern auch spontan auftreten können und bei allen Bevölkerungsgruppen mit gewissen Schwankungen festzustellen sind. Die Gesetzmäßigkeiten des Auftretens von Strahlenkrebs einschließlich Leukämie in Abhängigkeit von der applizierten Dosis wurde an den Überlebenden der Atombombenexplosionen von Hiroshima und Nagasaki sowie an Patienten mit Morbus Bechterew, die mit Röntgenstrahlen therapeutisch behandelt wurden, ermittelt. Handelt es sich bei beiden Fällen um relativ hohe, kurzzeitige Strahlenexpositionen, so konnte aufgrund der in diesem Dosisbereich ermittelten Gesetzmäßigkeiten doch eine Abschätzung des Risikokoeffizienten vorgenommen werden. Hierbei wird von der ungünstigen Annahme einer linearen Beziehung zwischen Dosis und der Häufigkeit des auftretenden Strahlenkrebses auch im Bereich sehr kleiner Dosen bis hin zur Dosis Null ausgegangen. Eine zuverlässige Quantifizierung des Risikos, also die Ermittlung der Wahrscheinlichkeit des Auftretens von Strahlenkrebs im Bereich der Dosen von 20 bis 100 rad, ist nicht möglich und wird wahrscheinlich auch niemals möglich sein. Es werden hier nur theoretische Annahmen weiterhelfen, die aber experimentell wegen des spontanen Auftretens der gleichen Erkrankungen und der großen statistischen Fehler vorläufig nicht überprüft werden können. Das ist ein Beispiel für »Trans-Science«, wie A. M. Weinberg[8] die Probleme in der modernen Wissenschaft und Technik bezeichnet, bei denen zwar theoretische Berechnungen vorgenommen, experimentelle Nachweise aber nicht geführt werden können. Trotzdem dient aus Sicherheitsgründen diese theoretische Annahme als Grundlage aller Strahlenschutz-Empfehlungen der ICRP. Alle empfohlenen Dosisgrenzwerte enthalten folglich ein gewisses Risiko, über dessen Akzeptierbarkeit nicht von der Wissenschaft, sondern von der Gesellschaft und den politischen Instanzen entschieden werden muß.

Vor diesem Hintergrund fand in den fünfziger und sechziger Jahren die leidenschaftliche Diskussion über die Gefahren der Atombombenversuche statt. Der weltweite »fall-out« dieser Versuchsexplosionen war das erste internationale Strahlenschutzproblem, das auch von der Öffentlichkeit engagiert verfolgt wurde. Das Risiko für die Bevölkerung, das mit der zusätzlichen Strahlenexposition verbunden war, wurde von den Verantwortlichen mit Gründen der militärischen Sicherheit gerechtfertigt. Es ist unter diesen Umständen ver-

---

[8] Vgl. Alvin M. *Weinberg*, Science and Trans-Science, in: *Science*, 177/1972, 211/1972.

ständlich, daß weltweite Bürgerinitiativen und politische Kräfte die Strahlengefahr durch diese zusätzliche Exposition dazu benutzten, um mit Nachdruck die Einstellung der Kernwaffenversuche zu fordern[9]. Da viele dieser Gegner aber auch gegen die Atombewaffnung an sich waren, schlossen sich in diesen Bewegungen ideologisch-pazifistisch und religiös motivierte Randgruppen mit großen nationalen und internationalen politischen Gruppen zusammen. Nicht zuletzt als Folge dieser politischen Aktivitäten haben die Vereinten Nationen 1955 beschlossen, durch ihren wissenschaftlichen Ausschuß (UNSCEAR) eine Bestandsaufnahme über die Gefahren der Radioaktivität erarbeiten zu lassen. Im Rahmen der Arbeit des Ausschusses haben Ost und West zum ersten Mal gemeinsam versucht, aufgrund wissenschaftlicher Analysen das Strahlenrisiko abzuschätzen. Das Problem des somatischen und genetischen Strahlenrisikos wurde im ersten Bericht sehr eingehend im Vergleich zur natürlichen Strahlenexposition diskutiert.

Nachdem die Vereinigten Staaten von Amerika und die Sowjetunion sich verpflichtet hatten, 1963 im Teststop-Vertrag die Kernwaffenversuche in der Atmosphäre, im Weltraum und unter Wasser einzustellen, ebbte die Diskussion über die Strahlengefahr ab. Allerdings kommt es auch heute noch bei oberirdischen Kernwaffenversuchen, z. B. durch Frankreich und die Volksrepublik China, zu heftigen Protesten in Form von Bürgerinitiativen und diplomatischen Demarchen durch die Regierungen der betroffenen Länder.

Der friedlichen Nutzung der Kernenergie wurden bei der Planung und bei den Genehmigungsverfahren für Kernkraftwerke in den einzelnen Ländern die von der ICRP festgelegten Dosisgrenzwerte und Strahlenschutzprinzipien zugrunde gelegt. Mit wachsendem Umweltbewußtsein, das zum Teil von den massiven Aktionen der Bürgerinitiativen gefördert wurde, rückten die Strahlenschutzprobleme bei der friedlichen Nutzung der Kernenergie erneut in den Brennpunkt der öffentlichen Diskussion. Es kam zu einer ungewöhnlichen Beunruhigung aus Angst vor der Strahlengefahr, die noch nachträglich durch das Hiroshima-Ereignis und durch die weltweite Diskussion gegen die Atomwaffenversuchsexplosionen genährt wurde.

Einen neuen Stellenwert erhielten die Diskussionen, als Fachwissenschaftler der Atomforschung mit Publikationen an die breite Öffentlichkeit traten, in denen extreme theoretische Abschätzungen bezüglich des somatischen Strahlenrisikos diskutiert wurden. Die Bürgerinitiativen haben diese Ergebnisse stark in den Mittelpunkt ihrer Überlegungen zu dem sog. Restrisiko gestellt. Waren die von Fachwissenschaftlern verfaßten Berichte der ICRP und des UNSCEAR für Laien und auch für politische Gremien schwer verständlich, so wurde durch die Aktivität der Bürgerinitiativen einer breiteren Öffentlichkeit zum ersten Male bewußt, was die Probleme des Restrisikos und der Linearität der Dosis-Wir-

---

[9] Siehe dazu in diesem Band Peter *Menke-Glückert,* Atomenergie, Umweltschutz und internationale Konflikte – ein Ausblick, S. 300 ff.

kung-Beziehung im Bereich kleiner Dosen, was also die Probleme der Wirksamkeit geringster Dosen wirklich bedeuten. Das hat dazu geführt, daß sich politische Stellen zum ersten Mal über die Bedeutung der Dosisgrenzwerte, die den Strahlenschutz-Verordnungen zugrunde gelegt waren, in vollem Umfang Klarheit verschafften. Das Zusammenwirken von Wissenschaftlern, die gegen den weiteren Ausbau der Kernenergie große Bedenken hegten, und Bürgerinitiativen haben in Ländern mit freien Massenmedien ein Anwachsen der kernenergiefeindlichen öffentlichen Meinung zur Folge gehabt. Einige Bürgerinitiativen sind inzwischen international zusammengeschlossen und verfügen über so gute Kommunikationswege, daß ihre Argumentation heute schnell in den Mittelpunkt der öffentlichen Diskussion gelangt. Die Bürgerinitiativen bilden heute ein großes Potential für die Meinungsbildung im Bereich der Kernenergie.

Die bei den weltweiten Bemühungen der Bürgerinitiativen zur Beweisführung benutzten Publikationen erfüllen die Kriterien der Aktualität und Publikumswirksamkeit. Andere Fachpublikationen auf dem Gebiet des Strahlenschutzes und der Strahlenbiologie, die z. B. Hinweise darauf geben, daß die bei den Strahlenschutznormen zugrunde gelegte Dosislinearität nicht unbedingt zutrifft und daß der Zeitfaktor, d. h. die Erholung während der Bestrahlung, eine Reduzierung des Strahlenrisikos erwarten läßt, finden dagegen keine öffentliche Beachtung mehr. Es ist deshalb eine vordringliche Aufgabe internationaler wissenschaftlicher Vereinigungen, eine sachbezogene Auswertung aller Veröffentlichungen über Strahlenschutz und Strahlenbiologie vorzunehmen. Damit sollte die Voraussetzung für eine – auf einer ausgewogenen sachlichen Basis beruhenden – Novellierung der Strahlenschutz-Empfehlungen sichergestellt werden, die auch für die Öffentlichkeit verständlich ist.

Durch die öffentliche Diskussion werden Wissenschaftler häufig gezwungen, sich mit den von den Gegnern zum Teil sehr einseitig ausgelegten Publikationen vorrangig zu beschäftigen, da sie von verunsicherten staatlichen Instanzen gerade zu diesen Arbeiten um Stellungnahme befragt werden. Infolge der gehäuften Beschäftigung mit diesen Arbeiten entsteht aber auch ein gewisser Rückkoppelungseffekt, der bei der Beurteilung des Wertes bestimmter Publikationen nicht unberücksichtigt bleiben darf.

Die heftigen Auseinandersetzungen mit der Strahlenbelastung durch Kernkraftwerke veranlaßte 1971 die USAEC, die Abgabebedingungen für radioaktive Stoffe aus Kernkraftwerken in Abluft und Abwasser in einer Genehmigungsrichtlinie neu zu regeln und hierbei u. a. die Einhaltung eines Dosiswertes von 5 mrem/a[10] am Zaun der Kraftwerke festzulegen. Diese Präzisierung bedeutet lediglich die Fixierung eines Zahlenwertes, der aufgrund des Standes der Technik einzuhalten ist. Von den modernen Kernkraftwerken wurden in der Regel auch ohne diese Festlegung die Werte aufgrund der Strahlenschutzforderung, die Abgaben so gering wie möglich zu halten, und aufgrund der des-

---

[10] Maßeinheit der jährlichen Strahlungsdosis.

halb entwickelten technischen Konzeption längst eingehalten. Die Festsetzung dieser geringen Werte wird in der Diskussion heute als Beweis für die großen Fehler bei der Aufstellung von Richtwerten für den Strahlenschutz und für die Gefahren der Kernkraftwerke gesehen, obwohl sie letztlich nur ein Beweis für das sehr vorsichtige und verantwortungsvolle Handeln bei der Konzeption, beim Bau und beim Betrieb von Kernkraftwerken darstellen.

Wie weit die Verunsicherung geht, zeigt sich auch in der Urteilsbegründung eines Oberverwaltungsgerichts in der Bundesrepublik Deutschland. Zwar wurde der Antrag auf einstweilige Verfügung zur sofortigen Stillegung eines Kernkraftwerkes zurückgewiesen, aber dennoch muß bei den Richtern ein erheblicher Zweifel an unserer Strahlenschutz-Verordnung bestehen, wenn sie in der Urteilsbegründung u. a. schreiben:

»Im Hinblick auf die verfassungsrechtliche Rangordnung der Rechtsgüter vermag es nicht zu befriedigen, wenn sich die für die Ausarbeitung von Dosisgrenzwerten verantwortlichen Wissenschaftler von der Vorstellung leiten lassen, das maximal akzeptable Strahlenrisiko für die Gesamtbevölkerung durch zivilisatorische Strahlenquellen müsse so niedrig festgelegt werden, daß es infolge dieser Strahlenexposition zu keiner statistisch signifikanten Erhöhung der Krebshäufigkeit in der Gesamtbevölkerung bzw. einer damit verknüpften Verkürzung der mittleren Lebensdauer komme (Jacobi in ›Allgemeine Strahlenbelastung des modernen Menschen‹, S. 78). Der Umstand, daß beim gegenwärtigen Stande der biologischen und medizinischen Forschung jeder Mensch mit dem Risiko der spontanen Krebserkrankung belastet ist und daß dieses Risiko auch statistisch nicht exakt erfaßbar ist, sondern mit einer gewissen statistischen Schwankungsbreite in Erscheinung tritt, rechtfertigt es nicht, eine statistisch berechenbare Erhöhung des strahlenbedingten Risikos zuzulassen, solange es sich nur im Bereich der erwähnten statistischen Schwankungsbreite spontaner Erkrankungen bewegt. Menschliches Leben darf den Auswirkungen des technischen Fortschritts auch dann nicht schutzlos preisgegeben werden, wenn dies bei der Vielfalt anderer, unberechenbarer Risiken im Einzelfall und auch in der Gesamtstatistik verborgen bleibt.«[11]

Diese Ausführungen zeigen in aller Deutlichkeit das Bewußtwerden des Problems Restrisiko und die einseitige Interpretation zu Ungunsten der Kernenergie. Hier sei deshalb zum Vergleich die Frage erlaubt: Nach welchem Maßstab soll eine Geschwindigkeitsbegrenzung für den Kraftverkehr erfolgen? Wenn die Ausführungen des Gerichts konsequent angewandt würden, wäre hier nur die Geschwindigkeit 0 km/h zuzulassen, ganz zu schweigen von den Problemen der toxischen Stoffe in Autoabgasen und der Lärmbelästigung durch den Verkehr. Nur die Geschwindigkeit 0 km/h wird dem einzelnen und der Allgemeinheit die Sicherheit geben, die in der Urteilsbegründung des Gerichts verlangt wird.

Wenn auch Nachteile für die Gesellschaft nicht dadurch entschuldigt werden können, daß andere Nachteile bestehen, so muß man aber grundsätzlich bei der Betrachtung zivilisatorischer Risiken zwischen dem Nutzen und den Risiken abwägen. Streng genommen müßte auch die konventionelle Energiegewinnung, d. h. die Energiegewinnung durch Verbrennen von Öl und Kohle oder die

---

[11] OVG Lüneburg, Beschluß vom 20. 6. 1974 – VII OVG B 27/73, VII OVG B 71/73.

Stromgewinnung durch Wasserkraft nach den gleichen Gesichtspunkten wie die Kernenergie beurteilt werden, denn sie ist ebenfalls mit Risiken für die Allgemeinheit verbunden. Beim Verbrennen von Kohle und Öl kommt es zur Emission von Staub und toxischen Stoffen, wie z. B. Schwefeldioxyd, Stickoxyd und Fluor, die nachteilige Auswirkungen auf die Lebensbedingungen der Bevölkerung haben. Selbst radioaktive Stoffe werden bei der Verbrennung von Kohle und Öl freigesetzt. Dazu gehören die α-Strahler Radium und Thorium, Stoffe von hoher Radiotoxität. Aus den Emissionsraten dieser Stoffe ließe sich ebenfalls eine zusätzliche Strahlenbelastung der Bevölkerung berechnen und damit auch eine Anzahl zusätzlicher theoretisch möglicher Krebsfälle.

Diese Betrachtungen zeigen, daß es nicht darum gehen kann, verschiedene Risiken gegeneinander aufzurechnen, sondern daß von kompetenter Seite der gesamte Problembereich der zivilisatorischen Risiken rational quantifiziert werden muß. Die Kernenergie hat bewirkt, daß durch die öffentliche Erörterung vor der Errichtung jedes Kernkraftwerks die damit auftretenden Probleme der Öffentlichkeit bewußt werden, so daß in Zukunft immer stärker die Umweltgefahren in allen ihren Konsequenzen bei Planungen und Maßnahmen berücksichtigt werden müssen.

Unabhängig von dieser überwiegend wissenschaftlich geführten – mit ethischen Komplexen überlagerten – Kontroverse müssen wir heute aber auch mit einer stark ideologisch-politischen Auseinandersetzung rechnen. So schreibt z. B. ein Professor der Kernphysik von der Universität Bremen – zwar nicht in einer wissenschaftlichen Zeitschrift, aber in einer Studentenzeitung – zum Problem der Kernenergie folgendes:

»Der Kampf um verbesserte Sicherheitsvorkehrungen, Senkung der Toleranzwerte oder auch zur Verhinderung spezieller Kraftwerk-Projekte ist berechtigt. Das bedeutet jedoch keine prinzipielle Ablehnung der Kernenergie. So müssen z. B. die Atombombenversuche der VR China, die sicherlich auch Radioaktivität erzeugen, gutgeheißen werden – sind sie doch zur Sicherung der sozialistischen Hauptmacht und der revolutionären Befreiungsbewegungen in aller Welt unvermeidlich.«[12]

Diese Ausführungen zeigen, wie stark ideologische und politische Argumente in den Wissenschaftsbereich eingedrungen sind. Sie machen es Verwaltungsgremien äußerst schwer, wissenschaftliche Erkenntnisse in ihrer Arbeit zu verwerten. Andererseits entsteht durch solche Formulierung leicht die Gefahr, daß generell kritische Einwände und Forderungen zur Sicherheit von Kernkraftwerken als politische Manipulation abgetan werden. Beide Argumente zeigen die Notwendigkeit, daß internationale Organisationen sich um die Erarbeitung einer möglichst ausgewogenen Stellungnahme zu den für die gesamte zivilisatorische Welt wichtigen Fragen bemühen. Nur so wird die weitere Entwicklung eines vernünftigen Wachstums unter Einhaltung eines zuverlässigen Gesundheitsschutzes der Bevölkerung gewährleistet sein.

---

[12] J. *Scheer*, Strahlenschutz im Kapitalismus, in: *DVD* vom 28. November 1973, S. 10.

Die Wissenschaft kann nur Gesetzmäßigkeiten erkennen und Abschätzungen vornehmen. Die Festlegung, welches Risiko die Gesellschaft im Interesse eines ausgewogenen zivilisatorischen Wachstums auf sich nehmen muß, wird immer eine politische Entscheidung bleiben. Je mehr eine Quantifizierung zivilisatorischer Risiken durch internationale Organisationen vorgenommen wird, um so leichter werden die politischen Instanzen notwendige Entscheidungen treffen. Diese wertvolle und wichtige Aufgabe im Rahmen des Umweltschutzes stellt sich nicht nur für die internationalen Organisationen im Bereich der Kernenergie, sondern ebenso für die Weltgesundheitsorganisation und für die neu geschaffene internationale Umweltbehörde (UNEP).

LITERATUR

Häfele, Wolf: Die Kernenergie in der technischen Welt der Zukunft. Vortrag auf der 1. Internationalen Tagung für Kernenergierecht (Nuclear Inter Jura). 1973.
Hug, Otto: Strahlenschäden und Strahlenschutz. In: *Atomwirtschaft* 16/1971, S. 294–300.
Jacchia, Enrico: Atom, Sicherheit und Rechtsordnung. Freudenstadt 1965.
Jacobi, Wolfgang: Die Grenzen der Strahlenbelastung. In: Allgemeine Strahlenbelastung des modernen Menschen, hrsg. Schweizerische Vereinigung für Atomenergie (SVA). Zürich-Oerlikon 1973.
—: Tendenzen der ICRP. 6. Jahrestagung des Fachverbandes für Strahlenschutz. In: KFK-Bericht 1638, Mai 1972.
Lindackers, Karl-Heinz u. a.: Kernenergie – Nutzen und Risiko. Stuttgart 1970.
Rose, D. J.: Nuclear Electric Power. In: *Science*, 184/1974, S. 351–359.
Weinberg, Alvin M.: Science and Trans-Science. In: *Science*, 177/1972 und 211/1972.
Recommendations of the International Commission on Radiological Protection. ICRP-Publication 6 (1964), 9 (1966). Pergamon Press.
Report of the United Nations Scientific Committee on the Effects of Atomic Radiation. New York 1958, 1962, 1966.
Ionizing Radiation: Level and Effects. Vol. I, II. Report of the United Nations Scientific Committee on the Effects of Atomic Radiation. New York 1972.
The Effects on Populations of Exposure to Low Levels of Ionizing Radiation. National Academy of Science, National Research Council (USA). Washington, D.C., November 1972.
The Evaluation of Risks from Radiation. ICRP-Publication 8 (1968). Pergamon Press.

ATOMENERGIE, UMWELTSCHUTZ UND INTERNATIONALE KONFLIKTE – EIN AUSBLICK

Peter Menke-Glückert

I. Kerntechnik als Leitbild der Politik

Seit der Entdeckung der Kernspaltung und dem Bau der Atombombe sind Wissenschaft und Politik in einen neuen Aggregatzustand eingetreten. Die Wissenschaft hat ihre Wertfreiheit gegenüber Einflüssen der Politik verloren; der Wahrheitsbegriff selbst ist politisiert (und zwar nicht nur in seiner marxistischen Variante des wissenschaftlichen Sozialismus). Die Politik bedient sich in zunehmendem Maße wissenschaftlicher Techniken und Arbeitsinstrumente. Auf der anderen Seite nimmt die Wissenschaft am politischen Entscheidungsprozeß teil, ergreift Partei und liefert politischen Gruppierungen Argumente. Das letzte Beispiel in einer langen Reihe von Kampagnen engagierter Wissenschaftler ist der Bericht des Club of Rome zur Lage der Menschheit: »Grenzen des Wachstums« war das Thema des Treffens von Staatspräsidenten und Politikern im Herbst 1973 in Salzburg[1].

Dieser neue, wissenschaftlich argumentierende Stil der Politik, häufig auch als wissenschaftliche Politik oder Technokratie bezeichnet, ist untrennbar mit der Entwicklung der Kernforschung und Kerntechnik verbunden. Im Guten wie im Bösen stand die Kerntechnik Pate für die Leitbilder und Idealtypen der Politik in der zweiten Hälfte des 20. Jahrhunderts. Es waren die möglichen militärischen Anwendungen der Kernforschung, die den ersten Großeinsatz der Wissenschaft – also »Big Science« im modernen Sinn – 1942 bis 1945 in den Vereinigten Staaten von Amerika auslösten. Das Manhattan-Projekt führte zum Abwurf der Atombombe im August 1945 in Hiroshima und Nagasaki, also zur »wissenschaftlich geplanten Apokalypse«. Seit dem Manhattan-Projekt ist Wissenschaft in das politische Management der Industriestaaten integriert und Teil des Machtkalküls geworden. Nach Berechnungen der OECD arbeiteten 1965 bereits fast 70 vH aller Ingenieurwissenschaftler der Welt, besonders im Bereich der Kernforschung und Kerntechnik, entweder in den Vereinigten Staaten oder in der

---

[1] Siehe Mihailo *Mesarović* und Eduard *Pestel*, Die Menschheit am Wendepunkt. 2. Bericht an den Club of Rome zur Weltlage, Stuttgart 1974.

Sowjetunion. Die Weltmachtstellung beider Großmächte, vor allem aber ihr militärisches Gewicht beruht seit Ende des Zweiten Weltkriegs in erster Linie auf ihrem wissenschaftlichen Potential. Dazu kommen ihre technische Überlegenheit auf Gebieten wie Weltraumforschung und elektronischer Datenverarbeitung, ihre Fortschritte auf den Gebieten der Kernforschung und Kerntechnik und ihre auf diesen Großtechnologien beruhenden modernen Waffensysteme. Wissenschaft ist damit »zu einer Großmacht wider Willen« geworden, wie es der erste Wissenschaftsminister der sozialliberalen Regierungskoalition, Hans Leussink, ausdrückte.

Kernphysik und Atomenergie spielen jedoch nicht nur eine Schlüsselrolle in der Ausprägung des technokratischen Stils in der Politik der Neuzeit, sondern Kernforscher haben der Wissenschaft auch eine neue moralische Qualität gegenüber Opportunismus und Verdacht der Käuflichkeit der Wissenschaft zurückgewonnen. Über die Machtanfälligkeit und Alibifunktionen der Wissenschaft wird reflektiert; die Wissenschaft hat eine neue kritische Qualität hinzugewonnen und den Elfenbeinturm verlassen. Ein Beweis dafür ist nicht nur die Unruhe an allen Universitäten der Welt, sondern auch das klare moralische Engagement vieler Wissenschaftler. Im Hinblick auf die neue kritische Qualität der Wissenschaft haben Kernphysiker auch insofern beispielhaft gewirkt, als sie einen neuen Typus des Wissenschaftlers geschaffen haben: interdisziplinär, die Berufsrollen zwischen Politik und Wissenschaft oft wechselnd, politisch engagiert. An das Engagement von Kernphysikern wie Robert Oppenheimer, Andrej Sacharov, Leo Szilard, Edward Teller oder Carl-Friedrich von Weizsäcker sei in diesem Zusammenhang erinnert.

Kernphysiker waren es, die die Pugwash-Konferenzen, die Vereinigung für soziale Verantwortung der Wissenschaft und schließlich die wissenschaftliche Schule der »arms control« ins Leben riefen. Kernforscher haben die Entwicklung der Friedensforschung maßgebend beeinflußt, viele Vorschläge für den Entwurf einer globalen Strukturpolitik und für eine Reform des Systems der Vereinten Nationen gemacht. Kernphysiker bildeten den Kern des Beraterstabes des ehemaligen amerikanischen Präsidenten John F. Kennedy und anderer amerikanischer Präsidenten.

Mit dem Bau der Atombombe hat die Wissenschaft »die Sünde kennengelernt«. Fast scheint es, als ob eine ganze Generation von Kernphysikern versucht hat, diesen Sündenfall wettzumachen durch verstärkte Aktivitäten für Friedensplanung, Abrüstung und Gesellschaftsreform. Aus der militärischen Nutzung ist die friedliche Nutzung hervorgegangen, die als Modell für eine mit Mitteln der Technik geplante neue bessere Welt angesehen wurde. Aller Optimismus der Atomenergieexperten, alle Hinweise auf Atomenergie als umweltfreundliche, ja sauberste der bekannten Reserve-Energiequellen haben Sorgen und Vorwürfe der Bürgerinitiativen und Umweltverbände nicht entkräften können. An der Kernenergie hat sich das ganze Mißtrauen der Umweltaktionsgruppen entzündet. Die Atomkatastrophe von Hiroshima ist nicht vergessen. Eine rational nicht erklärbare Urangst ist geblieben, trotz aller Gegendarstellungen der Fachleute.

II. Atomenergie als Modell für Forschungsplanung

Kernphysik und Atomenergie haben noch in einer weiteren Hinsicht stilbildend gewirkt. Der Gedanke der Forschungsplanung und das Einsetzen der Wissenschaft als Problemlöser für die Politik haben erst durch die mit gewaltigen öffentlichen Mitteln geförderten Kernenergieprojekte den Test der Praktikabilität bestanden. Durch die in Kernforschung und Kerntechnik entwickelten Modelle haben sich Arbeitsstil, Organisationsformen und Effizienz der Forschung in den letzten zwei Jahrzehnten sehr gewandelt. Weltmodelle und bisher für unlösbar gehaltene Aufgaben einer globalen Strukturpolitik wurden von einer vom Systemdenken der Kernphysik beeinflußten Wissenschaftlergeneration angepackt. Das große »Atoms-for-Peace«-Programm[2] war das erste Beispiel eines globalen Programms – mit deutlicher Absage an die einzelstaatliche Nutzenverrechnung und nationalstaatliche Politik der Vergangenheit. Die amerikanische Regierung legte im Juni 1946 der Atomenergie-Kommission der Vereinten Nationen den wohl bisher umfassendsten und weitestgehenden Rüstungskontrollplan vor (Baruch-Plan)[3]. Die Kontrolle über sämtliche irgendwo in der Welt gelagerten oder produzierten spaltbaren Materialien sollte einer internationalen Behörde unterstellt werden. Diese Weltbehörde sollte einen Plan für die Kontrolle aller Zweige der Atomindustrie und Atomforschung aufstellen. Alle Formen der Verfügungsgewalt über Kernbrennstoffe sollten erfaßt werden. Der von Kernphysikern entwickelte Baruch-Plan wurde damals von der Sowjetunion nicht akzeptiert. Die russische Seite befürchtete, die Amerikaner wollten sie auf die Dauer in der Rolle einer zweitklassigen militärisch-technologischen Macht halten. Diese Furcht war bei dem 1946 bestehenden amerikanischen Atomwaffenmonopol verständlich.

Die Kerntechnik setzte jedoch nicht nur Maßstäbe für globales Krisenmanagement durch Wissenschaft und Technik, wie es noch heute in zahlreichen Programmen der Vereinten Nationen, etwa der zweiten Entwicklungsdekade oder der UNIDO, eine Rolle spielt. Forschungsplanung und straffe Forschungsorganisation wurden in den sechziger Jahren in allen Industriestaaten eingeführt. Besonders in der OECD wurde ein neues Konzept der nationalen Wissenschaftspolitik diskutiert, entworfen und angewandt, das bis heute die Politik der Industrieländer prägt und zu einem Wettlauf um Nobelpreise und Anteile der Wissenschaftsausgaben am Bruttosozialprodukt geführt hat.

---

[2] Siehe dazu ausführlich in diesem Band Werner *Ungerer*, Die Rolle internationaler Organisationen bei der Verhinderung mißbräuchlicher Verwendung der Kernenergie, S. 155 f.
[3] Ebd., S. 154.

III. Kritiker der Atomenergie

Wissenschaftsgläubigkeit und Technikbegeisterung wurden jedoch nicht von allen Gruppen der Bevölkerung geteilt. Es schreibt zum Beispiel der Deutsche Naturschutzring e. V., Bundesverband für Umweltschutz:

»Die in aller Welt sich häufenden Pannen in Kernkraftwerken (Grundremmingen, Hanau[4], Würrgassen), die Giftskandale auf Müllkippen mit radioaktiven Abfällen beginnen in weitesten Kreisen der Bevölkerung eine große Unruhe, Sorge und tiefes Mißtrauen gegen die derzeit praktizierten Methoden von Atomenergiegewinnung auszulösen. Der große Auftrieb, den dieser Zweig der Energieversorgung durch die Maßnahmen der OPEC erhalten hat und der zu einer entsprechenden Ausweitung des bundesdeutschen Energieprogramms in dieser Richtung geführt hat, wird trotz der anerkannten Notwendigkeit der Bedarfssicherung nicht mehr widerspruchslos hingenommen.

Die Widerstände gegen die Errichtung von Kernkraftwerken sind so lange nicht unbegründet, als die durch den heutigen technischen Stand bestehenden, augenblicklich noch erheblichen Restrisiken nicht völlig geklärt sind. Die von den Interessenten gesteuerten und mit großem finanziellem Aufwand betriebenen Bagatellisierungsversuche dürfen nicht darüber hinwegtäuschen, daß hier ein echtes und sehr schwerwiegendes Anliegen der gesamten Bevölkerung vorliegt, die sich in ihren Existenzgrundlagen bedroht zu fühlen beginnt.«

Ein Pfarrer aus Württemberg meint, die Unruhe der Bevölkerung beruhe vor allem darauf, daß in den westlichen Fachbereichen kein einhelliges Urteil der Wissenschaft über die Unschädlichkeit von Atomkraftwerken in der heute geplanten Größenordnung von 1200 MW und mehr bestehe. Fast zu jedem Gutachten der antragstellenden Energiewirtschaft könnten anderslautende Gegengutachten erstellt werden. Allein gegen den Bau des geplanten Atomkraftwerkes bei Wyhl sind 90 000 Unterschriften gesammelt worden. Jeden Tag entstehen neue Protestgruppen gegen den Bau von Atomkraftwerken. Wie der Umweltschützer Pfarrer Heipp aus Saarbrücken wohl zu Recht feststellt, werden manche der Atomkraftwerkgegner, weil sie emotional übertrieben argumentieren, von der Industrie als »Spinner« oder »Hofnarren der umweltschädigenden Industrie« hingestellt, mit denen nicht sachlich diskutiert werden könne. Die zitierten Beispiele zeigen, wie politisch sensibilisiert die Bevölkerung inzwischen im Hinblick auf die Kernenergie geworden ist.

Seit fünf Jahren bilden sich in der ganzen Welt Bürgerinitiativen gegen den Bau von Atomreaktoren. Diese weltweite Bewegung erreicht den gleichen Grad von politischem Engagement und moralischer Argumentation wie vor 20 Jahren die Bewegung gegen den Atomtod durch nukleare Aufrüstung[5]. Wie in zahlreichen anderen Fällen setzten auch hier die Vereinigten Staaten ein Signal, das dann in vielen anderen Teilen der Welt aufgenommen wurde. 1967 begann in den Vereinigten Staaten eine Kampagne gegen die USAEC und die Reaktorindustrie mit breiter Resonanz in der Literatur und Presse. Ab 1972 nahm sich

---

[4] Gemeint ist die Brennelementefabrik in Wolfgang bei Hanau.
[5] Siehe dazu auch in diesem Band Karl *Aurand*, Strahlenschutz als Aufgabe des Umweltschutzes, S. 292 ff.

auch der bekannte amerikanische Bürgerrechtler Ralph Nader des Themas Atomenergie und Reaktorsicherheit an. Die Aktionen der Bürgerinitiativen führten zu einer Überprüfung aller Reaktorsicherheitsbestimmungen der USAEC. Eine Zeitlang wurde sogar ein Genehmigungsstop in der Öffentlichkeit diskutiert, von dem dann aber von den zuständigen Stellen Abstand genommen wurde. Auf jeden Fall haben sich in den Vereinigten Staaten Genehmigungsverfahren verzögert, die Sicherheitsauflagen sind präzisiert und verschärft worden, viele Bestimmungen wurden neugefaßt (zum Teil auch aufgrund des amerikanischen Gesetzes zur Festlegung einer nationalen Umweltpolitik).

Überall in der Welt stehen jeden Tag Sensationsmeldungen über radioaktiv verseuchtes Wasser, gefährliche radioaktive Abfälle, Bedrohung durch Kernkraftwerke in den Zeitungen. Die Opposition fragt die hessische Landesregierung, wie sicher radioaktive Stoffe in Wolfgang bei Hanau gelagert sind. Spiegel-Reporter fanden radioaktives Material auf der Müllkippe Obrigsheim im Odenwaldkreis. Immer wieder erscheinen auch Artikel über Strahlenbelastungen und Strahlenschäden.

Einige schwedische Sicherheitsexperten, wie z. B. G. Hambraeus, halten es für unverantwortlich, Atomreaktoren in die Nähe von Großstädten oder in Ballungsgebiete zu stellen; sie forderten die Verlegung der Atomreaktoren unter die Erde. In den Vereinigten Staaten wird zur Zeit ein Plan verwirklicht, Reaktoren auf Schiffe oder Inseln vor der Küste zu stellen, fern von menschlichen Ansiedlungen. Schwimmende Kernkraftwerkinseln können billiger und rascher hergestellt werden. In Kalifornien kommt eine bessere Sicherung vor Erdbeben gegenüber Standorten auf dem Lande als Argument für künstliche Inseln hinzu.

Fragen und Argumente sind dabei überall in der Welt die gleichen: Ist die seit der Ölpreiskrise stark forcierte Entwicklung der Atomenergie wirklich notwendig? Sind alternative Energiequellen gründlich genug erforscht und geprüft worden? Muß der Energieverbrauch weiter mit den gleichen Zuwachsraten gesteigert werden wie in den vergangenen zwei Jahrzehnten? Ist der berechnete Vorsorgebedarf an Kernenergie wirklich vorhanden, oder wird nicht von der interessierten Atomenergiewirtschaft ein solcher Bedarf behauptet? Wie sicher sind Kernkraftwerke – besonders bei Sabotage, Terroraktionen, Naturkatastrophen? Wie wahrscheinlich ist der Größte-Anzunehmende-Unfall (GAU)? Von den Bürgerinitiativen wird »der Aufbau eines korruptionssicheren kontinuierlichen und nicht von großen Interessen manipulierten Überwachungssystems« gefordert, das auch den Super-GAU, den sehr unwahrscheinlichen Fall einer Großkatastrophe, in die Sicherheitsüberlegungen einbezieht. Offensichtlich reichen den Bürgerinitiativen die bestehende internationale Überwachung und die nationalen atomrechtlichen Vorschriften nicht aus.

Der frühere Direktor des Lawrence-Laboratoriums der USAEC, John W. Gofman, ist neben A. R. Tamplin und E. J. Sternglass einer der am häufigsten zitierten Gegner der Kernkraftwerke. Er ist ein Beispiel dafür, wie politisch engagierte Wissenschaft mit rein hypothetischen Rechenwerten und dramatisierten theoretischen Annahmen bei Laien den Eindruck unmittelbarer akuter Gefahr hervorrufen kann. Auf dem internationalen Symposium »Energie–Mensch–Umwelt« des Gottlieb-Duttweiler-Instituts im Februar 1972 sagte Gofman sehr ehrlich:

> »Was die Kernenergie betrifft, da bin ich ein Extremist, ein völlig unvernünftiges Individuum: Ich bin gegen Kernenergienutzung in der gegenwärtigen Form... Ich mache mir keine Illusionen, daß ich irgend jemanden zu meinem Standpunkt bekehren werde...« Er fuhr dann fort: »Ich finde, daß die Atomwirtschaft unverantwortlich vorgegangen ist, als sie sich in der Nähe von Wohngebieten eingenistet hat, obwohl praktisch alle wichtigen Fragen noch unbeantwortet sind. Ich teile hinsichtlich der ›Sauberkeit‹ der Atomenergie keineswegs den Optimismus, der von interessierter Seite an den Tag gelegt wird. Radioaktive Strahlung ist ein viel gefährlicher Krebs- oder Leukämieerreger, als man noch vor einigen Jahren annahm. Alle Arten von Krebs können durch Strahlung hervorgerufen sein. Strahlung wirkt sich als Multiplikator anderer karzinogener Einflüsse aus. In den Vereinigten Staaten wird bei friedlicher Verwendung der Atomenergie der Durchschnitt der Bevölkerung noch immer 170 Millirad ausgesetzt werden. Unsere beste Schätzung lautet dahin, daß bei dieser Durchschnittsbestrahlung die tödlichen Erkrankungen an Krebs um 10 vH zunehmen würden. In den Vereinigten Staaten, wo jährlich 330 000 Menschen an Krebs sterben, würden es also 33 000 mehr sein.«[6]

Die Annahmen von Gofman und Tamplin sind – als rein theoretische Berechnung ohne empirische Erhebung – extrem; sie sind von vielen Wissenschaftlern häufig kritisiert und widerlegt worden. Auch der von Sternglass behauptete Kausalzusammenhang zwischen einer Überschußsäuglingssterblichkeit und dem vermehrten Bau von Kernkraftwerken ist bisher nirgends exakt nachgewiesen. Trotzdem werden die gleichen Zitate und Hypothesen immer wieder von Umweltverbänden und Bürgerinitiativen verwendet und haben inzwischen auch Eingang in Gerichtsurteile gefunden.

Ohne Zweifel besteht eine kritische Weltöffentlichkeit, die Kerntechnik und Atomenergie als Prototyp einer umweltzerstörenden Großtechnik angreift. An dieser Konfrontation zwischen Umweltschutz und Atomenergiewirtschaft lassen sich wie in einem pädagogischen Lehrstück alle Schwächen und Bruchstellen in unserer heutigen technisch-wissenschaftlichen Industriekultur aufzeigen. Die Atomenergie ist damit zu einer Art von »Prügelknaben« für die Widersprüche im technokratischen Führungsstil von heute geworden. Alle Fronten sind verkehrt. Im Streit um Standorte von Kernkraftwerken verteidigt die »Linke« Kultur und Heimat, während eher konservative Gruppierungen für wissenschaftlichen und technischen Fortschritt eintreten. Die schweizerische Vereinigung für Atomenergie tut Umweltschützer global als »Individualisten zumeist mit Universitätsabschluß, Kulturapostel, Utopisten und Sektierer ab, deren Ideen denjenigen der Hippies gleichen«[7]. Umgekehrt unterstellen Umweltverbände der Kernenergiewirtschaft, daß sie Gesundheitsgefahren negiert oder gezielt bagatellisiert haben, nur um besser verdienen zu können.

---

[6] *gdi-topics*, 3/72, S. 13 f.
[7] Zitiert nach Peter *Jansen*, Robert *Jungk* u. a., Der Energieschock, Stuttgart 1974, S. 74.

Die verbissene Wut, in der Umweltverbände der ganzen Welt gegen die Atomenergiewirtschaft kämpfen, ist um so erstaunlicher, als weitaus größere Gefahren und Risiken der Industriekultur viel weniger dramatisch gesehen und bekämpft werden. Raucherkrebs ist eine bewiesene Tatsache. An ihm sterben in der Welt jedes Jahr mehrere Millionen Menschen. Mehr als 250 Mio. Automobile in den Industrieländern verursachen jeden Tag gewaltige Umweltschäden, von den seit 1950 über zwei Mio. Verkehrstoten in der Welt ganz zu schweigen.

IV. Vorsorgeprinzip des Atom- und Strahlenschutzrechts

Das Gesetz über die friedliche Verwendung der Kernenergie und den Schutz gegen ihre Gefahren (Atomgesetz) vom 23. Dezember 1959 schreibt Schutz von Leben, Gesundheit und Sachgütern vor den Gefahren der Kernenergie vor und verlangt die nach dem Stand von Wissenschaft und Technik erforderliche Vorsorge gegen Schäden durch Errichtung und Betrieb von Kernkraftwerkanlagen. Bereits in der Forschung als notwendig festgestellte Sicherheitsvorkehrungen und Schutzmaßnahmen müssen vom Betreiber von Kernkraftwerken eingebaut werden. Der verlangte technische Standard ist nicht wirtschaftlichem Kalkül unterworfen, sondern muß sich an das von der Wissenschaft als möglich Festgestellte halten.

Die Kerntechnik ist aufgrund ihrer strengen Vorschriften oft »das Paradepferd« des Umweltschutzes genannt worden, also als beispielhaft in der Ausgestaltung des Genehmigungsverfahrens und der Überprüfung der Sicherheitsvorkehrungen. Wie bisher bei keiner anderen neuen Technik sind bei der Kernforschung von Anfang an synchron Umweltschutzmaßnahmen entwickelt worden – auch für hypothetische Störfälle. In Atomgesetz und Strahlenschutzverordnung von 1965[8] ist der Vorsorgegedanke bereits verankert, der erst im Umweltprogramm der Bundesregierung von 1971 allgemeine Gültigkeit für alle anderen Umweltbereiche erhielt. In der Atomenergie wurde auch zuerst der Gedanke einer ständigen dynamischen Verbesserung der Steigerung der Umweltschutzmaßnahmen und der Sicherheitstechnik eingeführt. Die Flußkühlung wird durch eine Kühlturmkühlung ersetzt, die Redundanz der Reaktorschutzsysteme wird ständig erweitert. Kernnotkühlung, dickere Mauern zum Schutz vor Flugzeugabstürzen, ständige Überprüfung der Betriebssicherheit durch ein sehr formalisiertes Kontrollverfahren gehören zu den heute selbstverständlichen Sicherheitsmaßnahmen. Selbst der Schutz gegen sehr unwahrscheinliche äußere Einwirkungen wie Erdbeben, große Flutkatastrophen oder chemische Explosionen wird vorausberechnet und in das Sicherheitskalkül einbezogen.

---

[8] Siehe auch in diesem Band Helmut *Schnurer* und Hans-Christoph *Breest,* Die Sicherheit kerntechnischer Einrichtungen als Konfliktquelle im internationalen Bereich, S. 249 ff.

Bürgerinitiativen haben sicher recht, wenn sie immer wieder darauf hinweisen, daß die Hauptprobleme der Reaktorsicherheit weniger im Normalbetrieb als vor allem in der Vorsorge zur Verhinderung oder Begrenzung der Folgen von Störfällen, Unfällen oder großen Reaktorkatastrophen liegen. Mögliche Gefahren und Risiken für die Allgemeinheit sind (selbst wenn sie unter Anwendung herkömmlicher versicherungsmathematischer Formeln äußerst unwahrscheinlich sind) um so vieles größer und schwerwiegender als andere Risiken der Industriegesellschaft, daß sehr scharfe Maßstäbe an die Reaktorsicherheit gestellt werden müssen. Die nach dem arabischen Szenario von 1973 jetzt sehr forciert wachsende Kernenergienutzung muß mit den auf jeden Fall vorrangigen und berechtigten Schutzbedürfnissen der Bevölkerung vor Gefahren der Kernenergie und ionisierten Strahlen in Übereinstimmung gebracht werden. Sicherheitsanforderungen und Standortvorsorge für knapp 100 neue Kernkraftanlagen in Westeuropa (davon allein 30 in der Bundesrepublik Deutschland) sind längst ein europäisches Problem, das eine europäische Raumplanung und Raumordnung verlangt.

V. Bewährungsproben für Reaktorsicherheit

Immer wieder veröffentlichen Bürgerinitiativen Meldungen über undichte Atomreaktoren oder entwichene gefährliche Konzentrationen von Radioaktivität. Im Jahre 1973 wurden der USAEC 861 Störfälle gemeldet: 472 bezeichnete die USAEC als unbedeutend, 371 Fälle hätten Sicherheitsrisiken enthalten. Nur 18 Zwischenfälle wurden als für die Reaktorsicherheit bedeutungsvoll bewertet. In keinem Falle allerdings hätte die Abgabe von Radioaktivität eine Gefährdung für die Sicherheit der Bevölkerung dargestellt.

Atomwirtschaft und Bürgerinitiativen bewerten Statistiken über Störfälle ganz unterschiedlich. Von Jahr zu Jahr wird die Skepsis gegenüber Argumenten der jeweils anderen Seite größer. Das Mißtrauen der Umweltverbände gegen die Atomenergiewirtschaft ist durch einige von der Presse aufgegriffene und daher international beachtete Sicherheitspannen und Störfälle verstärkt worden.

Zu erwähnen sind die zwei Würrgassen-Störfälle vom April 1972 und Februar 1973, die zu einer Überprüfung der Maßnahmen der Qualitätsgewährleistung und zu einer verbesserten Ausbildung des Betriebspersonals in allen Atomreaktoren geführt haben. Würrgassen kam nach der Aussage des für Reaktorsicherheit damals zuständigen Ministers Hans-Dietrich Genscher in einem Bericht an den Innenausschuß des Deutschen Bundestages sehr nahe an einen Größten-Anzunehmenden-Unfall (GAU) heran. Im Februar 1973 wurden Risse in den Formstücken (Verzweigungsstellen in der Rohrleitung) festgestellt, die Bestandteile des Primärkreislaufs sind. Bei Auftreten größerer Lecks dieser Art sinkt der Druck im Primärkreislauf ab, und austretende (wegen Druckabfall verdampfte) Kühlmittel werden vom Sicherheitsanschluß aufgefangen. Ein solcher Störfall hatte keine Auswirkungen auf die Umgebung der Anlage Würrgassen, weil das austretende Kühlmittel im Sicherheitsdelta eingeschlossen ist. Ein solcher Störfall fällt jedoch bereits unter die Kategorie Kühlmittelverlust-Störfälle, die ihre obere Grenze im GAU finden. Ein GAU wäre beim Siedewasserreaktor z. B. der vollständige Bruch einer Treibwasserschleife. Auch ein solcher Störfall müßte von den Sicherheitseinrichtungen der Anlage auslegungsgemäß beherrscht werden.

Viele der bisher aufgetretenen Störfälle[9] sind auf fehlende Erfahrung mit dem Betrieb von Atomkraftwerken zurückzuführen. Sie sind in ihrer Auswirkung sensationell dargestellt worden, jedoch haben die USAEC und die Bundesregierung aus diesen Unfällen gelernt. Seit 1970 ist die Zahl der hauptamtlichen Sachverständigen in den Technischen Überwachungsvereinen der Bundesrepublik und in dem Institut für Reaktorsicherheit von 130 auf 370 erhöht worden. Ein Simulatorzentrum wird von der Vereinigung der Großkern-Kraftwerk-Betreiber in Essen aufgebaut, um Bedienungspersonal für Normalbetrieb und mögliche Störfälle auszubilden. Seit 1970 besteht ein Sicherheitsforschungsprogramm. Eine breite internationale Diskussion über Strahlenschutz- und Reaktorsicherheitsprobleme ist in Gang gekommen.

VI. Nutzen und Wirtschaftlichkeit der Atomenergie

Die Visionen einer totalen Energiegesellschaft ohne jede Rücksichtnahme auf Rohstoff- und Abwärmeprobleme stammen von Kernphysikern wie Glenn T. Seaborg oder Alvin Weinberg, Leiter des amerikanischen Nationallaboratoriums Oak Ridge. Folgt man diesen Visionen der sechziger Jahre, so lassen sich mit Hilfe der Kernenergie alle politischen und sozialen Probleme der Welt lösen: Der Hunger in der Welt wird mit Hilfe riesiger, mit Kernkraft betriebener Meerwasserentsalzungsanlagen gestillt, die Wüsten zu fruchtbaren Getreidekammern machen. Die Erde wird ein Schlaraffenland werden durch Umleitung von Strömen, Veränderungen des Klimas, automatischen unterirdischen Fabriken, Verkürzung der Arbeitszeit auf höchstens drei Wochentage, Ausbeutung von Rohstoffen auf dem Meeresgrund in großem Stil. Einfach alles wird möglich sein mit Hilfe der Kernenergie.

Die Wirklichkeit sieht allerdings gegenüber diesen technischen Phantasien ganz anders aus. Selbst in den Vereinigten Staaten werden nur knapp 4 vH der elektrischen Energie aus Kernenergie gewonnen. Der Anteil der Kernenergie an der Stromerzeugung betrug auch in der Bundesrepublik Deutschland 1974 etwa 4 vH. Legt man die installierte Leistung zugrunde, so waren 1973 von 62 000 installierten Megawatt 2200 nuklear, das heißt 3,5 vH. Erst 1961 ging das erste Versuchskernkraftwerk in Kahl mit einer Elektroleistung von 15 MW in Be-

---

[9] Z. B. in Windscale/Großbritannien, Lucens/Schweiz, Fermi bei Detroit/Vereinigte Staaten von Amerika.

trieb. 1974 waren in der Bundesrepublik Deutschland zehn Kernkraftwerke mit einer installierten Gesamtleistung von rund 3500 MW in Betrieb. Die Blockgröße ist von 15 MW auf 1300 MW gestiegen. Ein Kernkraftwerk ist um so wirtschaftlicher, je größer es ausgelegt wird.

Diese Anteile an der Stromerzeugung sind unter Berücksichtigung des verspäteten Beginns eines Atomenergieprogramms der Bundesrepublik Deutschland ganz beachtlich. Sie kosteten allerdings auch über 16 Mrd. DM und bedeuteten eine Riesenanstrengung in vier nationalen Atomprogrammen. Immer wieder waren Prognosen über die Entlastung der nationalen Energiehaushalte durch Kernenergie falsch. Der lange geglaubte große Durchbruch in den siebziger Jahren ist bisher nicht eingetreten.

Auf die Steinkohle muß in allen Energieprogrammen – stärker als vor zehn Jahren behauptet – auch in den siebziger Jahren zurückgegriffen werden. Öl und Erdgas müssen weiter den Löwenanteil der Energieversorgung übernehmen. Wirtschaftliche serienreife schnelle Brutreaktoren werden wahrscheinlich nicht vor 1990 zur Verfügung stehen. Sehr optimistisch sind die Franzosen, die bereits 1980 den »schnellen Brüter Super Phoenix« mit 1200 MW als deutschfranzösisches Gemeinschaftsprojekt (deutscher Partner sind die Rheinisch-Westfälischen Elektrizitätswerke AG – RWE) in Betrieb nehmen wollen. Auch in den achtziger Jahren wird die Energieversorgung zu drei Vierteln auf Öl, Kohle und Erdgas beruhen. Professor Mandel, Vorstandsmitglied der RWE in Essen und Präsident des Deutschen Atomforums, schrieb am 30. Mai 1974 allerdings viel optimistischer:

> »Bis zum Jahre 1985 könnte der Beitrag der Kernenergie auf fast 50%/o unserer Stromerzeugung, entsprechend rund 19%/o unseres Primärenergiebedarfs, ansteigen. Dazu wäre von 1980 bis 1985 die Inbetriebnahme von weiteren 30 000 MW an Kernkraftwerken erforderlich. Diese Aufgabe kann von der Elektrizitätswirtschaft und den Kraftwerksherstellern bewältigt werden; allein die Schwierigkeiten der Standortsicherung und Genehmigungsverfahren könnten uns am Erreichen dieses Zieles hindern.
>
> In der Vergangenheit hat der Anteil der Elektrizität an der Deckung des Energiebedarfs stetig zugenommen. Diese Tatsache geht auch aus den Steigerungsraten für den Endverbrauch an Primärenergie in den einzelnen Wirtschaftssektoren hervor, wenn man berücksichtigt, daß der spezifische Primärenergieeinsatz bei der Stromerzeugung zwischen 1950 und 1970 um mehr als 40%/o verringert werden konnte. Vergleichbare Wirkungsgradsteigerungen können künftig nicht mehr verwirklicht werden, so daß ein im Vergleich zum Gesamtenergiebedarf überproportional ansteigender Strombedarf sich in einer entsprechenden Zunahme des Primärenergieeinsatzes zur Stromerzeugung auswirken wird. Elektrische Energie ist die Energieform, deren Gebrauch die Umwelt am Verwendungsort am wenigsten beeinträchtigt; zugleich läßt sie sich vielseitiger anwenden und einfacher handhaben als andere Energieträger. Deshalb können wir auch auf lange Sicht eine weitere überproportionale Zunahme des Elektrizitätsbedarfs erwarten ... Der Anteil der elektrischen Energie am Gesamtenergiebedarf könnte von derzeit rund 25%/o bis zum Jahr 2000 auf fast 50%/o anwachsen. Davon könnten dann 80 bis 90%/o aus Kernenergie stammen ... Kernenergie könnte rund 45%/o unseres Primärenergiebedarfs decken ...«[10]

---

[10] Blick durch die Wirtschaft, in: *Frankfurter Allgemeine Zeitung* vom 30. 5. 1974, S. 3.

Nach dem Bericht einer Expertengruppe aus Ländern der Europäischen Gemeinschaft, Japan und Nordamerika[11] von Anfang 1974 wird der gesamte Energieverbrauch in allen Regionen 10 vH unter den Prognosen aus der Zeit vor der arabischen Öllieferspere liegen (mit unterschiedlicher Tendenz in Entwicklungsländern und Westeuropa). Der Verbrauch in den Entwicklungsländern wird in den nächsten zehn Jahren 15 vH niedriger liegen als bisher angenommen. In Westeuropa werden die Steigerungsraten im Energieverbrauch um 5 vH gegenüber früheren Prognosen zurückgehen. Auch die OECD kommt in ihren Vorschätzungen zu Revisionen der Energieprognosen aus der Zeit vor Oktober 1973[12]. Ein neuer internationaler Konflikt zeichnet sich für die nächsten Jahrzehnte bereits ab: Dort, wo Energiezuwachs für die Wirtschaftsentwicklung am nötigsten wäre, in den ärmsten Ländern der Erde, ist er am geringsten. Wenn die reichen Länder nichts tun, um den armen zu helfen, die am stärksten durch gestiegene Erdölpreise und Preise teurer Großtechnologien betroffen sind, sind wirtschaftliche Katastrophen und Hungersnöte in diesen Ländern unvermeidlich. Unklar bleibt auch, ob die zum Teil drastisch revidierten Energieprognosen mit der Erhaltung eines annehmbaren Niveaus an Beschäftigung vereinbar sind. Werden die aufgezeigten Grenzen des Wachstums sozialpolitisch akzeptiert?

Es muß bezweifelt werden, daß die Kernenergie das Wundermittel ist, das – wie ihre Anhänger immer wieder behaupten – helfen kann, alle diese Probleme einer globalen Strukturpolitik, des Transfers von Know-how von reichen an arme Länder, der Stabilisierung des Wachstumspfades in den Entwicklungsländern, lösen zu helfen. Bisher war die Kernenergie nicht Teil einer einheitlichen globalen Strukturpolitik oder auch nur Teil einer nationalen Energie- oder Umweltpolitik. Als »verhätschelter Liebling« der Technologieplaner stand die Atomenergie nicht unter dem harten Wettbewerbsdruck wie der Rest der Energiewirtschaft. Ein Beispiel dafür ist die Kostenexplosion beim natriumgekühlten Brutreaktor. Die Kosten erhöhten sich innerhalb von drei Jahren von geschätzten 500 Mio. auf über 2 Mrd. DM. Nach den Untersuchungen der Bethe-Kommission in den Vereinigten Staaten wird der natriumgekühlte Brutreaktor mit Uranoxyd als Brennstoff langsamer brüten als bisher angenommen. Ob andere Brennstoffe bessere Resultate erzielen werden, ist ungewiß. Die Kosten der Kernenergie werden auch weiter steigen, schon wegen der dringend notwendigen und teuren Sicherheitsmaßnahmen. Soll z. B. zum ersten Mal in der Welt die Genehmigung für das Kernkraftwerk der BASF in Ludwigshafen erteilt werden? Wird dieser sehr stadtnahe Standort über das übliche Maß weit hinausgehende Sicherheitsmaßnahmen mit entsprechenden höheren Kosten erfordern? 1973 ist das Konzept eines bestgesicherten Kernkraftwerks für den

---

[11] Lösungsvorschläge für die Welt-Energieprobleme. Arbeitspapiere zur Internationalen Politik, Heft 3, hrsg. Forschungsinstitut der Deutschen Gesellschaft für Auswärtige Politik e. V., Bonn, Juli 1974.
[12] Siehe dazu in diesem Band Ulf *Lantzke,* Die Energiesituation als Rahmenbedingung für Konflikte, S. 35 f., 41.

BASF-Reaktor vorgelegt worden. Die Reaktorsicherheitskommission ist im Januar 1974 zu dem Ergebnis gekommen, daß das vorgelegte Konzept zwar realisierbar ist, aber daß vor der Errichtung eines solchen neuartigen Kernkraftwerkes die Erfüllung der gewünschten Zwecke auch eindeutig nachgewiesen sein muß. Mit Recht weisen Bürgerinitiativen darauf hin, daß wegen der unmittelbaren Nachbarschaft der Stadt Ludwigshafen und Mannheim eine etwa um den Faktor 10 höhere Besiedlungsdichte, als sonst auf der ganzen Welt für Kernkraftwerke akzeptiert wird, vorliegt.

Neben den Kosten lassen aber auch die sehr häufig esoterischen Fachsprachen der Atomenergie Finanzminister und Parlamente an dem »Wunderkind Kernenergie« zweifeln. Allgemein läßt die Technikbegeisterung in der modellhaften Machbarkeit der Welt nach. Großplanung und Großforschung werden nicht nur im Falle der Mondabenteuer der Weltraumforschung, sondern eben auch im Fall Kernenergie immer häufiger kritisiert[13]. Dabei muß die Kernenergie, um wirtschaftlich zu bleiben, immer größere Kraftwerkblöcke bauen. Das RWE-Kernkraftwerk in Biblis ist das erste in Europa mit einer Leistung von 1200 MW. Die Gesamtleistung der beiden vorgesehenen Blöcke soll einmal 2500 MW betragen. Damit gehörte Biblis zu den größten Kernkraftwerken der Welt.

VII. Kommunikationsschwierigkeiten

Trotz des hohen technischen Leistungsstandes der Kraftwerkbautechnik und aller Umweltschutzmaßnahmen bleiben Kommunikationsschwierigkeiten zwischen Kernenergie und Politik bestehen. Das liegt zu einem Teil an dem Elitebewußtsein der Kernphysiker und Kerntechniker; zum Teil liegt es an der Sache selbst. Kernenergie hat es schwerer gehabt als jede andere moderne Technik, sich verständlich zu machen und ihre Arbeitsweise zu erklären. Sie konnte nicht auf vertraute Erfahrungen zurückgreifen.

Eine weitere schwere Belastung waren die weit über 200 000 Atomtoten und -verletzten als Folge der Atombomben auf Hiroshima und Nagasaki. Die nach dem Zweiten ebenso wie nach dem Ersten Weltkrieg erwartete moralische Erneuerung der Menschheit, ihre Abkehr von Krieg und Rüstung trat überdies nicht ein. Auf der ersten Konferenz für die friedliche Nutzung der Kernenergie 1955 in Genf wurde sehr optimistisch mit einer stürmischen Umstellung der Kernforschung von militärischen auf ausschließlich friedliche Anwendungen gerechnet. Statt dessen ist die militärische Nutzung der Kerntechnik immer weiter getrieben worden und immer raffinierter geworden, und sie bestimmt in vielen Fällen auch die Linien der friedlichen Entwicklung. So förderte z. B. der Einsatz von Leichtwasserreaktoren in Kernkraftwerken die erfolgreichen Anstrengungen unter Admiral Rickover, Atomreaktoren für U-Boote zu entwickeln. Der

---

[13] Siehe zu dem Problem Großforschung in diesem Band Wolf *Häfele*, Die historische Entwicklung der friedlichen Nutzung der Kernenergie, S. 55.

umständliche und bürokratisch-aufwendige Arbeitsstil der amerikanischen oder französischen Atomenergieentwicklung, begleitet von Geheimhaltungsvorschriften und »klösterlicher Atmosphäre«, erklärt sich aus der rein »militärischen Kindheit« der Atomenergieentwicklung[14]. Nur aus der militärischen Vergangenheit der Kernenergieforschung und der sie umgebenden Aura des Besonderen und national Wichtigen ist eine auffallende Uneinsichtigkeit gegenüber kritischen Fragen nach Wirtschaftlichkeit, Versorgungsgarantie und Sicherheit zu erklären.

Die Entwicklung der Atomenergie in der Bundesrepublik Deutschland stand seit Beginn eindeutig unter friedlichen Vorzeichen. Die Bundesrepublik Deutschland hat auf Produktion und Verwendung von ABC-Waffen verzichtet. Sie hat sich außerdem in Westeuropa einem System von weitergehenden Rüstungsbeschränkungen und Kontrollen unterworfen als irgendein anderer moderner Industriestaat. Der Aufbau der Kernenergie ist von der Bundesregierung immer als Teil ihrer Außen-Wissenschaftspolitik[15] gesehen worden, das heißt, wissenschaftlicher Austausch und bilaterale und multilaterale wissenschaftliche Zusammenarbeit erhielten in den Atomprogrammen wichtige Impulse. Eine Zusammenarbeit in der Sicherheitsforschung und in der Erarbeitung internationaler Standards auch für den Schutz vor großen Störfällen wird ständig intensiviert.

Ein weiterer Grund für die Schwierigkeiten der Kernenergie, in ihren Zielen anerkannt zu werden, ist der überall in der Welt erfolgreiche Versuch der militärischen, aber auch der friedlichen Kernenergiewirtschaft und der Atomenergiebehörden, sich von der allgemeinen Umweltpolitik abzusondern. Im Kernenergiebereich gibt es eigene Behörden und Instanzenwege, zum Teil auch mit bürokratischen Sicherheitsvorschriften, die den offenen Austausch der Erfahrungen und Meinungen oft erschweren können. Es gibt merkwürdigerweise in der Bundesrepublik Deutschland ein Atomforum, aber kein Energieforum. Erst in allerjüngster Zeit gibt es – in Ausführung von Forderungen im Umweltprogramm der Bundesregierung – Versuche, ein Umweltforum einzurichten, das aber in der Öffentlichkeit noch kontrovers beurteilt wird. Auch diese Versuche haben nicht zur Integration des Atomforums in die allgemeine umweltpolitische Diskussion geführt. In den Vereinigten Staaten liegen die USAEC und die Umweltbehörde (EPA) in ständigem Ressortstreit. Anders als in der Bundesrepublik Deutschland sind in den Vereinigten Staaten bisher die Zuständigkeiten für Kernenergieförderung und Kontrolle der Reaktorsicherheit in einer Behörde zusammengefaßt.

Demokratie beruht auf Vertrauen, Teilhabe und Mitsprache. Keine Großtechnik kann sich der Kritik durch Parlament und Öffentlichkeit entziehen, auch nicht mit Hinweis auf ihre besondere Bedeutung für die wirtschaftliche

---

[14] Siehe *Häfele*, ebd., S. 43 ff.
[15] Siehe auch Manfred *Schreiterer*, Außen- und Wissenschaftspolitik als Faktor der modernen Außenpolitik, in: *Europa-Archiv*, Folge 16/1968, S. 593–598.

Entwicklung. Demokratie beruht aber auch auf dem Argument, der Diskussion und nicht auf von Fachleuten definierten Sachzwängen. Die seit einigen Jahren bestehende Weltöffentlichkeit kann verlangen, daß die Fragen von Hunderttausenden besorgter und politisch engagierter Bürger nach Wert und Unwert der Atomenergie gründlich und in verständlicher Sprache beantwortet werden. Gerade das atomrechtliche Verfahren versucht daher, weitestgehende Transparenz im Genehmigungsverfahren und überhaupt in allen Kernenergiefragen zu erreichen, u. a. durch Tage der offenen Tür in Kernkraftwerken und Kernenergiebehörden, Diskussionen von technischen Alternativen, Simulation von möglichen Störfällen, genaue Berechnung des Restrisikos und schließlich durch populärwissenschaftliche Veröffentlichungen.

VIII. Sonderrolle der Kernenergie

Die Kernenergie hat nicht nur eine Sonderrolle gespielt im Hinblick auf vorbildliche Sicherheitsvorkehrungen und herausgehobene staatliche Förderung, sondern sie hat auch eine Vorreiterrolle gespielt im Hinblick auf den Erwartungshorizont für technische Machbarkeit und Praktikabilität theoretischer und hypothetischer Erwägungen. Das gilt nicht nur für schnelle Brutreaktoren und Fusionsforschung, sondern auch für die tatsächlich vorhandenen Möglichkeiten, auch gänzlich unwahrscheinliche Restrisiken, die schon erdgeologische Zeiträume als Vergleichsmaßstab haben, auszuschließen. Karl-Heinz Lindackers hat ausgerechnet, daß das Risiko, durch ein Kernkraftwerk ums Leben zu kommen, im Vergleich zum Tod durch Verkehrsunfälle 1 zu 300 beträgt[16]. Hans Kiefer weist nach, daß von 50 000 Krebsfällen nur ein Krebsfall möglicherweise auf Kernkraft in den Vereinigten Staaten zurückgeführt werden kann[17]. Selbst der Kritiker der Kernenergie David J. Rose kommt zu dem Ergebnis, daß das Restrisiko der Kernenergie in keiner Weise so kritisch zu beurteilen sei, wie viele Gegner der Atomenergie behaupten. Zu Recht weist Rose allerdings darauf hin, daß Störfälle und Großunfälle (auch jenseits des GAU) nur deshalb so entfernt sind von allen Vorstellungsmöglichkeiten, »weil intensive andauernde und in hohen Graden sachverständige Sicherheitsanstrengungen bestehen«[18].

Gerade diese Art von Zweifeln und Vorschlägen im Hinblick auf die Verbesserung der Sicherheit sucht man in der Argumentation der Atomenergiewirtschaft vergeblich. Warum soll es nicht ein von der Wirtschaft in Auswertung der Sicherheitsberichte der Betreiber herausgegebenes Handbuch möglicher Störfälle und Pannen und der dagegen unternommenen technischen Maßnahmen geben? Die Daten und Zahlen über geringe Restrisiken gelten jedenfalls nicht

---

[16] *Bild der Wissenschaft* 1974, S. 104.
[17] *Bild der Wissenschaft* 1974, S. 204.
[18] David J. *Rose*, Nuclear Electric Power, in: *Science,* 184/1974, S. 351–379.

als Naturgesetz, sondern beruhen auf einer nicht nachlassenden und immer wieder verbesserten Anstrengung von Wissenschaft und Technik. Die Frage ist natürlich, ob bei einer gewaltigen Vermehrung der Kernreaktoren überall in der Welt diese Art von Vorreiterrolle in Sicherheitsfragen und technischem Piniergeist anhalten wird – oder anders gesagt: Werden nicht Sicherheitsanstrengungen nachlassen, wenn Kontrollmaßnahmen zur Tagesroutine werden? Werden nicht für die vielen neuen Kernkraftwerke gut ausgebildete und vorgebildete Fachkräfte fehlen? Wird die Sensibilisierung der Öffentlichkeit anhalten? Viele Sicherheitsvorkehrungen nach dem Stand der Wissenschaft wären ohne die anhaltende Kritik der Bürgerinitiativen von der Kernenergiewirtschaft nie übernommen und von der Genehmigungsbehörde nie durchgesetzt worden.

Die Bundesregierung hält angesichts der großen künftigen Bedeutung der Kernenergie eine ständige und umfassende Unterrichtung der Bevölkerung über Kernenergietechnologie für unerläßlich. Ebenso wie die USAEC dringt sie darauf, daß Hersteller und Betreiber von kerntechnischen Anlagen einen Beitrag zur objektiven, umfassenden und eindeutigen Information der Öffentlichkeit übernehmen. Dazu gehört auch die eingehende Erörterung aller Gegenargumente besorgter Bürger gegen geplante Standorte.

IX. Notwendige europäische Standortplanung

Die Notwendigkeit europäischer Lösungen für Kernkraftwerkstandorte werden inzwischen gesehen. Eine europäische Raumordnungspolitik mit vorausschauender Standortvorsorge fehlt aber bisher noch – trotz Ministertreffen und Resolutionen. Bei der Standortsuche müssen verschiedene, zum Teil einander widersprechende Kriterien beachtet werden, die viel Konfliktstoff enthalten:
– Vermeidung dichtbesiedelter Gebiete (was etwa im Rhein-Main-Gebiet praktisch unmöglich ist),
– relative Sicherheit vor Kriegshandlungen und Sabotage,
– relative Sicherheit vor Naturkatastrophen (Erdbeben, Überschwemmungen),
– Schutz der Landschaft,
– ausreichende Mengen an Kühlwasser,
– Anschlußmöglichkeit an ein bestehendes Höchstspannungsleitungsnetz,
– günstiges Gelände, das minimale Umweltveränderung erfordert,
– geringe Energie-Transportwege.

Standorte werden in der Regel in bereits dicht besiedelten Gebieten gesucht, weil hier der Energiebedarf am größten, die Energie-Transportwege am kürzesten und die Möglichkeit zur Arbeitsteilung zwischen Energiewirtschaft und anderen Wirtschaftszweigen am größten ist. Die von Zukunftsforschern angestellten Überlegungen, alle großen Kernkraftwerkblöcke nach Norwegen und die Schmutzindustrie in automatische Fabriken in die Wüsten Nordafrikas zu verlegen, ist vorerst eine Utopie, die erst bei Souveränitätsverzichten für

Energie- und Raumordnungspolitik zu verwirklichen sein dürfte. Dringend notwendig wären internationale Konventionen, die Umweltanforderungen und Reaktorsicherheitsanforderungen festlegen, um Wettbewerbsverzerrungen und einseitige Belastungen besonders internationaler Wasserläufe durch umweltschädliche Standortplanung zu vermeiden.

Ein weiterer Konflikt von großer internationaler Bedeutung ist die Beurteilung der grenzüberschreitenden Auswirkungen, also etwa der meteorologischen Auswirkung von Naßkühltürmen. Ein einziger Kühlturm für ein Kernkraftwerk in der Größenordnung von 1000 MW verdunstet etwa ebensoviel Wasser im Jahresdurchschnitt wie ein See mit einer Fläche von 26 km²; die Wärmeabgabe entspricht der jährlichen Strahlungsbilanz eines 28 km² großen Waldstücks. Hinzu kommt starker Lärm, der im Kühlturm durch herunterfallende Wassertropfen verursacht wird (das herunterfallende Wasser wird mit Hilfe von Düsen und Aufpralltellern versprüht). Licht- und Strahlungsklima werden sich wahrscheinlich im Schatten der entstehenden Dampffahnen verändern. Nach Meinung von Klimatologen kann bei massiertem Bau von Naßkühltürmen entlang der Rheinschiene ein fast subtropisches ozeanisches Klima entstehen.

Die Bundesregierung bestreitet in einer Antwort auf eine Kleine Anfrage[19] von Abgeordneten der Fraktionen von SPD und FDP nicht, daß der Betrieb von Naßkühltürmen das Mikroklima beeinflussen kann; lokale Dunst-, Nebel- oder Eisbildung, Abnahme der Sonnenscheindauer sowie indirekte Beeinflussung des Wasserhaushaltes sind möglich. Die Bundesregierung fördert daher die Entwicklung großer Trockenkühltürme, z. B. gemeinsam mit dem Land Nordrhein-Westfalen im Zusammenhang mit dem Bau des Prototyp-Hochtemperaturreaktor THTR-300 bei Schmehausen. Überlegt wird auch, ob eine Minderung thermischer Emissionen aus Kernkraftwerken, in denen der Wärmeanfall wegen des geringen Wirkungsgrades und der Tendenz zu übergroßen Kraftwerkleistungen konzentriert übertritt, durch eine Nutzung der Abwärme im Fernschutzsystem erreicht werden könnte. Weitere Reduktionen der thermischen Emissionen sind durch Einsatz neuartiger Reaktorsysteme mit hohem thermisch-dynamischen Wirkungsgrad möglich. Die Bundesregierung fördert derartige Entwicklungen, besonders die vielseitige Nutzung der Abwärme, in ihrem vierten Atomprogramm und im Rahmenprogramm Energieforschung.

Die Bundesregierung hat immer wieder erklärt, daß sie eine frühzeitige Information der betroffenen Bürger über geplante Standorte für kerntechnische Anlagen im Rahmen ihrer Zuständigkeiten und Möglichkeiten gewährleisten will. Die von der Bundesregierung angestrebte langfristige Standortvorsorge, verbunden mit einem breiten Programm der Sicherheitsforschung, steht allerdings im Widerspruch zum Termindruck zur Ausführung vieler Kernkraftwerkprojekte und zu der Kritik an der Langwierigkeit des Genehmigungsverfahrens seitens der Atomenergiewirtschaft. Ein technisches Regelwerk mit stan-

---

[19] Siehe Verhandlungen des Deutschen Bundestages, Drucksache 7/1896 vom 2. Mai 1974.

dardisierten Anforderungen, ständigen Energieforen und -ausstellungen, internationaler Harmonisierung von Sicherheitsgrenzen, -maßnahmen und -standards könnte ein Ausweg aus diesem Dilemma sein. Den Kritikern des atomrechtlichen Genehmigungsverfahrens muß gesagt werden, daß eine Beschleunigung der notwendigen Sicherheitsüberprüfung nicht dazu dienen darf, daß sowohl der Umweltschutz als auch der Sicherungsfaktor darunter leiden müssen. Schon aus Gründen des Verfassungsrechts und der Einhaltung demokratischer Spielregeln ist eine zu weitgehende Straffung und Beschleunigung des Genehmigungsverfahrens nicht möglich.

Die Bundesregierung ist der Ansicht, daß unbegründete Vorbehalte nur durch sachliche Information abgebaut werden können. Sie will daher weiterhin die Probleme offen ansprechen und der Öffentlichkeit bewußt machen, daß die Kernenergie nicht nur aus energiepolitischen und wirtschaftlichen Gründen, sondern auch wegen ihrer relativen Umweltfreundlichkeit erhebliche Vorteile gegenüber fossilen Energieträgern mit sich bringt. Die Brennstoffkosten betragen bei Heizöl S zur Zeit 2,2 bis 2,4 Pf/kWh, bei Kernbrennstoff 0,7 Pf/kWh. Die Bundesregierung weist darauf hin, daß sie in ihrem Zuständigkeitsbereich bereits eine sehr weitgehende Transparenz in Angelegenheiten der friedlichen Nutzung der Kernenergie verwirklicht hat. So hat sie z. B. wichtige Programme, Daten und Beratungsergebnisse veröffentlicht, wie

– das Energieprogramm,
– das Atomprogramm,
– das Forschungsprogramm Reaktorsicherheit und seine Ergebnisse,
– Übersichten über die aufgetretenen Störfälle in Kernenergieanlagen,
– Beratungsergebnisse der Reaktorsicherheitskommission,
– Jahresberichte »Umweltradioaktivität und Strahlenbelastung«.

Bei der Errichtung von Kernkraftwerken wird z. B. aufgrund der Atomanlagen-Verordnung eine Beteiligung der Öffentlichkeit sichergestellt durch
– öffentliche Bekanntmachung des Vorhabens,
– Auslegung der Antragsunterlagen,
– Einholung von Einwendungen,
– Erörterung der Einwendungen mit Einwendern und Antragstellern,
– Zustellung der Entscheidung der Behörde an die Einwender.

Ganz wesentlich für ein hohes Sicherheitsniveau und den Schutz vor Gefahren der Kernenergie ist die Pflege und Stärkung des Verantwortungsbewußtseins jedes einzelnen Partners an dem komplizierten System eines Kernkraftwerkes. Jeder an dem System Beteiligte, besonders aber die Betreiber einschließlich der verschiedenen Länder und kommunalen Behörden, muß über alle möglichen Gefahren genau unterrichtet sein, um in einem Störfall die richtigen Maßnahmen treffen zu können. Jede Art von esoterischer Spezialistensprache und Verschweigen oder Vertuschen möglicher Gefahren ist daher falsch. Besonders wichtig ist, daß die Antragsteller und Betreiber nicht den Eindruck gewinnen, auf ihre eigene Sicherheitsbemühung käme es nicht mehr an, weil eventuelle Fehler durch staatliche Kontrollen schon festgestellt werden. Ein geschärftes Umweltbewußtsein der Kernenergiewirtschaft muß unter allen Umständen erhalten bleiben.

Anfang des Jahres 1974 waren in der Bundesrepublik Deutschland elf Kernkraftwerke im Betrieb, zehn im Bau, drei fest bestellt. Nach dem Energieprogramm der Bundesregierung sollen bis 1980 etwa 18 000 MW und bis 1985 insgesamt 40 000 bis 50 000 MW in etwa 35 Kernkraftwerkblöcken installiert werden. Bürgerinitiativen weisen auf die erhöhten Umweltgefahren hin, die in dieser gewaltigen Verstärkung der Kernenergie liegen können. Besonders ernst zu nehmen ist die Warnung vor der Wärmebelastung der Flüsse, wenn nicht Trockenkühlung allgemein vorgeschrieben wird. Die große Masse der Standorte befindet sich im Rheingraben und im Rhein-Main-Gebiet, also in Ballungsgebieten, die bereits stark unter vielen anderen Umweltbelastungen zu leiden haben. Die Internationale Rheinschutzkommission bemüht sich seit zehn Jahren, zu einer einheitlichen europäischen Regelung der tolerierbaren Umweltbelastungen des Rheins zu kommen. Seit 2000 Jahren ist der Rhein Industrie- und Verkehrsfluß – zugleich aber für neun Mio. Bewohner der Bundesrepublik Deutschland und sechs Mio. Holländer Trinkwasserspeicher. Mehr als 15 Mio. Europäer erhalten ihr Trinkwasser aus filtriertem Rheinwasser. Hier liegt ein großer internationaler Konfliktstoff, der in zunehmendem Maß auch die Europäische Gemeinschaft beschäftigt. Die Holländer fordern rasches Handeln der Umweltminister, um klare Oberflächenwasser- und Abwärmestandards durchzusetzen. Wenigstens was die Salzfracht aus elsässischen Kaliminen anbelangt, zeichnet sich eine Lösung ab, wonach aber 1975 eine Aufhaldung von allen Rheinanliegern gemeinsam finanziert werden soll. Für die Betreiber von Kernkraftwerken ist die Ableitung der bei der Stromerzeugung anfallenden Abwärme in Flüsse (Frischwasserkühlung) das bei weitem wirtschaftlichste Kühlverfahren. Haben aber Schweizer und Franzosen bereits den Rhein bis zu 28 Grad C (der gerade noch zulässigen absoluten Höchstgrenze, um die Biologie des Flusses vor dem Umkippen zu bewahren) aufgeheizt, so bleibt kein Spielraum mehr für die Entnahme von Kühlwasser. Die Unterlieger sind im europäischen Wettbewerb benachteiligt, was jederzeit ein Einschreiten der Kommission nach den Römischen Verträgen an sich rechtfertigen würde (sofern die natürlichen Ressourcen als Produktivkräfte und Wirtschaftsgüter behandelt werden). Bei dieser Situation werden Standorte in der Nordsee überlegt, die hinsichtlich der gegebenen Strömungsverhältnisse und des vorhandenen Kühlwasserzuflusses an sich denkbar wären. Nach amerikanischen Vorbildern könnten Kraftwerkschiffe oder -inseln gebaut werden (evtl. auch mit einer europäischen Kernenergie-Agentur als Betreiber), um die Rheinschiene zu entlasten. An der Ostsee sind die natürlichen Austauschvorgänge geringer als sonst. Nach Meinung einiger besorgter Meeresökologen sollten daher Standorte hier ausscheiden; zur Zeit wird der Standort Eckernförde an der Ostsee dennoch erwogen.

Für die künftigen Kraftwerkplanungen entlang der Rheinschiene wurde von Gewässerschutzbehörden ein Simulationsmodell des Rheins für die elektronische Datenverarbeitung entwickelt. Die EG hat mehrfach eine europäische Rheinbehörde vorgeschlagen, die die Einhaltung von Umweltschutzmaßnahmen überwacht. Die europäischen Zusammenschlüsse von Umweltverbänden, u. a. die »Aktion Rheintal«, das »Comité pour la sauvegarde et la plaine du Rhin« und die Organisation »Haltet Europa sauber« fordern den Schutz des Rheins vor massiertem Kernkraftwerkbau. Die im Bau befindlichen Kernkraftwerke in Fessenheim/Frankreich mit zwei großen Blöcken, in Phillipsburg und Biblis sowie mehr als ein Dutzend weitere Großkraftwerke könnten die Rheinlandschaft und den Zustand des Rheins völlig verändern.

Die zur Zeit üblichen Leichtwasserreaktoren verwerten z. B. weniger als ein Prozent der im Natururan enthaltenen Energie. Auf dem inneramerikanischen Energiemarkt hat der verstärkte Einsatz von Leichtwasserreaktoren statt zur Schonung fossiler Energievorräte zum vermehrten Abbau von Kohle im Tagebau geführt, die für die Versorgung der Anreicherungsanlagen mit elektrischer Energie gebraucht wurde. Der für 1985 geschätzte Energiebedarf für Anreicherungsanlagen in Westeuropa in Höhe von 5000 MW ist etwa ebenso groß wie die im Jahre 1938 im damaligen Deutschen Reich installierte Leistung der öffentlichen Elektrizitätsversorgung[20].

Auch über die Umweltbelastungen durch Abwärme, Atommüll, Aerosole und andere giftige oder radioaktive Verbindungen, die von den Lungen nicht ausgefiltert werden können, liest man wenig in den Kernenergieprognosen. Bis zum Jahre 2000 wird sich allein in den Vereinigten Staaten Atommüll mit einer Radioaktivität von 27 Mrd. Curie[21] angesammelt haben. Hierfür sind Lagerzeiten von mehreren 1000 Jahren erforderlich. Es ist unbestritten, daß die Abgaberaten radioaktiver Stoffe an Luft und Wasser so gering gehalten werden, daß sie weit unter den zugelassenen Grenzen liegen[22]. Neben den geringen tatsächlichen Umweltbeeinträchtigungen bei Normalbetrieb muß man jedoch bei Kernkraftwerken zusätzlich die Möglichkeit eines Freisetzens radioaktiver Stoffe bei Störfällen beachten. Außerdem ist die sichere Endlagerung der radioaktiven Abfälle mit langen Halbwertzeiten eines der wichtigsten Umweltprobleme.

X. Überwachung des spaltbaren Materials

Bedenken der Umweltschützer gegen eine gewaltige Verstärkung der Kernenergiekapazität richten sich auch auf die Schwierigkeit, spaltbares Material zu überwachen. Das Beispiel Indien zeigt, wie rasch Schwellenmächte – trotz des

---

[20] Allen L. *Hammond*, William D. *Metz* u. a. (Hrsg.), Energie für die Zukunft, Frankfurt 1974, S. 38.
[21] Ebd., S. 44.
[22] Siehe dazu *Aurand*, (Anm. 5), S. 290 f.

NV-Vertrages – eine Kernwaffenproduktion aufbauen könnten. Hinzu kommt die Tatsache, daß die Möglichkeiten der Sabotage, des Diebstahls und der Nachlässigkeit im Umgang mit spaltbarem Material einfach durch die Tatsache, daß mehr Material vorhanden ist, wachsen. Wie die zunehmenden Mengen radioaktiven Mülls sicher nachgewiesen, transportiert und gelagert werden sollen, ist noch nicht endgültig gelöst. Die Zwischenlagerung in Salzbergwerken, das Versenken auf hoher See, das Einsenken sich selbst erwärmender kleiner Kugeln tief in die Arktis – alle diese Verfahren reichen nicht aus. Überlegt wird seit langem, ob eine internationale Behörde gegründet werden soll, die den Transport und die Lagerung des radioaktiven Mülls überwacht oder selbst übernimmt. Auch die Folgen von Naturkatastrophen für Kernkraftwerke sind noch nicht zweifelsfrei geklärt. Offen ist auch, was einmal mit stillgelegten Reaktoren geschehen soll.

XI. Gefährdeter Energiehaushalt der Erde

Die Kernenergie hat – sicher nicht gewollt – den Eindruck hervorgerufen, als könnte der Mensch Naturgesetzen, Tagespolitik, harten Interessen und Konflikten mit Hilfe technokratischer Großplanung entkommen. Nach den Gesetzen der Thermodynamik wird die gesamte von Menschen freigesetzte oder genutzte Energie schließlich in Wärme umgesetzt. Nur wenn die Energiequelle die Sonnenstrahlung selbst ist, kann solche dauernde Aufwärmung vermieden werden. Alle Brennstoffe wie Kohle, Öl und Kernbrennstoffe erwärmen in der einen oder anderen Weise die Atmosphäre und können damit langfristig die Klimabedingungen auf der Erde verändern. Das geschieht, wenn das Gleichgewicht von Sonnenenergie und zusätzlicher Aufwärmung durch menschliche Aktivitäten zur Gesamtwärmeabstrahlung in den Weltraum verschoben werden sollte. Die vom Massachusetts Institute of Technology 1970 einberufene Konferenz zur Vorbereitung der Umweltkonferenz der Vereinten Nationen kommt zu dem Ergebnis[23], daß der jetzige gewaltige Energieverbrauch bereits fast 1 vH der von der Erde abgestrahlten Sonnenenergie erreicht. Werden diese Relationen auf etwa 3 vH der abgestrahlten Sonnenenergie verändert, so entstehen nicht abzuschätzende Gefahren. Fast ein Drittel des gesamten Weltenergieverbrauchs entfiel 1970 auf die Vereinigten Staaten von Amerika. Würden alle 3,7 Mrd. Erdbewohner diesen enormen amerikanischen Verbrauch erreichen, so wären – bei gleicher Form der Ausbeutung von Energiequellen wie bisher – die traditionellen Energiequellen wie Öl, Gas, Kohle in 30 bis 40 Jahren erschöpft. Muß aber auf die großen Energiequellen und Rohstoffe im Meer und im Urgestein der Erde zurückgegriffen werden, so ergeben sich ungeahnte technische

---

[23] William H. *Matthews*, William W. *Kellogg* und G. D. *Robinson* (Hrsg.), Man's Impact on the Climate, Cambridge, Mass., 1971.

Schwierigkeiten, die wiederum nur bei Einsatz gewaltiger Energiemengen überwunden werden können – ganz zu schweigen von den unvermeidlichen Umweltschäden, die etwa bei Abbau der Kohle in großem Maßstab oder der vielhundertfachen Menge an radioaktivem Material (einschließlich der stillgelegten Reaktoren) entstehen.

XII. Globale Strukturpolitik und Kernenergie

Kernenergie darf in all diesen Konfliktlagen nicht isoliert gesehen werden und darf sich selbst nicht mehr länger in einer spektakulären Sonderrolle fühlen. Sie muß überall in der Welt – auch in den großen Hilfsprogrammen der Vereinten Nationen und der Weltbank – Teil eines langfristigen Konzepts globaler Strukturpolitik und umweltfreundlicher Energiepolitik werden. Die Kernenergie muß aus ihrem selbstgewählten Getto heraus. Sie muß sich stärker begreifen als natürlicher Bestandteil der Wirtschafts- und Strukturpolitik, die unter Beachtung ökologischer Eckwerte oder Konstanten die gesamtgesellschaftlichen Ziele – sehr häufig auch internationale Ziele – verwirklicht. Kernenergie muß Instrument einer solchen Politik, nicht Selbstzweck sein. Das bedeutet, sie kann nicht mehr nur von der Angebotsseite her geplant werden. Erst dieser Prozeß des Umdenkens in der Atomenergiewirtschaft (die Wissenschaft hat für dieses Umdenken schon vielfach Signale gegeben) wird den armen Ländern auf dieser Erde den »Sprung« in die industrialisierte Gesellschaft ermöglichen.

Energie ist auch in Zukunft die unbestrittene Grundlage für alle Prozesse der Industrialisierung, d. h. für das Anwachsen des Wohlstandes, die Verstädterung, die Vergrößerung der Kapazitäten für Produktion, Kommunikation, Forschung und Innovation. Die in den vollindustrialisierten Ländern inzwischen selbstverständlich gewordenen Güter und Dienstleistungen erfordern zu ihrer Befriedigung Energie in der einen oder anderen Form, sei es Elektrizität, Gas, maschinelle Energie, menschliche Arbeitskraft oder eben Kernenergie. Die statistischen Daten über die industrielle Entwicklung der letzten 50 Jahre berechtigen zu der Annahme, daß der Leistungszustand der Wirtschaft vom Pro-Kopf-Verbrauch an Energie abhängt. Nach den Zahlen des Statistischen Jahrbuchs der Vereinten Nationen hat sich der Energieverbrauch in den letzten zehn Jahren im Durchschnitt um fast 5 vH erhöht. Das entspräche einer Verdoppelung des Weltenergieverbrauchs etwa alle acht bis zehn Jahre. Ob diese Annahmen auch nach dem »arabischen Szenario« vom Herbst 1973 noch stimmen, wird immer mehr bezweifelt.

In dem einseitigen Heraufsetzen der Ölpreise durch die arabischen ölproduzierenden Länder liegt der Gebrauch einer neuen strategischen Waffe, nämlich der Drohung mit nicht ausreichender Belieferung mit strategisch wichtigen Rohstoffen. Es war das erste Mal, daß sich die reichen Industrieländer dem Druck weniger entwickelter Länder voll beugen mußten und damit die strategische

Vorhand verloren hatten, die sie – nicht zuletzt wegen ihrer militärischen und zivilen Überlegenheit auf dem Gebiet der Kernenergie – nach 1945 besaßen. Das arabische Szenario hat die ganze Begrenztheit und Fragwürdigkeit der bisherigen Energiepolitik, einschließlich der Kernenergiepolitik, gezeigt. Kernenergie stand eben in dieser Krisensituation nicht als Reserve-Energiequelle zur Verfügung. Die Araber haben mit ihrer Ölpreis-Waffe zugleich die große Verletzlichkeit und Störanfälligkeit der Industriekultur gezeigt.

Die Umweltdiskussion Anfang der siebziger Jahre hat bereits auf das auf Energieverschwendung beruhende Wachstum aufmerksam gemacht. Umweltbelastung und Umweltzerstörung wurden als »Konflikt durch Überfluß« begriffen. Der Bourgeois in den Vereinigten Staaten, Westeuropa und Japan hatte sein »Vietnam-Erlebnis«; er lernte am Umweltthema, was eine Studentengeneration vorher am Vietnam-Thema gelernt hatte: Auch Supertechnik und Supermacht haben Grenzen. Die Themen: Grenze für das Wachstum, Grenze für den Überfluß, Grenze für die Zukunft beherrschten seit 1970 die nationale und internationale Politik. Für Maurice Strong, den Exekutivdirektor des Umweltprogramms der Vereinten Nationen, und für Georg Picht, Philosoph aus Heidelberg, hat die menschliche Geschichte dort einen Wendepunkt erreicht, wo das Überleben der Gattung Mensch zum Thema der Umweltpolitik geworden ist. Das heißt: Die bisher nur von Philosophen und Theologen diskutierten Fragen werden zum Thema der Tagespolitik; Kernenergie ist nicht mehr Thema der Spezialisten.

Daß in Zukunft nicht mehr allein Kernphysiker und Technik-Enthusiasten über den Ausbau der Kernwirtschaft entscheiden werden, wurde besonders deutlich während der Umweltkonferenz der Vereinten Nationen in Stockholm im Juni 1973. Diese Konferenz war mehr als eine der zahlreichen Sachverständigenkonferenzen, die viel unlesbares Papier hinterlassen und wenig zur praktischen Problemlösung beitragen. Zum ersten Mal waren von der gastgebenden schwedischen Regierung und dem Vorbereitungsausschuß unter der Leitung von Botschafter Johnson aus Jamaika Bürgerinitiativen und Umweltverbände der ganzen Welt zu einer Parallelkonferenz eingeladen worden. In den städtischen Tennishallen und in einem Zeltlager vor der Stadt haben viele hundert Gruppen und Organisationen Gegenvorschläge zur Regierungsmeinung erarbeitet, die offiziellen Resolutionen kritisiert und dadurch eine Weltöffentlichkeit hergestellt, die seither fester Bestandteil des Umweltprogramms der Vereinten Nationen ist. Am Sitz des UN-Umweltprogramms (UNEP) in Nairobi/Kenya ist vor wenigen Monaten ein ständiges Zentrum der nichtstaatlichen Organisationen (NGO) auf dem Umweltgebiet eröffnet worden.

Erst die Anerkennung der Bürgeraktionen und Bürgerinitiativen in den wissenschaftlichen Fach- und Regierungsdiskussionen hat dem »Geist von Stockholm« seine eigentliche Bedeutung gegeben. Es war ein erstaunliches und hoffnungsvolles Faktum, daß es gelang, mit Zustimmung aller Entwicklungsländer und der Volksrepublik China in Umrissen den Kodex eines neuen Umweltvölkerrechts in Form einer Erklärung zur Umwelt des Menschen zu verabschieden. In der Stockholmer Erklärung wird vor allem das Grundrecht jedes Menschen auf Freiheit, Gleichheit und angemessene Lebensbedingungen in einer Umwelt festgestellt, die so beschaffen sein muß, daß sie ein Leben in Würde und Wohlergehen ermöglicht[24].

Umweltpolitik und Energiepolitik sind in Stockholm in einen klaren gesellschaftspolitischen Zusammenhang gestellt worden. Der Kompromiß von Stockholm zwischen traditionellen, konservativen Umweltschützern und westlichen Systemplanern auf der einen Seite und den die Industrieländer in Ost und West anklagenden Entwicklungsländern auf der anderen Seite war die radikale Politisierung des Umweltthemas um die Dimension einer globalen Strukturpolitik, die energischer als die bisherigen Ansätze der Entwicklungshilfe versucht, elementare materielle Lebensbedingungen für jeden Menschen auf der Erde sicherzustellen. Das Thema menschenwürdiges Wohnen gehört ebenso in das Umweltprogramm der Vereinten Nationen wie das Thema Auswirkungen der Umweltpolitik auf Welthandel und Technologietransfer. Weltentwicklungsausgleich mit Reform des Weltwährungssystems und mit Umweltpolitik sind zwei verschiedene Seiten der gleichen Medaille. Der Stockholm-Kompromiß ist auf den Sitzungen des Verwaltungsrats von UNEP in Genf 1973 und Nairobi 1974 bestätigt worden.

Auf der sechsten Sondersitzung der UN-Generalversammlung über Rohstoffe und Entwicklung, die vom 19. April bis 2. Mai 1974 in New York stattgefunden hat, ist das Thema einer globalen Strukturpolitik erneut aufgenommen worden. In der Erklärung über die Errichtung einer neuen internationalen Wirtschaftsordnung heißt es unter anderem: »Die Vorteile des technologischen Fortschritts kommen nicht allen Mitgliedern der internationalen Gemeinschaft in gleicher Weise zugute. Die Entwicklungsländer, die 70% der Weltbevölkerung ausmachen, teilen sich in nur 30% des Welteinkommens. Es hat sich als unmöglich erwiesen, unter der bestehenden internationalen Wirtschaftsordnung eine gleichmäßige und ausgewogene Entwicklung der internationalen Gemeinschaft zu erreichen ... Seit 1970 hat die Weltwirtschaft eine Reihe von ernsten Krisen mit schwerwiegenden Auswirkungen, besonders für die Entwicklungsländer, erlebt wegen deren im allgemeinen größerer Verwundbarkeit gegenüber externen ökonomischen Impulsen ...«[25] Mit abermaligem deutlichem Bezug auf das arabische Szenario der Ölpreiskrise folgt dann der Satz: »Die Entwicklungsländer sind zu einem mächtigen Faktor geworden, der ihren Einfluß in allen Gebieten der internationalen Aktivitäten fühlbar macht.« An anderer Stelle wird darauf hingewiesen, daß die Interessen der entwickelten und weniger entwickelten Länder nicht länger isoliert gesehen werden dürfen.

---

[24] Siehe UN-Dokument A/CONF. 48/14 vom 3. Juli 1972.
[25] Siehe UN-Dokument 3201 (S–VI) vom 1. Mai 1974, in: UN Press Release GA/5022 vom 2. Mai 1974.

Zu den Unterscheidungen zwischen Industrieländern und Agrarländern, entwickelten und weniger entwickelten Ländern tritt die Unterscheidung zwischen rohstoffreichen und rohstoffarmen Ländern. Westeuropa gehört in einer Weltübersicht zur zweiten, der rohstoffarmen Ländergruppe. Kein einziges Mal taucht unter den jeweils fünf größten Produzenten von Eisen, Kupfer, Blei, Bauxit, Zinn oder Zink ein westeuropäisches Land auf. Diese Situation der Weltrohstoffmärkte zeigt zugleich einen anderen internationalen Grundkonflikt, den auch die Kernenergie nicht lösen kann, nämlich den Konflikt zwischen natürlichen Ressourcen als Naturkapital und dem schnellen Verbrauch dieses Naturkapitals durch die Ansprüche der Industriekultur. Es gehört zu den großen Versäumnissen der Nationalökonomie, daß die Abhängigkeit aller menschlichen Aktivität von diesem Naturkapital gegenüber dem Faktor des technischen Fortschritts unterbewertet worden ist. Zu dieser falschen Akzentsetzung hat die Kernenergiebegeisterung der letzten zwei Jahrzehnte erheblich beigetragen.

Umweltbelastungen und Umweltschäden sind soziale Zusatzkosten von Produktion und Konsum. Bisher sind diese Kosten in einer regelmäßigen ökologischen Buchführung nicht berechnet und in den Wirtschaftsrechnungen daher nicht systematisch berücksichtigt worden. Unsere Wachstumsdaten waren unvollständig, einseitig und daher falsch. Die Kosten für Autoreparaturen, verursacht durch Unfälle, die Kosten von Abwasserreinigungmaßnahmen und von Sicherheitsvorkehrungen an Kernreaktoren – all das geht als positiver Beitrag in die Berechnungen des Bruttosozialprodukts ein, müßte aber als Umweltdebet abgezogen werden. Ebenso sollten die Gesundheitsschäden, die Gebäudeschäden durch Luftverunreinigung, die enormen sozialen Kosten der Verkehrsunfälle, die Minderung des Landschaftswerts wegen Umweltschäden berechnet und genau wie der Umsatz durch Güterproduktion bilanziert werden. Bei der Einrichtung solcher, überall notwendigen »ökologischen Buchhaltung« ist die Kernenergie mit gutem Beispiel vorangegangen. Aufgrund sehr strenger Strahlenschutzbestimmungen werden mögliche Auswirkungen auf die Umwelt durch freigesetzte Radioaktivität genauer als in irgendeinem anderen Wirtschaftsbereich geprüft, und zugelassene Grenzwerte werden nach dem letzten Stand wissenschaftlicher Erkenntnis ständig herabgesetzt. Jede Art von Strahlung ist gesundheitsschädlich.

In ihrem Energieprogramm vom September 1973 weist die Bundesregierung zu Recht darauf hin, daß in Zukunft berücksichtigt werden muß, daß steigender Energiebedarf nicht nur durch eine Vermehrung des Angebots, sondern auch durch Rationalisierungsmaßnahmen und energiesparende Techniken gedeckt werden muß. Ganz deutlich wird überall in der Welt und besonders eindrucksvoll in den Vereinigten Staaten der Versuch unternommen, Aufgaben und Arbeitsinstrumente der Wirtschaftspolitik neu zu durchdenken, nämlich im Hinblick auf die Tauglichkeit dieser Instrumente zur Lösung globaler Strukturprobleme. Zum anderen wird versucht, den Wachstumspfad der nationalen Wirtschaften an gesamtgesellschaftlichen, besonders aber ökologischen Eckdaten auszurichten. Stärker als bisher sollte sich die Kernenergiewirtschaft an dieser Diskussion über eine neue Konzeption des Weltwirtschaftssystems mit eigenen Beiträgen beteiligen, sich als Teilaspekt dieser Diskussion verstehen und endlich ihre jahrelange selbstgewählte Isolierung aufgeben.

XIII. Kernenergie als Kapazität für soziale Innovationen

Atomforschung und Atomenergiewirtschaft bringen als neue Technologie mit inzwischen riesigen Problemlösungskapazitäten in Dutzenden von Kernforschungszentren mit Zehntausenden von Wissenschaftlern in der ganzen Welt dafür gute Voraussetzungen mit. In dem Maße, in dem die Kernenergie auf dem Weltmarkt wirklich wettbewerbsfähig wird (die steigenden Ölpreise haben sie auf diesem Weg ein gutes Stück weitergebracht), werden Kernforschungszentren mit ihren Kapazitäten für Anschlußaufgaben frei. Zu diesen Anschlußaufgaben sollten Beiträge zur sozialen Innovation gehören nach dem Vorbild des London Center for Intermediate Technology unter Leitung von Erich F. Schumacher, das praktikable Kleinlösungen für einzelne Entwicklungsländer ausarbeitet und bewußt auf kostspielige Großplanungen nach dem Motto seines Buches »Small is beautiful« verzichtet. Die Kernforschungsanlage Jülich überlegt zur Zeit die Einrichtung eines Programm-Aktivitätszentrums ähnlicher Art. Der frühere Leiter des Schnellen-Brüter-Projekts Karlsruhe, Wolf Häfele, ist Mitglied des Direktoriums des internationalen Instituts für Systemstudien in Wien geworden und mit Modellen einer ökologisch ausgerichteten Energiepolitik befaßt.

In gleicher Weise, wie Kernphysiker vor fast 20 Jahren das »Atoms-for-Peace«-Programm und eine neue Vision einer Befriedigung der Welt durch »technological fixes« entwickelt haben (nicht immer mit Erfolg, wie wir heute zugeben müssen), könnten Kernforschungszentren zusammen mit Praktikern der Weltwirtschaft ein Modell eines »Wirtschaftssystems der Herausforderung« entwickeln, das heißt einer ganz neuen Form weltwirtschaftlichen Denkens. Es müssen integrierte Antworten gesucht werden, die ökologischen Eckdaten und Strukturproblemen der Entwicklungsländer ebenso Rechnung tragen wie dem fundamentalen Menschenrecht auf ein soziales Minimum an Arbeitsplatz, Bildung und Wohnung. Ein solches »Wirtschaftssystem der Herausforderung« wurde nicht nur im Aktionsprogramm der UN-Rohstoffkonferenz 1974 vorausgesetzt, es ist inzwischen zur Überlebensbedingung für die hochentwickelte Industriekultur im letzten Drittel des 20. Jahrhunderts geworden.

Optimisten unter den Energieexperten sagen einen Verfall der Ölpreise in einigen Jahren voraus. Lassen sich aber gewohnte marktwirtschaftliche Grundsätze auf einen so hochpolitisierten Markt anwenden? Können die deutlichen Signale der UN-Rohstoffkonferenz einfach überhört werden? Werden Iran oder Saudi-Arabien ihre Produktion aufrechterhalten, wenn die Ölpreise sinken sollten? Werden nicht permanente Krisen im Nahen Osten ständig neue Solidarisierungseffekte bei den arabischen Förderländern hervorrufen? Eines steht fest: Alle bisherigen Energieprognosen müssen revidiert werden. Ein höherer Beitrag der Steinkohle bei entsprechend vermindertem Mineralölanteil wird bereits in dem im Sommer 1973 veröffentlichten Energieprogramm der Bundesregierung gefordert. Ein Programm der Bundesregierung zur Erschließung neuer Energiequellen ist angelaufen mit Schwerpunkten auf Kohlevergasung und Kohleverflüssigung (auch durch kombinierten wirtschaftlicheren Einsatz der Kernenergie), Energieumwandlung, -transport, -speicherung, besonders aber rationeller Energieverwendung. Ein ähnliches Programm wie hier mit dem Zwanzigfachen an Mitteln besteht in den Vereinigten Staaten von Amerika.

Die Kernenergie ist längst notwendig geworden für das Überleben des Wirtschaftssystems, auf dem die heutige Industriekultur beruht. Sie ist aus dem idealistischen Kindheitsalter heraus, ist nüchterner und zugleich in jeder Hinsicht umweltbewußter geworden. Sie ist daher durchaus in der Verfassung, die großen internationalen Probleme der nächsten Jahrzehnte mit lösen zu helfen. Sie wird sie aber auf keinen Fall allein lösen können.

Literatur

Ayres, Robert U. und Theodore B. *Taylor:* Wirtschaftliche und ökologische Konsequenzen veränderter Formen der Energieproduktion und -verwendung. Forschungsbericht für das BMI, Dezember 1973.

Bergmann, Wilhelm B. und Hermann *Krämer:* Technischer und wirtschaftlicher Stand sowie Aussichten der Kernenergie in der Kraftwirtschaft der BRD. Teil I der im Auftrag des Bundesministeriums für Bildung und Wissenschaft erarbeiteten Studie. Fortschreibung mit Stand Oktober 1971. Jül-827-HT, Februar 1972. Kernforschungsanlage Jülich GmbH. HHT-Projekt.

Büker, Harald, Peter *Jansen,* Wolfgang *Sassin* und Wolfgang *Schikarski:* Kernenergie und Umwelt, Teil IV der im Auftrag des Bundesministers für Forschung und Technologie erarbeiteten Studienreihe »Technischer und wirtschaftlicher Stand der Kernenergie in der Kraftwirtschaft der Bundesrepublik Deutschland«. Jül-929-HT-WT, März 1973.

Flohn, Hermann: Globale Energiebilanz und Klimaschwankungen. In: *Schriftenreihe der Rhein. Westfl. Akademie der Wissenschaften.* Serie N. 234. Opladen 1973.

Foreman, Harry (Hrsg.): Nuclear Power in the Public. Indianapolis 1970.

Häfele, Wolf und Hermann *Krämer:* Technischer und wirtschaftlicher Stand sowie Aussichten der Kernenergie in der Kraftwirtschaft der BRD, Teil II der im Auftrag des Bundesministeriums für Bildung und Wissenschaft erarbeiteten Studie. Jül-775-RG, Juni 1971. Kernforschungsanlage Jülich GmbH. Institut für Reaktorenentwicklung in Zusammenarbeit mit der Gesellschaft für Kernforschung mbH, Karlsruhe, Institut für Angewandte Reaktorphysik.

Hammond, Allen L. (Hrsg.): Energie für die Zukunft. Frankfurt 1974.

Jantsch, Erich (Hrsg.): Technological Planning and Social Futures. London 1972.

Kloss, Hans Dieter (Hrsg.): Damit wir morgen leben können. Stuttgart 1972.

Krauch, Helmuth (Hrsg.): Der Energieschock. Stuttgart 1974.

Lurf, Gerhard: Technischer und wirtschaftlicher Stand sowie Aussichten der Kernenergie in der Kraftwirtschaft der BRD, Teil III der im Auftrag des Bundesministeriums für Bildung und Wissenschaft erarbeiteten Studie »Der nukleare Brennstoffkreislauf«. Mai 1972. Nuklear-Ingenieur-Service GmbH, Hanau/Main.

Matthews, William H., William W. *Kellogg* und G. D. *Robinson* (Hrsg.): Inadvertent Climate Modification; Report of the Study of Man's Impact on Climate (SMIC). Cambridge, Mass., 1971.

Meinecke, Jürgen: Untersuchung der Umweltbelastung durch Energienutzung in Nordrhein-Westfalen. Diplomarbeit an der Rheinisch-Westfälischen Technischen Hochschule Aachen. Januar 1972.

Odum, Howard T. (Hrsg.): Environment, Power and Society. New York 1971.

Oeckl, Albert (Hrsg.): Taschenbuch des öffentlichen Lebens. Bonn 1973.

Schreiterer, Manfred: Außen-Wissenschaftspolitik als Faktor der modernen Außenpolitik. In: *Europa-Archiv,* Folge 16/1968, S. 593–598.

Thompson, Dennis L. (Hrsg.): Politics, Policy and Natural Resources. New York 1972.

Voß, Alfred: Ansätze zur Gesamtanalyse des Systems Mensch – Energie – Umwelt. Jül-982-RG, Juli 1973. Kernforschungsanlage Jülich GmbH. Institut für Reaktorentwicklung.

Atomgesetz mit Verordnungen. Baden-Baden 1973.

Bundesminister des Innern (Hrsg.): Bericht der BMI-Projektgruppe Umwelt und Energie. Bonn 1974.

Citizens' Advisory Committee on Environmental Quality (Hrsg.): Citizen action guide to energy conservation. Washington 1973.

Energie und Abwärme; Bd. 8 der Beiträge zur Umweltgestaltung. Erich Schmidt-Verlag, Berlin.

Energiewirtschaft und Umweltbeeinflussung in der Bundesrepublik Deutschland. Forschungsstelle für Energiewirtschaft, München. September 1972.

Jahresberichte des amerikanischen Council on Environmental Quality. Washington 1970 und folgende Jahre.

Office of Science and Technology (Hrsg.): Electric power and the environment. Washington 1970.

DIE VERTEILUNG VON KERNBRENNSTOFFEN: DAS PROBLEM DER ROHSTOFFE UND DER ANREICHERUNG

Felix Oboussier

I. Die internationale Zusammenarbeit bei der Verteilung von Spaltstoffen

Wegen der besonderen Bedeutung der Kernbrennstoffe für die Entwicklung und den Ausbau des Waffenpotentials und der damit zwangsläufig verbundenen Politik einer Sicherheitsüberwachung zur Vermeidung einer mißbräuchlichen Verwendung lag es für die Staaten mit nuklearer Führungsrolle nahe, die Verteilung von Spaltstoffen an dritte Länder mit Auflagen bezüglich ihrer Verwendung zu verbinden und sie mit der Sicherheitsüberwachung zu koppeln. Ein Schulbeispiel hierfür bieten die Vereinigten Staaten von Amerika. Sie versuchten zunächst ihre Vormachtstellung als einziger Besitzer der Atombombe zu behalten. Der »Atomic Energy Act« von 1946 verbot folglich jede Zusammenarbeit mit Drittstaaten, auch mit den verbündeten Mächten.

Diese Einstellung wandelte sich zunächst nur langsam. Die Gewißheit, daß auch die Sowjetunion über Atomwaffen verfügte, sowie die Verschärfung des Kalten Krieges veranlaßten die Vereinigten Staaten zu einer Überprüfung ihrer Politik. Durch eine Ergänzung des »Atomic Energy Act« wurde 1951 die United States Atomic Energy Commission (USAEC) ermächtigt, unter gewissen Bedingungen mit den NATO-Verbündeten Abkommen über einen Informationsaustausch abzuschließen.

Der entscheidende Schritt wurde aber erst vollzogen, nachdem Präsident Eisenhower vor der Generalversammlung der Vereinten Nationen am 8. Dezember 1953 das »Atoms-for-Peace«-Programm verkündet hatte. Daraufhin wurde 1954 der »Atomic Energy Act« grundlegend umgestaltet, um die internationale Zusammenarbeit zur Entwicklung der Kernenergie für friedliche Zwecke zu ermöglichen.

Durch Abschnitt 123 des »Atomic Energy Act« wurde die USAEC ermächtigt, mit dritten Staaten nach Billigung durch den Präsidenten und unter Kontrolle des Kongresses Abkommen über Zusammenarbeit abzuschließen, die neben einem gewissen Informationsaustausch auch die Lieferung von Ausgangsstoffen und besonderen spaltbaren Stoffen zum Gegenstand hatten. Die Lieferung von besonderen spaltbaren Stoffen war aber nur auf Regierungsebene zulässig, d. h., der Empfangsstaat mußte bei der Weitergabe an private Verbraucher das Eigentum behalten; Lieferungen direkt an die Privatindustrie waren ausgeschlossen.

Alle gelieferten Kernbrennstoffe durften ausschließlich zu friedlichen Zwecken verwendet werden. Bis in die Mitte der sechziger Jahre waren sie sogar projektgebunden, und die USAEC behielt sich jeweils die Prüfung des Projekts und die Genehmigung der Übertragung an ein anderes Projekt vor. In jedem einzelnen Fall sicherte sich die USAEC die Überwachung der Sicherheit – mit Verpflichtung zur Buchführungs- und Meldepflicht für den Empfangsstaat und mit dem Recht, Kontrolleure zu entsenden. In den fünfziger Jahren hat die USAEC mehr als 40 solcher Abkommen geschlossen.

Anders hat sich die Zusammenarbeit mit internationalen Organisationen entwickelt. Auch für sie sah Abschnitt 123 des »Atomic Energy Act« die Möglichkeit des Abschlusses von Abkommen über Zusammenarbeit vor. Der Kongreß behielt sich jedoch das Recht vor, selbst durch Gesetzesakt Höchstmengen für besondere spaltbare Stoffe festzusetzen, die von der USAEC an diese Organisationen geliefert wurden (Abschnitt 54).

Insgesamt sind drei Organisationen zu nennen, die nach ihrer Satzung die Aufgabe oder das Recht haben, ihre Mitglieder mit Kernbrennstoffen zu versorgen:
– auf weltweiter Ebene die Internationale Atomenergie-Organisation (IAEA),
– demgegenüber geographisch eingeschränkt die Kernenergie-Agentur (NEA) (bis 1972 Europäische Kernenergie-Agentur) der OECD und schließlich
– auf regionaler Ebene die Europäische Atomgemeinschaft (Euratom).

Diese Organisationen weisen in ihrer Struktur und Aufgabenstellung, was die Versorgung mit Kernbrennstoffen anlangt, grundsätzliche Unterschiede auf, auf die im folgenden näher eingegangen werden soll.

1. Internationale Atomenergie-Organisation (IAEA)

In der Satzung der IAEA, die 103 Staaten zu ihren Mitgliedern zählt, ist bezüglich der Versorgung mit Kernbrennstoffen festgelegt, daß der Organisation von den Mitgliedern Kernbrennstoffe zur Verfügung gestellt werden können (Artikel IX). Die Organisation kann diese Stoffe entweder beim Lieferstaat oder in eigenen Lagerstätten einlagern. In der Praxis ist hiervon kein Gebrauch gemacht worden. Vielmehr hat sich die Rolle der IAEA darauf beschränkt, sich als Makler oder Vermittler zwischen Lieferstaat und Empfängerstaat einzuschalten. Zu diesem Zweck sieht die IAEA-Satzung in Artikel IX-D vor, daß ein Mitgliedstaat, der sich verpflichtet hat, der IAEA Kernbrennstoffe zur Verfügung zu stellen, auf Verlangen der Organisation verpflichtet ist, diese Stoffe einem anderen Mitgliedstaat in dem von der Organisation für notwendig erachteten Umfang zu liefern.

Vier Mitgliedstaaten – Frankreich, Großbritannien, die Sowjetunion und die Vereinigten Staaten – haben mit der IAEA Abkommen über die Lieferung von besonderen spaltbaren Stoffen abgeschlossen, vor allem bezüglich der Lieferung von angereichertem Uran. Von diesen hat aber nur das Abkommen mit den Vereinigten Staaten mengenmäßig einige Bedeutung. Das Abkommen über Zusammenarbeit zwischen den Vereinigten Staaten und der IAEA wurde am 11. Mai 1959 mit einer Laufzeit von 20 Jahren abgeschlossen, vorher hatte der Kongreß in Abschnitt 123 des »Atomic Energy Act« die USAEC ermächtigt, an die IAEA im Rahmen des Abkommens bis zu 5000 kg Uran-235 zu kommerziellen Bedingungen, d. h. zum gleichen Preis wie an amerikanische Verbraucher, zu liefern.

Im Gegensatz zu den Sektoren »Festlegung von Grundnormen für Gesundheitsschutz und Sicherheit« und »Internationale Sicherheitsüberwachung« hat die IAEA auf dem Gebiete der Versorgung mit Kernbrennstoffen keine wesentliche Bedeutung gewonnen. Das mag daran gelegen haben, daß Anlaufschwierigkeiten und Schwerfälligkeit in der Organisation alsbald erkennen ließen, daß der Weg über die IAEA nicht für die Sicherstellung einer einfachen und schnellen Versorgung mit Kernbrennstoffen geeignet war. Dieses Verfahren, das in Artikel XI der Satzung festgelegt ist, sieht vor, daß eine detaillierte Beschreibung des zu beliefernden Projekts an die IAEA abgegeben werden muß. Dem schließen sich eine eingehende Projektprüfung durch die IAEA mit Feststellung des Brennstoffbedarfs an und ein Bericht an den Gouverneursrat. Erst ein zustimmender Beschluß des Gouverneursrats berechtigt dann die IAEA, mit dem interessierten Mitgliedstaat ein sog. Projektabkommen (Project Agreement) und mit dem Lieferstaat und dem Empfängerstaat ein dreiseitiges Versorgungsabkommen (Supply Agreement) abzuschließen.

In der Praxis bevorzugte die USAEC bisher die direkte Versorgung auf dem Wege über die zahlreichen bilateralen Abkommen, die sie – überwiegend zu Forschungszwecken, zu einem großen Teil aber auch für Energieerzeugung – mit dritten Staaten abgeschlossen hatte und weiter abschloß. Die unmittelbare Versorgung durch die USAEC wurde auch von diesen Staaten gewünscht und begünstigt.

Man gelangt daher zu der eigenartigen Feststellung, daß die Politik der Vereinigten Staaten und ihr folgend der USAEC dazu führte, daß erhebliche Anstrengungen unternommen wurden,

– um die Arbeit der IAEA auf dem Gebiet des Gesundheitsschutzes und der Reglementierung und Harmonisierung von Sicherheits- und Transportvorschriften zu fördern und besonders
– um eine weltweite und zuverlässige Sicherheitsüberwachung auf internationaler Ebene mit für alle gleichermaßen verbindlichen Kontrollnormen zu schaffen und weiterzuentwickeln, daß aber im Gegensatz hierzu nichts Entscheidendes unternommen wurde, um die IAEA als »Vermittlungsstelle« oder als »Makler« bei der Versorgung mit Kernbrennstoffen einzuschalten und ihr hier eine aktivere Rolle zukommen zu lassen. Die IAEA hat daher nicht zur Kommerzialisierung der Versorgung mit Kernbrennstoffen beitragen können.

Das folgt aus der Tatsache, daß in den ersten zwölf Jahren ihrer Aktivität nur 65 Transaktionen mit einer Gesamtmenge von 54,5 kg Uran-235 und 811 g Plutonium über die IAEA abgewickelt wurden, und zwar ausschließlich für Forschungsvorhaben.

Ob die IAEA bei der zunehmenden Bedeutung der Kernenergie auch für Entwicklungsländer auf dem Versorgungssektor in Zukunft größere Entfaltungsmöglichkeiten erfahren wird, läßt sich im heutigen Zeitpunkt nicht übersehen. Trotz der engen Verbindung zwischen Versorgung und Sicherheitsüberwachung, die Erzeuger- und Verbraucherländer zur Einschaltung der IAEA für die Erlangung von Sicherheitsgarantien zwingt, erscheint dies problematisch. Allerdings ist durch die erhöhten Ölpreise die Kernenergie für Entwicklungsländer interessant geworden. Schon Kernkraftwerke mit einer Leistung von 400 MW sind wettbewerbsfähig mit Ölkraftwerken gleicher Größe. Bisher trat die Wettbewerbsfähigkeit erst bei 600 MW ein. Es ist überdies errechnet worden, daß selbst ein Kernkraftwerk von nur 100 MW über eine Zeitdauer von 30 Jahren wettbewerbsfähig wird, wenn der Ölpreis $ 6,12 pro Barrel beträgt. Im Frühjahr 1974 betrug dieser Preis bereits $ 11 pro Barrel. Aber es besteht bei den Herstellern von Kernkraftwerken kaum Interesse, sich für den Bau solcher kleinen Kernkraftwerke zu interessieren. Die Entwicklungsländer ihrerseits schrecken zurück vor den hohen Anfangskosten der Investition. Ihnen fehlt außerdem das zum Betrieb notwendige Fachpersonal.

Wenn sich auch in der Vergangenheit gezeigt hat, daß auf dem Versorgungssektor Erzeuger und Verbraucher bisher direkte Kontakte zur schnellen und langfristigen Bedarfsdeckung bevorzugt haben, so ist doch eine wachsende Bedeutung auf diesem Sektor für die IAEA nicht auszuschließen, vor allem wenn eine Vereinfachung ihres schwerfälligen und zeitraubenden Verfahrens erreicht werden kann. Es kann in dem Zusammenhang vermerkt werden, daß zwei Mitgliedstaaten der IAEA, nämlich Mexiko und Jugoslawien, jetzt erstmalig darauf bestanden haben, von den Vereinigten Staaten über die IAEA beliefert zu werden. Beide Länder haben den Auftrag für den Bau ihres ersten Kernkraftwerks an amerikanische Firmen vergeben und werden das für den Betrieb benötigte angereicherte Uran von der USAEC beziehen. Der Abschluß der diesbezüglichen Lohnanreicherungsverträge hat sich über den dafür vorgesehenen Termin (31. 12. 1973) hinaus verzögert, da die dazu notwendige Genehmigung des Gouverneursrates und die Unterzeichnung des Projektabkommens bis zu diesem Zeitpunkt nicht vorlagen. Im Februar 1974 wurde die Genehmigung für das mexikanische Projekt Laguna Verde erteilt. Für das jugoslawische Kernkraftwerk steht sie noch aus.

Die Anträge der beiden vorgenannten Staaten haben überdies die USAEC veranlaßt, beim Kongreß der Vereinigten Staaten eine Änderung der Section 54 des »Atomic Energy Act« zu beantragen, um die Genehmigung zu einer wesentlichen Erhöhung der Lieferungen von angereichertem Uran an die IAEA zu erhalten. Die gesetzliche Ermächtigung der USAEC betrug bisher 5000 kg Uran-235. Sie soll nach erfolgter Änderung des Abschnitts 54 des »Atomic Energy Act« durch eine Höchstmenge ersetzt werden, die im Wege der schriftlichen Vereinbarung zwischen der USAEC und der IAEA festgelegt und dann dem Kongreß zugeleitet wird. Wenn dieser innerhalb von 60 Tagen keinen Widerspruch erhebt, gilt die neue Höchstmenge als genehmigt.

Der Ausschluß Taiwans aus den Vereinten Nationen und der IAEA hat dagegen zu einer bedeutenden Ausweitung des bilateralen Abkommens dieses Landes mit den Vereinigten Staaten geführt.

2. Kernenergie-Agentur (NEA) der OECD

Die Hauptaufgaben der NEA sind die Koordinierung der Forschungsprogramme und die Errichtung und der Betrieb gemeinsamer Unternehmen. Als erstes gemeinsames Unternehmen wurde 1958 das vom Norwegischen Institut für Atomenergie betriebene Versuchskernkraftwerk in Halden in die NEA eingegliedert; das Institut wurde mit dem Betrieb des Reaktors beauftragt. Als zweites gemeinsames Unternehmen wurde 1959 von der United Kingdom Atomic Energy Authority der Hochtemperaturversuchsreaktor Dragon-Projekt übernommen. Als drittes gemeinsames Unternehmen ist durch die internationale Konvention vom 20. Dezember 1957 die »Eurochemic« als Prototyp-Anlage zur chemischen Wiederaufbereitung bestrahlter Brennelemente ins Leben gerufen worden (Mol/Belgien). Sie nahm 1966 ihren Betrieb auf und blieb für mehrere Jahre die einzige europäische Wiederaufbereitungsanlage, die geeignet war, jede Art von Brennstoff zu bearbeiten. Die Anlage hat 1974, nachdem ausreichende Erfahrungen gesammelt worden sind und die Errichtung von Großanlagen erforderlich geworden ist, ihren Betrieb eingestellt. Inzwischen wurde eine deutsch-französisch-englische Zusammenarbeit beschlossen, durch die unter der Bezeichnung »United Reprocessors« auf industrieller und kommerzieller Basis gemeinsam die chemische Wiederaufbereitung von Kernbrennstoffen betrieben werden soll.

Bezüglich der Versorgung mit Kernbrennstoffen bestimmt die Satzung der NEA, daß die Organisation im Rahmen des Möglichen zu der Versorgung der gemeinsamen Unternehmen und zur Ausführung der Atomprogramme ihrer Mitglieder beitragen soll (Artikel 6a). Zu diesem Zweck soll sie auch den Abschluß von Vereinbarungen über die Lieferung von Kernbrennstoffen fördern. Wichtig ist es, in diesem Zusammenhang auf Artikel 19 der Satzung der NEA hinzuweisen, der besagt, daß die NEA in keiner Weise die Zuständigkeiten der Europäischen Atomgemeinschaft berühren oder einschränken soll. Die Bestimmung sieht auch den Abschluß einer Vereinbarung mit Euratom über eine enge Zusammenarbeit auf den verschiedensten Gebieten vor. Es muß aber hinzugefügt werden, daß es auf dem Gebiet der Versorgung und der Sicherheitsüberwachung nie zu einer solchen gemeinsamen Vereinbarung gekommen ist. Hierin und in der eingeschränkten Rolle, die der NEA auf dem Versorgungssektor satzungsgemäß zugewiesen wurde, liegt die Ursache dafür, daß die NEA für die Versorgung mit Kernbrennstoffen keine Bedeutung erlangt hat. Dazu hat außerdem auch die Haltung der USAEC beigetragen, die zwar bezüglich der gemeinsamen Unternehmen einen Informationsaustausch mit der NEA durchführt, aber keinen Beitrag zur Versorgung mit Kernbrennstoffen geleistet und kein dahingehendes Abkommen über die Zusammenarbeit mit der NEA abgeschlossen hat.

3. Europäische Atomgemeinschaft (Euratom)

Im Vergleich zu der IAEA und der NEA hat die Europäische Atomgemeinschaft (Euratom) einen geographisch eingeschränkten Teilnehmerkreis und daher nur regionalen Charakter. Sie ist demgegenüber aber mit erheblich weitergehenden Rechten ausgestattet.

Nach dem Euratom-Vertrag (Artikel 1) ist der Gemeinschaft die Aufgabe gestellt, die Voraussetzungen für die schnelle Bildung und Entwicklung der Kernindustrien zu schaffen. Um dieses Ziel zu erreichen, muß die Gemeinschaft unter anderem »für regelmäßige und gerechte Versorgung aller Verbraucher der Gemeinschaft mit Erzen und Kernbrennstoffen Sorge tragen« (Artikel 2d). Während also die IAEA und die NEA auf dem Versorgungssektor nur fakultativ tätig werden, ist der Gemeinschaft die regelmäßige und gerechte Versorgung aller Verbraucher zur Pflicht gemacht. Dementsprechend sind in Kapitel VI des Zweiten Titels des Euratom-Vertrages, das die Versorgung mit Kernbrennstoffen regelt, für die Gemeinschaft gewisse Grundprinzipien aufgestellt und ihr von den Mitgliedstaaten bestimmte Rechte übertragen worden. Die Grundsätze sind:

a) das Prinzip des gleichen Zugangs aller Verbraucher zu den Versorgungsquellen (Artikel 52 – 1);

b) die Sicherstellung einer gemeinsamen Versorgungspolitik (Artikel 42 – 1)[1];

c) das Verbot eines Gebarens einzelner Verbraucher, das darauf abzielt, ihnen eine bevorzugte Stellung zu sichern (Artikel 52 – 2a);

d) die zentrale Versorgung aller Verbraucher durch eine eigens zu diesem Zweck gegründete Versorgungsagentur (Artikel 52 – 2b).

---

[1] Der deutsche und englische Vertragstext sprechen vom »Grundsatz des gleichen Zugangs zu den Versorgungsquellen *durch* eine gemeinsame Versorgungspolitik« bzw. von der Sicherstellung der Versorgung: »by means of a common supply policy on the principle of equal access to sources of supply.« Die gemeinsame Versorgungspolitik ist also das Leitprinzip und muß auf dem Grundsatz des gleichen Zugangs aufgebaut sein. In den anderen Amtssprachen stehen der Grundsatz des gleichen Zugangs und die gemeinsame Versorgungspolitik als zwei voneinander getrennte Prinzipien nebeneinander, z. B. frz. Text: »L'approvisionnement ... est assuré ... selon le princip d'égal accès aux ressources, et par la poursuite d'une politique commune d'approvisionnement.«

Die Rechte der Gemeinschaft sind:

a) das Recht der Kommission, über die Ausfuhr von in der Gemeinschaft erzeugten Erzen, Ausgangsstoffen und besonderen spaltbaren Stoffen zu entscheiden (Art. 59b);
b) das Recht der Kommission, über die Durchführung von Programmen zu entscheiden, die einen Erzeuger unmittelbar an einen bestimmten Verbraucher binden (Art. 62 – 2c);
c) das Recht der Kommission, unter bestimmten Voraussetzungen einzelne Verbraucher zum unmittelbaren Abschluß von Lieferverträgen ohne Einschaltung der Agentur zu ermächtigen (Art. 66);
d) das Recht der Kommission, bei verbotenem Preisgebaren marktgerechte Preise festzusetzen (Art. 68 – Abs. 3);
e) das Recht des Rates, auf Vorschlag der Kommission durch einstimmigen Beschluß Preise für die Lieferung von Kernbrennstoffen festzusetzen;
f) das Recht der Kommission, sich an Schürfungsvorhaben in den Hoheitsgebieten der Mitgliedstaaten der Gemeinschaft zu beteiligen (Art. 70 – Abs. 1);
g) das Recht der Kommission, an die Mitgliedstaaten Empfehlungen für die Entwicklung der Schürfung und Erzgewinnung zu richten (Art. 70 – Abs. 2);
h) das Recht der Kommission, an die Mitgliedstaaten Empfehlungen steuer- und bergrechtlichen Inhaltes zu richten (Art. 71);
i) das Recht der Kommission, die Einrichtung von Sicherheitsbeständen zu beschließen (Art. 72 – Abs. 2);
j) das Recht der Kommission, ihre Zustimmung zum Abschluß von Abkommen mit Drittstaaten oder mit einem Angehörigen eines Drittstaates zu erteilen, wenn das Abkommen auch die Lieferung von Erzeugnissen vorsieht, die in den Zuständigkeitsbereich der Agentur fallen (Art. 73);
k) das Recht der Kommission, sogenannte »kleine Mengen« von Kernbrennstoffen im Verordnungswege von den Versorgungsvorschriften des Kapitels VI auszunehmen (Art. 74);
l) das Recht der Kommission, Verarbeitungs- und Aufbereitungsverträgen mit einem Angehörigen eines Drittstaates zu widersprechen, wenn die Verarbeitung oder Aufbereitung außerhalb der Gemeinschaft nicht wirksam und sicher und ohne Substanzverlust zum Nachteil der Gemeinschaft gewährleistet werden kann (Art. 75 – Abs. 2).

Die Verfasser des Euratom-Vertrages haben, wie die vorstehende Aufzählung zeigt, nicht nur die Kommission auf dem Versorgungssektor mit weitgehenden Rechten ausgestattet, sondern sie haben darüber hinaus zur Sicherstellung einer gleichmäßigen und gerechten Versorgung aller Verbraucher in der Gemeinschaft eine zentrale Institution, die Versorgungsagentur, geschaffen und ihr besondere Rechte und selbstverständlich auch Pflichten übertragen (Art. 52 – 2b).

Die Agentur verfügt über ein Bezugsrecht für alle im Gebiet der Mitgliedstaaten erzeugten Erze, Ausgangsstoffe und besonderen spaltbaren Stoffe.

Sie hat weiter das ausschließliche Recht, Verträge über die Lieferung von Erzen, Ausgangsstoffen oder besonderen spaltbaren Stoffen aus Ländern innerhalb oder außerhalb der Gemeinschaft abzuschließen.

Um diese kommerzielle Tätigkeit ausüben zu können, sind der Versorgungsagentur eigene Rechtspersönlichkeit und finanzielle Autonomie verliehen worden (Art. 54).

II. Die Stellung der Versorgungsagentur bei der Verteilung von Kernbrennstoffen

Aus der Satzung der Agentur[2] und den Vorschriften des Kapitels VI des Zweiten Titels des Euratom-Vertrages ergibt sich, daß die Versorgungsagentur das kommerzielle Instrument zur Durchführung der von den zuständigen Instanzen der Gemeinschaft beschlossenen gemeinsamen Versorgungspolitik sein soll. Der Versorgungsagentur kommt die Schlüsselstellung für die Sicherung der Versorgung aller Verbraucher in der Gemeinschaft zu. Sie hat am 1. Juni 1960 ihre Tätigkeit aufgenommen.

In den folgenden Kapiteln soll untersucht werden, inwieweit die Agentur auf den einzelnen Sektoren des Kernbrennstoffmarktes für Erze, Ausgangsstoffe und besondere spaltbare Stoffe der ihr von den Vätern des Euratom-Vertrages zugedachten Schlüsselstellung gerecht geworden und von den Institutionen der Gemeinschaft als Instrument einer gemeinsamen Versorgungspolitik genutzt und entwickelt worden ist.

1. Erze

Ein Markt für Uranerz besteht nicht. Der geringe Erzgehalt im Gestein, die abseitige geographische Lage der meisten Lagerstätten, die langen, oft schwierigen Transportwege und die damit verbundenen Transportkosten schließen einen Handel mit Uranerz, der zur Bildung eines echten Marktes führen könnte, aus. Bisher sind nur vereinzelte Fälle bekanntgeworden, in denen Uranerz zur Verwendung in der Gemeinschaft angekauft wurde.

2. Natururan

Bei der Darstellung der Marktentwicklung für Natururan[3] ist besonders die Ausgangslage, die am 1. Juni 1960 in der Gemeinschaft bestand, zu berücksichtigen.

---

[2] *Amtsblatt der Europäischen Gemeinschaften* vom 6. 12. 1958, S. 534–540.
[3] Chemische Formel: Yellow Cake, $U_3 O_8$ oder UF_6.

Nur in *einem* Mitgliedstaat der Gemeinschaft, in Frankreich, befanden und befinden sich nennenswerte, abbauwürdige Uranvorkommen. Hier sind schon vor 1960 planmäßig und zielstrebig Uranschürfung betrieben und in großzügiger Weise Uranvorkommen entwickelt worden. Zudem hatte Frankreich seit 1945 durch die Gründung des mit Sonderrechten ausgestatteten Commissariat à l'Energie Atomique (CEA) und durch die Verstaatlichung seiner Elektrizitätserzeugung in der Electricité de France (EdF) eine Politik betrieben, die den gesamten nuklearen Brennstoffkreislauf von der Uranschürfung bis zum Einsatz der Brennelemente in den Reaktoren unter staatliche Regie oder Kontrolle brachte. Das Streben nach Versorgungssicherheit und Versorgungsunabhängigkeit hatte zusammen mit der nuklearen Verteidigungspolitik zur Entscheidung geführt, sich für die Energieerzeugung auf Natururanreaktoren zu stützen und diesen Reaktortyp weiterzuentwickeln.

Gleichzeitig betrieb Frankreich die Uranprospektion nicht nur im Mutterland, sondern auch in seinen früheren Kolonien, die zwar inzwischen staatliche Eigenständigkeit und Unabhängigkeit erlangt hatten, aber doch, durch mannigfaltige Bande mit Frankreich verknüpft, die französische Aktivität auf dem Natururansektor unterstützten. Frankreich besaß daher, als die Gemeinschaft am 1. Januar 1958 ihre Tätigkeit aufnahm, den anderen Mitgliedstaaten gegenüber einen erheblichen Vorsprung in der Entwicklung seiner nuklearen Industrie[4] und war außerdem in der Lage, den Uranbedarf dieser Industrie aus eigenen Vorkommen zu decken.

In den anderen Mitgliedstaaten der Gemeinschaft hatte man dagegen die Entwicklung von Leichtwasserreaktoren gewählt, die wirtschaftlich erfolgversprechender erschienen. Diese Entscheidung wurde gefördert durch den Abschluß eines Abkommens über Zusammenarbeit zwischen Euratom und der USAEC am 8. November 1958. Es sah die Durchführung eines gemeinsamen Kernkraftwerksprogramms vor, das den Bau der – auch von der USAEC bevorzugten – Leichtwasserreaktoren vorsah. Die Vereinigten Staaten von Amerika leisteten durch vorteilhafte Finanzierung der Brennstoffbeschaffung und durch Gewährung von Exim-Bank-Darlehen für den Ankauf von Bauteilen in den Vereinigten Staaten einen wesentlichen Beitrag. Das benötigte angereicherte Uran kaufte die Gemeinschaft, vertreten durch die Versorgungsagentur, von der USAEC. Es gab daher in den übrigen Mitgliedstaaten der Gemeinschaft keinen nennenswerten Bedarf für Natururan. Es wurde vereinzelt in Forschungsprojekten und Laboratorien verwendet, und diese Situation verhinderte die Schaffung eines echten Marktes für Natururan. Einem erheblichen Angebot aus den verschiedenen Erzeugerländern[5] stand kein ins Gewicht fallender Bedarf gegenüber.

---

[4] Gleiches gilt auch für Großbritannien, das aber erst zum 1. 1. 1973 der Gemeinschaft beitrat.

[5] In der Hauptsache die Vereinigten Staaten von Amerika, Kanada, Australien, Südafrikanische Union, Frankreich.

Es bestand deshalb die allgemeine Auffassung, daß die Einschaltung der Agentur nach dem in Artikel 60 des Euratom-Vertrages vorgesehenen Verfahren der regelmäßigen Gegenüberstellung von Angeboten und Nachfragen überflüssig sei, die Kernindustrie nur behindere und ihre rasche Entwicklung erschwere. Die dahin gehenden Vorstellungen aus Industriekreisen und der amtlichen Stellen der Mitgliedstaaten veranlaßten die Kommission, ein sog. vereinfachtes Verfahren einzuführen[6]. Angesichts des von der Kommission festgestellten Überangebots von Natururan wurden die Verbraucher in der Gemeinschaft durch die Vollzugsordnung von Euratom ermächtigt, die Verträge mit Uranproduzenten ihrer Wahl selbst auszuhandeln und abzuschließen. Sie waren lediglich verpflichtet, die abgeschlossenen Verträge der Versorgungsagentur vorzulegen. Diese konnte innerhalb von acht Tagen Einspruch einlegen, wenn sie feststellte, daß der abgeschlossene Vertrag nicht den Bestimmungen des Euratom-Vertrages und der von ihr veröffentlichten Allgemeinen Lieferbedingungen entsprach. Wurde kein Widerspruch erhoben, so galten die Verträge als durch die Agentur abgeschlossen. Man ersetzte also die vorgesehene aktive Einschaltung der Agentur in die Lieferverträge durch eine juristische Fiktion. Dieses zunächst auf sechs Jahre beschränkte sogenannte vereinfachte Verfahren wurde von der Kommission jeweils verlängert, zuletzt 1969. Es ist am 31. Dezember 1973 ausgelaufen. Über eine Fortführung, Abänderung oder völlige Aufhebung dieses Verfahrens ist noch nicht entschieden.

Eine Wende des Natururanmarktes begann sich durch die Ankündigung der USAEC abzuzeichnen, zum 1. Januar 1969 die Lohnanreicherung zur Grundlage der Versorgung der Kernkraftwerke mit angereichertem Uran zu machen. Mußten bisher die Betreiber von Kernkraftwerken ihren Bedarf an angereichertem Uran bei der USAEC durch Kaufverträge decken, so hatten sie jetzt die Möglichkeit, sich das zur Anreicherung benötigte Natururan selbst auf dem freien Markt zu beschaffen und mit der USAEC einen Vertrag über die Leistung von Anreicherungsdiensten und die Lieferung des gewünschten Produkturans abzuschließen. Dieses Lohnanreicherungsverfahren bot den Kernkraftwerksbetreibern erhebliche wirtschaftliche Vorteile, da sie sich auf dem freien Markt nach preisgünstigen Erzeugern von Natururan umsehen konnten, während sie bis dahin den weit höheren Preis der USAEC bezahlen mußten[7]. Zwar blieb der Uranmarkt durch ein Überangebot im Vergleich zur Nachfrage charakterisiert,

---

[6] Vgl. Art. 5 der Vollzugsordnung der Versorgungsagentur der Europäischen Atomgemeinschaft über das Verfahren betreffend die Gegenüberstellung von Angeboten und Nachfragen bei Erzen, Ausgangsstoffen und besonderen spaltbaren Stoffen vom 5. Mai 1960, in: *Amtsblatt der Europäischen Gemeinschaften* vom 11. Mai 1960, S. 777, und die Allgemeinen Bedingungen für Verträge über die Lieferung von Erzen und Ausgangsstoffen vom 23. November 1960, in: *Amtsblatt der Europäischen Gemeinschaften* vom 30. November 1960, S. 1460.

[7] Der Marktpreis lag bei etwa $ 5,00/lb U_3O_8, während die USAEC US $ 8,00/lb U_3O_8 berechnete.

aber es traten jetzt in größerem Umfange Elektrizitätsversorgungsunternehmen (EVU) als Kunden auf diesem Markt auf, so daß dem Angebot erstmalig eine, wenn auch nur langsam anwachsende Nachfrage gegenüberstand. Die Kernkraftwerksbetreiber haben die zu diesem Zeitpunkt – durch die Fortdauer des vereinfachten Verfahrens – gebotene Möglichkeit, selbst und ohne Einschaltung der Agentur preisgünstige Lieferverträge auszuhandeln, zu nutzen gewußt. Der Uranmarkt blieb ein Käufermarkt, auf dem bis zum Ende des Jahres 1971 der Preis für Natururan eine sinkende Tendenz zeigte und zum genannten Zeitpunkt seinen tiefsten Stand mit knapp $ 4,00/lb U_3O_8 erreichte.

Parallel zur Einführung des Lohnanreicherungsverfahrens wurde der Uranmarkt auch dadurch beeinflußt, daß neben Frankreich auch andere Mitgliedstaaten der Gemeinschaft aus Gründen der Versorgungssicherheit Interesse an der Erschließung von neuen Uranlagerstätten bekundeten. Private Initiative und staatliche Förderung durch verlorene Zuschüsse oder günstige Darlehen führten zur Gründung von Unternehmen in der Gemeinschaft, die teils durch eigene Prospektion, Schürfung und Erschließung neuer Lagerstätten, teils durch Erwerb von Beteiligungen an ausländischen Bergwerksgesellschaften oder Uranminen die Uranerzeugung zu betreiben begannen. Eine ähnliche Entwicklung zeigte sich außerhalb der Gemeinschaft vor allem in Japan, dessen beachtliche Kernindustrie frühzeitig auf Versorgungssicherheit und Erschließung von Versorgungsquellen bedacht war[8]. Es muß dabei allerdings in Betracht gezogen werden, daß es sich um einen kostspieligen und langwierigen Prozeß handelt. Einmal führt nur ein geringer Teil der Prospektion und der Bohrarbeiten (meist in entlegenen Gebieten ohne Infrastruktur) zur Entdeckung abbauwürdiger Lagerstätten, zum anderen vergehen von Beginn der Prospektion bis zur erfolgreichen Inbetriebnahme der Lagerstätte und der damit verbundenen Aufbereitungsanlage acht bis zehn Jahre. Erst Mitte dieses Jahrzehnts werden also die 1966 bis 1968 begonnenen Bemühungen ihre Früchte tragen.

Von Bedeutung ist auch die Tatsache, daß gegen Ende der sechziger Jahre die großen amerikanischen Ölgesellschaften begannen, sich für den Natururanmarkt zu interessieren und sich dort zu engagieren. Das geschah durch den Erwerb von Beteiligungen an bestehenden Minengesellschaften oder durch die Übernahme von solchen Unternehmen, aber auch durch eigene Prospektion und den Erwerb von Schürfungsvorhaben, anfangs nur in den Vereinigten Staaten, sehr bald aber auch in Kanada, Australien und anderen Erdteilen. Von den europäischen Ölgesellschaften ist nur der Erwerb einer Beteiligung der französischen Total an dem Rössing-Vorkommen der Rio Tinto Zinc Corporation (London) bekanntgeworden, dessen Produktion voraussichtlich Ende dieses Jahrzehntes anlaufen wird.

---

[8] In Großbritannien wird die Uranprospektion und Urangewinnung auf privatwirtschaftlicher Basis durch die Rio Tinto Zinc Corp. und ihre ausländischen Tochtergesellschaften betrieben.

Die an früherer Stelle (S. 334 f.) erwähnte Tatsache, daß Kernkraftwerksbetriebe als Kunden auf dem Natururanmarkt erschienen und bei dem bestehenden großen Angebot jeden sich bietenden Preisvorteil ausnutzten, führte Anfang 1972 zu einer Reaktion der maßgeblichen Erzeugerländer. Frankreich, Kanada, Australien, Südafrika und die im Vereinigten Königreich führende Rio Tinto Zinc Corporation begannen mit Besprechungen über eine gemeinsame Haltung und Preispolitik gegenüber dem Preisdruck der einzelnen Verbraucher. Nicht zu Unrecht wiesen sie darauf hin, daß ein Preis von $ 4/lb U_3O_8 den Erzeugern keine Neuinvestition und keine Erweiterung der Prospektion gestatte. Eine solche sei aber dringend erforderlich, um den steigenden Bedarf zu decken, andernfalls drohe gegen Ende des laufenden Jahrzehnts oder zu Beginn der achtziger Jahre eine Mangellage, die kurzfristig nicht zu überwinden sei und die zu großen Preissteigerungen führen müsse. Ob dieser Zusammenschluß der Haupterzeuger, wie von Verbrauchern behauptet, die Bezeichnung »Kartell« verdient, läßt sich im gegenwärtigen Zeitpunkt nicht entscheiden. Es ist jedenfalls festzustellen, daß Kontrakte zu Festpreisen nur für die Jahre 1978 angeboten werden. Nur in Ausnahmefällen werden Festpreise von solchen Firmen geboten, die auf dem europäischen Markt einen Anteil zu erwerben hoffen. Aus Verbraucherkreisen verlautet weiter, daß es kaum möglich sei, Angebote für mittel- und langfristige Lieferverträge zu erhalten[9]. Erwähnt werden muß weiter, daß der Zusammenschluß der Haupterzeuger durch die kanadische und australische Regierung gestützt wird. In beiden Ländern sind Verordnungen oder Verwaltungsrichtlinien ergangen, die bei der Erteilung von Exportlizenzen die Behörden zu einer Preisüberprüfung und Ablehnung der Ausfuhrgenehmigung berechtigen, wenn die Vertragspreise nicht als kostendeckend in Hinblick auf künftige Aktivitäten angesehen werden.

Den vorgenannten Erzeugerländern muß auch zugestanden werden, daß ihre Absatzmöglichkeiten erheblich durch das für den großen amerikanischen Markt geltende Einfuhrembargo eingeschränkt sind. Zur Unterstützung der heimischen Uranminengesellschaften hatte die amerikanische Regierung mit der Einführung der Lohnanreicherung am 1. Januar 1969 ein Verbot erlassen, anderes als amerikanisches Uran für die Versorgung der amerikanischen Kernkraftwerke zu verwenden. Dadurch ist vorläufig der größte Uranverbraucher der freien Welt den nichtamerikanischen Erzeugern verschlossen. Die USAEC hat jedoch nunmehr dem amerikanischen Kongreß einen stufenweisen Abbau des Embargos ab 1977 vorgeschlagen; über diesen Vorschlag sollen Hearings abgehalten werden. Mit einer Entscheidung ist im Laufe des Jahres 1974 zu rechnen.

Der Natururanmarkt ist im Laufe des Jahres 1973 ferner dadurch beeinflußt worden, daß die besonders reichen Vorkommen in Australien seit dem Regie-

---

[9] Siehe den Bericht über das Symposium in Oak Brooks, in: *Nuclear Industry*, April 1973, S. 53 ff.

rungswechsel Anfang 1973 zurückgehalten und verkauft werden. Es verlautet, von den zuständigen Regierungsstellen würden die Voraussetzungen für die Verlängerung oder Neuerteilung von Schürfkonzessionen überprüft. Von anderer Seite wird berichtet, die australische Regierung wolle das besonders gehaltvolle und daher preisgünstige und konkurrenzfähige Erz zurückhalten in der Erwartung, schon in naher Zukunft bedeutend höhere Preise erzielen zu können. Tatsache ist, daß Uran australischer Provenienz zur Zeit nicht auf den Markt gelangt und daß einige australische Produzenten sich besorgt gezeigt haben, die notwendigen Ausfuhrgenehmigungen zur Honorierung bestehender Lieferkontrakte zu erhalten.

Erwähnt werden muß weiter, daß die Bemühungen der Erzeuger in der Gemeinschaft, sich Versorgungsquellen in überseeischen Gebieten durch eigene Prospektion oder durch eine Beteiligung an dort bestehenden Gesellschaften zu erschließen, in Kanada und Australien erschwert worden sind. In beiden Ländern sind Vorschriften erlassen bzw. Gesetze in Vorbereitung, welche die Beteiligung ausländischer Partner an einheimischen Gesellschaften beschränken. In Kanada soll die ausländische Beteiligung im Einzelfall 10 vH und insgesamt $33^1/_3$ vH nicht übersteigen, in Australien soll sie dem Vernehmen nach nur 5 bzw. 15 vH betragen. Andererseits erhält keine ausländische Gesellschaft Konzessionen für die Schürfung und Gewinnung von Uranerz. Diese Vorschriften stellen eine erhebliche Einschränkung der Betätigungsmöglichkeiten für Erzeuger in der Gemeinschaft dar.

Die industriell hochentwickelten Erzeugerländer Kanada, Australien und Südafrika haben außerdem die Absicht bekundet, in ihren Ländern Urananreicherungsanlagen zu bauen und dann das bei ihnen gewonnene Natururan nur noch als angereichertes Uran zu verkaufen[10].

Schließlich hat die im Februar 1974 erfolgte Ankündigung des Präsidenten der afrikanischen Republik Gabun, Bongo, die afrikanischen Republiken erzielten keinen ausreichenden Preis für ihren wertvollen Rohstoff Uran und würden sich deshalb genötigt sehen, vom 1. April 1974 an den Uranpreis einseitig festzusetzen, falls keine befriedigende Verständigung mit den ausländischen Teilhabern zustande komme, den Uranmarkt stark verunsichert. Es besteht der Eindruck, daß Präsident Bongo von Gabun der Sprecher der afrikanischen Republiken ist, die im Abbau befindliche oder nachgewiesene Uranvorkommen haben (in erster Linie Niger und die Zentralafrikanische Republik, aber auch Zaïre, Sambia, Somalia). Eine starke Preiserhöhung würde die Liefermöglichkeiten der dort tätigen deutschen, italienischen und japanischen Gesellschaften beeinträchtigen. Ganz besonders aber würde sie das französische CEA und die mit ihm verbundenen französischen Gesellschaften belasten, da der Hauptteil des französischen Bedarfs aus den afrikanischen Gebieten stammt und darüber hinaus zahlreiche und umfangreiche – mit europäischen und überseeischen Verbrauchern be-

---

[10] Vgl. *Nucleonics Week,* Jg. 15, Nr. 20 vom 16. 5. 1974, S. 1.

stehende – Lieferkontrakte noch für mehrere Jahre zu den früher vereinbarten und dann möglicherweise unter dem Gestehungspreis liegenden Festpreisen honoriert werden müßten. Als Folgeerscheinungen zeigen sich folgende Entwicklungen:

- Die Natururanpreise auf dem amerikanischen Markt lagen noch 1973 etwa 0,70 bis zu $ 1/lb über dem Preis des freien Marktes; inzwischen sind amerikanische Gesellschaften zu gleichen oder günstigeren Preisen auf dem europäischen Markt aufgetreten;
- die Verbraucher in der Gemeinschaft zeigen sich bestürzt, daß sie auf die Anfang 1974 gemachten Ausschreibungen keine oder nur wenige Angebote erhalten;
- alle Erzeuger von Uran halten zurück, da sie bei der augenblicklichen Preissituation und der mit Gewißheit zu erwartenden ständig steigenden Nachfrage damit rechnen, schon in naher Zukunft erheblich höhere Preise erzielen zu können;
- in den in letzter Zeit bekanntgewordenen Angeboten für Lieferungen noch im Jahr 1974 wird eine Preiserhöhung von fast 100 vH gefordert im Vergleich zu den Abschlüssen des Vorjahres.

Für die weitere Entwicklung des Uranmarktes kann mit Sicherheit davon ausgegangen werden, daß die Nachfrage ständig und erheblich steigen wird. Nach übereinstimmender Auffassung aller sachverständigen Gremien ist zwar genügend Uran vorhanden, es bleibt aber fraglich, ob die Erzeuger einen ausreichenden Anreiz finden, um die – der zu erwartenden Nachfrage entsprechenden – Mengen verfügbar zu halten. Die Erzeuger nehmen eine abwartende Haltung ein. Ein möglicher starker Preisanstieg könnte den notwendigen Anreiz für gesteigerte Prospektion und Entwicklung neuer Vorkommen bieten. Er könnte aber auch einer Reihe von Erzeugern die Erfüllung bestehender Lieferverpflichtungen erschweren und damit die Versorgungslage der Verbraucher beeinträchtigen. Alle Anzeichen deuten darauf hin, daß im Frühjahr 1974 der Wendepunkt vom bisherigen Käufermarkt zum Verkäufermarkt gekommen ist. Aus dieser Marktlage ergeben sich folgende Schlußfolgerungen:

- Infolge des sogenannten vereinfachten Verfahrens, das bis zum 31. Dezember 1973 Geltung hatte, hat die Versorgungsagentur keinen Einfluß auf die Marktentwicklung nehmen können;
- die privaten und staatlichen Initiativen in den Mitgliedstaaten der Gemeinschaft zur Sicherung der Natururanversorgung verdienen Förderung und Unterstützung;
- eine solche Unterstützung ist u. a. nur möglich, wenn den Erzeugern in der Gemeinschaft die Gelegenheit gegeben wird, einen ausreichenden Anteil am freien Markt zu vergleichbaren Bedingungen und Preisen zu erhalten, die neue Investitionen ermöglichen;

- diesbezügliche Maßnahmen liegen langfristig gesehen auch im Interesse der Verbraucher in der Gemeinschaft;
- angesichts der stark erweiterten Kernenergieprogamme in allen Ländern müssen in weit erheblicherem Ausmaß als bisher Prospektion betrieben und neue Lagerstätten erschlossen werden;
- Möglichkeiten einer gemeinsamen Versorgungspolitik müssen von der Kommission und den interessierten und sachverständigen Kreisen der Mitgliedstaaten kurzfristig erarbeitet werden;
- die ausreichende Versorgung mit Natururan muß von der Kommission mit den industrialisierten Erzeugerländern in die Außenhandelsgespräche über die Versorgung mit Rohstoffen und mit den unterentwickelten Ländern in die Verhandlungen über die Entwicklungshilfe einbezogen werden;
- der Ministerrat muß über die ihm zugeleiteten Vorschläge rasch entscheiden und die für mittel- und langfristige Sicherung der Versorgung benötigten Mittel bereitstellen;
- die Versorgungsagentur ist das geeignete Instrument für eine auf Stärkung der Erzeuger und auf Versorgungssicherheit der Verbraucher in der Gemeinschaft bedachte gemeinsame Versorgungspolitik;
- die Vorschriften des Kapitels VI des Euratom-Vertrages, die von einer auf die Versorgungsagentur zentralisierten gleichmäßigen Versorgung aller Verbraucher der Gemeinschaft ausgehen, bieten die notwendigen rechtlichen Handhaben für die Durchsetzung der sich aus diesen Schlußfolgerungen als notwendig ergebenden Maßnahmen. Sie sollten aber – da sie in der Vergangenheit für den Natururanmarkt nicht angewandt worden sind – den notwendigen Beschlüssen des Rates über eine gemeinsame Versorgungspolitik angepaßt und flexibler gestaltet werden. Unterbleibt eine solche gemeinsame Versorgungspolitik, die sowohl den Interessen der Erzeuger als der Verbraucher der Gemeinschaft dient, dann kann auf dem entscheidenden Sektor »Versorgung mit Natururan« die Agentur der ihr im Vertrag zugedachten Funktion, eine gerechte und sichere Versorgung zu gewährleisten, nicht nachkommen.

3. Angereichertes Uran

Die Verbraucher in der westlichen Welt waren also bei der Versorgung mit angereichertem Uran bisher ausschließlich auf die USAEC angewiesen. Frankreich und Großbritannien verfügten allerdings über Anreicherungsanlagen in Pierrelatte und Capenhurst. Diese waren aber in ihren Kapazitäten auf den militärischen Bedarf dieser Länder beschränkt und spielten für die Versorgung von Kernkraftwerken keine Rolle. Die USAEC hingegen besaß in ihren drei Anlagen in Portsmouth, Paducah und Oak Ridge eine Anreicherungskapazität von 17 000 t Trennarbeit/Jahr, die mit dem fortschreitenden Abbau des Waffenprogramms in steigendem Umfang für die Anlage von Lagerbeständen und für die Belieferung des inneramerikanischen Marktes und der übrigen freien Welt verwendet wurde. Bis in die Mitte der sechziger Jahre verlangte die amerikanische Gesetzgebung, daß besondere spaltbare Stoffe Regierungseigentum sein müßten. Amerikanische Verbraucher konnten daher von der USAEC das angereicherte Uran nur pachten, aber nicht kaufen, da der Kauf die Übertragung des Eigentumstitels zur Folge gehabt hätte. Nichtamerikanische Verbraucher konnten nur im Rahmen eines bilateralen Regierungsabkommens zwischen ihrem Land und den Vereinigten Staaten angereichertes Uran beziehen. Dabei mußte sich die Regierung des Empfangsstaates verpflichten, das ihr übertragene Eigentum an dem angereicherten Uran zu behalten und nicht aus der Hand zu geben. Die Verbraucher mußten das angereicherte Uran ihrerseits von ihrer Regierung pachten.

Bis zur Mitte der sechziger Jahre war die amerikanische Regierung Drittstaaten gegenüber außerordentlich zurückhaltend mit der Lieferung von angereichertem Uran und Plutonium. Lieferhöchstmengen und Verwendungszweck wurden gemäß Abschnitt 54 des »Atomic Energy Act« genau festgelegt. Meist wurde die Lieferung geringer Mengen für Forschungszwecke vereinbart. Nur wenige Staaten erhielten anfangs die Möglichkeit eingeräumt, angereichertes Uran für Kernkraftwerke zu beziehen. Besondere Bestimmungen waren für den Bezug von hochangereichertem Uran vorgesehen. Hier waren detaillierte Angaben über Reaktor oder Projekt und Forschungsprogramm erforderlich.

Euratom löste das Problem durch die Bestimmungen des Kapitels VIII des Euratom-Vertrages, wonach die Gemeinschaft Eigentümer aller besonderen spaltbaren Stoffe ist, während den Verbrauchern oder Erzeugern das weitestgehende Nutzungs- und Verbrauchsrecht zusteht (Art. 86, 87). Mit der Verwaltung des Eigentums der Gemeinschaft wurde im Euratom-Vertrag die Versorgungsagentur beauftragt (Art. 88).

Die Beziehungen zwischen der USAEC und Euratom entwickelten sich rasch und gestalteten sich enger als mit anderen internationalen Organisationen, wie der IAEA, oder mit dritten Staaten. Die einzigen Ausnahmen bildeten Großbritannien und zum Teil auch Japan. Insbesondere bei der Gemeinschaft und bei Japan sah die USAEC die Möglichkeit, sich langfristig einen bedeutenden Exportmarkt zu schaffen, nachdem diese beiden Bezieher sich für die Entwicklung der Leichtwasserreaktoren entschieden hatten.

Mit der Gemeinschaft wurde schon am 8. Dezember 1958 ein Abkommen über die Durchführung eines gemeinsamen Kernkraftwerksprogramms abgeschlossen, das die Belieferung mit angereichertem Uran bis zu einer Höchstmenge von 30 t Uran-235 vorsah. Hiermit wurden die Kernkraftwerke Garigliano, Gundremmingen und SENA, zu denen später noch Trino Vercellese hinzukam, versorgt. Ihm folgte am 11. Juni 1960 ein inzwischen mehrfach, zuletzt am 20. September 1972, ergänztes Zusatzabkommen, das nach Abschluß des gemeinsamen Kernkraftwerksprogramms die eigentliche Versorgungsgrundlage für die Verbraucher in der Gemeinschaft wurde. Es sah zunächst die Lieferung von bis zu 70 t Uran-235 vor. Später wurde diese Menge auf 215 t Uran-235 erhöht. Neuerdings ist die USAEC dazu übergegangen, die Höchstmengen von Uran-235 nicht mehr in zu liefernden Kilogramm, sondern in zu versorgenden Megawatt auszudrücken. Für die Gemeinschaft sind weitere 15 000 MW zu den bestehenden 215 t Uran-235 vom amerikanischen Kongreß bewilligt worden (das entspricht einer Gesamtmenge von 283 t Uran-235). Im Juni 1974 hat die Versorgungsagentur bei der USAEC eine weitere Erhöhung bis auf 75 000 MW beantragt. Das dazu notwendige interne amerikanische Verfahren ist eingeleitet.

Die in das gemeinsame Kernkraftwerksprogramm aufgenommenen Kraftwerke erhielten besonders günstige Lieferbedingungen, nämlich Kauf unter Zahlungsaufschub zu dem günstigen Zinssatz von 4 vH und für eine Laufzeit von 20 Jahren. Alle anderen Käufer von angereichertem Uran mußten bar bezahlen. Nur für Forschungsvorhaben gewährte die USAEC bis zum 30. Juni 1973 die Möglichkeit, angereichertes Uran zu pachten.

Was die Gemeinschaft betrifft, so war die Versorgungsagentur von Anfang an in alle Transaktionen mit der USAEC eingeschaltet. Sie erwarb das angereicherte Uran im Namen und für Rechnung der Gemeinschaft und übertrug alsdann den Verbrauchern in der Gemeinschaft das Nutzungs- und Verbrauchsrecht, und zwar sowohl bei den Kauf- als auch bei den Pachtverträgen. Da die USAEC für nichtamerikanische Abnehmer die gleichen Preise berechnete wie für amerikanische Verbraucher und im übrigen die Lieferbedingungen zwischen der USAEC und der Agentur weitgehend standardisiert waren, konnte auf diesem Sektor die Agentur die ihr zugewiesene Aufgabe, für gleiche und gesicherte Versorgung aller Verbraucher zu sorgen, voll erfüllen.

Durch das Gesetz 88-489 von 1964 gab die amerikanische Regierung das Prinzip auf, besondere spaltbare Stoffe müßten in jedem Falle Regierungseigentum sein, und sie ließ statt dessen das Privateigentum (private ownership) zu. Künftig konnte also auch der amerikanische Verbraucher Eigentum an besonderen spaltbaren Stoffen erwerben. Im gleichen Zuge ließ die USAEC bei den von ihr geschlossenen Abkommen über Zusammenarbeit die Forderung fallen, auch der Empfangsstaat müsse sich seinen Verbrauchern gegenüber das Eigentum vorbehalten. Für die Gemeinschaft ergaben sich hieraus keine Folgen, da die Eigentumsregelung des Euratom-Vertrages unberührt blieb.

Die USAEC zog aus dem »Private Ownership Act« die Folgerung, die amerikanischen Kernkraftwerke nach einer gewissen Übergangszeit nicht mehr wie bisher auf Pachtgrundlage zu beliefern, sondern sie zum Kauf zu zwingen. Die Pacht blieb den Forschungs- und Entwicklungsvorhaben vorbehalten.

Das Gesetz brachte eine weitere wesentliche Neuerung, indem es mit Wirkung vom 1. Januar 1969 die Lohnanreicherung als neuen Vertragstyp einführte (siehe S. 334). Infolge der verbraucherfreundlichen Situation auf dem Natururanmarkt war dieses neue Lieferverfahren wesentlich wirtschaftlicher als der bisherige direkte Kauf bei der USAEC. Es wurde daher von amerikanischen wie nichtamerikanischen Kernkraftwerksbetreibern begrüßt[11].

Die Stellung als alleiniger Lieferant der gesamten freien Welt, aber auch der rasch anwachsende Bedarf des amerikanischen Marktes, dem die ausländischen Verbraucher folgten (wenn auch nicht im gleichen Rhythmus, obwohl auch hier in steigendem Ausmaß Kernkraftwerke gebaut wurden), veranlaßte die USAEC, eine Erweiterung ihrer Anreicherungskapazität vorzusehen. Über diese Kapazitätserweiterung durch das »Cascade Improvement Program« (CIP) und das »Cascade Uprating Program« (CUP), die zu einer Steigerung von 17 000 000 kg Trennarbeit/Jahr auf 28 000 000 kg Trennarbeit/Jahr führen sollte, ergab sich eine langwierige Auseinandersetzung zwischen der USAEC und dem amerikanischen Kongreß (vertreten durch das Joint Committee on Atomic Energy) bezüglich des Zeitpunktes einer notwendigen Erweiterung und der Finanzierung. Die USAEC bot außerdem dritten Staaten die Möglichkeit an, sich finanziell am Bau einer vierten Anreicherungsanlage zu beteiligen und sich dadurch Anreicherungskapazität zu sichern. Die Bedingungen schienen aber der japanischen Regierung und der Gemeinschaft als Hauptinteressenten nicht attraktiv genug, da eine Beteiligung am technischen Betrieb und am Know-how ausgeschlossen sein sollte.

Parallel zu diesen Erweiterungsplänen nahmen in anderen Ländern Pläne und Bestrebungen konkrete Form an, die eine Durchbrechung des amerikanischen Liefermonopols und die Schaffung eigener Anreicherungskapazitäten zum Ziele hatten. Nach eingehenden Forschungs- und Vorarbeiten schlossen 1970 die Bundesrepublik Deutschland, die Niederlande und Großbritannien ein Regierungsabkommen, das die Entwicklung des Ultrazentrifugenverfahrens zur industriellen Reife und den gemeinsamen Bau und Betrieb entsprechender Anreicherungsanlagen zum Gegenstand hatte. Dieser Bau und Betrieb sollte – mit Unterstützung der Regierungen – durch die einschlägige Privatindustrie erfolgen. Dafür wurden in der Bundesrepublik die Centec GmbH, zuständig für die Ausrüstung und den Bau der Anlagen, und in Großbritannien die URENCO, verantwortlich für Betrieb und Marketing, gegründet. Nachdem die Versuchsanlagen befriedigende Ergebnisse zeigten, wurde die Inbetriebnahme zweier Anlagen von insgesamt 400 t Trennarbeit für Ende 1976 beschlossen. Diese Jahreskapazität soll bis 1980 auf etwa 2000 t Trennarbeit gesteigert werden und 1985 10 000 t Trennarbeit erreichen.

---

[11] Infolge der Preissteigerung für Natururan liegt jetzt der Preis auf dem freien Markt bereits beträchtlich über dem Preis von $ 23,46, den die USAEC für das Kilogramm Uran in UF_6 als Komponente in ihren Verkaufspreisen für angereichertes Uran einsetzt. Die USAEC ist jedoch, um nicht in Konkurrenz zu den amerikanischen Minengesellschaften aufzutreten, nicht bereit, angereichertes Uran an Kernkraftwerke zu verkaufen; diese sind vielmehr ausschließlich im Wege der Lohnanreicherung zu versorgen. Der Verkauf von angereichertem Uran durch die USAEC ist auf Forschungsvorhaben beschränkt.

Die Vorteile der Urananreicherung nach dem Zentrifugenverfahren[12] liegen einmal in dem möglichen stufenweisen Ausbau der Kapazität, so daß diese der tatsächlichen Marktentwicklung angepaßt werden kann, wobei mit einer Bau- bzw. Anlaufzeit von vier Jahren gerechnet wird; zum anderen liegen sie in dem niedrigen Bedarf an elektrischer Energie, die nur 10 vH des Bedarfs einer Gasdiffusionsanlage beträgt. Die Gegner dieses Verfahrens bezweifeln mangels entsprechender Demonstration seine industrielle Reife und befürchten eine Störanfälligkeit der Zentrifugen bei der notwendigen Belastung im Fabrikationsvorgang.

Von französischer Seite, insbesondere vom CEA, wurde dagegen der Bau einer Anlage nach dem in den Vereinigten Staaten bewährten Gasdiffusionsverfahren befürwortet. Zu Recht ist dabei darauf hingewiesen worden, daß das CEA durch den jahrelangen einwandfreien Betrieb der Anlage in Pierrelatte den Beweis der vollständigen Beherrschung dieses Verfahrens bewiesen habe. Zur Förderung dieses Vorhabens wurde mit internationaler Beteiligung in Frankreich zunächst als Studiengesellschaft EURODIF gegründet. Die Gegner dieses Projekts betonen, daß eine solche Anlage, um wirtschaftlich zu arbeiten, in einer Größenordnung von 8000 bis 10 000 t Trennarbeit/Jahr gebaut werden müsse. Unter Berücksichtigung der noch vorhandenen Anreicherungskapazität der USAEC, die erst 1982 erschöpft werde, und angesichts des Zentrifugenprogramms führe der Bau einer solchen Anlage zu Überkapazitäten, die zumindest in der ersten Hälfte der achtziger Jahre nicht genutzt werden könnten[13]. Außerdem spreche gegen den Bau einer Gasdiffusionsanlage der genannten Größe der hohe Verbrauch an elektrischer Energie. In der Tat müßten für eine solche Anlage etwa 2500 MW elektrischer Leistung installiert werden.

Inzwischen hat das CEA für das Projekt einer Gasdiffusionsanlage die belgische Synatom, eine Gruppierung von Elektrizitätsproduzenten, die italienische AGIP NUCLEARE und das Comitato Nazionale per l'Energia Nucleare (CNEN) sowie die spanische Empresa Nacional del Uranio S.A. (ENUSA) als Partner gewinnen können. Eine vorgesehene schwedische Beteiligung wurde im März 1974 abgelehnt. EURODIF wurde in eine Aktiengesellschaft umgewandelt, zum Zwecke des Baus und Betriebs einer Anreicherungsanlage bei Tricastin unweit der bestehenden Anlage in Pierrelatte. Die Anlage soll 1976 mit einer Kapazität von 3500 t Trennarbeit/Jahr in Betrieb gehen, 1980 6900 t und dann 1981 die endgültige Kapazität von 9600 t Trennarbeit/Jahr erreichen.

Es muß in diesem Zusammenhang festgestellt werden, daß die Europäische Gemeinschaft und ihre Kommission sich nicht aktiv in die Frage der Schaffung

---

[12] Siehe dazu in diesem Band Hans-Peter *Lorenzen,* Hauptentwicklungen auf dem Gebiet der industriellen Nutzung der Kernenergie, S. 98 ff., und Werner *Ungerer,* Mißbräuchliche Verwendung der Kernenergie – eine Begriffsbestimmung, S. 74.

[13] Im Frühjahr hat sich die Auftragslage von EURODIF so günstig entwickelt, daß die volle Kapazität von 9600 t TEA/Jahr so schnell wie möglich erreicht werden soll. Es wird gegenwärtig sogar erwogen, die Kapazität auf 10 800 t Trennarbeit/Jahr zu erhöhen.

von Anreicherungskapazitäten in der Gemeinschaft eingeschaltet haben. Die Kommission hat zwar seit geraumer Zeit mehrfach betont, es sei nicht nur wünschenswert, sondern notwendig, eigene Anreicherungskapazitäten zu schaffen. Sie ist aber zu keinem Zeitpunkt mit dem Vorschlag an die Öffentlichkeit getreten, eine gemeinschaftseigene Anreicherungsanlage zu errichten und zu betreiben. Ein solcher Vorschlag wäre auch angesichts der gegebenen Situation nicht realistisch gewesen, da er eine Stellungnahme und Entscheidung in der Frage der Anreicherungstechnik bedingt hätte – eine Frage, die allenfalls zu einer Spaltung der Gemeinschaft in zwei Lager, aber nicht zu einer positiven Entscheidung geführt hätte. Die Kommission hat sich daher darauf beschränkt, dem Ministerrat eine Koordinierung der beiden Aktionen zur Schaffung von Anreicherungskapazitäten in der Gemeinschaft vorzuschlagen. Ein entsprechender Beschluß des Ministerrats erging am 4. Juni 1974[14].

Die amerikanische Politik hat 1973 auf die Entscheidung über die Schaffung zusätzlicher Anreicherungskapazitäten in der freien Welt beschleunigend gewirkt. Die USAEC propagierte zunächst den Bau einer neuen Anreicherungsanlage ohne Rücksicht auf die Standortfrage auf multinationaler Ebene. Sie knüpfte an ihr Angebot allerdings Bedingungen (wie zum Beispiel den Verzicht ausländischer Firmen auf Beteiligung am amerikanischen Know-how und die Übertragung der Leitung des Baus und Betriebs an amerikanische Firmen), die wenig attraktiv erschienen und jedenfalls in europäischen Staaten und bei der Gemeinschaft kein positives Echo fanden. In den Vereinigten Staaten selbst fanden eine Reihe von Großunternehmen sich bereit, mit der USAEC die Frage des Baus einer vierten Anlage auf privatwirtschaftlicher Basis zu erörtern. Dies setzte zunächst ein kompliziertes und langwieriges Verfahren durch die USAEC in Gang, damit die Genehmigung erlangt werden konnte, einem kleinen, ausgewählten Kreis potentieller Interessenten geheime technische und wirtschaftliche Betriebsdaten mitzuteilen. Abschreckend wirkte außerdem die Ankündigung der USAEC, der künftige Inhaber der neuen Anreicherungsanlage müsse eine Royalty von 3 vH auf den Umsatz für das ihm mitgeteilte Know-how zahlen. Offen blieb dabei bisher die Frage, ob sich die interessierte amerikanische Privatindustrie für das alte Gasdiffusionsverfahren oder für das Zentrifugenverfahren, dessen Entwicklung auch in den Vereinigten Staaten mit Nachdruck betrieben wird, entscheiden wird. Uranium Enrichment Associates, die Bechtel, Union Carbide und Westinghouse vertreten, planen den Bau einer Diffusionsanlage. General Electric/Exxon verfolgen das Zentrifugenverfahren.

Am 8. Dezember 1972 verkündete die USAEC die Entscheidung, so lange keine neuen Lohnanreicherungsverträge mehr abzuschließen, bis der amerikanische Kongreß neue Lohnanreicherungskriterien genehmigt und die USAEC ihre Lieferpolitik neu definiert und den veränderten Verhältnissen sowie der zukünftig zu erwartenden Marktlage angepaßt habe. Zur Begründung wies

---

[14] Siehe Dokument R 1217/74 ATO 70.

die USAEC darauf hin, daß unter Berücksichtigung des »Cascade Improvement Program« und des »Cascade Uprating Program« sowie der möglichen Vorproduktion ihre Kapazität 1982 erschöpft und sie nicht mehr in der Lage sein werde, den dann zu erwartenden Bedarf zu decken. Die USAEC erklärte weiter, bis zum Ende des Kalenderjahres 1974 abwarten zu wollen, ob auf dem Privatsektor der Beschluß zum Bau einer Anreicherungskapazität gefaßt werde. Geschehe dies nicht, so wolle sie den Bau einer vierten Anreicherungsanlage selbst in die Hand nehmen und hierfür für das am 1. Juli 1975 beginnende Haushaltsjahr die ersten Mittel beantragen. Das sei der letzte Termin, um rechtzeitig 1982 eine neue Anlage nach dem Gasdiffusionsverfahren in Betrieb zu bringen[15].

Dieser Entscheidung wurden die neuen Anreicherungsbedingungen der USAEC angepaßt. Sie beinhalten im wesentlichen folgende Punkte:

a) Alleiniger Vertragstyp ist der sog. »Long-Term-Fixed-Commitment«-Vertrag, der den Vertragskunden verpflichtet, bestimmte Mengen zu festen Terminen abzunehmen. Der bisherige Bedarfsvertrag (Requirements-Contract), der den Kunden nur im Bedarfsfall zur Abnahme verpflichtet, wird abgeschafft.

b) Der Kunde muß bei Vertragsabschluß eine Anzahlung leisten, deren Umfang sich nach der Reaktorgröße richtet (für einen 1000-MW-Reaktor $ 3,3 Mio.) und die zinslos gegen die erste Lieferung verrechnet wird.

c) Der Vertrag muß grundsätzlich acht Jahre vor der benötigten ersten Lieferung von Produkturan geschlossen werden.

d) Die Mindestvertragsdauer beträgt zehn Jahre.

e) Bei einer Kündigung durch den Kunden mit einer kürzeren Frist als zehn Jahre hat dieser eine Kündigungspönale in einer Höhe von bis zu 53,7 vH der Kosten für nichtabgenommene Trennarbeit zu zahlen.

f) Der Verbraucher ist – wenn er nicht kündigt – in jedem Falle verpflichtet, die jährlich kontrahierte Menge Trennarbeit abzunehmen, auch wenn er im gegebenen Zeitpunkt aus irgendwelchen Gründen keinen Bedarf hat. Zum Ausgleich gestattet ihm die USAEC, die abgenommene Menge angereicherten Urans auf dem freien Markt zu verkaufen. Jede Projektbindung des Urans ist damit aufgehoben.

Für die im Bau befindlichen Reaktoren, deren laufende Vertragsverhandlungen am 8. Dezember 1972 unterbrochen wurden, und für die Kernkraftwerke, die vor dem 1. Juli 1978 beliefert werden müssen, setzte die USAEC eine Frist bis zum 31. Dezember 1973, innerhalb der ein Lohnanreicherungsvertrag neuen Typs abgeschlossen werden mußte. Für alle anderen Kernkraftwerksbetreiber, die angereichertes Uran vor dem 1. Juli 1982 benötigen und daher die Acht-Jah-

---

[15] Nach Informationen, die auf einem Symposium des American Industrial Forum im Mai 1974 in Reston (Virginia) bekannt wurden, ist nicht auszuschließen, daß sich die USAEC oder eine private Industriegruppe in den Vereinigten Staaten für das Zentrifugenverfahren entscheidet. Jedenfalls wird eine neue Anreicherungsanlage erst zwischen 1983 und 1985 in Betrieb genommen.

res-Frist zwischen Vertragsunterzeichnung und erster Lieferung nicht respektieren können, wurde von der USAEC eine Übergangsfrist bis zum 30. Juni 1974 für den Vertragsabschluß gesetzt.

Die USAEC strebte damit ein doppeltes Ziel an: Die Notwendigkeit, für den bis zum 30. Juni 1982 anfallenden Bedarf einen Vertrag für mindestens zehn Jahre mit der USAEC abzuschließen und eine Abschlagszahlung zu leisten, sollte der USAEC einen hohen Auftragsbestand sichern, der ihr eine präzise Festlegung des notwendigen Umfanges einer neuen Anreicherungsanlage ermöglichen und ihren Bedarf an öffentlichen Haushaltsmitteln beträchtlich reduzieren sollte. Sie versuchte gleichzeitig, ihre Konkurrenzlage gegenüber einer anderen, insbesondere einer europäischen Anreicherungsanlage zu verbessern, da sie davon ausging, die Reaktorbetreiber könnten aus Gründen der Versorgungssicherheit nicht die Übergangsfrist bis zum 31. Dezember 1973 bzw. 30. Juni 1974 für einen Abschluß mit der USAEC verstreichen lassen. Die rechtzeitig ergangenen konkreten Entscheidungen der URENCO und EURODIF über den Bau europäischer Anreicherungsanlagen und die nicht zu unterschätzende Bereitschaft der europäischen Elektrizitätsproduzenten, gewisse Versorgungsrisiken einzugehen, haben diesem Versuch der USAEC für die erste Übergangsperiode nur stark eingeschränkten Erfolg gebracht[16]. Die neuen Bedingungen der USAEC können daher allenfalls dazu führen, durch erzeugerfreundliche Bedingungen stimulierend auf eine Initiative der amerikanischen Privatindustrie zu wirken. Der Erfolg bleibt abzuwarten. Es verdient jedoch vermerkt zu werden, daß neben den beiden großen Reaktorherstellern General Electric und Westinghouse auch hier Großkonzerne der Mineralölwirtschaft zu den Interessenten zählen.

Für die zweite Übergangsperiode (Erstlieferung von angereichertem Uran in der Zeit vom 1. Juli 1978 bis 30. Juni 1982) führte die Versorgungsagentur im Hinblick auf die fast in allen Mitgliedstaaten gegen Ende des Jahres 1973 vorgenommene Beschleunigung oder starke Erweiterung der Kernenergieprogramme eine Marktumfrage bei den Elektrizitätsversorgungsunternehmen durch, um eine Übersicht über den zu erwartenden Erstbedarf an Trennarbeit für diesen Zeitraum zu gewinnen. Insgesamt meldeten die Elektrizitätsversorgungsunternehmen 110 Kernkraftwerke mit 118 000 MW mit Erstkern-Lieferungen in dem erwähnten Zeitraum an. 75 vH dieser Kernkraftwerke bekundeten ihre Absicht, mit URENCO oder EURODIF abzuschließen, 5 vH sprachen sich für die USAEC aus, 20 vH hatten sich im April 1974 noch nicht entschieden.

Ende Mai 1974 reichte die Versorgungsagentur bei der USAEC 15 Anträge auf Abschluß eines Lohnanreicherungsvertrages (fixed commitment contract

---

[16] Bis zum 31. 12. 1973 haben mit der USAEC Verträge abgeschlossen: 20 amerikanische, 13 japanische, 7 spanische, 3 schwedische, 3 schweizerische, 2 taiwanesische, 1 österreichischer, 1 koreanischer und 3 Verbraucher in der Gemeinschaft. Außerdem stehen die bereits früher erwähnten Abschlüsse mit Mexiko und Jugoslawien über die IAEA an.

with first core) für insgesamt 18 500 MW ein. Ein sechzehnter **Vertragsantrag** stammte von einem Unternehmen, das bereits die Erstkerne für acht Kernkraftwerke mit 7600 MW bei der USAEC bis 1978 unter Vertrag hatte und nun die Nachladungen für die Jahre 1979 bis 1988 abschließen wollte. Für die Verträge mit Erstkernen wurden der USAEC insgesamt $ 20.35 Mio. als vorgesehene Abschlagzahlung zur Verfügung gestellt.

Am 19. Juni 1974 stellte die USAEC zur allseitigen Überraschung die Unterzeichnung von Lohnanreicherungsverträgen ein[17]. In einer Presseverlautbarung vom 2. Juli 1974 gab sie an, sie habe insgesamt für 273 000 MW Verträge abgeschlossen; ihre vom Kongreß erhaltene Ermächtigung zum Vertragsabschluß (contracting capability) decke nur die Versorgung von 290 000 MW, sie habe aber Anträge für insgesamt 364 000 MW vorliegen. Diese unerwartete Anhäufung von Vertragsanträgen veranlaßte die USAEC, eine Überprüfung der Gesamtsituation ihrer Anreicherungskapazitäten und der Nachfragen vorzunehmen, um dann nach Lösungsmöglichkeiten zu suchen und eine Entscheidung über notwendig werdende neue Versorgungsbedingungen zu treffen.

Der völlig unerwartet eingetretene Versorgungsengpaß bei der USAEC hat bei allen Verbrauchern Verwunderung und Besorgnis ausgelöst, zumal noch im April und Mai 1974 alle amtlichen Verlautbarungen der USAEC angedeutet hatten, daß diese noch bis in den Herbst 1974 hinein Verträge für Lieferungen ab 1. Juli 1982 annehmen könne. Die Kapazitätserschöpfung schon während der Übergangsperiode hat im übrigen die heftige Diskussion in den Vereinigten Staaten sowohl in amtlichen Kreisen als bei der Privatindustrie darüber ausgelöst, ob neue Anreicherungsanlagen von der Regierung oder von privaten Unternehmen errichtet und betrieben werden sollen. Diese Frage muß, wenn nicht eine Mangellage entstehen soll, bis Ende 1974 entschieden werden. Die amerikanische Regierung vertritt dabei den Standpunkt, der Privatindustrie müsse die Gelegenheit gegeben werden, sich auch auf dem Anreicherungssektor zu betätigen. Sie ist bereit, diesbezügliche Initiativen verschiedener Industriegruppen zu unterstützen.

Am 6. August 1974 verkündete die USAEC ihre Entscheidung, alle ihr bis zum 30. Juni 1974 vorgelegten Anträge auf Abschluß langfristiger Lohnanreicherungsverträge zu akzeptieren. Ein großer Teil der Anträge der nichtamerikanischen Verbraucher kann von der USAEC jedoch nur unter der Bedingung abgeschlossen werden, daß die verwaltungsmäßigen Voraussetzungen für die Zulassung der Plutoniumsrückführung in den Vereinigten Staaten geschaffen werden. Die USAEC hofft, die entsprechenden Verordnungen und Genehmigungen bis zum 30. Juni 1975 erlassen zu können, und erwartet, daß etwa 80 vH

---

[17] Trotzdem unterzeichnete die USAEC noch Lieferverträge mit Israel und Ägypten und am 30. 6. 1974 mit Iran. Amerikanische und insbesondere die europäischen Verbraucher haben wegen dieser Vorzugsbehandlung gegenüber der USAEC den Vorwurf der Diskriminierung erhoben.

der amerikanischen und 40 vH der ausländischen Kunden ihr Plutonium rezyklieren werden, so daß sie weniger Trennarbeit von der USAEC benötigen.

Von den erwähnten 16 Vertragsanträgen für 23 Kernkraftwerke der Gemeinschaft werden fünf Kernkraftwerke noch zu den Standard-Bedingungen abgeschlossen, während 18 Kernkraftwerke einen Vertrag nur unter der Bedingung der Plutoniumrückführung erhalten. Die Einzelheiten dieser Zusatzbedingung liegen zur Zeit noch nicht fest.

Die schwierige Situation, in welcher die Verbraucher von angereichertem Uran – in erster Linie also die Elektrizitätsversorgungsunternehmen – sich bereits 1973 durch die unerwartete Verschärfung der Lieferbedingungen der USAEC befanden, wurde durch das Auftreten der Sowjetunion als neuer Versorgungsquelle etwas aufgelockert. 1971 gab der sowjetische Vertreter bei der IAEA bekannt, seine Regierung sei bereit, den Verbrauchern in Staaten, die den Vertrag über die Nichtverbreitung von Kernwaffen unterzeichnet und ratifiziert und ein Überwachungsabkommen mit der IAEA abgeschlossen hätten, Lohnanreicherungsdienste für Uran bis zu einem Uran-235-Gehalt von 5 vH zu leisten. Das Angebot wurde anläßlich der Hannover-Messe 1971 von einer Düsseldorfer Firma, die als Agent für die zuständige sowjetische Außenhandelsorganisation Techsnabexport in der Bundesrepublik tätig ist, wiederholt. Das Angebot fand zunächst kein größeres Echo in Verbraucherkreisen, einmal, weil die von der Sowjetunion gestellten politischen Voraussetzungen noch nicht erfüllt und zum anderen, weil zu der Zeit die amerikanischen Lieferbedingungen noch vorteilhafter waren.

Die Öffentlichkeit nahm daher mit einiger Überraschung eine amtliche französische Presseverlautbarung zur Kenntnis, das CEA habe mit Techsnabexport einen Vertrag über die Lieferung des Erstkerns für das Kernkraftwerk Fessenheim (Frankreich) in den Jahren 1973/74 abgeschlossen. Diesem Abschluß kam eine besondere politische Bedeutung zu, weil die Sowjetunion die unabhängige Stellung Frankreichs als nuklearen Waffenstaat anerkannte, ohne daß die französische Regierung ihre Weigerung, dem NV-Vertrag beizutreten, aufgegeben hätte. Zum anderen unterstrich Frankreich damit die Bedeutung seiner Stellung als Kernwaffenstaat auch für den zivilen Sektor, weil ihm damit – im Gegensatz zu allen anderen Staaten der Europäischen Gemeinschaft – neben der USAEC erstmalig eine neue Versorgungsquelle erschlossen wurde.

Erst Anfang 1973, nachdem die Europäische Gemeinschaft und die Nichtkernwaffenstaaten der Gemeinschaft sich mit der IAEA nach längeren Verhandlungen über ein Verifikationsabkommen gemäß Artikel III des NV-Vertrages geeinigt hatten, ließ die Sowjetunion gegenüber deutschen und anderen Verbrauchern innerhalb und außerhalb der Europäischen Gemeinschaft (soweit letztere bereits mit der IAEA bilaterale Abkommen geschlossen hatten) ihre Bereitschaft erkennen, Verhandlungen über den Abschluß von Verträgen über die Leistung von Lohnanreicherungsdiensten und die Lieferung von angereichertem Uran aufzunehmen. Dieses Mal fand das sowjetische Angebot ein positives Echo und lebhaftes Interesse in Verbraucherkreisen, zumal zwischenzeitlich die Grundzüge der neuen Lieferpolitik der USAEC bekanntgeworden waren und die Versorgungslage damit entsprechend verändert worden war. Die daraufhin unter Mitwirkung der Versorgungsagentur eingeleiteten Vertragsverhandlungen ließen die politischen und wirtschaftlichen Vorteile der sowjetischen Liefermöglichkeiten erkennen.

Bis zum 31. Dezember 1973 wurden acht Lieferverträge mit dem sowjetischen Techsnabexport abgeschlossen. Ihre Vorteile waren

- die Möglichkeit der Sicherstellung der Versorgung durch mittelfristige Lieferverträge bis zur Erstellung ausreichender Anreicherungskapazitäten in der Gemeinschaft,
- der Wegfall des Zwangs, langfristig mit der USAEC abschließen zu müssen und dadurch europäischen Anreicherungsanlagen Kunden zu entziehen,
- die größere Flexibilität in bezug auf abzunehmende Mengen Trennarbeit,
- die Bestimmung des Uran-235-Gehaltes im angereicherten Uran durch den Kunden,
- der niedrigere Preis,
- die De-facto-Anerkennung von Euratom durch die Sowjetunion, indem sie die Mitwirkung der Versorgungsagentur und die alleinige Anwendung der Euratom-Sicherheitsüberwachung bis zum Inkrafttreten des Verifikationsabkommens mit der IAEA akzeptierte.

Dem gegenüber stehen als Unsicherheitsfaktoren
- der Mangel an Erfahrung hinsichtlich der Zuverlässigkeit und Leistungsfähigkeit des sowjetischen Lieferanten,
- zu befürchtende administrative Schwerfälligkeit in der Vertragsabwicklung,
- Ausschluß der Möglichkeit einer Präsenz beim Wiegen und bei der Probeentnahme,
- erschwerte Zahlungskonditionen.

Es bleibt abzuwarten, ob die Versorgungsschwierigkeiten durch die USAEC zu einer verstärkten Nachfrage in der Sowjetunion führen werden und welche Erfahrungen sich bei der Abwicklung von Lieferverträgen mit der Sowjetunion ergeben[18].

Weiter muß erwähnt werden, daß die kanadische Firma BRINCO beabsichtigt, eine Gasdiffusionsanlage in Kanada unter Ausnutzung des billigen Stroms des Churchill-Falls-Kraftwerkes zu errichten. Die Kapazität soll ca. 8000 t Trennarbeit pro Jahr betragen. Auch in diesem Fall werden ausländische Partner gesucht, die sich am Bau und Betrieb der Anlage, die für 1982 geplant ist, beteiligen. Das Problem für eine Realisierung dieses Projekts liegt darin, daß BRINCO auf den Erwerb des amerikanischen Know-how angewiesen ist. Ein

---

[18] Die ersten Lieferungen aus der Sowjetunion im März/April 1974 sind zur vollsten Zufriedenheit der Verbraucher in der Gemeinschaft ausgefallen.

solcher Erwerb ist nur durch Abschluß eines Abkommens zwischen der kanadischen und der amerikanischen Regierung möglich. Ob und wann ein solches Regierungsabkommen zustande kommt, läßt sich noch nicht übersehen.

Im März 1974 wurden Pläne für ein zweites Anreicherungsprojekt in Kanada bekannt. Danach wird das französische CEA unter »Zurverfügungstellung« seines Know-how sich zunächst an einer Durchführbarkeitsstudie beteiligen, die mit den kanadischen Gesellschaften Québec Hydro, St. James Bay Development Corporation und Cominco durchgeführt werden soll. Ziel der Studie ist die Untersuchung der technischen und wirtschaftlichen Möglichkeiten zum Bau einer Anreicherungsanlage nach dem Gasdiffusionsverfahren mit einer Kapazität von ca. 9000 t Trennarbeit pro Jahr in der Provinz Quebec.

Auch die Regierung der Südafrikanischen Union hat die Absicht, auf dem Markt für Urananreicherung zu erscheinen. Eine Gesellschaft zum Bau und Betrieb einer Anlage von 7000 t Trennarbeit pro Jahr ist bereits gegründet. Eine Versuchsanlage ist im Bau. Die Großanlage soll Anfang der achtziger Jahre in Betrieb gehen. Von südafrikanischer Seite verlautet dazu, es sei gelungen, ein völlig neues Anreicherungsverfahren zu entwickeln. Einzelheiten werden geheimgehalten. Von amtlichen Stellen der Südafrikanischen Union wird jedoch unterstrichen, daß sowohl der Bau als auch der Betrieb wesentlich billiger seien als für eine vergleichbare Gasdiffusionsanlage.

In einem von A.J.A. Roux, 1972 Leiter der Delegation der Südafrikanischen Union bei der IAEA-Konferenz in Mexiko City und jetzt Präsident der Uranium Enrichment Corporation in Valindaba, unter der Überschrift »South Africa in a nuclear world« veröffentlichten Aufsatz heißt es, die Kosten der Urananreicherung in der südafrikanischen Anlage würden 20 vH unter denen der Anreicherung nach dem Gasdiffusionsverfahren liegen. Weitere Einzelheiten sind nicht bekannt[19].

Auffällig mag erscheinen, daß bisher kein Engagement Japans auf dem Gebiet der Urananreicherung erfolgt ist. Eine von Australien (das als zukunftsreicher Produzent von Natururan an der Herstellung einer Anreicherungsanlage interessiert ist, obgleich es noch keine Kernkraftwerke besitzt) gesuchte Annäherung an Japan als Großverbraucher blieb erfolglos. Japan hat zunächst nur langfristige Lieferverträge mit der USAEC und mit EURODIF abgeschlossen. Es verfolgt aber auch mit Interesse die Entwicklung des Zentrifugenverfahrens und des kanadischen BRINCO-Projekts. Japan wird sich angesichts seines großen Reaktorprogramms zu einer Beteiligung an einer Anreicherungsanlage entschließen müssen. Wirtschaftlich und geopolitisch ist der Vorteil einer Zusammenarbeit mit dem bedeutenden Natururanlieferanten Australien für die Zukunft nicht von der Hand zu weisen.

---

[19] Vgl. A. J. A. *Roux,* South Africa in a Nuclear World, in: *South Africa International,* Vol. 4, 1974, No. 3. In Fachkreisen wird angenommen, daß es sich um eine Abwandlung des Beckerschen Trenndüsenverfahrens handelt.

Erwähnt werden muß schließlich, daß die Erklärung der USAEC, unter den neuen Anreicherungsbedingungen die Projektbindung für angereichertes Uran aufzuheben und den Verkauf auf dem freien Markt zu gestatten – soweit ihre zur Abnahme verpflichteten Vertragspartner zum vereinbarten Liefertermin keinen eigenen Bedarf haben –, in den Vereinigten Staaten bereits zur Bildung von Verbraucher-Pools geführt hat. Diese Zusammenschlüsse haben es sich zur Aufgabe gestellt, unter ihren Mitgliedern Mehrbedarf und Überschußmengen auszugleichen. Als solche Organisationen sind in den Vereinigten Staaten die SWUCO (Separative Work Units Corporation), der SWAP (Separative Work Administration Pool) und die NAC (Nuclear Assurance Corporation), die einen Weltmarkt für Kernbrennstoff (World Nuclear Fuel Market) ins Leben gerufen hat, zu nennen.

In Europa haben sich französische, italienische, schweizerische, spanische, belgische und (vorerst) auch ein deutsches Elektrizitätsversorgungsunternehmen zu einer OPEN (Organisation des Producteurs d'Electricité Nucléaire) genannten Vereinigung zusammengeschlossen. Diese Organisation strebt nicht nur einen Ausgleich von Mehr- und Mindermengen zwischen ihren Mitgliedern an, sondern beabsichtigt auch, durch gemeinsamen Kauf von Trennarbeit bei den verschiedenen Anreicherungsanlagen eine Diversifikation der Versorgungsquellen zu ermöglichen.

Zusammenfassend läßt sich feststellen:

a) Die Lage der europäischen Verbraucher hat sich durch das Erscheinen der Sowjetunion auf dem Markt als neuer Versorgungsquelle verbessert; kurz- und mittelfristige Lieferverträge mit Techsnabexport ermöglichen den Verbrauchern mit Erstkernbedarf in den siebziger Jahren ab 1980 den Anschluß an europäische Anreicherungsanlagen.

b) Der bisherige Auftragsbestand und die im Laufe des Jahres 1974 vorauszusehenden weiteren Bestellungen lassen erwarten, daß URENCO und EURODIF ihre Investitionsprogramme planmäßig durchführen können. Eine Entscheidung über den Ausbau der Anreicherungskapazität ab 1981 braucht von beiden Unternehmen erst 1975 getroffen zu werden.

c) Die Vereinigten Staaten werden ihre Monopolstellung verlieren. Sollte die Entscheidung endgültig dahin fallen, den Bau zusätzlicher Anreicherungskapazitäten der Privatwirtschaft zu überlassen, so kommt – angesichts der Erreichung der Kapazitätsgrenze der bisherigen Anlagen der USAEC (oder im Zuge der geplanten Umgestaltung der US-Administration) – eine Nachfolgeorganisation nur noch als Lieferant von hochangereichertem Uran, insbesondere für Hochtemperaturreaktoren und für Forschungszwecke, in Betracht. Die Wettbewerbsfähigkeit und Zuverlässigkeit privatwirtschaftlich betriebener Anreicherungsanlagen werden eine entscheidende Rolle für die Frage spielen, ob nichtamerikanische Verbraucher einen Teil ihres Bedarfes bei solchen Unternehmen decken werden. Bleibt jedoch die Anreicherung unter Regierungskontrolle, so wird sicher ein beträchtlicher Marktanteil der USAEC oder ihrer Nachfolgeorganisation erhalten bleiben.

d) Ob die Anlagen des französisch-kanadischen Projekts BRINCO in der Südafrikanischen Union als Versorgungsquellen in Betracht kommen werden, läßt sich im gegenwärtigen Zeitraum nicht übersehen.

e) Der Bau von Anreicherungsanlagen in den großen Uranerzeugerländern Kanada, der Südafrikanischen Union und möglicherweise Australien wird dazu führen, daß diese Länder, vielleicht auch die Vereinigten Staaten, ihr Uran nur noch oder wenigstens zu einem wesentlichen Teil als angereichertes Uran auf den Markt bringen. Hieraus könnten nachteilige Folgen für die europäischen Verbraucher und die von ihnen betriebenen Anreicherungsanlagen entstehen, da ihre Versorgung mit Natururan beeinträchtigt oder erschwert werden würde.

f) Die IAEA könnte als Vermittler von Kernbrennstoffen bei der Ausstattung von bisher industriell nicht entwickelten Ländern mit Kernkraftwerken an Bedeutung gewinnen, zumal sie gleichzeitig die erforderlichen Sicherheitsgarantien geben kann.

g) Die Institutionen der Europäischen Gemeinschaft müssen kurzfristig eine gemeinsame Versorgungspolitik beschließen, wenn sie die Bedarfsdeckung der Kernkraftwerksprogramme in den Mitgliedstaaten sicherstellen wollen.

h) Aufgrund ihrer Erfahrungen und nach den bestehenden Rechtsvorschriften ist die Versorgungsagentur das geeignete Instrument für eine solche gemeinsame Versorgungspolitik. Nur durch Einschaltung der Agentur ist eine zentrale und allgemeine Lenkung und Verteilung der Nachfrage auf die verschiedenen Versorgungsquellen und damit die Sicherung der Versorgung möglich.

i) Der Agentur bietet sich auch die Stellung als »Börse« an, bei der Verkäufer für abgenommenes, aber nicht benötigtes Uran und Käufer, die ungedeckten Bedarf haben, mit Hilfe der Agentur miteinander in Verbindung gebracht werden können.

4. Plutonium

Bedarf an beträchtlichen Plutoniummengen wird erst vorhanden sein, wenn Brutreaktoren in größerem Umfange in Bau und Betrieb gehen. Das wird im laufenden Jahrzehnt kaum der Fall sein. Eine größere Nachfrage bestand nur für die beiden schnellen Brutreaktor-Prototypen Phénix in Frankreich und das gemeinsame deutsch-belgisch-niederländische Schneller-Brüter-Kalkar-Projekt (SBK-Projekt). Der Bedarf für Phénix wurde vom CEA im wesentlichen aus eigener Produktion gedeckt. Für das Projekt in Kalkar müssen noch Teilmengen beschafft werden. Weiterer Bedarf an Plutonium für schnelle Brutreaktoren ist in diesem Jahrzehnt nicht zu erwarten, zumal auch Großbritannien über größere Plutoniumbestände verfügt, aus denen der Bedarf des englischen Brutreaktor-Prototyps gedeckt wird.

Auf der anderen Seite wird mit der ständig steigenden Zahl der Kernkraftwerke auch die Plutoniumerzeugung und damit das Plutoniumangebot steigen. Man schätzt die Plutoniumerzeugung in der erweiterten Gemeinschaft bis 1975 auf 11,5 t (spaltbar). Diese Menge wird sich voraussichtlich bis 1980 um 25 t und bis 1985 um weitere 55 t erhöhen[20]. 1985, also das Jahr, für das heute erwartet wird, daß große Brutreaktoren als Energiequellen auf den Markt kommen, werden in der Gemeinschaft 90 bis 100 t Plutonium (spaltbar) zur Verfügung stehen.

Heute steht dem vorhandenen Angebot keine ausreichende Nachfrage gegenüber. Es ist daher die Frage, wie dieses Plutonium am zweckmäßigsten verwendet werden kann. Nach Ansicht aller maßgeblichen sachverständigen Stellen bietet sich als Lösung nur die Verwendung in Leichtwasserreaktoren durch Wiedereinführung in den Brennstoffkreislauf an. Dadurch können die beträchtlichen Plutoniummengen wirtschaftlich sinnvoll genutzt werden, bis sie zu einem späteren Zeitpunkt in den schnellen Brutreaktoren eingesetzt werden.

Für die einzelnen Kraftwerksbetreiber besteht jedoch zur Zeit das Problem des »timing«, das nicht unbeträchtliche Schwierigkeiten bereitet. Nach Entladung des Reaktors, in dem das Plutonium erzeugt wurde, und nach Ablauf der zum Abkühlen benötigten Zeit muß das Plutonium in den Wiederaufbereitungsanlagen extrahiert und dann dem Hersteller der plutoniumhaltigen Brennelemente zugeleitet werden. Im gegenwärtigen Zeitpunkt bestehen aber keine ausreichenden Wiederaufbereitungskapazitäten. Alle Wiederaufbereitungsanlagen arbeiten mit erheblichen Verzögerungen. Der Reaktorbetreiber ist daher meist nicht in der Lage, »sein« Plutonium seinem Brennelementfabrikanten so rechtzeitig anzuliefern, daß es im benötigten Zeitpunkt für die Beladung des Kernkraftwerkes wieder zur Verfügung steht. Um den durch verzögerte Wiederaufbereitung entstehenden Zeitverlust zu überbrücken, muß sich der Reaktorbetreiber oft kurzfristig Plutonium zur termingerechten Anlieferung beim Brennelementfabrikanten beschaffen. Das kann durch Kauf geschehen, was allerdings nicht wirtschaftlich ist, da das Plutonium nur vorübergehend benötigt wird. Es zeichnet sich daher gegenwärtig ein wachsendes Interesse der Reaktorbetreiber ab, Plutonium vorübergehend zu pachten, um an seine Stelle dann nach beendeter Wiederaufbereitung das erzeugte Plutonium zurückzugeben.

Auch hier ergibt sich für die Versorgungsagentur, die aufgrund der bestehenden Meldepflichten für chemische Wiederaufbereitungsverträge die anfallenden Mengen und Termine kennen muß (Art. 75 des Euratom-Vertrages), die Möglichkeit, zwischen verschiedenen Reaktorbetreibern bzw. Wiederaufbereitungsanlagen zu vermitteln und Pachtverträge abzuschließen.

---

[20] Die Vereinigten Staaten werden bis 1985 etwa 175 t Plutonium (spaltbar) erzeugen.

III. Schlussfolgerung

Internationale Organisationen können nur dann als Verteiler von Kernbrennstoffen eine entscheidende Rolle spielen, wenn Erzeuger und Verbraucher durch zwingende Vorschriften genötigt sind, die Organisation in alle Liefervorgänge einzuschalten. Bestehen solche Vorschriften nicht, so werden bilaterale Beziehungen zwischen Erzeugern und Verbrauchern bevorzugt werden. Das wird um so stärker der Fall sein, je mehr die Erzeugung von Kernbrennstoffen, insbesondere die Anreicherung von Uran, in die Hände der Privatindustrie übergeht.

Die Neigung, die Versorgung auf bilateraler Ebene zu sichern, zeigt sich vor allem in den Ländern, in denen die Erzeugung von Kernbrennstoffen (Gewinnung von Natururan und Urananreicherung) staatlich kontrolliert und unterstützt oder subventioniert wird oder in denen die Elektrizitätswirtschaft, als allein ins Gewicht fallender Verbraucher, nationalisiert ist. Eine internationale Instanz, die die Versorgung unter dem Gesichtspunkt der Nichtdiskriminierung aller von ihr betreuten Verbraucher vorzunehmen hat, kann dabei den Schutz der Interessen der privatwirtschaftlich organisierten, meist kleineren und daher gegenüber staatlichen Monopolbetrieben schwächeren Unternehmen besser gewährleisten. Außerdem spricht der strategisch und politisch sensible Charakter der besonderen spaltbaren Stoffe gegen eine weitgehende oder gar vollständige Liberalisierung der Beziehungen zwischen Erzeugern und Verbrauchern. Wie die Vergangenheit gezeigt hat, braucht dadurch privatwirtschaftliche Initiative nicht beeinträchtigt zu werden. Sie kann im Gegenteil durch internationale Organisationen geschützt und gefördert werden.

Schließlich ermöglicht eine Zusammenarbeit zwischen Versorgungs- und Kontrollinstanz eine frühzeitige Erfassung der einzelnen Liefervorgänge, während eine völlig selbständig arbeitende Überwachungsbehörde nur nachträglich den Materialzugang und -abfluß und eine mißbräuchliche Verwendung feststellen kann.

Zu einem einheitlichen, gemeinsamen Wirtschaftsgebiet zusammengeschlossene Staaten können eine gesicherte Versorgung des gesamten Wirtschaftsraumes nur über eine gemeinsame Versorgungspolitik erreichen. Eine solche gemeinsame Politik ist notwendig. Die nationalen Wirtschaftsräume sind zu klein, um die – angesichts der im gesamten Brennstoffkreislauf erforderlichen großen Investitionen – notwendigen Absatzmöglichkeiten zu schaffen und die benötigte Sicherheit der Versorgung zu gewährleisten. Auch der gewaltige Finanzbedarf kann nur auf gemeinsamer Grundlage gedeckt werden.

Zur Durchführung einer solchen gemeinsamen Versorgungspolitik ist eine zentrale, mit Sonderrechten und finanziellen Mitteln ausgestattete Organisation erforderlich. Die sich möglicherweise schnell ändernde Marktsituation auf den einzelnen Sektoren bedingt dabei eine flexible Gestaltung und Handhabung der vorzusehenden Sonderrechte. Dabei sollten diese Sonderrechte nur bei drohenden oder plötzlich eingetretenen Marktstörungen den Charakter übernationaler Lenkungsmaßnahmen annehmen, im übrigen aber von der Versorgungsstelle im Sinne einer Unterstützung der gesamtwirtschaftlichen Interessen und als »Dienst am Kunden« ausgeübt werden.

Literatur

Albonetti, Achille: Europe and nuclear energy. The Atlantic Papers. 2/1972. Paris 1972.
Beaton, Leonard: Nuclear fuel-for-all. In: *Foreign Affairs,* Vol. 45, 1967, No. 4, S. 662–669.
Botzian, Rudolf: Uran-Anreicherung in Europa. Die technisch-wirtschaftliche und politische Bedeutung eigener Verfahren. In: *Europa-Archiv,* Folge 24/1970, S. 891–900.
Carmoy, Guy de: Le dossier européen de l'énergie. Paris 1971.
Cleave, William R. van: The Nonproliferation Treaty and fission-free explosive Research. In: *Orbis,* Vol. 11, 1968, No. 4, S. 1055–1066.
Koske, Peter H. und Hans *Martin:* Die Gaszentrifugentechnologie in Europa und das Problem der internationalen Kontrolle des spaltbaren Materials. In: Jahrbuch für Inernationales Recht, Bd. 15, 1971, S. 514–530.
Nau, Henry R.: The Practice of Interdependence in the Research and Development Sector: Fast Reactor Cooperation in Western Europe. In: *International Organization,* Vol. 26, 1972, No. 3, S. 499–526.
Enriched uranium technology. In: SIPRI Yearbook 1972. Stockholm 1972.

MULTILATERALE TECHNISCHE HILFE IM NUKLEARBEREICH

Peter Schultze-Kraft

I. Die nukleare Technologie-Lücke als Konfliktpotential zwischen Industriestaaten und Entwicklungsländern

1. Entwicklungsländer und Kernenergie

Außer der Raumfahrt gibt es kein Gebiet, das ein derartig steiles Entwicklungsgefälle zwischen Industrieländern und Dritter Welt aufweist wie die Atomwissenschaft. Daraus resultieren Abhängigkeiten und Konflikte, die über den üblichen Rahmen des Nord-Süd-Gegensatzes hinausgehen und in zunehmendem Maße eine Rolle in den internationalen Beziehungen spielen. Diese Abhängigkeiten und Konflikte treten je nach Land in unterschiedlicher Form in Erscheinung.

Bei der Definition der Entwicklungsländer ist eine differenzierende Betrachtungsweise angebracht. Die einen Monolith andeutende Bezeichnung der Entwicklungsländer als Dritte Welt ist weder in politischer noch in wirtschaftlicher, noch auch in technologischer Hinsicht ein klarer Begriff. Einmal sind in der für die Vereinten Nationen und ihre Sonderorganisationen verbindlichen Liste der Entwicklungsländer, die UNDP – hauptsächlich nach dem Kriterium des durchschnittlichen Pro-Kopf-Jahreseinkommens, aber auch dem des technologischen Entwicklungsstands – aufgestellt hat, sowohl Länder der westlichen Welt (z. B. Griechenland, Spanien, Türkei) als auch solche der sozialistischen Staatengruppe (z. B. Bulgarien, Polen, Rumänien, Tschechoslowakei, Ungarn) angeführt. Zum anderen reflektiert die Bezeichnung »Dritte Welt« nicht das zum Teil erhebliche wirtschaftliche und soziale Gefälle innerhalb der Gruppe der Entwicklungsländer. Auch mit der in letzter Zeit versuchten Differenzierung in eine »Dritte« (reiche Entwicklungsländer) und eine »Vierte Welt« (arme Entwicklungsländer) ist nicht viel gewonnen, denn die am durchschnittlichen Pro-Kopf-Jahreseinkommen ablesbare Armut eines Landes bedeutet nicht unbedingt eine entsprechende Rückständigkeit auf technologischem Gebiet: Indien z. B., das ein durchschnittliches Pro-Kopf-Jahreseinkommen von unter $ 100 hat, ist Kuweit, dessen Pro-Kopf-Jahreseinkommen mehr als $ 4000 beträgt, in technologischer Hinsicht weit überlegen.

Vor einigen Jahren ist auf einer Generalkonferenz der IAEA eine Unterscheidung gemacht worden, die die Abstufung in der technologischen Entwicklung etwas deutlicher zeichnet: Atomwaffenstaaten (nuclear weapon states), Nichtatomwaffenstaaten (non-nuclear weapon states), nichtnukleare Staaten (non-nuclear states). Entwicklungsländer sind dabei in allen drei Kategorien zu finden: Die Mehrzahl von ihnen gehört zu der dritten Kategorie, viele gehören zu der zweiten und zwei, nämlich die Volksrepublik China[1] und Indien, zu der ersten Kategorie.

Für dieses Kapitel erscheint es sinnvoll, die Entwicklungsländer in vier Gruppen einzuteilen:

a) Länder, die in bezug auf die technologischen und materiellen Voraussetzungen der Kernenergieerzeugung (Reaktorbau und -betrieb) autark sind bzw. auf dem Weg sind, es zu werden: Hier ist an erster Stelle Indien zu nennen, dann, mit einigem Abstand, Argentinien. Brasilien könnte eventuell an dritter Stelle folgen.

b) Länder, die einen Reaktor zwar noch nicht selbst bauen können, aber technisch und wirtschaftlich in der Lage sind, einen gekauften Reaktor zu betreiben: Mexiko, Chile, Ägypten, Griechenland, Türkei, Jugoslawien (hat einen Reaktor gekauft), Pakistan, Thailand, Singapur, Nord- und Südkorea, Philippinen.

c) Länder, die bereits eine gewisse technologische, administrative und legislative Infrastruktur im Nuklearbereich haben (eine Anzahl ausgebildeter Wissenschaftler und Techniker mit kleineren Forschungs- und Anwendungsprogrammen; die institutionell fixierte Verantwortlichkeit für Atomfragen; die elementarsten gesetzgeberischen Voraussetzungen für die Einführung von Nukleartechnologie) und in denen mit dem Bau von Kernkraftwerken in ca. 15 Jahren (bis 1990) gerechnet werden kann: Peru, Kolumbien, Uruguay, Jamaika, Kuba, Bangladesh, Nord- und Südvietnam, Algerien u. a.

d) Länder, die aufgrund ihrer technologischen und allgemeinen infrastrukturellen Rückständigkeit, ihrer geringen ökonomischen Leistungsfähigkeit oder mangels Aufnahmekapazität und Verwendbarkeit von Kernenergie auf unabsehbare Zeit als nichtnukleare Staaten (non-nuclear states) gelten müssen. Es fällt schwer, eine Liste der in diese Kategorie gehörenden Länder aufzustellen, einmal, weil sie als Diskriminierung der betreffenden Staaten verstanden werden könnte, zum anderen, weil sich das Bild durch unvorhersehbare Entwicklungen plötzlich ändern kann. Trotzdem sollen hier – stellvertretend für die Länder der vierten Kategorie – Haiti, Obervolta und Nepal genannt werden.

Das Ausmaß, in dem die Staaten dieser vier Ländergruppen von den nuklear fortgeschrittenen Industriestaaten abhängig sind, wird von der Leistungsfähigkeit und den Bedürfnissen der Entwicklungsländer bestimmt. Am stärksten abhängig sind die Länder der zweiten und dritten Gruppe, während die erste

---

[1] Die Volksrepublik China ist zwar ein Entwicklungsland, steht aber derart außerhalb des von uns erfaßbaren Rahmens (ist auch weder IAEA-Mitglied noch Empfänger von technischer Hilfe im Nuklearbereich), daß sie aus den folgenden Überlegungen ausgeklammert werden muß.

Gruppe dieser Abhängigkeit weitgehend entronnen ist und die vierte noch keine Ambitionen im Kernenergiebereich hat.

2. Formen der Abhängigkeit

Die gravierendste und am schwersten zu überwindende Form der Abhängigkeit ist die technologische, nämlich das Angewiesensein auf die Vermittlung von theoretischem Wissen, auf Beratung und praktische Hilfeleistung von außen zur Lösung nuklearer Probleme. Die durch die technologische Lücke bedingte Konfliktsituation zwischen Entwicklungsländern und Industriestaaten wird deutlich, wenn man sich z. B. zwei Wissenschaftler – einen aus einem hochentwickelten Industriestaat und einen aus einem Entwicklungsland – von gleich hoher Intelligenz vorstellt, die jeder für sich an demselben wissenschaftlichen Problem arbeiten: Der eine hat für seine Arbeit alle denkbaren Hilfsmittel zur Verfügung, großzügig ausgestattete Labors, Computer, bibliographische Referenzsysteme, Kollegen, die er um Rat fragen kann, und technische Assistenten; der andere ist weitgehend auf sich selbst gestellt und muß wesentlich mehr Mühe und Zeit aufwenden, um zu dem gleichen Ergebnis zu kommen. Während dem ersten Wissenschaftler die Lösung des Problems in einem Monat gelingen mag, braucht der zweite dazu vielleicht ein Jahr. Wenn diese Situation auf die nationale Ebene projiziert wird, zeigt sich das Ausmaß der Ungleichheit, Hilfsbedürftigkeit und Abhängigkeit im Verhältnis zwischen Entwicklungsländern und Industriestaaten.

Paradoxerweise kann ein Entwicklungsland wie Indien, in dem ganze Sektoren wie Landwirtschaft und Verkehr dem Zusammenbruch nahe sind, auf dem Kernenergiegebiet als technologisch unabhängig gelten: Es baut gerade – völlig selbständig – vier Kernkraftwerke. Um aber seine wissenschaftliche Basis zu vergrößern und zu vertiefen und um in dem weltweiten technologischen Wettkampf seine Position halten zu können, nimmt Indien gleichzeitig weiter technische Hilfe im Nuklearbereich in Anspruch.

Problematisch wird die technologische Abhängigkeit, wenn Entwicklungsländer ihre Anstrengungen, einen einheimischen Grundstock an Wissenschaftlern heranzubilden, durch Abwanderung von Fachkräften (brain-drain) vereitelt sehen. Genaue Zahlen sind im Nuklearbereich nicht verfügbar; bei einer Diskussion zwischen Teilnehmern einer IAEA-Studienreise im Juni 1974 gaben die Vertreter der Philippinen und Ägyptens »Brain-Drain«-Verluste von ca. 60 bzw. 100 vH in ihren Atomforschungszentren an[2]. Die hauptsächlichen

---

[2] Andererseits muß man in manchen Fällen aber auch von »brain-throw« sprechen, etwa wenn ein Atomforschungsinstitut infolge eines Wechsels an der Spitze den größten Teil seines bis dahin ausgebildeten Wissenschaftlerstabs entläßt (wie es z. B. 1969 in Venezuela geschah).

Gründe für die Abwanderung von Fachkräften ins Ausland bzw. ihr Verbleiben im Ausland nach Auslaufen ihres Stipendiums liegen auf der Hand: Es sind unbefriedigende Arbeitsbedingungen und als unangemessen empfundene Dotierung im Heimatland sowie mangelnde Verwendbarkeit für Wissenschaftler in bestimmten Disziplinen.

Eine weitere Form der Abhängigkeit ist die materielle: Der Kauf von nuklearen Apparaten, Anlagen und Reaktoren macht die Bezieher abhängig von der Folgelieferung von Elementen (Ersatzteile, Isotopen, Spaltmaterial u. a.), die zum laufenden Betrieb erforderlich sind. Die bedeutendste materielle Abhängigkeit (der auch die mittleren und kleineren Industrieländer ausgesetzt sind) besteht in bezug auf die Lieferung von angereichertem Uran, das für den bisher gebräuchlichsten Reaktortyp, den Leichtwasserreaktor, benötigt wird. Angereichertes Uran kann derzeit nur aus vier Ländern der Erde bezogen werden: aus den Vereinigten Staaten von Amerika, der Sowjetunion, aus Großbritannien und Frankreich. Länder, die – wie z. B. Indien und Argentinien – über eigene Uranvorkommen verfügen, sind materiell weniger abhängig, denn sie können auf den Schwerwasserreaktor, der auf der Basis von natürlichem Uran arbeitet, ausweichen.

Schließlich muß auch die politische Abhängigkeit gesehen werden. Sie hat zwei Seiten: Da der Kauf eines Reaktors mit allem, was dazugehört, zum großen Teil Vertrauenssache ist, werden viele Länder ihre Reaktoren bei politischen Verbündeten kaufen. Sie wollen sichergehen, daß sie nicht nur bereitwillige Hilfe beim Aufbau und Betrieb erhalten, sondern daß vor allem auch die laufende Lieferung des angereicherten Urans gewährleistet ist. Auch sind Fälle denkbar, in denen einem kleinen Land keine andere Wahl bleibt, als seinen Reaktor von einem Lieferanten zu kaufen, der ihm mit dem Hinweis auf die zwischen ihnen bestehenden engen freundschaftlichen Bande ein Exklusiv-Angebot macht. Andererseits ist es aber denkbar, daß der Kauf eines Reaktors und das Angewiesensein auf Folgelieferungen dazu beitragen, ein noch ungebundenes Entwicklungsland in eine stärkere politische Abhängigkeit von dem Lieferanten zu führen. Zeigt sich das Reaktorgeschäft für das Entwicklungsland später allerdings als unvorteilhaft, so kann es sich als politischer Bumerang erweisen und zur Quelle eines neuen Konflikts werden.

Als letzte ist die wirtschaftliche Abhängigkeit zu erwähnen, in der sich jedes Entwicklungsland befindet, das für den Kauf eines Reaktors einen Kredit benötigt[3]. Die wirtschaftliche Last, die der Kauf und Betrieb eines Reaktors mit sich bringen, wird dann noch verstärkt, wenn sich ein Land entweder unter politischem Druck oder aus technischer Unkenntnis für einen Typ entschieden hat, der sich später – im Vergleich zu anderen Typen – als unwirtschaftlich herausstellt. In dem Zusammenhang darf nicht übersehen werden, daß die Entscheidung eines Landes, sich der Kernenergie zuzuwenden, u. a. von dem

---

[3] Ein 500/600-MW-Reaktor kostet derzeitig etwa $ 20 Mio.

Wunsch diktiert ist, einer anderen wirtschaftlichen Abhängigkeit, nämlich der von den Ölimporten, zu entkommen. Die »non-nuclear states« (Gruppe 4 der obigen Aufstellung), die ihre Energiekrise nicht mit einem Ausweichen auf Kernkraft lösen können, bleiben deshalb in ihrer alten, durch die Preiserhöhungen noch verschärften wirtschaftlichen Abhängigkeit und Entwicklungskrise.

Eine andere Art der wirtschaftlichen Abhängigkeit mit latenten politischen Konflikten, die im Zusammenhang mit dem Abbau von Uranerz entstehen könnten, soll hier nur angedeutet werden: Es ist das Problem des »Neokolonialismus« oder »Wirtschaftsimperialismus«, das bereits früher in vielen Entwicklungsländern auftrat, in denen die Ausbeutung von Bodenschätzen (Erdöl, Kupfer etc.) in der Hand ausländischer Konzerne lag. Dieses Problem ist bei Uran deshalb noch nicht aktuell geworden, weil sich Prospektion und Abbau dieses Erzes bisher zu mehr als 85 vH in fünf Industrieländern konzentrieren[4] (Vereinigte Staaten, Südafrika, Kanada, Australien, Frankreich). Da der Bedarf an Uran sprunghaft gestiegen ist, wird in Zukunft mehr als bisher in Entwicklungsländern prospektiert werden. Heute sind französische Gesellschaften, u. a. in Niger und Gabun, beteiligt, englische in Namibia, amerikanische in Nigeria, deutsche in Niger, Algerien, Peru, japanische in Pakistan, Niger, Bolivien. Allerdings haben die Entwicklungsländer gelernt, über ihren Vorteil zu wachen. Das Beispiel der Zentralafrikanischen Republik, wo die Regierung kurzerhand den mit einer französischen Gesellschaft geschlossenen Vertrag kündigte und die Schürfrechte an eine Schweizer Gesellschaft vergab, mag ein Hinweis darauf sein, daß sich die Uranförderungsgesellschaften um eine faire Partnerschaft mit den jeweiligen Entwicklungsländern bemühen müssen, wenn sie im Spiel bleiben wollen.

II. Allgemeines über multilaterale technische Hilfe im Nuklearbereich

1. Formen

Technische Hilfe ist nach einer Definition von UNITAR »im Grunde die Übertragung von Wissen«, die durch Entsendung von Sachverständigen oder durch Lieferung von Sachgütern (equipment and supplies) geschehen kann.

Wenn von einem Technische-Hilfe-Projekt (technical assistance project) die Rede ist, bedeutet das in erster Linie die Entsendung eines oder mehrerer Sachverständigen (Experten) zur Lösung einer vorher festgelegten Aufgabe (job description). Die Entsendung des Experten ist oft gekoppelt mit der Lieferung von Material, Werkzeug, Apparaten, Maschinen, die als Hilfsmittel zur Durchführung der Aufgabe benötigt werden bzw. deren didaktische Einführung der Zweck der Mission ist. Selten kommt es vor, daß Technische-Hilfe-Projekte

---

[4] Aus den sozialistischen Ländern liegen keine Daten vor.

bewilligt werden, die nur die Lieferung von Sachgütern zum Gegenstand haben: Technische Hilfe soll in der Regel der Überwindung eines technologischen, allenfalls eines technologischen und budgetären, nicht aber eines rein budgetären Engpasses dienen. Im Idealfall wird die Entsendung des Experten und die Lieferung von Sachgütern durch ein Ausbildungsstipendium für den »counterpart«, d. h. den lokalen Mitarbeiter des Experten im Projekt, ergänzt. (Beispiel: Ein tschechischer Experte auf dem Gebiet der Isotopenanwendung in der Medizin führt in einer dreimonatigen Mission in einem Krankenhaus in Costa Rica einen als Sachleistung im Projekt mitgelieferten Scanner[5] amerikanischer Herkunft ein; sein »counterpart«, ein costaricanischer Arzt, macht danach mit einem innerhalb des Projekts zur Verfügung gestellten Stipendium ein sechs- bis zwölfmonatiges Praktikum in einem Krankenhaus in Kanada, wo er sich durch die tägliche Arbeit mit Scannern in dieser Technik perfektioniert.) Allerdings werden Ausbildungs- bzw. Fortbildungsstipendien in der Mehrzahl isoliert von Technische-Hilfe-Projekten vergeben. In die Kategorie der Ausbildungshilfe gehören außer den individuellen Stipendien und Forschungsaufenthalten (scientific visits[6]) auch Lehrgänge, Ausbildungskurse und Studienreisen für eine größere Teilnehmerzahl.

2. Prinzipien

Alle Organisationen der UN-Familie nennen in ihren Verfassungen als eine ihrer Aufgaben die Leistung von Hilfe an die Mitgliedstaaten, die solcher Hilfe bedürfen. Das der multilateralen[7] technischen Hilfe zugrunde liegende Prinzip ist die Solidarität unter den Nationen. Daneben gibt es für die Gewährung von multilateraler technischer Hilfe eine Reihe von Prinzipien formaler Natur und solche, die, wie die Amerikaner sagen würden, auf einer »philosophy« gründen:

a) Als Empfänger kommen nur Mitgliedstaaten der jeweiligen Organisationen in Betracht, die nach der erwähnten Liste von UNDP als Entwicklungsländer gelten.

b) Die technische Hilfe der internationalen Organisationen wird den Regierungen gegeben, nicht privaten Institutionen oder Personen. Das ist in zweierlei Hinsicht von Bedeutung: Alle Anträge auf Technische-Hilfe-Projekte oder Stipendien müssen der jeweiligen internationalen Organisation von der offiziell

---

[5] Instrument zur Messung von Radioisotopen bei der klinischen Diagnose.

[6] Ein »scientific visit« ist eine Art »senior fellowship«, das einem bereits beruflich tätigen Wissenschaftler gegeben wird, damit er sich bei relativ kurzen Besuchen in mehreren fortgeschrittenen Instituten mit den neuesten Entwicklungen in seinem Fachgebiet vertraut machen kann.

[7] »Multilateral« wird die Hilfe überregionaler internationaler Organisationen genannt, weil sie von einer in einer Organisation zusammengeschlossenen Vielzahl von Nationen ausgeht.

dafür zuständig erklärten Regierungsstelle eingereicht werden; das Technische-Hilfe-Projekt muß von einer staatlichen Organisation ausgeführt werden.

c) Die internationalen Organisationen handeln bei der Vergabe der technischen Hilfe nicht initiativ, sondern responsiv, d. h., sie bieten theoretisch die konkreten Projekte den Nehmerländern nicht an, sondern warten auf die entsprechenden Anträge.

d) Die multilaterale technische Hilfe versteht sich als Hilfe zur Selbsthilfe, d. h., es muß ihr eine sichtbare Eigenanstrengung des Entwicklungslandes (sog. »countpart«-Beitrag) gegenüberstehen. Die wichtigsten Formen des »counterpart«-Beitrages sind der personelle (mindestens ein lokaler Mitarbeiter muß dem Experten zur Seite stehen, dem er seine Experten-Kenntnisse vermitteln kann) und der institutionelle (eine staatliche Organisation muß in der Lage sein, das Projekt nach Beendigung der technischen Hilfe weiter zu tragen und die vom Experten empfohlenen Folgemaßnahmen zu verwirklichen). Außerdem wird vom Entwicklungsland erwartet, daß es die lokal möglichen und erhältlichen Sachleistungen beiträgt. Schließlich muß es für jedes Projekt einen finanziellen Beitrag in nationaler Währung – 8 vH der Gesamtkosten – leisten.

e) Bei der Vergabe von multilateraler technischer Hilfe wird eine geographisch und regional möglichst ausgewogene Streuung unter die hilfesuchenden Entwicklungsländer angestrebt (Prinzip der »balanced geographical distribution«). Dabei werden natürlich die Größe der einzelnen Länder sowie das Volumen ihrer Entwicklungsprogramme nicht unberücksichtigt gelassen.

f) Schließlich soll die technische Hilfe nur friedlichen Zwecken dienen[8]. Dieses Prinzip wird von der IAEA so eng ausgelegt, daß auch dann, wenn das Projekt auf kein militärisches Ziel ausgerichtet ist, militärische Regierungsstellen und aktive Militärpersonen ipso iure vom Empfang der Hilfe ausgeschlossen sind.

3. Gebiete

Von der IAEA, der bedeutendsten multilateralen Geberorganisation im Nuklearbereich, ist technische Hilfe auf folgenden Gebieten erhältlich:

- Planung von Kernenergieprogrammen; Standortwahl für Reaktoren; Reaktortechnik;
- Herstellung und Erprobung von Brennelementen für Reaktoren; Aufarbeitung bestrahlter Kernbrennstoffe;
- Verwaltung von Kernmaterial;
- Suche nach Vorkommen von Kernrohstoffen, Abbau und Aufarbeitung;
- Nutzung von Forschungsreaktoren;
- Studien über Kernphysik, Reaktorphysik, Festkörperphysik, Plasmaphysik;

---

[8] Vgl. z. B. Art. II des IAEA-Status.

Chemie von Kernmaterialien, Radiochemie, Strahlenchemie, Erzeugung von Radioisotopen, Aktivierungsanalyse;
- Verwendung von Radioisotopen in der Medizin (klinische Diagnose, Strahlentherapie);
- Verwendung von Radioisotopen in der Biologie;
- Verwendung von Radioisotopen in der Landwirtschaft (Aufnahme von Wasser und Kunstdünger durch Nutzpflanzen, induzierte Mutationen in der Pflanzenzucht, Tierernährung und -physiologie, Strahlensterilisierung zur Bekämpfung schädlicher Insekten, Nahrungsmittelkonservierung durch Bestrahlung, Untersuchungen über Rückstände von Schädlingsbekämpfungsmitteln);
- Verwendung von Radioisotopen in der Industrie (Materialprüfung ohne Probenbeschädigung, Radioindikatorverfahren, Sterilisierung pharmazeutischer Präparate);
- Verwendung von Radioisotopen in der Hydrologie (Grundwasser und Oberflächengewässer);
- Sicherheitsnormen, -vorschriften und -verfahren;
- Strahlenschutz;
- Betriebssicherheit von Reaktoren und Sicherung von Kernmaterial;
- Behandlung und Beseitigung von Atommüll;
- Atomrecht (z. B. Schaffung staatlicher Organe für Atomenergie, Ausarbeitung von Strahlenschutzgesetzen, Zulassung von Kernanlagen).

4. *Das Technische-Hilfe-Programm der IAEA*

Die IAEA leistet seit ihrer Gründung technische Hilfe. Ihr Budget nahm zwischen 1958 und 1964 von $ 124 000 auf rund $ 3 Mio. zu. Es blieb etwa sechs Jahre lang konstant und stieg dann ab 1970 jährlich um 20 bis 30 vH. 1973 erreichte es eine Höhe von $ 7 539 000. Davon kamen $ 3 114 000 aus dem Technische-Hilfe-Fonds der IAEA (Operating Fund II), der sich aus freiwilligen Beiträgen der Mitgliedstaaten zusammensetzt, $ 1 276 000 flossen ihr durch Schenkungen (gifts in kind) zu (Ausrüstungen, Experten, Freiplätze an Ausbildungsstätten), und $ 3 149 000[9] erhielt sie von UNDP.

Da sich die Abwicklung der Programme über einen längeren Zeitraum (4 bis 6 Jahre) erstreckt, ist der Wert der in einem Jahr geleisteten technischen Hilfe stets verschieden von dem der geplanten. Der Wert der 1973 geleisteten Hilfe betrug $ 5 764 400. Davon entfielen $ 1 926 500 auf die Entsendung von Experten, $ 2 055 300 auf die Lieferung von Ausrüstungen und $ 1 782 600 auf die

---

[9] $ 1 245 000 für herkömmliche kleinere Projekte und $ 1 904 000 für größere (früher »Special-Fund«-)Projekte, die sich über mehrere Jahre erstrecken und z. T. als »pre-investment-studies« zu betrachten sind.

Gewährung von Stipendien (einschließlich solcher innerhalb von Ausbildungskursen).

5. Die Technische-Hilfe-Leistungen der UN-Organisationen

UN-Organisationen treten als Geber von technischer Hilfe im Nuklearbereich nur am Rande – und fast immer in Konsultation oder Kooperation mit der IAEA – auf, wenn Atomtechnologie in die von ihnen wahrgenommenen Kompetenzen hineinspielt. Das gilt insbesondere auf den Gebieten der Nuklearmedizin und des Strahlenschutzes (WHO), der Lehre der Atomphysik (UNESCO), des Unfallschutzes an strahlungsgefährdeten Arbeitsplätzen (ILO) und der Anwendung von Nukleartechnologie in Industrie (UNIDO) und Landwirtschaft (FAO). Das letztgenannte Gebiet ist so wichtig und umfangreich, daß die IAEA mit der FAO eine gemeinsame Abteilung, die »Joint FAO/IAEA Division of Atomic Energy in Food and Agriculture« mit Sitz in Wien, führt[10]. Für das Büro für technische Zusammenarbeit der Vereinten Nationen (Office for Technical Cooperation), das für Grundwasserforschung und die Suche nach Bodenschätzen zuständig ist, arbeitet die IAEA häufig (im Rahmen von »sub-contracts«) auf dem Gebiet der Isotopenhydrologie. Auch bei der Uransuche gibt es Anfänge einer Zusamenarbeit mit der UN-Abteilung. Die Weltbank gibt keine technische Hilfe im engen Sinn, sondern macht Durchführbarkeitsstudien (feasibility studies) und finanziert Investitionsprojekte. Sie ist an der Entwicklung der Kernenergie lange Zeit wenig interessiert gewesen, hat ihre Zurückhaltung aber schon vor der Energiekrise aufgegeben und 1972/73 die Marktanalyse der IAEA mitfinanziert. UNDP ist eine reine Technische-Hilfe-Finanzierungs- und -Verwaltungsorganisation; sie bewilligt Projekte im Nuklearbereich und beauftragt die IAEA mit deren Ausführung.

6. Die Technische-Hilfe-Leistungen regionaler Organisationen

Regionale Organisationen fallen als Geber von technischer Hilfe im Nuklearbereich kaum ins Gewicht. Euratom und die Kernenergie-Agentur (NEA) der OECD geben keine derartige Unterstützung an Entwicklungsländer. Die interamerikanische Kernenergie-Kommission (IANEC) der Organisation Amerikanischer Staaten (OAS) hat ein kleines Budget für technische Hilfe ($ 200 000 für den Zeitraum 1974 bis 1976), das zur Finanzierung von interamerikanischen Seminaren, Stipendien im Atomforschungszentrum in Puerto Rico und Forschungsbeihilfen (research grants) für Mitgliedstaaten bestimmt ist. Innerhalb des Rates für gegenseitige Wirtschaftshilfe (RGW) wird die Zusammenarbeit im

---

[10] Siehe dazu ausführlicher in diesem Band Beate *Lindemann*, Kernenergie und internationale Organisationen, S. 442 f.

Nuklearbereich von der Kommission für die friedliche Nutzung der Atomenergie koordiniert. Die Kooperation vollzieht sich sowohl auf bilateralem Weg zwischen zwei Mitgliedstaaten als auch in Form von multilateralen Arbeitsgruppen, deren Ergebnisse allen Mitgliedstaaten zugute kommen. Einige wichtige Gebiete der Zusammenarbeit sind die Isotopenproduktion, Bestrahlungs- und Isotopenanwendungsprogramme, Reaktorentwicklung und -bau, Strahlenschutz, Beseitigung von radioaktivem Abfall. Innerhalb des RGW wird keine Unterscheidung zwischen Industrieländern und Entwicklungsländern gemacht, und der Begriff der technischen Hilfe wird nicht verwendet, doch profitieren die weniger entwickelten von den fortgeschritteneren Mitgliedstaaten in technologischer Hinsicht. Da die Projekte in engem Zusammenwirken zwischen dem Technologie-Geber und -Nehmer durchgeführt werden, hat allerdings auch der Geber (in erster Linie die Sowjetunion) durch die technischen Neuerungen und Verbesserungen, die während der Zusammenarbeit vom Nehmer entwickelt werden, einen nicht gering zu schätzenden »Feed-Back«-Nutzen. Durch den 1973 eingerichteten Stipendienfonds der RGW haben jetzt auch die Entwicklungsländer, die dem RGW nicht angehören, die Möglichkeit, unter bestimmten Bedingungen in RGW-Mitgliedstaaten Bildungshilfe im Nuklearbereich zu erhalten.

III. Vergleich zwischen multilateraler und bilateraler technischer Hilfe

1. Vorzüge der multilateralen technischen Hilfe

a) Weltweiter Apparat

Die IAEA hatte Ende 1973 104 Mitgliedstaaten (darunter etwa drei Viertel Entwicklungsländer). Ihre Verbindungsstellen in den einzelnen Ländern sind die nationalen Atomenergiekommissionen bzw., wo solche nicht bestehen, die entsprechenden für Nuklearfragen zuständigen Behörden (in der Bundesrepublik Deutschland das Bundesministerium für Forschung und Technologie, in der Deutschen Demokratischen Republik das Staatliche Amt für Atomsicherheit und Strahlenschutz). Mit diesen Verbindungsstellen gibt es ständigen Kontakt, Austausch von Informationen, Beratung, Hilfeleistung u. a. Die wichtigsten Mitgliedstaaten unterhalten Ständige Vertretungen bei der IAEA, über die sich die Verbindung zum Sekretariat schnell und wirksam herstellen läßt. Außerdem können für Fragen der technischen Hilfe jederzeit die Ständigen Vertretungen des UNDP, die in allen Entwicklungsländern bestehen, in Anspruch genommen werden. Ein wesentlicher Vorteil der multilateralen gegenüber der bilateralen technischen Hilfe ist also der weltweite Apparat, der den internationalen Organisationen zur Verfügung steht.

b) Vielfältigere Hilfsmöglichkeiten

Die internationalen Verbindungen, vor allem die Mitgliedschaft fast aller nuklear entwickelten Länder in der IAEA, bringen es mit sich, daß die IAEA vielfältigere Möglichkeiten zur technischen Hilfe im Nuklearbereich anbieten kann, als dies im Rahmen von bilateraler Entwicklungshilfe möglich ist. Nicht alle nuklear entwickelten Staaten haben auf jedem Gebiet gleich viel zu bieten; in der Regel sind die Forschungsinstitute in den einzelnen Ländern auf recht unterschiedlichen Gebieten spezialisiert. Die IAEA kann praktisch aus dem Experten-Reservoir der ganzen Welt schöpfen; sie kann Ausrüstungen und Anlagen in jedem beliebigen Land kaufen; sie hat eine breite Auswahl an Universitäten, Instituten, Reaktorzentren, Laboratorien und Krankenhäusern in 20 bis 30 Ländern, wo sie ihre Stipendiaten ausbilden lassen kann. Allerdings stößt man in den Bereichen, wo die Gefahr von Industriespionage besteht oder wo andere Geheimhaltungsinteressen berührt werden, schnell auf die Ablehnung von vorgeschlagenen ausländischen Stipendiaten oder Besuchern durch die nationalen Stellen. Hier findet die multilaterale technische Hilfe ihre Grenze. Deshalb empfehlen sich besonders prekäre Bereiche eher für die bilaterale Hilfe zwischen zwei Partnern, die durch starke kommerzielle oder politische Interessen oder durch ein sonstiges Vertrauensverhältnis miteinander verbunden sind.

c) Unabhängigkeit von politischen Maximen

Ein weiterer Vorteil der multilateralen gegenüber der bilateralen Hilfe ist, daß jene nicht politischen Maximen unterworfen ist. Das bedeutet einmal, daß eine gleichmäßigere Streuung der vorhandenen Mittel unter die zum Empfang von technischer Hilfe berechtigten Länder stattfindet, als dies bei der bilateralen Hilfe der Fall ist, wo sich die geographische Verteilung oft willkürlich nach dem Stand der jeweiligen bilateralen Beziehungen richtet. Zum anderen kann bei der multilateralen technischen Hilfe von einer sachlicheren, da nicht politisch bestimmten, Auswahl von Projekten, Experten, Ausrüstungen, Stipendiaten und Ausbildungsstätten gesprochen werden. Doch sind auch hier der multilateralen Hilfe gewisse Grenzen gesetzt: So wäre es undenkbar, daß etwa ein israelischer Experte ein Projekt in einem arabischen Land ausführt oder daß ein kubanischer Stipendiat zur Ausbildung in den Vereinigten Staaten zugelassen wird. Das Entstehen von Konflikten dieser Art wird von den internationalen Organisationen a priori vermieden.

Auch andere politische Schranken sind bekannt und werden respektiert: So sind die Vereinigten Staaten in bestimmten Fällen nicht bereit, IAEA-Stipendiaten zu akzeptieren, deren Regierungen den NV-Vertrag nicht unterschrieben haben und sich den darin vorgeschriebenen Sicherheitskontrollen nicht unterwerfen. Das trifft auf folgende Gebiete zu: Planung, Bau und Betrieb von Anlagen für die chemische Aufarbeitung bestrahlten, besonders spaltbaren Materials; Erzeugung von Schwerwasser; Isotopentrennung bei Uran. Kanada weigert sich seit der indischen Kernexplosion kategorisch, diesem Land irgendwelche nukleare technische Hilfe, sei es auf bilateralem oder multilateralem Weg, zukommen zu lassen. Gemäß Artikel III C[11] ihres Statuts versucht die IAEA jedoch, Technische-Hilfe-Bedürfnisse ihrer Mitgliedstaaten auch auf »unliebsamen« Gebieten zu befriedigen: Wenn z. B. die Placierung eines Stipendiaten in einem bestimmten Land nicht möglich ist, wird versucht, eine Ersatzlösung in einem anderen Land zu finden.

d) Fehlen kommerzieller Interessen

Grundsätzlich kann gesagt werden, daß die multilaterale Beratung und Hilfeleistung frei von kommerziellen Interessen ist. Die Wissenschaftler der IAEA, die den Projektantrag prüfen, empfehlen, wenn es um Anlagen geht, normalerweise einen Typ, nicht aber eine bestimmte Marke. Die IAEA-Abteilung für die Beschaffung von Ausrüstungen und Anlagen ist gehalten, mehrere Preisangebote von Herstellerfirmen einzuholen und das günstigste zu berücksichtigen. Dennoch sind auf diesem Gebiet gewisse kommerzielle Interessen nicht zu übersehen, etwa wenn ein Experte den zuständigen Stellen im Entwicklungsland bestimmte in seinem Heimatland hergestellte Anlagen – mit denen er naturgemäß am meisten vertraut ist – zur Anschaffung empfiehlt; oder wenn ein Industrieland einen Teil seines freiwilligen Beitrags für das Technische-Hilfe-Programm der IAEA in Form von Sachleistungen zur Verfügung stellt, um auf diese Weise den Markt (Ersatzteile, Wartung, Folgebestellungen) in bestimmten Ländern zu gewinnen; oder wenn ein Experte, dessen Aufgabe die Ausarbeitung von Reaktorsicherheitsbestimmungen für ein Entwicklungsland ist, diese so formuliert, daß sie hauptsächlich auf den in seinem Heimatland hergestellten Reaktortyp passen.

e) Psychologische Momente

Als weiterer Vorteil der multilateralen technischen Hilfe kann gelten, daß sie für die Nehmerländer in der Regel »psychologisch« leichter akzeptabel ist. Da sie weder politische Fesseln mit sich bringt noch im Prinzip mit kommerziellen Verpflichtungen oder Erwartungen verbunden ist, fühlen sich die Empfänger in ihrer Unabhängigkeit weniger beeinträchtigt. Auch entsteht durch ihre Mitbestimmung bei der Ausführung des Projekts – etwa indem die Empfänger die Möglichkeit der Auswahl unter mehreren angebotenen internationalen Experten haben – nicht so leicht der Eindruck des »Ausgeliefert- oder Unterworfenseins« gegenüber dem Experten. Schließlich geht der multilateralen Hilfe jeder demütigende »Almosencharakter« ab, da die Empfängerländer als Mitglieder der Organisation sich selbst den Anspruch auf Unterstützung zuerkennen.

---

[11] Vgl. Art. III C: »... the Agency shall not make assistance to members subject to any political ... conditions ...«

f) Begegnung der Experten aus Entwicklungsländern

Bei einer internationalen Organisation werden die Expertenstellen international ausgeschrieben, d. h., es können sich Fachleute aus allen Mitgliedstaaten einschließlich der Entwicklungsländer für eine ausgeschriebene Stelle in einem Technische-Hilfe-Projekt bewerben. Das einzige Kriterium ist ihre fachliche Qualifikation. Ein Nachteil dieses Verfahrens mag sein, daß den Entwicklungsländern dadurch Fachkräfte, die sie selbst dringend benötigen, entzogen werden. Als bedeutender Vorteil muß jedoch gelten, daß auf diese Weise die Experten aus Entwicklungsländern einander nähergebracht werden; das gilt sowohl in bezug auf das gegenseitige Kennenlernen als auch in bezug auf die vielleicht reibungslosere Vermittlung von Kenntnissen: Ein Fachmann aus Indien, Israel, Jugoslawien oder Uruguay wird sich in der Regel leichter auf die Arbeitsbedingungen in einem anderen Entwicklungsland und auf den Bildungsstand und die Mentalität seiner dortigen Mitarbeiter einstellen können als ein Experte aus einem hochentwickelten Industrieland. Andererseits lernt der Experte aus dem Entwicklungsland die Problematik der Geber-Rolle kennen und wird daraufhin vielleicht mehr Verständnis für die Schwierigkeiten bei der Übertragung von Technologie in seinem Heimatland entwickeln. Von den 256 Experten, die 1973 im weltweiten Dienst der IAEA standen, kamen 60, d. h. rund ein Viertel, aus Entwicklungsländern.

2. Nachteile der multilateralen technischen Hilfe

a) Abhängigkeit von der Kooperationsbereitschaft der Mitgliedstaaten

Eine in ihrem Wesen liegende Schwäche der internationalen Organisationen ist es, daß sie ihre technische Hilfe nicht aus eigenen Mitteln geben, sondern sie nur organisatorisch-administrativ vermitteln, d. h., die Möglichkeiten der Organisation, Hilfe zu leisten, sind abhängig von der Bereitschaft und Fähigkeit ihrer Mitgliedstaaten zur Mitarbeit. Das gilt sowohl in finanzieller als auch in materieller Hinsicht: Die IAEA kann nur Experten in Entwicklungsländer schicken und Studienplätze an Stipendiaten vermitteln, solange ihr die Mitgliedstaaten solche zur Verfügung stellen und solange sie von ihnen die nötigen Mittel bekommt, Projekte zu finanzieren.

b) Geringe Flexibilität

Die Abhängigkeit von der Leistung der freiwilligen Beiträge, um deren Höhe jedes Jahr neu gerungen werden muß, sowie die schwerfälligen Entscheidungsmechanismen internationaler Organisationen sind die Hauptgründe für die geringe Flexibilität, die als der größte Nachteil der multilateralen gegenüber der bilateralen technischen Hilfe bezeichnet werden kann. Nach dem Zeitplan der

IAEA dauert die Aufstellung des jährlichen Technische-Hilfe-Programms von der ersten Aufforderung an die Entwicklungsländer, Anträge zu stellen, bis zur Genehmigung des Programms durch den Gouverneursrat 15 Monate:

Die erste Aufforderung an die Mitgliedstaaten, kurzgefaßte Projektvorschläge (outlines) für das Technische-Hilfe-Programm des Jahres C einzusenden, ergeht im November/Dezember des Jahres A. Einsendeschluß für die Vorschläge ist der 31. Januar, für die ausführlichen Projektanträge der 30. Juni des Jahres B. Im Dezember des Jahres B werden die vom IAEA-Sekretariat bearbeiteten und befürworteten Projektanträge vom Ausschuß für Technische Hilfe des Gouverneursrates geprüft und mit der Empfehlung, sie zu bewilligen, dem Gouverneursrat zugeleitet. Der Gouverneursrat nimmt die Empfehlungen des Ausschusses im Februar des Jahres C zur Kenntnis; damit ist die Aufstellung des Technische-Hilfe-Programms formell abgeschlossen.

An die Phase der Programmierung schließt sich die Phase der Projekt-Ausführung (implementation) an. Die Experten-Stellen werden ausgeschrieben, die Bewerbungen geprüft und den Entwicklungsländern präsentiert; Angebote für die zu liefernden Anlagen und Ausrüstungen werden eingeholt, Apparate, Material etc. bestellt; die Lieferung ist mit der Experten-Mission zu koordinieren. Die Vorbereitung der Projekt-Ausführung – von der Genehmigung des Programms durch den Gouverneursrat bis zur Ankunft des Experten im Entwicklungsland – dauert im Durchschnitt 13,5 Monate. Von der ersten Anmeldung bis zur einsetzenden Befriedigung eines Technische-Hilfe-Bedürfnisses vergehen also insgesamt rund 25 Monate. Die Dauer der Experten-Mission ist demgegenüber relativ kurz: im Durchschnitt 5,1 Monate[12].

c) Hoher Verwaltungsaufwand

Ein oft geäußerter Vorwurf gegen die multilaterale technische Hilfe ist der hohe Verwaltungsaufwand. Die Verwaltungskosten der technischen Hilfe der IAEA (20,8 vH[13] des Programmwertes) mögen relativ hoch erscheinen, wenn man sie z. B. mit denen der bilateralen staatlichen technischen Hilfe der Bundesrepublik (13,9 vH[14]) vergleicht. Sie bleiben jedoch weit unter dem von Kirchhof und Popp veranschlagten Satz von 76 vH für die Unterstützungskosten der UN-Entwicklungshilfe[15]. Im übrigen darf nicht übersehen werden, daß der größere administrative Aufwand auch durch die breitere geographische Streuung

---

[12] Diese Zahlen basieren auf einer Untersuchung der 132 Projekte des »Regular Programme of Technical Assistance« der IAEA, deren Schlußberichte 1972 und 1973 veröffentlicht wurden.

[13] Darin sind 14,5 vH direkte Unterstützungskosten (Programmierung; Einleitung und Überwachung der Ausführung), 3,5 vH indirekte Unterstützungskosten (technische Evaluierung) und 2,8 vH Finanz- und allgemeine Verwaltungskosten enthalten.

[14] Karl *Kirchhof* und Ulrich *Popp*, Der administrative Aufwand der Entwicklungshilfe, Berlin 1973, S. 19.

[15] Ebd., S. 169.

und größere inhaltliche Komplexität der multilateralen technischen Hilfe bedingt ist.

d) Beschränktheit der Mittel im Einzelfall

Die breite Streuung der Mittel (siehe S. 363 f.) hat auch eine negative Seite: Die multilaterale Hilfe, vor allem die einer – in ihren Mitteln so beschränkten – Organisation wie der IAEA, kann nur kleinere Beiträge zu akut auftretenden Engpässen leisten und deshalb kaum einen größeren Durchbruch bei der technologischen Entwicklung einzelner Länder erzielen.

e) Gebundenheit an freiwillige Beiträge

Ein weiterer Nachteil ist ihre Gebundenheit an die freiwilligen Beiträge. Das wird besonders dann zu einem Problem, wenn die freiwilligen Beiträge in nichtkonvertierbarer Währung[16] geleistet werden und nur schleppend in dem entsprechenden Land ausgegeben werden können. Die Notwendigkeit, die nichtkonvertierbaren finanziellen Beiträge im Herkunftsland auszugeben, kann zu einer gewissen Verminderung der Qualität der technischen Hilfe führen, wenn etwa unter dem Zwang, diese Beiträge zu nutzen, eine nicht voll den Anforderungen entsprechende Anlage gekauft wird oder wenn ein gekaufter Apparat in ein Land geliefert wird, in dem diese Marke nicht vertreten ist und deshalb in bezug auf Wartung, Ersatzteillieferung etc. Schwierigkeiten auftreten können.

f) Sachfremde Einflüsse auf die Prioritätenwahl

Schließlich wird die Wirksamkeit der multilateralen technischen Hilfe gelegentlich auch dadurch beeinträchtigt, daß es zu Projekten kommt, die nicht unbedingt dem Hauptinteresse der betroffenen Entwicklungsländer, d. h. den von den Regierungen im Entwicklungsplan gesetzten Prioritäten, entsprechen, sondern von ehrgeizigen Angehörigen der internationalen Organisationen, die verständlicherweise in erster Linie ihr Spezialgebiet im Auge haben, mittels guter persönlicher Kontakte in den Entwicklungsländern oder dank besonderem Verhandlungsgeschick auf Dienstreisen »lanciert« worden sind (project selling). Es ist festzustellen, daß solche Praktiken bei der IAEA weitaus seltener anzutreffen sind als bei anderen internationalen Organisationen. Allerdings ist auch an die gemeinsame FAO/IAEA-Abteilung die Frage gestellt worden, ob sich Gebiete wie Nahrungsmittelbestrahlung, Insektenbekämpfung durch Sterilisierung (sterile insect technique) und Untersuchung von Pflanzenschutzmittelrückständen (pesticide residues studies), die sich sogar in den technisch fortgeschrittenen Ländern noch in der Forschung befinden, für Projekte der Entwicklungshilfe eignen.

---

[16] Die sozialistischen Länder, einschließlich der Sowjetunion (die mit 15 vH den zweitgrößten Beitrag zu dem Technische-Hilfe-Programm leistet), zahlen in nichtkonvertierbaren Währungen.

IV. Schlussfolgerungen

1. Beurteilung der multilateralen technischen Hilfe im Nuklearbereich

Das Ergebnis eines Vergleichs zwischen bilateraler und multilateraler technischer Hilfe kann kaum die absolute Feststellung sein, die eine sei »besser« als die andere. Beide Formen haben ihre eigene Bedeutung und Berechtigung. Wer die bilateralen Hilfeleistungen »egoistisch« nennt, übersieht, daß auch die internationalen Organisationen im großen und ihre Funktionäre im kleinen durchaus ein Eigeninteresse haben – an ihrer Arbeit, an der Ausdehnung ihrer Aktivitäten (»empire-building«), an ihrer Karriere, an ihrem Einkommen. Vielleicht ist die bilaterale technische Hilfe gerade durch ihre politisch oder entwicklungspolitisch bedingte Wandelbarkeit etwas lebendiger. Eine große Gefahr für die internationalen Organisationen ist die Erstarrung in routinemäßigen Denk- und Arbeitsweisen. Sie müssen sich bewußt bleiben, daß technische Hilfe eine der dringendsten Aufgaben unserer Zeit ist, der man nur mit einem starken persönlichen Engagement, mit Dynamik, Flexibilität und schöpferischer Phantasie gerecht werden kann.

Auf die konkrete Problemstellung des Themas bezogen, ist jedoch der Schluß zu ziehen, daß zur Lösung von Konflikten, die bei der zivilen Nutzung von Kernenergie zwischen Entwicklungsländern und Industrieländern bestehen, die multilaterale Hilfe in der Regel ein geeigneteres Mittel ist als die bilaterale. Bei der bilateralen Hilfe stehen sich immer ein überwältigend starker und ein schwacher Partner gegenüber. Das Abhängigkeitsverhältnis, das der Grund vieler Konflikte ist, besteht bei der bilateralen Geber-Nehmer-Beziehung fort. Bei der multilateralen Hilfe hat es der Empfänger dagegen mit zahlreichen Gebern zu tun, denen gegenüber kein Abhängigkeitsverhältnis besteht und von denen er sich grundsätzlich weniger eigennützige Dienste erwarten darf. Dazu kommt, daß sich die Mehrzahl der Entwicklungsländer in den internationalen Organisationen zu einer Interessengemeinschaft zusammenzuschließen beginnt, die den Industrieländern mit mehr Selbstbewußtsein und Stärke entgegentritt und deshalb hoffen kann, mehr zu erreichen, als dies auf bloß bilateralem Wege möglich ist[17].

Natürlich ist die Rolle der IAEA, deren Budget für technische Hilfe relativ gering ist, nicht zu überschätzen. Allerdings hat sie als weltweite Organisation eine Mittler- und unparteiische Ratgeber-Funktion, für die gegenwärtig kein Ersatz denkbar ist. Als Mittler tritt die IAEA auf, wenn sie Wissenschaftler aus Entwicklungsländern und Industrieländern zusammenbringt und damit die »technologische Lücke« zumindest punktuell verringern hilft. Aus vielen Technische-Hilfe-Projekten der IAEA hat sich eine laufende Zusammenarbeit auf breiter Basis (sister laboratory arrangement) zwischen den Instituten der Geber-

---

[17] Siehe dazu in diesem Band *Lindemann* (Anm. 10), S. 439 f.

und Nehmerländer entwickelt. Als Beispiel sei die enge Zusammenarbeit zwischen dem zweiten Physikalischen Institut der Universität Heidelberg und dem Hydrologischen Institut der Universität Teheran erwähnt, die auf ein IAEA-Projekt aus dem Jahr 1969 zurückgeht.

Als unparteiischer Ratgeber kann die IAEA den Entwicklungsländern auch in deren Bemühen helfen, nicht in eine zu große Abhängigkeit von den Industriestaaten zu geraten, z. B., indem sie sie in dem komplizierten und für ein Entwicklungsland oft nicht überschaubaren Entscheidungsprozeß eines Reaktorkaufs und -baus berät; indem sie durch die Autorität, die ihre Beteiligung an einer Energiebedarfsstudie bedeutet, die internationale Finanzierung eines Reaktors erleichtert; indem sie Entwicklungsländer bei der Suche nach Uranvorkommen – sei es für den eigenen Bedarf oder für Exportzwecke – unterstützt und hinsichtlich der Vergabe von Konzessionen an ausländische Firmen berät; indem sie Ländern, die ihre (Schwerwasser-) Reaktoren mit eigenem natürlichem Uran betreiben wollen, technische Hilfe zur Herstellung der Brennelemente gibt.

Eine wichtige Aufgabe der IAEA innerhalb ihrer technischen Hilfe wird in Zukunft die Einführung von Normen für Atomsicherheit in Entwicklungsländern sein. (Eine andere Frage ist freilich, wie diese Normen aussehen sollen; sollten sie den Normen eines einzelnen Landes – z. B. der Vereinigten Staaten – nachgebildet sein, so würde dessen Reaktorindustrie dadurch einen erheblichen Wettbewerbsvorteil auf dem Weltmarkt gewinnen.)

2. Verbesserungsmöglichkeiten

Die Wirksamkeit einer Hilfeleistung hängt erstens von der Qualität der Hilfe (die der Geber bestimmt) und zweitens vom Grad ihrer Absorption durch den Nehmer ab. An beiden Enden ist die multilaterale technische Hilfe noch erheblich verbesserungsfähig.

a) *Verbesserungsmöglichkeiten in der Hand des Nehmers:* Die Nehmer haben sowohl bei der Planung (Aufsetzen der Anträge) als auch bei der Ausführung (Mitarbeit im Projekt) die Möglichkeit, auf die Gestaltung der technischen Hilfe wesentlichen Einfluß zu nehmen. Sie sollten sich bemühen, für ihre nukleare Entwicklung einen nach Prioritäten geordneten langfristigen Plan aufzustellen, und danach die ihnen zustehende technische Hilfe beantragen. Der Erfolg eines Projekts zeigt sich daran, in welchem Maße es dem Nehmer gelingt, sich die Kenntnisse des Experten anzueignen, bzw. inwieweit der Nehmer bereit und fähig ist, den Empfehlungen des Experten Folge zu leisten. Dementsprechend kann ein Stipendium nur dann als sinnvoll angesehen werden, wenn der Stipendiat nach der Rückkehr in sein Heimatland die Möglichkeit erhält, seine neuerworbenen Kenntnisse auf einem angemessenen (und angemessen dotierten) Posten anzuwenden. Im übrigen haben es die Nehmer in der Hand, durch eine stärkere Kontrolle der geleisteten Hilfe (kritische Prüfung der Brauchbarkeit von Sachleistungen, höhere Anforderungen an die technische und linguistische Qualifikation der Experten, Drängen auf beschleunigte Ausführung der Projekte, Einflußnahme auf das Verfahren der Vergabe von technischer Hilfe in den Entscheidungsgremien der IAEA) zur Verbesserung der Qualität der multilateralen Hilfe beizutragen.

b) Verbesserungsmöglichkeiten auf seiten des Gebers: Die IAEA kann die Qualität der technischen Hilfe hauptsächlich an drei Stellen verbessern:

- Bei der Planung: Man sollte – zumindest im Fall der in den Kategorien b und c aufgeführten Entwicklungsländer (siehe S. 358) – die bisherige Praxis, ad hoc formulierte Projekte zu finanzieren, revidieren und statt dessen eine langfristige Planung aufgrund von länderspezifischen Programmen anstreben, die nach dem Vorbild der UNDP-Länderplanung gemeinsam von der Regierung des jeweiligen Landes und der IAEA zu erstellen wären. Voraussetzung für solche länderspezifischen Aktionsprogramme auf dem Nukleargebiet sind a) eine Studie über die Möglichkeiten der nukleartechnologischen Entwicklung, insbesondere der Kernenergieerzeugung; b) ein Ausbildungsplan, der festlegt, auf welchen Gebieten und zu welchen Zeitpunkten bestimmte Wissenschaftler und Techniker gebraucht werden, so daß eine methodische und koordinierte Vorbereitung von Fachleuten auf ihre zukünftigen Aufgaben möglich ist und die Gefahr des »brain-drain« verringert wird. Auch könnte die Wirkung der multilateralen technischen Hilfe verbessert werden, wenn sie besser mit bilateralen Hilfemaßnahmen abgestimmt würde, bzw. wenn die IAEA bei geeigneten Projekten sogar mit dem Geber der bilateralen Hilfe im Rahmen von dreiseitigen Abkommen zusammenarbeiten würde;
- beim Aufstellen des Technische-Hilfe-Programms: Das Programmierungsverfahren müßte so weit entwickelt bzw. so flexibel gemacht werden, daß eine schnellere Befriedigung von plötzlich auftretenden Technische-Hilfe-Bedürfnissen möglich wird (evtl. durch Einrichtung eines Notstandsfonds bei der IAEA, über den außerhalb des regulären Programms verfügt werden könnte);
- bei der Projektausführung: Hier heißt die Aufgabe, die Abwicklung des Programms, die sich jetzt noch über zu lange Zeiträume erstreckt (bis zu sechs Jahren), zu beschleunigen.

Viele der Engpässe, die einer Abhilfe bedürfen, könnten durch eine stärkere Erfolgskontrolle durch den Geber festgestellt werden. Eine solche Wertung würde nicht nur einige der von den Nehmerländern kritisierten Schwächen der multilateralen technischen Hilfe bestätigen, sondern auch mangelndes Engagement auf seiten der Empfänger festzustellen haben. Es wäre sogar das Ergebnis denkbar, daß es der Entwicklungshilfe der internationalen Organisationen nicht so sehr an Geldmitteln mangelt als oft genug an guten Projekten. Um so hoffnungsvoller ist deshalb zu verzeichnen, daß die Entwicklungsländer in der Zweiten Entwicklungsdekade sich nicht mehr damit abfinden, von den Industriestaaten bzw. den internationalen Organisationen mit technischer Hilfe »abgespeist« zu werden, sondern selbstbewußt nach technischer Kooperation verlangen: Man mag darin nicht nur die – durchaus berechtigte – Forderung nach einer mehr partnerschaftlich ausgerichteten Vermittlung von Technologie sehen, sondern auch das Angebot zu einer stärkeren, eigenverantwortlichen Mitarbeit in zukünftigen Entwicklungsprojekten.

LITERATUR

Cameron, James: Nuclear Raw Materials. In: Peaceful Uses of Atomic Energy in Africa. IAEA, Wien 1970, S. 153–168.
—: Uranium Exploration and Development. A Survey of Aid to Developing Countries through the International Atomic Energy Agency. International Geological Congress, 24th Session, Symposium 2. Montreal 1972, S. 116–126.
Market Survey for Nuclear Power in Developing Countries. IAEA, Wien 1973.
Services and Assistance. IAEA, Wien 1973.
Steps to Nuclear Power. Guidebook. IAEA, Wien 1974.
Nuclear Power: Its Significance for the Developing World. IBRD, Washington, D. C., 1974.
Uranium – Resources, Production and Demand. OECD, Paris 1973.
Manual of United Nations Technical Assistance. UNITAR, New York 1968.

BEDEUTUNG UND EINFLUSS DER INFORMATION IM KERNTECHNISCHEN BEREICH

Rudolf Brée

I. Allgemeine Grundlagen kerntechnischer Information

Alle Formen der friedlichen Nutzung der Kernenergie werfen vielfältige und komplexe Probleme auf. Dadurch fällt dem unbehinderten Zugang zu schon erarbeiteten Kenntnissen und Daten auf diesem Gebiet eine besonders wichtige Rolle zu. Ein Gefühl mangelnder, erschwerter oder sogar vorenthaltener Information muß wie eine Diskriminierung oder direkte Schädigung empfunden werden, was politische Konsequenzen nach sich ziehen kann.

Der Austausch von Informationen ist unter drei Gesichtspunkten zu sehen:

— als Voraussetzung zur Analyse der eigenen Lage und zum Vergleich mit der anderer Nationen,
— als Entscheidungsgrundlage für Entschlüsse über die Art und Weise der Nutzung der Kernenergie,
— als Ausgangsbasis und Begleitung bei jeder Verwirklichung von kernenergetischen Projekten.

Zwischen Industriestaaten, die Benutzer und in größerem Umfang auch Erzeuger kerntechnischer Information sind, und den Entwicklungsländern besteht ein Informationsgefälle. Es wird durch die Schwäche der Erfahrungsbasis der Entwicklungsländer und ihre mangelnde Fähigkeit zur Beurteilung und Verarbeitung erlangter Informationen bestimmt.

Die kerntechnische Information tritt in den gleichen Erscheinungsformen auf, wie etwa die naturwissenschaftliche oder die technische. Die Hauptquelle sind unbeschränkt zugängliche, meist im Handel erhältliche Veröffentlichungen wie Bücher und Zeitschriften. Hierzu kommen die im kerntechnischen Bereich besonders zahlreichen Berichtsreihen von staatlichen und privaten Forschungsinstitutionen, die zwar schwer zugänglich sind, aber nicht als unerhältlich betrachtet werden können. Neben diese Form der Kenntnisverbreitung tritt als besonders frühzeitige Bekanntgabe von Ergebnissen all das, was im Rahmen wissenschaftlicher Veranstaltungen und Symposien mündlich vorgetragen und diskutiert wird und erst später seinen Weg in die gedruckte Literatur findet. Schließlich stellt die systematische Sammlung und Auswertung von Daten aller Art, die nicht nur zusammengetragen, sondern auch kritisch ausgewertet werden, eine besonders aussagekräftige Art der Information dar. Die besonderen Schwierigkeiten für den kerntechnischen Bereich bestehen darin, daß er die Ergebnisse sehr vieler Disziplinen umfaßt. Die Zuwachsrate an Literaturdaten pro Jahr betrug in den letzten Jahren nach den Erfahrungen des Informationsdienstes der Europäischen Gemeinschaft etwa 120 000, was einem arbeitstäglichen Zugang von 600 Arbeiten entspricht. Die Herkunft dieser Dokumente ist über die ganze Welt verteilt, allerdings kommen weit mehr als 80 vH aus den westlichen und östlichen Industrieländern.

Die Erfassung des gesamten Materials, seine inhaltliche Analyse und seine Bereithaltung sind derart kostspielig, daß kein Land sie allein bewältigen kann. D. h., daß die Abdeckung des nationalen Informationsbedarfs ohne transnationale Zusammenarbeit nicht mehr ausreichend beherrscht werden kann. Insbesondere für kleinere Länder ist die Beteiligung an einer solchen Kooperation die einzige Chance, um sich ihren Anteil am Zugang zu den benötigten Erkenntnissen zu eröffnen. Daß das allein aber nicht genügt, sondern daß die Nutzung des zugänglichen Informationsmaterials auch ein hinreichend breites Potential ausgebildeter Sachkenner bedingt, wird oft übersehen.

II. Bereitstellung von kerntechnischer Information

Die psychologische und praktische Bedeutung der Information ist von den Vereinigten Staaten von Amerika frühzeitig in Rechnung gestellt worden. Sie haben mit der Aktion »Atoms for Peace«[1] der ganzen Welt Zugang zu den von ihnen erarbeiteten Kenntnissen im Bereich der friedlichen Nutzung der Kernenergie eingeräumt, indem sie ein großzügig ausgestattetes System von sogenannten Depositarbibliotheken für dritte Länder aufgebaut haben: Kerntechnische Bibliotheken mit einer bedeutenden Grundausstattung an Literatur sind entstanden, deren Bestände auch weiterhin über etwa zwei Jahrzehnte ständig ergänzt worden sind, ohne daß an diese Belieferung schwer zu erfüllende Bedingungen geknüpft waren. Die Vereinigten Staaten haben ferner weitgehende Austauschabkommen geschlossen, selbst mit den Partnern, die weder qualitativ noch quantitativ annähernd Gleichwertiges zu bieten hatten. Das System der Depositarbibliotheken wurde erst in den sechziger Jahren abgebaut, und zwar zuerst in den Industrieländern, nachdem um diese Zeit das ursprünglich beträchtliche Informationsgefälle zwischen ihnen und den Vereinigten Staaten erheblich nivelliert worden war.

Außerdem haben die Vereinigten Staaten frühzeitig das Informationsblatt »Nuclear Science Abstracts« geschaffen. Es ermöglichte eine schnelle und umfassende Orientierung über die laufend erscheinende kerntechnische Literatur. Diese

---

[1] Siehe dazu ausführlich Wolf *Häfele,* Die historische Entwicklung der friedlichen Nutzung der Kernenergie, S. 46 f., und Werner *Ungerer,* Die Rolle internationaler Organisationen bei der Verhinderung mißbräuchlicher Verwendung der Kernenergie, S. 155 f.

Zeitschrift, die noch heute hochgeschätzt ist, wurde zu einem geringen Nominalpreis zur Verfügung gestellt. Wahrscheinlich hat die frühzeitige Schaffung dieser qualitativ guten Veröffentlichung die Inangriffnahme ähnlicher Referateblätter von dritter Seite entmutigt, denn – außer in der Sowjetunion – sind keine anderen nennenswerten Zeitschriften entstanden. Die Vereinigten Staaten nahmen im Bereich der kerntechnischen Information eine Monopolstellung ein, ohne daß dies anfänglich beabsichtigt gewesen sein mag.

III. Entwicklung der internationalen Zusammenarbeit

Die in den fünfziger Jahren beginnende und immer rascher werdende Zunahme an nuklearer Information war die Folge einer allgemeinen Hinwendung der Industrieländer zur Kerntechnik sowie ihres speziellen Wunsches, sich das bereits Erarbeitete nicht nur anzueignen, sondern es in eigener Forschung und Entwicklung weiter auszubauen. Die steigenden Zuwachsraten hatten für den einzelnen zur Folge, daß es immer schwieriger wurde, aus dem sich ständig verbreiternden Angebot dasjenige an Literatur herauszufinden, was ihm bei der Lösung seiner eigenen Probleme dienlich sein konnte. Dieses war ein allgemeines Problem und stellte sich nicht spezifisch bei der kerntechnischen Literatur ein. Folglich begann man um diese Zeit mit der Entwicklung von mechanischen Hilfsmitteln. Sie sollten das Speichern der Titel und sonstigen Daten in einer solchen Form erlauben, daß ein mechanisches, inhaltbezogenes und zugleich selektierendes Wiederauffinden ermöglicht oder wenigstens erleichtert wurde. Die besondere Qualität, Vollständigkeit und relativ gute Inhaltsgliederung der »Nuclear Science Abstracts« mag dazu beigetragen haben, daß man in der kerntechnischen Literatur – länger als in andern Bereichen – mit der Einführung der mechanischen Dokumentation zögerte.

Neue Entwicklungen bahnten sich an, nachdem es zur Schaffung einer regionalen europäischen Zusammenarbeit auf der Grundlage des Euratom-Vertrages (25. März 1957) gekommen war. Besonders für die Partner Frankreichs stellte sich nun das Problem der Informierung mit aller Schärfe, wenn sie ihren Rückstand im Bereich der friedlichen Nutzung der Kernenergie aufholen wollten. Die Bedeutung des Informationsproblems war bereits im Vertrag dadurch akzentuiert worden, daß er der Verbreitung der Kenntnisse viele Bestimmungen widmet und auch die Frage der Informationsnutzung regelt, soweit es sich um Patente handelt. Für die neuen kerntechnischen Forschungszentren der Gemeinschaft ebenso wie für die entsprechenden nationalen Einrichtungen stand viel auf dem Spiel. Mit den Vereinigten Staaten und Großbritannien wurden geregelte Austauschbeziehungen hergestellt, es wurden bedeutende kerntechnische Spezialbibliotheken und Dokumentationszentren geschaffen, und schließlich konnte die planmäßige Entwicklung neuer Methoden für die Informationsbehandlung in Angriff genommen werden.

Mit der tatsächlichen Entwicklung eines europäischen nuklearen Informationssystems wurde erst 1962 begonnen, nachdem die angelsächsischen Partner zu erkennen gegeben hatten, daß sie selbst keine derartigen Projekte vorhatten, und nachdem auch eindeutig feststand, daß die inzwischen gegründete IAEA zu dieser Zeit keinerlei Absichten in der Richtung hatte.

Im Anschluß an die zweite Genfer Konferenz für die friedliche Nutzung der Kernenergie im Jahre 1964 fand in Stresa/Italien ein Symposium statt, das sich mit den Informationsproblemen befaßte. Dort konnten bereits erstmals die Erfahrungen, die Euratom über die Entwicklung seines mechanischen Dokumentationssystems gesammelt hatte, vorgetragen werden. Sie waren vielversprechend und wurden allgemein, auch seitens der IAEA, mit großem Interesse verfolgt. Es war deshalb kein Zufall, daß die IAEA schon im folgenden Jahr danach zu streben begann, sich sehr viel stärker als ursprünglich zu einer internationalen Drehscheibe für die Verbreitung kerntechnischer Kenntnisse zu machen. Sie wurde in ihren Bestrebungen zweifellos von amerikanischer und sowjetischer Seite bestärkt. Es lag auf der Hand, daß es besonders für die Sowjetunion von Interesse sein mußte, durch diese weltweite Organisation einen legitimen Anspruch auf die kerntechnische Information der anderen Staaten zu erhalten.

Verglichen mit einer auf die Mitgliedschaft von sechs Ländern beschränkten Organisation wie Euratom, bot die IAEA (nach Entstehungsgeschichte und Status) politisch eine sehr viel bessere Basis für eine weltweite Zusammenarbeit. Die Vereinigten Staaten sahen wahrscheinlich in der Hinwendung der IAEA zu der besonderen Rolle im Informationsbereich für sich die Möglichkeit, ihre einseitigen Verpflichtungen, die sie mit der Schaffung der Depositarbibliotheken und der »Nuclear Science Abstracts« auf sich genommen hatten, abzubauen. Die IAEA hatte in ihrem Programm von vornherein einen breiten Raum gelassen und sich besonders der Veranstaltung von Lehrgängen, Vorträgen und Symposien gewidmet. Außerdem hat sie ein durchaus beachtliches Veröffentlichungsprogramm entwickelt. Es war daher nicht unlogisch, daß sie diese anerkannten und erfolgreichen Aktivitäten durch die Einrichtung internationaler Zusammenarbeit bei der Schaffung eines EDV-gestützten Dokumentationssystems abrunden wollte, nachdem die technischen Risiken – wie Euratom gezeigt hatte – nicht mehr so groß waren, wie zunächst befürchtet.

So begann die IAEA ab 1965 an der schrittweisen Definierung ihres künftigen Systems zu arbeiten, das weltweiter Beteiligung offenstand. In den dafür eingesetzten Gremien waren die Sachverständigen Euratoms seit Beginn vertreten. 1970 wurde schließlich das Internationale Kerninformationssystem (International Nuclear Information System – INIS) geschaffen; die IAEA konnte die vertragliche Mitwirkung der Sachverständigen Euratoms und die Nutzung ihrer bereits gewonnenen Erfahrungen sichern. Inzwischen arbeiten an INIS 56 Staaten der Welt mit, die ihre – nach vereinbarten Normen aufgenommenen und verschlüsselten – Daten über ihre eigene kerntechnische Literatur liefern. Als Gegenleistung erhalten sie eine vollständige Bibliographie aller bei INIS eingegangenen Beiträge in gedruckter Form (ATOMINDEX). Sie können zusätzlich Magnetbandaufzeichnungen von den Daten erhalten, wenn sie diese in ihren eigenen EDV-Anlagen auswerten wollen. Die Referate über die in dem System erfaßten Dokumente stehen zwar nicht gedruckt, aber in Form von Mikrofilmen zur Verfügung. Heute wird dies als Mangel empfunden.

Im Laufe der Vorarbeiten für INIS wurde von den Vereinigten Staaten vorgeschlagen, ihr Referateorgan »Nuclear Science Abstracts« von INIS weiterführen zu lassen. Dies scheiterte jedoch an einem russischen Einspruch, der davon ausging, daß derartige Sekundärpublikationen eine nationalsprachliche Angelegenheit seien, mit denen ein internationales System nicht belastet werden dürfe. Allerdings ist nicht von der Hand zu weisen, daß allein die Sprachenfrage eine befriedigende Lösung sehr erschwert. Eine Herausgabe von Referaten in den vier offiziellen Sprachen der IAEA (Englisch, Russisch, Französisch, Spanisch) würde den Mittelbedarf außerordentlich erhöhen. Eine Einigung auf eine Sprache erscheint wegen der politischen Implikation von vornherein fast unmöglich.

Angesichts der Schaffung von INIS will die Europäische Gemeinschaft ihre eigene Datensammlung aufgeben, sobald INIS – als Folge der internationalen Zusammenarbeit – die Daten über die nukleare Weltliteratur hinreichend erfaßt hat. Bis zum Jahre 1973 erreichte INIS erst einen Zugang von 57 000 Literaturdaten. Da aber angenommen wird, daß 1974 ein bedeutend höherer Prozentsatz des für INIS angestrebten Solls von 85 000 Literaturdaten erreicht wird, hat man sich seitens der Gemeinschaft entschlossen, sich zukünftig ausschließlich der Daten von INIS zu bedienen und auf die eigene Datenerfassung, die in den letzten Jahren bei etwa 120 000/Jahr lag, zu verzichten.

INIS ist das erste internationale Informationssystem zur Datensammlung in der Welt. Daß eine solche Entwicklung gerade im nuklearen Bereich erfolgreich gestaltet werden konnte, ist kein Zufall, denn die hier ausgeübte staatliche Kontrolle hat zur Folge gehabt, daß auch die Literatur straffer organisiert und erfaßt worden ist. Für die Entwicklungsländer ist die Existenz von INIS wichtig. Dadurch, daß man sich nicht darauf beschränkt hat, die gesammelten Literaturdaten auf Magnetträgern zur Auswertung zur Verfügung zu stellen – was für die Industrieländer voll ausgereicht hätte –, sondern laufend die gedruckte Bibliographie ATOMINDEX herausgibt, kann die Sammlung zur Not auch »manuell« benutzt werden. Das wird zunächst als Vorteil empfunden, wenn es in der Praxis auch bei dem vorauszusehenden Anwachsen der Sammlung immer schwieriger werden wird.

Die im Zuge der Zusammenarbeit für INIS gefundenen Normen der Datenaufzeichnung und alle sonstigen methodischen Regeln gelten als vorbildlich und werden auch neuen Projekten in anderen Wissensbereichen zugrunde gelegt, wie zum Beispiel dem Informationsprojekt der FAO. Dieser Vorgang trägt zu einer allgemeineren Normung und Angleichung bei, die die Zusammenarbeit zwischen verschiedenen Informationssystemen auf lange Sicht erleichtern wird (wie dies auch bei der von der UNESCO begonnenen weltweiten Zusammenarbeit für die technische und wissenschaftliche Information [UNISIST] angestrebt wird). Als Prüfstein der praktischen Brauchbarkeit solcher Systeme wird allgemein ihre Benutzungsrate gesehen. Diese kann bei INIS nicht direkt gemessen werden, weil nur die Dateneingabe organisiert wird und deren gesammeltes Produkt dann an nationale oder regionale Zentren zur Benutzung abgegeben wird. Aber auch über die nationale Nutzung von INIS liegen bisher kaum Daten vor, weil die relativ kleine Datenmenge, die bisher erfaßt worden ist, noch keine Grundlage für retrospektive Literaturrecherchen abgibt und selbst die laufende Bedienung von Interessenprofilen der Benutzer etwas fragwürdig macht. Erst die Zeit kann lehren, ob INIS den Erwartungen entspricht, die damit verknüpft sind. Das darf aber erwartet werden, insbesondere wenn man etwa von den Daten über den Benutzungsgrad des »European Nuclear Documentation System« (ENDS) ausgeht. Dort sind seit 1968 mehr als 6000 retrospektive Literaturrecherchen ausgeführt worden, und außerdem wurden jeweils 800 Interessenprofile von Benutzern durch sogenannte »selective dissemination of information« (SDI) laufend bedient.

Wie oben erwähnt, wird das europäische System von 1974 als regionales Datenausgabesystem weitergeführt, das sich auf die von INIS erhaltenen Daten stützen wird. Auch andere, vor allem bilaterale Austauschabkommen, werden unbeeinflußt von INIS weiterlaufen. Andere multinationale Organisationen, besonders die NEA, hatten ebenfalls die kerntechnische Information in ihr Programm eingeschlossen, jedoch sind keine entsprechenden Projekte entstanden. Die Existenz von INIS macht unwahrscheinlich, daß in weiteren multinationalen Kombinationen vergleichbare Aufgaben erneut aufgegriffen werden. Allenfalls für die Ausgabe von INIS-Daten ist denkbar, daß regionale Zentren errichtet werden.

IV. Einschränkung des Informationsflusses

Es kann festgestellt werden, daß es für die Information über Kernenergieforschung und -technik weder an moderner Systematik und moderner Ausrüstung noch an koordinierter Zusammenarbeit mangelt. Insofern liegen hier für die gewünschte Unterrichtung günstige Ausgangsbedingungen vor. Trotzdem gibt es eine Reihe von Faktoren, die die Sammlung, die Weitergabe und die Nutzung an sich verfügbarer Information negativ beeinflussen.

Einer der wichtigsten negativen Faktoren ist, daß es keinerlei Mittel gegen absichtliche Zurückhaltung schon erarbeiteter Kenntnisse durch deren Erzeuger gibt. Geschieht dies im Verteidigungsbereich, so liegen die Gründe dafür auf der Hand. Es sind aber nicht die Fragen der Verteidigung, sondern solche möglicher industrieller Verwertung oder der Aufrechterhaltung eines Wettbewerbsvorsprungs, die hier für eine Zurückhaltung von Information maßgeblich sein können. Im zivilen Bereich liegt die Entscheidung über die Weitergabe von Kenntnissen praktisch bei den Leitern der Unternehmen, der Forschungseinrichtungen oder bei deren Geldgebern. Finanziert die öffentliche Hand die Forschung oder ist sie an der Finanzierung wesentlich beteiligt, so kann sie die Zustimmung zu der uneingeschränkten Veröffentlichung der Ergebnises kaum verwehren. Aber selbst hier können im Einzelfall ernstlich begründete Vorstellungen zugunsten einer Einschränkung nicht unbeachtet bleiben.

In den Ländern staatskapitalistischer Prägung bzw. dort, wo die kerntechnische Forschung und Entwicklung in staatlichen Institutionen zentralisiert ist, wird über die Verbreitung der Ergebnisse zentral entschieden. Eine mögliche Zurückhaltung von Informationen wird dadurch sehr erleichtert. Daß man aber auch in marktwirtschaftlich orientierten Ländern auf die Wettbewerbslage nationaler Industrien Rücksicht nehmen muß, zeigt die in Artikel 13 des Euratom-Vertrages enthaltene Regelung. Sie ermöglicht eine Einschränkung der sonst generell gebotenen Pflicht zur Veröffentlichung, sofern es sich um Kenntnisse handelt, die aus Wettbewerbsgründen zunächst den Industrien der Gemeinschaft vorbehalten bleiben sollen. In der Praxis ist diese Regelung stets nur für beschränkte Zeiträume in Anspruch genommen worden.

Vielleicht haben ähnliche Gründe dazu geführt, daß für die Einspeicherung in INIS zunächst weniger Literaturdaten eingingen – zum Teil gerade von größeren Industrieländern – als erwartet werden konnte. Nur so sind die erheblichen Zahlendifferenzen zwischen den Datensammlungen von INIS und von ENDS zu verstehen, wenn man nicht die Anlaufschwierigkeiten des Systems zur Erklärung heranziehen will. Wie dem auch sei: Zurückhaltung von Information ist weder leicht nachweisbar, noch gibt es brauchbare Mittel, sie zu kontrollieren.

Unzulänglichkeiten bestehen aber nicht nur bei der Dateneingabe, sondern auch bei der Datenbenutzung. Die EDV-gestützten Informationssysteme sind gerade deshalb eingeführt worden, weil das Mißverhältnis zwischen dem Zustrom an neuer Information und dem Verarbeitungsvermögen des einzelnen abgemildert werden sollte. Das geschieht dadurch, daß eine an den Wünschen des Anfragenden orientierte Auswahl aus der Masse der Information getroffen wird. Überflüssiges und Nichtzutreffendes sollen maschinell eliminiert werden. Wenn es aber an den nötigen EDV-Anlagen hierzu fehlt oder wenn sie unzureichend betrieben werden, entstehen Informationsverluste (schon weil manuelle Verfahren sehr viel langsamer sind, als es die Informationsversorgung verlangt).

Die Nutzung der Daten von INIS setzt beträchtliche Investitionen an Gerät und Fachpersonal voraus, für die es oft an ausreichenden Benutzungserwartungen fehlt. Eine genügende Anpassung der Benutzer an die neuen Möglichkeiten ist Voraussetzung für die quantitativ ausreichende Benutzung. Sie kann durch regionale Zusammenarbeit, soweit sie sprachlich möglich ist, erreicht werden. Daß die Sprachenfrage ganz allgemein für eine große Zahl von Staaten eine entscheidende Barriere bei der Nutzung an sich verfügbarer Information darstellt, muß unterstrichen werden. Aber vor allem wird oft ein Umstand übersehen, der die Informationsnutzung sehr ungünstig beeinflussen kann, nämlich wenn diejenigen, die aus der angebotenen Information Nutzen ziehen sollen, gar nicht über das nötige Niveau an Kenntnissen und Einsicht verfügen, um das Angebot verwerten zu können. Das muß dazu führen, daß eine an sich erwünschte Technik nicht entsprechend den eigenen Bedürfnissen entwickelt werden kann oder daß z. B. beim Kauf von Anlagen die Angebote nicht richtig ausgewertet werden. Sollen Konflikte, die aus diesen Umständen resultieren können, vermieden werden, so bedarf es nicht nur des Zugangs zu den verfügbaren Kenntnissen, sondern auch einer parallelen Bemühung, um zuerst die Voraussetzungen für die Auswertung zu schaffen.

Das gilt besonders für eine Datengruppe, die bisher noch nicht allgemein in die großen Informationssysteme aufgenommen ist: Es handelt sich um die über den technisch-wissenschaftlichen Bereich hinausgehende Literatur über die wirtschaftlichen Folgen technischer Entscheidungen und über die Umweltkonsequenzen. Gerade angesichts eines gesteigerten Bewußtseins der Energieverknappung einerseits und der Folgen technischer Maßnahmen für die Umweltveränderung andererseits wird der Mangel an solchen Daten stärker empfunden. Sie sind schwerer zu behandeln als technisch-wissenschaftliche Daten. Sie haben einen unsicheren Wahrheitswert und obendrein einen weit geringeren Halbzeitfaktor der Veraltung als wissenschaftliche Literatur. Außerdem müssen solche Informationen überwiegend auf die spezifischen nationalen Gegebenheiten eines Staates, einer Region bezogen sein. Für ihren Zugriff besteht allenfalls ein nationales oder regionales Interesse. Ihre Sammlung und Auswertung würden die Wahrscheinlichkeit brauchbarer Entscheidungen erhöhen. Das Vorhandensein oder Fehlen dieser Daten kann das Gefälle zwischen Nationen entscheidend bestimmen; allerdings besteht nicht viel Aussicht dafür, daß dieses Gefälle durch internationale Zusammenarbeit merklich abgetragen werden könnte.

V. Der positive Einfluss der internationalen Zusammenarbeit

Sieht man von den aufgezeigten, allgemein geltenden Schwierigkeiten ab, die nicht speziell für die Organisierung des Informationsflusses im Bereich der Kernenergie gelten, dann läßt sich doch feststellen, daß gerade für diesen Bereich durch regionale und internationale Zusammenarbeit überdurchschnittlich viel getan wird, um die Verbreitung gewonnener Erkenntnisse zu erleichtern. Es muß dabei berücksichtigt werden, daß die Zeitspanne zwischen dem Beginn neuer Prozesse durch die Forschung und ihrer anschließenden industriellen Meisterung sehr groß ist. Die dazwischenliegenden Jahre dienen der Abtragung des Informationsgefälles und mildern die nachteiligen Folgen von etwaigem Informationsrückstand.

Der Anteil der jederzeit durch weltweite oder regionale Zusammenarbeit mobilisierbaren Kenntnisse ist für die Kernenergie, verglichen mit anderen Bereichen, eher über- als unterdurchschnittlich. Das bedeutet natürlich nicht, daß Verbesserungen nicht noch möglich wären (z. B. die Vertiefung des Bewußtseins, daß sich die Zurückhaltung von Information auf längere Sicht auch für die technisch und industriell überlegenen Länder nicht lohnt. Ihr eigentlicher Vorsprung liegt in ihrer Fähigkeit zur Umsetzung gewonnener oder erhaltener Erkenntnisse in technische Prozesse und Erzeugnisse). Der Unterschied zwischen Industriestaaten und Entwicklungsländern liegt vor allem in dem Umstand, daß in den Entwicklungsländern die Schicht ausgebildeter und urteilsfähiger Individuen, die in der Lage wären, die benötigte Information zu definieren, sie zu beurteilen und zu verwerten, also Entschlüsse in Maßnahmen umzusetzen, zu schmal ist. Abhilfe kann nur geschaffen werden im Rahmen sehr langfristiger Bemühungen um allgemeine und spezifische Hebung des Ausbildungsniveaus. Übernahme von Einrichtungen der Industrieländer, z. B. ihrer speziellen Informationszentren, würde dabei nicht viel helfen. Sie ist erst dann sinnvoll, wenn es für ihre Benutzung entsprechende Fachkräfte gibt.

Eine Möglichkeit zur Milderung dieser – wohl für eine längere Übergangszeit bestehenden – Lage könnte z. B. in der Schaffung von Patenschaften zwischen stärker und weniger entwickelten Ländern liegen. Das würde auf seiten der Entwicklungsländer voraussetzen, daß sie sich vorübergehend für die Informationsversorgung auf die Dienste derjenigen Industrieländer stützen, zu denen sie die größte sprachliche Affinität haben. Diese Möglichkeit stößt allerdings auf gewisse Widerstände, die ihren Ausdruck finden in nicht ganz unverständlichen Ressentiments und politischen Schlagworten, die solche Maßnahmen unter den Begriff »Neokolonialismus« einordnen würden. Man sollte sich davon aber nicht abschrecken lassen und weiter nach Wegen suchen, die zu annehmbaren Lösungen bei der Beseitigung von Mißtrauen führen könnten. Die Einbettung solcher Beziehungen in den Rahmen weltweiter internationaler Organisationen könnte hier eine erste Brücke bilden. Sie könnten als Ort der Begegnung und der Vermittlung von Aussprache und Verständigung dienen. Wenn überhaupt, dann dürfte der »Patenschaftsgedanke« am ehesten durch Vermittlung dieser Organisationen zu verwirklichen sein.

VI. Vorschläge zur Verbesserung der Informationsversorgung

Die planmäßige Sammlung von ausgewerteter Information in Form von Konstanten, Werkstoffdaten, Verhaltensdaten usw. ist ein Gebiet, das im nuklearen Bereich international bisher nur in Ansätzen aufgenommen worden ist. Hier handelt es sich um »fertige«, d. h. um hundertprozentige Information, die eine gestellte Frage vollständig beantwortet, im Gegensatz zur Literaturdokumentation, die dem Benutzer nur Literaturdaten vermittelt und ihm das eigene Studium der nachgewiesenen Literatur nicht abnehmen kann. Daß solche Daten noch nicht ausreichend in weltweiter Zusammenarbeit gesammelt werden, liegt in erster Linie daran, daß es nicht genügt, diese Daten nur der Literatur zu entnehmen. Sie müssen vielmehr kritisch geprüft und mit ähnlichen Daten aus anderen Quellen in Bezug gesetzt werden, häufig durch Umrechnung auf vereinbarte gemeinsame Basen. Das wiederum setzt Teams von kundigen Wissenschaftlern voraus und macht die Arbeit kostspielig und zeitraubend. Es besteht aber kaum ein Zweifel, daß im Laufe der Zeit durch internationale Zusammenarbeit für diese Art von Information mehr getan werden wird als bisher.

Außerdem fehlt es noch an einer planmäßigen Vertiefung der Informationsauswertung. Gerade die großen, staatlich geförderten Forschungszentren und ähnliche Institutionen sollten einen kleinen Teil der qualifizierten Mitarbeiter gezielter für diesen Zweck einsetzen, als dies bisher geschieht, besonders in den Bereichen der eigenen Spezialisierung. Laufende Informationsanalyse ist hier ebenso wichtig wie die Zusammentragung und kritische Bewertung von Daten und Konstanten (die Synthese des bereits Erarbeiteten und die Abschätzung und Beschreibung ableitbarer Trends der Entwicklung gehören ebenfalls in diesen Zusammenhang).

All dies ist nicht so sehr eine Aufgabe für Informationsspezialisten als für Spezialisten der jeweils zugehörigen Wissensbereiche. Die Ergebnisse ihrer Bemühungen können dann anschließend den Informationszentren zur Verbreitung zugeleitet werden. Von einem Strom verläßlicher Leistungen dieser Art geht für die allgemeine Information im internationalen Raum eine durchaus positive Wirkung aus. Hier liegt die Voraussetzung für die Gewinnung von Partnerschaften mit den entsprechenden Leistungen Dritter, mit denen sich die eigene Bemühung ergänzt. Das demonstriert Offenheit und die Bereitschaft, einen wirklichen Beitrag zur Überwindung vorhandener Informationsgefälle zu leisten.

VII. Die Informationsversorgung der Bundesrepublik Deutschland

Als hochindustrialisiertes Land hat die Bundesrepublik Deutschland großes Interesse daran, laufend ein möglichst hohes Maß an verfügbarer Information zu gewinnen. Die Grundlagen hierfür sind sowohl organisatorisch als institutionell vorhanden. Frühzeitig wurde die »Zentralstelle für Atomkernenergiedokumentation« (ZAED) geschaffen. Sie ist einerseits der deutsche Partner bei der Verwirklichung aller Austauschabkommen mit dritten Ländern sowie in den internationalen und regionalen Gruppierungen und hat andererseits den Informationsbedarf der deutschen Benutzer überall dort zu decken, wo diese es mit eigenen Mitteln nicht können. Hierfür ist diese Stelle finanziell und personell entsprechend ausgestattet. Steigende Benutzungsraten werden zu entsprechender Ausweitung der Dokumentation führen. Da die ZAED in das »Förderungsprogramm der Bundesregierung für die Information und Dokumentation«, das im Entstehen begriffen ist, einbezogen ist, sind die Voraussetzungen für einen – den Notwendigkeiten entsprechenden – Ausbau gegeben. Im Rahmen dieser Entwicklung müssen die noch vorhandenen Lücken in der Informationsversorgung geschlossen werden.

Literatur

Brée, Rudolf: On the Dissemination of Scientific Information, Part I: The Role of the European Community in Disseminating Knowledge. In: *Nuclear Engineering and Design,* Vol. 19, 1972, S. 5–7.

Groenewegen, H. W.: International Bibliographic Control of Nuclear Science Literature. In: *Atomic Energy Australia,* Vol. 14, 1971, No. 1, S. 20–27.

Liskien, H.: Compilation and Distribution of Neutronic Data. In: Chemical Nuclear Data: Measurements and Applications. London 1971, S. 275–280.

Mauperon, André: Publishing Habits in the Nuclear Field. In: Handling of Nuclear Information. Proceedings of a Symposium held in Vienna, 16–20 February, 1970. Wien 1970, S. 335–346.

Paul, Erwin: Neue Aufgaben der Zentralstelle für Atomenergiedokumentation (ZAED) in ihrer Bedeutung für technische Zentralbibliotheken. Bericht über die 13. Tagung der Arbeitsgemeinschaft der Spezialbibliotheken in Berlin. Berlin 1972.

Pelzer, Charles W., Zhan *Turkov* und John E. *Woolston:* The International Nuclear Information System (INIS). An Exercise in International Cooperation and a Service to Nuclear Scientists and Engineers. In: Peaceful Uses of Atomic Energy. Proceedings of the Fourth International Conference Geneva, 6–16 September, 1971, jointly sponsored by the UN and the IAEA. Genf 1972, Vol. 1, S. 683–694.

Vernimb, Carlo: On the Dissemination of Scientific Information, Part II: A Computerized Information System Faces Its Customers. In: *Nuclear Engineering and Design,* Vol. 19, 1972, S. 8–17.

—: Retrieval Optimization by Feedback. In: Handling of Nuclear Information. Proceedings of a Symposium held in Vienna, 16–20 February, 1970. Wien 1970, S. 221–226.

Proceedings of the First International Conference on Structural Mechanics in Reactor Technology, Berlin, 20–24 September, 1971. Vol. 1, P. A. Brüssel 1972, S. 101–103; 105–114.

FRIEDLICHE KERNSPRENGUNGEN ALS HERAUSFORDERUNG UND AUFGABE INTERNATIONALER ORGANISATIONEN

Stephan Freiherr von Welck

I. Vorbemerkung

Der Eintritt Indiens in den Kreis der Atommächte als Folge der unterirdischen Zündung eines Kernsprengsatzes am 18. Mai 1974 hat die Aufmerksamkeit der Weltöffentlichkeit mit aller Deutlichkeit auf die Problematik friedlicher Kernsprengungen gelenkt. Die Erklärung der indischen Regierung, es habe sich um eine Testsprengung zu ausschließlich friedlichen Zwecken gehandelt, und die gleichwohl äußerst kritischen Reaktionen zahlreicher Staaten haben vor allem die politischen Probleme und Konflikte deutlich werden lassen, die mit dem Einsatz friedlicher Kernsprengungen verbunden sind. Die daneben bestehenden technischen, juristischen und ökologischen Probleme sind zwar nicht von gleicher Aktualität, bedürfen aber ebenso wie die politischen Probleme einer zumindest vorläufigen Lösung, bevor der Einsatz friedlicher Kernsprengungen in internationalem Rahmen Wirklichkeit wird. Inwieweit internationale Organisationen dazu beitragen können, soll – nach einem kurzen Überblick über die Einsatzmöglichkeiten und den derzeitigen Stand der technologischen Entwicklung friedlicher Kernsprengungen – im folgenden untersucht werden.

II. Der Einsatz friedlicher Kernsprengungen

Es beschäftigt Wissenschaftler und Techniker seit nunmehr zwei Jahrzehnten, wie die beim Einsatz von Kernwaffen innerhalb von Bruchteilen einer Sekunde freiwerdenden ungeheuren Energien für friedliche Zwecke nutzbar gemacht werden können. Vor allem in den Vereinigten Staaten von Amerika und der Sowjetunion hat dieser Gedanke zu umfangreichen Forschungsprogrammen geführt, die vielfach unter der amerikanischen Programmbezeichnung »Plowshare« bekanntgeworden sind. Ziel dieser Forschungsprogramme ist die Entwicklung und Beherrschung einer Technologie, die den in seinen Wirkungen vorherbestimmbaren und sicheren Einsatz nuklearer Sprengsätze für friedliche, insbesondere industrielle Zwecke möglich macht.

1. Anwendungsmöglichkeiten

Unabhängig von dem derzeitigen Stand der Forschungs- und Entwicklungsarbeiten lassen sich drei Hauptanwendungsbereiche dieser Technologie unterscheiden:

– Sprengungen dicht unter der Erdoberfläche, mit denen große Erd- und Gesteinsmassen bewegt werden (cratering explosions).
Im Vordergrund des Interesses stehen in diesem Bereich der Bau von Kanälen, Staudämmen, Tunneln, Hafenbecken u. a. (sog. civil engineering).
– Sprengungen tief unter der Erdoberfläche, mit denen Bodenschätze erschlossen werden (contained explosions).
Diese Sprengungen sollen vor allem eingesetzt werden bei der Gewinnung von Erdöl und Erdgas aus ölhaltigen oder gasführenden geologischen Schichten, die wegen ihrer geringen Durchlässigkeit mit konventionellen Mitteln nicht genutzt werden können. Sie sollen aber auch für die thermische Erschließung von Kohle- oder Kupfervorkommen (Vergasung, Auslaugung) oder für die Schaffung unterirdischer Lagerstätten für Erdöl, Erdgas oder radioaktive Abfälle durchgeführt werden.
– Sprengungen über der Erdoberfläche für wissenschaftliche Zwecke (Erzeugung intensiver Neutronenstrahlung, Umwandlung von schweren Elementen).

In letzter Zeit wurden mehrere Großprojekte diskutiert bzw. zu Forschungszwecken durchgeführt. Zu den interessantesten – wenn auch nicht immer realistischen – gehören folgende Projekte:

Panama-Kanal-Projekt: Bau eines schleusenlosen Kanals zwischen Karibischem Meer und Pazifik. Eingehende Wirtschaftlichkeitsberechnungen haben ergeben, daß durch den Einsatz von Kernsprengsätzen die Baukosten um 44 bis 48 vH gesenkt werden können.

Pechora-Kama-Projekt: Bau eines 112 km langen Kanals über die Pechora-Kama-Wasserscheide westlich des Urals mit dem Ziel, den in Richtung Nordmeer fließenden Pechorastrom nach Süden in die Wolga umzuleiten, um dadurch zur Bewässerung der südrussischen Steppengebiete beizutragen und das weitere Absinken des Wasserspiegels des Kaspischen Meeres zu verhindern. Die Baukosten sollen bei Anwendung nuklearer Sprengsätze auf ein Drittel der Kosten konventioneller Verfahren reduziert werden können.

Qattara-Projekt: Bau eines etwa 60 km langen Kanals zwischen dem Mittelmeer und der in der Libyschen Wüste bis zu 135 m unter dem Meeresspiegel liegenden Qattara-Senke. Das durch den Kanal strömende Wasser soll über ein Wasserkraftwerk für die Elektrizitätserzeugung genutzt werden. Bei Einsatz friedlicher Kernsprengungen sollen die Kosten für den Bau des Kanals um 55 vH gesenkt werden können.

Casiquiare-Projekt: Bau eines Kanals, der – parallel zu dem (durch Alexander von Humboldts Untersuchungen berühmt gewordenen) Casiquiare verlaufend –

den Orinoco mit dem Rio Negro verbinden soll. Der Kanal soll vor allem als Schiffahrtsweg benutzt werden.

Kra-Kanal-Projekt: Bau eines ca. 100 km langen schleusenlosen Kanals durch den Isthmus von Kra (Thailand), der die Durchfahrt der vielbefahrenen Straße von Malakka entbehrlich machen soll.

Gasbuggy-Projekt (1967): Aufschließung von erdgashaltigen, aber schwer durchlässigen Gesteinsschichten. An diesem von der amerikanischen Atomenergie-Kommission (USAEC) durchgeführten Forschungsprojekt beteiligte sich zum ersten Mal die amerikanische Erdgasindustrie. Der Sprengsatz mit einer Sprengwirkung von 29 Kilotonnen (kt) Trinitrotuluol (TNT) wurde in 1300 m Tiefe unterhalb der gasführenden Formationen gezündet.

Rulison-Projekt (1968): Ebenfalls unter starker Beteiligung der amerikanischen Industrie durchgeführte Sprengung zur Aufschließung unterirdischer Erdgaslager. Bei dieser Sprengung wurde ein 40-kt-TNT-Sprengsatz in 2500 m Tiefe gezündet.

Miniata-Projekt (1971): Amerikanisches Gasaufschließungsexperiment, bei dem erstmals ein für derartige Sprengungen besonders geeigneter Sprengsatz von 80 kt TNT benutzt wurde.

Rio-Blanco-Projekt (1973): Letzte im Rahmen des amerikanischen »Plowshare-Programms« durchgeführte Sprengung zur Freisetzung von Erdgas unter starker Beteiligung der amerikanischen Erdgasindustrie. Bei diesem Projekt wurden drei in jeweils 135 m Abstand übereinander angebrachte Sprengsätze von je 30 kt TNT Sprengsatz gleichzeitig gezündet.

2. Derzeitiger technologischer Entwicklungsstand

Über den derzeitigen Stand der technologischen Entwicklung friedlicher Kernsprengungen ist auf drei von der IAEA veranstalteten Panels sowie auf der vierten Genfer Konferenz für die friedliche Nutzung der Kernenergie (1971) ausführlich berichtet worden.

Die umfassendsten Informationen liegen über die amerikanischen Forschungsarbeiten vor. Sie konzentrieren sich seit mehreren Jahren auf den Einsatz friedlicher Kernsprengungen bei der Erschließung von Erdgasvorkommen (gasstimulation). Die dabei bisher gewonnenen Erfahrungen über die Größe der Sprengwirkungen, die Freisetzung des Erdgases, das Ausmaß der Kontamination und die Möglichkeiten der Schadensbegrenzung sind erfolgversprechend. Die amerikanische Erdgasindustrie unterstützt diese Arbeiten mit nicht unerheblichen finanziellen Mitteln und dem Blick auf die mehr als drei Trillionen m³ Erdgas in der Rocky Mountains Region, die wegen der geringen Durchlässigkeit der gasführenden Formationen mit konventionellen Mitteln nicht wirtschaftlich genutzt werden können. Optimistischen Schätzungen zufolge soll bereits in zwei bis drei Jahren das erste durch kommerzielle Kernsprengungen gewonnene Erdgas von der Industrie in das Leitungsnetz abgegeben werden. Berücksichtigt man jedoch außer den rein technischen Erfordernissen auch die hierfür erforderlichen ökologischen und juristischen Voraussetzungen, so dürfte ein Zeitraum von fünf bis acht Jahren realistischer sein.

Über den Stand der Entwicklung in der Sowjetunion liegen zur Zeit nur unvollständige Informationen vor. Nach letzten amerikanischen Veröffentlichungen scheinen die Forschungsarbeiten in der Sowjetunion sehr viel weiter fortgeschritten zu sein als bisher angenommen wurde. Im Verlauf der letzten acht Jahre sollen in insgesamt 32 Fällen friedliche Kernsprengungen eingesetzt worden sein. Über Art und Umfang der einzelnen Projekte ist nichts Näheres bekanntgeworden. Es wird jedoch vermutet, daß die Sowjetunion vor allem auf dem Gebiet des »civil engineering« mit nuklearen Sprengsätzen arbeitet.

In Frankreich konzentrieren sich die Entwicklungsarbeiten auf den Einsatz friedlicher Kernsprengungen bei der Schaffung von Erdgas- und Erdölspeichern unter dem französischen Festlandsockel, die zur Sicherstellung der nationalen Energieversorgung beitragen sollen. Die vorbereitende Projektstudie wird vom französischen Atomenergiekommissariat in Zusammenarbeit mit dem Institut Français du Pétrole (I.F.P.), der Mineralölgesellschaft ELF sowie Gaz de France durchgeführt. Sie sieht die Zündung eines 30-kt-TNT-Sprengsatzes in 1000 m Tiefe unter dem Meeresboden vor. Dadurch soll eine 150 000 m³ große Speicherkaverne geschaffen werden.

In der Bundesrepublik Deutschland können friedliche Kernsprengungen wegen der großen Bevölkerungsdichte schon aufgrund der bisher vorliegenden Daten über die mit solchen Sprengungen verbundenen Erderschütterungen sowie Luftdruckwellen und die dadurch verursachten Schäden auf absehbare Zeit nicht durchgeführt werden. Zu diesem Ergebnis kommt jedenfalls eine vom Bundesministerium für Wirtschaft in Auftrag gegebene Studie der Bundesanstalt für Bodenforschung über die Möglichkeiten zur Erstellung unterirdischen Gasspeicherraums mit Hilfe nuklearer Sprengungen in der Bundesrepublik Deutschland (Januar 1972). Für die absehbare Zukunft sind deshalb lediglich Beteiligungen der deutschen Industrie und Forschungseinrichtungen an Großprojekten, vor allem in Entwicklungsländern interessant, in deren Rahmen friedliche Kernsprengungen eingesetzt werden sollen. Das Qattara-Projekt, das unter wesentlicher Beteiligung des Instituts für Wasserbau und Wasserwirtschaft der Technischen Hochschule Darmstadt sowie mit finanzieller Unterstützung durch die Kreditanstalt für Wiederaufbau konzipiert wird, käme z. B. für eine Beteiligung deutscher Firmen in Betracht. Dabei ist jedoch zu bemerken, daß sich diese Beteiligungen auf die Lieferung von vorbereitenden und begleitenden Planungs-, Ingenieur- und Serviceleistungen beschränken müssen. Die eigentliche Sprengung kann auch bei derartigen Projekten nur von einem Kernwaffenstaat durchgeführt werden (siehe S. 397).

Langfristig gesehen könnte jedoch der Einsatz friedlicher Kernsprengungen auch in der Bundesrepublik Wirklichkeit werden. Das setzt jedoch voraus, daß in der Zwischenzeit ganz wesentliche Fortschritte im Hinblick auf die Vorherberechenbarkeit und Beherrschung der Schadwirkungen und vor allem auf die Entwicklung sog. »sauberer« Kernsprengkörper gemacht werden. Als Anwendungsgebiet käme vor allem die Schaffung großräumiger, unter der Erde oder dem Festlandsockel gelegener Erdöl- und Erdgaslager in Betracht.

III. Die Tätigkeit internationaler Organisationen

Die Konflikte und Probleme, die die Anwendung der neuen Technologie mit sich bringt, liegen vor allem auf technologischem, politischem, ökologischem und juristischem Gebiet. Gegenstand der folgenden Ausführungen ist die Frage, in welchem Umfang und auf welche Weise internationale Organisationen zur Lösung dieser Konflikte beigetragen haben bzw. in Zukunft beitragen könnten.

1. Technologische Probleme

Im Vordergrund der Bemühungen um den Einsatz und die praktische Anwendung friedlicher Kernsprengungen stehen zur Zeit noch technologische Probleme. Die geologischen, seismischen und radiologischen Auswirkungen von Kernsprengungen müssen genauer vorherbestimmt, das Risiko für Menschen und Umgebung muß durch die Entwicklung sog. »sauberer« Sprengsätze und spezifischer Sicherheitsvorkehrungen auf ein Minimum herabgedrückt werden. Zur Lösung dieser technischen Probleme können internationale Organisationen nur in sehr begrenztem Umfang beitragen. Da sie selbst allenfalls auf Teilgebieten über das erforderliche Know-how verfügen, können sie in der Regel lediglich Hilfestellung leisten, etwa durch die Veranstaltung von wissenschaftlichen Symposien oder die Organisation von Expertentreffen. Bisher ist die Tätigkeit internationaler Organisationen auf diesem Gebiet jedoch ausgesprochen zurückhaltend gewesen. Zu nennen wäre allenfalls ein Treffen amerikanischer und sowjetischer Fachleute im April 1970 in Wien, an dessen Zustandekommen die IAEA beteiligt war. Die wissenschaftlichen Panels, die die IAEA seit März 1970 auf dem Gebiet friedlicher Kernsprengungen veranstaltet, wird man in diesem Zusammenhang nicht nennen können. Sie dienen nicht der Lösung noch offener technologischer Probleme, sondern in erster Linie der Information derjenigen Staaten, die keine eigenen Forschungsarbeiten über friedliche Kernsprengungen durchführen. Ursache für diese deutliche Zurückhaltung internationaler Organisationen bei der Bewältigung der noch anstehenden technologischen Aufgaben sind ganz offensichtlich die politischen Probleme, die mit dem Einsatz friedlicher Kernsprengungen verbunden sind. Bei der Lösung dieser Probleme fallen internationalen Organisationen wichtige Aufgaben zu.

2. Politische Probleme

Das grundlegende politische Problem, das der Einsatz friedlicher Kernsprengungen aufwirft, ist Teil der umfassenden Problematik, die mit der friedlichen Nutzung der Kernenergie verbunden ist: Es gilt, einen Weg zu finden, der es ermöglicht, die friedliche Nutzung der Kernenergie zu fördern, ohne dadurch ihre militärische Verwendung zu erleichtern. Die Lösung dieses grundsätzlich bei allen Arten friedlicher Kernenergienutzung auftretenden Problems ist jedoch auf dem speziellen Gebiet der Kernsprengungen besonders schwierig, weil hier die Grenze zwischen friedlicher und militärischer Nutzung der Kernenergie auf ein Minimum zusammengeschrumpft ist. Technologisch gesehen besteht zwischen einem Sprengkörper, mit dem eine friedliche Kernsprengung durchgeführt wird, und einer Kernwaffe bis auf einige Besonderheiten in der Auslegung des Sprengkörpers kein Unterschied. Ein Land, das Sprengkörper für friedliche Kernsprengungen herstellen kann, ist technologisch in der Lage, auch Kernwaffen zu produzieren; Versuchssprengungen, die der Herstellung von friedlichen Kernsprengkörpern dienen, bringen gleichzeitig Erkenntnisse für die Produktion von Kernwaffen. Der wesentliche Unterschied zwischen friedlicher und militärischer Nutzung der Kernenergie besteht hier – im Unterschied etwa zur Reaktor- oder Isotopentechnik – nur noch in einem rein subjektiven Kriterium, nämlich in der Absicht, die hinter dem Einsatz des Sprengkörpers steht. Hierin liegt die Hauptschwierigkeit bei der Überwindung der politischen Konflikte, die durch den Einsatz friedlicher Kernsprengungen entstehen.

Nicht nur der breiten Öffentlichkeit, sondern ganz offensichtlich auch der Mehrzahl der verantwortlichen Politiker ist diese Problematik erst durch die indische Kernsprengung vom 18. Mai 1974 bewußt geworden. Ihre Reaktion auf die Sprengung von Rajasthan machte deutlich, daß die weitverbreitete Annahme, der Einsatz friedlicher Kernsprengungen sei aus technologischen Gründen allenfalls Zukunftsmusik, sie allzulange von einer intensiven Beschäftigung mit den politischen Problemen friedlicher Kernsprengung abgehalten hat. Zu dieser Haltung haben die Kernwaffenstaaten nicht unwesentlich beigetragen. Vor allem die bei der Sowjetunion festzustellende Neigung, die noch zu überwindenden technologischen Schwierigkeiten in den Vordergrund zu stellen und mit Informationen über die Erfolge auf diesem Gebiet und über die praktische Anwendung friedlicher Kernsprengungen zurückzuhalten, hat bewirkt, daß sich bisher lediglich ein kleiner Kreis von Experten mit den Problemen friedlicher Kernsprengungen befaßt hat. Die indische Sprengung hat insofern problembewußt gemacht.

Geht man von dem Interesse eines Staates an friedlichen Kernsprengungen aus, so lassen sich fünf Gruppen unterscheiden:

– Am äußersten Ende der Skala stehen Kernwaffenstaaten, die aufgrund ihres technologischen Wissensstandes auf dem Gebiet der Kernwaffenproduktion in der Lage sind, friedliche Kernsprengkörper herzustellen, und bei denen darüber hinaus die geographischen und wirtschaftlichen Voraussetzungen gegeben sind, um die neue Technologie praktisch nutzen zu können. Außer Großbritannien dürften zu dieser Gruppe alle Kernwaffenstaaten gehören. Sie sind daran interessiert, die neue Technologie bis zum Anwendungsstadium zu entwickeln und einzusetzen. Wegen der Affinität friedlicher Kernsprengkörper zu Kernwaffen sind sie jedoch politisch – und im Interesse der Erhaltung ihrer Monopolstellung auf diesem Gebiet auch wirtschaftlich – gegen die Übertragung der neuen Technologie auf Nichtkernwaffenstaaten.

- Am anderen Ende der Skala stehen diejenigen Nichtkernwaffenstaaten, die infolge ihres technologischen und wirtschaftlichen Entwicklungsstandes weder in der Lage noch daran interessiert sind, friedliche Kernsprengkörper herzustellen. Sie sind aber zur Erschließung von Rohstoffvorkommen (Erdöl, Erdgas, Kupfer) oder im Zuge großzügiger Entwicklungsprojekte (Kanalbau) am Einsatz friedlicher Kernsprengungen in ihrem Hoheitsbereich interessiert. Zu dieser Gruppe zählen vor allem Entwicklungsländer wie Ägypten, Venezuela, Mexiko, Thailand. Diese Staaten setzen sich für die Einrichtung eines internationalen Sprengdienstes ein, mit dessen Hilfe friedliche Kernsprengungen auf ihrem Hoheitsgebiet durchgeführt werden können, und zwar zu möglichst günstigen finanziellen Bedingungen.
- Dazwischen liegen zwei Interessengruppen, die zwar auf wirtschaftlichem und technologischem Gebiet viele Gemeinsamkeiten aufweisen, sich aber in politischer Hinsicht ganz wesentlich voneinander unterscheiden. Beiden Gruppen ist gemeinsam, daß sie sich aus Nichtkernwaffenstaaten zusammensetzen, die technologisch und wirtschaftlich bereits jetzt oder doch in absehbarer Zukunft in der Lage sind, atomare Sprengsätze für die Durchführung friedlicher Kernsprengungen herzustellen. In beiden Fällen ist auch die Herstellung derartiger Sprengsätze zumindest beabsichtigt. Der Unterschied liegt in der politischen Zielsetzung, die hinter dieser Absicht steht: Die eine Gruppe von Staaten ist genauso wie die zuvorgenannte aus wirtschaftlichen Gründen am Einsatz friedlicher Kernsprengungen im Rahmen von großen Entwicklungsprojekten interessiert. Diese Staaten wollen jedoch nicht auf die Sprengdienste der Kernwaffenstaaten angewiesen sein, weil sie zu befürchten scheinen, daß diese ihre Monopolstellung auf diesem Gebiet für die Durchsetzung eigener politischer oder wirtschaftlicher Interessen ausnutzen. Deshalb wollen sie friedliche Kernsprengungen in eigener Verantwortung und aufgrund eigener technologischer Entwicklungen durchführen. An der Herstellung von Kernwaffen sind sie aus politischen Gründen offenbar nicht interessiert. Zu dieser Interessengruppe gehören z. B. Argentinien und Brasilien, die beide durch Zeichnung des Tlatelolco-Vertrages ihren Willen bekundet haben, auf die Herstellung von Kernwaffen zu verzichten, die jedoch die Möglichkeit zur Herstellung atomarer Sprengsätze und zur Durchführung friedlicher Kernsprengungen in eigener Regie offengehalten haben.

— Im Gegensatz hierzu arbeiten die Staaten der vierten Interessengruppe an der Entwicklung und Herstellung atomarer Sprengkörper, um durch den Einsatz friedlicher Kernsprengungen vor den Augen der Weltöffentlichkeit (und gegenüber machtpolitisch konkurrierenden Nachbarstaaten) zu demonstrieren, daß sie auch in der Lage sind, Kernwaffen herzustellen. Dazu sind sie jedoch aus politischen Gründen (noch) nicht bereit. Sie halten sich aber die Möglichkeit offen, durch autonome Entscheidung auch diesen weiteren Schritt zu tun. Zu diesen Staaten wird man nach der Kernsprengung von Rajasthan trotz offizieller gegenteiliger Versicherungen Indien zählen dürfen. Daß die Staaten dieser Interessengruppe daneben auch aus wirtschaftlichen Gründen am praktischen Einsatz friedlicher Kernsprengungen interessiert sein können, ändert an dieser Interessenlage nichts.

— Schließlich sind als fünfte Gruppe noch diejenigen Nichtkernwaffenstaaten zu nennen, die aus wirtschaftlichen Gründen daran interessiert sind, die vor und nach einer friedlichen Kernsprengung anfallenden kostenintensiven Beratungs-, Ingenieur- und Serviceleistungen zu übernehmen. Zu dieser Gruppe der sog. »PNE Consultant States« wird man neben der Bundesrepublik Deutschland auch Japan, Kanada, Australien, Schweden und Italien zählen dürfen. Diese Staaten wollen vor allem vermeiden, daß die Kernwaffenstaaten ihre Monopolstellung dazu ausnutzen, daß ihnen neben der Sprengung selbst auch die im Zusammenhang damit anfallenden Beratungs-, Ingenieur- und Serviceleistungen übertragen werden.

a) Internationale Vereinbarungen über die Begrenzung atomarer Rüstung

An Bemühungen, diesen verschiedenen Interessen Rechnung zu tragen und sie, wenn auch nicht in Einklang, so doch in ein allgemein akzeptiertes System zu bringen, hat es in der Vergangenheit nicht gefehlt. Als Mittel und Werkzeug dieser Bemühungen sind in erster Linie die internationalen Vereinbarungen über die Beschränkung und Begrenzung atomarer Rüstung sowie die aufgrund dieser Vereinbarungen oder unabhängig von ihnen errichteten Sicherheitskontrollsysteme zu nennen. Es handelt sich dabei im wesentlichen um folgende internationale Verträge:

Vertrag vom 5. August 1963 über das Verbot von Kernwaffenversuchen in der Atmosphäre, im Weltraum und unter Wasser (partieller Teststop-Vertrag);

Vertrag vom 14. Februar 1967 über das Verbot von Kernwaffen in Lateinamerika (Tlatelolco-Vertrag);

Vertrag vom 1. Juli 1968 über die Nichtverbreitung von Kernwaffen (NV-Vertrag);

Vertrag vom 3. Juli 1974 über die Begrenzung unterirdischer Kernwaffenversuche (erweiterter Teststop-Vertrag).

Alle vier Verträge befassen sich ausdrücklich oder implizite auch mit dem Einsatz friedlicher Kernsprengungen:

- Der partielle Teststop-Vertrag erwähnt sie zwar nicht ausdrücklich. Das in Artikel I des Vertrages enthaltene Verbot von »Versuchsexplosionen von Kernwaffen und anderen nuklearen Explosionen« in der Atmosphäre, im Weltraum und unter Wasser erfaßt aber zweifelsfrei auch friedliche Kernsprengungen. Sie sind nur in dem geographischen Bereich zulässig, den der partielle Teststop-Vertrag nicht erfaßt, d. h. unter der Erdoberfläche, aber auch dort nur unter der Bedingung, daß durch die Sprengungen außerhalb des Staates, unter dessen Hoheitsgewalt oder Kontrolle sie durchgeführt werden, kein – wie es in der offiziellen deutschen Textfassung heißt – »radioaktiver Schutt« verursacht wird. Der Vertrag unterscheidet nicht zwischen Kernwaffenstaaten und Nichtkernwaffenstaaten. Die Beschränkung des Einsatzes friedlicher Kernsprengungen gilt also auch für Kernwaffenstaaten.
- Der Tlatelolco-Vertrag enthält dagegen eine interessante ausdrückliche Regelung friedlicher Kernsprengungen. Nach Artikel 18 des Vertrages können die Vertragsparteien unter bestimmten Voraussetzungen friedliche Kernsprengungen entweder selbst durchführen oder mit Dritten zu diesem Zweck zusammenarbeiten, und zwar auch dann, wenn für die Sprengung »Geräte erforderlich sind, die den für Kernwaffen verwendeten gleichen«. Die Herstellung, der Besitz oder die Verwendung von Kernwaffen selbst ist dagegen ohne Einschränkung verboten.
- Der NV-Vertrag verbietet den Kernwaffenstaaten in Artikel I und II die Weitergabe und den Nichtkernwaffenstaaten den Erwerb und die Herstellung von Kernwaffen »und sonstigen Kernsprengkörpern«. Mit diesem Begriff sind Sprengsätze für friedliche Kernsprengungen gemeint. Der Vertrag richtet sich damit lediglich gegen den Einsatz friedlicher Kernsprengungen durch Nichtkernwaffenstaaten. Als Ausgleich für den Verzicht der Nichtkernwaffenstaaten auf Erwerb und Herstellung solcher Sprengsätze verpflichtet Artikel V des NV-Vertrages die Kernwaffenstaaten, unter bestimmten Voraussetzungen ihre Kernsprengdienste den am Vertrag beteiligten Nichtkernwaffenstaaten zu günstigen Bedingungen zur Verfügung zu stellen.
- Der erweiterte Teststop-Vertrag, der als jüngstes Ergebnis der Abrüstungsbemühungen am 3. Juli 1974 in Moskau von den Vereinigten Staaten von Amerika und der Sowjetunion abgeschlossen worden ist, verpflichtet die beiden Vertragspartner, ab 31. März 1976 in ihrem Hoheitsgebiet alle unterirdischen Versuchsexplosionen, die nach dem partiellen Teststop-Vertrag von 1963 noch zulässig sind, zu verbieten, zu verhindern und nicht durchzuführen, sofern diese Explosionen eine Sprengkraft von mehr als 150 kt TNT haben. Er nimmt jedoch in seinem Artikel III friedliche Kernsprengungen ausdrücklich von dieser Verpflichtung aus und verweist in diesem Zusammenhang auf ein Zusatzabkommen zwischen beiden Vertragspartnern über die Durchführung derartiger Sprengungen, dessen Inhalt im wesentlichen bereits ausgehandelt sein und das in Kürze zwischen ihnen abgeschlossen werden soll. Wie auf einer Pressekonferenz aus Anlaß der Unterzeichnung des erweiterten

Teststop-Vertrages zu erfahren war, soll dieses spezielle Abkommen über die Durchführung friedlicher Kernsprengungen bei Explosionen mit einer Sprengkraft über 150 kt TNT Fremdinspektionen zulassen. Damit würde die Sowjetunion zum erstenmal einer Kontrolle durch fremde Inspektoren zustimmen. Der erweiterte Teststop-Vertrag und das beabsichtigte Zusatzabkommen über friedliche Kernsprengungen stehen nicht nur sachlich in einem engen Zusammenhang, sondern sollen auch rechtlich in der Weise gekoppelt werden, daß der erweiterte Teststop-Vertrag erst nach Abschluß des Zusatzabkommens in Kraft tritt. Als bilaterale Vereinbarungen werden beide Verträge lediglich die beiden Kernwaffenstaaten Vereinigte Staaten von Amerika und Sowjetunion binden.

Dies ist in groben Zügen der Inhalt der bisher im Rahmen der Rüstungsbegrenzungsverträge getroffenen Vereinbarungen über friedliche Kernsprengungen. Auf welche Weise haben nun internationale Organisationen bei ihrem Zustandekommen mitgewirkt? Welchen Einfluß haben sie auf die getroffenen Regelungen ausgeübt? Die Antwort auf diese Fragen ist etwas ernüchternd: Lediglich die Vereinten Nationen haben in begrenztem Maße Einfluß nehmen können, und zwar im wesentlichen über die Achtzehn-Mächte-Abrüstungskommission (ENDC), die jetzige Konferenz des Abrüstungsausschusses (CCD).

In die Verhandlungen über den Abschluß des partiellen Teststop-Vertrages wurde die Achtzehn-Mächte-Abrüstungskommission im März 1962 eingeschaltet. Das Interesse der Kommission konzentrierte sich jedoch vornehmlich auf die Forderung nach Einstellung aller Kernwaffenversuche und auf die hierbei erforderlichen internationalen Kontrollen. Mit der Frage, ob und gegebenenfalls in welchem Umfang auch friedliche Kernsprengungen von dem Verbot betroffen werden sollten, hat sie sich dagegen nicht befaßt. Zwar legten die Vereinigten Staaten und Großbritannien der Kommission im August 1962 zwei gemeinsame Alternativentwürfe vor, die beide eine Ausnahmevorschrift für friedliche Kernsprengungen enthielten. Debattiert wurde über diese Regelung jedoch nicht mehr. Die Angelegenheit war damals schon zwischen den Vereinigten Staaten und der Sowjetunion ausführlich erörtert worden. Die beiden Supermächte waren auch bereits zu einer weitgehenden Einigung über die Zulässigkeit friedlicher Kernsprengungen gekommen. Die noch bestehenden Meinungsverschiedenheiten über die Zahl der zulässigen Sprengungen und die Art der vereinbarten Inspektionen ließen es aber ratsam erscheinen, diesen schwierigen Komplex aus dem Endstadium der Vertragsverhandlungen herauszuhalten. So kam es, daß die UN-Abrüstungskommission sich mit der Frage, ob friedliche Kernsprengungen von dem generellen Verbot von Kernexplosionen ausgenommen werden sollten, gar nicht befaßte und schließlich einer Regelung zustimmte, die auch friedliche Kernsprengungen – soweit sie nicht unter der Erdoberfläche stattfinden und keinen radioaktiven Schutt außerhalb der Staatsgrenzen verursachen – in das generelle Verbot mit einbezog.

Noch geringer war der Einfluß der Vereinten Nationen auf die Beratungen über den Abschluß des Tlatelolco-Vertrages. Die Verhandlungen wurden zwar von der 18. UN-Generalversammlung befürwortet und der Abschluß selbst einstimmig begrüßt. Auf die Fassung und Formulierung der einzelnen Artikel des Vertrags und insbesondere auf die Regelung friedlicher Kernsprengungen in Artikel 18 haben die Vereinten Nationen jedoch keinen Einfluß ausgeübt. Zu erwähnen wären hier allenfalls die Bemühungen der Achtzehn-Mächte-Abrüstungskommission um eine generell akzeptierte Interpretation von Artikel 18 des Vertrages. Über die Auslegung dieser Vorschrift waren zwischen den Vereinigten Staaten und Mexiko einerseits und Brasilien andererseits Meinungsverschiedenheiten aufgetreten, die auch in der Abrüstungskommission deutlich sichtbar wurden. Trotz mehrfacher Vermittlungsversuche und Kompromißvorschläge konnten diese Meinungsverschiedenheiten jedoch nicht beseitigt werden, so daß auch insoweit der Einfluß der Vereinten Nationen auf die im Tlatelolco-Vertrag getroffene Regelung friedlicher Kernsprengungen gleich Null war.

Ganz anders war die Situation bei der Ausarbeitung des NV-Vertrages. Die darin enthaltene Regelung friedlicher Kernsprengungen haben die Vereinten Nationen über die Achtzehn-Mächte-Abrüstungskommission entscheidend beeinflußt. Die amerikanischen und sowjetischen Vertreter in der Kommission hatten wiederholt darauf hingewiesen, daß zwischen Sprengkörpern für friedliche und militärische Zwecke objektiv nicht unterschieden werden könne und deshalb das Proliferationsverbot auch auf friedliche Kernsprengkörper ausgedehnt werden müsse. Hiergegen hatten sich die Vertreter einiger Schwellenmächte, allen voran Brasilien und Indien, gewandt. Der brasilianische Vertreter in der Abrüstungskommission erklärte mehrfach, daß sich Brasilien das Recht auf die Herstellung und den Erwerb friedlicher Kernsprengkörper nicht nehmen lasse und den Vertrag nur unterzeichnen werde, wenn friedliche Kernsprengungen von dem generellen Verbot nicht betroffen würden. Er unterbreitete der Kommission offizielle Änderungsvorschläge zu dem gemeinsamen amerikanisch-sowjetischen Vertragsentwurf vom August 1967. Darin wurde den Nichtkernwaffenstaaten ausdrücklich das Recht zur Herstellung und Verwendung friedlicher Kernsprengkörper zugestanden. Andere Delegationen versuchten dagegen, den Komplex friedlicher Kernsprengungen aus den Vertragsverhandlungen auszuklammern. Vor allem Schweden und Kanada setzten sich dafür ein, die Zulässigkeit friedlicher Kernsprengungen in einem separaten Abkommen zu behandeln. Sie fanden hierbei die Unterstützung der Sowjetunion. Die Mehrheit der Ausschußmitglieder einigte sich schließlich auf die in dem endgültigen Vertrag enthaltene Kompromißlösung, die zwar das Proliferationsverbot auch auf friedliche Kernsprengkörper erstreckt, zum Ausgleich dafür jedoch eine Verpflichtung der Kernwaffenstaaten vorsieht, den am NV-Vertrag beteiligten Nichtkernwaffenstaaten ihre Sprengdienste zur Verfügung zu stellen (Artikel V NV-Vertrag). Diese Kompromißlösung geht auf einen mexikanischen Vorschlag zurück, der im September 1967 der Abrüstungskommission vorgelegt worden war. Während der sich anschließenden Verhandlungen über den NV-Vertrag im Ersten Ausschuß der UN-Generalversammlung versuchte der brasilianische Delegierte nochmals, eine Änderung dieser Kompromißlösung durchzusetzen. Er konnte jedoch lediglich erreichen, daß die Bestimmung in Artikel V des Vertrages über das bei der Durchführung friedlicher Kernsprengungen in Nichtkernwaffenstaaten einzuhaltende Verfahren etwas präzisiert wurde. In dieser Form wurde Artikel V als Teil der Gesamtregelung im Juni 1968 vom Ersten Ausschuß und von der UN-Generalversammlung angenommen.

Auf den Inhalt und Abschluß des erweiterten Teststop-Vertrages von 1974 konnten die Vereinten Nationen oder andere internationale Organisationen keinerlei Einfluß nehmen. Der Vertrag ist als bilaterale Vereinbarung zwischen den beiden Supermächten ausgehandelt worden und sieht auch nicht den Beitritt weiterer Staaten vor (was damit allerdings nicht ausgeschlossen ist). Die Konferenz des Abrüstungsausschusses (CCD) wurde in die Verhandlungen nicht eingeschaltet. Die Vereinten Nationen mußten sich darauf beschränken, durch ihren Generalsekretär den Abschluß des Vertrages in einer Pressekonferenz zu begrüßen und der Hoffnung Ausdruck zu geben, daß in dem vorgesehenen Zusatzabkommen über friedliche Kernsprengungen möglichst bald eine befriedigende Unterscheidung zwischen Kernwaffenversuchen und friedlichen Kernsprengungen getroffen wird. Ob die Vereinten Nationen oder andere internationale Organisationen auf Inhalt und Abschluß dieses Zusatzabkommens Einfluß nehmen können, ist noch offen. Nach den Ausführungen Botschafter Roschtschins, des sowjetischen Chefdelegierten in der Konferenz des Abrüstungsausschusses, kann damit kaum gerechnet werden.

Zusammenfassend ist festzuhalten, daß der Einfluß der internationalen Organisationen auf die Regelung friedlicher Kernsprengungen in internationalen Rüstungsbegrenzungsvereinbarungen bisher auf den NV-Vertrag beschränkt geblieben ist. Die in diesem Vertrag getroffene Regelung ist jedoch durch die UN-Abrüstungskommission nicht nur mitgeprägt worden, sondern sie wäre ohne die Arbeiten dieser Kommission gar nicht zustande gekommen. Insoweit kommt der Mitwirkung der Vereinten Nationen bei der Überwindung der politischen Probleme, die mit dem Einsatz friedlicher Kernsprengungen verbunden sind, entscheidende Bedeutung zu.

Dagegen konnte die von der UN-Generalversammlung im November 1967 einberufene Konferenz der Nichtkernwaffenstaaten auf die Formulierung des NV-Vertrages nicht mehr einwirken, weil der Vertrag bei Konferenzbeginn (29. August 1968) bereits zur Unterzeichnung aufgelegt war. Gleichwohl sollte nicht unerwähnt bleiben, daß die Konferenz sich ausführlich mit dem Einsatz friedlicher Kernsprengungen befaßte. Mexiko und Italien legten Arbeitspapiere vor, in denen Grundsätze für die in Artikel V des NV-Vertrages vorgesehene internationale Regelung der Sprengdienste vorgeschlagen wurden. Beide Staaten setzten sich für die Gründung einer besonderen internationalen Organisation ein, die Anträge von Nichtkernwaffenstaaten auf Durchführung friedlicher

Kernsprengungen in ihrem Staatsgebiet prüfen, die nuklearen Sprengdienste vermitteln und die Ausführung der Sprengung überwachen sollte. Mexiko fügte bereits einen vorläufigen Entwurf für ein entsprechendes internationales Abkommen bei. Ein von 14 süd- und mittelamerikanischen Staaten vorgelegter Resolutionsentwurf, in dem die Einberufung einer Konferenz zur Ausarbeitung des Statuts eines Internationalen Kernsprengdienstes für friedliche Zwecke vorgeschlagen wurde, fand jedoch nicht die erforderliche Zweidrittelmehrheit. Dagegen wurde eine von Schweden und Nigeria eingebrachte Resolution angenommen, in der auf den engen Zusammenhang zwischen dem Einsatz friedlicher Kernsprengungen und einem umfassenden Verbot von Kernwaffenversuchen hingewiesen wurde. Auch wenn diese Entwürfe und Resolutionen der Konferenz der Nichtkernwaffenstaaten die bisher getroffenen Vereinbarungen über den Einsatz friedlicher Kernsprengungen nicht beeinflussen konnten, so darf doch vermutet werden, daß sie bei der zu erwartenden Konkretisierung und Ergänzung dieser Vereinbarungen nicht völlig unberücksichtigt bleiben werden.

Mit den bisher getroffenen Vereinbarungen über die Zulässigkeit friedlicher Kernsprengungen im Rahmen der vier obengenannten Rüstungsbeschränkungsverträge sind die mit dieser neuen Technologie verbundenen politischen Probleme jedoch keineswegs abschließend gelöst. Wichtige Teilaspekte sind ungeregelt geblieben, neue Probleme sind durch die getroffenen Regelungen aufgeworfen worden. Offen ist vor allem noch die Frage, ob und gegebenenfalls unter welchen Voraussetzungen friedliche Kernsprengungen im Rahmen eines umfassenden – auch unterirdische Kernexplosionen einbeziehenden – Teststop-Vertrages für zulässig erklärt werden. Ohne eine Ausnahmeregelung für friedliche Kernsprengungen, wie sie auch in dem erweiterten Teststop-Vertrag von 1974 vorgesehen ist, würde ein solcher Vertrag jegliche Forschung auf diesem Gebiet und jeden Einsatz der neuen Technologie unmöglich machen.

Je schneller die bisherigen Forschungsarbeiten zu positiven Ergebnissen führen und je konkreter die Einsatzmöglichkeiten der neuen Technologie werden, desto mehr wird sich auch die Forderung nach einer solchen generellen Ausnahmeregelung verstärken. Die CCD, die sich bereits seit Jahren mit den Problemen eines umfassenden Teststop-Vertrages befaßt, wird daher die schwierige Frage nach der Zulässigkeit friedlicher Kernsprengungen auf die Dauer nicht unbeantwortet lassen können. Vermutlich wird sie auf Vorschläge und Stellungnahmen zu diesem Punkt zurückgreifen, die bei den Beratungen über den Abschluß des partiellen Teststop-Vertrages vorgebracht worden sind, insbesondere auf den amerikanisch-britischen Entwurf von 1962, der in Artikel IX friedliche Kernsprengungen in zwei Fällen für zulässig erklärte: bei Zustimmung aller an dem Vertrag beteiligten Kernwaffenstaaten oder bei Übereinstimmung der Sprengung mit speziellen technischen Anforderungen, die noch festgelegt und als Anlage dem Vertrag beigefügt werden sollten. Außerdem wird sie auf die Regelung zurückgreifen können, die in dem beabsichtigten

Zusatzabkommen zum erweiterten Teststop-Vertrag von 1974 getroffen werden soll. Allerdings ist hierbei zu berücksichtigen, daß diese Regelung vermutlich allein zwischen den beiden Supermächten ausgehandelt wird, ohne die Auffassung der in der CCD vertretenen Nichtkernwaffenstaaten zu dieser Frage zu berücksichtigen. Bisher ist dieser Teilaspekt eines umfassenden Teststop-Vertrages in der CCD nicht ausführlich erörtert worden.

b) Mitwirkung bei Sicherungsmaßnahmen

Ein weiterer wichtiger Bereich, in dem internationale Organisationen zur Überwindung der durch friedliche Kernsprengungen aufgeworfenen politischen Probleme beitragen können, ist ihre Mitwirkung bei sogenannten Sicherungsmaßnahmen. Gemeint sind in diesem speziellen Fall Kontrollen, die sicherstellen sollen, daß Kernmaterial, welches für den Betrieb von Kraftwerken benötigt wird oder dabei anfällt, sowie Dienstleistungen, Ausrüstungen, Anlagen und Kenntnisse, die hierfür erforderlich sind, nicht für die Herstellung von Sprengsätzen für friedliche Kernsprengungen verwendet werden. Inwieweit vor allem der IAEA auf diesem Gebiet besondere Aufgaben zufallen, ist an anderer Stelle bereits ausführlich erörtert worden[1].

c) Vorbereitung und Durchführung friedlicher Kernsprengungen

Darüber hinaus fallen internationalen Organisationen auch bei der Vorbereitung und Durchführung friedlicher Kernsprengungen wichtige Aufgaben zu. Zu ihnen gehört die Sicherstellung, daß friedliche Kernsprengkörper nicht für militärische Zwecke mißbraucht werden (was von der oben unter b) erwähnten Aufgabe zu unterscheiden ist, die die Verwendung des für Kraftwerke benötigten Kernmaterials für die Herstellung von friedlichen Kernsprengkörpern verhindern soll). Sowohl der Tlatelolco-Vertrag als auch der NV-Vertrag sehen derartige Maßnahmen vor.

— Der Tlatelolco-Vertrag hat zu diesem Zweck sogar eine eigene internationale Organisation (Organismo para la Probibición de las Armas Nucleares en la America Latina — OPANAL) mit Sitz in Mexiko City ins Leben gerufen. Die Organisation hat gemäß Artikel 1 und 7 des Vertrages die Aufgabe, durch ein Kontrollsystem sicherzustellen, daß friedliche Kernsprengkörper nicht für militärische Zwecke eingesetzt werden und daß friedliche Kernsprengungen in Übereinstimmung mit den in Artikel 18 des Vertrages niedergelegten Anforderungen durchgeführt werden. Die konkrete Ausgestaltung dieses Kontrollsystems, die Bemühungen um seine Inkraftsetzung und die Rolle, die innerhalb dieses Systems sowohl OPANAL als auch der IAEA zufällt, ist ebenfalls bereits ausführlich erörtert worden[2]. Hier sei lediglich nochmals darauf hingewiesen, daß die im Rahmen des Kontrollsystems vordringlichste

---

[1] Siehe dazu ausführlich in diesem Band Werner *Ungerer*, Die Rolle internationaler Organisationen bei der Verhinderung mißbräuchlicher Verwendung der Kernenergie, S. 161 ff.

Aufgabe, nämlich die Festsetzung des Kontrollverfahrens durch die OPANAL-Generalkonferenz, bisher noch nicht in Angriff genommen worden ist. Über die Kontrollfunktion hinausgehende Aufgaben, etwa die Förderung friedlicher Kernsprengungen oder die Erarbeitung von Sicherheitskriterien, hat OPANAL nicht.

— Im Gegensatz hierzu fallen der IAEA bei der Vorbereitung und Durchführung friedlicher Kernsprengungen eine ganze Reihe wichtiger Aufgaben zu:

a) Zu diesen Aufgaben zählt einmal die in Artikel V des NV-Vertrages geforderte internationale Beobachtung friedlicher Kernsprengungen. Durch sie soll sichergestellt werden, daß eine Sprengung, die ein Kernwaffenstaat gemäß Artikel V NV-Vertrag in einem am Vertrag beteiligten Nichtkernwaffenstaat auf dessen Wunsch hin durchführt, auch tatsächlich friedlichen Zwecken dient. Darüber hinaus soll sie verhindern, daß der Nichtkernwaffenstaat, auf dessen Territorium die Sprengung durchgeführt wird, bei der notwendigerweise engen Zusammenarbeit mit dem die Sprengdienste zur Verfügung stellenden Kernwaffenstaat sozusagen durch die Hintertür Kenntnisse erhält, die ihm die Herstellung von Kernwaffen ermöglichen. Einzelheiten über die Art und den Umfang dieser der IAEA zugewiesenen Aufgabe sind in einer IAEA-Richtlinie vom Januar 1973 festgelegt und bereits an anderer Stelle ausführlich beschrieben worden[3]. Ergänzend zu den dortigen Ausführungen sei hier noch auf zwei politisch interessante Änderungen des ursprünglichen Richtlinienentwurfs hingewiesen, die erst aufgrund der Erörterungen im IAEA-Gouverneursrat aufgenommen wurden. Beide Änderungen betreffen den Anwendungsbereich der IAEA-Beobachtung. Hinter der ersten Änderung stand die Frage, ob die IAEA auch in denjenigen Fällen für die internationale Beobachtung zuständig sein soll, in denen sie nicht in das Verfahren eingeschaltet ist, d. h., in denen die Sprengung ohne Mitwirkung der IAEA aufgrund eines bilateralen Verfahrens zwischen Kernwaffenstaat und Nichtkernwaffenstaat durchgeführt wird. Auf Anregung des britischen Delegierten beschloß der Gouverneursrat, daß die IAEA in diesen Fällen ihre Beobachtungsfunktion nur dann ausüben dürfe, wenn die beiden beteiligten Staaten dies ausdrücklich wünschten. Diese wichtige und nicht ganz unproblematische Änderung der Richtlinien wurde interessanterweise durch die bloße Einführung von zwei Kommas in den ursprünglichen Text erreicht, der nunmehr folgendermaßen lautet:

»Eine Beobachtung ist erforderlich, wo friedliche Kernsprengungen durchgeführt werden entweder a) durch die Organisation oder b) gemäß Artikel V NV-Vertrag oder gemäß Bestimmungen in anderen internationalen Abkommen, in Übereinstimmung mit bilateralen Abkommen, in denen eine solche Beobachtung vereinbart ist.«

---

[2] Siehe *Ungerer*, ebd., S. 204 ff.
[3] Siehe *Ungerer*, ebd., S. 188 ff.

Nach der vom Gouverneursrat verabschiedeten Fassung der Richtlinien ist es also möglich, daß die in Artikel V des NV-Vertrages vorgesehene internationale Beobachtung nicht von der IAEA, sondern entweder von dem die Sprengung durchführenden oder aber von einem dritten Staat oder einer anderen internationalen Einrichtung ausgeübt wird. Fraglich bleibt, ob in derartigen Fällen dem Kriterium »international« Rechnung getragen ist, wie es Artikel V NV-Vertrag vorsieht, und wie eine unabhängige Durchführung der Beobachtung gewährleistet werden kann.

Die zweite Änderung betrifft die Frage, ob die IAEA auch dann die internationale Beobachtungsfunktion übernehmen darf, wenn die Sprengung nicht aufgrund des NV-Vertrages, sondern z. B. von einem Kernwaffenstaat, der den NV-Vertrag nicht unterzeichnet hat, in einem ebenfalls nicht an den NV-Vertrag gebundenen Staat durchgeführt wird. Der Gouverneursrat beschloß, daß die IAEA auch in diesen Fällen die Beobachtungsfunktion ausüben könne. Diese Ausweitung der Zuständigkeit über den Bereich des NV-Vertrages hinaus geht auf einen entsprechenden Wunsch Frankreichs und Indiens zurück – beides Staaten, die den NV-Vertrag nicht unterzeichnet haben.

Ungeklärt ist in diesem Zusammenhang noch immer, wer die Kosten für die IAEA-Beobachtung trägt, ob also – wie bei den IAEA-Sicherungsmaßnahmen – die Kosten aus dem IAEA-Haushalt bestritten werden oder ob der die Beobachtungsdienste der IAEA in Anspruch nehmende Staat zur Kasse gebeten wird. Vermutlich werden die Entwicklungsländer, die sich von dem internationalen Kernsprengdienst den größten Nutzen versprechen, darauf drängen, daß die Kostenfrage genauso geregelt wird wie bei den IAEA-Sicherungsmaßnahmen, d. h. zu Lasten des IAEA-Haushalts. Es ist anzunehmen, daß sich die Industriestaaten innerhalb der IAEA mit dieser Regelung einverstanden erklären werden, zumal damit ein gewisser Ausgleich für die von den Entwicklungsländern immer wieder kritisierte Verteilung der Kontrollkosten auf alle IAEA-Mitgliedstaaten erreicht wäre.

Ungeklärt ist ferner, ob die IAEA auch bei friedlichen Kernsprengungen in Kernwaffenstaaten ihre Beobachtungsfunktion ausüben kann. Der amerikanische Delegierte im IAEA-Gouverneursrat hat zu verstehen gegeben, daß die Vereinigten Staaten unter Umständen hierzu bereit wären; der sowjetische Delegierte hat sich eindeutig dagegen ausgesprochen.

b) Neben der Beobachtungsfunktion kommen auf die IAEA jedoch noch andere wichtige Aufgaben bei der Durchführung friedlicher Kernsprengungen zu. Sie ergeben sich im wesentlichen aus Artikel V des NV-Vertrages. Danach sollen die Vorteile friedlicher Kernsprengungen allen an dem Vertrag beteiligten Nichtkernwaffenstaaten auf der Grundlage der Gleichbehandlung durch »geeignete internationale Verfahren« zugänglich gemacht werden.

Für die Ausgestaltung dieser internationalen Verfahren gibt Artikel V bereits einige Hinweise. Danach kommen alternativ zwei Verfahrenstypen in

Betracht: An dem einen (bilateralen) Verfahrenstyp sind lediglich der Kernwaffenstaat, der die Sprengung durchführt, und der Nichtkernwaffenstaat, in dem sie ausgeführt werden soll, beteiligt. Beide Staaten schließen ein bilaterales Abkommen ab, in dem nicht nur der Gang des Verfahrens, sondern vermutlich auch Sicherheits-, Umweltschutz-, Haftungs- und Kostenfragen geregelt werden. An dem anderen (trilateralen) Verfahrenstyp soll neben den beteiligten Staaten auch noch eine – wie es in Artikel V heißt – »geeignete internationale Organisation« beteiligt werden, »in der Nichtkernwaffenstaaten angemessen vertreten sind«.

Zwischen diesen drei Verfahrensbeteiligten soll ein trilaterales Abkommen abgeschlossen werden, in dem das Verfahren sowie die Rechte und Pflichten der Verfahrensbeteiligten festgelegt werden. Nachdem zunächst mehrere Staaten (Mexiko, Italien) vorgeschlagen hatten, hierfür eine eigene internationale Organisation zu gründen, einigte man sich darauf, auch diese Vermittlerfunktion der IAEA zu übertragen. Vor allem die Sowjetunion hatte sich für diese Lösung eingesetzt.

Über die Art und Weise, wie die IAEA diese Vermittlerfunktion ausüben soll, sollen gemäß Artikel V Satz 3 des NV-Vertrages »so bald wie möglich nach Inkrafttreten des Vertrages Verhandlungen aufgenommen werden«. Die IAEA-Generalkonferenz forderte deshalb bereits im Oktober 1968 den Generaldirektor auf, das Verfahren zu prüfen, das die Organisation bei der ihr zufallenden neuen Aufgabe anwenden soll. Der daraufhin vom IAEA-Sekretariat und einem eigens hierfür eingesetzten Ad-hoc-Ausschuß vorgelegte Bericht enthielt jedoch bis auf die Feststellung, daß die von der IAEA im Rahmen ihres Technische-Hilfe-Programms bereits entwickelten und praktizierten Verfahren auch für die Vermittlung von Kernsprengdiensten geeignet seien, wenig Substantielles zur Ausgestaltung des Verfahrens. Nach Auffassung der Generalkonferenz sollte die IAEA sich zunächst auf die Sammlung und Vermittlung von Informationen über die verschiedenen Anwendungsmöglichkeiten und den technologischen Entwicklungsstand friedlicher Kernsprengungen konzentrieren und sich erst später mit konkreteren Aufgaben wie der Ausgestaltung des Verfahrens für die Vermittlung von Kernsprengdiensten befassen.

Mit dem Herannahen der Konferenz zur Überprüfung des NV-Vertrages, auf der auch über die mit Artikel V des NV-Vertrages zusammenhängenden Fragen gesprochen wird, ist dieser Aufgabenbereich erneut ins Blickfeld gerückt worden. Im April 1974 traf sich in Wien auf Einladung der IAEA eine aus Vertretern von neun Staaten zusammengesetzte Expertengruppe, die dem IAEA-Generaldirektor »Verfahrensregeln für die Organisation zur Beantwortung von Anfragen nach Dienstleistungen im Zusammenhang mit Kernsprengungen zu friedlichen Zwecken« vorgeschlagen hat. Wie sich bereits aus dieser Bezeichnung ergibt, befassen sich die Vorschläge der Expertengruppe lediglich mit vorbereitenden Maßnahmen, das heißt mit der Rolle der

IAEA und der beiden jeweils beteiligten Staaten bei der Anfertigung von Durchführbarkeits-, Wirtschaftlichkeits- und Sicherheitsstudien. Die Formulierung von Verfahrensregeln für die folgenden Stadien, einschließlich der Durchführung der Sprengung selbst, ist offengelassen worden. Sie kann nach Ansicht der Expertengruppe nur ad hoc geschehen, d. h. aufgrund der Notwendigkeiten und Erfahrungen, die bei der Vorbereitung, Ausführung und Abwicklung einer gemäß Artikel V durchgeführten Sprengung auftreten bzw. gewonnen werden.

Für das Vorbereitungsstadium sehen die Vorschläge der Expertengruppe im wesentlichen folgende Maßnahmen der IAEA vor:

- Unterrichtung derjenigen Kernwaffenstaaten von dem geplanten Projekt, die generell bereit sind, friedliche Kernsprengungen durchzuführen;
- Unterrichtung der Staaten (Kernwaffenstaaten und Nichtkernwaffenstaaten), die generell bereit sind, die neben der eigentlichen Sprengung anfallenden Beratungs-, Ingenieur- und Serviceleistungen zu erbringen;
- Mitwirkung bei der Festlegung der Lieferbedingungen;
- Überprüfung der von den beteiligten Staaten angefertigten Sicherheitsstudien.

Diese Aufgaben soll die IAEA nach Auffassung der Expertengruppe jedoch nicht notwendigerweise in jedem Fall eines trilateralen Verfahrens übernehmen, sondern nur, wenn die beiden beteiligten Staaten dies wünschen. Diese Abhängigkeit der IAEA-Funktionen von den Wünschen der beiden beteiligten Staaten erscheint nicht ganz unproblematisch, weil sie der durch die Einschaltung der IAEA bezweckten Internationalisierung und Objektivierung des Verfahrens nicht voll entspricht.

Aus der Sicht der Nichtkernwaffenstaaten, und zwar sowohl derjenigen, die an der Inanspruchnahme von Kernsprengdiensten interessiert sind, als auch derjenigen, die wie die Bundesrepublik als sog. »PNE Consultant States«[4] ein Interesse daran haben, die bei der Durchführung von Kernsprengungen anfallenden Beratungs-, Ingenieur- und Serviceleistungen zu übernehmen, sind diese Vorschläge der Expertengruppe unbefriedigend. Schon das Verfahren, in dem die Vorschläge erarbeitet worden sind, stimmt bedenklich: Zwischen der Sitzung des erwähnten Ad-hoc-Ausschusses und der Sitzung der Expertengruppe sind viereinhalb Jahre verstrichen, ohne daß die Kernwaffenstaaten oder die IAEA etwas unternommen haben, um der Verpflichtung aus Artikel V des NV-Vertrages nachzukommen, sobald wie möglich nach Inkrafttreten des Vertrages Verhandlungen über die Ausarbeitung des Verfahrens aufzunehmen. Darüber hinaus ist beanstandet worden, daß sich die erwähnte Expertengruppe aus Vertretern von nur neun Staaten (vier Kernwaffenstaaten und fünf Nichtkernwaffenstaaten) zusammensetzte. Diese

---

[4] Beraterstaaten bei friedlichen Kernsprengungen.

Beschränkung der Mitgliederzahl läßt sich kaum mit der Erklärung des amerikanischen Vertreters in der Achtzehn-Mächte-Abrüstungskommission vom 21. März 1967 vereinbaren, wonach »die Voraussetzungen und Verfahren für eine internationale Zusammenarbeit bei der Durchführung friedlicher Kernsprengvorhaben in umfassender Konsultation mit den Nichtkernwaffenstaaten erarbeitet würden«; sie entspricht auch nicht dem Sinn von Artikel V, der im Interesse gerade der Nichtkernwaffenstaaten in den Vertrag aufgenommen worden ist und diesen einen Ausgleich für ihren Verzicht auf die Herstellung eigener Sprengsätze für friedliche Kernsprengungen geben soll.

Schwerer als diese verfahrensmäßigen Mängel wiegt jedoch die Tatsache, daß die Mitglieder der Expertengruppe sich nicht darauf einigen konnten, für das Gesamtverfahren Vorschläge zu unterbreiten. So wichtige Verfahrensabschnitte wie die Aushandlung der Bedingungen, unter denen die Kernwaffenstaaten ihre Sprengdienste zur Verfügung stellen, die Einleitung von Maßnahmen zum Schutz der Bevölkerung oder die Durchführung der Sprengung selbst sind unberücksichtigt geblieben.

Der Gouverneursrat der IAEA hat aus diesem Grunde im September 1974 den Generaldirektor aufgefordert, seine Bemühungen um die Erarbeitung von Verfahrensregeln für die Inanspruchnahme von Kernsprengdiensten nach Artikel V mit dem Ziel fortzusetzen, für alle Verfahrensabschnitte detaillierte Regelungen zu schaffen. Außerdem soll er eine Studie über die Rechts- sowie die Gesundheits- und Sicherheitsaspekte der unter Mitwirkung der IAEA durchzuführenden friedlichen Kernsprengungen anfertigen.

Dieses Mandat gibt der IAEA Gelegenheit, in einem erneuten Anlauf der ihr zugewiesenen Rolle als »geeignete internationale Organisation« im Sinne von Artikel V des NV-Vertrages gerecht zu werden. Hauptziel der IAEA sollte es dabei sein, die Inanspruchnahme friedlicher Kernsprengungen durch Nichtkernwaffenstaaten attraktiver zu machen. Nur dadurch kann erreicht werden, daß diejenigen Nichtkernwaffenstaaten, die schon jetzt oder doch in absehbarer Zukunft in der Lage sind, Kernsprengsätze selbst herzustellen und die am Einsatz friedlicher Kernsprengungen in ihrem Hoheitsbereich aus wirtschaftlichen Gründen interessiert sind, auf die eigene Herstellung solcher Sprengsätze verzichten. Um dieses Ziel zu erreichen, sollten die Verfahrensregeln folgenden Mindestanforderungen genügen:

— Die Rechte und Pflichten des beteiligten Kernwaffenstaates, des Nichtkernwaffenstaates, in dem die Sprengung durchgeführt werden soll, und der IAEA müssen genau festgelegt werden.
— Die Vermittler- und Ausgleichsfunktion der IAEA muß gestärkt werden. Durch eine entsprechende Ausgestaltung ihrer Rechte in dem trilateralen Verfahren muß die IAEA in die Lage versetzt werden, einen Mißbrauch der privilegierten Stellung, die den Kernwaffenstaaten nach dem NV-Vertrag zukommt, zu verhindern. Insbesondere muß die IAEA sicherstellen

können, daß die Kernwaffenstaaten ihr Monopol, die Sprengung selbst durchzuführen, nicht dazu ausnutzen, daß ihnen die vor und nach der Sprengung anfallenden Beratungs-, Ingenieur- und Serviceleistungen auch dann übertragen werden, wenn andere Staaten hierfür günstigere Angebote abgeben.
— Das Verfahren sollte für alle auf trilateralen Vereinbarungen beruhenden Kernsprengdienste obligatorisch sein.
— Das Verhältnis zu Kernsprengdiensten, die gemäß Artikel V Satz 4 des NV-Vertrages aufgrund bilateraler Vereinbarung zur Verfügung gestellt werden, sollte deutlich gemacht werden.

In welche Form die Verfahrensregeln gegossen werden sollten, steht noch nicht fest. Der praktischen Handhabung der Regeln würde es entgegenkommen, wenn sie als wesentlicher Teil eines Modellabkommens für den Abschluß der in Artikel V Satz 2 vorgesehenen »internationalen Sonderübereinkünfte« ausgearbeitet würden. Dies sollte — entsprechend der bereits zitierten Erklärung des amerikanischen Vertreters in der ENDC — in umfassender Konsultation mit den Nichtkernwaffenstaaten geschehen.

c) Ob der IAEA auch aufgrund des beabsichtigten Zusatzabkommens zum erweiterten Teststop-Vertrag von 1974 Aufgaben zufallen werden, ist noch nicht bekannt. Den Ausführungen Außenminister Kissingers aus Anlaß der Unterzeichnung des erweiterten Teststop-Vertrages muß entnommen werden, daß die beiden Supermächte nicht beabsichtigen, die in dem Zusatzabkommen zu vereinbarenden Inspektionen der IAEA zu überlassen. Vielmehr scheinen sie einer Kontrolle durch Inspekteure des Vertragspartners den Vorzug zu geben. Das schließt jedoch nicht aus, daß der IAEA in diesem Abkommen über friedliche Kernsprengungen andere Aufgaben, z. B. auf dem Gebiet des Gesundheitsschutzes oder der Information, zugewiesen werden.
— Andere internationale Organisationen, etwa die Europäische Gemeinschaft oder die Kernenergie-Agentur (NEA) der OECD haben sich bisher mit den politischen Problemen friedlicher Kernsprengungen nicht befaßt. Es ist auch wenig wahrscheinlich, daß sie es in Zukunft tun werden, weil die Beschäftigung mit diesen Problemen zu viel politischen Sprengstoff enthält und weil einer Lösung auf weltweiter Basis im Rahmen der IAEA allgemein der Vorzug gegeben wird.

IV. Ökologische Probleme

Je größer das Projekt und je umfassender die Funktion, die dem Einsatz friedlicher Kernsprengungen im Rahmen dieses Projekts zukommt, desto größer sind auch die ökologischen Probleme, die friedliche Kernsprengungen aufwerfen. Sie haben ihre Wurzel in den erheblichen Schäden, die der Einsatz nuklearer Sprengsätze in der Umgebung des Sprengortes verursachen kann, und zwar vor allem durch radioaktive Verseuchung der Biosphäre, durch die Erschütterung der Erde und durch die bei bestimmten Sprengungen erzeugten Druckwellen in der Atmosphäre. Die von der USAEC veröffentlichten Umweltberichte zu den »Plowshare«-Projekten »Rulison« und »Rio Blanco« geben einen ausführlichen Überblick über mögliche ökologische Schadwirkungen friedlicher Kernsprengungen. Die Begrenzung und Beherrschung dieser Schadwirkungen ist wesentliche Voraussetzung für die praktische Anwendbarkeit der neuen Technologie. Es kann mit einiger Sicherheit behauptet werden, daß sich der Einsatz friedlicher Kernsprengungen in kommerziellem Umfang nur dann durchsetzen wird, wenn

— die ökologischen Schadwirkungen auf ein vertretbares Maß reduziert werden können und
— die öffentliche Meinung davon überzeugt werden kann, daß die Einhaltung dieser Mindestgrenzen gewährleistet ist.

Die Erfüllung der erstgenannten Voraussetzung ist vornehmlich eine Aufgabe der Wissenschaftler und Techniker. Im Rahmen der erforderlichen Öffentlichkeitsarbeit fallen dagegen auch internationalen Organisationen wichtige Aufgaben zu. Sie können durch Festsetzung von Sicherheitskriterien und Empfehlung maximaler Strahlendosiswerte dazu beitragen, daß die Sicherheitsanforderungen in allen Staaten gleich sind und dadurch Besorgnisse benachbarter Staaten abgebaut werden. Sie können außerdem Experten für die Anfertigung von Sicherheitsberichten zur Verfügung stellen und behilflich sein, die für eine Sprengung erforderlichen Sicherheitsvorkehrungen zu treffen. Schließlich können sie durch umfassende objektive Information über die tatsächlichen ökologischen Schäden friedlicher Kernsprengungen dazu beitragen, daß die Einstellung der Öffentlichkeit gegenüber derartigen Sprengungen verbessert wird.

Im internationalen Bereich fallen diese Aufgaben in die Zuständigkeit der IAEA, der WHO und der ICRP. Die IAEA hat bereits im Zusammenhang mit dem sogenannten Panamakanal-Projekt an der Erarbeitung eines Sicherheitsberichts mitgewirkt. Sie konnte sich hierbei auf die Erfahrungen ihrer Experten bei der Anfertigung von Sicherheitsstudien über die Errichtung von Kernkraftwerken stützen. WHO und ICRP scheinen in diesem Bereich bisher noch nicht tätig geworden zu sein, doch darf angenommen werden, daß beiden internationalen Institutionen in dem Maße Aufgaben auf diesem Gebiet zufallen, in dem die Technologie friedlicher Kernsprengungen vom Forschungs- in das Anwendungsstadium übergeht. Vor allem die ICRP sollte sich so früh wie möglich mit der Festsetzung von maximalen Strahlendosiswerten befassen und die festgesetzten Werte in ihre Empfehlungen aufnehmen. Auf jeden Fall wird es erforderlich sein, daß IAEA, WHO und ICRP schon zu Beginn ihrer Tätigkeit in diesem Aufgabenbereich eng zusammenarbeiten, um von vornherein Kompetenzkonflikte zu vermeiden. Die IAEA hat bereits zu verstehen gegeben, daß sie hierzu bereit ist.

V. Juristische Probleme

Zum Schluß sei noch ein kurzer Blick auf einige juristische Probleme geworfen, die mit dem Einsatz friedlicher Kernsprengungen verbunden sind.

Im internationalen Bereich ergeben sich die juristischen Probleme aus einem teilweisen Gegensatz zwischen partiellem Teststop-Vertrag und NV-Vertrag. Der NV-Vertrag verpflichtet die Kernwaffenstaaten, in Nichtkernwaffenstaaten, die darum ersuchen, friedliche Kernsprengungen durchzuführen, und zwar unabhängig davon, ob es sich um Sprengungen in der Atmosphäre, im Weltraum, unter Wasser oder aber um unterirdische Sprengungen handelt. Der partielle Teststop-Vertrag verbietet dagegen jede friedliche Kernsprengung in der Atmosphäre, im Weltraum oder unter Wasser und läßt unterirdische Kernsprengungen nur dann zu, wenn sie außerhalb der Hoheitsgrenzen des Staates, unter dessen Hoheitsgewalt oder Kontrolle die Sprengungen durchgeführt werden, keinen »radioaktiven Schutt« verursachen.

Hier liegt also ein klarer juristischer Pflichtenkonflikt vor: Der NV-Vertrag verpflichtet die Kernwaffenstaaten zu einer Leistung, deren Erfüllung ihnen durch den partiellen Teststop-Vertrag zumindest teilweise untersagt wird. Welche Folgen hat diese Pflichtenkollision und wie können internationale Organisationen zu ihrer Lösung beitragen?

Die Antwort auf die erste Frage ergibt sich aus einer sorgfältigen Interpretation von Artikel I des partiellen Teststop-Vertrages. Eindeutig ist die Rechtslage in bezug auf Kernsprengungen in der Atmosphäre, im Weltraum und unter Wasser folgende: Derartige Sprengungen darf ein Kernwaffenstaat, für den der partielle Teststop-Vertrag Gültigkeit erlangt hat (Vereinigte Staaten, Sowjetunion, Großbritannien) nicht ausführen, selbst wenn ein Nichtkernwaffenstaat ihn unter Hinweis auf Artikel V des NV-Vertrages darum ersuchen sollte. Allerdings ist es zumindest für die nähere Zukunft wenig wahrscheinlich, daß ein Nichtkernwaffenstaat um eine solche Sprengung bitten wird. Denn Sprengungen, bei denen der Sprengsatz über der Erdoberfläche oder unter Wasser gezündet wird, sind auf absehbare Zeit allenfalls für wissenschaftliche Zwecke interessant. Längerfristig gesehen können sich jedoch auch in diesem Anwendungsbereich Probleme ergeben.

Sehr viel gegenwartsnaher sind dagegen die Auswirkungen der juristischen Pflichtenkollision auf Kernsprengungen, bei denen der Sprengsatz unmittelbar oder tief unter der Erdoberfläche gezündet wird. Gerade auf diese unterirdischen Sprengungen konzentrieren sich nicht nur die Forschungs- und Entwicklungsaktivitäten der Kernwaffenstaaten, sondern auch das Interesse verschiedener Nichtkernwaffenstaaten. Kernwaffenstaaten können ihrer Verpflichtung aus Artikel V, derartige Sprengungen auf Wunsch eines Nichtkernwaffenstaates in dessen Staatsgebiet durchzuführen, nicht nachkommen, wenn die Sprengung »außerhalb der Hoheitsgrenzen des Staates, unter dessen Hoheitsgewalt oder Kontrolle sie durchgeführt wird, das Vorhandensein radioaktiven Schuttes verursacht« (Artikel I Absatz 1b des partiellen Teststop-Vertrages).

Über die Auslegung dieses Artikels bestehen Meinungsverschiedenheiten: Einmal ist unklar, was mit dem Ausdruck »Vorhandensein radioaktiven Schuttes« (radioactive debris to be present) gemeint ist. Bei strikter Auslegung wäre eine unterirdische Kernsprengung schon dann unzulässig, wenn nur geringste Mengen radioaktiver Substanzen über die Landesgrenzen hinausgetrieben würden, was gerade bei Sprengungen zum Bau von Kanälen, Hafenbecken, Stauseen u. a., bei denen der Sprengsatz dicht unter der Erdoberfläche gezündet wird, leicht eintreten kann. Bei großzügiger Auslegung könnte man sich demgegenüber auf den Standpunkt stellen, daß radioaktiver Schutt nur dann vorhanden ist, wenn die Radioaktivität eine bestimmte Maximalgrenze überschreitet.

Zum anderen ist zweifelhaft, ob mit dem Ausdruck »Staat, unter dessen Hoheitsgewalt oder Kontrolle die Explosion durchgeführt wird« der Kernwaffenstaat gemeint ist, der die Sprengung durchführt, oder der Nichtkernwaffenstaat, in dem sie durchgeführt wird. Sollte damit der Kernwaffenstaat gemeint sein, so könnte die Verpflichtung aus Artikel V des NV-Vertrages nur in ganz wenigen Ausnahmefällen erfüllt werden; Sprengungen nach Artikel V werden immer außerhalb des Hoheitsgebietes des die Sprengung ausführenden Kernwaffenstaates durchgeführt, so daß selbst bei ganz geringfügiger Abgabe von radioaktiven Substanzen in der unmittelbaren Umgebung des Sprengortes die Verbotsnorm des Teststop-Vertrages eingreifen würde. Dabei ist zu berücksichtigen, daß selbst bei Kernsprengungen, die sehr tief unter der Erdoberfläche ausgelöst werden, also vor allem bei Sprengungen zur Gewinnung von Erdgas und Erdöl, beim derzeitigen Stand der Technik zumindest nicht gewährleistet ist, daß überhaupt kein radioaktiver Schutt freigesetzt wird. Daß bei dieser Sachlage mit dem Ausdruck »Staat, unter dessen Hoheitsgewalt oder Kontrolle die Explosion durchgeführt wird« der die Sprengung durchführende Kernwaffenstaat gemeint ist, kann kaum angenommen werden. Die Tatsache, daß der Sprengsatz gemäß den IAEA-Beobachtungsrichtlinien jederzeit unter der Aufsicht und Kontrolle des Kernwaffenstaates bleiben muß, läßt diese enge Interpretation des Teststop-Vertrages jedoch nicht völlig unbegründet erscheinen.

Es bedarf keiner Betonung, daß dieser juristische Pflichtenkonflikt von den Vätern der beiden Rüstungsbegrenzungsverträge nicht beabsichtigt war. Gleichwohl kommt man nicht an der Tatsache vorbei, daß der Teststop-Vertrag den drei Kernwaffenstaaten Vereinigte Staaten, Sowjetunion und Großbritannien verbietet, ihre im NV-Vertrag eingegangene Verpflichtung, in Nichtkernwaffenstaaten friedliche Kernsprengungen durchzuführen, in vollem Umfang zu erfüllen. Das Argument, die Verpflichtung aus dem NV-Vertrag sei von vornherein nur auf das nach dem Teststop-Vertrag zulässige

Ausmaß begrenzt gewesen, ist nicht stichhaltig. Es kann kein Zweifel bestehen, daß die Staaten, die an den Verhandlungen über den Abschluß des NV-Vertrages beteiligt waren, davon ausgingen, daß Artikel V alle möglichen Anwendungsbereiche friedlicher Kernsprengungen, vor allem auch Kratersprengungen zum Bau von Kanälen, erfassen sollte.

Um die bestehenden Schwierigkeiten zu beheben, müßten als erstes die Unklarheiten über die derzeitige Rechtslage beseitigt und die Grenzen des Pflichtenkonflikts zweifelsfrei festgestellt werden. Hierbei könnten die CCD und die IAEA eine nützliche Rolle spielen.

Ein erster Schritt auf diesem Wege wäre eine Einigung über eine verbindliche Interpretation von Artikel I Absatz 1b des partiellen Teststop-Vertrages. Im US State Department wird bereits seit einiger Zeit an einer Studie gearbeitet, die eine derartige Lösung vorbereiten soll. Die Amerikaner scheinen allerdings der Ansicht zu sein, daß eine Einigung der ursprünglichen Vertragsparteien des Vertrages, d. h. der Vereinigten Staaten, der Sowjetunion und Großbritanniens, hierfür ausreiche. Eine Bemerkung des wohl aktivsten Förderers des »US-Plowshare«-Programms im amerikanischen Senat, Craig Hosmer, macht das rechtlich deutlich. In einer Rede aus Anlaß des »Symposium on Public Health Aspects of Peaceful Uses of Nuclear Explosives« in Las Vegas im Jahre 1969 befaßte er sich ausführlich mit den Möglichkeiten, den Konflikt zwischen partiellem Teststop- und NV-Vertrag zu beheben, und bemerkte in diesem Zusammenhang: »Da jeder Vertrag genau das bedeutet, was er nach Meinung der zwei mächtigsten Signatarstaaten bedeutet, bin ich der Ansicht, daß der begrenzte Teststop-Vertrag schnell in Einklang gebracht werden kann mit den »facts-of-peaceful-nuclear-explosions life«, wenn gewisse Leute in unserer Regierung endlich damit aufhören, künstliche Hindernisse aufzubauen.« Diese Auffassung ist nicht nur politisch interessant, sondern auch rechtlich unvereinbar mit dem Inhalt des partiellen Teststop-Vertrages. So wie eine Änderung des Vertrages nicht nur die Einigung der drei ursprünglichen Vertragsparteien, sondern gemäß Artikel II Absatz 2 die Zustimmung der Mehrheit aller Vertragsparteien erfordert, wäre auch eine generell akzeptierte Interpretation von Artikel I Absatz 1b des Vertrages nur dann verbindlich, wenn die Mehrheit aller Staaten, für die der Vertrag in Kraft getreten ist, dieser Interpretation zustimmte. Das geeignete Forum für die Einigung auf eine derartige Interpretation wäre zweifellos die CCD. Sie sollte dabei mit der IAEA eng zusammenarbeiten, vor allem für den Fall, daß sich die Vertragsparteien auf eine bestimmte Radioaktivitätsgrenze einigen sollten.

Ein zweiter Weg, die juristischen Schwierigkeiten zu überwinden, wäre eine formelle Änderung des partiellen Teststop-Vertrages. In dem Vertrag müßten friedliche Kernsprengungen ausdrücklich für zulässig erklärt werden, so wie es in dem amerikanisch-britischen Vertragsentwurf von 1962 ursprünglich vorgesehen war und in dem erweiterten Teststop-Vertrag von 1974 vereinbart worden ist. Gegen dieses Verfahren wehren sich vor allem die Amerikaner. Nicht aus materiellrechtlichen Gründen, sondern weil sie zu Recht befürchten, daß diese Vertragsänderung von vielen Staaten zum Anlaß genommen würde, mit noch mehr Nachdruck als bisher eine Erweiterung des begrenzten Teststop-Vertrages zu einem umfassenden Teststop-Vertrag zu fordern. Eine formelle Vertragsänderung würde also zu denselben Schwierigkeiten führen, die zur Zeit die Gespräche in der CCD über den Abschluß eines umfassenden Teststop-Vertrages belasten. Falls es dennoch zu einer solchen Vertragsänderung kommen sollte, wäre es zweckmäßig, die Gespräche hierüber ebenfalls in der CCD zu führen. Auch insoweit wären die Vereinten Nationen der Rahmen, in dem eine politische Lösung des völkerrechtlichen Konflikts gesucht werden sollte, der durch den Einsatz friedlicher Kernsprengungen entsteht.

Stellt ein Kernwaffenstaat gemäß Artikel V des NV-Vertrages einem Nichtkernwaffenstaat seine Sprengdienste zur Verfügung, so ist das Risiko, daß in dem Nichtkernwaffenstaat oder in benachbarten Staaten Schäden entstehen, nicht unerheblich. Die Frage, wer für diese Schäden haftet, läßt sich nicht ohne weiteres beantworten. Ist es der Kernwaffenstaat, der die Sprengung durchführt, ist es der Nichtkernwaffenstaat, in dem sie ausgeführt wird, oder ist es die Firma bzw. der Unternehmer, auf dessen Veranlassung und zu dessen Nutzen die Sprengdienste in Anspruch genommen werden? Die in den nationalen Atomgesetzen und internationalen Atomkonventionen enthaltenen Haftungsvorschriften geben auf diese Fragen keine Antwort. Es ist deshalb erforderlich, spezielle Haftungsvorschriften für Schäden vorzubereiten, die durch friedliche Kernsprengungen entstehen. Wegen der »internationalen Komponente« der Sprengdienste sollte von vornherein eine internationale Haftungskonvention angestrebt werden. Nach amerikanischen Vorstellungen wäre eine Konvention, die die Haftung für Schäden, die durch friedliche Kernsprengungen in fremden Staaten verursacht werden, auf denjenigen »kanalisiert«, auf dessen Ersuchen und in dessen Interesse sie durchgeführt werden, und die sich ansonsten dem Konzept der Wiener Atomhaftungskonvention anpaßt, die beste Lösung des Haftungsproblems. Das geeignete Forum für die Erarbeitung einer solchen Konvention wäre zweifellos die IAEA.

VI. Schlussbemerkung

Kernwaffe und friedlicher Kernsprengkörper sind zwei Sprößlinge ein und derselben Wurzel. Es gilt, den einen zu beschneiden und den anderen zu kräftigen. Diese Aufgabe ist nicht leicht. Sie ist bisher im Rahmen der Vereinten Nationen in Angriff genommen worden, jedoch offensichtlich nur zögernd und nicht immer mit dem nötigen Geschick. Der Grund dafür liegt zum Teil in den unrealistischen Erwartungen, die in die neue Technologie gesetzt wurden, zum Teil in dem Mißtrauen, das das politische Klima zwischen den Vereinigten Staaten und der Sowjetunion jahrelang geprägt hat. Darüber hinaus sind durch die bisherigen Regelungen neue Schwierigkeiten aufgetreten, die behoben werden müssen. Vor allem den Vereinten Nationen (speziell der CCD) sowie der IAEA fallen dabei wichtige Funktionen zu. Als endgültige Lösung sollte im Rahmen der Vereinten Nationen eine Regelung angestrebt werden, die unter der Voraussetzung, daß schädliche Auswirkungen auf ein vertretbares Maß reduziert werden können, den Kernwaffenstaaten – und nur diesen – den Einsatz friedlicher Kernsprengkörper ohne die im partiellen Teststop-Vertrag vorgesehene Begrenzung auf bestimmte unterirdische Sprengungen gestattet. Hierbei muß sichergestellt werden, daß die Kernwaffenstaaten ihre Monopolstellung nicht für politische, wirtschaftliche oder sonstige Zwecke mißbrauchen können. An der Vorbereitung, Durchführung und Kontrolle der Sprengungen sollte die IAEA soweit wie möglich beteiligt werden.

LITERATUR

Technologische Probleme

Ginsburg, Theo: Die friedliche Anwendung von nuklearen Explosionen. München 1965.
Pohland, Erich: Friedliche Anwendung nuklearer Sprengstoffe. In: *Atom und Strom* 1968, S. 1–8.
Teller, Edward: The Constructive Uses of Nuclear Explosives. New York 1968.
Wilson, A. R. W.: A Review of the Current Status of Civil Engineering and Mineral Resources Development. Applications of Peaceful Nuclear Explosions. United Nations Peaceful Uses of Atomic Energy. Wien 1972.
Peaceful Nuclear Explosions. IAEA, Science-Features, July 1974, S. 7–9.
Western Interstate Nuclear Board (Hrsg.): Plowshare Technology Assessment. Implications to State Governments. Washington 1973.
Peaceful Nuclear Explosions. IAEA, Wien 1970.
Peaceful Nuclear Explosions II. IAEA, Wien 1971.
Peaceful Nuclear Explosions III. IAEA, Wien 1974.
Speziell für die Bundesrepublik Deutschland:
Langer, Michael: Ingenieurgeologische Probleme bei der Speicherung von Öl und Gas. In: *Geologische Jahrbücher* 90/1972, S. 315–358.
—: Physikalische Aspekte der nuklearen Sprengtechnik. In: *Physik in unserer Zeit* 1971, S. 66–73.
Langer, Michael, Albrecht *Caspari* und Karl *Wüstenhagen:* Probleme beim Einsatz nuklearer Sprengungen für die Gewinnung und Speicherung von Kohlenwasserstoffen. In: *Erdöl und Kohle-Erdgas-Petrochemie* 1970, S. 275–281.

Politische Probleme

Barnaby, F.: 10 TBT. In: *IAEA Bulletin,* Jg. 15/1973, No. 4, S. 13–19.
Braun, Dieter: Wie friedlich ist Neu-Delhis Atomprogramm? In: *Europa-Archiv,* Folge 18/ 1974, S. 623–638.
Ericsson, Ulf: The Non-Controversial Use of Nuclear Explosions for Peaceful Purposes. In: *Cooperation and Conflict* 1970, S. 1–19.
Forndran, Erhard: Probleme der internationalen Abrüstung. Rüstungsbeschränkung und Sicherheit. Schriften des Forschungsinstituts der Deutschen Gesellschaft für Auswärtige Politik. Bd. 8. Frankfurt/Berlin 1970.

Koop, Jacob: Plowshare and the Nonproliferation Treaty. In: *Orbis,* Vol. 12, 1968, S. 793 bis 815.
Mark, David E.: Die Einstellung der Kernwaffenversuche. Rüstungsbeschränkung und Sicherheit. Schriften des Forschungsinstituts der Deutschen Gesellschaft für Auswärtige Politik. Bd. 7. Frankfurt/Berlin 1965.
Terchek, Ronald J.: The Making of the Test Ban Treaty. The Hague 1970.

Ökologische Probleme

Lapage, Ruth: Radioactivity and PNE. AWRE Report No. 011/74. Aldermaston 1974.
Struxness, E. G. und P. S. *Rohwer:* An Approach to the Development of Guidelines for Plowshare. In: AEC Authorizing Legislation, Fiscal Year 1971. Hearings before the Joint Committee on Atomic Energy, Congress of the United Staates. Ninety-first Congress, Second Session. Part 2. Washington 1970, S. 1084–1105.
US Department of Health, Education and Welfare. Proceedings for the Symposium on Public Health Aspects of Peaceful Uses of Nuclear Explosives. Las Vegas, 7.–11. April 1969. Washington 1969.
USAEC, Environment Statement. Rio Blanco Gas Stimulation Project. Rio Blanco Country, Colorado, April 1972. In: AEC Authorizing Legislation, Fiscal Year 1973. Hearings before the Joint Committee on Atomic Energy, Congress of the United States. Ninety-second Congress, Second Session. Part 5. Volume 2. Washington 1972, S. E 1575–E 1828.

Juristische Probleme

Atomic Industrial Forum. A Legal Framework for Industrial Plowshare Applications. New York 1969.
Borner, Bodo: Rechtsfolgen des Atomsperrvertrages für die Bundesrepublik Deutschland. Veröffentlichungen des Instituts für Energierecht an der Universität Köln. Bd. 22. Düsseldorf 1968, S. 12–25.
Ehrlich, Thomas: The Limited Test Ban Treaty and Civil Nuclear Engineering. Education for Peaceful Uses of Nuclear Explosives. Tucson 1970, S. 223–230.
—: The Nonproliferation Treaty and Peaceful Nuclear Explosives. Proceedings for the Symposium on Engineering with Nuclear Explosives. Las Vegas, 14.–16. Januar 1970. Washington 1970, S. 294–305.
Fischerhof, Hans: Atomwaffensperrvertrag. Baden-Baden 1969.
Keller, Hans-Anton, Heinz *Bolliger* und Peter B. *Kalff:* On the Economic Implications of the Proposed Nonproliferation Treaty. In: *Revue de Droit International* 1968, S. 5–50.
Rainer, Reinhard: The Treaty for the Prohibition of Nuclear Weapons in Latin America (Tlatelolco Treaty). In: Nuclear Law for a Developing World. IAEA Legal Series, No. 5, Wien 1969, S. 315–323.
Trippe, Jerry C.: Legal Problems in the Use of Nuclear Explosives for Civil Purposes. In: *Atomic Energy Law Journal* 1970, S. 377–401.
Welck, Stephan Frhr. v.: Rechtsfragen des industriellen Einsatzes friedlicher Kernsprengungen. In: *Wirtschaftsrecht* 1972, S. 147–167.
—: Rechtsprobleme friedlicher Kernsprengungen unter besonderer Berücksichtigung des NV-Vertrages. International Nuclear Law Association. Dokumentation der 1. Internationalen Tagung für Kernenergierecht Nuclear Inter Jura '73. Karlsruhe 1973. S. 383–394.

Die Politik der Hauptakteure

KERNENERGIE UND INTERNATIONALE ORGANISATIONEN

Beate Lindemann

I. Die Rolle der internationalen Organisationen

1. Historische Perspektive

Bei der bisherigen Entwicklung und Verbreitung der friedlichen Nutzung der Kernenergie haben internationale Organisationen eine wichtige Rolle gespielt. Es waren besonders die Vereinigten Staaten von Amerika, die nach der Explosion ihrer Atombomben in Hiroshima am 6. August 1945 und 3 Tage später in Nagasaki einer internationalen Organisation die Aufgabe übertragen wollten, die weitere militärische Nutzung der Kernenergie zu verhindern und nach Wegen für ihre friedliche Nutzung zu industriellen und humanitären Zwecken zu suchen. Sie haben in der Generalversammlung der Vereinten Nationen die Initiative ergriffen für die Bildung einer dem Sicherheitsrat unterstehenden Atomenergie-Kommission, die sich mit den durch die Entdeckung der Atomenergie aufgeworfenen Problemen und Fragen befassen sollte: Die Resolution 1 (I), die gemeinsam von den Vereinigten Staaten, der Sowjetunion, Großbritannien, Frankreich und Kanada eingebracht wurde, konnte am 24. Januar 1946 einstimmig von der Generalversammlung angenommen werden[1].

Als nächster weitgehender Schritt war 1946 der amerikanische Versuch zu sehen, die Entwicklung und Verwendung der Atomenergie im Rahmen einer supranationalen Behörde zu zentralisieren. Sie sollte in den Besitz aller vorhandenen Vorräte an nuklearem Material kommen, sobald ein globales und wirksames Kontrollsystem geschaffen werden konnte (sog. Baruch-Plan[2]). Die Verhandlungen der UN-Atomenergie-Kommission über die Schaffung dieser Institution, die im Grunde eine begrenzte Weltregierung voraussetzte, scheiterten.

---

[1] Vgl. dazu ausführlich Hermann *Volle* und Claus-Jürgen *Duisberg*, Probleme der internationalen Abrüstung. Die Bemühungen der Vereinten Nationen 1945–1961. Rüstungsbeschränkung und Sicherheit, Schriftenreihe des Forschungsinstituts der Deutschen Gesellschaft für Auswärtige Politik, Bd. 1/I, Frankfurt/Berlin 1964, S. 8 ff.

[2] Er erhielt seinen Namen nach dem amerikanischen Vertreter, Bernard Baruch, in der UN-Atomenergie-Kommission. Siehe dazu ausführlich in diesem Band Wolf *Häfele*, Die historische Entwicklung der friedlichen Nutzung der Kernenergie, S. 44, und Werner *Ungerer*, Die Rolle internationaler Organisationen bei der Verhinderung mißbräuchlicher Verwendung der Kernenergie, S. 153 f.

In den folgenden Jahren wurde die friedliche Nutzung der Kernenergie auf nationaler Ebene weiterentwickelt, und die Sowjetunion und Großbritannien brachten ihre ersten Atomsprengkörper zur Explosion.

Die Vereinten Nationen bildeten weiterhin das Forum für die fortlaufenden Gespräche über Abrüstung und internationale Kontrolle der Atomenergie, jedoch ohne daß angesichts der Interessengegensätze zwischen Ost und West Fortschritte in den Verhandlungen erreicht werden konnten. Die UN-Atomenergie-Kommission wurde schließlich im Januar 1952 aufgelöst, nachdem die Sowjetunion bereits seit Anfang 1950 ihre Mitarbeit eingestellt hatte, offiziell aus Opposition gegen die Vertretung Chinas in den Vereinten Nationen durch Taiwan.

Die »Atoms-for-Peace«-Rede Präsident Eisenhowers vor der Generalversammlung der Vereinten Nationen am 8. Dezember 1953, also vier Monate nach der ersten sowjetischen Testexplosion einer Wasserstoffbombe, signalisierte einen erneuten Vorstoß der Vereinigten Staaten in der Entwicklung eines internationalen Programms für die friedliche Atomenergienutzung und der Bildung einer internationalen Kontrollbehörde. Der neue amerikanische Vorschlag sah ein weniger strenges Sicherungssystem vor, als die Vereinigten Staaten es bisher in den Abrüstungsverhandlungen gefordert hatten. In der ersten Genfer Konferenz für die friedliche Nutzung der Kernenergie (8.–20. August 1955), die von den Vereinten Nationen organisiert wurde, fand das von den Vereinigten Staaten konzipierte »Atoms-for-Peace«-Programm zum ersten Mal seinen Ausdruck in der internationalen Politik.

Die Verhandlungen über das Statut der Internationalen Atomenergie-Organisation (IAEA) und besonders über die Kontrollbestimmungen wurden zum großen Teil außerhalb der Vereinten Nationen geführt und vollzogen sich in zwei Etappen[3]: Nachdem die amerikanisch-sowjetischen Geheimgespräche über die Gründung der IAEA zu Beginn des Jahres 1954 erfolglos abgebrochen worden waren, begannen die Verhandlungen schließlich unter Ausschluß der Sowjetunion (Phase I). Der innerhalb eines Jahres von den nichtkommunistischen uranproduzierenden Staaten ausgearbeitete Entwurf eines IAEA-Statuts, der auf amerikanischen Vorschlägen basierte, wurde der Sowjetunion am 29. Juli 1955 übergeben. Er bildete dann die Grundlage für die Verhandlungen in der ersten Genfer Konferenz für die friedliche Nutzung der Kernenergie, an der sich neben den acht westlichen Staaten jetzt auch die Sowjetunion, die Tschechoslowakei, Indien und Brasilien beteiligten (Phase II). Am 26. Oktober 1956 konnte das IAEA-Statut von einer internationalen Konferenz am Sitz der Vereinten Nationen in New York, an der 81 Staaten und Beobachter von sieben Sonderorganisationen teilnahmen, mit Mehrheit angenommen werden.

---

[3] Vgl. Bernhard G. *Bechhoefer,* Historical Evolution of International Safeguards, in: Mason *Willrich* (Hrsg.), International Safeguards and Nuclear Industry, Baltimore/London 1973, S. 27 f.

Das Inkrafttreten des Statuts am 29. Juli 1957 bedeutete eine Zäsur in der Entwicklung der friedlichen Nutzung der Kernenergie im internationalen Bereich. Die IAEA sollte das Instrument der organisierten Verbreitung wissenschaftlicher und technischer Informationen und des Austausches von spaltbarem Material und Kernausrüstungen für ausschließlich friedliche Zwecke werden. Wie die folgenden Jahre allerdings zeigten, vollzog sich die Kernenergieentwicklung zunächst noch vorwiegend im Rahmen bilateraler Zusammenarbeit. Die Gründe dafür lagen vor allem in den tiefgehenden politischen Meinungsverschiedenheiten zwischen den Vereinigten Staaten und der Sowjetunion über ein Abkommen zu Fragen der Abrüstung und damit untrennbar verbunden der friedlichen Nutzung der Kernenergie sowie der Durchführung internationaler Kontrollen. Außerdem hatten die Vereinigten Staaten bereits mit einigen Staaten mehrjährige Lieferabkommen abgeschlossen, die die Versorgung mit Kernmaterial und die Durchführung von Sicherungsmaßnahmen durch die US-Atomenergie-Kommission (USAEC) umfaßten. Zu Beginn der sechziger Jahre gingen die Vereinigten Staaten dazu über, die bilateralen Abkommen in trilaterale umzuwandeln, d. h. unter Einschluß der IAEA für Kontrollzwecke.

Ebenfalls 1957 wurde eine andere Organisation, die Europäische Kernenergie-Agentur (ENEA) der OEEC[4], gegründet. Vor allem aber kam es auf regionaler Ebene zur Errichtung der Europäischen Atomgemeinschaft (Euratom) durch die römischen Verträge vom 25. März 1957. Ihr Aufgabenbereich überschnitt sich mit dem der IAEA weitgehend. Allerdings hatte Euratom für die Verbreitung der Kernenergie in den westeuropäischen Ländern sehr viel bedeutendere und weitreichendere Konsequenzen als die IAEA. Das galt insbesondere bis zu Beginn der siebziger Jahre. Im Rahmen des Tlatelolco-Vertrages wurde 1969 noch die Organisation für das Verbot von Kernwaffen in Lateinamerika (OPANAL)[5] errichtet.

Während die ENEA (NEA) und OPANAL stets von sekundärer Bedeutung blieben, änderte sich die Rolle der IAEA mit dem Abschluß des Vertrages über die Nichtverbreitung von Kernwaffen (NV-Vertrag; 1. Juli 1968), der die IAEA als Durchführungsorgan für die Vertragsbestimmungen einsetzte. Später wurde für Euratom aus dem Inhalt des sog. Verifikationsabkommens[6] der Schluß gezogen, daß der Organisation dem Sinne nach ein ähnlicher Status wie der IAEA zuerkannt worden ist.

---

[4] Überleitung der OEEC durch Übereinkommen vom 14. Dezember 1960 in die OECD. OECD ist Rechtsnachfolgerin der OEEC. Als Folge von Japans Mitgliedschaft in der ENEA wurde die Agentur am 17. Mai 1972 in »OECD Nuclear Energy Agency« (NEA) umbenannt.

[5] Siehe dazu ausführlich *Ungerer* (Anm. 2), S. 204 ff.

[6] Abkommen zwischen Belgien, Dänemark, der Bundesrepublik Deutschland, Irland, Italien, Luxemburg, den Niederlanden, der Europäischen Atomgemeinschaft und der Internationalen Atomenergie-Organisation in Verbindung mit dem Vertrag über die Nichtverbreitung von Kernwaffen vom 14. September 1973 (IAEA-Dokument INFCIRC/193).

Die Vereinten Nationen und der Achtzehn-Mächte-Abrüstungsausschuß[7] konnten aufgrund der Übereinstimmung der Supermächte den Rahmen bilden, innerhalb dessen die Verhandlungen über den NV-Vertrag geführt wurden. Auch die Konferenz der Nichtkernwaffenstaaten, deren Einberufung von der UN-Generalversammlung beschlossen worden war, fand vom 29. August bis 28. September 1968 in Genf unter der Ägide der Vereinten Nationen statt[8]. Es zeigte sich, daß es immer wieder die Vereinten Nationen waren, die im Entwicklungsprozeß der friedlichen Nutzung der Kernenergie die Organisation von Verhandlungen und die Vorbereitung von Abkommen übernahmen. Betrachtet man einzelne Aspekte aus der Praxis, wie etwa die Kontrolltätigkeit oder die Ausarbeitung von Rechtsbestimmungen, dann läßt sich feststellen, daß die politischen Initiativen, die den Debatten in den Vereinten Nationen zugrunde lagen, im Tätigkeitsbereich der spezifischen Organisationen (IAEA, ENEA, Euratoms sowie der UN-Sonderorganisationen WHO, FAO u. a.) oft ihren Niederschlag gefunden haben. Die Organisationen förderten die friedliche Kernenergieentwicklung in den verschiedenen Bereichen. Kooperationsabkommen mit den Einzelstaaten und zwischen den einzelnen internationalen, regionalen und nationalen Organisationen erleichterten und förderten die vielfältige Nutzung der Atomenergie auf nationaler Ebene.

Besondere Erwähnung verdient in dem Zusammenhang das Sicherungssystem der IAEA (und Euratoms). Seine Verankerung im NV-Vertrag sowie die Verknüpfung internationaler Kontrollen des Brennstoffkreislaufs in den Nichtkernwaffenstaaten mit der Lieferung von Ausgangs- und besonderem spaltbarem Material für friedliche Zwecke (Artikel III Abs. 2 des NV-Vertrages) sollte einen weltweiten Durchbruch der Kernenergienutzung ermöglichen und gleichzeitig die Gefahr des militärischen Mißbrauchs vermindern. Ursprünglich gab es Vorstellungen, die Kontrollen von IAEA, Euratom, ENEA und OPANAL in sich ergänzender Weise (aber ohne Oberbehörde) miteinander zu verbinden, so daß ein weltweites System von Sicherungsmaßnahmen entstehen würde. Die IAEA entwickelte sich jedoch sehr bald und insbesondere seit dem NV-Vertrag (mit starker Unterstützung der Vereinigten Staaten und der Sowjetunion) zu der einzigen universalen Kontrollbehörde. Das Sicherungssystem der ENEA (NEA) blieb weitgehend bedeutungslos, und das von OPANAL ist bis heute nicht in Funktion gebracht worden.

2. Künftige Aufgaben

Der Informationsaustausch und die Kontrolltätigkeit – im Falle Euratoms noch zusätzlich die Versorgung mit Kernbrennstoff – sind heute wohl die

---

[7] Im August 1969 wurde das »Eighteen Nations Disarmament Committee« (ENDC) umbenannt in »Conference of the Committee on Disarmament« (CCD).
[8] Siehe dazu die Veröffentlichung des Presse- und Informationsamtes der Bundesregierung vom November 1968 »Konferenz der Nichtkernwaffenstaaten«.

wichtigsten Funktionen internationaler Organisationen im Prozeß der Verbreitung der Kernenergie. Aber es gibt auch andere Bereiche, in denen die Arbeit der Organisationen bedeutend ist und auf lange Sicht für die Weiterentwicklung friedlicher nuklearer Tätigkeiten unentbehrlich sein wird. Es ist etwa zu denken an die Isotopenverwendung in Medizin, Biologie, Landwirtschaft und Industrie, die Leistung von Service-Funktionen wie die Gewährung technischer Hilfe[9] oder die Durchführung friedlicher Kernsprengungen[10], die durch die unterirdische Zündung eines Kernsprengsatzes durch Indien am 18. Mai 1974 an weltpolitischer Aktualität gewonnen hat. Der vielseitige Problembereich des Umweltschutzes[11], einschließlich des Strahlenschutzes und der Entsorgung, sowie die Maßnahmen zur Erhöhung der Betriebssicherheit und des Schutzes vor unbefugtem Zugriff werden zwar im internationalen Rahmen diskutiert mit dem Ziel, zu Vereinbarungen zu kommen, doch liegt es in der Entscheidungsgewalt der Staaten, die internationalen Empfehlungen zur Grundlage für die nationale Politik zu nehmen.

Mit der sog. Energiekrise, die ihren vorläufigen Höhepunkt im Winter 1973/74 erreichte, ist der Kernenergie eine größere Bedeutung zugekommen. Die Situation ist politisch reif geworden, um die Kernenergie als wirkliche Alternative zu den fossilen Energieträgern Mineralöl, Kohle und Erdgas sowie als energiepolitische Notwendigkeit in die Planung einzubeziehen. Mit der fortschreitenden Entwicklung und stärkeren Nutzung der Kernenergie werden die Organisationen wie die IAEA, Euratom, evt. aber auch die NEA und OPANAL in Zukunft an Wichtigkeit gewinnen, und ihr Aufgabenbereich wird sich in dem Maße erweitern, wie die Verwendung der Nuklearenergie und die damit verbundenen technischen, Umwelt-, Sicherheits- und Kontrollprobleme zunehmen. Die Folge davon wird sein, daß das politische Gewicht der Organisationen für die zwischenstaatlichen Beziehungen und die internationale Politik vergrößert wird. Einige der Organisationen, die für die Wahrnehmung kerntechnischer und energiewissenschaftlicher Aufgabenbereiche gegründet worden sind, werden mit wachsender Bedeutung und Zunahme ihrer Arbeit von den Mitgliedstaaten verstärkt für die Durchsetzung wirtschafts- und energiepolitischer Interessen genutzt werden. Diese Entwicklung kann einen Funktionswandel der Organisationen herbeiführen und die Effektivität ihrer Arbeit durch politische Motivationen beeinträchtigen.

---

[9] Siehe dazu in diesem Band Peter *Schultze-Kraft*, Multilaterale Technische Hilfe im Nuklearbereich, S. 357 ff. Beispiele der vielfältigen Verwendung von Isotopen in Landwirtschaft und Industrie siehe im gleichen Beitrag, S. 364.
[10] Siehe dazu in diesem Band Stephan Frhr. v. *Welck*, Friedliche Kernsprengungen als Herausforderung und Aufgabe internationaler Organisationen, S. 389 ff.
[11] Zur Umweltproblematik siehe in diesem Band die Kapitel von Helmut *Schnurer* / Hans Christoph *Breest*, Werner *Boulanger*, Karl *Aurand* und Peter *Menke-Glückert*, S. 227–323.

II. Nationale Interessenlagen

Eine Untersuchung über die Rolle internationaler Organisationen im Bereich der friedlichen Nutzung der Kernenergie muß vor allem die nationalen Politiken in und gegenüber den betreffenden Organisationen berücksichtigen. Es sind gerade die politischen Interessenlagen und Verhaltensweisen der Regierungen, die über Stärke oder Schwäche der Organisationen entscheiden und den Aufgaben- und Tätigkeitsbereich maßgeblich bestimmen. Trotz eines gewissen Eigengewichts und einer Eigendynamik ihrer Bürokratien als relativ selbständige Partner der nationalen Regierungen können internationale Organisationen in ihrem Funktionsbereich letzten Endes nur so einflußreich sein, wie ihre Mitglieder sie in der Ausübung ihrer Aufgaben unterstützen.

Die Komplexität des Problembereichs der friedlichen Nutzung der Kernenergie bedingt vielfältige Interessenunterschiede zwischen den nationalen Regierungen, die das Tätigkeitsfeld und den Funktionswandel der Organisationen mitgeprägt haben und in Zukunft weiter beeinflussen werden. Als wichtiger Faktor in diesem von der Materie her politisch ohnehin empfindlichen Konfliktfeld verdient der politische Statusunterschied zwischen Kernwaffenstaaten und Nichtkernwaffenstaaten in der internationalen Politik besondere Bedeutung[12]. Im NV-Vertrag ist er in den Artikeln I und II verankert worden, und er hat seitdem Rückwirkungen gehabt auf das Interesse der Nuklearstaaten an der Mitwirkung in den Organisationen und auf die Konfliktmöglichkeit zwischen den beiden Gruppen.

1. Kernwaffenstaaten

Obwohl der NV-Vertrag lediglich eine Kategorie von Kernwaffenstaaten erwähnt, nämlich Staaten, die »vor dem 1. Januar 1967 eine Kernwaffe oder einen Kernsprengkörper hergestellt oder gezündet« haben (Artikel IX Abs. 3), hat sich in der Praxis die Unterscheidung zwischen den Supermächten Vereinigte Staaten von Amerika und Sowjetunion und den übrigen Nuklearstaaten Frankreich, Großbritannien und der Volksrepublik China herausgebildet. Der weltpolitische Modus vivendi zwischen den Weltmächten hat ihre bilaterale Zusammenarbeit auf dem Gebiet der Abrüstung und der friedlichen Nutzung der Kernenergie ermöglicht sowie die Bedeutung und die Wirksamkeit internationaler Organisationen erhöht.

Ein Außenseiter im »Klub der Nuklearmächte« ist die Volksrepublik China (siehe S. 432). Welche Rolle Indien, das am 18. Mai 1974 seinen ersten unterirdischen Atomsprengsatz gezündet hat, in Zukunft – vis-à-vis der atomaren

---

[12] Vgl. Lothar *Ruehl*, Die politische Bedeutung des Besitzes von Kernwaffen. Statusunterschiede zwischen Nuklearstaaten und Nichtatomaren, in: *Europa-Archiv*, Folge 1/1973, S. 17–32.

Hauptmächte – spielen wird, ist noch offen. In jedem Fall bezeichnet sich Indien selbst betont als »Nuklearmacht« – in deutlicher Abgrenzung zu den »Nuklearwaffenmächten« und den »Nichtnuklearen«. Es will damit seinen politischen Statusgewinn und seine Zunahme an Macht, Einfluß und Unabhängigkeit in der internationalen Politik zum Ausdruck bringen[13].

a) Die Supermächte

Die Politik der Vereinigten Staaten gegenüber den internationalen Organisationen hat sich in verschiedenen Etappen vollzogen:

– In den Jahren nach 1945 waren es fast ausschließlich die Vereinigten Staaten, die die Initiativen zur Verbreitung und Entwicklung der friedlichen Kernenergienutzung ergriffen hatten und die Rolle der internationalen Organisationen in diesem Bereich, insbesondere die der Vereinten Nationen, stärken wollten (UN-Atomenergie-Kommission 1946, Baruch-Plan 1946, »Atoms-for-Peace«-Programm 1953).
– Die amerikanische Politik fand in der Planung und Gründung der IAEA zum ersten Mal ihren institutionellen Ausdruck[14]. Die Organisation war das Produkt amerikanischer politischer Kalkulation; ihre Zielsetzung war deckungsgleich mit der nationalen Interessenlage der Vereinigten Staaten:
  – Förderung und Kontrolle der internationalen Nutzung der Kernenergie;
  – Demonstration der amerikanischen Führung im Nuklearbereich.
– Dennoch unterstützten die Vereinigten Staaten bis 1962 die IAEA nur begrenzt in der Wahrnehmung ihrer Funktionen angesichts der Opposition – insbesondere von der Sowjetunion, aber auch von Indien – gegen die Kontrolltätigkeit der Organisation. Für die Zusammenarbeit mit ihren Verbündeten wurden andere Kontrollmodalitäten gefunden; 1958 erklärten die Vereinigten Staaten, daß ihre NATO-Partner von IAEA-Sicherungsmaßnahmen ausgeschlossen seien. In den westeuropäischen Staaten traten sie für die Euratom-Lösung ein, und mit den übrigen NATO-Mitgliedern schlossen sie bilaterale Kontroll- und Lieferabkommen.
– Erst 1962 gingen sie zu einer Politik der trilateralen Verträge unter Einschluß der IAEA über. Der Änderung in der amerikanischen Haltung ging die nachlassende sowjetische Ablehnung von Sicherungsmaßnahmen voraus. Allerdings fand die Unterstützung des IAEA-Kontrollsystems durch die Vereinigten Staaten auch noch in den folgenden Jahren ihre Grenze an der amerikanischen Befürwortung von regionalen Euratom-Kontrollen in den sechs EG-Mitgliedstaaten. Trotz heftiger sowjetischer Kritik förderten die Ver-

---

[13] Siehe dazu Dieter *Braun*, Wie friedlich ist Neu-Delhis Atomprogramm?, in: *Europa-Archiv*, Folge 18/1974, S. 623–632.
[14] Vgl. Lawrence *Scheinman*, IAEA: Atomic Condominium? in: Robert W. *Cox* und Harold K. *Jacobson* (Hrsg.), The Anatomy of Influence. Decision Making in International Organization, New Haven/London 1973, S. 216.

einigten Staaten die Europäische Atomgemeinschaft, in der sie einen weiteren Schritt auf dem Weg zur europäischen politischen Einigung sahen. Erst mit dem Abschluß des Abkommens zwischen Euratom und IAEA (S. 446) wird schließlich eine Verifizierung der Kontrollen in den Euratom-Ländern durch die IAEA ermöglicht.

Für die Sowjetunion war die Ausgangssituation 1946 eine andere. Sie war noch nicht Nuklearmacht. Den amerikanischen Vorschlägen für ein Sicherungssystem, das die nationale Souveränität beeinträchtigen würde, stand sie deshalb von Anfang an ablehnend gegenüber. Trotzdem unterbreitete sie in der UN-Atomenergie-Kommission am 11. Juni 1947, als Antwort auf den Baruch-Plan, einen Vorschlag für das Verbot militärischer Kernaktivitäten und für weitgehende internationale Kontrollen, der von den übrigen Kommissionsmitgliedern abgelehnt wurde[15]. Nach ihrer ersten Atomexplosion am 23. September 1949 ließ das ohnehin begrenzte Interesse der Sowjetunion an der Kontrolle von Nuklearaktivitäten weiter nach, und sie rückte immer deutlicher von ihrem Vorschlag vom Juni 1947 ab. Die Durchführung von internationalen Sicherungsmaßnahmen interpretierte sie als Einmischung in die inneren Angelegenheiten der Staaten. Die Sowjetunion suchte den Rückhalt für ihre Opposition bei den Staaten der Dritten Welt, insbesondere bei Indien, das seit Beginn ein engagierter Gegner jeglicher Kontrollen war. Der »Kalte Krieg« implizierte auch die systematische sowjetische Kritik an der westlichen Dominanz in den internationalen Gremien, was den Zusammenhalt der Vereinigten Staaten und ihrer Verbündeten weiter förderte und die amerikanische Vormachtstellung nur noch stärkte.

Die ablehnende Haltung begann sich in der »Atoms-for-Peace«-Phase langsam zu wandeln, nachdem auch die Vereinigten Staaten und Großbritannien seit 1954 in ihrer Politik offiziell vom Baruch-Plan abrückten. Trotzdem gelang es den Westmächten nicht, die Sowjetunion von Anfang an an den Verhandlungen über das IAEA-Statut zu beteiligen (siehe S. 420). Erst die Entschlossenheit der Vereinigten Staaten, die IAEA mit oder ohne Unterstützung der Sowjetunion zu gründen und parallel ihre Politik der bilateralen Verträge fortzusetzen, mag die Sowjetunion überzeugt haben, daß sie ihre Ziele besser im Rahmen internationaler Organisationen als außerhalb verfolgen kann[16]. Die IAEA konnte schließlich im Oktober 1957 mit sowjetischer Zustimmung gegründet werden. Es zeigte sich jedoch bald, daß die Organisation bei der Durchführung ihrer Aufgaben anfangs wenig sachliche Unterstützung von seiten der Sowjetunion bekommen würde (sie leistete aber seit Beginn ihre finanziellen Beiträge). Ihr vorrangiges Interesse in der IAEA bestand darin, die Führung der Vereinigten Staaten in der friedlichen Nutzung der Atomenergie zu brechen.

---

[15] Vgl. dazu ausführlich *Bechhoefer* (Anm. 3), S. 23 f.
[16] Vgl. auch Arnold *Kramish,* The Peaceful Atom in Foreign Policy, New York 1963, S. 210.

In den Jahren von 1958 bis 1963 zeichnete sich eine grundlegende Änderung in der sowjetischen Politik ab als Folge der Entspannungsbemühungen zwischen den zwei Supermächten unter Chruschtschow und Kennedy. Das wachsende sowjetische Interesse an internationalen Sicherungsmaßnahmen wurde durch die für die Weltöffentlichkeit einschließlich der Sowjetunion überraschende Zündung des ersten Atomsprengsatzes der Volksrepublik China (16. Oktober 1964) und die Errichtung von Leistungsreaktoren in den Nichtkernwaffenstaaten seit 1960 – bis dahin arbeiteten fast ausschließlich Forschungsreaktoren – weiter gefördert. Die veränderte Haltung gegenüber der IAEA hatte ihre ersten Anzeichen zu Beginn des Jahres 1962, als die Sowjetunion in den Sitzungen des Gouverneursrates und der Generalkonferenz vom Konfrontationskurs abging, und sie zeigte sich deutlicher im Juni 1963, als der sowjetische Vertreter im Gouverneursrat, Vasilij Emeljanov, nicht die provisorische Erweiterung des ersten Dokuments über Sicherungsmaßnahmen ablehnte.

Die weltpolitische Détente hatte 1963 ihren vorläufigen Höhepunkt in der Unterzeichnung des Teststop-Vertrages, die zeitlich nach der Beendigung der Kuba-Krise und nach der Einstellung sowjetischer nuklearer Hilfeleistungen an die Volksrepublik China erfolgte. Der Vertrag war das bisher wichtigste Zeichen einer grundsätzlichen amerikanisch-sowjetischen Interessenparallelität im Bereich der Nichtverbreitung von Atomwaffen[17]. Nach dem Bruch im Verhältnis zwischen der Sowjetunion und der Volksrepublik China war die sowjetische Ablehnung jeglicher Proliferation immer deutlicher geworden. Die Entspannung fand im Bereich der friedlichen Kernenergienutzung ihren Ausdruck in der wachsenden Bereitschaft der Sowjetunion zur Zusammenarbeit mit den westlichen Nuklearstaaten im IAEA-Kontrollsystem. Im April 1965 trat das für die Durchführung von Sicherungsmaßnahmen sehr wichtige Dokument »The Agency's Safeguards System« (INFCIRC/66) in Kraft, das mit sowjetischer Unterstützung zustande gekommen war.

Die Entwicklung guter Beziehungen im Ost-West-Verhältnis und die zunehmende Kooperation der Supermächte hatten schließlich auch zur Folge, daß die Vereinigten Staaten in den Jahren von 1962 bis 1964 ihre bilateralen Kontrollabkommen unter Beteiligung der IAEA in trilaterale Verträge umwandelten. 1962 wurde auch das erste bilaterale Kontrollabkommen zwischen der IAEA und einem Ostblockland, Rumänien, abgeschlossen, das allerdings nie in Kraft trat. Die Sowjetunion als Kernwaffenstaat hat aber – anders als die Vereinigten Staaten – die Zulassung freiwilliger Inspektionen auf sowjetischem Territorium nie in Aussicht gestellt. Ihre Bereitschaft, den Nichtkernwaffenstaaten einen Einblick in die sowjetische Kernenergienutzung zu geben, geht nur so weit, daß sie Wissenschaftler der IAEA zu Informationsreisen in die Sowjet-

---

[17] Vgl. dazu ausführlich George H. *Quester*, The Politics of Nuclear Proliferation, Baltimore/London 1973, S. 38 f.

union einlädt: Den Experten wird der Zutritt zu den Forschungszentren und Kernkraftwerken gewährt (sie können dort den ersten schnellen Brutreaktor in Aktion besichtigen), und sie bekommen einen Einblick in die Entwicklungen auf dem Kontrollgebiet. Die entscheidenden, strategisch interessanten und wichtigen Punkte im Brennstoffkreislauf, d. h. der gesamte Bereich der Anreicherung und Wiederaufarbeitung, bleibt ihnen jedoch verschlossen.

Den bedeutendsten Schritt für die Stärkung der nuklearen Détente stellten die Verhandlungen und der Abschluß des Vertrags über die Nichtverbreitung von Kernwaffen (1. Juli 1968) dar. Die Sowjetunion, die aufgrund ihres Status als Kernwaffenstaat keinen Sicherungsmaßnahmen unterworfen wurde, setzte sich von nun an uneingeschränkt für das Kontrollsystem im Sinne des NV-Vertrags ein, d. h. für uneingeschränkte Kontrollen der Nichtkernwaffenstaaten. An die Stelle der amerikanischen Dominanz in den internationalen Organisationen, die bereits seit 1962 abgebaut wurde, trat der amerikanisch-sowjetische Bilateralismus. Das gemeinsame Interesse der Supermächte an Nonproliferation und strenger, kontrollierter Überwachung der friedlichen Nuklearaktivitäten in den Nichtkernwaffenstaaten sowie an der Stärkung der mit diesen Aufgaben betrauten internationalen Organisationen, besonders der IAEA, hat zu enger Kooperation geführt. Sie kommt am deutlichsten in der übereinstimmenden Haltung der Supermächte zu bestimmten Sachproblemen und in Konfliktsituationen mit anderen nuklearen und nichtnuklearen Staaten zum Ausdruck. Die Zusammenarbeit ist meistens das Resultat intensiver bilateraler Verhandlungen, deren sachlicher Inhalt in zahlreichen Fällen nicht in Übereinstimmung mit den nationalen Interessen der nuklearen Mittelmächte Frankreich und Großbritannien ist. Besonders die Verhandlungen im Kontrollausschuß der IAEA (1970/71), die die Überarbeitung des gesamten Sicherungssystems und ihre Angleichung an die Bestimmungen des Nichtverbreitungs- und Tlatelolco-Vertrages zum Inhalt hatten, ließen oft das unterschiedliche Interesse an Einzelproblemen erkennen, das die Supermächte einerseits und die übrigen Kernwaffenstaaten andererseits verfolgten.

Die Rückwirkungen, die der amerikanisch-sowjetische Bilateralismus auf den intraorganisatorischen Willensbildungs- und Entscheidungsprozeß hat, kommen am stärksten in der Konsensbildung im Gouverneursrat der IAEA zum Tragen. Entscheidungen, die z. Z. der Ost-West-Konfrontation durch formelle Abstimmungen getroffen wurden, denen auf amerikanischer Seite intensive Konsultationen mit verbündeten IAEA-Mitgliedern zur Mobilisierung von Abstimmungsmehrheiten vorangingen, beruhen heute in vielen Fällen auf Konsensbildung oder sind das Ergebnis informeller Absprachen zwischen dem Sekretariat und den Vertretungen der Mitgliedstaaten, insbesondere denen der Vereinigten Staaten und der Sowjetunion. Konflikte zwischen den Supermächten werden außerhalb der IAEA ausgetragen. Der Einfluß der Vereinigten Staaten und der Sowjetunion auf politische Entscheidungen in der IAEA ist von grundlegender Bedeutung.

Die Änderung der politischen Strategie der Sowjetunion gegenüber internationalen Organisationen und friedlicher Nutzung der Kernenergie hatte ihre Rückwirkungen auch besonders auf die Stellung von Euratom. Die Sowjetunion lehnte die Anerkennung des Euratom-Kontrollsystems und die Regelung der Beziehungen zwischen Euratom und der IAEA jahrelang ab, u. a. weil im Euratom-Vertrag die Verwendung der Kernenergie für militärische Zwecke nicht ausdrücklich verboten war. Die Organisation wurde von der Sowjetunion als Ableger des westlichen Militärbündnisses gesehen. Es waren ausschließlich politische Gründe, die eine vertraglich festgelegte Zusammenarbeit von IAEA und Euratom verhinderten. Mit fortschreitender Entspannung zwischen den Supermächten ließ die sowjetische Opposition gegen Euratom und ihr Kontrollsystem jedoch nach, und mit der Zustimmung zum sog. Verifikationsabkommen erkannte die Sowjetunion schließlich die Europäische Atomgemeinschaft und damit den Sonderstatus der europäischen Staaten innerhalb der IAEA im Prinzip an[18].

Die politischen Interessen der Supermächte sind also weitgehend parallel, wenn es um die Problematik der Nichtverbreitung und der Sicherungsmaßnahmen geht. Auch im Bereich des Austausches ziviler kerntechnischer Informationen arbeiten die Sowjetunion und die Vereinigten Staaten eng zusammen. Organisatorisch drückt sich diese Kooperation darin aus, daß der Direktor der Abteilung für wissenschaftliche und technische Information der IAEA ein Amerikaner ist und der Leiter des Internationalen Nuklearinformationssystems (INIS) ein Russe. Die begrenzte Interessenparallelität der Vereinigten Staaten und der Sowjetunion hat die Funktionsfähigkeit der internationalen Organisationen gestärkt und damit ihre Konfliktlösungskapazität erhöht.

Der amerikanisch-sowjetische Bilateralismus findet seine Grenzen in den Bereichen, die außerhalb der Entspannung liegen, wie z. B. im Problembereich der technischen Hilfe, der von größter wirtschaftlicher und politischer Bedeutung für die Entwicklungsländer ist. Hier bleiben die divergierenden Interessen zwischen den Supermächten bestehen, auch wenn sie auf dem Hintergrund des »Kalten Krieges« abgeschwächt erscheinen. Neue mögliche Konfliktbereiche können in Zukunft etwa durch die Lieferpolitik entstehen. Die Sowjetunion ist zunehmend an Exporten in die Länder interessiert, wo sie Lücken zu füllen sieht, die die Vereinigten Staaten entstehen lassen[19].

---

[18] Das wurde besonders unterstrichen durch die seither geschlossenen trilateralen Verträge über die Leistung von Lohnanreicherungsdiensten und Lieferung von angereichertem Uran, namentlich zwischen der Sowjetunion, der Bundesrepublik und Euratom.

[19] Im amerikanischen Kongreß liegen z. B. Vorschläge vor, den Beitritt zum NV-Vertrag zur Vorbedingung für amerikanische Lieferungen von Reaktoren und Kernbrennstoffen zu machen. Sie sind von der Regierung als unzweckmäßig zurückgewiesen worden mit der Begründung, daß sie gerade in den wichtigen nuklearen Schwellenmächten nichtkontrollierte und vertraglose Entwicklungen herbeiführen könnten.

b) Frankreich und Großbritannien

In Westeuropa gibt es zwei Kernwaffenstaaten: Großbritannien (seit 1952) und Frankreich (seit 1960), beides mittlere Mächte in der internationalen Politik. Sie sind Mitglieder der IAEA seit ihrer Gründung, doch ist nur Großbritannien dem NV-Vertrag beigetreten. Frankreich ist – ebenso wie die Volksrepublik China – Nichtvertragspartei geblieben, was in der Praxis aber nicht die Ineffektivität des Vertragswerks zur Folge gehabt hat: Keiner der beiden Staaten hat den Prozeß der Proliferation gefördert; Frankreich hat darüber hinaus verschiedentlich erklärt, daß es sich in seinen internationalen Beziehungen von den Prinzipien des Vertrages leiten lasse. Am Abschluß des NV-Vertrages als solchen hat Frankreich durchaus Interesse gehabt, besonders im Hinblick auf die Bundesrepublik Deutschland, es lehnte nur seinen eigenen Beitritt von vornherein ab.

Obwohl die Kernwaffenstaaten keinen Sicherungsmaßnahmen unterliegen, hat sich Großbritannien am 4. Dezember 1967[20] – zwei Tage nach den Vereinigten Staaten – bereit erklärt, seine friedlichen Kernenergieaktivitäten IAEA-Kontrollen zu unterstellen, allerdings unter Ausschluß der Anlagen, die das nationale Interesse berühren. Es liegt im eigenen Ermessen beider Staaten, jene Anlagen selbst zu bestimmen. Mit diesem Entgegenkommen wollen sie ihre Bereitschaft zeigen, sich wie die Nichtkernwaffenstaaten möglichen wirtschaftlichen Wettbewerbsnachteilen und der Gefahr industrieller Spionage auszusetzen. Daß diese Kontrollen bis auf wenige Ausnahmen[21] heute weder in den Vereinigten Staaten noch in Großbritannien durchgeführt werden, ist u. a. auf die de facto Junktim-Politik der beiden Staaten gegenüber den wichtigsten Nichtkernwaffenstaaten zurückzuführen: Zuerst Abschluß und Ratifizierung der sog. Verifikationsabkommen zwischen der IAEA und Euratom und zwischen der IAEA und Japan, dann Unterstellung der amerikanischen und britischen Anlagen unter IAEA-Sicherungsmaßnahmen. Die Verhandlungen mit der IAEA über die Modalitäten der Kontrollen und den Abschluß eines Abkommens können voraussichtlich Mitte des Jahres 1975 abgeschlossen werden.

Der Status des Kernwaffenstaates bringt (neben den ökonomischen) politische und psychologische Implikationen mit sich, die weniger für die beiden Supermächte als für die mittleren Mächte Frankreich und Großbritannien wichtig sein können. Der Besitz von Atomwaffen bedeutet Ansehen und Prestige in der nationalen und internationalen Politik. Dazu haben Frankreich und Großbritannien, als frühere Weltmächte, in der Nachkriegszeit noch den Status einer Großmacht erlangt, der in der ständigen Mitgliedschaft im Sicherheitsrat der Vereinten Nationen und in der Rolle als ehemalige Besatzungsmächte des be-

---

[20] Siehe IAEA-Dokument GOV/1383, Annex, 23 (Februar 1970), S. 1 f.
[21] In den Vereinigten Staaten werden erst zwei Leistungs- und zwei Forschungsreaktoren sowie eine Wiederaufarbeitungsanlage und in Großbritannien ein Leistungsreaktor versuchsweise von der IAEA kontrolliert.

siegten Deutschland seinen Ausdruck gefunden hat. Der politische Statusunterschied in Europa – Frankreich und Großbritannien auf der einen Seite, die übrigen EG-Mitglieder auf der anderen – hat Auswirkungen auf die nationalen Interessen, die diese Staaten in den internationalen Organisationen verfolgen. Während besonders Frankreich an der Aufrechterhaltung der Sonderstellung festhält und verschiedentlich versucht hat, den Unterschied zwischen nuklearem und nichtnuklearem Status in der internationalen Politik stärker zur Geltung zu bringen, ist die Bundesrepublik Deutschland als Vertreter der nichtnuklearen europäischen Staaten bemüht, diesen Statusunterschied zumindest im europäischen Rahmen bedeutungslos werden zu lassen. Wie sich in der Vergangenheit gezeigt hat, hat Frankreich als Mittelmacht aufgrund seines Kernwaffenbesitzes nicht wesentlich an politischem Einfluß gewinnen können[22].

Der Vertrag zur Gründung der Europäischen Atomgemeinschaft kennt im Gegensatz zum NV-Vertrag keine Unterscheidung zwischen Kernwaffen- und Nichtkernwaffenstaaten. Es galt als grundlegendes Prinzip, daß die zivilen Kernenergieanlagen aller Mitgliedstaaten in der gleichen Weise von Euratom kontrolliert werden – der Kernwaffenstaat Frankreich genauso wie die kernwaffenlose Bundesrepublik Deutschland. Die Praxis sieht jedoch so aus, daß Frankreich bemüht ist, die Euratom-Kontrollen im eigenen Land auf ein Minimum zu begrenzen. Das dadurch entstandene Konfliktpotential innerhalb Euratoms ist mit dem sog. Verifikationsabkommen noch verstärkt worden: Frankreich besteht darauf, daß bei der Neufassung der Euratom-Verordnungen 7 und 8, die durch das Abkommen notwendig geworden ist, seiner Stellung als Nuklearmacht Rechnung getragen wird. Sollte es zu einer Einschränkung des Anwendungsbereichs der Euratom-Kontrollen in Frankreich kommen[23], würden die Probleme der wirtschaftlichen Wettbewerbs- und Konkurrenzfähigkeit zwischen Frankreich und den anderen EG-Staaten von größter politischer Aktualität sein. Der Fall könnte vor den Gerichtshof der Europäischen Gemeinschaft gebracht werden. In Großbritannien, das mit seinem Beitritt zur Europäischen Gemeinschaft 1973 auch Mitglied von Euratom geworden ist, wird mit der Durchführung von Euratom-Kontrollen begonnen.

Als Nichtunterzeichner des NV-Vertrages sind Frankreich ohnehin nicht die gleichen wirtschaftlichen Beschränkungen auferlegt worden wie den übrigen Mitgliedern der Europäischen Gemeinschaft, die NV-Vertragsparteien sind: Die französische Industrie kann Kernanlagen und Kernbrennstoffe in alle Länder exportieren, unabhängig davon, ob diese ihrerseits IAEA-Sicherungsmaßnahmen unterliegen[24]. Die übrigen EG-Mitglieder haben sich dagegen in Artikel

---

[22] Siehe dazu in diesem Band Uwe *Nerlich*, Die Konventionalisierung der Kernenergie und der Wandel der Nonproliferationspolitik, S. 116.
[23] Siehe dazu Werner *Ungerer*, Mißbräuchliche Verwendung der Kernenergie – eine Begriffsbestimmung, S. 83 (Fußnote).
[24] Vgl. dazu Felix *Oboussier*, Euratom und der Kernwaffensperrvertrag, in: *Europa-Archiv*, Folge 16/1968, S. 577.

III Abs. 2 des NV-Vertrages verpflichtet, Nichtkernwaffenstaaten nur dann zu beliefern, wenn das Ausgangs- oder besondere spaltbare Material den nach Artikel III erforderlichen Sicherungsmaßnahmen unterliegt. Da die westlichen Industrienationen im Reaktorexport in scharfer Konkurrenz stehen, könnten die sich aus dieser Situation möglicherweise ergebenden wirtschaftlichen Vorteile Frankreichs politische Bedeutung im europäischen Rahmen gewinnen, wenn mit der Verbreitung der friedlichen Kernenergienutzung die wirtschaftlich und technisch fortgeschritteneren Länder der Dritten Welt, die dem NV-Vertrag nicht beigetreten sind, ihre Reaktoren von französischen Firmen beziehen würden, um dadurch den strengen IAEA-Kontrollen zu entgehen. Frankreich betreibt seine Exportpolitik im Nuklearbereich schon jetzt am liberalsten und am wenigsten restriktiv. Dieser Eindruck ist Ende Juni 1974 durch den Vertrag mit Iran über die Lieferung von fünf 1000-Megawatt-Kernkraftwerken (unter günstigsten Bedingungen) noch verstärkt worden, auch wenn Frankreich andererseits die Lieferung von Kernerzeugnissen in Staaten, wie z. B. Chile oder Spanien, die für die Überwindung der akuten französischen Zahlungs- und Handelsbilanzprobleme weniger Bedeutung haben, erst kürzlich von der Annahme von IAEA-Sicherungsmaßnahmen abhängig gemacht hat.

c) Die Volksrepublik China

Die Volksrepublik China, die am 16. Oktober 1964 ihre erste nukleare Testexplosion durchgeführt und am 17. Juni 1967 ihre erste Wasserstoffbombe gezündet hat, ist der einzige Kernwaffenstaat, der nicht der IAEA angehört. Sie hat bisher weder ihr Interesse am Beitritt zur Organisation oder an der Unterzeichnung des NV-Vertrags noch an der Teilnahme an Abrüstungsgesprächen zu erkennen gegeben.
In dem Brief vom 29. September 1972, den der chinesische Außenminister an UN-Generalsekretär Kurt Waldheim gerichtet hat, heißt es, daß die Volksrepublik alle multilateralen Verträge, denen das Chiang-Kai-shek-Regime vor Gründung der Volksrepublik am 1. Oktober 1949 beigetreten sei, prüfen und dann in jedem einzelnen Fall entscheiden werde, ob sie den Vertrag als bindend für ihre Politik anerkenne. Die IAEA und den NV-Vertrag betrifft diese Regelung nicht, da beide nach 1949 entstanden sind. Hinsichtlich der IAEA ist der Volksrepublik alternativ die Möglichkeit gegeben, einen neuen Antrag auf Mitgliedschaft zu stellen oder den chinesischen Sitz in der Organisation, der seit dem Ausschluß Taiwans 1972 nicht besetzt ist, einzunehmen. Die Volksrepublik hat 1973 und 1974 eine Einladung zur IAEA-Generalkonferenz erhalten, sie jedoch unbeantwortet gelassen.
Es ist nicht bekannt, wie weit die Entwicklung der friedlichen Nutzung der Kernenergie in der Volksrepublik China fortgeschritten ist und ob China in Zukunft als potentieller Exporteur von Kernanlagen in Entwicklungsländer – unter welchen Kontrollbedingungen auch immer – in Frage kommt.

d) Die Zusammenarbeit der Kernwaffenstaaten

Ebenso wie es innerhalb von Euratom keinen Zusammenschluß der Kernwaffenstaaten Frankreich und Großbritannien gibt, kann man auch nicht von einer sachlichen oder politischen Koalition aller vier Nuklearmächte in der IAEA und den anderen internationalen Organisationen sprechen. Dazu sind die nationalen Interessen und politischen Zielsetzungen der Supermächte und der nuklearen Mittelmächte zu verschieden und der technische und quantitative Abstand zwischen ihnen zu groß. Besonders mit dem Fortschreiten der amerikanisch-sowjetischen Zusammenarbeit in nuklearen Fragen hat sich gezeigt, daß das in der Vergangenheit so wichtige Konzept der traditionellen amerikanisch-britischen Partnerschaft nicht mehr den weltpolitischen Realitäten entsprach. Waren die Vereinigten Staaten zur Zeit der Ost-West-Konfrontation eher geneigt und oft gezwungen, Koalitionen in Sachfragen einzugehen und besonders eng mit dem verbündeten Großbritannien zusammenzuarbeiten, so ist heute zu beobachten, daß das politisch bedeutende Verhandlungsgeschehen von den Supermächten dominiert wird und die Standpunkte der anderen Kernwaffenstaaten in der gleichen Weise übergangen werden wie die der Nichtkernwaffenstaaten.

Als Folge der besonders seit dem NV-Vertrag in Erscheinung getretenen Verbindung zwischen der wachsenden Bedeutung der IAEA und der Verbesserung der Ost-West-Beziehungen sind die Auflösung der klassischen ideologischen und politischen Blöcke in der IAEA und die Stärkung des amerikanisch-sowjetischen Bilateralismus zu sehen. Die Epoche des »Kalten Krieges«, in der beide Staatengruppen versuchten, in den internationalen Organisationen ihre rivalisierenden Ziele zu verfolgen, ist vorüber. Gruppenbildungen sind heute komplexer und unübersichtlicher geworden[25].

Frankreich als Nichtmitglied des NV-Vertrags spielt in vielen Fällen eine besondere Rolle in den internationalen Organisationen. Während in der ersten Hälfte der sechziger Jahre, in der die Großmachtkonfrontation die Arbeit der IAEA beeinträchtigte, Frankreich gelegentlich eine Art von Vermittlerrolle zwischen den beiden Gruppen übernehmen konnte, z. B. bei Divergenzen im Kontrollbereich, hat dieser französische Einfluß mit dem politisch-strategischen Zusammenrücken der Vereinigten Staaten und der Sowjetunion abgenommen. Es ist heute vielfach zu beobachten, daß Frankreich mit den Staaten der Dritten Welt ähnliche Interessen verfolgt, insbesondere dann, wenn es um die Finanzierung von IAEA-Sicherungsmaßnahmen geht oder um die amerikanische Politik der Verknüpfung von NV-Beitritt und Lieferung von Reaktoren und angereichertem Uran. Die Tendenz in der französischen Politik, gemeinsame Ziele mit den Entwicklungsländern zu verfolgen, ist als eine Reaktion auf den Bilateralismus der Supermächte zu sehen, der der Politik Frankreichs im internationalen System geringeren Spielraum läßt. Es ist aber anzunehmen, daß auch

---

[25] Vgl. *Scheinman* (Anm. 14), S. 260.

französische Wirtschaftsinteressen mit im Spiel sind, wie das Beispiel der Lieferung von Kernkraftwerken an Iran zeigt.

Zusammenfassend ist festzuhalten, daß die amerikanisch-sowjetische Zusammenarbeit die Abwertung der nuklearen Mittelmächte und die Reduzierung ihrer Einflußnahme in der Weltpolitik zur Folge hat. Eine Zunahme des politischen Einflusses der Volksrepublik China aufgrund ihres Besitzes nuklearer Waffen und ihrer verstärkten Kooperation mit den Entwicklungsländern ist auf längere Sicht nicht auszuschließen[26].

e) Die Stellung der Kernwaffenstaaten im Sekretariat der IAEA

Die Kernwaffenstaaten haben im Sekretariat der IAEA de jure keine bevorzugte Stellung. Ihnen stehen also nicht – etwa wie im Sekretariat der Vereinten Nationen – Posten in der Spitze der internationalen Beamtenhierarchie zu. De facto sieht es jedoch so aus, daß keine wichtige Maßnahme ohne Zustimmung der Supermächte getroffen und ausgeführt werden kann. Sie besetzen im IAEA-Verwaltungsorgan die Schlüsselpositionen, die ihnen diese Einflußnahme ermöglichen. Seitdem der erste Generaldirektor der IAEA, der Amerikaner Sterling Cole, sein Amt 1961 niedergelegt hat, wird die wichtige Abteilung für Verwaltungs- und Personalangelegenheiten (Department of Administration) und die ihr nachgeordnete Unterabteilung für Budget und Finanzen von Amerikanern geleitet. Die Sowjetunion hat seit Gründung der IAEA Anspruch auf die Abteilung erhoben, die für technische Operationen, einschließlich der Reaktorenentwicklung und der friedlichen Kernsprengungen, zuständig ist (Department of Technical Operations). Auf diesem für die Entwicklung der friedlichen Nutzung der Kernenergie wichtigen Gebiet hat die IAEA in der Vergangenheit kaum Fortschritte erreichen können. Die Franzosen und Engländer haben keinen traditionellen »Erbhof« im Sekretariat, vielmehr haben sie nacheinander den Posten des stellvertretenden Generaldirektors in der Abteilung für Forschung und Isotopen (Department of Research and Isotopes) besetzt. Diese Stelle hat im letzten Jahr zum ersten Mal ein Wissenschaftler aus einem anderen westeuropäischen Staat, der Bundesrepublik Deutschland, bekommen. In Zukunft könnte sich daraus ein Anspruch der EG-Staaten auf den Posten ergeben.

Für die drei Kernwaffenstaaten Vereinigte Staaten, Sowjetunion und Großbritannien ist es auch kennzeichnend, daß sie ihre Personalquoten erfüllt haben und von den insgesamt 285 IAEA-Beamten 95, also ein Drittel, stellen. Sie haben großes Interesse an der Besetzung von Sekretariatsposten, weil ihnen dadurch eine zusätzliche wichtige Möglichkeit zur Einflußnahme in der Organisation gegeben ist.

---

[26] Zu Chinas Stellung als Nuklearmacht in der internationalen Politik siehe *Nerlich* (Anm. 22), S. 116.

Es ist gelegentlich zu beobachten, daß Beamte bestimmter Nationalitäten im Willensbildungs- und Entscheidungsprozeß die Anliegen ihrer Regierungen vertreten, was ihnen den Charakter von Repräsentanten ihrer Staaten gibt. Die Politik der Personaleinstellung begünstigt diese Praxis: Es werden in der IAEA überwiegend Verträge für eine Dauer von zwei Jahren ausgestellt, die in der Regel nach Ablauf um zwei weitere Jahre und dann noch einmal um elf Monate verlängert werden (fünf Jahre sind das Minimum für die spätere Pensionsberechtigung). Nach Beendigung dieser Zeit kehren die Beamten meistens in die nationalen Verwaltungen oder Forschungszentren zurück. Ein internationales Karrierebeamtentum kennt die IAEA bis auf wenige Ausnahmen nicht.

Besonders erfolgreich in der Personalpolitik sind die Briten, die zusammen mit den Vertretern der Commonwealth-Staaten in der IAEA auch oft als »Commonwealth-Mafia« bezeichnet werden[27]. Zwischen den Staaten bestehen starke geschichtliche, kulturelle und sprachliche Bindungen. Sie haben seit der Zeit des Völkerbundes eine Tradition in der Rekrutierung internationaler Beamter entwickelt. Ein überdurchschnittlich hoher Anteil der ohnehin sehr geringen Zahl von Dauerverträgen im IAEA-Sekretariat, nämlich 11 von insgesamt 49, entfällt heute auf die Commonwealth-Staaten: Großbritannien (5), Indien (2), Pakistan (2), Irland (1) und Neuseeland (1). Da zahlreiche internationale Beamte dieser Nationalitäten 1957 aus den Vereinten Nationen in die neu errichtete IAEA übergewechselt sind, datiert ein Teil der Dauerverträge aus der Zeit vor 1957. Die Commonwealth-Staaten haben zusätzlich zu dem überproportional hohen Anteil an Dauerverträgen auch überdurchschnittlich gute administrative und wissenschaftliche Posten. Ein weiterer Faktor, der sich positiv auf ihre Einflußnahme auswirkt, ist die gute Zusammenarbeit der Beamten, die ihnen Einblick in die Arbeit aller Abteilungen ermöglicht.

Es läßt sich zusammenfassend sagen, daß die drei Depositarmächte des NV-Vertrags, die Vereinigten Staaten, die Sowjetunion und Großbritannien, aufgrund der politischen, organisatorischen und administrativen Voraussetzungen die IAEA-Mitglieder sind, die die Entwicklung der friedlichen Nutzung der Kernenergie im Rahmen internationaler Organisationen am maßgeblichsten beeinflussen und die Organisationen zur Durchsetzung ihrer Interessen am effektivsten nutzen konnten.

2. Industrielle Nichtkernwaffenstaaten

Der NV-Vertrag kennt weder eine Differenzierung zwischen Kernwaffenstaaten noch zwischen Nichtkernwaffenstaaten. In der Kategorie der Nichtnuklearen gibt es de jure also keine Unterscheidung zwischen Industriestaaten und Entwicklungsländern, Staaten mit fortgeschrittener Kernindustrie (non nuclear weapon states) und Staaten ohne jegliche friedliche Kernenergienutzung

---

[27] In den Vereinten Nationen spricht man z. B. von der »Indischen Mafia«.

(non nuclear states). Im internationalen System haben jedoch seit Beginn der sechziger Jahre die Staaten immer stärker an Bedeutung gewonnen, die als sog. nukleare Schwellenmächte (nuclear threshold powers) gelten, d. h., die das wirtschaftliche, industrielle, technologische und wissenschaftliche Potential für den Bau von Atomwaffen hätten, aber aus politischen Gründen darauf verzichtet haben. Einige dieser Staaten haben den NV-Vertrag, d. h. den Verzicht zur Herstellung nuklearer Waffen, bereits ratifiziert, wie Australien, Schweden und Kanada, oder erst unterschrieben, wie Japan, Italien und die Niederlande. Die Bundesrepublik Deutschland[28] hat das parlamentarische Zustimmungsverfahren für den NV-Vertrag (und das sog. Verifikationsabkommen) im März 1974 abgeschlossen und wird die Ratifikationsurkunden so bald wie möglich hinterlegen. Andere wichtige Schwellenmächte wie Israel, Südafrika, Spanien, Pakistan, Argentinien und Brasilien lehnen den Beitritt zum Vertrag aus außen- und innenpolitischen Erwägungen ab (Indien gehört ebenfalls zu den Nichtunterzeichnern des Vertrages).

Die Frage der Ratifizierung des NV-Vertrages ist politischer Natur, und sie enthält kurzfristige und langfristige nationale und internationale Implikationen. Probleme der Souveränität, Gleichheit und Sicherheit sind involviert, wenn hochentwickelte Industriestaaten die Option aufgeben, Atomwaffenmacht zu werden.

Die Resolution Nr. 255 des Sicherheitsrates der Vereinten Nationen über die Sicherheit der Nichtkernwaffenstaaten vom 19. Juni 1968, die von den Vereinigten Staaten, der Sowjetunion und Großbritannien eingebracht worden ist, enthält für die nichtnuklearen NV-Vertragsparteien gewisse Zusagen der Kernwaffenstaaten in bezug auf Hilfeleistungen im Falle eines atomaren Angriffs. Hinsichtlich der friedlichen Nutzung der Kernenergie sind die Atomwaffenmächte im NV-Vertrag (Artikel IV) die Verpflichtungen eingegangen, »zum weitestmöglichen Austausch von Ausrüstungen, Material und wissenschaftlichen und technologischen Informationen« und zur »Weiterentwicklung der Anwendung der Kernenergie für friedliche Zwecke, besonders im Hoheitsgebiet von Nichtkernwaffenstaaten, die Vertragspartei sind«, beizutragen. In Artikel V des NV-Vertrages haben sie sich verpflichtet, friedliche Kernsprengungen[29] für nichtnukleare Staaten durchzuführen. Auf der Konferenz der Nichtkernwaffenstaaten im August/September 1968 in Genf haben die Teilnehmer ihre Situation vis-à-vis der Kernwaffenstaaten erörtert und ihrerseits zahlreiche

---

[28] Die Bundesrepublik hat bereits am 3. Oktober 1954 im Zusammenhang mit dem WEU-Vertrag auf die Herstellung von Atomwaffen, biologischen und chemischen Waffen verzichtet. Siehe dazu die von Bundeskanzler Adenauer in London abgegebene Erklärung vom 3. Oktober 1954, in: Protokoll Nr. III zur Änderung und Ergänzung des Brüsseler Vertrages vom 23. Oktober 1954, Anlage I. (»Verträge der Bundesrepublik Deutschland, Serie A: Multilaterale Verträge«, hrsg. Auswärtiges Amt, Bonn/Köln/Berlin 1957, S. 21 ff.)

[29] Siehe dazu in diesem Band *von Welck* (Anm. 10), S. 397.

Empfehlungen zur Stärkung ihrer Sicherheit und zur Förderung der friedlichen Kernenergie verabschiedet, die zum Teil in die Praxis umgesetzt werden konnten[30].

Die industriell fortgeschritteneren Nichtkernwaffenstaaten wie die Bundesrepublik Deutschland, Japan, Kanada, die Benelux-Staaten, Schweden, Italien und Südafrika haben auf dem Gebiet der friedlichen Kernenergienutzung in den letzten Jahren bedeutende Erfolge erzielen können, insbesondere in der Entwicklung von Reaktoren, Anreicherungs- und Wiederaufarbeitungsverfahren[31]. Der Fortschritt in der Nukleartechnologie hat ihnen Prestige, Einfluß und wirtschaftliche Stärke im internationalen System gebracht. Sie sind im Bereich der industriellen Kernenergie konkurrenzfähig mit den Kernwaffenstaaten geworden, was eine Abschwächung des politischen Statusunterschiedes außerhalb des Kontrollbereiches zur Folge gehabt hat.

Besonders die Bundesrepublik Deutschland und Japan als nuklear-industriell potent gewordene und politisch unabhängiger handelnde europäische und asiatische Verbündete der Vereinigten Staaten haben sich zu einer neuen politischen und wirtschaftlichen Kraft entwickelt. Trotz ihres Ausschlusses aus dem »Klub der Kernwaffenstaaten« werden sie in Zukunft mitzuentscheiden haben, wenn es um Fragen der Ausdehnung technischer Sicherungsmaßnahmen oder um wirksame politische Faktoren geht. Sie werden sich gezwungen sehen, gegenüber Dritten wirtschaftlich und politisch in einer Weise zu handeln, die von diesen als Diskriminierung empfunden werden mag – möglicherweise sogar als stärkere Diskriminierung als der moralisch leichter zu verteidigende Ausschluß vom Besitz nuklearer Waffen[32].

Für die nichtnuklearen Industriestaaten ist eine aktive sachliche und finanzielle Beteiligung an der Arbeit der internationalen Organisationen, vor allem im Bereich des Informationsaustausches und des Umweltschutzes, kennzeichnend. Das trifft sowohl für die IAEA zu als auch für Euratom und die NEA als den wichtigsten Organisationen, die mit Kernenergiefragen befaßt sind. Weniger Interesse zeigen die Industriestaaten dagegen generell an den internationalen Sicherungsmaßnahmen, denn gerade im Kontrollbereich gewinnt die Spaltung in Kernwaffen- und Nichtkernwaffenstaaten praktische Bedeutung. Mit fortschreitender Kooperation der Supermächte ist der Trend zu beobachten, daß einige der nuklearen Schwellenmächte, die NV-Vertragspartei sind, näher an die Position der Entwicklungsländer heranrücken, wenn es um Fragen der Intensivierung von Sicherungsmaßnahmen geht, die sie ablehnen, an der die Supermächte aber interessiert sind. Sie befürworten dagegen verstärkte Kontrollen bei Nicht-NV-Vertragsparteien.

---

[30] Siehe dazu in diesem Band *Ungerer* (Anm. 2), S. 158 f.
[31] Siehe dazu in diesem Band Hans-Peter *Lorenzen,* Hauptentwicklungen auf dem Gebiet der industriellen Nutzung der Kernenergie, S. 86 ff.
[32] Siehe dazu in diesem Band Karl *Kaiser,* Die Politik der Bundesrepublik Deutschland zur friedlichen Nutzung der Kernenergie, S. 451 ff.

Eine Kräfteverschiebung im internationalen System scheint sich zu vollziehen, die etwa so darzustellen ist: Der Ost-West-Konflikt der fünfziger und sechziger Jahre wird von der zunehmenden politischen Spannung zwischen den Supermächten und den nuklearen Schwellenmächten, die zum Teil nuklear-industriell führend geworden sind, abgelöst[33] (in der Opposition gegen den amerikanisch-sowjetischen Bilateralismus schließt sich Frankreich den Schwellenstaaten an). Großbritannien und Frankreich nehmen insofern eine Zwischenstellung ein, als sie sich von den Supermächten durch ihre geringere weltpolitische Bedeutung, ihren niederen Grad an Technisierung und ihre begrenzteren Kapazitäten für Nuklearausrüstung unterscheiden und von den Nichtkernwaffenstaaten durch ihren nuklearen Sonderstatus, dessen Bedeutung allerdings für ihre Rolle in der Weltpolitik und in internationalen Organisationen abnimmt.

3. Entwicklungsländer

Als Entwicklungsländer, die Anspruch auf technische Hilfe[34] haben, werden die Staaten bezeichnet, die von UNDP auf der Grundlage ihres Pro-Kopf-Jahreseinkommens in die Kategorie der Entwicklungsländer eingestuft worden sind. Nach dieser in den internationalen Organisationen üblichen Definition waren 1974 von den 104 IAEA-Mitgliedstaaten ungefähr drei Viertel Entwicklungsländer. Indien, das am 18. Mai 1974 seinen ersten Kernsprengkörper zur Explosion gebracht hat, zählt in der IAEA genauso zu den Entwicklungsländern wie die Staaten, die keine friedlichen Nuklearaktivitäten haben. Auch die durch ihre Ölvorkommen reich gewordenen arabischen Staaten gehören zu der Gruppe. In der Gouverneursratssitzung der IAEA im Februar 1973 ist jedoch zum ersten Mal deutlich geworden, daß Staaten wie etwa Kuweit oder Saudi-Arabien großes Interesse daran haben, sich einer neuen Kategorie von Entwicklungsland zuzurechnen. Es wäre in dem Zusammenhang auch denkbar, daß die arabischen Ölstaaten sich in Zukunft stärker an der Finanzierung der technischen Hilfe beteiligten und eine Gruppe der »neuen Geberländer« im Vergleich zu den »traditionellen Geberländern« bildeten.

So wie es im Kontrollbereich die Spaltung in Kernwaffen- und Nichtkernwaffenstaaten gibt, zeigt sich an den Problemen der technischen Hilfe der Interessenunterschied zwischen Nord und Süd, zwischen Industriestaaten und Entwicklungsländern. Atomenergie bedeutet für die Entwicklungsländer Prestige und Ansehen in den internationalen Beziehungen sowie wirtschaftlichen Fortschritt und Verbesserung ihres Lebensstandards. Ihr Hauptinteresse in der IAEA liegt deshalb auf dem Gebiet der technischen Hilfe, der Erlangung des notwendigen Know-how.

---

[33] Vgl. auch *Scheinman* (Anm. 14), S. 237.
[34] Siehe dazu in diesem Band *Schultze-Kraft* (Anm. 9), S. 357 ff.

Ein Konfliktpotential im Verhältnis der Industriestaaten zu den Entwicklungsländern liegt bereits in den unterschiedlichen Schwerpunkten, die bei der Verteilung der technischen Hilfleistungen gesetzt werden. Während die Industriestaaten in erster Linie die Isotopenverwendung in Landwirtschaft und Medizin fördern wollen, drängen die fortgeschritteneren Entwicklungsländer auf verstärkte Unterstützung beim Bau von Leistungsreaktoren. Um den Wünschen dieser Staaten entgegenzukommen, hat die IAEA eine Marktanalyse anfertigen lassen, die die Möglichkeiten und Voraussetzungen für den Bau von Leistungsreaktoren in den Entwicklungsländern prüfen sollte. Die Studie kam zu dem Ergebnis, daß für keines der 14 Länder, in denen die Untersuchung durchgeführt worden war, die kleinsten Kernreaktoren von 100 Megawatt ökonomisch sein würden. Mit der Erhöhung der Ölpreise hat sich die Situation jedoch gewandelt, und die Überarbeitung der Studie ist notwendig geworden. Es wird erwartet, daß die zweite Marktanalyse für die Entwicklungsländer positiver ausfallen wird.

Probleme wie die Standardisierung der kleinen Reaktortypen und die Finanzierung des Reaktorbaus würden dann aktuell. Mit der Verbreitung der Kernenergie in den Entwicklungsländern wird sich auf lange Sicht aber auch die negative Einstellung der Regierungen zu Problemen der Umweltverschmutzung und Reaktorsicherheit ändern. Welche politische Aktualität und Kontrollproblematik mit der Lieferung von Kernkraftwerken in Entwicklungsländer verbunden ist, haben erst kürzlich die zwischen den Vereinigten Staaten und Ägypten und zwischen Frankreich und Iran abgeschlossenen Verträge (beide im Juni 1974) gezeigt[35].

Seitdem die Anzahl der Entwicklungsländer im Gouverneursrat um sieben auf 20 gestiegen ist und die Gruppe damit über 50 vH der Mitglieder stellt[36], hat sich das Schwergewicht der Arbeit des Rates verlagert. Diese Änderung findet ihren Niederschlag in der Politik und den Programmen der IAEA. Waren es ursprünglich die Kontrollfragen, die die Debatten des Gouverneursrates beherrschten, so werden heute Probleme des technologischen Rückstandes der Entwicklungsländer und dessen Überwindung sowie Fragen der Verbesserung des Informationsaustausches in großer Ausführlichkeit behandelt.

Die Forderungen der Entwicklungsländer nach gerechter und breiter Streuung der technischen Hilfe werden stärker, und sie sind sachlich auf das engste mit den Bestrebungen nach Reformierung des IAEA-Budgets verbunden. Sie stoßen auf den Widerstand der meisten Industriestaaten, wenn es darum geht, die technische Hilfe zukünftig aus dem regulären Haushalt der IAEA zu finanzieren. Im Gegensatz zu den Sicherungsmaßnahmen, die von dem regulären Budget getragen werden, das sich aus den ordentlichen Beiträgen aller

---

[35] Siehe dazu ausführlich *Nerlich* (Anm. 22), S. 122–139.
[36] Von den insgesamt 34 Sitzen im Gouverneursrat besetzen die Entwicklungsländer 20; allerdings besetzen sie nur zwei der zwölf ständigen Sitze.

IAEA-Mitglieder zusammensetzt, wird die technische Hilfe aus dem operationellen Budget finanziert, das freiwillige Beiträge der Mitgliedstaaten und UNDP-Mittel umfaßt, sowie zusätzliche freiwillige Beiträge und Zuschüsse von UNDP, die nicht Teil des operationellen Budgets sind. Die Entwicklungsländer kritisieren, daß sie durch ihre Beitragszahlungen zum ordentlichen Haushalt der IAEA an der Finanzierung der Sicherungsmaßnahmen, der »Polizei-Funktion für die politische Sicherheit der westlichen Reaktoren« beteiligt werden, obwohl die Mehrzahl von ihnen keine Nuklearindustrie hat. Für sie ist nicht die Verbreitung von Kernwaffen das Problem, sondern vielmehr die gerechte Vermittlung nuklearer Informationen.

Die Ausgaben der IAEA für Sicherungsmaßnahmen sind in den letzten Jahren in sehr viel größerem Umfang gestiegen als die für technische Hilfe im gleichen Zeitraum. Bei Berücksichtigung der Geldabwertung ist sogar ein Rückgang der Ausgaben für technische Hilfe festzustellen. Der tatsächliche Betrag, der aus freiwilligen Zahlungen bereitgestellt wird, liegt regelmäßig um ca. 35 vH unter der von der Generalkonferenz im voraus veranschlagten Summe. Die größten Beitragszahler sind die Vereinigten Staaten von Amerika, die Sowjetunion, die Bundesrepublik Deutschland und Großbritannien. Allerdings zahlt die Sowjetunion ihre freiwilligen Beiträge in der nichtkonvertiblen Währung des Rubels, der nur in den Ostblockstaaten ausgegeben werden kann. Dadurch entgeht den Staaten der Dritten Welt eine erhebliche Summe für technische Hilfeleistungen. Aufgrund der – aus der Sicht der Entwicklungsländer – mangelnden Bereitschaft der Industriestaaten, mit Hilfe freiwilliger Beiträge das wirtschaftliche Wachstum durch Kernenergienutzung in den Entwicklungsländern stärker zu fördern, verlangen einige der Entwicklungsländer heute die Finanzierung der technischen Hilfe aus dem regulären Budget der IAEA. Die Forderung erscheint jedoch nicht realisierbar, weil der reguläre Haushalt zu 80 vH von den Industriestaaten getragen wird, die eine derartige Finanzierung der technischen Hilfe ablehnen[37].

Die Staaten der Dritten Welt sind in der Entwicklung der friedlichen Kernenergienutzung auf die Hilfe und Unterstützung der Industriestaaten und der internationalen Organisationen angewiesen. Diese Abhängigkeit bestimmt ihr Verhalten in den Organisationen und besonders in der IAEA, die die technische Hilfe verteilt. Ist für die Vereinten Nationen und die Mehrzahl ihrer Sonderorganisationen das massive Auftreten der Entwicklungsländer als sog. Gruppe der 77, der inzwischen über 100 Staaten angehören, kennzeichnend, so tritt die Gruppe in der IAEA kaum in Erscheinung. Hier kommen die Staaten fast ausschließlich zur Organisierung der Sitzverteilung in den Gremien zusammen, oder kleinere Gruppen bilden sich zur Regelung einzelner Sachfragen. Die IAEA ist in erster Linie eine technische Organisation geblieben, die die Entwicklungsländer für ihren wirtschaftlichen Fortschritt brauchen. Das wissen-

---

[37] Vgl. zu der Frage der Neuorganisierung des Budgets *Quester* (Anm. 17), S. 216 f.

schaftliche Interesse rangiert deshalb in der Regel vor den politischen Ambitionen, die gerade in den anderen Organisationen die Grundlage für die Aktivitäten der Gruppe der 77 sind.

So ist z. B. die Besetzung des wichtigen Direktorpostens in der Abteilung für Auswärtige Beziehungen (Division of External Relations) im Sekretariat durch einen hochqualifizierten Staatsangehörigen der Südafrikanischen Republik ein positives Zeichen[38]. Auch im Gouverneursrat hat Südafrika seit Beginn einen ständigen Sitz, den es gemäß Artikel VI A1 des IAEA-Statuts als der technologisch fortgeschrittenste Staat Afrikas erhalten hat. Im Zusammenhang mit den ständigen politischen Angriffen auf Südafrika in den Vereinten Nationen, die auf einen Ausschluß aus der Organisation zielen, hat es auch in der IAEA verschiedentlich Versuche einiger afrikanischer Staaten gegeben, Südafrika diese Positionen streitig zu machen, weil es aufgrund seiner Rassenpolitik kein Repräsentant Afrikas sei. Ernstere politische Spannungen konnten jedoch, besonders aufgrund amerikanischer Intervention, aus der IAEA herausgehalten werden. Im Zeichen der Nonproliferation muß es im Interesse beider Supermächte liegen, daß Südafrika als bedeutender uranproduzierender Staat und technologisch fortgeschrittene nukleare Schwellenmacht Mitglied der IAEA bleibt.

Die IAEA besitzt auch nicht die organisatorischen Voraussetzungen, um sie zum Forum für politische Auseinandersetzungen zu machen: Das wichtigste Organ, der Gouverneursrat, tagt in nichtöffentlichen Sitzungen, und seine Dokumente haben nur begrenzte Auflage. Außerdem entfällt die Gefahr der Majorisierung von Abstimmungen, da der Rat mit wenigen Ausnahmen seine Beschlüsse mit Konsens faßt. Die Entwicklungsländer, die im Gouverneursrat und seinen Ausschüssen über die Hälfte der Sitze einnehmen, werden intensiv in den Prozeß der Willensbildung und Entscheidungsfindung eingeschaltet; die Nuklearmächte sind bemüht, ihren Sonderstatus gegenüber den Staaten der Dritten Welt herunterzuspielen. Eine ernstere Konfrontation zwischen Industriestaaten und Entwicklungsländern im Bereich der technischen Hilfeleistungen konnte bisher vermieden werden.

III. Die Zusammenarbeit der internationalen Organisationen

1. Zusammenarbeit internationaler Bürokratien

Die Kooperation zwischen internationalen Organisationen spielt sich hauptsächlich auf der Verwaltungsebene der Sekretariate ab. Sie kann verschiedene

---

[38] David Fisher hat allerdings den diplomatischen Dienst seines Landes aus Protest gegen die Apartheid-Politik verlassen, was sicher mit ein Grund dafür ist, daß keine Opposition gegen ihn gemacht wird. Aber die Tatsache, daß er Staatsbürger der Südafrikanischen Republik ist, wäre z. B. in den Vereinten Nationen noch Grund genug, ihn von einem Posten im Sekretariat auszuschließen.

Formen annehmen, die von informellen Kontakten und loser Informationspolitik bis zu institutionalisierter Zusammenarbeit reichen.

Auf der Ebene der Generalsekretäre und Generaldirektoren der internationalen Organisationen gibt es den Verwaltungsausschuß für Koordination (Administrative Committee on Co-ordination, ACC), der vom Generalsekretär der Vereinten Nationen in Übereinstimmung mit der ECOSOC-Resolution 13 (III) vom 21. September 1946 eingesetzt worden ist. Er besteht aus dem UN-Generalsekretär als Ausschußvorsitzenden, dem Untergeneralsekretär für wirtschaftliche und soziale Angelegenheiten der Vereinten Nationen, den elf Generalsekretären bzw. Generaldirektoren und Präsidenten der UN-Sonderorganisationen, den zwei Generaldirektoren der IAEA und des GATT und schließlich aus den acht Leitern der UN-Spezialorgane[39]. Der Ausschuß hat die Aufgabe, die Durchführung der zwischen den Vereinten Nationen und ihren Sonderorganisationen abgeschlossenen Abkommen zu fördern und zu überwachen und die Koordinierung der Aktivitäten der verschiedenen Gremien dieser Organisationen sicherzustellen. Es hat sich in der Praxis gezeigt, daß der Ausschuß zu groß ist, um effektiv arbeiten zu können, d. h., er operiert zu schwerfällig und langsam, um Streitfälle zwischen den Organisationen wirklich beilegen zu können. Der Trend geht deshalb generell und insbesondere bei Kompetenzstreitigkeiten zwischen den Organisationen im Bereich der friedlichen Kernenergienutzung wie der IAEA, FAO, ILO, UNESCO, UNIDO, UNEP und WHO dahin, daß zuerst auf höchster Verwaltungsebene versucht wird, die Schwierigkeiten und Spannungen bilateral zu lösen. Auf diese Weise scheint eine Regelung eher möglich zu sein, als wenn 20 bis 30 ACC-Mitglieder, die meistens nicht in die zur Diskussion stehenden Spezialprobleme eingearbeitet sind, in die Beilegung der Streitfälle eingeschaltet werden.

Nicht nur auf der höchsten Verwaltungsstufe der Generalsekretäre und Generaldirektoren, sondern insbesondere auf der Ebene der Abteilungen gibt es eine institutionalisierte Zusammenarbeit. Am weitesten ist sie zwischen der IAEA und der FAO fortgeschritten. Seit Oktober 1964 existiert die im UN-System einzigartige administrative und organisatorische Konstruktion einer vereinigten Abteilung, der »Joint FAO/IAEA Division of Atomic Energy in Food and Agriculture«. Bis zu ihrer Einrichtung gab es vor allem im Bereich der Lebensmittelbestrahlung ständig Kompetenzschwierigkeiten zwischen den beiden Organisationen, die mit der institutionalisierten Kooperation zum größten Teil beigelegt werden konnten. Die Abteilung, die sowohl eine Organisationseinheit der IAEA als der FAO ist, setzt sich aus sechs FAO- und zwölf IAEA-Beamten zusammen. Ihr Sitz ist das Sekretariat der IAEA in Wien. Das Budget der vereinigten Abteilung wird von FAO und IAEA gemeinsam getragen, und die Programme werden unter Beteiligung beider Organisationen aufgestellt. Mit der Einrichtung der Abteilung sind nicht nur die Konfliktmög-

---

[39] UNCTAD, UNEP, UNIDO, UNDP, UNICEF, UNHCR, UNRWA, UNITAR.

lichkeiten zwischen beiden Organisationen auf ein absolutes Minimum beschränkt worden, sondern sie hat vor allem auch bewirkt, daß kostspielige und zeitraubende Doppelarbeit vermieden wird. In der Praxis sieht es heute so aus, daß die IAEA kein eigenes Landwirtschaftsprogramm und die FAO kein eigenes Energieprogramm mehr hat. Es gibt nur noch die gemeinsamen IAEA/FAO-Programme und -Ausschüsse, die die Grundlage bilden für eine funktionierende und konstruktive Zusammenarbeit.

Weitere Institutionen für die Kooperation internationaler Kernenergie-Experten sind die vom Generaldirektor der IAEA meist auf Ad-hoc-Basis zusammengesetzten Arbeits- und Beratergruppen. Sie sollen die organisatorische Voraussetzung dafür schaffen, daß Probleme auf weiter internationaler Ebene diskutiert werden und ihre Ausweitung zu Konflikten – sei es zwischen Mitgliedern im Gouverneursrat oder in der Generalkonferenz der IAEA oder zwischen Gouverneursrat, Generalkonferenz und Sekretariat oder schließlich zwischen IAEA und anderen internationalen Bürokratien – verhindert wird. Da die Experten oft gleichzeitig als Mitglieder in Beratergruppen mehrerer internationaler Organisationen und nationaler Gremien tätig sind, haben sie einen Überblick über die Probleme in den Spezialbereichen, was sich in der Arbeit der Ausschüsse positiv auswirkt. Die nationalen Regierungen sind an der Vertretung ihrer Experten in den Ad-hoc-Ausschüssen interessiert, da ihnen auf diese Weise eine größere Möglichkeit zur Einflußnahme bei der Lösung von Spezialproblemen gegeben ist (z. B. Panels zu Kontrollfragen).

Der wissenschaftliche Beratungsausschuß der IAEA (Scientific Advisory Committee, SAC), der dem Generaldirektor seit einigen Jahren zur Seite steht, ist eine Einrichtung besonderer Art. Er umfaßt 13 namhafte Naturwissenschaftler der Welt, die dem Generaldirektor von den nationalen Regierungen vorgeschlagen und vom Gouverneursrat bestätigt werden. Seit zwei Jahren zählt die Bundesrepublik Deutschland, vertreten durch Professor Wolf Häfele, zu den Mitgliedern dieses Beratungsgremiums. Im UN-Rahmen gibt es eine äquivalente Einrichtung (United Nations Scientific Advisory Committee). Außer den vier traditionellen Kernwaffenstaaten Vereinigte Staaten von Amerika, Sowjetunion, Großbritannien und Frankreich sind Indien, Brasilien und Kanada in dem UN-Ausschuß vertreten. Er soll den UN-Generalsekretär in allen Fragen der friedlichen Kernenergienutzung beraten, die für die Arbeit der Vereinten Nationen von Wichtigkeit sind. Aufgrund des spezifischen Aufgabenbereichs der IAEA hat der SAC eine größere Bedeutung als Beratungsgremium für die wissenschaftlichen Programme und die Arbeit der IAEA als der UN-Ausschuß in seinem Bereich. Die Kooperation beider Gremien ist dadurch gewährleistet, daß alle Mitgliedstaaten des UN-Ausschusses im SAC vertreten sind, teilweise in Personalunion. Der SAC wird auch oft als »wissenschaftlicher Sicherheitsrat« bezeichnet, weil in ihm die technologisch fortgeschrittensten Staaten vertreten sind.

Unterhalb der Ebene der institutionalisierten Zusammenarbeit gibt es verschiedene Arten von Konsultationen und Kontakten zwischen internationalen

Bürokratien. Diese sind besonders dort wichtig, wo es Konfliktmöglichkeiten zwischen den Organisationen gibt. Als die IAEA 1957 für die Weiterentwicklung und Verbreitung der friedlichen Kernenergie errichtet wurde, gab es potentielle Kompetenzüberschneidungen mit zahlreichen UN-Sonderorganisationen, vor allem auf dem Gebiet der Isotopenverwendung in Landwirtschaft, Medizin und Industrie. Da Organisationen in der Regel nicht gewillt sind, Aufgaben, die ihnen einmal übertragen sind, wieder abzugeben, wurde die Etablierung der IAEA äußerst mißtrauisch verfolgt. Als das Statut der Organisation ausgearbeitet wurde, konnten vor allem die FAO, WHO und ILO mit Unterstützung nationaler Delegationen die Änderung einiger Bestimmungen zu ihren Gunsten durchsetzen, insbesondere an den Punkten, wo obligatorische Konsultationen und Abstimmungen mit den betreffenden Sonderorganisationen der Vereinten Nationen notwendig erschienen.

FAO und WHO, mit denen die Kompetenzüberschneidung am akutesten war, setzten als Reaktion auf die Gründung der IAEA eigene Abteilungen für die Isotopenentwicklung und -verwendung in ihren Arbeitsbereichen ein. Die Schwierigkeiten und Arbeitsüberschneidungen zwischen IAEA und FAO konnten später zum größten Teil durch die Einsetzung der vereinigten Abteilung behoben werden. Mit der WHO ist es bisher zu keiner ähnlich organisierten Zusammenarbeit gekommen. Außer dem Abkommen über die Regelung der Beziehungen zwischen beiden Organisationen und der Einrichtung eines Verbindungsbüros der WHO im Sekretariat der IAEA gibt es keine Kooperation, die die Aufgabe eines Teils der Kompetenzen der Sekretariate notwendig gemacht hätte. Zu einer gewissen Erleichterung in der Zusammenarbeit der Organisationen ist es aber bereits dadurch gekommen, daß die WHO z. B. über Fragen der Lebensmittelbestrahlung heute nicht mehr getrennt mit FAO und IAEA verhandelt, sondern nur noch ausschließlich mit der vereinigten Abteilung von IAEA und FAO. Abgrenzungsschwierigkeiten führen allerdings auch heute noch oft zur Beeinträchtigung der Arbeit, was sich besonders auf die Programme der Organisationen negativ auswirken kann.

Die Gefahr einer zu engen sachlichen und organisatorischen Verbindung zwischen IAEA/FAO-Abteilung und WHO muß aber auch gesehen werden. Die Interessen von IAEA und FAO in Fragen der Lebensmittelbestrahlung sind fast identisch gewesen, so daß die Zusammenlegung der Abteilungen durchaus gerechtfertigt war. Die Schwerpunkte der WHO liegen dagegen im Bereich der gesundheitlichen und medizinischen Überwachung der von IAEA und FAO geförderten Programme. Die Rolle der WHO als »neutraler Richter« muß deshalb auch in Zukunft gewahrt bleiben. Anders sieht es im Bereich der Entwicklung nuklearer Medizin aus. Eine verstärkte Kooperation zwischen IAEA und WHO wäre gerade in diesem Bereich nützlich, doch sind die Ressentiments gegen die Einrichtung eines gemeinsamen medizinischen Zentrums, das eine begrenzte Aufgabe von Zuständigkeiten auf beiden Seiten erforderlich machen würde, noch erheblich.

Eine lose Zusammenarbeit in Kernenergiefragen zwischen der IAEA und den anderen UN-Sonderorganisationen wie der ILO, UNIDO, UNESCO und UNEP ist in den meisten Fällen durch ein Abkommen über die Regelung der Beziehungen gesichert.

Alle Sonderorganisationen, die sich direkt oder indirekt mit Kernenergiefragen befassen, einschließlich der IAEA, haben Verbindungsbüros am Sitz der Vereinten Nationen in New York. Sie stehen in regelmäßigem Kontakt mit den für ihren Tätigkeitsbereich wichtigen Abteilungen des UN-Sekretariats und verfolgen die Arbeit einiger UN-Ausschüsse, insbesondere die des Rohstoff- und Seebettausschusses und des wissenschaftlichen Ausschusses zur Untersuchung der Folgen ionisierender Strahlung (UNSCEAR). In zahlreichen Ausschüssen haben sie Beobachterstatus. Wenn es nennenswerte Schwierigkeiten mit den Abteilungen des Sekretariats gibt, die nicht bilateral zu regeln sind, wird der Verwaltungsausschuß für Koordination (ACC) zur Vermittlung eingeschaltet. Vor zwei Jahren gab es einen Streitfall zwischen der IAEA und einer UN-Abteilung, der im Verwaltungsausschuß zugunsten der IAEA geregelt werden konnte. Kompetenzstreitigkeiten gehören mit zur täglichen Arbeit internationaler Sekretariate, doch in den meisten Fällen können sie bilateral beigelegt werden, so daß die Anrufung des Ausschusses die Ausnahme bleibt.

Die Kooperation der Sekretariate der Vereinten Nationen und der UN-Sonderorganisationen mit anderen internationalen Bürokratien im Kernenergiebereich ist ohne nennenswerte Bedeutung geblieben. Das ist u. a. darauf zurückzuführen, daß Organisationen wie die NEA keinen wesentlichen Einfluß auf die Entwicklung und Verbreitung der Kernenergie gehabt haben und deshalb keine bedeutende Rolle im internationalen System spielen konnten, oder daß Organisationen wie OPANAL bis heute ohne wirklichen Arbeitsbereich geblieben sind[40].

2. Zusammenarbeit von Staatengruppen

Im Gegensatz zu der Zusammenarbeit zwischen den Vereinten Nationen, ihren Sonderorganisationen und der IAEA, die hauptsächlich auf der Ebene der Bürokratien stattfindet, spielt sich die Kooperation zwischen Euratom und der IAEA intergouvernemental, d. h. auf der Ebene der nationalen Repräsentanten ab. Die Gründung von Euratom hatte eine politische Zielsetzung, die europäische Einigung, und deshalb hatte die Arbeit der Behörde von Anfang an andere Vorzeichen als die der IAEA. Die Schwierigkeiten, die es in der Vergangenheit zwischen Euratom und der IAEA besonders im Kontrollbereich gab, hatten ihre Wurzeln im Konfliktfeld der Ost-West-Auseinandersetzung; sie waren also weniger sachlich als in erster Linie politisch-ideologisch motiviert. Die Vereinig-

---

[40] Zur Zusammenarbeit im europäischen Rahmen siehe Werner *Ungerer,* Europäische technologische Zusammenarbeit, in: Außenpolitik, Heft 11/1969, S. 661–676.

ten Staaten förderten Euratom, das für sie ein weiterer Schritt auf dem Weg zu einem geeinigten Europa bedeutete. Die Sowjetunion dagegen sah in Euratom einen Ableger des westlichen Militärbündnisses und stand der Behörde ablehnend gegenüber. Für die europäischen Staaten selbst war es politische Notwendigkeit, daß Euratom auch nach der Gründung der IAEA als eigenständige Organisation bestehen blieb, obwohl alle Euratom-Mitglieder von Anfang an gleichzeitig der IAEA angehörten und der Aufgabenbereich der beiden Organisationen sich teilweise überschnitt.

Der Gouverneursrat der IAEA hat prinzipiell keine Stellung gegen Euratom bezogen, trotz schärfster Angriffe der Sowjetunion und ihrer Verbündeten und trotz häufig geäußerter Kritik des IAEA-Generaldirektors. Hinter Euratom stand nicht nur das finanzielle, wirtschaftliche und technologische Gewicht der europäischen Staaten, sondern die Behörde hatte auch die volle materielle und ideelle Unterstützung der Vereinigten Staaten. In den Verhandlungen des Kontrollausschusses der IAEA 1970/71 traten die Euratom-Mitglieder plus Großbritannien als Staatengruppe auf, die in fast allen Sachfragen die gleiche Position einnahm und die eine nicht zu übersehende politische Kraft darstellte.

Euratom konnte in der Vergangenheit zwar nicht jede ihrer Zielsetzungen erfüllen, doch war sie besonders im Bereich der Sicherungsmaßnahmen erfolgreich und wurde hier zur Konkurrenz für die IAEA. Im Zeichen der internationalen Entspannung und des amerikanisch-sowjetischen Bilateralismus ließ die sowjetische Opposition gegen Euratom nach, so daß die Verhandlungen über das sog. Verifikationsabkommen zwischen Euratom und der IAEA begonnen werden konnten. Der Abschluß des Abkommens war die Voraussetzung für die Zusammenarbeit der beiden Organisationen im Kontrollbereich, und die Gründung des Internationalen Nuklearen Informationssystems (INIS) ermöglichte die Kooperation im Bereich des Informationsaustausches. Zu einem Abkommen über die Regelung der Beziehungen zwischen Euratom und der IAEA ist es bis heute nicht gekommen.

IV. Einige Schlussfolgerungen

Insgesamt zeigt sich bei der IAEA sowie bei anderen internationalen Organisationen, die auf dem Gebiet der Kernenergie tätig sind, ein ähnliches Bild wie bei den Vereinten Nationen und ihren Sonderorganisationen in anderen Bereichen: Ihre Wirksamkeit hing entscheidend von der Kooperationsbereitschaft vor allem der führenden Mitgliedstaaten im Rahmen dieser Organisationen ab, und mit wachsender Kooperationsbereitschaft dieser Mitglieder wuchsen die interorganisatorischen Abgrenzungsprobleme.

Die vor einigen Jahren noch nicht abzusehende Entschärfung der Ost-West-Beziehungen im Bereich der Kernenergie hat ein Haupthindernis früherer Jahre weitgehend beseitigt; die für 1975 anberaumte NV-Überprüfungskonferenz mag im Ergebnis vor allem die Arbeitsteilung der verschiedenen internationalen Organisationen zumindest in einigen wichtigen Teilbereichen des Kernenergiemanagements klären helfen. So wäre hier ein befriedigender Zustand eingetreten, wenn nicht im gleichen Zeitraum ein sprunghaftes Anwachsen der lösungsbedürftigen Probleme auf diesem Gebiet zu beobachten gewesen wäre, das von anderen politischen und ökonomischen Kräften beherrscht ist als in den fünfziger und sechziger Jahren. Die neue Situation seit der Erhöhung der Erdölpreise hat bisher wenig Einfluß auf die Ost-West-Beziehungen im Bereich der Kernenergie gezeigt – es sei denn positiv im Sinne zunehmender sowjetischer Lieferinteressen bezüglich spaltbaren Materials angesichts zeitweilig verknappter westlicher, vor allem amerikanischer Ressourcen –, aber sie hat die nationalen Interessen westlicher Industrieländer sowie einer Reihe von Ländern der Dritten Welt auf eine Weise verstärkt, die internationale Zusammenarbeit zugleich notwendiger macht als bisher und die Aussichten darauf eher erheblich vermindert.

Dies muß nicht zu einer erneuten Blockierung der Kooperation etwa in der IAEA führen. Die Frage ist vielmehr, ob die neuartigen Probleme in diesen Rahmen gelangen und überhaupt dort ihren Platz haben. Die Probleme des nationalen und internationalen Managements der Kernenergie sind auf das engste mit internationalen finanz- und energiepolitischen Fragen verknüpft, die zunächst Gegenstand intergouvernementaler Zusammenarbeit sind, und zwar bilateral oder zwischen den neun Staaten der Europäischen Gemeinschaft oder auch in Ad-hoc-Gruppierungen wie der von verschiedenen Staaten – sowohl erdölexportierenden wie erdölkonsumierenden – vorgeschlagenen Lenkungsgruppe für Energiefragen, die vermutlich außerhalb des Rahmens irgendwelcher universaler Organisationen gebildet werden dürfte.

Schon bei Fragen sehr begrenzter Natur wie etwa der Einrichtung eines internationalen Dienstes für friedliche Kernexplosionen bei der IAEA, die angesichts der indischen Explosion am 18. Mai 1974 ihre offensichtliche Bedeutung hat, hat sich der Rahmen weltweiter Organisationen bisher als unbrauchbar erwiesen. Hinsichtlich der komplexen Interessen der hauptbeteiligten Länder schließt die hochgradige Spezialisierung der internationalen Organisationen einschließlich der IAEA wohl auch selbst bei vorhandener Bereitschaft zur Zusammenarbeit in diesem Rahmen für die Zukunft aus, daß die zunehmend wichtige intergouvernementale Zusammenarbeit sich primär hier entwickelt. Theoretisch wären allein die Vereinten Nationen dazu in der Lage, und zwar einfach aufgrund ihrer wenig spezialisierten Natur. Das politische Hauptorgan, der UN-Sicherheitsrat, wäre zwar in vieler Hinsicht für die Befassung mit dieser Materie, zumindest deren Sicherheitsaspekten, prädestiniert; das folgt nicht zuletzt auch aus den Statuten der IAEA, die den Sicherheitsrat als letzte Instanz im Falle von Vertragsverletzungen vorsehen. Aber dieses Organ wird aus Gründen seiner gegenwärtigen Zusammensetzung praktisch kaum für diese Aufgabe in Betracht kommen; ob andererseits die Dringlichkeit der anstehenden Fragen gerade eine Änderung der Zusammensetzung herbeizuführen vermag, ist äußerst zweifelhaft. Ein spezieller Ausschuß der Vereinten Nationen für Kernenergieprobleme würde andererseits weder die Ebene der Regierungsbeteiligung erreichen, die für Probleme solcher Größenordnung notwendig wäre, noch würden hier die herkömmlichen Schwierigkeiten der Kompetenzabgrenzung zu vermeiden sein, die schon bei Sachfragen geringerer Größenordnung in der Vergangenheit vorgeherrscht haben.

So wird man sich auf ein »gemischtes System« einzurichten haben, wo die Hauptverantwortung unmittelbar bei den nationalen Instanzen der hauptbetroffenen Länder liegt, wo die internationale Zusammenarbeit sich vor allem in intergouvernementalem Rahmen vollzieht und dort um so vielversprechender ist, je mehr sie auf die unmittelbar interessierten Staaten zugeschnitten ist, und wo den weltweiten Organisationen neue Aufgaben nur im Maße erfolgreicher intergouvernementaler Zusammenarbeit in kleineren Gruppen zuwachsen.

Man mag fragen, ob solche Organisation internationaler Zusammenarbeit in den kommenden Jahrzehnten ausreicht, um Katastrophen zu vermeiden. Man muß aber auch fragen, ob der Rahmen weltweiter Organisationen gegebenenfalls mehr politische Weisheit verspräche. Der Ausgang der kürzlichen Konferenz über Probleme des Bevölkerungswachstums in Bukarest (19.–30. August 1974) mag hier besonders ernüchternd sein: Die begrenzte Wirksamkeit von FAO und WHO gegenüber Problemen, die schon seit Jahrzehnten Katastrophen vergleichbaren Ausmaßes mit sich gebracht haben, ist jedenfalls nicht dazu angetan, das Vertrauen in weltweite Organisationen zu stärken.

Aber auch die verbleibenden Aufgaben im Rahmen dieser Organisationen sind wichtig, namentlich das IAEA-Kontrollsystem. Zudem kommt die Armut von der Pauvreté: Nur die verantwortliche Beteiligung auch der großen Zahl der weniger entwickelten Länder bietet auf längere Sicht eine Aussicht auf eine Kooperationsbereitschaft, die zunehmend über regionale Gruppierungen hinausgreifen muß, wenn die Lebensfähigkeit moderner Industriegesellschaften erhalten und die Lebensfähigkeit wenig entwickelter Länder herbeigeführt werden soll. Da solche Zusammenarbeit nicht ohne gemeinsamen Zweck zu erwarten ist, bleibt längerfristig die Aufgabe, jene intergouvernementale Zusammenarbeit, die im günstigen Fall in kommenden Jahren ein ausreichendes Management der Kernenergie gewährleistet, zunehmend in dem Rahmen weltweiter Organisationen einmünden zu lassen. Auf lange Sicht mag gerade die Bedeutung des NV-Vertrags in dieser Perspektive liegen.

Für die Regierungen der hauptbetroffenen Länder erfordert dies jedoch, daß die Mitarbeit in weltweiten internationalen Organisationen wie der IAEA nicht nur in der operativ notwendigen engen Perspektive gesehen wird, die der gegenwärtigen Spezialisierung angemessen ist, sondern daß man internationale Organisationen zunehmend instrumental versteht als den idealen Rahmen für die Lösung oder Erörterung komplexer und politisch vorrangiger internationaler Probleme. Nur eine politische Philosophie des »Als Ob« auf seiten der nationalen Regierungen kann jenen internationalen Organisationen auf längere Sicht eine Nützlichkeit verleihen, die im Interesse der größtmöglichen Zahl von Staaten im internationalen System liegt. Der Anfang muß innerhalb jeder einzelnen Regierungsbürokratie gemacht werden.

Literatur

Halcombe, Arthur N.: Organizing Peace in the Nuclear Age. New York 1959.
Jensen, Lloyd: Return from the Nuclear Brink. National Interest and the Nuclear Nonproliferation Treaty. Lexington/Toronto/London 1974.
Kramish, Arnold: The Peaceful Atom in Foreign Policy. New York/Evanston 1963.
Lawrence, Robert M. und Joel *Larus* (Hrsg.): Nuclear Proliferation, Phase II. Lawrence, Kansas, 1974.
McKnight, Allan D.: Nuclear Non-Proliferation: IAEA and Euratom. Occasional Paper No. 7. Carnegie Endowment for International Peace. New York, Juni 1970.
Quester, George H.: Nuclear Diplomacy. New York 1970.
—: The Politics of Nuclear Proliferation. Baltimore/London 1973.
Ruehl, Lothar: Die politische Bedeutung des Besitzes von Kernwaffen. Statusunterschiede zwischen Nuklearmächten und Nichtatomaren. In: *Europa-Archiv*, Folge 1/1973, S. 17–32.
Scheinman, Lawrence: IAEA: Atomic Condominium? In: Robert W. *Cox* u. a.: The Anatomy of Influence. Decision Making in International Organization. New Haven/London 1973.
Willrich, Mason (Hrsg.): Global Politics of Nuclear Energy. New York/Washington/London 1971.
—: International Safeguards and Nuclear Industry. Baltimore/London 1973.
—: Nuclear Theft: Risks and Safeguards. Cambridge, Mass., 1974.
Yager, Joseph A. und Eleanor B. *Steinberg:* Energy and U.S. Foreign Policy. Cambridge, Mass., 1974.

DIE POLITIK DER BUNDESREPUBLIK DEUTSCHLAND ZUR FRIEDLICHEN NUTZUNG DER KERNENERGIE

Karl Kaiser

I. Die Bundesrepublik und die nukleare Frage

Am Anfang der außenpolitischen Souveränität der Bundesrepublik Deutschland stand im Herbst 1954 der Verzicht auf die Produktion von Kernwaffen, der neben anderen rüstungspolitischen Verzichten Bestandteil der Pariser Verträge wurde.

Die damalige Entscheidung war kein Zufall. Sie reflektierte vielmehr die besonderen Rahmenbedingungen, unter denen die Bundesrepublik als außenpolitischer Akteur schrittweise in Erscheinung trat, und stellte zugleich einen konstitutiven Akt dar, der Inhalt und Operationsrahmen späterer Außenpolitik festlegte. Wie immer auch im einzelnen die Motive auf alliierter Seite zu beurteilen sind, so kam auf deutscher Seite in diesem Verzicht die kluge Einsicht zum Ausdruck, daß aufgrund der Belastungen der deutschen Vergangenheit, der geo-strategischen Bedeutung der Bundesrepublik am Berührungspunkt von Ost und West sowie der Abhängigkeit von anderen Mächten eine Politik nuklearer Zurückhaltung auch langfristig den Interessen der Bundesrepublik und der Wahrung stabiler Verhältnisse in Europa am besten dienen würde[1].

Mit dem damaligen Verzicht auf die Produktion nuklearer Waffen setzte die Bundesrepublik ein Beispiel, das in Verbindung mit der freiwilligen Unterwerfung unter die internationale Kontrolle der Einhaltung durch die WEU in dieser Form in der internationalen Politik der Nachkriegszeit einmalig blieb. Die Friedensnote vom 25. März 1966[2] entwickelte diese Politik weiter, indem sie

---

[1] Zur Nuklearpolitik der Bundesrepublik in den fünfziger und sechziger Jahren vgl. Hega *Haftendorn,* Abrüstungs- und Entspannungspolitik zwischen Sicherheitsbefriedigung und Friedenssicherung. Zur Außenpolitik der BRD 1955–73, Düsseldorf 1974; Catherine McArdle *Kelleher,* German Nuclear Dilemmas (Ph. D. Dissertation), Massachusetts Institute of Technology, Cambridge, Mass., 1967; Beate *Kohler,* Der Vertrag über die Nichtverbreitung von Kernwaffen und das Problem der Sicherheitsgarantien. Rüstungsbeschränkung und Sicherheit, Schriften des Forschungsinstituts der Deutschen Gesellschaft für Auswärtige Politik, Bd. 9, Frankfurt 1972; Dieter *Mahncke,* Nukleare Mitwirkung. Die Bundesrepublik in der atlantischen Allianz 1954–70, Berlin 1972; James L. *Richardson,* Germany and the Atlantic Alliance. The Interaction of Strategy and Politics, Cambridge, Mass., 1966.

[2] Vgl. *Europa-Archiv,* Folge 7/1966, S. D 171–175.

einseitig den Verzicht auf »nationalen Besitz« von Kernwaffen aussprach, um damit die damals geäußerten Verdächtigungen zu entkräften, die Bundesrepublik bemühe sich um den Erwerb von solchen Waffen oder deren Produktion auf ausländischem Territorium.

Zu der militärischen Dimension gesellte sich jedoch für die Bundesrepublik sehr schnell die Frage der friedlichen Nutzung der Kernenergie, denn die durch Präsident Eisenhowers »Atoms-for-Peace«-Programm angeregte Diskussion griff in dem Maße auf die Bundesrepublik über, in dem sich ihr wirtschaftlicher und technologischer Aufstieg abzeichnete[3]. Zunehmend setzte sich auf deutscher Seite die Ansicht durch, daß die Bundesrepublik der friedlichen Nutzung der Kernenergie einen besonders hohen Stellenwert geben müsse, um ihren Technologie-Stand weiterzuentwickeln, ihre Position als Exportland auch auf diesem Sektor zu halten und um ihre langfristige Energieversorgung sicherzustellen.

Aber auch auf diesem Sektor war die erste deutsche Beteiligung an einer größeren internationalen Initiative von exemplarischer Bedeutung für die Einbindung der deutschen Nuklearpolitik in die internationalen und europäischen Gegebenheiten und – wie der früher ausgesprochene Kernwaffenverzicht – von konstitutiver Bedeutung für ihre spätere Außenpolitik. Die Gründung von Euratom sollte einmal die Entwicklung des friedlichen Nuklearsektors in den Dienst der europäischen Einigung stellen und zum anderen die für die beteiligten Länder vorgesehene Entwicklung des friedlichen Sektors der Kernenergie von vornherein in einen Rahmen stellen, der die diesem Sektor inhärente Möglichkeit des Mißbrauchs ausschloß[4]. Das von Euratom eingerichtete Kontrollsystem mittels des gemeinschaftlichen Eigentums der Kernbrennstoffe setzte seinerzeit ein neues Beispiel für die internationale Regulierung und Kontrolle der friedlichen Verwendung der Kernenergie, das weit über jene Regelungen hinausging, die innerhalb der ebenfalls im Jahr 1957 errichteten multilateralen Organisationen, der IAEA und der Kernagentur der OEEC, vorgesehen waren.

Während in den fünfziger Jahren die Einbindung des friedlichen Sektors der Kernenergie in ein System internationaler Kontrollen in der Bundesrepublik als notwendige Bedingung der Entwicklung dieses Bereichs relativ unumstritten war, änderte sich die Lage grundlegend, als Mitte der sechziger Jahre die Großmächte ihre Bemühungen begannen, mittels des Nichtverbreitungsvertrages die

---

[3] Vgl. hierzu in diesem Band Wolf *Häfele,* Die historische Entwicklung der friedlichen Nutzung der Kernenergie, S. 45 ff., und Werner *Ungerer,* Die Rolle internationaler Organisationen bei der Verhinderung mißbräuchlicher Verwendung der Kernenergie, S. 155 ff.

[4] Vgl. hierzu in diesem Band *Ungerer,* ebd., S. 192 ff., und Felix *Oboussier,* Die Verteilung von Kernbrennstoffen: Das Problem der Rohstoffe und der Anreicherung, S. 330 ff., und Heinz *Kramer,* Die Forschungspolitik der Euratom (Publikation in Vorbereitung beim Verlag Wissenschaft und Politik, Köln), ferner Henry R. *Nau,* National Politics and International Technology. Nuclear Reactor Development in Western Europe, Baltimore/London 1974.

als immer drohender empfundene Möglichkeit der Verbreitung von Kernwaffen zu bremsen bzw. zu verhindern[5].

Auf die Komplexität des Nichtverbreitungsvertrages kann hier nicht im einzelnen eingegangen werden, jedoch ließen die durch dieses Projekt ausgelösten Entwicklungen die intensiven Verbindungen zwischen dem militärischen und dem friedlichen Sektor der Kernenergie deutlicher denn je zuvor werden. Der in der Bundesrepublik wach werdende innenpolitische Widerstand gegen den Nichtverbreitungsvertrag – die Debatten zogen sich bis 1974, dem Jahr der Ratifizierung hin – bediente sich vor allem zweier Einwände: Einmal vertiefe er eine bestehende Status- und Machtdifferenz, indem er die Position der nuklearen Habenichtse festschreibe und den Kernwaffenstaaten freie Hand zur Aufrüstung ließe; zum anderen diskriminiere er gegen die Nichtkernwaffenstaaten, da er deren Entwicklung der friedlichen Nutzung der Kernenergie hemme und einschränke.

Die jahrelangen Debatten über den Nichtverbreitungsvertrag hatten jedoch zwei wichtige Konsequenzen von langfristiger Bedeutung für die Politik der Bundesrepublik:

– Erstens stellte sich heraus, daß trotz unterschiedlicher Beurteilungen des Nichtverbreitungsvertrages ein sich quer durch alle Parteien des Bundestags ziehender Konsens darüber bestand, daß der 1954 ausgesprochene Verzicht auf Produktion und der 1966 ausgesprochene Verzicht auf nationalen Besitz von Kernwaffen ungeachtet unterschiedlicher Auffassungen über internationale Regelungen zur friedlichen Nutzung der Kernenergie ein Leitprinzip deutscher Politik bleiben müsse.
– Zweitens war die im Interesse der eigenen wirtschaftlichen Zukunft verfolgte Politik der Verteidigung des Rechts auf eine von Diskriminierung freie Entwicklung der friedlichen Nutzung der Kernenergie das notwendige Korrelat zu einer eindeutigen Politik der Nichtverbreitung; geschähe dies nicht, würde die Nichtverbreitungspolitik die wirtschaftliche Zukunft schädigen. Hier ist der Politik der Bundesrepublik eine Aufgabe zugewachsen, die sie aufgrund ihrer wirtschaftlichen Stärke und geo-strategischen Stellung auch im Interesse anderer Nichtkernwaffenstaaten ausübt.

Als eine der führenden Wirtschafts- und Exportnationen der Welt, für die der friedliche nukleare Sektor besonders bedeutsam ist, hat die Außenpolitik der Bundesrepublik auf dem Gebiet der friedlichen Nutzung der Kernenergie international eine nicht zu unterschätzende Wirkung. Es besteht wenig Zweifel darüber, daß die Politik der Nichtverbreitung letztlich scheitern muß, wenn es

---

[5] Vgl. hierzu William B. *Bader,* The United States and the Spread of Nuclear Weapons, New York 1968; *Kohler* (Anm. 1); Uwe *Nerlich,* Der NV-Vertrag in der Politik der BRD. Zur Struktur eines außenpolitischen Prioritätskonflikts, Ebenhausen 1973 (Stiftung Wissenschaft und Politik, Studien, SWP – S 217); Elizabeth *Young,* The Control of Proliferation: The 1968 Treaty in Hindside and Forecast, Adelphi Papers, Nr. 56, 1969.

der Bundesrepublik gemeinsam mit anderen Staaten nicht gelingt, das Recht auf eine diskriminierungsfreie Entwicklung des friedlichen Sektors der Kernenergie zu gewährleisten.

Die Bundesrepublik hat in der internationalen Entwicklung der Nichtverbreitungsproblematik nicht zuletzt deshalb eine so große Bedeutung, weil sich die Großmächte und ihre Nachbarn in der Nachkriegszeit in ungewöhnlich starkem Maße präventiv auf dieses Land fixiert hatten. Die Bundesrepublik wird, ob sie es will oder nicht, in dieser Hinsicht besonders aufmerksam beobachtet. Eine Abweichung von ihrer bisherigen konsequenten Nichtverbreitungspolitik würde deshalb besonders starkes Aufsehen erregen und mit Sicherheit negative Auslöseeffekte in der internationalen Entwicklung der Verbreitung von Kernwaffen haben. Hieraus erwachsen für die deutsche Politik besondere Verantwortungen, die weit über Europa hinausgreifen.

Die friedliche Nutzung der Kernenergie wirft jedoch für die Politik der Bundesrepublik nicht nur Probleme der langfristigen Orientierung und der Inhalte der Politik auf. Daneben stellen sich in diesem Bereich schwierige Fragen prozessualen Charakters, der Formulierung der Außenpolitik, der erforderlichen Institutionen. In diesem Bereich ist die Fortentwicklung von der klassischen Außenpolitik vergangener Zeiten besonders deutlich; zugleich sind die hier beobachtbaren Veränderungen durchaus typisch für einen generellen Transformationsprozeß, dem die Politik hochentwickelter Industriestaaten unterliegt.

Zwei Entwicklungstendenzen sind hier besonders wichtig:

– Einmal verwischt sich der für die klassische »Außen«-Politik charakteristische Unterschied zwischen Innen- und Außenpolitik; viele Probleme tauchen nicht zwischen Regierungen auf, sondern ziehen sich gleichsam quer durch die Gesellschaften und Regierungssysteme, die auf diese Weise in transnationale Verflechtungszusammenhänge gesetzt werden[6]. Auf dem Sektor der friedlichen Nutzung der Kernenergie bedeutet dies, daß eine mit Kernkraftwerken übersäte Welt, deren Anfänge in Europa und den Vereinigten Staaten schon sichtbar sind, Probleme der Verhinderung einer Verbreitung von nuklearen Waffen, des Kampfes gegen subnationale Diversionen und Mißbräuche von Kernmaterial, des Unfallschutzes, der Transportsicherung, der Versorgung und Entsorgung von Anlagen stellt. Zwar bleibt in allen Fällen der Beitrag der Nationalstaaten zur Lösung wesentlich, jedoch sind sinnvolle langfristige Lösungen nur in Zusammenhängen möglich, die die grenzüberschreitenden Verflechtungen berücksichtigen.

---

[6] Diese Problematik ist eingehender erörtert in: Karl *Kaiser*, Transnational Politics: Toward a Theory of Multinational Politics, in: *International Organization*, Vol. XV, 1971, No. 4, S. 97 ff., und Robert O. *Keohane* und Joseph S. *Nye*, Jr. (Hrsg.), Transnational Relations and World Politics, Cambridge, Mass., 1971.

— Zum anderen ist die friedliche Nutzung der Kernenergie ein Fragenkomplex, in dem sich eine Vielfalt von Problemsträngen bündelt: Fragen der Wirtschafts- und Technologiepolitik, der Energieversorgung, der Außen- und Sicherheitspolitik, der langfristigen Entwicklung einer friedlichen internationalen Ordnung und des Stellenwerts von internationalen Organisationen. Hier vermischen sich die Aufgabenbereiche der Innenressorts mit denen des Außenministeriums und des Verteidigungsressorts zu einer komplexen Aufgabe. Gerade Länder, deren Regierungssystem, wie im Falle der Bundesrepublik, eine historisch gewachsene und starke Ressortstruktur aufweisen, haben große Schwierigkeiten, im Entscheidungsprozeß mit derartigen Querschnittsaufgaben fertig zu werden. Auf dem Gebiet der friedlichen Nutzung der Kernenergie mit ihren starken Bezügen zu hochsensitiven Fragen der Außen- und Sicherheitspolitik sowie der inneren Sicherheit ist jedoch die Fähigkeit, die anstehenden Probleme in ihren komplexen Zusammenhängen zu sehen und im Entscheidungsprozeß zu behandeln, Voraussetzung für eine befriedigende Lösung dieser für das wirtschaftliche Wohlergehen und die Stabilität der Welt von morgen so wichtigen Probleme.

II. Faktoren der Veränderung

Schon seit den fünfziger Jahren begann sich in den westlichen Industrieländern die Einsicht durchzusetzen, daß der Sektor der friedlichen Nutzung der Kernenergie ausgebaut werden müsse. Das Schicksal des Berichts der »Drei Weisen«[7] ist jedoch typisch für die damalige Entwicklung, denn als die von den drei Experten vorhergesagte Energielücke aufgrund der einsetzenden Ölschwemme aus dem Nahen Osten nicht eintrat, glaubte man, die von den Experten empfohlene Ausdehnung des Kernenergiesektors nur noch mit geringer Dringlichkeit betreiben zu können. Erst die Entwicklungen im Gefolge des arabisch-israelischen Krieges von 1973, insbesondere der Ölboykott und die drastischen Preissteigerungen des Edöls, änderten die Einstellungen. Nunmehr wurde mit dramatischer Deutlichkeit demonstriert, daß die Zeiten billiger und bedingungsloser Versorgung mit Energie aus Erdöl vorbei waren.

Die Erdölkrise steigerte naturgemäß die Bedeutung des Kernenergiesektors, da hier auf längere Sicht zu erwarten war, daß durch systematische Anstrengungen die Energieversorgung sichergestellt und gleichzeitig in ihrer Zusammensetzung geändert werden konnte. Der Stellenwert des Kernenergiesektors erhöhte sich deshalb einmal aus wirtschaftlichen Gründen[8]. Hier bot sich die Möglichkeit, jene Diversifizierung der Energiequellen zu erreichen, die die

---

[7] Ziele und Aufgaben für Euratom, Bericht von Louis *Armand*, Franz *Etzel*, Francesco *Giordani* (Anm. 7 in diesem Band, S. 49).
[8] Vgl. hierzu insbesondere in diesem Band Ulf *Lantzke*, Die Energiesituation als Rahmenbedingung für Konflikte, S. 23 ff.

Abhängigkeit von einer Versorgungsquelle minderte. Die erste Fortschreibung des Energieprogramms der Bundesregierung vom Oktober 1974 setzte das ehrgeizige Ziel, den Anteil der Kernenergie an der Stromerzeugung von 4 vH im Jahre 1973 auf 25 vH für 1980 und auf 45 vH im Jahre 1985 zu steigern[9]. Dies entspricht einer Steigerung der Kernkraftwerksleistung von 2300 MW auf 50 000 MW. Für die Bundesrepublik würde dies einen Bestand von etwa 50 Kernkraftwerken bedeuten. Auf der Ebene der Europäischen Gemeinschaft wurden von der Kommission ähnliche Ziele formuliert[10]. Im Falle der Bundesrepublik sollte durch die Erweiterung des Kernenergiesektors gemäß den Plänen der Bundesregierung der Anteil des Mineralöls an der Energieversorgung von 55 vH im Jahre 1973 auf 44 vH im Jahre 1985 reduziert werden.

Die Steigerung des Kernenergiesektors wird aber auch deshalb nötig, um durch eine Senkung des Mineralölverbrauchs Druck auf die Preise auszuüben. Daß dies eine keineswegs unrealistische Strategie ist, ist in verschiedenen Studien aufgezeigt worden[11]. Mit einer durch die Erweiterung des Kernenergiesektors mitbewirkten Senkung der Erdölpreise würden natürlich gleichzeitig eine Reihe anderer gravierender Probleme gemildert werden:

— Die Zahlungsbilanzdefizite der Industrieländer würden verringert (daß die Bundesrepublik vorerst keine Defizite hat, ist hier von sekundärer Bedeutung, da sich chronische Defizite ihrer Handelspartner in jedem Fall negativ auf die Bundesrepublik auswirken würden);
— ferner würde der Transfer von Ressourcen zu den erdölproduzierenden Ländern reduziert und damit das Recycling-Problem gedämpft.
— Eine Steigerung des Anteils der Kernenergie muß auch vor dem Hintergrund langfristiger globaler Erwägungen über die Endlichkeit von Ressourcen gesehen werden, denn mit Hilfe der Kernenergie lassen sich die Erdölvorräte der Welt strecken, die in zukünftigen Jahrzehnten weniger der Energieversorgung als der chemischen Produktion dienen sollten.

Schließlich ist auf der Seite der wirtschaftlichen Gründe für die Steigerung des Kernenergiesektors die Bedeutung der Reaktorindustrie und ihrer Zulieferer für die Wirtschaft der Bundesrepublik und ihre Exportstruktur nicht zu unterschätzen. Im Jahre 1973 betrug die Gesamtausfuhr der kerntechnischen Industrie der Bundesrepublik 188 Mio. DM[12]. Die eigentlichen Entwicklungsmöglich-

---

[9] Erste Fortschreibung des Energieprogramms der Bundesregierung, hrsg. Bundesministerium für Wirtschaft, Bonn, November 1974.
[10] Vgl. die Ausführungen von Kommissar Simonet in: *Bulletin der Europäischen Gemeinschaften,* Nr. 11/1974, S. 29–32. Für eine Analyse der Kernenergie in Europa vgl. Achille *Albonetti,* Europe and Nuclear Energy, Atlantic Papers, Nr. 2/1972, Paris.
[11] Vgl. z. B. Lösungsvorschläge für die Weltenergieprobleme. Bericht einer Expertengruppe aus Ländern der Europäischen Gemeinschaft, Japan und Nordamerika. Arbeitspapiere zur Internationalen Politik, Nr. 3, hrsg. Forschungsinstitut der Deutschen Gesellschaft für Auswärtige Politik, Bonn, Juli 1974.
[12] *Atomwirtschaft,* Nr. 12/1974, S. 609.

keiten dieses Industriesektors liegen jedoch in der Zukunft, denn angesichts der in fast allen Ländern der Welt vorgesehenen überproportionalen Wachstumsraten des Kernenergiesektors ist auf diesem Gebiet mit einer besonders hohen Expansion zu rechnen. Da die deutsche Kernenergieindustrie in der Zwischenzeit sowohl hinsichtlich des technologischen Stands als auch der Produktionskapazität einen Spitzenplatz im internationalen Vergleich erreicht hat, besitzt dieser Sektor für die kommenden Jahrzehnte besonders hohe Wachstumschancen im Export[13].

Nicht nur wirtschaftliche, sondern auch politische Gründe sprechen jedoch dafür, durch eine Steigerung des Kernenergiesektors den Anteil des Erdöls an der Energieproduktion zu mindern[14]. Die Ereignisse, die dem arabisch-israelischen Krieg vom Oktober 1973 folgten, demonstrierten deutlich, daß durch den hohen Anteil des Erdöls aus dem Nahen Osten für die Bundesrepublik, die Europäische Gemeinschaft und den Westen insgesamt ein Ausmaß an Abhängigkeit von dieser Region entstanden ist, das zwar von Land zu Land, insbesondere zwischen den Vereinigten Staaten und den übrigen westlichen Ländern, stark variiert, das jedoch in jedem Fall die außenpolitische Handlungsfähigkeit stark einschränkt. Eine Erhöhung des Anteils der Kernenergie in der Bundesrepublik und bei ihren außenpolitischen Partnern ist deshalb eine der Voraussetzungen für eine Erweiterung ihres außenpolitischen Handlungsspielraums.

Mit der durch die Erdölkrise drastisch beschleunigten Expansion des Kernenergiesektors nimmt auch die Gefahr der Verbreitung von Kernwaffen ständig zu. Und zwar taucht sie keineswegs dort auf, wo die Initiatoren des NV-Vertrages sie befürchtet hatten, denn, wie schon in den damaligen Jahren herausgestellt wurde, waren die Industriestaaten und vor allem die Bundesrepublik, auf die der NV-Vertrag in besonderem Maße gerichtet war, nicht die eigentlichen Kandidaten für eine mögliche Produktion von Kernwaffen. Vielmehr sind es Regionen und Länder der sich entwickelnden Welt, die vielfach hohe Konfliktpotentiale und unstabile Strukturen aufweisen. Dies gibt dem Problem der Verbreitung von Kernwaffen deshalb heute noch größere Priorität als in der Vergangenheit.

Neben die alte Problematik der Verbreitung von Kernwaffen ist jedoch aufgrund der sich abzeichnenden mengenmäßigen Explosion des Kernenergiesektors eine Vielfalt von neuen Problemen getreten. Die subnationale Diversion dürfte in der Zukunft in Form von Mißbrauch von nuklearem Material für Erpressungen durch Terroristen und Gangster mindestens von gleicher Bedeutung wie die nationale Aneignung von Kernwaffen werden. Dieses Problem

---

[13] Vgl. hierzu *Kramer* (Anm. 4) und Joseph A. *Yager* und Eleanor B. *Steinberg*, Energy and U.S. Foreign Policy, Cambridge, Mass., 1974, S. 331 ff.
[14] Zu dieser Problematik vgl. auch Curt *Gasteyger* (Hrsg.), The Western World and Energy, Atlantic Papers, Nr. 1/1974, Paris; Karl *Kaiser*, Die Auswirkungen der Energiekrise auf die westliche Allianz, in: *Europa-Archiv*, Folge 24/1974; Oil and Security, hrsg. Stockholm International Peace Research Institute, Stockholm 1974.

stellt sich nicht nur in den Kernanlagen selbst, sondern auch in Verbindung mit der Anreicherung, dem Transport und der Entsorgung. Die »innere« Sicherheit auf dem Kernenergiesektor ist deshalb zu einem internationalen Problem geworden, insbesondere für die Bundesrepublik und die übrigen europäischen Länder, die aufgrund ihrer geographischen Lage derartige Fragen nicht als isolierte nationale Angelegenheit behandeln können. Ähnliches gilt für die Problematik von Unfällen auf diesem Gebiet sowie für Haftungsfragen, die aufgrund ihrer Auswirkungen und Kosten nicht mehr im nationalen Rahmen allein regelbar sind.

III. Das Problem der Nichtverbreitung von Kernwaffen

Das Problem der Nichtverbreitung von Kernwaffen ist in diesem Band in gründlicher Weise durchleuchtet worden[15]. An dieser Stelle sollen lediglich die Argumente zusammengefaßt und einige zusätzliche Akzente gesetzt werden.

Geht man davon aus, daß die Politik der Nichtverbreitung eine Hauptpriorität deutscher Außenpolitik bleiben muß, so wird eine solche Politik die neuen Entwicklungen und Rahmenbedingungen der Verbreitungsproblematik, wie sie weiter oben analysiert wurden, unbedingt berücksichtigen müssen. Dies hat vor allem zwei Konsequenzen:

- Einmal muß sich die Nichtverbreitungspolitik von der schematischen Einstellung der frühen Jahre trennen, als noch Neigung bestand, die technologische Fähigkeit der sogenannten Schwellenmächte zur künftigen Waffenproduktion schon als Evidenz für die Gefahr der Aneignung von Kernwaffen anzusehen. Wie ungerechtfertigt diese vor allem auf die Bundesrepublik und die europäischen Staaten gerichtete Sicht gewesen ist, dürfte in der Zwischenzeit offenkundig geworden sein.
- Zum anderen wird Nichtverbreitungspolitik nur dann erfolgreich sein, wenn sie sich nicht mehr in den Dienst übergeordneter ideologischer oder politischer Zielsetzungen stellt, wie es früher einmal der Fall war; die Bundesrepublik selbst war beispielsweise Objekt einer derart verstandenen Nichtverbreitungspolitik. Vielmehr geht es darum, daß die Nichtverbreitungspolitik der Zukunft situationsgerecht geführt wird, d. h., daß diese Politik sich der wirtschaftlichen, politischen, technologischen und militärischen Bedingungen möglicher Verbreitung von Kernwaffen bewußt wird und sich deshalb auch das nötige Instrumentarium einer Bekämpfung der Verbreitung aus dem breiten Spektrum der hierfür relevanten Bereiche holt.

---

[15] Vgl. insbesondere in diesem Band die Beiträge von *Ungerer,* S. 65–84, 153–226, aber auch von Uwe *Nerlich,* Die Konventionalisierung der Kernenergie und der Wandel der Nonproliferationspolitik – Verteilung und Kontrolle als politisches Konfliktpotential, S. 107 ff., und Beate *Lindemann,* Kernenergie und internationale Organisationen, S. 419 ff., auf die sich die folgenden Bemerkungen in starkem Maße stützen.

1. Die Fortsetzung der klassischen Nichtverbreitungspolitik

Zwar liegt es auf der Hand, daß eine realistische Nichtverbreitungspolitik von der Annahme ausgehen muß, daß eine Entscheidung zum Erwerb nuklearer Waffen die Resultante einer Vielfalt komplexer Entwicklungen ist und daß deshalb eine solche Politik situationsgerecht und flexibel hierauf eingehen muß. Dennoch ist damit nicht gesagt, daß die bisherige Nichtverbreitungspolitik im Rahmen der entstandenen internationalen Organisationen und des Nichtverbreitungsvertrages überflüssig geworden ist. Ganz im Gegenteil, die Analysen des vorliegenden Bandes zeigen, daß trotz vieler grundlegender Schwächen des vorhandenen rechtlichen und institutionellen Gefüges die klassische Nichtverbreitungspolitik mit der IAEA und dem Nichtverbreitungsvertrag in ihrem Zentrum die Grundlage auch der Politik der Zukunft sein muß. Hierbei ist dann allerdings zu fragen, welche Bereiche durch die bisherigen Vorkehrungen nicht oder ungenügend erfaßt werden und welche zusätzlichen Maßnahmen zu ergreifen sind.

Erstes Ziel der Nichtverbreitungspolitik wird es nach wie vor sein müssen, die Zahl der Unterzeichner des Nichtverbreitungsvertrages zu erhöhen, um möglichst nahe an jenes Ausmaß der Universalität heranzukommen, das Voraussetzung für die Wirksamkeit der vom Vertrag vorgesehenen Mechanismen ist. Dies gilt insbesondere für die wichtigen Schwellenmächte, die, wie z. B. Israel und Ägypten, bisher nicht dem Vertragswerk beizutreten bereit waren und bei denen die hinter dem Nichtbeitritt stehende Möglichkeit eines Erwerbs von Kernwaffen besonders katastrophale Folgen haben könnte. Ein mögliches Instrument zur Durchsetzung der Universalität könnte die im Ansatz schon praktizierte Politik sein, bei bilateralen Abkommen mit diesen Ländern auf kerntechnischem Gebiet die Kontrollklauseln noch schärfer zu gestalten, als es für Unterzeichner des NV-Vertrages der Fall ist. Diese Politik scheint im Falle des amerikanischen Verkaufs von Kernreaktoren an Ägypten verfolgt zu werden. Andererseits muß man sich jedoch auch der unvermeidlichen Grenzen dieses Druckmittels bewußt sein. Die politischen Rahmenbedingungen der regionalen Konfliktsituation werden, dies ist im Falle der beiden erwähnten Länder besonders deutlich, letztlich die ausschlaggebenden Faktoren für eine Entscheidung über den Erwerb nuklearer Waffen sein. Die Lieferbedingungen von kerntechnischem Material können hier letztlich nur eine flankierende Maßnahme zu einer Politik sein, die auf diplomatischem Wege versuchen muß, Anlässe und Anreize zum Erwerb von Kernwaffen zu vermindern.

Das Ziel der Universalität gilt natürlich nicht nur für die Nichtkernwaffenstaaten. Wichtiges Ziel auch einer deutschen Nichtverbreitungspolitik sollte es sein, dazu beizutragen, die Zahl der Unterzeichner des NV-Vertrages unter den Kernwaffenstaaten zu erhöhen. In Europa gilt dies insbesondere für Frankreich, dessen Nichtteilnahme in seiner Eigenschaft als wichtiges Lieferland von kerntechnischen Anlagen potentiell besonders gravierende Folgen hat. Die in diesem

Band hervorgehobene Nachlässigkeit, mit der Frankreich in der Vergangenheit das Nichtverbreitungsproblem in seiner eigenen Politik gehandhabt hat[16], ist in besonderem Maße geeignet, die Solidarität der Lieferländer ins Wanken zu bringen.

Im übrigen ist die bisherige Nichtteilnahme am NV-Vertrag und die gerade innerhalb von Euratom praktizierte Politik für Frankreich nicht nur Anlaß, sondern durchaus auch Vorwand gewesen, um sich in einem Ausmaß der internationalen Kontrolle im eigenen Land zu entziehen, das innerhalb der Europäischen Gemeinschaft echte Diskriminierungseffekte hervorruft, die die Kernindustrie der Bundesrepublik in besonderem Maße schädigen könnte. Eine in dieser Hinsicht allzu hemdsärmelige Interessenpolitik Frankreichs untergräbt das Argument aller derjenigen Kräfte, die – wie die Bundesrepublik – argumentieren, daß eine diskriminierungsfreie Politik der friedlichen Nutzung der Kernenergie ein Korrelat, ja die Voraussetzung einer wirksamen Nichtverbreitungspolitik ist. Hier stellt sich für die Bundesrepublik aufgrund der engen Beziehungen zu Frankreich eine besonders wichtige Aufgabe der geduldigen und kooperativen Einwirkung auf Paris, um eine Änderung dieser langfristig auch für Frankreich nachteiligen Politik zu bewirken.

Eine Einbeziehung der Kernwaffenstaaten in den Kreis der am NV-Vertrag Beteiligten wäre sicherlich ein großer Schritt vorwärts. Er müßte jedoch ergänzt werden durch die Schließung einer weiteren Lücke in der klassischen Nichtverbreitungspolitik, nämlich die Ausdehnung von Kontrollen innerhalb der Kernwaffenstaaten. Zwar haben die Vereinigten Staaten und Großbritannien einen Teil ihrer Anlagen der IAEA- bzw. Euratom-Kontrolle unterstellt, jedoch wäre es im Interesse einer diskriminierungsfreien Politik der friedlichen Nutzung der Kernenergie, wenn dieser Bereich ausgedehnt würde. Eine auf dieses Ziel gerichtete Politik der Bundesrepublik muß sich allerdings über die Konsequenz einer solchen Ausdehnung im klaren sein, denn die dadurch erforderliche Vergrößerung des Inspektorenstabs und die Erhöhung der Kosten bei der IAEA müßten auch von der Bundesrepublik mitgetragen werden.

In diesem Zusammenhang bleibt die Weigerung der Sowjetunion, unter Berufung auf ihren Kernwaffenstatus gemäß NV-Vertrag, irgendeine Kontrolle auf eigenem Boden zu akzeptieren, eine besonders große Lücke in der bisherigen Nichtverbreitungspolitik. Hier sollten sich die Bundesrepublik Deutschland und die übrigen entwickelten Industriestaaten trotz der bisher kompromißlosen Haltung der Sowjetunion nicht entmutigen lassen, mit Geduld darauf hinzuweisen, daß dieser Zustand erstens im Widerspruch steht zu dem auch von der Sowjetunion geteilten Ziel einer diskriminierungsfreien internationalen Entwicklung der friedlichen Nutzung der Kernenergie und daß, zweitens, die bisherige Weigerung der Sowjetunion die Glaubwürdigkeit der von ihr vertretenen Politik der Nichtverbreitung einfach untergräbt[17].

---

[16] Vgl. *Nerlich* und *Lindemann,* ebd., S. 135 ff. und S. 430 ff.
[17] Zur nationalen Politik der Hauptakteure vgl. in diesem Band *Ungerer* (Anm. 3), S. 153 ff., und *Lindemann,* ebd., S. 424 ff.

Neben der Ausdehnung des Wirkungsbereichs der bisherigen Nichtverbreitungspolitik stellt sich eine weitere Aufgabe, die durch eine Lücke im bestehenden Kontrollsystem entstanden ist. Das bisher übliche System einer zeitlich befristeten IAEA-Kontrolle von Projekten hat den schwerwiegenden Nachteil, daß mit dem Auslaufen der bilateralen Verträge zwischen Lieferland und Empfängerland die Aufsicht der IAEA ebenfalls beendet wird, obwohl der Reaktor u. U. weiterläuft. Damit entsteht ein kontrollfreier Raum.

Die Bundesrepublik hat als wichtiges Lieferland ein unmittelbares Interesse an der Regelung dieser Frage, denn bei verschiedenen geplanten Projekten, so zum Beispiel einer Reaktorlieferung nach Argentinien, stellt sich die Frage der Dauer der IAEA-Aufsicht. Die Bundesrepublik bleibt hier aufgerufen, gemeinsam mit den übrigen Lieferländern darauf zu drängen, daß innerhalb der IAEA eine Entscheidung zugunsten eines Kontrollsystems fällt, das nicht vertrags-, sondern objektgebunden ist, so daß die Kontrolle erst mit der Lebenszeit des Reaktors oder einer anderen Anlage ausläuft.

Eine weitere Lücke im bisherigen Kontrollsystem sind die sogenannten »friedlichen Kernsprengungen«. Wie mit Recht in diesem Band hervorgehoben wurde, sind Kernsprengungen, die nicht in ein internationales Kontrollsystem eingebettet sind, als mißbräuchliche Verwendung der Kernenergie zu betrachten[18]. Der verschiedentlich erwähnte Fall der indischen Kernsprengung weist auf die Dringlichkeit dieses Problems hin. Aufgabe deutscher Politik wird es einmal sein, immer wieder darauf hinzuweisen, daß von dieser Seite her der gegen die Verbreitung von Kernwaffen errichtete Damm zum Einbruch gebracht werden kann; zum anderen bleibt die Bundesrepublik aufgerufen, mit den übrigen kooperationswilligen Ländern darauf hinzuarbeiten, alle friedlichen Kernsprengungen der IAEA-Kontrolle zu unterwerfen und die entsprechenden Voraussetzungen hierfür zu schaffen.

Bei vielen Maßnahmen zur Stärkung oder Erweiterung der IAEA-Kontrollen stellt sich, dies wurde verschiedentlich in diesem Band erwähnt, ein finanzielles Problem, denn wirklich effektive Kontrollsysteme sind mit erheblichen Kosten verbunden. Es liegt im wohlverstandenen Eigeninteresse der Bundesrepublik, ihre finanziellen Ressourcen an dieser Stelle ins Spiel zu bringen und durch einen finanziellen Beitrag die organisatorischen und institutionellen Voraussetzungen für eine effiziente Nichtverbreitungspolitik mitzutragen.

Abschließend bleibt im Zusammenhang mit der klassischen Nichtverbreitungspolitik zu bemerken, daß die Bremsung und Umkehrung der nuklearen Aufrüstung, zu der sich die Kernwaffenstaaten als Initiatoren des Nichtverbreitungsvertrages verpflichtet haben, nach wie vor ein ungelöstes Problem ist, das für die Zukunft der Weltpolitik von entscheidender Bedeutung bleibt. Der

---

[18] Vgl. hierzu in diesem Band *Ungerer*, ebd., S. 78 f., und Stephan Frhr. *v. Welck,* Friedliche Kernsprengungen als Herausforderung und Aufgabe internationaler Organisationen, S. 389 ff.

Nichtverbreitungsvertrag hat nicht dazu beigetragen, die »vertikale Proliferation« zu verhindern. Zwar sind mit den Rüstungskontrollabmachungen zwischen den Weltmächten in den letzten Jahren erhebliche Fortschritte in Richtung einer Einhegung und Kontrolle des Rüstungswettlaufs gemacht worden, dennoch schreitet die quantitative und vor allem die qualitative Rüstung auf dem Gebiet der Kernwaffen fort. Die Bundesrepublik als eine der bedeutendsten Mittelmächte unter den Nichtkernwaffenstaaten wird auch in Zukunft bei ihren Bemühungen nicht nachlassen dürfen, die Kernwaffenstaaten daran zu erinnern, daß die im Nichtverbreitungsvertrag eingegangene Verpflichtung zur Kontrolle und Bremsung der eigenen nuklearen Rüstung langfristig ein notwendiges Korrelat einer effektiven Nichtverbreitungspolitik ist[19].

2. Nichtverbreitungspolitik und kerntechnische Exporte

Aus den verschiedentlich erwähnten Gründen wird es in den kommenden Jahrzehnten zu einer geradezu explosiven Expansion des Sektors der friedlichen Nutzung der Kernenergie kommen. Die Ende 1974 von der OECD vorgelegten Schätzungen der Entwicklung dieses Sektors[20] gehen davon aus, daß sich der Kernenergiesektor innerhalb der OECD von 42,3 GW auf 982 GW im Jahre 1979 ausdehnen wird. Für ein beschleunigtes Programm wird sogar eine voraussichtliche Kapazität von 1369 GWe im Jahre 1990 geschätzt.

Diese Zahlen machen deutlich, daß dieser Sektor an wirtschaftlicher Bedeutung erheblich zunehmen wird, sowohl hinsichtlich der Energieversorgung als auch der Exportindustrie. Kerntechnische Exporte werden gerade für die hochentwickelten Industriestaaten wie die Bundesrepublik ein wichtiger Exportartikel werden. Damit wird sich auch ein schon jetzt sichtbares Problem quantitativ und qualitativ erheblich verschärfen, nämlich die Möglichkeit, daß ein Konflikt zwischen den wirtschaftlichen Interessen einerseits und dem Ziel der Nichtverbreitung andererseits auftaucht. Hier besteht die Gefahr eines – im wahrsten Sinne des Wortes – ruinösen Wettbewerbs, bei dem Lieferländer durch offene oder diskrete »Liberalisierung« ihrer Kontroll- und Sicherheitsbedingungen versuchen, ihren Exportmarkt auf dem Gebiet der Kerntechnik zu erweitern.

Für die Lieferländer sollte deshalb die Vermeidung eines verbreitungsfördernden Wettbewerbs oberste Priorität genießen. Dies setzt jedoch voraus, daß die Lieferländer untereinander Absprachen über die Minimalkonditionen treffen. Dies bedingt auch neue Formen enger Zusammenarbeit zwischen der Reaktorindustrie einerseits und Regierungen andererseits, die bisher nicht immer am glei-

---

[19] Die vielfältigen Probleme der Nichtverbreitung sind in aufschlußreicher Weise behandelt in dem vom SIPRI herausgegebenen Band »Nuclear Proliferation Problems«, Cambridge, Mass., London 1974.
[20] Energy Prospects to 1985, Bd. 1, hrsg. OECD, Paris 1974, S. 153.

chen Strang gezogen haben. Auch dürften institutionalisierte Absprachen zwischen den Lieferländern – unter Beteiligung der jeweiligen Reaktorindustrie – notwendig werden, um Barrieren gegen einen verbreitungsfördernden Wettbewerb zu errichten. Dies könnte entweder durch eine Belebung eines schon innerhalb der IAEA bestehenden Ausschusses der Lieferländer oder durch die Gründung eines Ad-hoc-Ausschusses mit erheblichen Vollmachten unter den Lieferländern vorgenommen werden. Der Bundesrepublik kommt hierbei die Aufgabe zu, sich aktiv für das Zustandekommen derartiger Absprachen einzusetzen und hierzu durch eigene Vorschläge beizutragen.

Die Dringlichkeit dieses Problems wird durch eine Reihe von Zusammenhängen erhöht, auf die in diesem Band verschiedentlich hingewiesen worden ist. Mit der zunehmenden Abhängigkeit bestimmter Lieferländer mit Nukleartechnologie von Ölländern entsteht die Gefahr, daß diese Abhängigkeit zur Lieferung von nuklearem Know-how und von Anlagen benutzt wird, bei denen verbreitungsfördernde Bedingungen gewährt werden. Dies gilt insbesondere dann, wenn es sich beim Lieferland um ein Entwicklungsland handelt, das durch seine wirtschaftliche Situation gegenüber Pressionen von außen besonders empfindlich ist.

In dem Maße, in dem sich das Verbreitungsproblem auf die Ebene der kommerziell betriebenen Expansion des Kernenergiesektors verlagert, stellt sich auch die Frage, ob die bisher gültige Priorität der uneingeschränkten Versorgung von Entwicklungsländern mit dem entsprechenden Know-how und den notwendigen Kernenergieanlagen[21] noch in dem gleichen Maße gelten kann wie in der Vergangenheit. Es wäre zu erwägen, ob bestimmte sensitive Technologien, insbesondere auf dem Gebiet der Anreicherung und der Wiederaufarbeitung, nicht oder nur begrenzt weitergegeben werden sollten, denn die hier entstandene Technologie in Form der Gaszentrifuge und die Wiederaufarbeitungsverfahren bieten offenkundige und im übrigen nicht einfach zu kontrollierende Ansatzpunkte für die Herstellung von Kernwaffen. Eine solche Einschränkung der Lieferung von Know-how und Anlagen setzt allerdings voraus, daß für die betreffenden Länder keinerlei Nachteile in der wirtschaftlichen Entwicklung entstehen. Ein solches System erfordert deshalb, daß gleichzeitig Garantien für die Versorgung mit angereichertem Material bzw. für die Vornahme der Wiederaufarbeitung glaubhaft gegeben werden können.

3. Die nichtstaatliche Ebene

Das Problem der Nichtverbreitung von Kernwaffen wurde in der Vergangenheit vornehmlich als ein Problem der zwischenstaatlichen Ebene gesehen und dort durch die Verträge und Institutionen der Vergangenheit zu bekämpfen

---

[21] Vgl. hierzu in diesem Band Peter *Schultze-Kraft,* Multilaterale technische Hilfe im Nuklearbereich, S. 357 ff.

versucht. Die Unterscheidung zwischen Kernwaffenstaat und Nichtkernwaffenstaat war die Grundlage der Nichtverbreitungspolitik der Vergangenheit. Eine der entscheidenden Neuentwicklungen beim Verbreitungsproblem liegt darin, daß sich dieses Problem nunmehr auf nichtstaatlicher Ebene stellt. Die alte Unterscheidung zwischen Kernwaffenstaaten und Nichtkernwaffenstaaten ist hier wenig relevant, da alle hiervon betroffen werden.

Angesichts der im Brennstoffzyklus an mehreren Stellen gegebenen Möglichkeit der Entwendung von spaltbarem Material stellt sich deshalb das Verbreitungsproblem als eine Frage der *inneren* Sicherheit. Neben die »detection« der zwischenstaatlichen Verbreitungspolitik tritt die »protection« einer innerhalb der Staaten verfolgten Verbreitungspolitik.

Die Schwierigkeiten, die einer Aneignung von spaltbarem Material und der Herstellung von Kernwaffen entgegenstehen, dürfen auf keinen Fall unterschätzt werden. Wie in diesem Band mit Recht hervorgehoben wurde, ist die Herstellung von Kernwaffen keineswegs so einfach, wie es gelegentlich hingestellt wird. Dennoch ist die drohende Möglichkeit einer mißbräuchlichen Aneignung von Kernmaterial zwecks Herstellung von Waffen mit Recht als ein Problem untersucht worden, das sich mit der zunehmenden Expansion des Kernenergiesektors stellt[22].

Da der Schutz gegen eine mögliche Verbreitung von Kernwaffen auf der innerstaatlichen Ebene vor allem eine Frage der inneren Sicherheit und des Schutzes von Anlagen und beweglichem Material ist, wirft eine internationale Koordinierung entsprechender Maßnahmen besondere Probleme auf. Die Bundesrepublik war wie auch andere Staaten im Zusammenhang mit den Erörterungen über den Nichtverbreitungsvertrag kein Anhänger eines international koordinierten Systems der »physical protection«, da sie mit einigem Recht befürchten mußte, daß sich deshalb ein Eingriffsrecht der Supermächte in die Sektoren der Kernindustrie und Kernenergieerzeugung der Nichtkernwaffenstaaten ergeben könnte. Zwar helfen die Instrumente, die bisher auf der Ebene des NV-Vertrags und der IAEA geschaffen worden sind, durchaus, die mißbräuchlichen Abzweigungen von Kernmaterial auf innerstaatlicher Ebene zu erschweren, jedoch können sie diese nicht verhindern.

Die mißbräuchliche Abzweigung von Kernmaterial durch Terroristen und Gangster zwecks Herstellung von Kernwaffen ist trotz aller technischen Schwierigkeiten nicht zuletzt deshalb eine besondere Gefahr, weil davon auszugehen ist, daß funktionierende Kernwaffen in den Händen solcher Gruppen besonders gefährlich sind, denn hier sind die restriktiven Zwänge erheblich schwächer als im Falle einer staatlichen Regierung, die Kernwaffen besitzt oder sich aneignen will.

---

[22] Vgl. zu dieser Problematik Mason *Willrich* (Hrsg.), Civil Nuclear Power and International Security, New York 1971; Mason *Willrich* und Theodore B. *Taylor*, Nuclear Theft: Risks and Safeguards, Cambridge, Mass., 1974; Nuclear Proliferation Problems, hrsg. SIPRI, Stockholm 1974; *Yager/Steinberg* (Anm. 13).

Für die Bundesrepublik stellt sich deshalb die Aufgabe, bei der Überprüfung des Nichtverbreitungsvertrages im Rahmen der geplanten Konferenz dafür Sorge zu tragen, daß die bisher auf zwischenstaatlicher Ebene verfolgte Nichtverbreitungspolitik durch ein System von Vereinbarungen, Absprachen und Kontrollen ergänzt wird, das in möglichst effektiver Weise die Möglichkeit einer mißbräuchlichen Aneignung von Kernmaterial verhindert. Eine Reihe der hierbei denkbaren Maßnahmen würde gleichzeitig auch der Bekämpfung anderer Entwicklungen dienen, auf die anschließend noch einzugehen ist, insbesondere die Möglichkeit der mißbräuchlichen Aneignung von Kernmaterial zu anderen Zwecken als der Herstellung von Waffen, die Möglichkeit der Sabotage und auch der Unfälle.

4. Das Instrumentarium der Nichtverbreitungspolitik

Geht man von der eingangs erwähnten These aus, daß sich die Nichtverbreitungspolitik von der schematischen und oft ideologisierten Sicht der Vergangenheit lösen muß, um situationsorientiert und pragmatisch vorzugehen, so bietet sich ein breiter Fächer möglicher Instrumente an. Eine realistische Nichtverbreitungspolitik muß sich durch eine laufende Beobachtung und differenzierte Analyse die vielfältigen und von Fall zu Fall durchaus unterschiedlichen Bedingungen bewußt machen, die den Handlungsrahmen für mögliche Entscheidungen zum Erwerb von Kernwaffen prägen. Wie unterschiedlich jeweils die möglichen Motive und Handlungsbedingungen für diese Entscheidungen sein können, wurde weiter oben anhand der vier verschiedenen Modelle für die Verbreitung von Kernwaffen skizziert[23]. Auch ist hier zu beobachten, daß die Ost-West-Problematik, die am Anfang der Verbreitungsfrage stand, durch eine Vielfalt zusätzlicher Konfliktfronten ergänzt wurde, die sich in komplexen Zusammenhängen verbinden, sei es durch regionale Konflikte wie im arabisch-israelischen Fall (in dessen Hintergrund nach wie vor das Ost-West-Problem steht), sei es durch Konflikte, die hier nur mit dem Stichwort Nord-Süd-Problematik angedeutet werden sollen.

Eine realistische Nichtverbreitungspolitik wird sich deshalb eines breiten Spektrums von Instrumenten bedienen müssen: Ausnutzung der durch den NV-Vertrag und die IAEA gegebenen Möglichkeiten; Absprachen unter den Lieferländern; Lieferbedingungen für die Empfängerländer; Entspannungsdiplomatie in bestimmten Regionen, die eine kernwaffenorientierte Motivation reduzieren will; eine konsequente Politik der inneren Sicherheit von Kernanlagen und des Transports von Kernmaterial. Weitere Beispiele sind denkbar.

Auf der Ebene der Instrumente bieten sich einmal die verschiedenen internationalen Organisationen, insbesondere die IAEA und Euratom, sowie die In-

---

[23] Vgl. hierzu in diesem Band *Nerlich* (Anm. 15), S. 140 ff.

strumente des Nichtverbreitungsvertrages in einer möglicherweise erweiterten Form an, um eine effiziente Nichtverbreitungspolitik zu verfolgen. Im vorliegenden Beitrag sowie den übrigen Beiträgen zu diesem Band sind hierzu eine Vielfalt von Vorschlägen gemacht worden.

Eine wirksame Nichtverbreitungspolitik setzt jedoch eine bessere Integration der politischen Instrumente voraus, als dies in der Vergangenheit der Fall gewesen ist. Dies gilt auf zwei Ebenen. Auf der internationalen Ebene wird einmal eine bessere Abstimmung und Koordinierung unter den verschiedenen mit diesen Fragen beschäftigten internationalen Organisationen nötig sein[24]. Zum anderen ist jedoch angesichts der zunehmenden Bedeutung eines verbreitungsfördernden Wettbewerbs unter den Lieferländern eine Koordinierung der Lieferpolitik und -bedingungen unter den Lieferländern eine wesentliche Voraussetzung für eine wirksame Nichtverbreitungspolitik.

Auch auf nationaler Ebene wird jedoch eine besser integrierte Politik nötig sein. In der Vergangenheit haben verschiedene Ressorts eine in diesen Fragen nicht immer genügend abgestimmte Politik betrieben. Insbesondere liefen die Interessen der für die Exportindustrie zuständigen Ressorts und der für die Nichtverbreitungspolitik zuständigen Außenministerien oft auseinander. Wenn Lieferländer wie die Bundesrepublik eine effiziente Nichtverbreitungspolitik betreiben wollen, dann ist eine Politik aus einem Guß nötig, in die alle Ressorts ihre jeweiligen Beiträge nahtlos einordnen.

Überdenkt man die Bedingungen, unter denen der Kernenergiesektor im Hinblick auf die Verbreitungsproblematik in den achtziger und neunziger Jahren arbeiten wird, so wird offenkundig, daß eine angemessene Antwort auf die Probleme, die sich im Zusammenhang mit einer massiven Expansion dieses Sektors stellen, nur in Form von übergreifenden Lösungen gefunden werden können, die ungleich tiefer in die vorhandenen politischen und administrativen Strukturen eingreifen, als dies bisher im allgemeinen angenommen wird. Will man etwa die Gefahrenquellen beseitigen, die bei der Beladung von Reaktoren, der Wiederaufarbeitung und dem Transport von Kernmaterial in Form von mißbräuchlicher Entwendung auftreten können, so stellt sich die Frage, ob die Form der dezentralisierten Kernenergiewirtschaft noch die angemessene Antwort darstellt. Vielmehr wird zu prüfen sein, ob im Europa der späten achtziger und neunziger Jahre eine örtliche Zusammenfassung der verschiedenen Reaktoren, der Lagerung und der Wiederaufarbeitung in Form von nuklearen Parks die auftauchenden Probleme am besten löst.

---

[24] Vgl. hierzu in diesem Band *Lindemann* (Anm. 15), S. 446 ff.

IV. Subnationale Diversion und Unfallschutz

Im Vordergrund der öffentlichen Debatten über die subnationale Diversion hat aufgrund der oft sensationell aufgemachten spekulativen Berichte die Frage einer möglichen Abzweigung von spaltbarem Material zur Herstellung von Kernwaffen gleichsam im Bastelverfahren gestanden, die dann von Terroristen oder Gangstern für Zwecke der materiellen oder politischen Erpressung benutzt werden können. Weniger beachtet und letztlich doch wichtiger ist die subnationale Diversion in Form von Entwendung von spaltbarem Material, das dann für Erpressungszwecke mißbraucht werden kann, indem illegale Gruppen oder Gangster mit seinem Mißbrauch drohen. Hierzu genügen relativ kleine Mengen der hochgiftigen und hochradioaktiven Produkte, die im Brennstoffzyklus zu finden sind, z. B. Plutonium.

Sicherheit vor subnationaler Diversion ist nur möglich, wenn die Kernreaktoren, Wiederaufarbeitungsanlagen und Anreicherungsstätten sowie der für die Versorgung und Entsorgung nötige Transport sowie schließlich die Ablagerungsstätten von Kernmaterial angemessen geschützt sind. Die augenblicklich zu diesem Zweck ergriffenen Maßnahmen sind sowohl in der Bundesrepublik als auch in vielen anderen Ländern unzulänglich. Hier ist eine tiefgreifende Reform des Systems innerer Sicherheit zum Schutz gegen subnationale Diversionen unbedingt nötig.

Maßnahmen zur Gewährleistung der Sicherheit würden damit nicht nur die Möglichkeit einer Entwendung von Kernmaterial abdecken, sondern gleichzeitig vor möglichen Sabotageakten schützen, die ebenfalls von illegalen Gruppen gegen Kernanlagen oder beim Transport vorgenommen werden könnten.

Effiziente Maßnahmen können zwar nur im nationalen Rahmen unternommen werden, jedoch dürfte ein System internationaler Absprachen aus mehreren Gründen nötig sein. Einmal entstehen durch die Schutzmaßnahmen erhebliche Kosten, so daß sich aus unterschiedlichen Schutzstandards die Möglichkeit einer Wettbewerbsverzerrung auf dem internationalen Kernenergiemarkt ergeben kann, die durch eine Absprache verhindert werden könnte. Hier kann die Bundesrepublik nicht nur mit der Durchsetzung möglichst hoher Standards mit gutem Beispiel vorangehen, sondern aktiv in die internationale Diskussion über die Einführung international verbindlicher Standards eingreifen.

Zum anderen erscheint eine Absprache unter den Lieferländern über die Einhaltung von Minimalbedingungen zur Gewährleistung der Sicherheit beim Transport, beim Anlagenbetrieb und bei der Entsorgung deshalb nötig, weil eine falsch verstandene Großzügigkeit im Fall von Unfällen oder subnationaler Diversion in den betreffenden Ländern auf die Lieferländer zurückschlagen könnte, z. B. in Form von Benutzung des entwendeten Materials gegen die Lieferländer.

Neben der mißbräuchlichen Entwendung von Kernmaterial und der Sabotage stellt sich jedoch auch das Problem des Unfallschutzes. Hier ist nicht der Ort, um auf die Problematik der Reaktorsicherheit einzugehen, die in diesem Band an verschiedenen Stellen angesprochen und analysiert wurde[25]. Wie immer man auch die komplexe Problematik der Sicherheit von Reaktoren beurteilen mag, so steht doch fest, daß die Bundesrepublik ein offenkundiges Interesse daran hat, daß die im eigenen Land angewandten hohen Sicherheitsstandards nicht nur immer auf dem neuesten technischen Stand sind – gegebenenfalls durch Übernahme von neuen Sicherheitstechnologien aus dem Ausland –, sondern daß diese Standards auch in anderen Ländern angewandt werden. Ein Kernenergieunfall in einem anderen Land hätte eine doppelte Auswirkung auf die Bundesrepublik. Einmal wäre mit einer öffentlichen Reaktion gegen die Kernenergie insgesamt zu rechnen, die die weitere Entwicklung dieses Sektors aufhalten, wenn nicht gefährden könnte. Zum anderen ist aufgrund der weitreichenden Folgen solcher Unfälle damit zu rechnen, daß radioaktive Niederschläge auch die Bundesrepublik erreichen würden, insbesondere bei Unfällen in Europa.

Die Bundesrepublik sollte deshalb innerhalb der Lieferländer darauf drängen, daß hohe Sicherheitsstandards zum Maßstab der bilateralen Zusammenarbeit mit den Empfängerländern werden. Die IAEA könnte in diesem Zusammenhang eine ungleich aktivere Rolle als in der Vergangenheit bei der Erarbeitung und Durchsetzung von Sicherheitsstandards spielen.

Ein Sonderproblem stellt sich in Form einer möglichen Gefährdung durch nukleare Anlagen in Grenznähe. Im dichtbesiedelten Europa ist dies ein offenkundiges Problem, mit dem sich die Bundesrepublik auseinanderzusetzen hat. Ob ein Kernreaktor auf eigenem Gebiet oder in 20 km Entfernung von der Staatsgrenze aufgestellt wird, ist hinsichtlich der potentiellen Folgen eines Unfalls nicht sonderlich relevant. Mit den westlichen Nachbarländern hat sich bisher eine diskrete und durchaus effektive Kooperation beim Austausch von Informationen über die angewandten Technologien entwickelt. Dies kann allerdings nicht von den sozialistischen Ländern einschließlich der DDR gesagt werden. Gerade die DDR errichtet in der Nähe der Grenze ein Kernkraftwerk, das offenkundig nicht auf dem Niveau der Sicherheitsstandards zu sein scheint, die im Westen üblich sind.

Angesichts der Problematik von Kernkraftanlagen in Grenznähe sollte die Bundesrepublik erwägen, innerhalb der IAEA die Schaffung und vertragliche Absicherung eines Rechts zu gewährleisten, das den potentiell Betroffenen von Unfällen aus einer Kernkraftanlage in einem anderen Land die Möglichkeit gibt, die IAEA mit einer Überprüfung der Sicherheitsstandards der betreffenden Anlage zu betrauen. Gerade in Europa wird dieses Problem immer dringender. Ansätze zu einem international kodifizierten Recht auf Überprüfung der

---

[25] Vgl. hierzu in diesem Band Helmut *Schnurer* und Hans-Christoph *Breest*, Die Sicherheit kerntechnischer Einrichtungen als Konfliktquelle im internationalen Bereich, S. 227 ff., sowie Peter *Menke-Glückert*, Atomenergie, Umweltschutz und internationale Konflikte – ein Ausblick, S. 297 ff.

Sicherheitsbestimmungen sind durchaus vorhanden, insbesondere das »Brüsseler Übereinkommen« über die Haftung der Inhaber von Reaktorschiffen vom Mai 1962[26].

Im übrigen kann die Bundesrepublik auch unilateral in der Frage der Sicherheitsstandards neue Maßstäbe setzen. In ihrer Politik der Kooperation mit anderen Staaten sollte sie sich vom Grundsatz leiten lassen, daß Sicherheitstechnologien möglichst großzügig zur Verfügung gestellt und exportiert werden. Grundsätzlich sollten nur solche Reaktoren exportiert werden, die auf dem letzten Stand der Sicherheit sind. Zwar ist es richtig, das letztlich hierfür eine Absprache unter den Lieferländern nötig ist, um Wettbewerbsverzerrungen zu vermeiden, dennoch ergibt sich auch ohne eine solche Absprache ein erheblicher Spielraum für eine in dieser Hinsicht Vorbilder setzende Politik der Bundesrepublik.

Das Haftungsrecht für Unfälle auf dem Gebiet der Kernenergie ist, wie in diesem Band eingehend dargelegt wurde[27], ein eindrucksvolles Beispiel für die Erarbeitung eines Rechts auf Haftung, bevor es jemals zu einem nennenswerten Unfall auf diesem Gebiet gekommen ist. Bemerkenswert hieran ist jedoch auch, daß hier Ansätze zu einer internationalen Haftung vorliegen, die in Zukunft angesichts der grenzüberschreitenden Wirkung der meisten Unfälle zu einem echten multinationalen Haftungssystem erweitert werden müßten. Auch auf diesem Gebiet stellt sich für die Politik der Bundesrepublik die Aufgabe, aktiv zu den entsprechenden Entwicklungen auf dem Gebiet des internationalen Haftungsrechts beizutragen.

V. Schluss

Die friedliche Nutzung der Kernenergie wird innerhalb der Politik der Bundesrepublik zweifellos in Zukunft an Bedeutung zunehmen. Hierfür spricht einmal das oberste Ziel deutscher Politik, die Wahrung der Sicherheit. Die prekäre Lage der Bundesrepublik zwischen Ost und West, die dichte politische Besiedlung Europas und die eigene demographische Struktur machen die Verhinderung der Verbreitung von Kernwaffen, die sich aus der friedlichen Nutzung der Kernenergie ergeben könnte, zur besonderen Priorität deutscher Politik.

Als eine der ersten Handels- und Industrienationen der Welt und als ein Land, auf das sich die Nichtverbreitungsdiskussion der Vergangenheit in besonderem Maße fixiert hatte, hat die Bundesrepublik, wie eingangs schon einmal festgestellt wurde, eine besondere Funktion als Modell sowie als Auslöser möglicher Entwicklungen auf diesem Gebiet. Ihr ist es gelungen, Einfluß auszuüben, ohne nukleare Waffen zu besitzen.

---

[26] Vgl. hierzu in diesem Band Werner *Boulanger,* Haftung für nukleare Schäden, S. 274 f.
[27] *Boulanger,* ebd., S. 267 ff.

Aber auch für die Energiesicherung wird der Kernenergiesektor von schnell steigender Bedeutung sein. Gleichzeitig werden Reaktoranlagen und andere kerntechnische Erzeugnisse für den Export der Bundesrepublik immer wichtiger. Hier liegt es auf der Hand, daß der Bundesrepublik eine besondere Verantwortung bei der Durchsetzung einer diskriminierungsfreien Entwicklung der Kernenergie auf internationaler Ebene zukommt. Dabei geht es nicht nur um die Verhinderung von Kontrollakkumulationen innerhalb Europas, sondern auch um die Entwicklung eines angemessenen Instrumentariums der Nichtverbreitungspolitik, das den neuen Entwicklungen auf diesem Sektor, insbesondere bei der Frage der nichtstaatlichen Verbreitung von Kernwaffen, anderen Formen subnationaler Diversion sowie dem Schutz vor Sabotage und Unfällen gerecht wird und in realistischer Weise den neuen Gefahren einer Verbreitung von Kernwaffen in der Dritten Welt begegnet.

LITERATUR

Albonetti, Achille: Europe and Nuclear Energy. In: Atlantic Papers, Nr. 2/1972, Paris.
Bader, William B.: The United States and the Spread of Nuclear Weapons. New York 1968.
Gasteyger, Curt: The Western World and Energy. In: Atlantic Papers, Nr. 1/1974, Paris.
Haftendorn, Helga: Abrüstungs- und Entspannungspolitik zwischen Sicherheitsbefriedigung und Friedenssicherung. Zur Außenpolitik der BRD 1955–73. Düsseldorf 1974.
Kohler, Beate: Der Vertrag über die Nichtverbreitung von Kernwaffen und das Problem der Sicherheitsgarantien. Rüstungsbeschränkung und Sicherheit, Schriften des Forschungsinstituts der Deutschen Gesellschaft für Auswärtige Politik, Bonn, Bd. 9, Frankfurt 1972.
Kramer, Heinz: Die Forschungspolitik der Euratom (Publikation in Vorbereitung beim Verlag Wissenschaft und Politik, Köln).
Nau, Henry R.: National Politics and International Technology. Nuclear Reactor Development in Western Europe. Baltimore/London 1974.
Willrich, Mason und Theodore B. *Taylor:* Nuclear Theft: Risks and Safeguards. Cambridge, Mass., 1974.
Yager, Joseph A. und Eleanor B. *Steinberg:* Energy and U.S. Foreign Policy. Cambridge, Mass., 1974.
Nuclear Proliferation Problems, hrsg. Stockholm International Peace Research Institute. Stockholm 1974.
Oil and Security, hrsg. Stockholm International Peace Research Institute. Stockholm 1974.

PERSONENREGISTER

Adenauer, Konrad 436 (Anm. 28)
Armand, Louis 50

Baruch, Bernard 154, 419
Bohr, Niels 45
Bongo, Omar 337
Breshnjew, Leonid 146

Chruschtschow, Nikita 160, 427
Cole, Sterling 434

Douglas-Home, Sir Alexander F. 160

Eisenhower, Dwight D. 46, 65, 155, 325, 420, 452
Eklund, Sigvard 183 (Anm. 40)
Emeljanov, Vasilij 427
Etzel, Franz 50

Fermi, Enrico 43
Fischer, David 441 (Anm. 38)
Ford, Gerald R. 132, 134

de Gaulle, Charles 198
Genscher, Hans-Dietrich 304
Ghandi, Indira 135
Giordani, Francesco 50
Giscard d'Estaing, Valéry 146
Gofman, John W. 301

Häfele, Wolf 321, 443
Hambraeus, G. 301
Heikal, Hassanein M. 122, 123
Heipp (Pfarrer) 300
Hirsch, Etienne 197
Hosmer, Craig 176, 412

Iklé, Fred 131

Jackson, Henry M. 131, 146
Johnson, Keith 318
Johnson, Lyndon B. 112, 113, 124, 160, 185 (Anm. 42)

el-Kadhafi, Muammer 123
Kennedy, John F. 112, 146, 298, 427
Kiefer, Hans 310
Kissinger, Henry A. 125, 128, 408

Leussink, Hans 298
Lindackers, Karl-Heinz 310

Mandel, Heinrich 306
McNamara, Robert S. 147

Nader, Ralph 301
Nasser, Gamal Abdel 122, 123, 124
Nixon, Richard M. 112, 118, 124, 125, 126, 127, 128, 129, 133, 146

Oppenheimer, Robert 298

Pastore, John 129
Picht, Georg 318
Price, Melvin 128
Proxmire, William 129

Randers, Gunnar 163
Ray, Dixy Lee 135
Reza Pahlevi, Mohammed, Schah von Persien 135, 136
Roschtschin, Alexej Alexandrovich 400
Rose, David J. 310
Roux, A. J. A. 350
Rickover, Hyman George 47, 55, 308

Sacharov, Andrej 298
as-Sadat, Anwar 123, 125, 126, 128, 131
Schumacher, Erich F. 321
Servan-Schreiber, Jean-Jacques 114, 146
Seaborg, Glenn T. 305
Sternglass, E. J. 301
Strong, Maurice 318
Szilard, Leo 298

Tamplin, A. R. 301
Teller, Edward 298

Quihilat, Armando 135 (Anm. 22)

Waldheim, Kurt 173, 432
Weinberg, Alvin 43, 291, 305
Weizsäcker, Carl-Friedrich von 298
Wigner, Eugen 43

Zinn, Walter 43

SACHREGISTER

Ägypten 107, 122–135, 140 ff., 186, 358, 395, 459
Albanien 158
Algerien 32, 358, 361
Argentinien 115, 129, 135, 138, 141, 142 f., 186, 206, 277, 281, 358, 395, 436, 461
Atomrechtliches Genehmigungsverfahren 89 ff., 310, siehe auch Vereinigte Staaten von Amerika, Frankreich, Bundesrepublik Deutschland
Atom-U-Boot 47, 65, 274, 308
Atombombe 43, 45, 65, 67, 72 ff., 75, 77, 113, 123, 140, 145, 308, 426, 427, 432
»Atoms-for-Peace«-Programm 46, 47, 65, 67, 155 f., 227, 299, 325, 420, 425
Atomwaffenmächte siehe Kernwaffenstaaten
Australien 289, 335, 336 f., 350, 396

Bangladesh 358
Baruch-Plan 44, 45, 61, 153 ff., 299, 425 f.
Belgien 50, 51, 100, 179, 271, 278, 343
Bericht der »Drei Weisen« 49 f., 455
Bolivien 159, 207, 361
Brasilien 141, 142 f., 159, 186, 206, 277 f., 281, 358, 395, 399, 420, 436
Brennstoffkreislauf 57, 74, 75 f., 85 f., 162, 169, 174, 187, 229, 239 ff.
– Versorgung mit Kernbrennstoff 75, 81, 139, 325 ff.
– Entsorgung 119, 246 ff. (Gesamtsystem)
 – Wiederaufarbeitung abgebrannter Brennelemente 75 f., 80, 102, 193, 259 f., 329, 353, 463
 – Endlagerung radioaktiver Abfälle 101, 245 f., 316
– Sicherheitsprobleme im Brennstoffkreislauf 239 ff.
Brutreaktor 48, 49, 80, 86, 95, 96 f., 114, 233, 256, 264, 307, 352 f.
Bürgerinitiativen 254, 292 f., 300 ff.
Bulgarien 168, 357
Bundesrepublik Deutschland 30, 50, 58, 68, 163, 167 f., 179, 196, 263, 271, 277 f., 305 f., 309, 322, 386 f., 392, 396, 406, 437, 440
– Atomgesetz 249 ff., 303
– Atomministerium 51
– Atomprogramm 305 f., 312
– Atomrechtliches Genehmigungsverfahren 252, 312 f.
– Deutschlandverträge 50
– Kernkraftwerke 54 f., 94, 256, 263, 305 ff., 312, 314
– Export 135, 456 f., 462 f.
– Entsorgung der Kerntechnik: Wiederaufarbeitung 246, Endlagerung 245
– Nonproliferationspolitik 22 ff., 452 ff.
– NV-Vertrag 56, 58, 107 ff., 180
– Urananreicherung 74, 99, 100, 240, 342
– Verzicht auf Atomwaffen 51, 168, 198, 309, 451 ff.

Chile 159, 186, 206, 358, 432
China
– Taiwan 166, 329
– Volksrepublik China 83 (Anm. 24), 99, 110, 116, 122, 146, 160, 166, 185 f., 207, 292, 318, 427, 432
Costa Rica 207

Dänemark 183, 271, 277 f.
DDR 166 f., 168 (Anm. 27), 257, 468
Diffusionsverfahren siehe Gasdiffusion
Dominikanische Republik 207
Dritte Welt 109 f., 114, 133, 144, 440 f., 447, siehe auch Entwicklungsländer
Druckwasserreaktor 86, 89, 91 ff.

Ekuador 159, 207
Elektrizitätsversorgungsunternehmen 90 f., 96, 114, 335, 348, 351
Energie
– Energiekrise 23 f., 28 ff., 33, siehe auch Erdölkrise
– Energiemarkt 24, 28, 29 f., 31, 33 f., 35 ff., 39 f., 95, 117
– Energiepolitik 25 f., 27 ff., 318, 319
– Energieträger 25 f., 34, 36 f., 39, 41, 313, 316 f., 423, siehe auch Erdöl, Erdgas, Kohle, Uran

SACHREGISTER

Entwicklungsländer 23, 32, 110, 180, 258, 262, 307, 319, 328, 357 ff., 395, 404, 438 ff., 457, 463, siehe auch Erdölförderländer
- Kernreaktoren 328, 439, siehe auch Ägypten, Iran
- technische Hilfe 361 ff., 439 f.

Entwicklungsprogramm der Vereinten Nationen (UNDP) 365, 438

Erdgas 25 f., 28, 34, 36, 53, 97, 306, 316, 391 ff., 395, 411

Erdöl 24 ff., 28, 34, 35, 53, 306, 316, 395, 411, 455 f.
- Erdölförderländer 28, 30 ff., 33, 36, 139
- Erdölkrise 24, 27 ff., 32 ff., 117, 317 f., 447, 455, siehe auch Energiekrise

Europäische Atomgemeinschaft (Euratom) 49, 50, 51, 52, 53, 69, 79, 112, 156, 180 f., 192 ff., 290, 330 f., 340, 379 f., 421, 437, 445 f.
- Kontrollen 52, 53, 59, 162 ff., 181, 192–200, 208 ff., 425, 429, 431, 460, siehe auch Verifikationsabkommen, Frankreich: Kontrollen von Kernanlagen
- Versorgungsagentur 52, 195, 332–353

Europäische Einigung 49 ff., 52, 62, 426, 452

Europäische Energiepolitik 34, 141, 263

Europäische Gemeinschaft 49, 51, 52, 58 f., 167, 181 ff., 184, 192, 209, 262, 264, 314, 343, 352, 408, 447, 457, 460, siehe auch Euratom

Europäische Kernenergie-Agentur (ENEA) siehe Kernenergie-Agentur (NEA)

Europäischer Gerichtshof 193, 194

Exim-Bank 123 f., 130, 333

Finnland 257, 277 f.

Frankreich 45, 47, 49, 50, 51, 69, 89, 110, 116, 136, 141, 160, 198, 206 f., 256, 271, 277, 315, 333, 336, 392, 430 ff., 438, 459 f.
- atomrechtliches Genehmigungsverfahren 252
- Kontrollen von französischen Kernanlagen 83 (Anm. 24), 196, 197, 198 f., 209, 220, 431
- Lieferpolitik 119, 127, 133, 135, 138 (Anm. 28), 139, 167, 326, 348
- nukleare Testversuche 114, 117, 146, 292
- Urananreicherung 73, 99, 100, 343

Friedliche Kernsprengungen 71, 78 ff., 141, 146 f., 188 ff., 216 f., 218, 389 ff., 414
- Bestimmungen internationaler Verträge 78, 188 f., 204 f., 396 f., 399 f.

Fusionsreaktor 97 f.

Gabun 337, 361
Gasdiffusion 47, 73 f., 98 f., 100, 343, 349
Gas-Graphit-Reaktor 86, 87
Gaszentrifuge 74, 99 f., 164, 342, 463
Genfer Konferenz für die friedliche Nutzung der Kernenergie: erste 47, 50, 227, 284, 308, 420; zweite 50, 285; dritte 54, 285; vierte 58, 285, 391
Geothermische Energie 36
Ghana 122
Griechenland 271, 277, 357, 358
Großbritannien 44, 45, 47, 48, 58, 68, 89, 93, 153, 156, 160, 162 f., 179, 197, 198, 206, 271, 277 f., 326, 336, 430 ff., 433 ff., 436, 438
- Kontrollen von britischen Kernanlagen 83 (Anm. 24), 167, 176, 181, 185, 203, 219, 220, 460
- nukleare Testversuche 117, 146
- Urananreicherung 73, 99, 100, 342
Größter-Anzunehmender-Unfall 91, 234, 304 f.
Guayana 206

Haftung im nuklearen Bereich 270–281, 413, 469
Haiti 207, 358
Hochtemperaturreaktor 48, 86, 93, 94, 97, 233
Honduras 207

Indien 46, 78 f., 110, 115, 117, 135, 137, 138, 141, 142 f., 166 f., 179, 186, 315 f., 357, 358, 359, 420, 424 f.
Indonesien 185, 281
Informationssystem im Nuklearbereich 377–387, 437, 446
Internationale Arbeitsorganisation (ILO) 284, 288, 365, 442, 444, 445
Internationale Atomenergie-Organisation (IAEA) 79, 149, 155 f., 161–192, 273 f., 276, 284, 287 f., 326 ff., 363 ff., 380, 409, 413 f., 420 f., 426 f., 437, 438 ff., 442 ff., 446 ff., 465, 468
- Finanzierung der Kontrollen 176 f., 178 (Anm. 35), 181, 439 f., 460
- Inspektoren 165, 170, 178 f., 183, 190, 212 (Anm. 79), 460
- Kontrollausschuß 58, 173 ff., 181

- Kontrollen 56, 59, 62, 163 f., 165 ff., 169 ff., 177 ff., 180 ff., 183, 186 ff., 204 f., 208 ff., 219 f., 403 f., 425, 437, 440, 461, siehe auch Verifikationsabkommen
Internationale Entwicklungsgesellschaft (IDA) 143
Internationale Kommission für Radiologische Einheiten und Strahlenmessung (ICRU) 286
Internationale Kommission zur Reinhaltung des Rheins 256, 289, 314
Internationale Organisation für Normung (ISO) 287
Internationale Strahlenschutzkommission (ICRP) 239, 253, 285 f., 409
Internationale Strahlenschutz-Vereinigung (IRPA) 286
Irak 140
Iran 32, 107, 133, 135 ff., 140 ff., 321, 432
Irland 158, 183
Israel 122 f., 127, 130, 131, 133 f., 140 ff., 186, 281, 436, 459
Italien 30, 51, 100, 179, 271, 277 f., 343, 396, 400, 437

Jamaika 207, 358
Japan 29, 34, 111, 121, 144, 163, 179, 180, 184 f., 200, 278, 281, 289, 328, 335, 340, 350, 396, 437
Jugoslawien 130, 278, 328, 358

Kanada 45, 46, 47, 48, 68, 93, 135 f., 153, 156, 162 f., 166, 200, 252, 289, 335, 336 f., 349 f., 396, 437
Kernbrennstoffkreislauf siehe Brennstoffkreislauf
Kernenergie-Agentur (NEA) 68, 79, 156, 200 ff., 215, 262, 270, 273, 289, 329 f., 365, 408, 421, 445
Kernkraftwerke 37, 38, 53, 67, 86 f., 140 ff., 234, 255, 256 f., 311 ff., 314 f., siehe auch die einzelnen Staaten, Reaktortypen
Kernwaffenstaaten 44, 49, 51, 68, 78, 108 ff., 160, 206, 216, 219, 394 f., 399, 406, 411 f., 414, 424 ff., 433 ff., 438, 459, 461, siehe auch China, Frankreich, Großbritannien, Sowjetunion, Vereinigte Staaten von Amerika
Kohle 24, 25 f., 28, 34, 36, 53, 306, 315, 316 f.
Kolumbien 207, 358

Konferenz der Nichtkernwaffenstaaten 57, 158 f., 436 f.
Kontrollsystem 46, 56 f., 61, 69 f., 119, 127, 133 f., 138, 156 f., 171, 176, 184 ff., 192 ff., 201 ff., 204 ff., 209 ff., 217 f., 222, 408, 427 ff., siehe auch IAEA, Euratom
Korea
- Nordkorea 358
- Südkorea 185, 385
Kuba 122, 158, 206, 358
Kuweit 357, 438

Laserverfahren 98, 99, 100
Lateinamerika, kernwaffenfreie Zone siehe Tlatelolco-Vertrag
Leichtwasserreaktor 47, 49, 51, 56, 73, 228 f., 233, 234, 315, 333
Liberia 277
Luxemburg 271

Madagaskar 278
MBFR 112, 145
Mexiko 142 (Anm. 31), 159, 166, 207, 328, 358, 395, 400
Mineralöl siehe Erdöl
- Mineralölkrise siehe Erdölkrise und Energiekrise
Multinationale Unternehmen 24, 26, 27

Naher Osten 25, 117, 120 (Anm. 13), 122 ff., 457, siehe auch Erdölförderländer, die einzelnen Staaten
- kernwaffenfreie Zone 131, 136
- Nahost-Kriege 117, 121, 123, 124 f., 131
Namibia 361
Natriumbrüter siehe Brutreaktor
Natururanreaktor 48, 49, 51
Nepal 358
Nichtkernwaffenstaaten 55 f., 57, 68, 71, 79, 83, 178, 179, 180, 183, 186, 216, 219, 395 f., 399, 435 ff., 438, 459, siehe auch die einzelnen Staaten
Niederlande 30, 46, 50, 51, 99, 100, 179, 206, 271, 277 f., 342
Niger 337, 361
Nigeria 401
Nikaragua 207
Nonproliferationsverträge 59 f., siehe auch Vertrag über die Nichtverbreitung von Kernwaffen, Teststop-Vertrag, Tlatelolco-Vertrag
Nordirland 120

SACHREGISTER

Norwegen 46, 271, 277 f., 329
Nuclear Suppliers Group 167, 187
Nukleare Parks 120, 237, 301, 314, 466
Nukleare Schwellenmächte 110 f., 114, 136, 140 ff., 145 ff., 315 f., 436, 437, 438, 459, siehe auch die einzelnen Staaten
Nuklearmächte siehe Kernwaffenstaaten
NV-Vertrag siehe Vertrag über die Nichtverbreitung von Kernwaffen

Obervolta 358
Ölkrise siehe Erdölkrise
Österreich 271
Organisation Amerikanischer Staaten (OAS) 365
Organisation der Erdölexportierenden Länder (OPEC) 142
Organisation der Vereinten Nationen für Erziehung, Wissenschaft und Kultur (UNESCO) 365, 445
Organisation der Vereinten Nationen für Industrielle Entwicklung (UNIDO) 299, 365, 445
Organisation für Afrikanische Einheit (OAU) 160
Organisation für das Verbot von Kernwaffen in Lateinamerika (OPANAL) 71, 204 ff., 402 f., 421, 445
Organisation für Ernährung und Landwirtschaft (FAO) 284, 289, 365, 442 s., 448
Organisation für Wirtschaftliche Zusammenarbeit und Entwicklung (OECD) 30, 35 f., 37, 253, 299, siehe auch Kernenergie-Agentur (NEA)
ORGEL-Reaktor 52

Pakistan 186, 358, 361, 436
Panama 207
Peru 207, 358, 361
Philippinen 358
Polen 166, 168, 357
Portugal 186, 271, 277 f.
Plutonium 49, 80, 95, 97, 101, 134, 233, 328, 340, 352 f.

Radioaktive Abfälle 38, 101, 262, 270, 273, 290, 315, siehe auch Brennstoffkreislauf, Wastemanagement
Rat für Gegenseitige Wirtschaftshilfe (RGW) 365 f.
Reaktorentwicklung 38, 48, 54, 87–98

Reaktorexport 117, 122–139, 148, 167, 186 ff., 257, 432, 462 f.
Reaktorschiff 92, 263, 274 f., 277 f., 279 f.
Reaktorsicherheit 39 f., 119, 230–239, 255, 257, 262, 304 f., 409, 468 f.
Rumänien 357, 427

SALT 60, 61, 112, 145, 146
Sambia 158, 337
San Salvador 207
Saudi-Arabien 126, 321, 438
Schweden 46, 109, 144, 179, 180, 185, 271, 277 f., 396, 401, 437
Schweiz 46, 179, 185, 271, 277 f.
Schwellenvertrag über die Beschränkung unterirdischer Kernwaffenversuche 113, 146 f.
Schwerwasserreaktor 92 f., 360
Sicherheit von Kernmaterial 190 ff., 221 ff., 248, 463 f.
Sicherungsmaßnahmen siehe Kontrollsystem
Siedewasserreaktor 54, 86, 89, 91 ff.
Singapur 185, 358
Solarenergie 36
Sowjetunion 44, 45, 47, 49, 73, 99, 112 ff., 123, 133, 135, 146, 153, 155 f., 160, 166, 169, 172, 179, 207, 279 f., 292, 392, 398, 420, 426 ff., 429, 434, 436, 440
– Euratom 58, 112, 349, 429, 446
– Kontrollen von sowjetischen Kernanlagen 162 ff., 185 f., 220, 427 f., 460
– Lieferung von angereichertem Uran 121, 326, 348 f., 351
Spaltstoffflußkontrolle 57, 174 f., 180 f., 199
Spanien 100, 166, 186, 271, 277, 343, 357, 432, 436
Strahlenschutz 283–296, 303 f., 320, 409
Subnationale Diversion 75, 77, 79 ff., 115, 119 f., 190 ff., 221, 467 ff.
Südafrikanische Union 99, 141 (Anm. 30), 186, 281, 336, 337, 350, 436, 437, 441

Tansania 158
Teststop-Vertrag 78, 157 f., 218 ff., 292, 396 f., 408, 410 ff., 427
Thailand 358, 395
Tlatelolco-Vertrag 60, 71, 78, 159 f., 166, 396 f., 402 f.
Trinidad und Tobago 206
Tschechoslowakei 114, 125, 166 f., 168, 357, 420
Türkei 271, 277, 357, 358

Umwelt 26, 34, 38, 61, 100, 102, 256 f., 300–320, 408 f., 437
Umweltkonferenz (Stockholm) 110, 316, 318 f.
Umweltprogramm der Vereinten Nationen (UNEP) 318, 319, 445
UN siehe Vereinte Nationen
Ungarn 166, 168, 357
Uran 25 f., 37, 39, 47, 48, 73 f., 75, 85, 95, 332 ff., 336
– Urananreicherung 98 ff., 315, 339–352, siehe auch Gasdiffusion, Gaszentrifuge
Uruguay 207, 358
USA siehe Vereinigte Staaten von Amerika

Venezuela 207, 395
Vereinigte Staaten von Amerika 43 ff., 46 ff., 53, 54, 58, 87 f., 93, 108 ff., 114 ff., 119, 123 ff., 146 f., 153 f., 155 f., 160, 169, 171 f., 179, 200, 206, 279 f., 289, 292, 297 f., 378 f., 391, 397, 419 f., 425 f., 430, 433 ff., 436, 437, 440
– Atomic Energy Act 45, 46, 47, 53, 59, 325, 329, 340
– Atomenergie-Kommission (USAEC) 48, 52, 59, 111, 118, 252, 304 f., 309, 325 ff., 334, 336, 340 ff., 344 ff., 391
– Atomrechtliches Genehmigungsverfahren 252
– Joint Atomic Energy Committee 114, 342
– Kontrollen von amerikanischen Kernanlagen 83 (Anm. 24), 167, 176, 181, 185, 219, 460
– Lieferabkommen 126 ff., 129 ff., 133 ff., 135 ff., 140 ff., 162 f., 325 f., 340 f., 345 f., 421, 425
– Project Independence 34, 118
– Umweltpolitik 114, 118, 119, 300 f., 309
– Urananreicherung 73, 87, 98 f., 100 f., 121, 339 ff., 344, 351 f.
– Zusammenarbeitsabkommen 47, 52, 53, 68, 124, 156, 162 f., 195, 327 ff., 333

Vereinte Nationen 43, 44, 46 f., 134, 153 f., 155 ff., 158 f., 160 f., 205, 287, 319, 399 f., 414, 419 ff., 442, 445, 446 ff.
– Atomenergie-Kommission 153 ff., 419 f., 425
– Ausschuß für die Wirkung ionisierender Strahlung (UNSCEAR) 284, 292
– Konferenz des Abrüstungsausschusses (CCD) 156 f., 158, 398 f., 400, 401, 412 ff., 422
Verifikationsabkommen zwischen IAEA und Euratom 58, 59, 180, 181 ff., 208 f., 348, 426, 431, 446
Versorgungsagentur von Euratom siehe Euratom
Vertrag über die Nichtverbreitung von Kernwaffen 55 f., 61, 65, 67, 69, 79, 107 ff., 115 ff., 134, 147 f., 180 ff., 183, 215 f., 218 ff., 428, 448, 453 f.
– Entstehung 158 ff., 171 f., 399 f.
– Kernwaffenstatus 55 f., 116, 196, 198 f., 209, 220, 424, 431, 464
– Proliferationsmodelle 140 ff., 465 f.
– Sicherungsmaßnahmen siehe Kontrollsystem sowie IAEA, Euratom: Kontrollen
– Überprüfungskonferenz 108, 224, 405 f., 446 f., 465
– Unterzeichnung, Ratifizierung 107, 122, 131, 133, 140 f., 142 (Anm. 31), 176 f., 186, 399, 436, 459 f.

Wastemanagement 241 ff., 260, siehe auch Brennstoffkreislauf, radioaktive Abfälle
Weltgesundheitsorganisation (WHO) 284, 285, 288 f., 365, 409, 444, 448
Wiederaufarbeitung siehe Brennstoffkreislauf

Zaire 278, 337
Zentralafrikanische Republik 337, 361
Zentrifugenverfahren siehe Gaszentrifuge
Zypern-Krise 131, 145

DIE AUTOREN

Aurand, Prof. Dr. Karl, Direktor des Bundesgesundheitsamts, Berlin

Boulanger, Dr. Werner, Ministerialrat im Bundesministerium für Forschung und Technologie, Bonn

Brée, Rudolf, Generaldirektor a. D. bei der Europäischen Gemeinschaft

Breest, Hans-Christoph, Oberregierungsrat im Bundesministerium des Innern, Bonn

Häfele, Prof. Dr. Wolf, Direktor, International Institute for Applied Systems Analysis, Laxenburg bei Wien

Kaiser, Prof. Dr. Karl, Direktor des Forschungsinstituts der Deutschen Gesellschaft für Auswärtige Politik e. V., Bonn; Professor für Politische Wissenschaft an der Universität zu Köln

Lantzke, Dr. Ulf, Exekutiv-Direktor der Internationalen Energie-Agentur, Paris; Besonderer Berater des Generalsekretärs der OECD für Energiefragen, Paris

Lindemann, Beate, Diplom-Politologin, wissenschaftliche Mitarbeiterin im Forschungsinstitut der Deutschen Gesellschaft für Auswärtige Politik e. V., Bonn

Lorenzen, Dr. Hans-Peter, Ministerialrat im Bundesministerium für Forschung und Technologie, Bonn; z. Z. Botschaft der Bundesrepublik Deutschland in London

Menke-Glückert, Peter, Ministerialdirigent im Bundesministerium des Innern, Bonn

Nerlich, Uwe, Forschungsinstitut für internationale Politik und Wissenschaft, Stiftung Wissenschaft und Politik, Ebenhausen bei München; z. Z. Center for Advanced Study in the Behavioral Sciences, Stanford/Kalifornien

Oboussier, Dr. Felix, Generaldirektor der Versorgungsagentur der Europäischen Atomgemeinschaft, Brüssel

Schnurer, Dr. Helmut, Regierungsdirektor im Bundesministerium des Innern, Bonn

Schultze-Kraft, Peter, Internationale Atomenergie-Organisation, Wien

Ungerer, Dr. Werner, Gesandter, Ständiger Vertreter der Bundesrepublik Deutschland bei den internationalen Organisationen in Wien

Welck, Dr. Stephan Freiherr von, Oberregierungsrat im Bundesministerium für Forschung und Technologie, Bonn

Die Außenpolitik Chinas

Entscheidungsstruktur – Stellung in der Welt – Beziehungen zur Bundesrepublik Deutschland
1975. 463 Seiten,
steifer Kunststoff DM 59,–   ISBN 3-486-44221-X

Schriften des Forschungsinstituts der Deutschen Gesellschaft für Auswärtige Politik, Reihe: Internationale Politik und Wirtschaft, Band 36

Aus dem Inhalt:

Bestimmungsfaktoren der Außenpolitik der Volksrepublik China

Grimm, China in der Welt: Ein geschichtlicher Abriß – Weiss, Die Basis der Außenpolitik: Chinas wirtschaftliche Entwicklung im Überblick – Domes, Innenpolitische Voraussetzungen: Aspekte der Organisation und Führung – Löwenthal, Chinas Perzeption der internationalen Konstellation und seine nationalen Interessen.

Die außenpolitische Praxis der Volksrepublik China

Näth, Das außenpolitische Instrumentarium: Klassische Diplomatie und revolutionäre Strategie – Bartke, Die strukturellen und personellen Komponenten der chinesischen Außenpolitik – Glaubitz, Die Rolle der Volksrepublik China in den Vereinten Nationen – Hamm, Die außenpolitische Praxis gegenüber der Sowjetunion, den USA und Japan – Fabritzek, Die außenpolitische Praxis gegenüber Ost- und Westeuropa – Näth, Chinas Verhältnis zu den Staaten Süd- und Südostasiens – Löwenthal, Chinas Rolle im Nahen Osten – Berner, China in der kommunistischen Weltbewegung.

Die Beziehungen der Volksrepublik China zu Deutschland

van Briessen, Die Deutsch-Chinesischen Beziehungen: Ein geschichtlicher Abriß – Großmann, Die Entwicklung der Deutsch-Chinesischen Wirtschaftsbeziehungen – Fabritzek, Die chinesische Deutschlandpolitik heute – Weggel, China und die Bundesrepublik Deutschland: Die völkerrechtliche Situation – Majonica, Das Interesse der Bundesrepublik Deutschland an der Volksrepublik China.

R. OLDENBOURG VERLAG MÜNCHEN WIEN

Henry A. Kissinger
Kernwaffen und Auswärtige Politik
Mit einem Vorwort von Bundeskanzler Helmut Schmidt
Herausgegeben vom Council on Foreign Relations, New York
2. Auflage 1974. XIV, 420 Seiten, flex. Kunststoff DM 25,–
ISBN 3-486-41662-6
Schriften des Forschungsinstituts der Deutschen Gesellschaft
für Auswärtige Politik (Reihe der Übersetzungen)

Aus dem Inhalt: *I. Die Frage des Überlebens:* Die Aufgabe des Atomzeitalters; Das Dilemma der amerikanischen Sicherheit – *II. Technik und Strategie:* Das Feuer des Prometheus; Die Esoterische Strategie, Grundbegriffe des totalen Krieges; Der Preis der Abschreckung, die Probleme des begrenzten Krieges; Die Probleme des begrenzten Atomkrieges; Diplomatie, Abrüstung und die Begrenzung des Krieges – *III. Strategie und Politik:* Der Einfluß der Strategie auf verbündete und auf nicht gebundene Staaten; Amerikanische Strategie und Nato. Ein Versuchsfall; Die Strategie der Zweideutigkeit, Strategische Pläne des Russisch-Chinesischen Machtblocks; Die Sowjetunion und das Atom; Die Notwendigkeit einer strategischen Doktrin; Raketen und das westliche Bündnis.

Aus den Urteilen der Presse über die erste Auflage:
„... Wohl selten hat ein Buch in den letzten Jahren so viel Aufsehen erregt wie das Buch ‚Kernwaffen und Auswärtige Politik‘ von Henry A. Kissinger." (Handelsblatt)
„... Das Buch zählt zu jener schmalen militärisch-politischen Literatur, die selbst Geschichte macht." (Die Presse, Wien)
„... So theoretisch vieles an Kissingers Buch erscheinen mag, sein Einfluß auf die amerikanische Politik und Militärdoktrin ist unvergleichlich." (Süddeutsche Zeitung)
„...‚Kernwaffen und Auswärtige Politik‘ wird noch lange die Grundlage aller Überlegungen über die Rolle der Kriegsführung in der Politik abgeben und bleibt daher ein Muß für den ernsthaft politisch Interessierten." (Westdeutsche Allgemeine)
„... Dieses Buch ist revolutionär wie unsere Epoche. Es ist nicht nur nützlich, sondern notwendig." (FAZ)

R. OLDENBOURG VERLAG MÜNCHEN WIEN

EUROPA ARCHIV

ZEITSCHRIFT FÜR INTERNATIONALE POLITIK
Begründet von Wilhelm Cornides

Wenn es gilt, Zusammenhänge der weltpolitischen Entwicklung zu erfassen oder ein internationales Problem anhand sorgfältig übersetzter Dokumente zu analysieren, ist das EUROPA-ARCHIV, das 1975 im 30. Jahrgang erscheint, ein unersetzliches Hilfsmittel.

Die Jahrgänge 1—25 sind bereits durch Sammelregister erschlossen, ein weiteres Sammelregister wird vorbereitet.

Gerade die älteren Jahrgänge, die zum Teil vergriffen waren, werden von Bibliotheken, Instituten und Universitäten des In- und Auslandes vielfach gesucht. Nachdem die Nachdrucke der fehlenden Jahrgänge jetzt fertiggestellt sind, ist das EUROPA-ARCHIV — nach dem Urteil von Fachleuten eine der führenden Zeitschriften auf dem Gebiet der internationalen Beziehungen und der Politikwissenschaften — vom 1. Jahrgang 1946 an wieder vollständig lieferbar.

Ab 1. Januar 1975 gelten für die abgeschlossenen Jahrgänge folgende neue Preise:

Jahrgang 1 (Juli 1946 — Juni 1947)   DM 140,— } (Nachdruck der Johnson Reprint
Jahrgang 2 (Juli — Dezember 1947)   DM 100,— } Corporation, New York)

1948	DM 150,—	1958	DM 110,—
1949	DM 120,—	1959	DM 150,—
1950	DM 110,—	1960	DM 140,—
1951	DM 125,—	1961	DM 195,—
1952 und 1953 je	DM 60,—	1962	DM 90,—
1954	DM 120,—	1963	DM 190,—
1955	DM 130,—	1964 bis 1966 je	DM 90,—
1956	DM 125,—	1967 bis 1974 je	DM 96,—
1957	DM 115,—		

SAMMELREGISTER   Jahrgang 1 — 20 (1946 — 1965)   DM 45,—
                 Jahrgang 21 — 25 (1966 — 1970)   DM 22,—

JAHRESABONNEMENT 1975 24 Folgen und Register   DM 98,—

Sämtliche Preise zuzüglich Porto und Versandkosten. Probeheft auf Wunsch kostenlos.

VERLAG FÜR INTERNATIONALE POLITIK GMBH
53 Bonn 1 — Postfach 643 — Stockenstraße 1—5